中国民法典释评

ZHONGGUO MINFADIAN SHIPING

人格权编

王利明　程啸　著

中国人民大学出版社
·北京·

作者简介

王利明，1960 年 2 月生，湖北省仙桃市人。1981 年获湖北财经学院法学学士学位；1984 年获中国人民大学法学硕士学位并留校任教；1990 年获中国人民大学法学博士学位；1989 年 2 月至 1990 年 2 月、1998 年 8 月至 1999 年 6 月，先后在美国密歇根大学法学院和哈佛大学法学院进修。现任中国人民大学法学院教授、博士研究生导师、中国法学会副会长、中国民法学研究会会长、中国人民大学民商事法律科学研究中心研究员，入选教育部长江学者奖励计划特聘教授。曾获"中国有突出贡献的博士学位获得者""第一届十大杰出青年法学家"等荣誉称号、教育部优秀青年教师奖、第一届中韩青年学术奖，曾两次获得教育部颁发的国家级教学成果二等奖、四次获得教育部中国高校人文社会科学研究优秀成果奖一等奖等。

王利明教授曾任第九、十、十一届全国人大代表，第九届全国人大财经委员会委员，第十、十一届全国人大法律委员会委员；参与《民法总则》《合同法》《物权法》《侵权责任法》等多部法律的起草工作，担任中国法学会民法典编纂项目领导小组副组长并深度参与民法典的编纂工作。

程啸，法学博士，清华大学法学院副院长、教授、博士生导师；教育部青年长江学者，德国联邦总理奖获得者。兼任最高人民法院执行特邀咨询专家、最高人民检察院民事行政诉讼监督案件专家委员会委员、云南省委法律顾问、中国法学会婚姻法学研究会常务理事、中国消费者协会专家委员会专家、中国银行间市场交易商协会第三届法律专业委员会副主任委员、北京仲裁员会/北京国际仲裁中心仲裁员、北京市法学会不动产法研究会副会长。

先后参与《民法典》《物权法》《侵权责任法》《不动产登记法》《个人信息保护法（草案）》等重大立法和司法解释起草工作；在民商法领域出版独著 10 余部，发表学术论文 100 余篇。先后主持国家社科基金重大项目、国家社科基金重点项目、最高人民法院司法研究重大课题等国家级和省部级课题。

代总序

民法典的时代意义

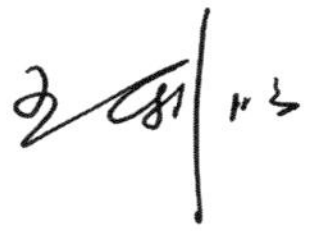

民法典是新中国成立以来第一部以“法典”命名的法律，也是第一部直接以“民”命名的法典。以“法典”命名，表明凡是纳入民法典的规则，都具有基础性、典范性的特点；以“民”命名，说明民法典把人民愿望置于首位，充分反映人民的利益诉求。民法典的立法宗旨和目的就是充分反映人民群众的意愿，保障私权，维护广大人民群众的利益。

习近平总书记指出，“民法典在中国特色社会主义法律体系中具有重要地位，是一部固根本、稳预期、利长远的基础性法律”。如何理解习近平总书记所说的“基础性法律”？我认为可以从两个方面理解：一是在整个社会主义法律体系中，民法典是一部基础性法律。所谓“典”，就是典范、典籍的意思，在整个社会主义法律体系中，民法典是宪法之下的基础性法律。法律分为公法与私法两部分，它们分别确认公权与私权。现代法治的核心是规范公权、保障私权。一般认为，保障私权是由民法典等民事法律实现的，而规范公权是由公法承担的，但实际上，民法典通过确认和保护私权，也起到了规范公权的作用，其他法律、行政法规以及单行法等，都应当与民法典保持一致。同时，行政执法、司法也都要以民法典为基本遵循。二是在民事领域，民法典是基础性法律，换言之，民法典是私法的基本法。民事关系纷繁复杂，它不仅依靠民法典调整，还需要大量的民事单行法，而在所有调整民事主体财产和人身关系的法律中，民法典居于基础性地位，民法典也被称为私法基本法。

（一）推进民事立法的体系化

我国民法典的颁布有力地促进了民事立法的体系化。一方面，迄今为止，我国已经颁布了多部民商事法律，在民法典之外，还存在大量的单行法，如公司法、保险法、破产法等。民法典的颁布，使各个民商事单行法在民法典的统帅下，构成一个完整的、系统化的整体。民法典和民事单行法之间的关系，就像树根、主干与枝叶之间的关系，民法典是树根和主干，而民事单行法是枝叶，民事单行法必须以民法典为基础和根据。民法典的颁布有效沟通了民法典和单行法，这有利于消除民法典与单行法之间的冲突和矛盾。另一方面，就内部体系而言，民法典按照“总—分”结构，形成由总则、物权、合同等构成的完整体系，各分编也在一定的价值和原则指引下形成了由概念、规则、制度构成的具有内在一致性的整体，实现了形式的一致性、内容的完备性以及逻辑自足性。民法典共分七编，即总则编、物权编、合同编、人格权编、婚姻家庭编、继承编、侵权责任编，它们都以对民事权利的确认和保护而形成一个体系化的整体。总则是对民事权利的一般规则作出的规定，各分编则是分别对物权、合同债权、人格权、婚姻家庭中的权利、继承权以及对各项权利的侵权责任制度所组成的规则体系。

民法典有助于制度的科学化，为良法善治奠定基础。在我国，由于长期没有民法典，许多调整民事关系的重要规则不能通过民事法律的方式表现出来，从而留下了法律调整的空白。这些法律空白一般是通过国务院各部委的规章及地方政府颁布的地方性规章予以填补的，而一些规章难免出现不当限制公民私权，或者变相扩张行政权的问题。民法典颁布后，其作为上位法，可以有效指导行政法规等制度，避免民法规范与行政法规、地方法规等的矛盾冲突，防止政出多门，保障交易主体的稳定预期，维持市场经济的正常运行。

（二）有效提升国家治理体系和治理能力的现代化

国家治理体系和治理能力现代化的主要特征是实现法治，即全面依法治国。如前述，现代法治的核心在于规范公权、保障私权。一方面，民法典构建了完备的民事权利体系，确立了完善的民事权利保护规则，鼓励个人积极维护自身权利，这不仅保障了私权，也有利于规范公权。民法典的各项规则也明确了各级政府依法行政的边界，就是说，国家机关要把民法典作为行政决策、行政管理、行政监督的重要标尺，不得违背法律法规随意作出减损自然人、法人和非法人组织合法权益或增加其义务的决定，这必将有力推动政府治理能力。另一方面，作为市民社会的一般私法以及百科全书，民法典通过合理的架构为民事活动提供各种基本准则，为交易活动确立基本的规则依据，为各种民事纠纷的预防和解决提供基本的遵循。民法典进一步强化私法自治，充分鼓励交易，维护交易安全。合同编从合同的订立到履行都强调了增进合同自由和私法自治这一宗旨，将有力调动市场主体从事交易的积极性。此外，民法典还有效地处理了个人与个人、个人与社会、个人与国家的关系，在对个人的保护中，同时强调对公共利益的维护，以实现个人和社会之间关系的平衡，这必将推动社会共建共治共享，促进社会和谐有序。

（三）完善社会主义市场经济法律体系

社会主义市场经济本质上是法治经济。各项民法制度根植于市场经济的土壤，其也反作用于市场经济，是市场经济有序发展的重要制度保障。我国《民法典》总则编所规定的诚实信用、公平原则等，确立了市场主体活动的基本原则，为诚信经济的建立提供了法律保障；总则编中的民事主体就涵盖了市场主体，民事法律行为制度、代理制度为市场主体从事交易活动提供了极大的便利；民法典的物权制度、合同制度是市场经济最基本的规则，是支撑市场经济最重要的两根法律支柱；民法典的担保制度也为融通资金、繁荣经济、保障债权提供了有力的制度保障。编纂民法典不仅完善了市场经济基本的法律制度，而且有利于营造良好的营商环境，并充分调动民事主体的积极性和创造性，维护市场交易秩序和交易安全。①

（四）为实现人民群众美好幸福生活提供保障

民法典的要义是为民立法，以民为本。“人民的福祉是最高的法律”。编纂民法典，就是顺应保障人民群众合法权益的需求，形成更加完备、更加切实的民事权利体系，完善权利保护和救济规则，形成较为有效的权利保护机制，使人民群众有更多、更直接、更实在的获得感、幸福感和安全感。我国《民法典》充分保障人民群众美好幸福生活，主要表现在以下几方面。

一是通过人格权编充分保障个人人格尊严。进入新时代，我国已经成为世界第二大经济体，人民物质生活条件得到了极大改善，不久即将全面建成小康社会。在基本温饱得到解决之后，人民群众就会有更高水平的精神生活追求，并希望过上更有尊严、更体面的生活。正因如此，“保护人格权、维护人格尊严，是我国法治建设的重要任务”②，例如，针对发送垃圾短信、垃圾邮件侵扰个人私人生活安宁的行为，《民法典》人格权编专门在隐私权部分规定了此种侵害隐私

① 王晨. 关于《中华人民共和国民法典（草案）》的说明：二〇二〇年五月二十二日在第十三届全国人民代表大会第三次会议上. 人民日报，2020-05-23（6）.

② 民法典分编草案首次提请审议：分编草案共六编总计千余条. 人民日报，2018-08-28（6）.

权的行为类型，并第一次规定了私人生活安宁权，明确将个人私人生活安宁规定在隐私权之中，禁止非法进入、拍摄、窥视他人的住宅、宾馆房间等私密空间，禁止非法拍摄、窥视、窃听、公开他人的私密活动，禁止非法拍摄、窥视他人身体的私密部位（第 1033 条）。这有利于保障社会生活的安定有序。

二是民法典通过各项制度安排充分保障人民群众的物质生活需求。例如，《民法典》之物权编新增的居住权制度，对于解决“住有所居”问题、保障个人的居住利益具有重要意义。再如，《民法典》合同编之典型合同完善了租赁合同的规则，完善了优先购买权规则，新增优先承租权规则（第 734 条）。这对于稳定租赁关系、规范租赁市场秩序、保障承租人的居住利益具有重要意义。又如，合同编之典型合同部分还完善了运输合同的规则，这对于保障个人出行安全、维护运输秩序具有重要意义。

三是民法典通过各项民事责任制度充分保障人民的合法权益。民法典通过各项规则，守护老百姓“舌尖上的安全”“车轮上的安全”“头顶上的安全”等财产和人身安全。例如，《民法典》侵权责任编在产品责任部分规定了惩罚性赔偿规则（第 1207 条），这必将有力遏制生产、销售不合格食品的行为，有利于保证人们“舌尖上”的安全；侵权责任编还重点完善了高楼抛物致人损害的责任（第 1254 条），这有利于充分保障人们“头顶上的安全”。

（五）有利于实现依法行政、公正司法

民法典具有基础性和典范性的特点，是公民权利保护的宣言书，是民事主体的行为准则、依法行政的基本依循，也是法院裁判民事案件的基本遵循。民法典对于依法行政、公正司法的作用还表现在：一是资讯集中，方便找法。实践中之所以出现“同案不同判、同法不同解”现象，重要的原因就在于，法官选择法条和裁判依据存在差别。而法典化的一个重要优势在于“资讯集中”。正所谓“法典在手，找法不愁”，执法者、法官只要有一部民法典在手，并通过领悟其规则和精神，就可以找到民事裁判的主要依据。二是统一裁判依据。民法典是基础性法律，是行政执法者、法官适用法律的基本遵循，因此，处理民事纠纷，首先要从民法典中找法。在我国，长期以来，有些新法颁布以后，因为没有废止旧法，且没有指明新法修改了哪些旧有的规定，所以就产生了新法与旧法同时适用的现象，造成了规则的不统一。《民法典》的颁布将从根本上改变这一现象。《民法典》的颁行可以保障法官裁判依据的统一性，而正是因为法律适用具有一致性，法官的自由裁量权将在规范的约束下进行，这就可以保障法官平等地、统一地对不同案件作出判决，保障“类似情况类似处理”，从而实现判决结果的可预测性，实现法的安定性。三是提升执法和司法人员的能力。民法典是法律工作者今后研究、处理涉及民事纠纷的基本依据，也是执法、司法的基本平台，民事纠纷的解决都应当在该平台中研讨。在民事领域考验我们的执法能力，很大程度上就是衡量我们准确把握、理解和运用民法典的能力。《民法典》颁布后，如果执法和司法人员都能够真正学懂、弄通民法典的规则，就可以基本把握处理和裁判民事纠纷的基本规则，并能够按照体系化的思维方式处理民事纠纷。

人格权独立成编的意义

为中国人民谋幸福，为中华民族谋复兴，是中国共产党人的初心，也是新时代的奋斗目标。党的十九大报告在民生部分提出了要保障公民的合法权益，并且特别强调了对人格权的保护。由于人格权是民事主体对其人格利益享有的排斥他人干涉的权利，关乎每个人的人格尊严，是民事主体最基本、最重要的权利，因而人格权编的立法目的就是“贯彻党的十九大和十九届二中全会关于‘保护人民人身权、财产权、人格权’的精神，落实宪法关于‘公民的人格尊严不受侵犯’的要求”①，坚持以人民为中心，回应社会关切，顺应人民群众对人格权保护的迫切需求，总结现有人格权立法以及实践经验。人格权编对人格权制度作出详细的、科学合理的规定，全面确认和保护人格权；同时，也对现行民事法律规范进行了系统整合，为司法实践中处理人格权纠纷提供了较为明确的裁判依据，从而实现民法典编纂的时代性和体系化目标。

人格权在民法典中独立成编，落实了民法调整平等主体之间的人身关系和财产关系的任务，改变了传统民法存在的“重物轻人”的体系缺陷，这既是民法典回应时代需求的集中体现，也从根本上满足了新时代人民群众日益增长的美好幸福生活的需要，强化了对人格尊严的维护。人格权独立成编是我国民法典最重要的创新之一和最大亮点，也为世界各国有效应对人格权保护问题提供了中国经验和中国方案。人格权独立成编的意义主要体现在如下几个方面。

一、人格权独立成编是实现人民群众对美好生活向往的需要

按照马克思主义理论，人的地位是最高的。马克思主义倡导人的解放，实现

① 沈春耀作关于民法典各分编（草案）修改情况和民法典（草案）编纂情况的汇报．人民日报，2018－08－28.

人的全面发展，归根结底都是为了人。当前，中国特色社会主义已经进入了新时代，中国共产党的十九大报告在深刻分析我国经济社会现实的基础上明确指出："我国社会主要矛盾已经转化为人民日益增长的美好生活需要和不平衡不充分的发展之间的矛盾。"经过改革开放四十余年来的发展，我国持续稳定地解决了十几亿人的温饱问题。我国已经成为世界第二大经济体，人民物质生活条件得到了极大改善，总体上实现了小康，不久将全面建成小康社会。在这样的背景下，人民美好生活的需要日益广泛，广大人民群众不仅对物质文化生活提出了更高的要求，对精神生活的要求也必然日益增长，希望过上更有尊严、更体面的生活，尤其是在民主、法治、公平、正义、安全、环境等方面的要求更加强烈。① 美国社会心理学家马斯洛（Maslow）曾经提出著名的"需求层次理论"，即当人们只满足于基本物质需要时，人们对隐私等精神性人格权的诉求会相对很少，而当人的生存需要基本满足之后，对文化和精神的需要将越来越强烈。② 马斯洛把这种心理需要归纳为自尊需要。③ 中国改革开放的历史也印证了这一观点，在中国特色社会主义进入新时代以后，随着我国社会主要矛盾的变化，"保护人格权、维护人格尊严，是我国法治建设的重要任务"④。

人格权法律制度的根本目的在于保护个人的人格尊严，各项人格权都体现了人格尊严的保护要求。因此，在民法典中加强人格权立法，使其在民法典分则中独立成编，实质上就是为了全面保护人格权，使人民生活得更有尊严，其根本目的是实现新时代人民群众对美好幸福生活的向往。《民法典》强化了对生命、健康、身体的保护，并将其列为各项权利之首予以确认。《民法典》将生命尊严作为生命权的重要内容加以保护，这是人格尊严在生命权中的具体体现。《民法典》第一次规定了性骚扰的概念和认定条件，并对防范性骚扰的义务作出明确规定。《民法典》人格权编中第一次确认了私人生活安宁的权利，并明确将私人生活安宁规定在隐私权之中；第一次确认了隐私的概念，并禁止非法进入、拍摄、窥视他人的住宅、宾馆房间等私密空间，非法拍摄、窥视、窃听、公开他人的私密活动，非法拍摄、窥视他人身体的私密部位（第1033条），从而维护个人尊严，保障社会生活的安定有序。针对他人发送垃圾短信、垃圾邮件侵扰私人生活安宁的行为，《民法典》确认和完善了有关个人信息保护的规则。总之，人

① 张文显．法治与国家治理现代化．中国法学，2014（4）.

② 马斯洛．马斯洛人本哲学．成明，编译．北京：九州出版社，2003：52－61.

③ 马斯洛．动机与人格．北京：华夏出版社，1987：51－52.

④ 沈春耀作关于民法典各分编（草案）修改情况和民法典（草案）编纂情况的汇报．人民日报，2018－08－28.

格权独立成编为维护个人的人格尊严、实现人民群众美好幸福生活提供了重要的法律保障。

二、人格权独立成编是充分回应互联网、高科技进步发展的需要

首先，人格权独立成编是适应互联网时代的需要。互联网技术的发展给人格权，特别是隐私权、个人信息的保护带来了巨大挑战。在互联网和大数据时代，隐私等人格权益面临严重的威胁，网络侵害人格权的事件频发，对受害人造成的损害严重。随着互联网的发展，各种人肉搜索泛滥，网络谣言、网络暴力、非法侵入邮箱盗取信息、通过 App 非法窃听他人通话等时有发生，通过网络非法披露他人短信、微信记录等行为更是屡见不鲜，此类行为不仅污染了网络空间，更是构成对他人人格权的侵害。例如，在著名的“艾滋女网络谣言案”等案件中，行为人就是通过散布网络谣言的方式，侵害他人的人格权益。互联网登录和使用的自由性，使通过网络侵害人格权的行为具有易发性。同时，互联网受众的无限性和超地域性也使通过网络侵害人格权具有一种无限放大效应，也就是说，相关的侵权信息一旦发布，即可能在瞬间实现世界范围的传播，相关的损害后果也将被无限放大，损害一旦发生如覆水难收。因此，在互联网时代，如何预防和遏制网络侵权行为，是现代法律制度所面临的严峻挑战。我国《民法典》不仅确认和保障各项人格权，而且设置禁令、删除、更正等规则，强化了对损害的预防，并有效制止和遏制网络侵权行为，这些方式也成了依法治网的重要形式。

其次，人格权独立成编是适应高科技和信息社会发展的需要。21 世纪是高科技和信息爆炸的时代，现代科技是价值中立的。① 科学技术的迅速发展是一把双刃剑，一方面，其给人类带来了巨大的福祉，极大地改变了人类的生产和生活方式，甚至改变了人类社会的组织方式；另一方面，科学技术一旦被滥用，也可能损害个人的隐私、个人信息、生命健康等，从而损害人类的福祉。例如，随着生物科技的发展，人类基因编辑、器官移植、代孕、DNA 鉴定中出现的问题越来越多。针对现代科学技术发展对个人隐私等人格权带来的现实威胁，美国学者 Froomkin 提出了“零隐权”（zero privacy，意思是隐私权已经不存在）的概念，认为各种高科技、互联网的发明在给人类带来巨大福祉的同时，也都有一个共同的副作用，即对隐私权、个人信息权保护带来了巨大威胁。② 例如，互联网技

① 张志成．论科技法学的法理学基础及其二元结构．科技与法律，2005（3）．

② A. Michael Froomkin，Cyberspace and Privacy：A New legal Paradigm? The Death of Privacy? 52 Stan. L. Rev. 1461，2000.

术、卫星技术、生物辨识技术、监控技术等越来越多地成为个人信息收集的工具。科幻小说中设想的通过苍蝇携带相机到他人家中偷拍，已随着无人机技术的发展逐渐变成了现实。各种高科技的发明已经使人类无处藏身，如何强化对隐私权等人格权益的保护，成为现代法律制度所面临的最严峻的挑战。① 为应对这些挑战，人格权编的许多条款都作出了相应规定，例如，《民法典》第1009条设定了关于人体基因、人体胚胎相关科研的底线规则，第1019条禁止利用信息技术手段深度伪造他人肖像，第1023条第2款承认了声音作为一种新型的人格利益，以及第1034条扩大了个人信息的范围，在原有法律规定的基础上增加了生物识别信息、健康信息、行踪信息等，这些都是对互联网、高科技时代的回应。

三、人格权独立成编是适应市场经济的发展的需要

市场经济的发展、商业模式的改变以及网络营销等的发展，在深刻改变我们消费方式的同时，也对我们的个人信息安全、隐私权保护等构成了一定的威胁。个人信息的收集与利用极大地促进了社会经济的发展。由于电子商务的迅猛发展，网络购物早已进入每一个家庭，成为人们日常生活消费的重要方式。电子商务也带来了诸多的新型广告模式，例如，针对特定消费者个人消费癖好的分析，商家投放具有明确针对性和个性化的广告。这实际上就是在电子商务过程中商家对消费者大量信息进行收集和利用所致，会给隐私权、个人信息保护带来巨大的挑战。一些商家违规收集个人信息，或者违反约定利用个人信息，实际上都构成对个人信息权利的侵害。此外，征信制度、黑名单制度的建立也都给个人信息的保护带来了挑战。各种名目繁多的评级、企业自己建立的黑名单制度、信息失真导致的评价不准确，不仅会给他人名誉、信用等造成损害，也会影响他人正常的经营活动乃至日常的生活。

为适应市场经济的发展和保护人格尊严的需要，《民法典》第993条确立了人格利益的许可使用规则。人格权具有专属性，但是这并不意味着人格利益不可由他人进行利用。人格利益的许可使用也称为人格利益的经济利用，是指人格权的某些权能可以依法转让或者授权他人使用，以及在其遭受侵害以后可以通过财产损害赔偿的方式获得救济。人格利益许可使用规则的重要意义在于：一方面，有利于回应社会发展需求。传统社会中，社会形态比较简单，普遍更侧重人格权的静态保护；随着社会的发展，肖像、声音、个人信息等的利用层面凸显出来，各种利用现象层出，尤其是个人信息的利用十分普遍。我国民法典关于人格权许

① 徐明．大数据时代的隐私危机及其侵权法应对．中国法学，2017（1）．

可利用的规定适应了人格权行使的发展趋势，有效地协调了个人信息保护与利用关系，有利于促进我国数据产业的发展和国家整体战略的推进。另一方面，有利于保护个人人格尊严。利用和保护并非对立的两个层面，人格尊严也包括通过自己的意志对人格利益进行自主利用，并排除他人未经许可的利用，这也是对人格尊严的动态保护。民法典也基于人格尊严保护的要求，规定了不得许可使用的情形，这为人格权的许可使用设置了界限，更有利于推进对人格尊严的保护，避免因利用而损害人格尊严。对于人格利益和财产利益可能导致的冲突，人格权编在许可使用合同的解释以及许可使用合同的解除等问题上，均作出了特殊规定。这些规定更加注重对人格利益的保护，同时注重与对财产利益保护的平衡，能够更好地实现保护人格尊严的宪法要求。

四、人格权独立成编是全面保护人格权的需要

人格权独立成编就是要构建完整的人格权体系，这既顺应了域外的立法趋势，也可以满足我国社会现实的需要，从而为全面保护人格权奠定了制度基础。具体而言，主要表现在如下方面。

第一，为依法行政提供根本的遵循。民法典全面确认各项人格权，将为规范行政执法提供依据，行政执法过程中不得以侵害人格权为代价，不得违背法律法规的规定随意减损公民依据民法典所享有的各项人格权，国家机关工作人员在行使职权过程中还应当保护公民的各项人格权不受侵害，如《民法典》第1005条规定国家机关法定救助义务的履行，也有利于维护公民的人格权。

第二，为公正司法提供基本依据。司法机关在行使职权过程中，也要遵循民法典规定的人格权保护规则，规范、公正、文明执法，提高司法公信力。从我国司法实践来看，人格权的案件在审判实践中的数量呈逐渐增长趋势。自《民法通则》确立了人身权制度以来，人民法院审理的人格权的案件每年都在快速增长，大量涉及名誉、肖像、隐私、姓名、名称、个人信用、人身自由等人格权。实践中，侵害人格权的事件大量发生，尤其是随着互联网、高科技的发展，网络暴力、网络谣言、人肉搜索、网络诽谤、信息泄露等时有发生，这就尤其需要立法作出应对并强化对人格权的保护。而相对于世界发展趋势和现实社会需要，我国《民法总则》的几个条文过于原则、简单，远不能达到全面保护人格权益的立法目的。同时，《民法总则》第110条虽然对各项具体人格权进行了列举，在一定程度上完成了人格权类型的确认，但并没有规定各项人格权的具体内容，尤其是义务人应当承担的各项行为义务、尊重人格权应当遵循的各项具体规则、权利行使中私人利益与公共利益的协调关系，以及在侵害人格权的情形下的保护规则

等。因此，需要通过人格权构建科学合理的且系统全面的人格权体系。

第三，人格权独立成编将为未来人格权的确认和保护提供空间。人格权是一个不断发展的体系，将随着科学的发展、科技的进步，会出现许多新的人格利益需要保护，这些权利出现之后，只有人格权独立成编，才有足够的空间容纳这些新型的人格权益。人格权独立成编也凸显了人格权在民事权利体系中的地位和作用，使其可以和物权、债权一样，成为重要的民事权利，这也有利于强化公民的权利意识。同时，人格权的体系具有开放性，其类型和内容也是在不断发展的①，通过独立成编的人格权可以为将来人格权制度的发展预留足够的空间。尤其是考虑到现代社会生活的复杂性，科学技术的发展将持续给人与社会的关系带来影响，而人对自身发展的诉求也将随之发展，人的主体性意识和诉求也将增强。在这样的背景下，人格权的类型和内容都会不断发展，法律在未来还有必要确认新型的人格权益②，民法典中关于人格权的类型在未来还可能会增加。人格权这种与时俱进的开放性特点，在民法典人格权独立成编的立法模式下更具有可能性。因为在独立的人格权编中，法官可以通过对既有人格权范式的参照和类推适用，发现和确认新型的人格权法益，从而更好地确认和保护新型的人格权益。

五、人格权独立成编是完善民法典体系的需要

人格权的独立成编不仅具有足够的理论支持和重大的实践意义，而且从民法典的体系结构来看，完全符合民法典体系的发展规律，并对民法典体系的丰富和完善具有十分重要的作用，一方面，人格权独立成编符合民法典体系结构的内在逻辑。人格权独立成编凸显了民法作为“人法”的本质，有助于弥补传统民法“重物轻人”的体系缺陷。人格权独立成编形成对各种人格权益的周延保护，并弥补了传统民法典体系的不足。另一方面，人格权独立成编也与我国《民法典》总则编所明确的调整对象相吻合。我国《民法典》第 2 条在规定民法的调整对象时，将人身关系规定在财产关系之前，凸显了对人身关系的重视。这实际上表明，我国民法典要求进一步强化对人身权益的保护，这一精神应当在民法典分则中得到体现。《民法典》第 109 条、第 110 条采用高度概括的方式列举了一般人格权和具体人格权，并没有规定这些权利的具体内容，这就需要在民法典分则中对其作出规定。同时，总则编所规定的民事权利实际上都需要通过各个分编以及特别法作出细化规定。例如，物权、合同等都有分编保护，身份权有婚姻家庭编

① Jean-Christophe Saint-Pau (dir.), Droits de la personnalité, LexisNexis, 2013, p. 37.

② 高圣平．比较法视野下人格权的发展——以美国隐私权为例．法商研究，2012 (1).

保护，其他投资性权利通过公司法等特别法予以保护，人格权编对人格权的各项规则作出细化规定，也更有利于实现民法典的立法目的。

总之，“现代民法的发展显然是以人格权法的发展而展开的”①。加强和完善人格权法律制度，代表了现代民法的发展趋势。民法典是新时代保护人民民事权利的“权利法典”，而人格权编尊重人民的意愿，反映人民的需求，谋求人民的福祉，符合人民的利益，且充满了新时代的气息，彰显了时代的精神，因此堪称良法。但“徒法不足以自行”，只有学习好、实践好这部法典，才能不断推进全面依法治国，推进国家治理体系和治理能力现代化，实现人民群众对良法善治的美好期待。

王利明

2020 年 6 月

① 北川善太郎．民法典体系的民法模式与比较法．2008 年民法体系与侵权法国际研讨会材料．北京：中国人民大学法学院，2008.

目 录

第四编 人格权

第一章 一般规定 …… 1
第九百八十九条 …… 1
第九百九十条 …… 22
第九百九十一条 …… 43
第九百九十二条 …… 50
第九百九十三条 …… 54
第九百九十四条 …… 66
第九百九十五条 …… 76
第九百九十六条 …… 95
第九百九十七条 …… 107
第九百九十八条 …… 122
第九百九十九条 …… 135
第一千条 …… 140
第一千零一条 …… 146
第二章 生命权、身体权和健康权 …… 152
第一千零二条 …… 152
第一千零三条 …… 165
第一千零四条 …… 175
第一千零五条 …… 186
第一千零六条 …… 191
第一千零七条 …… 199
第一千零八条 …… 203
第一千零九条 …… 208
第一千零一十条 …… 215

第一千零一十一条 …… 228
第三章 姓名权和名称权 …… 235
第一千零一十二条 …… 235
第一千零一十三条 …… 243
第一千零一十四条 …… 253
第一千零一十五条 …… 262
第一千零一十六条 …… 265
第一千零一十七条 …… 269
第四章 肖像权 …… 276
第一千零一十八条 …… 276
第一千零一十九条 …… 287
第一千零二十条 …… 294
第一千零二十一条 …… 302
第一千零二十二条 …… 307
第一千零二十三条 …… 314
第五章 名誉权和荣誉权 …… 325
第一千零二十四条 …… 325
第一千零二十五条 …… 339
第一千零二十六条 …… 346
第一千零二十七条 …… 352
第一千零二十八条 …… 357
第一千零二十九条 …… 364
第一千零三十条 …… 372
第一千零三十一条 …… 376
第六章 隐私权和个人信息保护 …… 383
第一千零三十二条 …… 383
第一千零三十三条 …… 406
第一千零三十四条 …… 418
第一千零三十五条 …… 443
第一千零三十六条 …… 458
第一千零三十七条 …… 473
第一千零三十八条 …… 484
第一千零三十九条 …… 496

第四编　人格权

第一章

一般规定

第九百八十九条

本编调整因人格权的享有和保护产生的民事关系。

本条主旨

本条是关于人格权编调整范围的规定。

相关条文

《民法总则》第 2 条规定：“民法调整平等主体的自然人、法人和非法人组织之间的人身关系和财产关系。”

《民法总则》第 109 条规定：“自然人的人身自由、人格尊严受法律保护。”

《民法总则》第 110 条规定：“自然人享有生命权、身体权、健康权、姓名权、肖像权、名誉权、荣誉权、隐私权、婚姻自主权等权利。法人、非法人组织享有名称权、名誉权、荣誉权等权利。”

《民法总则》第 111 条规定：“自然人的个人信息受法律保护。任何组织和个人需要获取他人个人信息的，应当依法取得并确保信息安全，不得非法收集、使用、加工、传输他人个人信息，不得非法买卖、提供或者公开他人个人信息。”

理解与适用

一、人格权的概念和特征

（一）人格权概念的发展

本条对人格权编的调整对象作出了规定。人格权（personality right、droits-de lapersonalite、Persönlichkeitsrecht）的概念始于近代。据美国学者雷特尔（Eric H. Reiter）考证，荷兰学者胡果·多诺鲁斯（Hugo Donellus，1527—1591）最早提出了生命、健康等权利①，并将一些人格利益上升为一种权利，开创了人格权理论的先河。② 不过，虽然多诺鲁斯提出了生命、健康等具体人格权，但其并没有对人格权下一个一般性的定义。在18世纪，德国学者沃尔夫也提出了生命权、身体权等概念。19世纪，也有学者对人格权的概念进行过研究。例如，1867年，法国学者本陶德（Bentauld）在其撰写的《拿破仑法典的原则和实践》一书中就曾提出过人格权的概念。1870年，另一个法国学者莫勒特（Morillot）在其撰写的一本关于版权和工业产权的著作中，也曾论及人格权理论。19世纪中期，历史法学派的代表人物萨维尼则对人格权概念持批评态度，他认为，一个人无法拥有对自己的身体及其组成部分的权利，否则将导致个人享有自杀的权利，因此，个人对其自身的权利在实证法上也难以得到承认。③

直到19世纪末期，人格权的概念才开始形成。一般认为，这一概念最早由德国学者噶莱斯（Karl Heinrich Franz von Gareis）于1877年提出，噶莱斯认为，应当区分人格利益和主体资格，人格权以人格利益为客体，而并非以“人格”为客体。人格权不包含任何涉及他人的权利，而仅仅与权利人自己有关。④ 这就回应了萨维尼等人对人格权概念的批评。在此基础上，他指出人格权的特性应不包括法律主体的物质性利益，人格权包括两个方面：一是源自身体的物质性存在，二是精神上的存在。他还区分了三种类型的人格权：身体完整权和人格自

---

① Eric H. Reiter，Personality and Patrimony：Comparative Perspectives on the Right to One's Image，76 Tul. L. Rev. 673.

② Vgl. Helmut Coing，Zur Geschichte des Begriffs subjektives Recht，in：ders. /Frederick H. Lawson/Kurt Grönfors（Hrsg.），Das subjektive Recht und der Rechtsschutz der Persönlichkeit，Alfred Metzner，Frankfurt am Main/Berlin，1959，S. 11f.

③ Savigny，System des heutigen römischen Rechts，1840，Bd Ⅰ，S. 334.

④ Neethling，JM Potgieter & PJ Visser，Neethling's law of personality，LexisNexis South Africa，2005，p. 7.

由权（如姓名权）、人格尊严，以及智力成果中的权利（如版权）。由于噶莱斯区分了人格权与主体资格，并区分了人格权与其他私法上的权利，深刻地影响了现代人格权法的发展，因此噶莱斯也被称为“现代人格权法之父”[①]。

受噶莱斯观点的影响，日耳曼法学派的代表人物科勒（Kohler）提出，人格权的权利客体是人的全部精神与肉体，一般性人格权是专属于人的权利，其利益包括身体完整、自由和尊严等。科勒还首次提出了现代法意义上的隐私权概念，并将其作为人格权的组成部分。他认为，人格利益具有不可侵害性，人的人格权只有通过其身体、尊严、隐私等才能受到侵害。[②] 科勒论证了个人对其生命、健康、荣誉、姓名、肖像以及隐私等享有人格权。[③] 其观点对人格权理论的形成起到了一定的推动作用。另一位日耳曼法学派的代表人物基尔克（Gierker）提出，人格权是一项重要的私权。他认为，一般人格权是一种基础性权利，来源于法律对人这一概念的认定。从一般人格权中，又将发展出各类具体人格权，而此种演变过程往往取决于历史发展的进程。[④] 人格权益包括关于个人身体完整的权利、关于自由的权利、关于尊严的权利等。[⑤] 基尔克列举了人格权不同于其他权利的一些特征：人格权属于私权，具有不可继承性、很强的人身专属性，在权利人死亡后，人格权也消灭。[⑥] 基尔克还区分了几类最为重要的人格权：身体完整、自由、尊严、身份、姓名、独特性标志（如商标或商号）、肖像以及在经济领域中的版权和专利权。[⑦]在《德国民法典》制定过程中，虽然一些学者已提出了系统的人格权理论，但由于《德国民法典》的起草者温特沙伊德深受萨维尼否定人格权的观点的影响，因而在法典中并没有明确认可人格权。[⑧]

在其他大陆法系国家，人格权的概念和理论也经历了一个产生、发展的过程。例如，1909 年，法国学者皮劳尔（Perreau）就认为，人格权在性质上属于新型的权利类型，其客体并非外在于权利人，人格权在性质上属于非财产权利，

① Leuze，Die Entwicklung des Persönlichkeitsrechts im 19. Jahrhundert，1962，S. 93. Neethling，JM Potgieter & PJ Visser，Neethling's law of personality，LexisNexis South Africa，2005，pp. 6 - 7.

② Kohler，Urheberrecht an Schriftwerken und Verlagsrecht，1907，S. 441ff.

③ Kohler，Buergerliches Recht，in Enzyklopdie der Rechtswissenschaft，Hrsg von Joslf Kohler，Zweiter Band，7. Aufll；1914，S. 1（33）f.

④ Gierker，Deutsches Privatrecht，1895，S. 704f.

⑤ S Strtimholm，Right of privacy and rights of the personality：a comparative survey（1967）at 29.

⑥ D Leuze，Die Entwicklung des Persiinlicbkeitsrecbts im 19. Jahrhundert：zugleicb ein Beitrag zum Verbaltnis allgemeine Persiinlicbkeitsrecbt：Recbtsfdbigkeit（1962）at 114 - 115.

⑦ Vgl. Otto von Gierke，Deutsches Privatrecht，Band I，Leipzig，1895，S. 702 ff.

⑧ Savigny，System des heutigen römischen Rechts Berlin，1840，Band I，S. 355.

人格权具有绝对性，具有人身专属性，不可转让、不可继承。① 其认为，人格权的独特之处在于没有主体本身之外的客体，它所针对的是主体人身的某些方面：姓名、身体、荣誉和名誉、私生活、肖像等。② 再如，在瑞士，直至19世纪末，伯斯苔尔（Boistel）才在其1899年撰写的《法哲学》一书中提出了人格权理论，以基斯凯尔（Giesker）、斯派克（Specker）等人为代表的学者也提出了人格权的概念和理论，并对瑞士法产生了重大影响。③ 1970年，在来自洛桑地区的联邦法官A. Lüchinger的主持下成立了专家委员会（被称为Lüchinger委员会）。该委员会于1974年12月提交了一份报告，名称为"修订民法典和债法典关于保护人格的联邦法律草案"。该草案主要涉及媒体侵权时行为的不法性的定义、管辖法院、临时措施、回应权、数据库企业的义务、精神损害赔偿、返还不当得利、媒体和数据库企业的无过错责任等。草案于1983年12月16日被联邦议会表决通过，于1985年7月1日生效。当前，大陆法系国家普遍认为，应当承认人格权的主观权利属性，人格权与其他私权是可以进行区分的。④ 人格权应成为一项独立的私权。⑤

总之，人格权的概念经历了一个产生与发展的过程。起初，人格权被认为是关于人自身的权利，常常与个人的主体资格相混淆，因而人们否定人格权的独立性。随着人格利益的特定化、人格权客体的确定，人们才逐渐认识到，人格权和主体资格是不同的。人格权的客体并非人自身，而是人格利益，必须在法律上被类型化为权利，才能获得法律的有效保护。正是在此基础上，人格权概念得到认可，系统化的人格权理论也得以产生。自20世纪以来，尤其是自第二次世界大战以来，各国的民法学者大多认同人格权这一概念。尤其是随着人格利益范围的扩张，人格权的类型不断丰富，人格权的类型和体系也在不断丰富和深化，正是在这一过程中，人格权内容和体系也得到了发展。当前，从大陆法系各国的立法和司法实践来看，各国普遍区分了人格权和主体资格（即民事权利能力），并接

---

① R. Nerson, Les droits extrapatrimoniaux, thèse de droit, Lyon, Edition Bosc et Riou, 1939, pp. 356 - 363.

② Philippe Malaurie, Droit civil, Les Personnes-Les Incapacités, Edition Cujas, 1992, pp. 99 - 100.

③ Giesker, Hans, Das Recht des Privaten an der eigenen Geheimsphäre, Ein Beitrag zu der Lehre von den Individualrechten, Zürich, 1904; Karl Specker, Die Persönlichkeitsrechte mit besonderer Berücksichtigung des Rechts auf die Ehre im schweizerischen Privatrecht, Aarau: Druck von H. R. Sauerlaänder, 1910.

④ P. Kayser, Les droits de la personnalité. Aspects théoriques et pratiques, in Revue trimestrielle de droit civil, 1971, pp. 471 - 473.

⑤ Neethling, JM Potgieter & PJ Visser, Neethling's law of personality, LexisNexis South Africa, 2005, p. 12.

受了人格权作为主观权利的地位。①

在我国，“人格权”一词究竟何时首次出现，已经无从考证。据章炳麟《诸子略说》记载：“孔子平居教人，多修己治人之言，不求超出人格。”这里的“人格”，是指“以人事为范围也”②。但中国传统语境中并没有现代法学意义上的人格概念，人格作为 personality 的意译，是我国近代法学家在宣扬大陆法系的法学理论过程中，从日文中引入的。③ 但该概念在法律上的出现始于 1925 年的《中华民国民律草案》。该草案在第一章第一节“人”之下设置人格权之规定，其中第 18 条人格权的一般性规定，沿用《大清民律草案》第 51 条的规定。④ 南京国民政府于 1929 年 5 月 30 日发布民法典总则，有关人格权的规定继受了瑞士的制度，在“自然人”的标题下规定了自由权和姓名权两种人格权。⑤

新中国建立以后，曾几次制定民法典，但在这些草案中，并没有规定人格权。1986 年 4 月 12 日第六届全国人民代表大会第四次会议正式通过的《民法通则》，在第五章第四节规定了人身权，其中主要规定了人格权，具体列举和规定了公民所享有的各项人格权，这是我国人权保障道路上具有里程碑意义的大事。《民法通则》将人格权与物权、债权等权利并列规定，正是因为《民法通则》对人格权的系统规定，使其获得了“民事权利宣言书”的美誉。2009 年《侵权责任法》明确列举了受保护的各类人格权，该法第 2 条第 2 款规定：“本法所称民事权益，包括生命权、健康权、姓名权、名誉权、荣誉权、肖像权、隐私权、婚姻自主权、监护权、所有权、用益物权、担保物权、著作权、专利权、商标专用权、发现权、股权、继承权等人身、财产权益。”该法同时规定了侵害人格权的责任承担方式以及精神损害赔偿，这些都是对人格权法律制度的进一步完善。2017 年 3 月 15 日颁行的《民法总则》在中国民事立法史上具有里程碑式的意义，虽然该法仅用 4 个条款（第 109、110、111、185 条）规定了人格权保护，但其内容已经成为《民法总则》的最大亮点，并受到广泛好评。《民法典》单设人格权编，对民事主体所享有的各项人格权益作出规定，对于强化人格权保护具有重要意义。

---

① Neethling, JM Potgieter & PJ Visser, Neethling's law of personality, LexisNexis South Africa, 2005, p. 12.

② 辞海．上海：中华书局，1936：174.

③ 曲炜．人格之谜．北京：中国人民大学出版社，1991：8.

④ 该条规定：“人格关系受侵害者，得请求摒除其侵害。前项情形以法律特别规定者为限，请求损害赔偿或慰抚金。”

⑤ 张红．人格权总论．北京：北京大学出版社，2012：116－188.

（二）人格权的概念

要讨论人格权的概念，必须从“人格”一词着手。“人格”在法律上是一个极为抽象的概念，其内涵较为丰富。正如马克思曾经指出的，“人格脱离了人，当然只是一个抽象”①。它不仅可以用来解释除个人以外的其他主体，而且在法律上具有多重含义。具体来说，人格一词包含两重含义。

人格的第一种含义是指一种抽象与平等的法律地位，它是权利取得的资格。或者说，人格就是作为民事主体必备条件的民事权利能力。例如，黑格尔指出：“人格一般包含着权利能力，并且构成抽象的从而是形成的法的概念。”② 只要具备民事权利能力，就可以成为民法上的人，因而民事权利能力、人格、民法上的人、主体等概念基本上可以表达相近的意思。③ 我国《民法总则》关于权利能力的规定，实际上是对人格的规定。

人格的第二种含义是从人格权的客体角度来理解的。在此意义上，它是一种应受法律保护的利益。比较法上，各国民法均承认健康、自由、尊严等人格利益。人格利益具体包括自然人的人身自由、主体专有人格标志的保有（姓名、肖像等）、主体获得的良好社会评价、自然人的人格尊严和婚姻家庭关系中的人身利益、自然人的私人生活秘密，以及其他各种人格利益等。自然人享有的各种人格利益乃安全、活动自由的利益，而不是人的人身利益，所以人格权以人格利益为客体，并不是以人的人身利益为客体。④ 一些欧洲学者将人格界定为“对人作为万物的灵长所应享有的精神、道德价值的承认”⑤。因此，人格作为法律的客体，其可能受到多种形式的侵害，对人格利益的保护旨在维护主体作为人的存在，并且为主体从事财产活动提供前提条件。

但是，在人格权理论的发展过程中，这两种意义上的“人格”始终被混淆，并没有被明确区分。在 19 世纪，以萨维尼为代表的历史法学派之所以对人格权概念持批评态度，是因为认为人格和人格权是无法区分的，否则将导致个人享有自杀的权利。人格要素也不能成为意思力的作用对象，无法满足主观权利以法律所赋予之意思力为核心的条件，这也导致人格要素不能通过权利被保护。⑥ 受这种观点的影响，《德国民法典》的主要起草人温特沙伊德认为，权利是人支配物

① 马克思恩格斯全集：第 3 卷．北京：人民出版社，2002：36.

② 黑格尔．法哲学原理．范扬，等译．北京：商务印书馆，1982：46.

③ 我国《民法通则》第 10 条规定：“公民的民事权利能力一律平等。”

④ 杨立新．人身权法论．北京：人民法院出版社，2002：103－104.

⑤ Neethling，JM Potgieter & PJ Visser，Neethling's law of personality，LexisNexis South Africa，2005，p. 27.

⑥ Savigny，System des römischen Rechts，zweiter Band，Berlin，1840，S. 334.

的关系，而不是人支配人的关系，所以民法典无法规定人格权。生命、身体、自由等乃个人与生俱来、自然享有的。虽然生命、自由等利益可由法律加以限制，但并非由法律确认后个人才可以享有这些权利。如果认为生命等为一种权利，则否定了生命等具有的自然属性，反而不能解释这些利益的产生及本质。① 如果承认人格为权利，则必然要将生命、身体、自由等人格利益作为权利客体，这样必然造成人是权利主体又是权利客体的混乱现象。② 然而，19 世纪末期，德国学者噶莱斯提出应当区分两种意义上的“人格”，人格权以人格利益为客体，而并非以“人格”为客体。自此，此种观点的影响越来越大，目前被大陆法系学者普遍接受和认可，而否认人格权的观点则日渐式微。近几十年来制定的民法典也大多规定了人格权，这表明人格权的概念已经被各国立法所普遍接受。

从比较法上看，各国也都区分了人格权与人格，并未产生混淆，人格是指主体资格，一般与民事权利能力相对应，而人格权则是民事主体所享有的民事权利。我国自《民法通则》颁行以来，就严格区分了人格与人格权的概念，依据《民法通则》，与人格相对应的概念是民事权利能力，规定在主体制度中，而人格权则规定在“民事权利”一章中。《民法总则》继续沿袭了这一立法传统，在主体制度部分规定了民事权利能力，解决主体资格问题，而在“民事权利”一章中规定了人格权，将其作为一项基本的民事权利加以规定，这实际上也是严格区分了人格与人格权。

我国《民法典》人格权编单独规定人格权，而没有将其作为主体资格规定在民事主体部分，实际上也是严格区分了人格权与人格两个概念，这一做法符合我国自《民法通则》以来的民事立法传统，与《民法通则》《民法总则》的立法精神也是一脉相承的。《民法典》第 989 条规定：“本编调整因人格权的享有和保护产生的民事关系。”由此可知，民法典人格权编严格区分了人格权与人格的概念。

结合《民法典》第 990 条、《民法典》第 110 条的规定，可以对人格权作出如下定义：人格权是指民事主体依法享有的，实现人格尊严和人格自由，并排斥他人侵害的权利。该定义强调了人格权的如下几个特点：一是人格权客体并非主体资格，而是人格利益。主体资格和人格利益应当区分开。二是人格利益与财产利益、身份利益是可以区分开的。人格利益主要是一种精神利益。如果说对财产利益的保护旨在为主体维持其自身生存与发展以及从事各种活动提供物质基础，那么，对人格利益的保护则旨在维护主体作为人的存在，并且为主体从事财产活

---

① 龙显铭．私法上人格权之保护．北京：中华书局，1948：2.

② 陈民．论人格权．法律评论，28（8）.

动提供前提条件。人格利益也是个人作为社会成员的存在所必不可少的。正是在这个意义上，哲学家理解的人格概念与法学中的人格概念具有较大的相似性。[①]尽管各国立法和判例所保护的人格权范围不完全相同，但其共同指向的都是人格利益，而且随着社会的发展和司法保护的加强，人格利益的保护范围也在不断扩展。[②] 三是民事主体依法享有其人格利益并排除他人侵害。因为人格权本质上是一种绝对权，权利人可以享有其人格利益，并排除第三人的侵害。四是人格权是以维护和实现人格尊严和人身自由为目的的权利。这就是说，从价值上看，人格权以维护和实现人格尊严和人身自由为其价值目标，从而促进个人的人格自由发展。

（三）人格权的特征

人格权是一种私权，也是一种法律关系。人格权主要具有如下特征。

1. 人格权在性质上属于私权

人格权在性质上属于私法上的权利。[③] 人格权可以大致分为两大类，即宪法上的人格权和私法上的人格权。宪法上的人格权制度是为了规范国家和人民之间的关系。而私法上的人格权制度是为了规范民事主体之间的关系。我国《民法典》第989条规定："本编调整因人格权的享有和保护产生的民事关系。"这就清晰地表明了民法典仅调整因人格权产生的民事关系，不包括公法上的关系。根据立法机关的解释，我国民法典分编草案人格权编所保护的人格权属于私权范畴，并不涉及公民政治、经济等方面的权利。[④] 因为其是私权，所以，它是民事主体所享有的权利，其效力主要及于地位平等的民事主体之间，并非直接为公权力机关设定义务，这与我国民法主流观点是相一致的。

2. 人格权具有非财产性

《民法典》第2条规定："民法调整平等主体的自然人、法人和非法人组织之间的人身关系和财产关系。"民事权利表现为人身权和财产权两种不同的权利。在民法上，权利可以大致区分为两大类：一类是财产权，另一类是人身权。所谓人身权，是指以人身所体现的利益为内容的，与权利人的人身不可分的民事权利，包括人格权和身份权。人身权的主要特点在于：其内容体现为人格和身份等精神利益。人格权作为人身权的主要类型之一，不以财产的归属和利用为内容，

---

① 例如康德指出："人格把我们本性的崇高性清楚地显示在我们的肉眼前。"陈仲庚，等．人格心理学．沈阳：辽宁人民出版社，1986：35.

② Gert Brüggemeier，Aurelia Colombi Ciacchi，Patrick O Callaghan，Personality Rights in European Tort Law，Cambridge University Press，2010，p. 567.

③ W. A. Joubert Grondslae van die persoonlikbeidsreg (1953) at 121.

④ 沈春耀．关于提请审议民法典各分编草案议案的说明．[2018－09－03]．http：//www.npc.gov.cn/npc/cwhhy/13jcwh/2018－08/27/content_2059319.htm.

具有非财产性，因而与财产权相区别，其并不直接以财产利益为内容，且原则上不得转让、放弃或继承。①

3. 人格权的主体包括自然人、法人和非法人组织

一是自然人。自然人不仅平等地享有各项人格权，而且所享有的人格权的范围是十分宽泛的。依据《民法典》第110条的规定，自然人享有生命权、身体权、健康权、姓名权、肖像权、名誉权、荣誉权、隐私权、婚姻自主权等各项权利。依据我国《民法典》第16条的规定，胎儿也享有人格权益，当然，胎儿人格权益受法律保护的前提是其娩出时为活体。《民法典》第990条第1款规定，人格权是民事主体享有的生命权、身体权、健康权、姓名权、肖像权、名誉权、荣誉权、隐私权等权利。该条第2款规定："除前款规定的人格权外，自然人享有基于人身自由、人格尊严产生的其他人格权益。"从该规定来看，只有自然人才能享有一般人格权，法人和非法人组织不享有一般人格权。此外，根据《民法典》人格权编第六章的规定，自然人的个人信息受到法律保护。

二是法人。依据《民法典》第110条的规定，法人、非法人组织享有名称权、名誉权、荣誉权。该条也确认了法人、非法人组织的各项具体人格权。《民法典》第110条确认了法人享有名称权、名誉权、荣誉权，在法律上承认法人享有人格权，主要是为了强化对法人权益的保护。事实上，在法人、非法人组织人格权遭受侵害的情况下，仅采取财产权保护的方法是不够的，承认法人、非法人组织享有人格权有利于强化对法人合法权益的保护：一方面，尽管法人的人格权有财产性，但是以人格权的形式来保护，会更加周密。因为人格权会产生人格权请求权，即权利人可以通过停止侵害请求权、排除妨碍请求权、消除危险请求权等来保护自己的人格权，对名誉权还可以适用恢复名誉、消除影响等方法予以救济，从而在源头上消除侵权行为所带来的损害。另一方面，如果不承认法人人格权，仅仅用财产权的方法保护法人的名称、名誉等也是不充分的。例如，对机关法人、捐助法人、学校等社会团体法人而言，其名称并不具有财产性质，也无法进行交易，难以受到财产法的保护，只能通过人格权法予以保护。尤其应当看到，承认法人人格权，有助于对法人提供充分的救济。

当然，我国《民法典》承认的法人享有的人格权的类型仅限于上述三项，法人无法享有以生理或者心理为基础的人格权。② 法人享有的人格权不具有开放

---

① 马特，袁雪石．人格权法教程．北京：中国人民大学出版社，2007：11.

② 吴汉东．试论人格利益和无形财产利益的权利构造——以法人人格权为研究对象．法商研究，2012（1）.

性，法律上采取的是封闭列举的方式。且一般人格权只为自然人所享有，不能由法人享有。另外，虽然法人享有人格权，但其主要以财产利益为内容，法人人格权在遭受侵害后，法人也不会产生精神痛苦，因此，法人应当无法主张精神损害赔偿责任。《民法典》第 1183 条第 1 款规定："侵害自然人人身权益造成严重精神损害的，被侵权人有权请求精神损害赔偿。"这就明确否定了法人的人格权遭受侵害后的精神损害赔偿责任。

三是非法人组织。《民法典》第 110 条确认了合伙企业、个人独资企业等非法人组织的人格权。所谓非法人组织，是指不具有法人资格，但是能够依法以自己的名义从事民事活动的组织。我国《民法典》第 990 条规定民事主体所享有的人格权中就包括了非法人组织所享有的人格权，仅限于名称权、名誉权与荣誉权。

虽然人格权编确认了法人、非法人组织也享有部分人格权，但人格权主要是由自然人享有的。总之，《民法典》第 990 条第 1 款所列举的各项人格权，自然人均享有，而法人和非法人组织则仅享有三项人格权，且一般人格权只为自然人所享有。

4. 人格权的客体是人格利益

人格权的客体是指人格权所指向的具体人格利益。人格权主体支配的对象并非主体资格，而是人格利益。在法律中，人格既可以是主体意义上的人格，也可以是人格权客体意义上的人格。在主体意义上，人格是指成为民事主体、享有民事权利及承担民事义务的资格，人格作为民事主体的资格，不能被作为客体对待。而人格利益则不同于人格，可以成为人格权的客体。而在人格权客体意义上的人格就是指主体受法律保护的具体利益。人格的两重法律意义密切相关，但绝不能等同。萨维尼反对人格权的关键理由在于，人不能既是权利的主体，又是权利的客体。这一见解显然混淆了作为人格权主体的人和作为人格权客体的人格利益。因为人格权的客体并非人自身，而是人格利益，这体现了人格权和主体资格的根本不同。

人格利益分为一般人格利益和具体人格利益，前者主要指自然人的人身自由和人格尊严；后者包括生命、健康、姓名、名誉、隐私、肖像等个别人格利益。具体人格利益又可以分为物质性人格利益（如生命、健康、身体）和精神性人格利益（如姓名、肖像、名誉、隐私等）。尽管各国立法和判例所保护的人格权范围不完全相同，但共同指向的都是人格利益，人格利益本身具有确定性，而且随着社会的发展和司法保护的加强，人格利益的保护范围也在不断扩展。①

---

① Gert Brüggemeier，Aurelia Colombi Ciacchi，Patrick O'Callaghan，Personality Rights in European Tort Law，Cambridge University Press，2010，p. 567.

5. 人格权的内容包括积极权能和消极权能

人格权的内容也称为人格权的效力，主要是指民事法律所规定的有关人格权的权利和义务。从义务人的角度讲，人格权属于绝对权，人格权的义务人是不特定的，任何不特定的第三人都负有不得加以侵害的义务。从权利人的角度看，人格权的内容可以从两方面来理解，即人格权的积极权能和消极权能。

一是人格权的积极权能。它主要是指法律赋予民事主体所具体享有的对其人格利益进行自主决定和利用的权能。就积极权能而言，民事主体享有自主决定或积极利用的权利，如对标表型人格权如姓名权、名称权、肖像权的积极利用等。在物质性人格权中，权利人依法进行人体组织、器官的捐献或对药品试验的受试进行自主决定等。当然，人格权的积极权能的行使都必须在法律规定和公序良俗的范围内进行。正是通过这些积极权能的行使，从而实现权利主体所享有的人格利益。

二是人格权的消极权能。它是指人格权主体所享有的禁止他人对自己的人格权进行非法干预或侵害的权利。人格权作为一种对世权，可以对抗任何不特定人的非法干预。当人格权受到非法干预或侵害时，人格权主体有权依法主张加害人承担停止侵害、排除妨碍、消除危险、消除影响、恢复名誉、赔礼道歉、赔偿损失等侵权责任。在侵害个人信息的情形下，权利人还有权采取积极的措施要求相关主体更正、删除个人信息等。从义务人的角度来说，人格权的消极权能对应权利人之外的不特定的第三人所负担的不得侵害权利人人格权的义务。权利人之外的任何组织或个人，都负有不得妨害权利人行使权利的义务。义务人因违反义务而妨害权利人行使权利的，权利人有权请求法院排除妨碍，并要求义务人承担责任。

6. 人格权具有绝对性

人格权的绝对性意味着权利人以外的其他任何人均负有不得侵害他人人格权的义务。在这一点上，人格权与相对权存有显著的区别。正是因为人格权具有绝对性，所以该权利可以受到《民法典》侵权责任编的保护，这就是说，在人格权遭受侵害的情形下，受害人不仅可以依据人格权编主张人格权请求权，同时也可以依据侵权责任编的规定请求行为人承担侵权责任。

7. 人格权具有人身专属性

所谓人身专属性，是指它是与个人的人格始终伴随而不可分离的权利。此种权利一般不能转让、抛弃，也不能继承。① 专属性是人格权与其他权利的重要区

① 陈民．论人格权．法律评论，28（8）.

别。自然人一旦出生就应当享有人格权，这也是对个人进入社会的资格的确认。不论个人是否意识到有这些权利存在，人格权都是客观存在的。[①]《民法典》第992条规定："人格权不得放弃、转让或者继承。"该条实际上是对人格权专属性的确认。依据这一规定，人格权具有不可抛弃性、不可转让性、不可继承性，自然人自出生时起即享有人格权，自然人死亡后，人格权即终止。[②] 正因如此，人格权与物权、债权等其他民事权利不同，这些权利在性质上一般不具有较强的人身专属性。[③]

8. 人格权的价值基础是人格尊严，人格权也是人格尊严价值的具体彰显，且是以维护和实现人格尊严为目的的权利

一方面，各项人格权都彰显了人格尊严的价值。如前所述，人格尊严是各种人格利益获得法律保护的依据。人格权以人格法益为客体，法律上赋予权利人能够支配、享有这些人格法益的权利，立法目的和追求的价值是实现人格尊严。每一项人格利益之所以成其为人格利益，是因为需要彰显人格尊严。例如，性骚扰最直接的是侵害了人的身体，同时也侵害了人的尊严，但作为主体资格的人格不会遭受损害。又如，民法典第1002条在规定生命权时，明确规定生命权的内涵不仅包括生命安全，也包括了生命尊严。生命尊严是人格尊严的重要组成部分，而"生命尊严"不仅适用于活着的人，还可以扩展适用至胚胎、胎儿、遗体等。[④] 也就是说，对于这些特殊存在的"物"，仍然要以有利于维护人格尊严的方式对待和处理。[⑤] 还可以从维护生命尊严的角度解释人格权编承认对患者的临终关怀。另一方面，人格尊严是认定新型人格利益的根本标准。人格利益是不断发展、变化的，随着社会的发展、科技的进步，必然会出现一些新的人格利益，这些利益能否得到人格权法的保护，缺乏必要的法律标准。而有了人格尊严这一价值指引，新的人格利益就能得到保护，并上升为人格权，也就是说，只有充分体现人格尊严的权益，才是人格权。可以说，人格尊严是认定人格利益和人格权利的法律标准，正是通过它的补充作用，人格权的定义具有了功能弹性，能包容新型的人格利益和人格权。在笔者看来，新型人格利益能否受人格权法保护的认定标准，应该看其是否涉及人格尊严。例如，实践中，商家对消费者搜身，基于

① 杨立新．人身权法论．北京：人民法院出版社，2002：66.

② W. A. Joubert Grondslae van die persoonlikbeidsreg，1953，at 146－147.

③ Neethling，JM Potgieter & PJ Visser Neetbling's，law of personality，2005，at 13.

④ 例如，经1994年7月29日的法律修订，法国民法典第16条规定："法律确保人的优先性(primauté)，禁止对尊严的一切侵害，自其生命伊始（dès le commencement de sa vie）即确保对人的尊重。"该条源自1975年1月17日的法律，后者规定："自生命伊始确保对所有人的尊重。"

⑤ 石佳友．人格权立法的历史演进及其趋势．中国政法大学学报，2018（4）.

性别、健康等原因在就业等方面的歧视，性骚扰，妨碍他人对其私人生活的自主决定等，都在一定程度上侵害了他人的人格尊严，可以纳入人格权的调整范围。

此外，人格尊严决定了人格权所具有的一些基本特征。例如，尊严本身具有专属性，人的尊严不得被放弃、转让和非法限制，这一特点也决定了人格权本身具有人身专属性、不可放弃性等特征。人格尊严要求个人在一定程度上对其人格利益具有自决权①，因此，人格权的内容客观上也具有自决权的特点，人格权的支配不同于物权的支配，它实质上是指对人格利益和私人生活的自主决定，依法自决并排除他人的干涉。当然，这种自决必须是在法律范围之内的自决，而不是不受任何限制的支配。

二、人格权编的调整范围

（一）人格权编与人格权法

人格权编是调整有关因人格权的享有和保护所产生的民事关系，人格权编是调整有关因人格权的确认和保障而产生的民事关系的规范，该编共计51条，其内容分为六章，即一般规定，生命权、身体权和健康权，姓名权和名称权，肖像权，名誉权和荣誉权，隐私权和个人信息保护。严格地说，调整人格权关系的法律规范不限于人格权编，还包括民法典其他各编以及其他单行法的规定。例如，民法典总则编有四个条款确认了人格权，同时，总则编关于民事责任的规定，也适用于对人格权的保护。这就是说，民法典人格权编只是调整部分人格权关系，但人格权关系不仅受人格权编调整，还要受到民法典其他编以及有关特别法的调整。因此，在此，有必要区分人格权编与人格权法的概念。

所谓人格权法，是指确认和保护各项人格权的法律规范的总称。人格权法有广义和狭义两种理解，广义的人格权法不仅包括民法典人格权编的规范，还包括民法典其他各编关于人格权的规定。例如，民法典总则编、合同编、继承编等，均有关于人格权的规定，这些规定也属于广义的人格权法的范畴。除民法典的规定外，其他特别法关于人格权的规定，也属于广义的人格权法的范畴。狭义的人格权法则主要是指《民法典》人格权编的规定。

具体而言，人格权编与人格权法之间的关系表现在三个方面。

第一，人格权编是人格权法的重要组成部分。人格权法是确认和保护人格权的基本法。人格权编并不调整所有的人格权关系，只是从民事基本法的层面调整一些具体人格权的确认和保护问题。但因为人格权涉及的范围较为宽泛，民法典

① 石佳友．民法典与社会转型．北京：中国人民大学出版社，2018：166.

其他编和单行法也要对其进行调整，所以，人格权编只是人格权法的组成部分。

第二，人格权编是人格权法最基本的组成部分。民法典人格权编是最为基础性的人格权法规范，在发生人格权纠纷后，法官应当首先且主要依据人格权编的规定处理。但依据《民法典》第11条的规定，“其他法律对民事关系有特别规定的，依照其规定”，因此，如果对人格权纠纷涉及法律特别规定，可以依据单行法的规定予以处理。

第三，人格权编是解释人格权法的依据。这就是说，由于法典是基础性规范，因而，在解释民法典以外的有关人格权的单行法律规定时，应当以人格权编的规范为依据，有关人格权的单行法律规定不得与民法典人格权编相冲突。

（二）人格权编的调整对象

人格权编调整因人格权的享有和保护产生的民事关系，具体而言体现在如下方面。

1. 人格权编调整平等民事主体之间的人格关系

我国《民法典》调整平等主体之间的人身关系和财产关系，财产关系受到物权编、合同编等调整，而人格权编主要调整人身关系，但人身关系并非均受人格权编调整，因为人格权编并不调整身份关系，而只是调整其中的人格关系。这就使人格权编与民法典其他分编在调整范围上区分开来。虽然人格关系与身份关系不同，但是二者密切联系，故此，根据《民法典》第1001条，在《民法典》总则编、婚姻家庭编和其他法律没有规定时，对身份权利的保护可以适用人格权编中人格权保护的有关规定。

人格权编调整的人格关系是平等主体之间的社会关系。民法在调整平等主体之间财产关系和人身关系的过程中，形成了民事法律关系，并使原来的社会关系的内容表现为法律上的权利义务关系。民法调整平等主体之间的人身关系和财产关系，人格关系也属于平等主体之间的法律关系，而不是具有隶属关系的主体间的公法关系，因此，《民法典》人格权编并不规范政治权利。立法机关在草案的说明中也指出，“人格权编这一部分，主要是从民事法律规范的角度规定自然人和其他民事主体人格权的内容、边界和保护方式，不涉及公民政治、社会等方面权利”①。尽管人格关系可能涉及国家机关和公权力的行使问题，如行政机关滥用权力侵犯公民的人格权，但国家机关在承担民事责任时，它是民事责任的主体而非公权力主体，从这个意义上说，国家机关也是以平等主体的身份出现的，也

① 沈春耀．关于提请审议民法典各分编草案议案的说明．载［2018－09－03］．http：//www.npc.gov.cn/npc/cwhhy/13jcwh/2018－08/27/content＿2059319.htm.

属于平等主体。

2. 人格权编调整的是以人格利益为内容的社会关系

人格权编所调整的人格关系是以人格利益为内容的社会关系，而不是以财产为主要内容的关系，人格利益具体包括自然人的人身自由、主体专有人格标志的保有（姓名、肖像等）、主体获得的良好社会评价、自然人的隐私、个人信息以及其他各种人格利益等。人格利益不同于财产利益。财产利益是具有经济价值的物质利益，而人格利益虽然也涉及财产利益，但主要是一种精神利益，体现的是人格尊严；财产利益具有市场价格，一般可以转让，而人格利益具有人身专属性，不能转让或抛弃。因为这一区别，所以，财产利益可以通过损害赔偿的方式予以救济，而人格利益主要是精神性权利，不能用金钱来计算其价值。①

3. 人格权编调整的是以人格权的享有、保护和行使为内容而形成的社会关系

从该条规定来看，因人格权而产生的民事关系主要包括因人格权的享有而产生的民事关系与因人格权的保护而产生的民事关系。例如，因名称权的归属发生的争议，就应当属于因人格权的享有而形成的民事关系；而因姓名权、名称权遭受侵害而产生的民事关系，即因人格权的保护而产生的民事关系。

（1）因人格权的享有而产生的民事关系

所谓人格权的享有，是指民事主体因为法律的确认而享有各项人格权。人格权法主要是权利法。这就是说，人格权编侧重于对人格权进行正面确权，人格权法以确认人格权的类型、人格利益的保护范围、各种人格权的内容和权能、人格权的行使与效力，以及解决人格权与其他权利之间的冲突等为其主要内容。它与物权法、知识产权法等法律一样，都应当纳入权利法的范畴。确认人格权是人格权法特有的功能。在古代法中，人格权就已受到刑法的保护，但刑法并不确认人格权，因此，并不能形成人格权制度。只有在生命、健康、自由、名誉等人格利益受到民法的确认和保护以后，才开始产生民法中的人格权制度。

人格权编对人格权的确权使其不同于侵权责任编。人格权编具有确认人格权的功能，而侵权责任编对人格权和人格利益的保护虽然也能够在一定程度上起到人格权确权的作用，但其规范的重点在于规定侵害人格权益的救济规则，即对人格权进行消极保护。人格权法的确权功能主要体现在以下两个方面：一是从正面确认人格权的具体类型。即人格权法可以从正面对各项具体人格权和一般人格权作出规定，各项具体的人格权益包括生命权、健康权、身体权、姓名权、名称权、肖像权、名誉权、荣誉权、隐私权、个人信息权以及胎儿、死者人格利益

---

① 杨立新．人身权法论．北京：人民法院出版社，2020：88－90.

等。二是规定各项人格权的基本权能。与侵权法对人格权的消极保护不同，人格权法可以从正面规定各项人格权的具体权能，从而为权利人行使人格权提供具体的指引。我国《侵权责任法》第2条曾将各项具体人格权纳入侵权法的保护范围，但其并没有从正面规定各项具体人格权的内涵和权能，各项人格权的内涵和权能应当由人格权法专门作出规定。《民法典》人格权编从正面确认自然人、法人和非法人组织享有的各项人格权及其内容，与侵权责任编相结合，共同保护民事主体的人格权。通过人格权法全面保障个人的人格权，有利于维护个人的尊严和价值，有助于使主体明确认识到自身所享有的人格权，使其能够主动地行使并捍卫自身的人格权，同时也能够充分尊重他人的人格权，为建立社会主义民主政治、形成和谐稳定的社会秩序奠定基础。

（2）因人格权的保护而产生的民事关系

虽然人格权受到各个法律部门的保护，但人格权的确认和民法保护需要通过民法典人格权编来完成。从世界范围来看，人格权属于民法中的新型权利，并且是一项具有广阔前景的民事法律制度。“现代民法的发展显然是以人格权法的发展而展开的。”① 加强和完善人格权法律制度，代表了现代民法的发展趋势。我国1986年《民法通则》就非常重视对人格权的保护，不仅将“人身权”独立作为一节，而且明确规定了公民、法人的姓名权、名称权、名誉权、肖像权等具体人格权。《民法总则》第110条也曾对自然人、法人、非法人组织所享有的各项具体人格权作出了规定，这也为人格权在民法典中独立成编提供了法律依据。

因人格权保护所产生的民事关系主要是指人格权遭受侵害而产生的权利义务关系。民法典人格权编为人格权提供了丰富的保护手段。我国《民法典》第179条规定的停止侵害、排除妨碍、消除危险、恢复名誉、赔礼道歉等责任方式，有助于及时制止侵害，预防损害的发生，消除侵害人格权的各种损害源。由于人格权侵害又经常可能给权利人造成精神痛苦，因而还有必要采取精神损害赔偿。此外，侵害人格权也可能会发生财产损害，有必要采用财产损害赔偿的责任方式对受害人予以救济。除侵权保护方式外，民法典人格权编在人格权保护方面还规定了人格权请求权，即在权利人对其人格利益的圆满支配状态受到不当影响时，权利人有权主张人格权请求权，以维持其对其人格利益的圆满支配状态。

除了因人格权的享有和保护而产生的民事关系，人格权编还调整因人格权行使、人格利益的利用等而产生的关系。严格地说，从广义上理解的保护，也包括

① 北川善太郎．民法典体系的民法模式与比较法//2008年民法体系与侵权法国际研讨会材料．北京：中国人民大学法学院，2008.

了对人格权的利用和行使。人格权的行使涉及诸多法律问题，需要人格权编予以调整。一方面，人格权的行使应当符合法律和公序良俗，权利人不得滥用权利。在行使规则中，尤其需要规定人格权商业化利用的相关规则。随着社会的发展，人格权制度不再仅受到侵权法保护，而且逐渐具有积极利用的权能，集中体现就是人格利益的利用制度，需要人格权编予以规定（如《民法典》第 993 条）。另一方面，人格权的行使经常与言论自由、舆论监督等发生冲突，在此情形下，为了平衡社会公共利益和人格权保护之间的关系，人格权编有必要规定人格权的限制规则（如《民法典》第 1020 条、第 1025 条、第 1036 条）。

4. 人格权编调整的是人与人之间的关系，而不是人对自身的关系

人格关系的主体包括自然人、法人和非法人组织。法律关系是“人与人之间的法律纽带”①。尽管人格权是人对自身的权利，但人格关系作为一种法律关系，体现为人与人之间的关系，而不是人与物的关系或人与其自身的关系。虽然人格权表现为主体对自身人格利益的关系，但是，正是法律通过调整人与人之间的社会关系才使人格利益转化为人格关系。人格关系作为一种对世性的法律关系，与物权关系一样，第三人主要负有不侵害的消极义务。当然，在特殊情形下，第三人也可能承担积极义务，如救助义务、行政机关的作为义务等（如《民法典》第 1005 条）。人格权法作为民法中独立的组成部分，对于完善民事权利体系和民事法律体系，充分保障民事权利，具有重要的理论意义和实践意义。

三、人格权与主体制度、侵权责任编的关系

（一）人格权与主体制度

人格权与民事主体制度的联系十分密切。一方面，人格权是维护主体的独立人格所必需的权利。人格权不同于权利能力，但又与权利能力关联密切。尤其是自然人的生命、身体、自由、健康等人格权是自然人与生俱有的，也是维持自然人主体资格所必备的权利，一旦这些人格权被剥夺，个人的主体资格也将不复存在。另一方面，人格权制度的根本目的是维护个人的人格尊严，实现个人的全面发展，这本身也是为了促进个人自主性人格的释放。承认人格权与作为主体资格的人格之间存在密切联系，并不能否认二者之间存在区别，这些区别主要表现在如下方面。

第一，二者的内涵不同。所谓主体资格，是指在民事法律关系中享有民事权利、承担民事义务的资格。人格权则是为了保证民事主体的独立人格所必须享有

① 迪特尔·梅迪库斯．德国民法总论，邵建东，译．北京：法律出版社，2000：122.

的权利。人格权是以人格利益作为其内容的，人格利益包括自然人依法享有的生命、健康、名誉、姓名、人身自由、隐私、婚姻自主等人格利益，法人和非法人组织依法享有名称、名誉、信用、荣誉等人格利益。虽然主体资格与主体所享有的具体权利之间关联密切，但人格权作为民事权利，与主体资格存在本质区别，不能相互混淆。无论是自然人还是法人、非法人组织，作为一个平等的主体进入市民社会，就会与他人形成财产和人格上的联系。这种人格关系显然不是主体制度所能够调整的，主体资格是产生人格关系的前提和基础，但产生具体的人格关系还要依据具体的法律事实，包括人的出生、法律行为等。人格（法律人格）作为一种主体性资格，是主体享有一切人身权利和财产权利的前提，从这个意义上说，作为主体资格的人格既不属于财产权，也不属于人身权，而是凌驾于二者之上的统摄性范畴，是对人的资格和能力的确认，它理应被纳入民法典总则。人格权属于具体的民事权利，不应规定在主体制度中，而应规定在民法典分则中。

第二，是否受侵权法保护不同。将人格权制度与主体制度等同，则无法实现对人格权的充分保护。例如，某人实施了侵权行为，对他人的人格利益造成侵害，进而产生了侵害人格权的责任，这些显然不是主体制度所能解决的问题。事实上，主体资格只是强调民事主体人格的平等和民事主体应当享有的能力，其本身并不涉及人格权被侵害后的救济问题。由于现代民法贯彻主体平等的基本原则，不存在人格减等等人格受限制的情况，故而行为人只能侵害他人的人格权，而不能侵害他人的主体资格。因此，要充分保护人格权，就必须将其与主体资格分离，如果人格利益不能成为独立的权利，而属于主体资格的一部分，则侵权法就难以对人格权进行充分的救济。① 因此，人格权受到保护的前提是其与人格相分离，这就需要在民法典分则中确认自然人、法人和非法人组织所享有的各项人格权，并通过人格权请求权等制度对权利人予以救济。

第三，是否包括利用制度不同。应当看到，传统民法主要通过侵权法对人格权进行消极保护，但随着现代大众传媒业的发展，人格权商业化利用的现象日益普遍。例如，名人的姓名、肖像等常常被运用于各种商业广告，从而促进其商品的销售。使用名人肖像可以达到一种使公众对其商品质量的认可的目的，也有助于吸引公众的注意力，提高产品的知名度。再如，在大数据时代，个人信息具有很大的利用价值，应当坚持利用与保护并举。这种发展趋势表明，随着市场经济的发展，人格权已逐渐与主体制度发生分离，仅以生命权、健康权、自由权等传

① 李中原．潘得克顿体系的解释、完善与中国民法典体系的构建//陈小君．私法研究：第2辑．北京：中国政法大学出版社，2002.

统的人格权来理解整个人格权制度，显然是不妥当的。主体资格是不可转让的，但某些人格权的部分权能可以转让。如果将人格权制度规定在主体制度中，将导致某些人格权的部分权能不能转让，也就无法实现人格权的商业化利用，这显然不符合人格权发展的现实状况，也不能针对人格权这种商业化发展趋势制定有效的人格权利用规则。

第四，能否受限制和克减不同。众所周知，权利能力具有总括性、不可限制性和不可克减性，在现代法中不存在罗马法中的人格减等。然而，人格权作为一种具体的权利，法律可以基于公共利益的维护等目的而对人格权进行一定程度的限制。以隐私权为例，法律需要从维护社会公共利益等方面考虑对个人隐私作出必要的限制①，隐私权的范围应当受到公共利益和公序良俗的限制。例如，一旦实行政府官员申报财产制度，则政府官员的财产信息隐私就受到了限制。所谓“公众人物无隐私”，意味着人格权具有可克减性。有关人权的国际或区域性条约或公约一般也承认隐私权的可克减性。例如，《公民权利及政治权利国际公约》第 4 条就规定：“在社会紧急状态威胁到国家的生命并经正式宣布时，本公约缔约国得采取措施克减其在本公约下所承担的义务，但克减的程度以紧急情势所严格需要者为限，此等措施并不得与它根据国际法所负有的其他义务相矛盾，且不得包含纯粹基于种族、肤色、性别、语言、宗教或社会出身的理由的歧视。”还要看到，人格权受到某种限制或克减并不会影响权利人的主体资格，而只是影响其作为民事主体的具体人身利益。②

第五，能否规范死者人格权益的保护问题不同。从比较法上看，对死者人格权益的保护愈发受到重视，死者的人格尊严应受法律保护。在对死者的人格权益进行保护方面，我国司法实践也积累了不少经验③，需要通过总结这些经验，形成制度化的规则，但如果通过主体制度规定死者人格利益的保护，显然是不妥当的，因为在自然人已经死亡的情况下，其主体资格已经不复存在，主体制度难以为其人格利益保护提供必要的支持。因此，也不宜在总则的主体制度中规定死者人格利益的保护问题。

（二）人格权编与侵权责任编的关系

从许多国家人格权制度发展的历史来看，人格权法与侵权法具有密切的联系，“无论是作为大陆法系代表的德国，还是美国的普通法，对人格权法律学说

---

① 张新宝．隐私权的法律保护：2 版．北京：群众出版社，2004：16.

② 曹险峰，等．人格权法与中国民法典的制定．法制与社会发展，2002（3）.

③ 如著名的荷花女案、海灯法师案。

和制度的发展，都是在侵权法的框架下来展开的”①。两者的联系主要表现在：一方面，在独立的人格权制度产生之前，对人格权的保护和救济主要是通过侵权法来实现的。例如，《德国民法典》在其总则部分仅对姓名权作出了一条规定，而在侵权行为法中对生命、身体、健康、自由以及信用、贞操等人格权益进行了保护（《德国民法典》第823～825条）。英美法系国家也没有独立的人格权制度，对这类权利，也是通过侵权法来保护的。另一方面，对人格权的侵害在性质上都是一种侵权行为，受害人应主要通过侵权法获得补救。而人格权的确立又对侵权法产生了重大影响，它不仅扩大了侵权法保障的范围，并且因为精神损害赔偿的产生而丰富了侵权法中损害赔偿制度的内容。当然，人格权编与侵权责任编之间虽然关系密切，但二者仍然存在明显的区别，具体而言如下。

第一，规范内容不同。侵权法主要是调整侵权行为及其责任，从而对民事主体的人身或财产利益进行保护；而人格权法主要调整人格关系，其主要内容是确认主体所享有的各项人格权益，并明确其基本内容。正是因为这一点，二者所保护的权益范围不同。侵权责任法主要解决合法权益受到侵害时的法律救济问题，除人格权之外，侵权责任法还保护物权、知识产权等绝对权，这些权利也同样可以借助于侵权法对受害人予以救济，而人格权法则主要调整人格权法律关系。

第二，是否具有确权功能不同。侵权法主要是救济法，它要对受害人已经遭受的侵害进行救济，通过这种救济保护民事主体的合法权益，因而其主要功能是保护权利，而非从正面确认权利。而人格权法是权利法，其与物权法等法律一样，具有确权功能。只有通过人格权法规定各类人格权及其内容、效力等，才能为侵权法的救济提供基础。例如，侵权责任法虽然可以通过侵权责任保护隐私权，但无法从正面确认隐私权，也无法规定隐私权的具体内容。隐私权的内容可以进一步类型化为独处的权利、个人生活秘密的权利、通信自由、私人生活安宁、住宅隐私等。就私人生活秘密而言，又可以进一步分类为身体隐私、家庭隐私、个人信息隐私、健康隐私、基因隐私等。不同的隐私因为类型上的差异，在权利的内容以及侵权的构成要件上，都可能有所差异。对于如此纷繁复杂的权利类型，侵权责任法作为救济法的特点，决定其不能对人格权的保护规则作出详细规定。正是因为人格权法具有确权的功能，所以，只有在人格权法具体规定人格权的内容和效力的基础上，侵权责任法才能为受害人所遭受侵害的人格权提供损

① Giorgio Resta，The New Frontiers of Personality Rights and the Problem of Commodification，26 Tulane Eur. Civ. L. Forum33，36 (2011).

害赔偿的保护方式。[1]

第三，是否可以具体确认每一项具体人格权的权能不同。侵权法虽然可以列举各项具体人格权，但其本身无法对各种人格权的具体权能作出规定。每一种人格权都具有其自身的作用或功能，这些权能不是单一的，不同权能的结合构成了不同的人格权。自然人和法人的人格权不管是一般人格权还是各项具体人格权，都具有较为丰富和复杂的权利内容且各不相同。例如，名誉权的内容不同于肖像权的内容，而自然人的姓名权与法人的名称权的内容也不完全相同（因为法人的名称权可以转让，而自然人的姓名权不能转让）。由此可见，自然人、法人、非法人组织所享有的各项人格权的内容是不能通过侵权责任法加以确认的，必须在人格权法中具体规定。法律不仅要列举与彰显各种权能，也要具体规定各种权能的行使与表现效果。正是在这个意义上，只有制定人格权法，才能更充分地体现私权行使和保护的需求，侵权责任法显然不具备上述功能。

第四，能否规定人格权的利用、行使等规则不同。法律不仅要列举与彰显各种权能，也要具体规定各种权能的行使与表现效果。尽管人格权原则上不能转让，但权利人可以许可他人对其人格权进行利用。例如，肖像权的使用权能可以转让，法人的名称权可以转让。法律也应当规定人格权的具体行使、利用规则，这些规则显然非侵权责任法所能包括。

第五，保护方法不同。侵权责任编主要是以损害赔偿为中心，侧重于通过损害赔偿的方法对遭受损害的受害人提供救济，而人格权编既可以采用损害赔偿的方式，也可以采用人格权请求权的方法对受害人提供救济。同时，人格权编更加强化对损害的预防，兼顾损害的预防与救济。

此外，侵权责任法也无法规定人格权与其他权利的冲突及其解决规则。人格权在行使过程中，常常会与其他权利发生冲突。“如实践中常见的人格权与财产权、隐私权与新闻自由、名誉权与舆论监督等权利的冲突。人格权在行使过程中，也可能与公权力的行使发生冲突。[2] 还应看到，各项具体人格权之间也可能发生交叉和冲突，从而需要在人格权法中确立解决冲突的规则。例如，当生命权与财产权发生冲突时，应当优先保护生命权。”而侵权责任法不能解决权利行使和权利冲突的问题。此外，为了维护公共利益、社会秩序等，在法律上有必要对人格权作出一定的限制，这些限制规则不能在侵权责任法中规定，而只能由人格

---

① 马俊驹，张翔．人格权的理论基础及其立法体制．法学研究，2004（6）.

② Richard C. Turkington & Anita L. Allen，Privacy Law，Cases and Materials，West Group，1999，p. 2.

权法加以规定，例如，对公众人物人格权的限制、人格权不得滥用、人格权与言论自由的关系等。从这个意义上说，人格权的独立成编，也可以起到和侵权责任法相互配合的作用。

（撰稿人：王利明）

第九百九十条

人格权是民事主体享有的生命权、身体权、健康权、姓名权、名称权、肖像权、名誉权、荣誉权、隐私权等权利。

除前款规定的人格权外，自然人享有基于人身自由、人格尊严产生的其他人格权益。

本条主旨

本条是关于具体人格权和一般人格权的规定。

相关条文

《民法通则》第 98 条规定："公民享有生命健康权。"

《民法通则》第 99 条规定："公民享有姓名权、有权决定、使用和依照规定改变自己的姓名，禁止他人干涉、盗用、假冒。法人、个体工商户、个人合伙享有名称权。企业法人、个体工商户、个人合伙有权使用、依法转让自己的名称。"

《民法通则》第 100 条规定："公民享有肖像权，未经本人同意，不得以营利为目的使用公民的肖像。"

《民法通则》第 101 条规定："公民、法人享有名誉权，公民的人格尊严受法律保护，禁止用侮辱、诽谤等方式损害公民、法人的名誉。"

《民法通则》第 102 条规定："公民、法人享有荣誉权，禁止非法剥夺公民、法人的荣誉称号。"

《民法通则》第 103 条规定："公民享有婚姻自主权，禁止买卖、包办婚姻和其他干涉婚姻自由的行为。"

《宪法》第 38 条规定："中华人民共和国公民的人格尊严不受侵犯。禁止用任何方法对公民进行侮辱、诽谤和诬告陷害。"

《民法总则》第 109 条规定："自然人的人身自由、人格尊严受法律保护。"

《最高人民法院关于确定民事侵权精神损害赔偿责任若干问题的解释》第 1

条规定："自然人因下列人格权利遭受非法侵害，向人民法院起诉请求赔偿精神损害的，人民法院应当依法予以受理：……（三）人格尊严权、人身自由权。违反社会公共利益、社会公德侵害他人隐私或者其他人格利益，受害人以侵权为由向人民法院起诉请求赔偿精神损害的，人民法院应当依法予以受理。"

《消费者权益保护法》第 14 条规定："消费者在购买、使用商品和接受服务时，享有人格尊严、民族风俗习惯得到尊重的权利。"

理解与适用

一、具体人格权

（一）我国民法典中具体人格权的类型

所谓具体人格权，又称个别人格权，是指由法律具体列举的由公民或法人享有的各项人格权，如生命健康权、姓名权、肖像权、名誉权等。《民法典》第 990 条第 1 款确认了民事主体所享有的各项具体人格权，从而在此基础上构建了具体人格权体系。从《民法典》第 990 条规定来看，具体人格权包括生命权、身体权、健康权、姓名权、名称权、肖像权、名誉权、荣誉权、隐私权等类型。具体人格权的体系由如下权利构成。

1. 生命权、身体权、健康权

人格权编第二章规定了生命权、身体权、健康权。这三项权利都是物质性人格权，在人格权体系中居于优先的地位。人格权编首先列举了生命权、身体权、健康权这些物质性人格权，这就表明，生命权、身体权、健康权在各类具体人格权中不仅具有优先地位，而且具有基础性的地位，具体而言如下。

一是生命权。它是以自然人的生命安全利益和生命尊严为内容的人格权。《民法典》第 1002 条规定："自然人享有生命权。自然人的生命安全和生命尊严受法律保护。任何组织或者个人不得侵害他人的生命权。"生命是最高的法益，是自然人的人格载体以及其享有其他所有权利和利益的基础和前提。生命既是一种人格利益，也是自然人的主体资格或人格本身。①

二是身体权。它是自然人维护其身体组织器官的完整性并支配其肢体、器官和其他组织以及维护其行动自由的权利。②《民法典》第 1003 条规定："自然人享有身体权。自然人的身体完整和行动自由受法律保护。任何组织或者个人不得

① 翟滨．生命权内容和地位之检讨．法学，2003（3）．

② 杨立新．人身权法论．北京：人民法院出版社，2002，398．

侵害他人的身体权。”

三是健康权。它是公民以其身体的生理机能的完整性和保持持续、稳定、良好的心理状态为内容的权利。①《民法典》第1004条规定：“自然人享有健康权。自然人的身心健康受法律保护。任何组织或者个人不得侵害他人的健康权。”依据这一规定，健康权是自然人对自己的生理和心理享有健康利益，维持、保有并排斥他人侵害的权利。

上述物质性人格权是民法所保护的最高法益，是其他人格权乃至于整个民事权利产生的基础和前提，是个人从事正常的生产、生活的基本条件。故此，应当将其作为第一种类型优先予以规定。

2. 姓名权、名称权

人格权编第三章规定了姓名权和名称权。自然人的姓名权和法人、非法人组织的名称权属于社会交往中对民事主体进行区分的外在标志，属于标表型人格权。

一是姓名权。它是自然人决定其姓名、使用其姓名、变更其姓名，并要求他人尊重自己姓名的一种权利。《民法典》第1012条规定，“自然人享有姓名权，有权依法决定、使用、变更或者许可他人使用自己的姓名”。姓名是指自然人的姓氏和名字，是自然人在社会中区别于他人的标志和代号。姓名的基本功能是为了防止个人身份的混淆，彰显个人的人格特征。

二是名称权。它是法人以及其他非法人组织对其用以确定和代表自身并区别于他人的符号和标记所享有的权利。《民法典》第1013条规定：“法人、非法人组织享有名称权，有权依法决定、使用、变更、转让或者许可他人使用自己的名称。”这就在法律上确认了法人和非法人组织的名称权，并将其界定为具体人格权的类型。除《民法典》之外，我国《公司法》《合伙企业法》《个人独资企业法》《商标法》《反不正当竞争法》等都对名称权的保护作出了规定，而《民法典》则是从民事基本权利的角度对名称权进行确认和保护。

3. 肖像权

人格权编第四章规定了肖像权。肖像权是以肖像所体现的人格利益为内容的民事权利，它直接关系到自然人的人格尊严及其形象的社会评价，是自然人所享有的一项重要的具体人格权。肖像权也是个人所享有的一项标表型人格权。《民法典》第1018条规定：“自然人享有肖像权，有权依法制作、使用、公开或者许可他人使用自己的肖像。”该条规定将肖像权保护的核心从面部特征扩大到了可

---

① 王利明．人格权法新论．长春：吉林人民出版社，1994：288.

被识别的形象，进一步强化了对该权利的保护。在人格权编中，还规定了肖像权的合理使用、肖像权许可使用合同等规则，并允许将肖像权合理使用的规则类推适用于其他人格权之中。《民法典》第1023条第2款规定："对自然人声音的保护，参照适用肖像权保护的有关规定。"这实际上是将肖像权的保护规则准用于对自然人声音利益的保护，这也进一步扩大了肖像权规则的适用范围。

4. 名誉权、荣誉权

人格权编第五章规定了名誉权和荣誉权。这两种权利属于对民事主体的社会评价，都属于精神性的人格权。一是名誉权。所谓名誉权，是指公民和法人、非法人组织对其名誉所享有的不受他人侵害的权利。所谓名誉，是对民事主体的品德、声望、才能、信用等的社会评价。《民法典》第1024条规定："民事主体享有名誉权。任何组织或者个人不得以侮辱、诽谤等方式侵害他人的名誉权。"《民法典》第五章规定了名誉权和荣誉权，并规定了名誉的概念、名誉权与新闻报道舆论监督等的冲突解决规则、行为人的审查义务、侵害名誉权必须指向特定对象等规则。

二是荣誉权。所谓荣誉权，是指公民和法人、非法人组织对自己的荣誉称号所享有的不受他人非法侵害的权利。《民法典》第1031条规定："民事主体享有荣誉权。任何组织或者个人不得非法剥夺他人的荣誉称号，不得诋毁、贬损他人的荣誉。"人格权编沿袭了《民法通则》规定荣誉权为人身权利的做法，并将其确定为法定人格权。尤其需要指出的是，该章在标题上虽然没有确认信用权为一项独立的人格权，但是该章第1029条和第1030条这两个条文对信用的保护作出了规定。由此可见，我国《民法典》人格权编将信用利益纳入了名誉权的保护范围。

5. 隐私权、个人信息保护

人格权编第六章规定了隐私权和个人信息保护。隐私权是自然人享有的私生活安宁、私密空间、私密活动、私密信息依法受到保护，不被他人非法侵扰、知悉、搜集、利用和公开等的一种人格权。[①]《民法典》第1032条第1款规定："自然人享有隐私权。任何组织或者个人不得以刺探、侵扰、泄露、公开等方式侵害他人的隐私权。"依据《民法典》第1032条第2款，"隐私是自然人的私人生活安宁和不愿为他人知晓的私密空间、私密活动、私密信息"。可见隐私包括四大类，即私生活安宁、私密空间、私密活动、私密信息。随着现代社会的发展，以及互联网、高科技的进步，隐私的类型还会进一步增加。

---

① 张新宝．隐私权的法律保护．北京：群众出版社，1997：21.

个人信息是以电子或者其他方式记录的能够单独或者与其他信息结合识别特定自然人的各种信息，包括自然人的姓名、出生日期、身份证件号码、生物识别信息、住址、电话号码、电子邮箱、健康信息、行踪信息等（《民法典》第1034条第2款）。我国《民法典》人格权编规定了处理自然人的个人信息所应当遵循的原则和条件，规定了个人信息的权利人享有查询、异议、更正和删除等权利，也规定了处理个人信息的免责事由，并明确了信息处理者对个人信息的安全保障义务。

（二）具体人格权的分类

1. 物质性人格权和精神性人格权

物质性人格权是指自然人对其生命、身体、健康等物质性人格要素享有的权利，主要包括生命权、身体权、健康权。所谓精神性人格权，是指不以具体的物质性实体为标的，而是以抽象的精神价值为标的的不可转让的人格权，如名誉权、隐私权、肖像权等。这种分类方法也被大陆法系一些国家的学者所承认，如在法国，学者通常将人格权划分为物质层面的权利（droits relatifs àl'aspect physique）和精神层面的权利（droits relatifs àl'aspect moral）两大类别。[①] 此种分类实际上就是将人格权划分为物质性人格权和精神性人格权。两者的区别主要表现在以下方面。

（1）权利主体不同。物质性人格权的主体只能是自然人，因为其负载于自然人的人身之上，与人身的物质载体相依存。脱离自然人的人身，就无所谓物质性人格权。精神性人格权的主体则包括自然人和法人、非法人组织。

（2）二者在人格权体系中的地位不同，物质性人格权相对于精神性人格权处于优越地位，在二者发生冲突时，要优先保护物质性人格权。在人格权体系中，生命、身体、健康是最重要的人格利益，具有至高无上性，在整个人格权甚至在整个民事权利体系中具有最高地位。生命的享有是具有法律人格的基础，是取得人格权的前提。身体、健康权也是个人所享有的重要的物质性人格权。物质性人格权相对于精神性人格权处于优越地位，这就意味着在二者发生冲突时，要优先保护物质性人格权。

（3）是否可以许可利用不同。就物质性人格权而言，不得由权利人进行商业化利用。而精神性人格权虽然具有一定的固有性，但不像物质性人格权的固有性

① 物质层面的权利是指一切人拥有的要求其身体受到尊重的权利，人体及其组成不得成为任何财产权利的标的。精神层面的权利，主要包括私生活受到尊重的权利、肖像权、获得无罪推定的权利、住宅不受侵犯的权利、其秘密得到保守的权利、名誉权、著作权中的精神权利等。Philippe Malinvaud，Introduction àl'étude du droit，9e édition，Litec，2002，p. 258.

那样强烈，一些精神性人格权如肖像等人格利益可以由权利人许可他人进行利用。

（4）物质性人格权是不得克减的基本人权。所谓克减（derogation），是指在特殊情况下对权利的限制和减少。一般而言，物质性人格权，特别是生命权，是不得克减的。根据许多学者的看法，精神性人格权例如隐私权，在出现危及国家安全的社会紧急状态时，有权机关可以对其作出适当的克减。

（5）侵害方式和损害后果不同。对物质性人格权的侵害大多采用物理性的人身伤害等方式，其损害后果主要是财产损失和生理上的疼痛等。侵害物质性人格权大多表现为这些权利的物质载体受到了损害，受到损害的人身利益最终都表现为财产上的损失和精神上的痛苦。而侵害精神性人格权的方式多种多样，其损害后果往往不涉及生理上的痛苦。①

（6）救济方式不同。根据《民法典》第998条，在认定侵害人格权的民事责任时，需要进行利益衡量，但对物质性人格权而言，不需要进行衡量，应当予以优先保护。因为在物质性人格权遭受侵害的情形下，有明确的法定损害赔偿，即法律明确规定了侵害物质性人格权所应当承担的损害赔偿的范围、标准等。对物质性人格权的救济主要采取财产损害赔偿，如治疗费、丧葬费、误工费的赔偿。而在精神性人格权遭受侵害的情形下，通常并没有法定损害赔偿规则。对精神性人格权的救济主要是精神损害赔偿以及恢复名誉、消除影响等特殊的救济手段。侵犯权利主体的精神利益造成精神损害的，在法律上很难规定一个统一的赔偿标准。尤其是对恢复名誉、消除影响等特殊的救济手段而言，只能适用于对精神性人格权的侵害情形，而财产损害赔偿只是在侵害肖像权等具有财产利益的人格权情形中才适用。

2. 自由型精神人格权、尊严型精神人格权与标表型精神人格权

此种分类方式是对精神性人格权所作的进一步细分。所谓自由型精神人格权，是人身自由、私生活自由等以个人的人身自由与精神自由为内容的人格权。自由型精神人格权又分为人身自由权和精神自由权。尊严型人格权又称评价性人格权，是指以名誉、荣誉等对权利人的特定评价为内容的人格权，包括名誉权、隐私权、荣誉权、贞操权等。② 所谓标表型精神人格权，是指以姓名、肖像、名称等主体的外在标志和表征为内容的人格权，包括姓名权、肖像权、名称权等。

自由型精神人格权与尊严型精神人格权的区别表现在：第一，权利客体不

① 陈忠五．法国侵权法上损害之概念．台大法学论丛，(34－4).

② 张俊浩．民法学原理．上海：上海交通大学出版社，2004：140.

同。自由型精神人格权以人身自由和精神自由为标的，尊严型精神人格权以特定评价为保护客体。第二，侵害方式不同。对自由型精神人格权的侵害方式主要是非法拘禁、限制自由等，对尊严型精神人格权的侵害方式主要有侮辱、诽谤、虚假报道等。第三，责任方式不同。侵害尊严型精神人格权的责任方式主要有恢复名誉、消除影响，但这些责任不能适用于自由型精神人格权。①

标表型精神人格权与其他精神人格权的区别主要表现在：第一，标表型精神人格权是以标表人格特征的外在标志和表征为内容的权利。标表型人格权虽然也要反映人格尊严和人身自由的要求，但其主要还是为了表明自然人的人格特征和标志，使某一主体与其他主体相区别。第二，标表型精神人格权的重要内容之一就是对该类人格权的利用，标表型精神人格权具有商业利用价值，某些权能可许可他人使用。自由型和尊严型的精神人格权具有强烈的固有性，对主体的生存条件的保护也是必不可少的，一般不能进行商业化利用。第三，对标表型精神人格权的侵犯常常导致财产方面的损失，从而涉及对这些损失的损害赔偿问题。

3. 自然人的人格权与法人及非法人组织的人格权

根据权利主体的不同，人格权可以分为自然人的人格权与法人及非法人组织的人格权。自然人的人格利益包括自然人享有的人身自由、人格尊严以及姓名、肖像、名誉、隐私、贞操、婚姻自主等；法人及非法人组织的人格权包括法人及非法人组织对其名称、名誉、信用等享有的权利。两者的区别在于：第一，内容和范围不同。法人和非法人组织作为一种社会组织，不可能享有与自然人的人身具有密切联系的物质性人格权。第二，性质不同。自然人的人格权具有更强的人身性质，法人和非法人组织的人格权则与财产的联系更为密切。法人及非法人组织的人格权直接与其财产利益相联系，是其财产利益的基本前提和保障。例如，法人的名称权既是人格权，又是财产权，侵害法人人格权直接影响其生产经营活动和财产利益，因此侵害法人人格权通常须负财产损害的赔偿责任。② 第三，是否具有可转让性不同。法人和非法人组织的某些人格权如名称权是可以转让的，《民法典》第1013条规定："法人、非法人组织享有名称权，有权依法决定、使用、变更、转让或者许可他人使用自己的名称。"这就确认了法人名称权可以转让的属性。但是，自然人的人格权是不能转让的。第四，二者是否具有开放性不同。自然人人格权类型具有开放性，《民法典》第990条所规定的一般人格权的

---

① 杨立新，等．《中国民法典·人格权编》草案建议稿的说明//王利明．中国民法典草案建议稿及说明．北京：中国法制出版社，2004：325.

② 冯翔，姜孟亚．法人人格权之保护与精神损害赔偿．南京邮电学院学报（社会科学版），2004（6）.

主体限于自然人，一般人格权的保护范围具有开放性，新型人格利益都可以通过一般人格权予以保护。而从《民法典》第 110 条第 2 款规定来看，其在规定法人人格权的类型时采取了封闭列举的方式，法人、非法人组织人格权仅包括名称权、名誉权、荣誉权三种，其类型不具有开放性。第五，侵害方式不同。例如，对自然人的名誉的侵害主要采取侮辱、诽谤的方式，对法人名誉的侵害主要采用不正当竞争的方式。第六，侵害后果不同。对自然人人格权的侵害会造成自然人精神上的损害和痛苦，所以应采取精神损害赔偿的方式。而法人和非法人组织不会像自然人那样产生精神痛苦，侵害法人和非法人组织的人格权一般不适用精神损害赔偿。由此可见，对自然人人格权的规定和对法人、非法人组织人格权的规定是有区别的。

4. 可商业化利用的人格权和不可商业化利用的人格权

所谓可商业化利用的人格权，是指其客体具有较强的商业利用价值，且在法律上被允许商业化利用的人格权。与此相对应，不可商业化利用的人格权则是指依法不能进行商业开发和利用的人格权。按照传统观点，人格权在性质上属于消极防御性的权利，只有在受到侵害时才能得到侵权法的保护，并不能进行商业化利用。但随着市场经济，尤其是大众传媒业的发展，部分人格权逐渐具有积极利用的权能，如姓名权、肖像权等，可以成为商业利用的对象。

从比较法上看，各国一般禁止物质性人格权的商业化利用。例如，《法国民法典》第 16－5 条规定："任何赋予人体、人体之各部分以及人体所生之物以财产价值的协议，均无效。"为保护个人的人格尊严和人格自由，应当将生命权、身体权、健康权等物质性人格权排除在商业化利用的范围之外。而对精神性人格权，特别是标识性人格权如姓名权、肖像权等，一般是可以进行商业化利用的。可商业化利用的人格权不具有严格的专属性，且与财产权具有密切的联系；而不可商业化利用的人格权则具有很强的专属性特点。此外，从侵权后果来看，侵害物质性人格权与侵害精神性人格权的财产损害赔偿责任不同，因此，《民法典》第 1179 条和第 1182 条对侵害物质性人格权和精神性人格权的财产损害赔偿责任分别作出了规定。

二、一般人格权

《民法典》第 990 条第 2 款确认了一般人格权，对此可以从如下方面理解。

（一）一般人格权的概念和特征

一般人格权（Das allgemeine Persönlichkeitsrecht），是相对于具体人格权而言的。所谓一般人格权，则是法律采用高度概括的方式而赋予自然人享有的具有权利集合性特点的人格权，是为了适应新型人格利益保护而产生的兜底保护条款。[①]《民法典》第 990 条第 2 款规定："除前款规定的人格权外，自然人享有基于人身自由、人格尊严产生的其他人格权益。"一般人格权不仅可以发挥价值宣示作用，而且起到了对新型人格利益的兜底保护作用。

一般人格权概念产生于德国。在德国，哲学家康德在其哲学体系中提出了人格的理论，将人格视为自由展开的能力，已经类似于后世的一般人格权理论。[②] 1866 年民法学家诺依内尔（Neuner）提出了人格权的概念，他将一般人格权界定为人自身目的存在和人自我目的的宣示和发展的权利。[③] 一般认为，诺依内尔是一般人格权概念的首倡者。[④] 1895 年，德国学者基尔克曾在其《德国私法》一书中，强烈呼吁应当在法律上采纳一般人格权的概念，但 1900 年的《德国民法典》并没有采纳这一观点，也没有接受一般性的、广泛的人格权，而只是规定了生命、健康、姓名等个别的人格权。按照拉伦茨的看法，《德国民法典》之所以没有采纳一般人格权的概念，是因为难以给这种权利划界，而划界则明显地取决于在具体财产或利益的相互冲突中，究竟哪一方有更大的利益。[⑤] 梅迪库斯认为，"民法典有意识地既未将一般人格权，也未将名誉纳入第 823 条第 1 款保护的法益范围"[⑥]。直到第二次世界大战以后，德国民法开始强化对人格权的保护。战后基本法对人类尊严的重视，促使了民法人格权理论的发展。依据基本法的规定，德国法院采纳了德国学者 Nipperdey、Nawiasky 等人的主张，认为宪法所确认的权利可以适用于私法关系，从而根据德国战后基本法第 2 条关于"人类尊严不得侵犯。尊重并保护人类尊严，系所有国家权力（机关）的义务"，"在不侵害他人权利及违反宪法秩序或公序良俗规定范围内，任何人均有自由发展其人格的权利"的规定，确定了"一般人格权"的概念。在 1954 年的 Schacht-Leserbrief 的案例（"读者来信"案）中，法院判决认为，被告的行为将原告置于一种错误的事实状态中，让读者误以为其同情纳粹，这侵害了原告的人格。法院根据德国基本法第 1 条关于人格尊严的规定，认为一般人格权应当被视为由宪法所保障的

---

① 王泽鉴．民法总则．北京：中国政法大学出版社，2001：126.

② Kant，Kritik der praktischen Vernunft，1788，Erster Teil，I，Buch，3.

③ Neuner，Wessen und Arten der Privatrechtverhaeltniss，1866，S. 15.

④ Stefan Gottwald，Das allgemeine Persönlichkeitsrecht：ein zeitgeschichtliches Erklärungsmodell，Berlin：Berlin-Verl. Spitz [u. a.]，1996，p. 12.

⑤ 卡尔·拉伦茨．德国民法通论．王晓晔，邵建东，等译．北京：法律出版社，2003：171.

⑥ 迪特尔·梅迪库斯．德国民法总论．邵建东，译．北京：法律出版社，2000：805.

基本权利，并推导出一般人格权的概念。① 此后，在 1957 年的一个案例中，法院明确地将一般人格权解释为《德国民法典》第 823 条第 1 款中的“其他权利”（即绝对性权利）。② 德国法院采用一般人格权的概念，解释出一系列具体的人格权。例如，德国法院在司法实践中根据“一般人格权”而具体确定出对肖像的权利、对谈话的权利、秘密权、尊重私人领域的权利等，完备了对人格利益的司法保护。③

在其他某些大陆法系国家的民法典中也明确承认了一般人格权。例如，《匈牙利民法典》第 85 条、《葡萄牙民法典》第 70 条第 1 款等，均规定了一般人格权。在荷兰，受《欧洲人权公约》的影响，荷兰最高法院已经确认要尊重每一个公民私生活的一般权利，与该权利相同的称谓为隐私权、保护隐私的权利、人格权、一般人格权等。④ 尽管一般人格权的法律属性并不确定，但其被认为是其他一些权利（如隐私权）的基础。⑤ 由此可见，从比较法上看，各国都在不断强化对人格权益的保护，即在具体人格权之外，也逐步强化对人格利益的保护，许多国家都通过一般人格权实现对新型人格利益的保护，这也使人格权益的保护体系更为完整，在保护范围上也更为周延。

我国《民法通则》没有规定一般人格权。司法实践中，《最高人民法院关于确定民事侵权精神损害赔偿责任若干问题的解释》（以下简称《精神损害赔偿司法解释》）第 1 条采用了“人格尊严权”的表述，按照起草人的解释，“人格尊严”在理论上被称为“一般人格权”，是人格权利一般价值的集中体现，具有补充法律规定的具体人格权类型不足的作用，在处理具体案件时，可以通过一般人格权保护个人的人格尊严，以补充具体人格权的不足。⑥ 此外，最高人民法院的《民事案件案由规定》还将一般人格权纠纷作为独立的案由。2017 年颁行的《民法总则》第 109 条规定：“自然人的人身自由、人格尊严受法律保护。”这是我国法律首次确认一般人格权。在此基础上，《民法典》第 990 条第 2 款进一步确认

---

① Schacht-Brief Decision，13BGHZ 334（1954）. 有关本案的介绍，可参见迪特尔·梅迪库斯. 邵建东，译. 德国民法总论. 北京：法律出版社，2000：805-806.

② BGH，02.04.1957，BGHZ 24，72.

③ 施启扬. 从个别人格权到一般人格权. 台湾大学法学论丛，4（1）.

④ Supreme Court，12 June 1992，NJ 1992，589. Supreme Court，6 January 1995，NJ 1995，422，para 5.10：right to be let alone derives from the general personality right.

⑤ M Smits，Constitutionalisering van het vermogensrecht' in JM Smits et at (eds) Preadvtezen uitgebracht voor de Nederlandse Vereniging voor Rectsvergelijking，2003，p.124.

⑥ 陈现杰. 人格权司法保护的重大进步和发展——《最高人民法院关于确定民事侵权精神损害赔偿责任若干问题的解释》的理解与适用. 人民法院报，2001-03-28（3）. 杨立新. 人格权法专论. 北京：高等教育出版社，2005：125.

了一般人格权制度，为充分而全面地保护自然人所享有的各项人格利益提供了依据。

依据我国《民法典》第990条第2款的规定，一般人格权具有如下特点。

1. 主体是自然人。一般人格权的主体仅限于自然人，法人、非法人组织不能成为一般人格权的主体。这主要是因为人身自由与人格尊严都是针对自然人而言的，其所保护的也是自然人的人格利益，法人因不享有人身自由与人格尊严，而不能成为一般人格权的主体。

2. 一般人格权包括人身自由与人格尊严两方面的内容。

（1）人身自由

人身自由有广义和狭义之分。从广义上理解，人身自由不仅包括人身自由权，还包括精神的自由、个人依法享有的自主决定的权利，从这一意义上说，人身自由在性质上又属于一般人格权的范畴。《民法典》第990条第2款显然是从一般人格权的角度理解人身自由概念的。至于狭义的人身自由，仅指行动自由，我国《民法典》第1011条规定："以非法拘禁等方式剥夺、限制他人的行动自由，或者非法搜查他人身体的，受害人有权依法请求行为人承担民事责任。"由此可见，狭义的行动自由在我国《民法典》中被纳入身体权中加以保护。

作为一般人格权的人身自由包括如下几个方面的内容。

一是身体活动的自由。《民法典》第1011条规定所说的"行动自由"是指身体活动自由，主要是肢体行为等物理活动上的自由。这就是说，个人可以自由支配其身体组成部分，并且进行自由活动。身体活动自由是个人参与社会活动，享有各种权利的基本前提，也是个人应当享有的基本权利。

二是自主决定。所谓自主决定，是指权利人对自己的人格利益依法利用或者在法律规定的范围内处置。从比较法上看，一些国家通过判例确立了自主决定权，例如美国罗伊诉韦德堕胎案（Roe v. Wade）中确认堕胎自由属于个人自主决定的范围。[①] 我国也有不少学者主张将自主决定权作为一项独立的具体人格权。笔者认为，自主决定不应作为一项独立的人格权，而应当成为一般人格权的内容。主要理由在于：一方面，自主决定是私法自治的延伸，如果将自主决定权作为一项独立的人格权，其范围将很难决定，而且有很多具体的人格权都会涉及自主决定，也就容易造成不必要的竞合。自主决定的范围比较模糊，如果将其认可为独立的人格权，则很难确定权利的边界，也容易导致此种权利与其他权利不易区分。另一方面，人格权法上的自主决定是与人格利益联系在一起的，这些自

① Roe v. Wade, 410 U. S. 113 (1973).

主决定都是人格自由的内容，而不宜作为一项具体人格权。人格权法上的自主决定不是一般意义上的自主决定，而是指可以包含在一般人格权的人格自由之中的人格利益。自主决定可以作为人身自由的内容，从而弥补具体人格权规定的不足。

三是精神活动的自由。它是指自然人按照自己的意志和利益，在法律规定的范围内自主思维的权利，是自然人自由支配自己内在思维活动的权利①，是自然人进行意思表示或其他民事活动的意志决定自由。② 也有学者主张采用精神自由权的概念。③ 在我国台湾，有学者认为，在欺诈、胁迫等情形，受害人有权请求侵害精神活动自由的赔偿。笔者认为，不宜将精神自由权规定为具体人格权，作为一种人格利益，其应当受到一般人格权的保护。

（2）人格尊严

“尊严”一词来源于拉丁文（dignitas），意指尊贵、威严。④ 人格尊严是指人作为法律主体应当得到承认和尊重。人格尊严是指每个人作为“人”所应有的社会地位，以及应受到的他人和社会的最基本尊重，是人作为社会关系主体的基本前提。人在社会中生存，不仅要维持生命，而且要有尊严地生活。人格尊严是人基于自己所处的社会环境、工作环境、地位、声望、家庭关系等各种客观要素，而对自己人格价值和社会价值的认识和尊重，是人的社会地位的组成部分。人格尊严是受到哲学、法学、社会学等学科关注的概念。⑤ 在民法中，人格尊严是人格权的基石。现代人格权法的构建应当以人格尊严的保护为中心而展开。

人格尊严是人作为社会关系主体的一项基本前提，意味着人应有最基本的社会地位，并且应当受到社会和他人最基本的尊重，是每一个人基于自己所处的社会环境、地位、声望、工作环境、家庭关系等各种客观条件，对自己和他人的人格价值和社会价值的认识和尊重。⑥ 经过改革开放四十余年来的发展，我国持续稳定地解决了十几亿人的温饱问题。中国已经成为世界第二大经济体，人民物质生活条件得到了极大的改善，总体上实现了小康，不久即将全面建成小康社会。

---

① 杨立新．人格权法专论．北京：高等教育出版社，2005：324.

② 冉克平．论人格权法中的人身自由权．法学，2012（3）.

③ 杨立新．民商法理论争议问题——精神损害赔偿．北京：中国人民大学出版社，2004：8.

④ 也有学者认为该词与人的尊严无关。Robin Gotesky and Ervin Laszlo，ed.，Human Dignity—This Century and the Next：An Interdisciplinary Inquiry into Human Rights，Technology，War，and the Ideal，New York：Gorden and Breach，1970，p. 42.

⑤ David A. Hyman，Does Technology Spell Trouble with a Capital “T”?：Human Dignity and Public Policy，27 Harv. J. L. & Pub. Pol’y 3，3（2003）

⑥ 王利明，杨立新，姚辉．人格权法．北京：法律出版社，1997：35.

人民在物质生活水平提高以后，必然要求进一步尊重其人格尊严。正因如此，党的十九大报告在民生部分提出了要保障公民的合法权益，并且特别强调了对人格权的保护。这实际上就是将人格权的保护作为保障人民美好幸福生活的重要内容，突出了人格权保护的重要价值。

保护人格尊严是我国民法典人格权编立法的根本目的，也是贯穿于人格权编的基本理念和精神，构成了整个人格权法的价值基础。康德认为，“人格”就意味着必须遵从这样的法则，即“不论是谁在任何时候都不应把自己和他人仅仅当作工具，而应该永远视为自身就是目的”①。1982 年的《宪法》确认了对人格尊严的严格保护。该法第 38 条规定，“中华人民共和国公民的人格尊严不受侵犯。禁止用任何方法对公民进行侮辱、诽谤和诬告陷害”。人格尊严作为一项宪法基本权利，必须通过人格权制度具体化，并且只有转化为一项民事权利，才能获得民法的保护。任何人侵害他人的人格尊严，受害人将依据民法获得救济。如果说人格权独立成编是从形式体系上完成了人格权的体系化，那么人格权编的价值体系则是以维护人的尊严展开的。依据《民法典》第 990 条第 2 款，人格尊严既是一般人格权的内容，也是评价某种新型人格利益是否应当受到法律保护的重要标准。这也充分彰显了我国《民法典》的人文关怀精神。

（二）一般人格权的功能

一般人格权的功能就是指一般人格权所具有的作用。明确一般人格权的功能对建立一般人格权以及在司法实践中正确适用一般人格权，不无意义。

1. 权利创设基础功能

所谓权利创设基础功能，是指一般人格权制度为生成新的具体人格权，提供了价值基础或依据。《民法典》第 990 条第 2 款规定：“除前款规定的人格权外，自然人享有基于人身自由、人格尊严产生的其他人格权益”。因此，在未来产生某种新型民事利益以后，只要其内容包含了人身自由、人格尊严的价值，其就应当受到人格权益的保护。人格权本身具有开放性，在法律上不可能穷尽列举，所以，除了法律明文规定的人格权外，有必要在法律上确认一般人格权，使法官可以从保护基本人权和维护公共利益的角度考虑，保护一般人格利益。一般人格权的重要功能在于采用一个抽象的、概括的规定，弥补列举具体人格权所遗留下的缺陷。② 应当看到，具体列举人格权的方式确有其局限性，如果单纯采用这种方式，可能使对具体人格权的列举非常烦琐，而且许多列举的权利难以和其他权利

① 康德．道德形而上学原理．苗力田，译．上海：上海人民出版社，2002：52.

② 杨立新．民商法理论争议问题——精神损害赔偿．北京：中国人民大学出版社，2004：187.

划清边界，更何况这种列举也是难以穷尽的。而一般人格权产生之后，就解决了不适宜列举为具体人格权的人格利益的保护问题。所以，对个别的侵害人格利益的行为，可以通过一般人格权来保护受害人的利益。一般人格权就体现为一种将一般人格利益上升为一种权利的方法，它实际上扩张了人格权的范围，正是由于这一原因，对一般人格权在确认权利方面的功能应当加以限制。只要符合人身自由、人格尊严的价值，就能够作为人格利益受到保护。

2. 价值指引功能

《民法典》第 990 条第 2 款采用概括性条款保护人身自由和人格尊严，具有宣示保护人格尊严和提供价值指引的功能。保护人身自由和人格尊严是人格权立法的根本目的，法律之所以保障各种人格权，在很大程度上就是为了维护个人的人格尊严。自然人的各项人格权体现了人格尊严不同的保护要求。保护人格尊严是我国民法典人格权编立法的根本目的，也是贯穿于全部规定的基本理念和精神，构成了整个人格权法的价值基础。如果说物质性人格权是为了维护自然人生理上的存在，那么精神性人格权就彰显自然人的精神生活需要。美国学者惠特曼（Whitman）认为，整个欧洲的隐私概念都是奠基于人格尊严之上的，隐私既是人格尊严的具体展开，也是以维护人格尊严为目的的。① 保护隐私就是保护个人的人格尊严，隐私体现了对“个人自决”、“个性”和“个人人格”的尊重和保护。② 就个人信息而言，其之所以日益获得强化和保护，也与其体现了人格尊严和人格自由存在密切关系。有关个人信息的权利常常被称为“信息自决权（informational self-determination right）”，同样体现了对个人自决等人格利益的保护。③ 例如，在网上披露他人的裸照，不仅侵害了个人隐私，而且侵害了个人信息，该行为本质上也损害了他人的人格尊严。

3. 兜底保护功能

所谓兜底保护，是指在具体人格权和人格利益保护规范不足的情形下，可以借助一般人格权为相关人格权益提供兜底保护。在德国法上，一般人格权产生的最初原因就在于弥补德国民法典列举的有限性。为了适应人格权的开放性和发展性的特点，有必要设立一般人格权，来补充民法典列举的局限。日本法学家星野英一先生指出，一般人格权的产生，使得对那些需得到保护而实体法条文未具体

---

① James Q. Whitman, The Two Western Cultures of Privacy: Dignity Versus Liberty, Yale Law Journal, April, 2004.

② 阿丽塔·L. 艾伦，等. 美国隐私法：学说、判例与立法. 北京：中国民主法制出版社，2004：17.

③ Margaret C. Jasper, Privacy and the Internet: Your Expectations and Rights under the Law, New York: Oxford University Press, 2009, p. 52.

规定的人格利益，或伴随社会发展而出现的新型人格利益给予保护成为可能。①一般人格权旨在保护具体人格权之外的一般人格法益，尤其是因为一般人格权具有高度的概括性和抽象性，所以，存在具体人格权时，必须首先适用具体人格权，不能直接适用一般人格权，这就需要排除一般人格权的滥用，限制法官的自由裁量，保证法律的确定性和安全性。

人格尊严在我国民法典中具有很强的扩展性，通过这种扩展性更好地适应了现代社会人格权益保护的需要，有利于维护广大人民群众的基本权益。例如，我国《民法典》第1002条在规定生命权时，明确规定生命权的内涵不仅包括生命安全，还包括生命尊严。生命尊严是人格尊严的重要组成部分，而“生命尊严”不仅适用于活着的人，还可以扩展适用至胚胎、胎儿、遗体等。也就是说，对这些具有人格意义的“物”，仍然要以有利于维护人格尊严的方式去对待和处理。②再如，人格尊严的保护也扩展到对行动自由的保护，《民法典》第1011条关于保护行动自由的规定同样反映了对人格尊严的保护。例如，在“超市搜身案”中，某超市的保安怀疑消费者偷拿财物，对其进行搜身，虽然没有侵犯原告的名誉权，但实际上侵犯了原告的人格尊严。③ 故此，禁止非法搜身的立法目的主要是保护人格尊严。此外，《民法典》第1009条对人体基因、人体胚胎医学科学研究的禁止，也是出于维护人格尊严的目的。

《民法典》第990条第2款对一般人格权作出规定，有利于形成对人格权益的兜底保护。人格权具有法定性，也具有开放性。随着社会的发展，一些新型人格利益会不断出现，很难通过已有的人格权类型加以保护④，当某种新型人格利益产生之后，可以借助一般人格权予以弥补。例如，在某个案件中，被告于原告举行结婚仪式前，故意将垃圾撒在其家门口，法院判决被告应当就原告精神损害给予赔偿。⑤ 此案也涉及侵害原告的人格尊严。实践中，许多损害自然人人格尊严的行为（如就业歧视、代孕等），都很难通过现有类型化人格权给予保护，当出现这些新类型的案件时，首先要用是否侵害人格尊严作为评价标准，如果构成对个人人格尊严的侵害，则权利人即应当受到人格权法的救济，行为人应当承担

---

① 星野英一．私法中的人．王闯，译//梁慧星．为权利而斗争．北京：中国法制出版社，2000：359.

② 石佳友．人格权立法的历史演进及其趋势．中国政法大学学报，2018（4）.

③ 参见“钱某诉上海屈臣氏日用品有限公司搜身侵犯名誉权案”，上海市第二中级人民法院（1998）虹民初字第2681号，（1998）沪二中民终字第2300号。

④ 唐德华．最高人民法院《关于确定民事侵权精神损害赔偿责任若干问题的解释》的理解与适用．北京：人民法院出版社，2001：30.

⑤ 参见河南省济源市人民法院（2011）济民一初字第238号民事判决书。

精神损害赔偿责任。人格尊严的内涵具有开放性，可以为新型人格利益的保护提供法律依据，从而实现对人格权益的兜底保护。

4. 贯彻实施宪法的功能

《民法典》第990条第2款对一般人格权作出规定，也具有承接宪法基本价值取向的功能。宪法在我国法律体系中居于根本法和最高法的地位，《宪法》第38条确认的保护公民人格尊严的原则，应成为各个法律部门必须予以保护的价值。也就是说，各部门法应当通过制度的建构，具体落实宪法保护人格尊严的精神。《民法典》第990条规定人格尊严条款，实际上是对宪法“人格尊严”保护规则的一种具体化，具有承接宪法规则的意义。换句话说，宪法确认保护人格尊严的原则必须通过民法具体予以落实。虽然宪法规定了对人格尊严进行保护，但宪法作为根本大法，其规则往往是粗线条的，具有高度抽象性，许多规定尤其是关于公民基本权利的规定，还有待于各个部门法的具体落实。① 宪法中的人格尊严实际上仍然是一种价值表述和价值指引，无法保证裁判的相对确定性，难以实现“同等情况同等对待”的基本正义要求。因此，迫切需要对人格尊严的保护予以细化，确定各项具体人格权的内容和保护范围，将之具体化为能被裁判所适用的有效性规则。民法典对人格尊严保护作出规定，就可以满足这一需要。尤其应当看到，在我国，宪法不能直接作为裁判依据，最高人民法院的相关司法解释已经明确规定，法官在裁判时并不能直接援引宪法作出裁判②，这就排除了法官在个案中直接通过宪法保护人格尊严的可能。民法典规定的人格尊严保护条款，既具有价值宣示功能，也可作为裁判依据，这有利于更好地实现宪法保护人格尊严的立法目的。

此外，人格尊严的保护是处理人格权与财产权冲突的重要依据。按照民法人文关怀的理念，以人为本是一种基本的价值取向，它强调尊重个性价值，尊重人的独立人格、人的平等、创造个性和权利，尊重人性发展的需要。以人为本意味着任何个人都应享有作为人的权利，对任何个人的权利都应给予合理的尊重，给予人性化的思考和关怀。我国民法典人格权编的规则充分体现了以人为本的理念。例如，依据《民法典》第1021条的规定，对肖像许可使用合同而言，当双方当事人约定不明时，应当作有利于肖像权人的解释；同理，《民法典》第1022条第2款规定了肖像权人在有正当理由的情况下可以单方面解除肖像许可使用合

---

① Ernst-Wolfgang Böckenförde, Grundrechtstheorie und Grundrechtsinterpretation, NJW, 35, 1529 (1529).

② 《最高人民法院关于裁判文书引用法律、法规等规范性法律文件的规定》第4条规定：“民事裁判文书应当引用法律、法律解释或者司法解释。对于应当适用的行政法规、地方性法规或者自治条例和单行条例，可以直接引用。”

同。这些规定都体现了人格尊严至上的理念，表明在人格权与他人财产权利发生冲突的情况下，法律原则上优先保护人格尊严的立场。

三、人格权的法定性与开放性

《民法典》第 990 条第 1 款表明了人格权的法定性，第 2 款则保持了人格权体系的开放性。

(一) 人格权的法定性

无论是大陆法系还是普通法系，对人格权主要采用侵权法的方法进行保护。在大陆法系国家或地区的民法典中，人格权也未被单独作为一编加以规定。随着实践的发展，仅仅通过侵权法对人格权提供救济的做法显然难以全面保护人格权。其最显著的弊端就是，此种消极保护的方式无法通过列举的方式有效地确定各项人格权的权利内容，规范权利行使，解决权利的冲突，从而不能做到对人格权益进行充分、全面的保护。我国《民法典》之所以将人格权独立成编，很重要的一个原因就是，可以留出足够的空间来对各项具体的人格权和人格利益予以确认，明确其内容，规范其行使并给予科学合理的保护，进而与侵权责任编协力，实现对人格权的确权与保护的双重功能。

从我国民法典人格权编的规定来看，通过人格权的法定化来确认人格权的内容主要体现在以下几方面。

一是人格权类型的法定化。《民法典》第 110 条和第 990 条第 1 款详细列举了自然人、法人以及非法人组织享有的人格权的类型。同时，人格权编还通过五章分别对各类人格权作出了详细规定。

二是人格权客体与内容的法定。人格权编第二章至第六章在对各种人格权进行确认的同时，也对其权利的客体与内容进行了细化的规定。例如，《民法典》第 1002 条将自然人享有的生命权的客体确定为生命安全和生命尊严，同时明确规定任何组织或者个人不得侵害他人的生命权。再如，《民法典》第 1013 条规定："法人、非法人组织享有名称权，有权依法决定、使用、变更、转让或者许可他人使用自己的名称。"该条将法人、非法人组织的名称权与自然人的姓名权在内容上进行了区分，法人、非法人组织的名称权不像自然人的姓名权那样，包括决定权；同时，该条明确承认了法人、非法人组织有权转让自己的名称。[①]

---

① 需要指出的是，该规定与《民法典》第 992 条关于"人格权不得放弃、转让或者继承"的规定是矛盾的，在解释上可以基于"特别法优先于普通法"的规则认为，该规定应当优先于《民法典》第 992 条规定而适用。

三是人格权限制的法定。人格权是民事主体的最重要、最基本的民事权利，因此，对人格权的限制只能通过（狭义的）法律进行，而不能由行政法规、规章或者规范性文件加以限制。同时，人格权具有固有性与专属性，不得转让、放弃或者继承（《民法典》第992条）。再如，《民法典》第998条明确了生命权、健康权、身体权这三类人格权不具有克减性，只有认定侵害这三类人格权之外的人格权的侵权责任时才应当考虑行为人和受害人的职业、影响范围、过错程度以及行为的目的、方式、后果等因素。

四是权利外的利益保护的法定。尚不构成权利的人格利益与人格权一样，其内容、行使也有法律加以规定。依据《民法典》第990条第2款的规定，除具体人格权外，自然人享有基于人身自由与人格尊严产生的其他人格权益，该条为人格利益的保护提供了法律依据。

五是人格权保护方式的法定。人格权请求权的内容以及人格权侵权的责任承担同样由法律加以规定。《民法典》第995条对人格权请求权的类型进行了列举，并明确规定了人格权请求权不适用诉讼时效。

通过上述五个方面人格权的法定化，有利于全面确认并保护人格权。人格权的法定化就是要使个人明确其能够享有哪些人格权、权利的内容如何、义务人应承担何种相应的义务，并使权利人在其权利受侵害时有权请求侵权人承担法律责任以保护其权利。不仅如此，人格权法定化还有助于公民和法人培养其权利意识和法治精神。正是通过公开透明的对人格权实定法的确认和保护，才有利于明确各项人格权的边界，防止权利冲突。

人格权的类型复杂，各项人格权之间往往存在一定的交叉。例如，隐私权、个人信息权、名誉权之间就存在交叉重叠。这就有必要通过法定化明确权利的内涵和外延，防止人格权之间的冲突，保障人的行为自由。[①] 此外，人格权的法定化还可以有效地防止人格权的泛化，有利于保障人格权的正当行使，防止权利滥用，从而有助于人们形成稳定的行为预期，并在发生争议之后，有助于裁判者作出公开、透明的判决，提高裁判的权威性和可接受性。

（二）人格权的开放性

人格权法定化的目的在于明确权利的内容，并为权利提供有效全面的救济。故此，人格权的法定化并不会对人格权的发展构成限制。即便是法律没有明确规定为人格权的人格利益，也会受到法律保护。自然人的人格权是随着社会经济的发展和人们权利意识的提高而不断发展的，新的人格利益也会不断涌现，绝对的

---

① 马特，袁雪石．人格权法教程．北京：中国人民大学出版社，2007：16.

法定化将会限制人格权的发展，这也决定了人格权的保护需要兜底条款。同时，人格权不像物权那样具有可交易性，即便不严格依法限定人格权的类型，也不会损害交易安全。故此，无须像对物权那样，对自然人的人格权实行严格的法定主义。由此可见，人格权具有一定的开放性。我国民法典通过以下规定，在坚持人格权法定性的基础上，也充分体现了人格权开放性的特点。

一是在总则编第五章关于民事权利的确认方面，对人格权之外的其他民事权利的表述，都采用了“民事主体依法享有”的表述，例如，《民法典》第114条规定：“民事主体依法享有物权。”第118条规定：“民事主体依法享有债权。”但对于人格权的表述仅仅是，自然人享有生命权的权利，没有采用“依法”二字，这不是法律上的疏漏，而主要是考虑到了人格权的开放性。出现新型人格利益，即便法律没有明确承认，也应当受到法律保护。

二是规定一般人格权。民法典对人身自由和人格尊严这两项一般人格权的规定是人格权开放性的集中体现。依据《民法典》第990条第2款，除了同条第1款所列举的具体人格权之外，自然人享有的基于人身自由、人格尊严产生的其他人格利益也受到保护。在德国法上，一般人格权是与人格尊严和人格自由发展密切相关的概念，其在性质上属于框架性权利，可以为各项新型人格利益提供法律保护的依据，这就保持了人格权益类型体系的开放性。① 我国民法典确认一般人格权的目的也就是要保持人格权保护的开放性，从而不断适应和满足社会发展对人格权保护提出的新要求和新需要。

三是对姓名权、名称权的扩张保护。《民法典》第1017条规定：“具有一定社会知名度被他人使用足以造成公众混淆的笔名、艺名、网名、译名、字号、姓名和名称的简称等，参照适用姓名权和名称权保护的有关规定。”依据这一规定，如果笔名、艺名、网名等能够识别个人的身份，具有一定社会知名度被他人使用足以造成公众混淆的，则其也应当受到人格权法保护。这样就在很大程度上扩张了姓名权和名称权的保护范围，满足了实践的需要。

四是隐私权内容的开放性。一方面，民法典在规定隐私权的客体时采用了兜底性的规定。关于隐私权的客体，《民法典》第1032条第2款规定：“隐私是自然人的私人生活安宁和不愿为他人知晓的私密空间、私密活动、私密信息。”该条在列举私密空间、私密活动和私密信息这三项隐私权客体时，保持了隐私权内涵的高度概括性。另一方面，民法典还从正反两个方面对隐私权的内涵进行界

① 杨芳．德国一般人格权中的隐私保护——信息自由原则下对“自决”观念的限制．东方法学，2016（6）．

定，即《民法典》除第1032条第2款对隐私权的客体作出正面规定外，还在第1033条规定："除法律另有规定或者权利人明确同意外，任何组织或者个人不得实施下列行为：（一）以电话、短信、即时通讯工具、电子邮件、传单等方式侵扰他人的私人生活安宁；（二）进入、拍摄、窥视他人的住宅、宾馆房间等私密空间；（三）拍摄、窥视、窃听、公开他人的私密活动；（四）拍摄、窥视他人身体的私密部位；（五）处理他人的私密信息；（六）以其他方式侵害他人的隐私权。"该条对侵害隐私权的行为作出了规定，该条从反面对侵害私人生活安宁、私密空间、私密活动、私密信息的行为作出了规定并通过兜底规定保持了开放性。

五是个人信息的开放性。《民法典》第1034条第2款规定："个人信息是以电子或者其他方式记录的能够单独或者与其他信息结合识别特定自然人的各种信息，包括自然人的姓名、出生日期、身份证件号码、生物识别信息、住址、电话号码、电子邮箱、健康信息、行踪信息等。"该条并未简单沿袭《网络安全法》第76条关于个人信息的定义，其所保护的个人信息范围更加广泛，即不再限于网络环境下的个人信息保护。尤其是在列举个人信息的类型时采用了"等"字的兜底性表述，充分表明个人信息的类型不限于该条所列的类型，适应了网络信息社会个人信息类型发展变化的客观要求。

六是其他人格利益的保护。随着现代社会语音识别技术等的发展，声音等新型的人格利益将不断产生，人的声音是由人的声带震动发出的，每个人的声音都具有独特性，因而可以成为标识个人身份的重要依据。尽管在现实生活中，人们往往难以识别个人的声音，但借助计算机、人工智能算法等技术，可以很好地识别个人的声音，因此，声音与个人身份的关联性将越来越紧密。从比较法上看，许多国家都对个人的声音利益予以保护。[①] 我国司法实践中也出现了一些有关个人声音的纠纷，随着声音利用方式和利用范围的扩展，法律有必要确认声音权的具体人格权地位。因此，《民法典》第1023条第2款规定："对自然人声音的保护，参照适用肖像权保护的有关规定。"这就承认了声音作为一种新型的人格利益，适应未来人格利益发展的需要。

需要指出的是，在我国《民法典》中，对自然人的人格权采取了开放式列举的方式，但对法人、非法人组织的人格权采取了封闭式列举的方式，这是符合两种人格权的性质的。

---

① 例如，《秘鲁共和国新民法典》第15条第1款规定："未取得本人明确授权的，不得利用其肖像和声音，或在本人已死亡时，只能按顺位经其配偶、卑血亲、尊血亲或兄弟姐妹同意，方可利用之。"

（三）人格权法定性与开放性之间的关系

关于人格权的法定性与开放性之间的关系，可以从如下几方面理解。

第一，人格权的法定性与人格权的开放性是相辅相成的，二者有机结合成为完整的人格权保护法律体系。人格权法定性是以人格权开放性为前提的，人格权开放性是以人格权法定性为基础的，两者的结合恰恰是实证主义理论和自然法理论的结合。人格权的法定性有助于明确具体人格权的保护范围，而人格权的开放性则有助于扩大人格利益保护的范围，但这种扩大实际上还是要以人格权法定性为基础和前提的。也就是说，通过人格权法定性构建了完整的人格权体系后，为了实现人格权的开放性，而保持人格权及其权益的开放性。一方面，人格权体系本身要具有开放性，要不断适应社会的发展，承认新的人格权类型。另一方面，要使人格权益保持开放性，为人格权益在法律上提供足够的空间予以保护。并非所有的人格权益都可以通过立法对权利的逐一固定化来实现，因为立法者在立法之时必须保持谦抑性，只能将理论上毫无争议的权利规定在民法典之中，对相对新型的人格利益，仍有待于民法学理论与司法实践来进一步检验与发展，所以不宜直接固定下来，需要通过开放性的人格权体系来加以接纳。

第二，人格权的法定性和开放性都是实现全面保护人格权的机制和途径，二者的目的都是更全面地保障主体的人格权益，更充分地维护人格利益和人格尊严。一方面，人格权开放性体现为法定人格权的类型是不断丰富和发展的，例如，随着社会的发展，应当受到法律保护的人格利益类型会不断扩展，其中有些需要法律更强程度保护的人格利益可能会被立法确认为法定人格权（如我国法上的隐私权）；另一方面，人格权开放性是指应当受到法律保护的人格利益也处于不断扩张过程中，人格权益需要通过法律的保护逐步上升为具有固定类型的权利。尤其是在这些人格利益已经具有明确的边界，且与其他权利能够加以区分的情况下，应该通过法定的权利予以保护。就两者保护的侧重点而言，人格权的开放性侧重于表达受到法律保护的人格权和人格利益的类型和范围是开放的，而人格权的法定性则侧重于表达人格权的类型应该由法律确认，与非法定化的人格利益相比，这些受到法律确认的人格权就会受到法律更强程度的保护。

第三，人格权的开放性必然会赋予司法裁判者相应的自由裁量权，这是司法实践中保护各种新型人格利益的重要条件。人格权的法定性则可以在各项法定化人格权的保护上确定一套完善的规则，从而为司法裁判者提供清晰具体的裁判依据。人格权的保护规则也可以为法官裁判人格利益纠纷提供依据和参考，法官可以通过类推解释等法解释的方法比照现有制度以及民法学基础理论，来对新型的人格利益予以保护，并在条件成熟的时候将其类型化为法定权利。从这一意义上说，人格权的法定性有利于非法定化人格利益的保护，而人格权的开放性反过来也可以丰富法定人格权的类型，完善人格权的体系。

（撰稿人：王利明）

第九百九十一条

民事主体的人格权受法律保护，任何组织或者个人不得侵害。

本条主旨

本条对民事主体人格权应受法律保护的规则作出了规定。

相关条文

《民法总则》第 3 条规定："民事主体的人身权利、财产权利以及其他合法权益受法律保护，任何组织或者个人不得侵犯。"

理解与适用

本条是关于人格权保护的宣示性规则，也确立了人格权保护的基本原则。

一、宣示人格权受法律保护的原则

《民法典》第 991 条规定了人格权受法律保护的原则。此处所说的"法律"包括了宪法、民法等法律。我国《宪法》规定，公民的人格尊严不受侵犯，禁止用任何方法对公民进行侮辱、诽谤和诬告陷害；公民的人身自由不受侵犯，禁止非法搜查公民的身体；公民的住宅不受侵犯，禁止非法搜查他人住宅或者非法侵入他人住宅；公民的通信自由和通信秘密受法律保护。从立法渊源层面来看，宪法的规定应该作为民法人格权制度的渊源。一方面，因为宪法的上述规定是我国民法人格权制度立法的根据和遵循的原则，我国民法关于人格权的确认和保护的规定也是宪法上述规定的具体化，所以它和宪法的规定应被视为不可分割的整体。另一方面，宪法关于保护公民人身自由和人格尊严的规定，是民法的人格权制度的立法基础。宪法作为一国的根本法，其规范的作用应当包含两个层面：一是为公民的基本权利构建一个完整的体系，为公民基本权利的确定提供价值基础。例如，宪法确认了公民的人格尊严、人格平等、人身自由受法律保护，这就为公民人格权的保护提供了基本的价值依据。二是宪法中的权利所确定的主要是国家或政府的义务，如果在宪法中规定公民享有人格尊严和人身自由，就在一定层面上确立了国家或政府采取措施保障公民人格权的积极义务。

依据宪法的规定，民法典全面保障人格权。也可以说，对人格权保护的法律首先是指《民法典》人格权编，该编就是集中地、全面地确认和保护人格权的法律。在民法典中，不仅是人格权编，民法典的其他部分也涉及对于人格权的保护。具体而言：一是民法典总则编。民法典总则编有四个条款确认了人格权，同时，总则编关于民事责任的规定，也适用于对人格权的保护。二是合同编。除人格权编的特别规定外，人格利益许可使用合同也适用合同编的规定。三是物权编。物权编中也有一些条款可用于对人格权的保护，例如，《民法典》第 294 条规定："不动产权利人不得违反国家规定弃置固体废物，排放大气污染物、水污染物、土壤污染物、噪声、光辐射、电磁辐射等有害物质。"该条规定即是为了保护相邻不动产权利人的生命权、健康权。四是侵权责任编。人格权作为绝对权，当然受到侵权责任编的保护。对此，《民法典》第 1167 条规定："侵权行为危及他人人身、财产安全的，被侵权人有权请求侵权人承担停止侵害、排除妨碍、消除危险等侵权责任。"该条所规定的侵权责任承担方式，也都可以适用于人格权的保护。

人格权不仅受民法典保护，还受到民事特别法的保护，具体包括以下方面。

一是对未成年人、妇女、老年人、残疾人、消费者等社会弱势群体人格权的规定。在《未成年人保护法》①、《妇女权益保障法》②、《老年人权益保障法》③和《残疾人保障法》④ 等法律中，都对特殊群体的人格权保护作出了特别规定。

二是特殊行业或者特殊职业活动中的人格权制度。例如，《居民身份证法》第 6 条第 3 款规定："公安机关及其人民警察对因制作、发放、查验、扣押居民

---

① 《未成年人保护法》第 5 条第 1 项规定："尊重未成年人的人格尊严。"第 21 条规定："学校、幼儿园、托儿所的教职员工应当尊重未成年人的人格尊严，不得对未成年人实施体罚、变相体罚或者其他侮辱人格尊严的行为。"第 55 条规定："公安机关、人民检察院、人民法院办理未成年人犯罪案件和涉及未成年人权益保护案件，应当照顾未成年人身心发展特点，尊重他们的人格尊严，保障他们的合法权益，并根据需要设立专门机构或者指定专人办理。"

② 《妇女权益保障法》第 37 条规定："妇女的人身自由不受侵犯。"第 38 条规定："妇女的生命健康权不受侵犯。"第 40 条规定："禁止对妇女实施性骚扰。"第 42 条规定："妇女的名誉权、荣誉权、隐私权、肖像权等人格权受法律保护。禁止用侮辱、诽谤等方式损害妇女的人格尊严。禁止通过大众传播媒介或者其他方式贬低损害妇女人格。未经本人同意，不得以营利为目的，通过广告、商标、展览橱窗、报纸、期刊、图书、音像制品、电子出版物、网络等形式使用妇女肖像。"

③ 《老年人权益保障法》第 3 条第 3 款规定："禁止歧视、侮辱、虐待或者遗弃老年人。"

④ 《残疾人保障法》第 3 条第 2 款规定："残疾人的公民权利和人格尊严受法律保护。"

身份证而知悉的公民的个人信息，应当予以保密。”《义务教育法》第 29 条第 2 款规定：“教师应当尊重学生的人格，不得歧视学生，不得对学生实施体罚、变相体罚或者其他侮辱人格尊严的行为，不得侵犯学生合法权益。”尤其是有关的法律中也涉及对个人隐私的规定。例如，《执业医师法》第 22 条第 3 项规定，医师在执业活动中履行的义务包括“关心、爱护、尊重患者，保护患者的隐私”，从而丰富了我国立法中关于人格权的规定。

三是涉及公权力行使中的人格权保护。例如，《治安管理处罚法》第 5 条第 2 款规定：“实施治安管理处罚，应当公开、公正，尊重和保障人权，保护公民的人格尊严。”再如，《政府信息公开条例》（2007 年）第 14 条第 4 款规定：“行政机关不得公开涉及国家秘密、商业秘密、个人隐私的政府信息。但是，经权利人同意公开或者行政机关认为不公开可能对公共利益造成重大影响的涉及商业秘密、个人隐私的政府信息，可以予以公开。”

四是对个人信息权和隐私权的保护。《全国人大常委会关于加强网络信息保护的决定》《网络安全法》等全面规定了对个人信息的保护，规定了收集、使用公民个人电子信息应当遵循的基本原则，同时对信息收集者的保密义务以及泄露、毁损、丢失公民电子信息的责任作出了规定。

此外，除了宪法、民法典和民事特别法对人格权的确认和保护之外，我国《刑法》《刑事诉讼法》等法律部门也都有关于人格权保护的规定。例如，《刑法》第 253 条之一关于禁止非法出售、提供个人信息等规定，《刑法》有关杀人、伤害、强奸、非法拘禁、侮辱诽谤等犯罪及其刑罚的规定，《刑事诉讼法》关于逮捕公民必须依法进行等方面的规定。可见，公法和私法的诸多部门共同协作形成对人格权的全面保护。全面保护人格权，是多个法律部门共同调整才能达成的目标。

二、人格权编保护人格权的特点

（一）保护人格权益的全面性

所谓人格权益保护的全面性，是指人格权编对人格权益的保护是十分全面、周延的，人格权独立成编的目的很大程度上就是要确认各项人格权的类型、内容及其行使方式，并在人格权受到侵害时为权利人提供保护。一方面，人格权编不仅保护《民法典》第 990 条第 1 款所列举的各项具体人格权，而且保护第 990 条第 2 款所规定的一般人格权。人格权编不仅保护法律所规定的各项人格权益，而且保护那些没有上升为法定化权利的新型人格利益。例如，声音作为一种新型人格利益，并没有被法律确认为一项具体人格权，但我国《民法典》第 1023 条也对其提供保护。民法典不仅对受害人因人格权受到侵害而遭受的精神损害提供救济，还要对侵害人格权益所产生的财产损害进行救济，这样才符合对受害人全面救济的目的。

（二）保护方式的独特性

人格权独立成编的重要目的是通过规定对人格权的独特保护方式而对人格权提供保护。传统大陆法系民法对人格权的保护主要采取恢复原状或损害赔偿的救济方式，现代欧洲统一侵权法规则也只有损害赔偿和恢复原状两种。① 我国《民法典》人格权编也规定了人格权的特殊保护方法，这些方法是侵权责任编并不能完全包括的，这具体体现在以下几方面。

第一，确认了人格权请求权制度。《民法典》第995条规定："受害人的停止侵害、排除妨碍、消除危险、消除影响、恢复名誉、赔礼道歉请求权，不适用诉讼时效的规定。"该条就是对人格权请求权的规定。所谓人格权请求权，是指民事主体在其人格权受到侵害、妨害或者有妨害之虞时，有权向加害人或者人民法院请求加害人停止侵害、排除妨害、消除危险、恢复名誉、赔礼道歉，以恢复人格权的圆满状态。德国法学家拉伦茨指出，人格权请求权的内容具有特殊性，即在人格权有受到侵害之虞时，司法实践准许权利人请求消除危险；在继续受到侵害时，准许请求停止侵害。② 人格权请求权与侵权损害赔偿请求权在是否要求证明构成侵权、行为人是否有过错、行为人是否造成损害后果、是否适用诉讼时效等方面，都存在明显的区别，因此，人格权请求权不能为侵权损害赔偿请求权所替代。③ 从《民法典》第995条规定来看，在人格权遭受侵害的情形下，权利人既可以主张人格权请求权，也可以主张侵权请求权，这就明确了人格权请求权与侵权请求权的适用关系；此外，该条第2款还特别明确了人格权请求权不适用诉讼时效，这就更加有利于权利人主张人格权请求权，更有利于人格权的保护。

第二，规定了侵害人格权的禁令制度。所谓侵害人格权的禁令，是指当侵害他人权益的行为已经发生或即将发生，如果不及时制止，将导致损害后果迅速扩大或难以弥补，在此情形下，受害人有权依法请求法院颁发禁止令，责令行为人停止相关侵权行为。《民法典》第997条规定："民事主体有证据证明行为人正在实施或者即将实施侵害其人格权的违法行为，不及时制止将使其合法权益受到难以弥补的损害的，有权依法向人民法院申请采取责令行为人停止有关行为的措

① 参见欧洲侵权法基本原则第六编救济方式，其中主要规定了损害赔偿和恢复原状两种救济方式。

② 卡尔·拉伦茨．德国民法通论：上册．谢怀栻，等译．北京：法律出版社，2004：169-170.

③ 拙文．论人格权请求权与侵权损害赔偿请求权的分离．中国法学，2019（1）.

施。”禁令的功能在于临时制止行为人的侵害行为，即在人格权遭受侵害或者有受侵害之虞时，通过颁发禁令的方式临时制止行为人的侵害行为[①]，其虽然并不能终局性地确定当事人之间的权利义务关系，但也能够有效保护受害人的人格权益。

第三，我国民法典人格权编多个条款规定了删除、更正等措施，并在特定情形下赋予受害人享有更正权、删除权等权利，这些方式也都是保护人格权的独特方式。因为受害人在行使该项权利时，并不需要证明行为人具有过错，甚至不需要证明行为构成侵权，从而可以及时制止不法行为的发生，维护其人格权益。

第四，细化了赔礼道歉的适用规则。虽然我国《侵权责任法》对赔礼道歉这一责任承担方式作出了规定，但如何适用这一责任形式，无论是《侵权责任法》还是《民法典》侵权责任编都没有细化规定。对此，《民法典》第 1000 条规定：“行为人因侵害人格权承担消除影响、恢复名誉、赔礼道歉等民事责任的，应当与行为的具体方式和造成的影响范围相当。行为人拒不承担前款规定的民事责任的，人民法院可以采取在报刊、网络等媒体上发布公告或者公布生效裁判文书等方式执行，产生的费用由行为人负担。”该条对赔礼道歉这一责任形式的具体适用规则作出了规定。由于赔礼道歉规则主要适用于侵害名誉权等人格权遭受侵害的情形，因而，在《民法典》人格权编对此种责任承担方式的具体适用作出细化规定是科学合理的。

（三）保护方式的多样性

我国《民法典》采用多种方式对人格权提供了保护，首先表现在有效地协调了人格权编与侵权责任编的关系，从而实现对人格权的全面保护。保护方式的多样性主要表现在我国《民法典》人格权编不仅运用自身独特的方式保护人格权，而且运用侵权责任的方式对人格权提供保护。《民法典》第 995 条规定：“人格权受到侵害的，受害人有权依照本法和其他法律的规定请求行为人承担民事责任。”此处所说的“本法”，实际上就是指《民法典》的人格权编。依据该条规定，在人格权遭受侵害的情形下，受害人有权选择依据《民法典》人格权编的规定或者其他法律的规定主张权利。此处所说的“其他法律”，就包括了《民法典》侵权责任编。由于侵权责任的主要形式是损害赔偿，在人格权遭受侵害之后，如果受害人遭受了精神损害或者财产损失，受害人可依据《民法典》侵权责任编的规定主张损害赔偿。所以，该条实际上也是一个引致条款。人格权遭受侵害的情形下，受害人之所以可以依据《民法典》侵权责任编的规定主张权利，原因在于：

---

① 江伟，肖建国．民事诉讼法．北京：中国人民大学出版社，2008：244.

一方面，人格权具有对世性，权利人之外的任何人都需要尊重权利人的权利，不得侵害。所谓对世性，是指人格权作为对世权，除权利人之外的其他人都负有不得侵害权利人的人格权的义务。权利人所享有的人格权依法可以向任何人主张。由于人格权可以禁止任何人实施侵害其权利的行为，所以人格权也被称为绝对权①，在人格权遭受侵害后，权利人有权请求加害人承担停止侵害、排除妨害、恢复名誉等民事责任。人格权的绝对性决定了人格权的排他性，这一点与物权、知识产权等绝对权的无异，并受到侵权法的保护。另一方面，在人格权遭受侵害后，受害人遭受的是精神损害或财产损失，受害人在主张赔偿损失时，只能依据《民法典》侵权责任编的规定提出请求。

（四）有效协调各种价值的冲突

人格权的保护与其他权益的保护不同，常常需要平衡各种价值之间的冲突。财产权虽然也可能与其他利益发生冲突，如财产权的行使可能与公共利益、生态环境保护的利益相冲突，但是相较于人格权而言，其与其他利益发生冲突的可能性较小。即使其与其他利益发生冲突，也不如人格权的复杂。我国《民法典》人格权编中有大量规定涉及对价值冲突的协调。例如，《民法典》第 999 条有效协调了人格权保护与新闻报道、舆论监督的关系，《民法典》第 1027 条第 2 款协调保护名誉权与鼓励创作自由的关系。《民法典》第 1020 条确定了肖像权保护和合理利用的平衡关系。这就决定了法官在考虑责任时，很难采纳构成要件确立责任，而必须就要对各个因素进行综合考量。

（五）注重事前预防与事后救济的结合

21 世纪是科技和信息爆炸的时代，科学技术的迅速发展是一把双刃剑，一方面，其给人类带来了巨大的福祉，极大地改变了人类的生产和生活方式，甚至改变了人类社会的组织方式。另一方面，科学技术一旦被滥用，反过来也可能损害个人的隐私、个人信息、生命健康等，从而损害人类的福祉。各种高科技的发明已经使人类无处藏身，如何强化对隐私权等人格权益的保护，成为现代法律制度所面临的最严峻的挑战。② 在互联网时代，网络侵权的对象主要是人格权，在网络时代，应当更加重视对人格权侵权行为的预防，因为与传统社会的信息传播方式不同，网络信息的传播具有即时性，而且网络的无边界性以及受众的无限性，也使网络环境对信息的传播具有一种无限放大效应，网络信息一经发布，可以瞬间实现全球范围的传播，损害后果将被无限放大。尤其是在网络环境下，侵

---

① Otto von Gierke，Deutsches Privatrecht，Band I，Leipzig，1895.

② 徐明．大数据时代的隐私危机及其侵权法应对．中国法学，2017（1）.

害人格权的损害后果往往具有不可逆性，损害一旦发生，如覆水难收、不可逆转，甚至造成难以估计的损害，因此，这就需要更加重视对侵害人格权侵权行为的预防。有鉴于此，我国《民法典》人格权编在人格权的保护方面，高度注重预防和救济的有机结合。

人格权法注重事前防范、事前预防，而侵权责任法则注重事后救济。发挥人格权法的预防功能，正是人格权独立成编价值的体现。人格权编注重兼顾侵害人格权的预防和救济，主要表现在以下方面。

第一，《民法典》第997条规定了侵害人格权的禁令制度。从比较法上来看，禁令的主要功能在于及时制止不法行为，防止损害的发生或者持续扩大，对权利人提供及时的救济。①《民法典》第997条对侵害人格权的禁令制度作出了规定，强化了对侵害人格权行为的事先预防功能，为人格权请求权的行使提供了切实的程序法上的保障。例如，"杨季康（笔名杨绛）诉中贸圣佳国际拍卖有限公司（简称中贸圣佳公司）、李国强侵害著作权及隐私权纠纷案"中②，行为人的拍卖行为虽然尚未实施，但一旦实施，将侵害权利人的隐私权益，在此情形下，权利人可以申请法院颁发禁令，责令行为人停止相关行为，以防止侵害隐私权行为的发生。

第二，规定了有关主体的法定救助义务。我国有关的特别法都规定有关机关的法定救助义务。③《民法典》第1005条规定："自然人的生命权、身体权、健康权受到侵害或者处于其他危难情形的，负有法定救助义务的组织或者个人应当及时施救。"这就将法定救助义务概括为一般条款，依据该条规定，在自然人的生命权、身体权、健康权遭受现实的危险时，负有法定救助义务的主体应当及时施救，该条规定的目的在于强化对个人生命权、身体权、健康权的保护，该条既是为了预防损害的发生，也是为了防止损害的进一步扩大。

第三，明确了有关主体防止性骚扰的义务。《民法典》第1010条规定："违背他人意愿，以言语、文字、图像、肢体行为等方式对他人实施性骚扰的，受害人有权依法请求行为人承担民事责任。机关、企业、学校等单位应当采取合理的预防、受理投诉、调查处置等措施，防止和制止利用职权、从属关系等实施性骚扰。"依据该条规定，机关、企业、学校等单位应当采取合理的措施，预防性骚扰行为的发生。人格权编对有关主体防止性骚扰的义务作出规定，有利于从根本

---

① David Price and Korieh Duodu, Defamation, Law, Procedure and Practice, London: Sweet & Maxwell, 2004, p. 231.

② 北京市高级人民法院（2014）高民终字第1152号民事判决书。

③ 参见《人民警察法》第21条、《执业医师法》第24条。

上预防和减少性骚扰行为的发生，其根本上也是为了实现对侵害人格权行为的事先预防。

第四，规定了更正权与删除权。《民法典》第1028条规定："民事主体有证据证明报刊、网络等媒体报道的内容失实，侵害其名誉权的，有权请求该媒体及时采取更正或者删除等必要措施。"依据该条规定，在报刊、网络等媒体报道的内容失实、侵害他人名誉权时，权利人有权请求及时更正，或者及时删除，而且从该条规定来看，在媒体不及时更正、删除时，权利人可以请求法院责令其及时履行。在人格权编的多个条款中，都规定了更正、删除权。[①] 权利人在请求更正和删除时，并不需要通过诉讼的方式行使，也不需要证明行为人具有过错、其行为是否造成损害后果，是指不需要证明行为人的行为是否构成侵权，这就有利于强化对受害人的保护，预防损害后果的进一步扩大。

（撰稿人：王利明）

第九百九十二条

人格权不得放弃、转让或者继承。

本条主旨

本条规定了人格权具有人身专属性的特征。

相关条文

《民法通则》第99条规定："法人、个体工商户、个人合伙享有名称权。企业法人、个体工商户、个人合伙有权使用、依法转让自己的名称。"

理解与适用

本条规定了人格权具有人身专属性的特征。

（一）人格权的专属性及其表现

所谓人身专属性，是指人格权只能为特定的权利人所享有，与权利主体不可分离。人格权是专属权，这是人格权与财产权的重要区别。早在人格权概念形成过程中，一些学者就认识到人格权具有强烈的专属性。例如，1909年，法国学

① 参见《民法典》第1028条、第1029条、第1031条、第1037条。

者皮劳尔就认为，人格权在性质上属于新型的权利类型，其客体并非外在于权利人，人格权在性质上属于非财产权利，人格权具有绝对性，具有人身专属性，不可转让、不可继承。① 一般认为，人格权在性质上具有较强的人身专属性，不能独立于个人而存在。② 由于人格权具有高度的个人性、固有性，因而人格权具有不可转让性、不可继承性、不可抛弃性，这是人格权与物权、债权的民事权利相区别的重要特征。③

之所以人格权具有专属性，是因为：一方面，此种权利与主体始终相伴随，即人格权与自然人的主体资格须臾不可分离，只要个人的主体资格存在，就享有相应的人格权。法律虽然可以对自然人人格权的行使方式等作出限制，但不得限制人格权的存续期限。同时，权利人一旦死亡，其人格权也将消灭，其继承人也不得继承其人格权。正因如此，人格权也被称为原始权利。另一方面，此种权利不可剥夺，不得抛弃。一旦人格权被剥夺或抛弃，个人的主体资格也将受到影响。所以，任何人的人格权都不受他人的非法剥夺，也不允许当事人主动放弃，否则必然损害个人的主体资格，也违反了公序良俗原则。因此，禁止人格权抛弃是私权自由处分原则的例外。④

从《民法典》第 992 条规定来看，人格权的专属性具体表现为以下方面。

一是人格权不得放弃。作为专属于权利人享有的权利，人格权始终由主体享有，禁止主体随意加以放弃。许多国家的法律明确规定自由不得随意放弃，或者规定允许他人侵害生命权、健康权的约定无效等。任何人格权都不得被主体所放弃，如果人格权被放弃，人格尊严被放弃，则人格必然受到缺损，且放弃人格利益也是违反公序良俗的。禁止人格权放弃也是对私权自由处分权的限制。⑤

二是人格权具有不可转让性。与财产权可以与权利主体发生分离不同，人格权与权利主体是不可分离的。这就是说，人格权只有权利人本人才能享有，除非法律有明确规定，否则不能转让。通常情形下，人格权具有人身专属性，不可转让，但在法律有特别规定的情形下，人格权也可以依法转让。例如，《民法典》

① R. Nerson, Les droits extrapatrimoniaux, thèse de droit, Lyon, Edition Bosc et Riou, 1939, pp. 356 - 363.

② W. A. Joubert Grondslae van die persoonlikbeidsreg (1953) at 121.

③ 同②146 - 147.

④ 施启扬．民法总则．北京：中国法制出版社，2010：94. 杨立新．人身权法论．北京：人民法院出版社，2002：85.

⑤ 施启扬．民法总则．台北：自版，1996. 杨立新．人身权法论．北京：人民法院出版社，2002：85.

第1016条规定："自然人决定、变更姓名，或者法人、非法人组织决定、变更、转让自己名称的，应当依法向有关机关办理登记手续，但是法律另有规定的除外。"依据该条规定，法人可以对其名称进行转让。我国法律历来承认名称权的可转让性，本条肯定的仅仅是法人名称权的转让。因此，从规范的性质上来看，该条是关于名称权的特别规定，《民法典》第992条关于人格权不得转让的规定则是针对人格权的一般规定。这两个条文是特别法与一般法的关系。根据特别法优先于一般法的原理，在名称权的问题上，应当遵循《民法典》第1016条这一特别规定，从而排除《民法典》第992条的一般规则适用，法人或非法人组织可以转让自己的名称。

三是人格权不得继承，即人格权作为专属于特定主体的权利，其通常与主体相伴随，自然人出生以后就享有生命、身体、健康、姓名等人格权，一旦死亡则其生前所享有的人格权也不复存在。也就是说，一旦个人死亡，其主体资格消灭，其人格权也随之消灭，无法成为继承的对象。①

人格权专属性规则不仅适用于人格权，而且适用于人格利益。例如，虽然个人信息可以许可他人利用，但并不是要将个人信息作为一项权利进行转让，即使个人许可他人对其个人信息进行利用，个人仍然对其个人信息享有权利。再如，声音也是个人所享有的一项重要人格利益，个人可以许可他人对其声音进行利用，但这也不意味着个人可以将其声音利益转让。需要指出的是，人格权所具有的专属性也是其与财产权的重要区别，财产权通常具有非专属性，可以与权利主体发生分离，而人格权与权利主体是不可分离的。当然，人格权本身不能转让并不意味着人格权在遭受侵害后请求他人损害赔偿的请求权也不能转让。在人格权受到侵害后，如果其已经转化为损害赔偿之债且赔偿数额已经确定，则该侵权损害赔偿请求权可以通过债权转让的方式予以转让。

（二）人格权的专属性与人格利益许可利用的关系

人格权具有专属性并不意味着人格利益不得许可他人进行利用，二者并不矛盾。所谓许可使用，是指权利人通过合同的方式，许可他人在约定的期限和范围内使用其人格权。被许可人应当按照约定的期限和方式使用他人人格权，否则可能构成侵权。例如，在"任达华与海南正大汇龙房地产开发有限公司肖像权纠纷上诉案"② 中，法院认为，被告仅与原告签订《演出协议书》，而没有签订肖像权许可使用合同，其利用原告肖像的行为构成侵权，应当承担侵权责任。该案

① 王泽鉴．人格权保护的课题与展望．人大法律评论，2009（1）.

② 海南省高级人民法院（2013）琼民三终字第59号民事判决书。

就提出了人格权许可使用合同的必要性。人格权的许可使用需要规定对可许可利用的人格权的授权许可使用机制。人格权的许可使用的实现方式往往需要通过合同来进行，比如，权利人授权许可他人商业化使用自己的特定人格利益，在人格权授权许可使用合同中就需要以不侵害权利人的人格尊严和人身自由等基本价值为前提。因此，对此种授权许可使用合同的内容需要进行法律上的规制。

在现代社会，随着经济社会的发展，尤其是现代大众传媒业的发展，个人姓名、肖像等精神性人格权益的利用方式越来越多样化。例如，光学技术的发展促进了摄像技术的发展，也提高了摄像图片的分辨率，使夜拍图片具有与日拍图片同等的效果，这也使对肖像的获取与利用更为简便。同时，随着现代科学技术的发展，许多新型人格利益不断涌现。这些新型人格利益的利用也日益普遍，如个人特有的声音也可以成为经济利用的对象。尤其是我们已经进入了一个大数据时代和信息社会，大数据技术能够有效整合碎片化的个人信息，实现对海量信息的分析和处理，从而发挥其经济效用，这也使个人信息所包含的经济价值日益凸显。[①] 从比较法上看，许多国家都在立法或者司法实践中积极回应了人格权的积极利用问题，例如，德国联邦宪法法院在“人口普查案”中对“个人信息自主权”即主体对自己信息的控制、知悉、查阅、修改和删除权的创设。[②] 美国1974年《隐私法案》（Privacy Act）也对个人信息的利用作出了规定，如该法第552a条就规定了个人信息的利用问题。美国加利福尼亚州通过了《2018加州消费者隐私法案》，强化了消费者对其个人信息数据的处置权，堪称是全美各州最严网络隐私保护法规。欧盟《一般数据保护法》（GDPR）也对个人信息的积极利用作出了规定，例如，该法第6条即对个人信息处理的合法性作出了规定，其中也包括了个人信息的积极利用。

人格权的许可利用以及人格权包含一定的财产价值，也是未来人格权发展的趋势，人格权的积极利用在立法层面主要体现为人格利益的许可使用，我国民法典人格权编顺应人格权积极利用的发展趋势，对人格利益许可使用规则作出了规定。一方面，这些规定有利于回应社会发展需求。另一方面，有利于保护个人人格尊严。利用和保护并非截然对立的两个层面，人格尊严也包括对人格利益通过自己的意志自主利用，他人不得未经许可而利用，这本身就是保护人格尊严的重要方式。虽然人格权的许可利用属于商品化利用，但其并不会有损个人尊严。相

① 程啸．论大数据时代的个人数据权利．中国社会科学，2018（3）．

② 德国联邦宪法法院裁判选辑：一，萧文生，译．司法周刊，1995：288－384．

反，允许人格权的许可利用恰恰尊重了个人自由，贯彻了私法自治的精神。只要这种许可利用本身不违反社会的善良风俗与公共道德，就是值得肯定的，是对尊严的最大尊重。

通常，当事人订立人格权许可使用合同后，被许可人应当在合同约定的期间和范围内对他人的人格权进行利用，否则可能构成对他人人格权的侵害。当然，为保障个人的人格尊严，应当对人格权许可利用的方式进行一定的限定。就法人、非法人组织的人格权而言，其可以通过许可使用或者转让的方式加以利用，但对自然人的人格权益而言，为了保护个人的人格尊严，同时考虑人格权的人身专属性，应当禁止权利人转让其人格权，因而，应当将其利用方式限定为许可使用。

（撰稿人：王利明）

第九百九十三条

民事主体可以将自己的姓名、名称、肖像等许可他人使用，但是依照法律规定或者根据其性质不得许可的除外。

本条主旨

本条是关于人格利益许可使用的规定。

相关条文

《民法通则》第 99 条第 2 款规定："法人、个体工商户、个人合伙享有名称权。企业法人、个体工商户、个人合伙有权使用、依法转让自己的名称。"

《民法通则》第 100 条规定："公民享有肖像权，未经本人同意，不得以营利为目的使用公民的肖像。"

理解与适用

一、民事主体可以许可他人使用其人格利益

人格利益的许可使用也称为人格利益的经济利用，是指人格权的某些权能可以依法转让或者授权他人使用，以及在其遭受侵害以后可以通过财产损害赔偿的方式获得救济。如前所述，人格权具有专属性，但是这并不意味着人格利益不可

由他人进行利用。

从比较法上来看，人格利益的许可使用模式主要有两种，一种是大陆法系的保护模式，此种模式并不承认人格权许可使用产生独立的人格权，认为其仍然是人格权中财产利益的实现。另一种是以美国法为代表的公开权（the right of publicity）保护模式，此种模式认为，个人人格标志中的经济价值在性质上属于独立的公开权，公开权在性质上属于财产权，可以转让。我国长期以来继受的是大陆法系的人格权理论，在立法上实际也主要采用了大陆法系中的统一保护模式。例如，《民法通则》肯定肖像权、名称权可以进行利用，而没有在肖像权、名称权之外创设类似于公开权的独立的权利类型。公开权概念是美国法律体系中的一个特有的产物，完全照搬到中国是比较困难的。公开权将人格利益许可使用现象视为产生一种新的权利，在内容上很难界定，而且很难与隐私权等其他人格权相区别。事实上，人格利益的许可使用并非产生一种特殊的权利，仍包括在人格权之中，只能理解为某些人格权的权能，特别是利用的权能发生扩张，而不是生成了其他的独立的权利，更不能说在人格权之外还存在另一项并立的许可利用权。当然，应当看到，在许可利用中有一些现象，如虚拟人物的权利是人格权和知识产权所无法保护的，对这一类的财产利益可通过其他法律保护。例如，未经他人许可擅自使用他人所创作的虚拟角色，则可通过反不正当竞争法予以保护。

人格利益的许可使用是市场经济社会的必要产物，也是民法发展的重要趋势，应该引起民法学理论界的充分重视。在市场经济条件下，人格利益之所以可以进行许可使用，这首先是因为，某些人格利益本身具有一定的可利用价值。例如，名人的姓名、肖像、声音以及法人的名称等，具有一定的社会知名度，可以成为商业利用的对象，其价值也可以用金钱来加以衡量。在实践中，个人的肖像可以作为商标来使用（例如，肯德基就使用了创始人本人的肖像作为其企业的标志，同时也作为其产品的商标使用）。在大数据时代，个人信息的利用价值日益凸显。此外，一些特定的人格利益，如声音、特定的人体动作等，也都具有利用的可能性。

我国《民法典》规定人格利益许可使用规则主要具有如下意义。

第一，有利于回应社会发展需求。传统社会中，社会形态比较简单，人格权更为注重保护；随着社会的发展，肖像、声音、个人信息等的利用层面凸显出来，各种利用现象层出，尤其是对个人信息的利用十分普遍，我国民法典关于人格权许可利用的规定适用了人格权行使的发展趋势，有效地协调了个人信息保护与利用关系，有利于促进我国数据产业的发展和国家整体战略的推进。

第二，有利于保护个人人格尊严。利用和保护并非截然对立的两个层面，人格尊严也包括对人格利益通过自己的意志自主利用，他人不得未经许可而利用，这本身就是保护人格尊严的重要方式。同时该条也基于人格尊严保护的要求，规定了不得许可使用的情形，这为人格权的许可使用设置了界限，更有利于推进对人格尊严的保护，避免因利用而损害人格尊严。在利用中，对于涉及人格利益和财产利益的冲突，尤其在解释、解除等问题上，人格权编均作出了特殊规定，更有利于在人格利益和财产利益的冲突中，注重对人格利益的保护，同时注意人格利益与财产利益的平衡。因此，该规定能够更好地实现保护人格尊严的宪法要求。

第三，进一步增强民法典的体系性。合同编的规定主要是财产权的流转与使用规则，不宜完全适用于人格权的许可使用，因此，有必要在人格权编中对人格权的许可使用规则作出规定，以体现该问题与人格尊严的价值关联性，这也有利于实现增强民法典的体系性。人格权许可利用问题并不是纯粹的合同问题，其本身也是人格权的行使问题，需要人格权编对此加以确认和调整，而不能仅仅通过合同法加以调整。尤其应当看到，在人格权擅自许可利用的情形下，能够考虑规定拟制许可使用费标准确定受害人的财产损失数额，或者考虑规定获利返还请求权等①，都已经超出了合同法的范畴。有学者认为，人格权法之所以需要与侵权法分离，一个重要的原因在于人格利益的利用日益重要，而侵权法对此无法规范。②

第四，总结司法实践经验。从我国司法实践来看，人格权许可使用的纠纷频发，尤其是对姓名权、肖像权等标表型人格权而言，相关的许可使用合同纠纷在实践中时有发生。民法典在总结我国司法实践经验的基础上，对人格权许可使用规则作出规定，是对中国司法智慧的总结，也为法院处理有关人格权许可使用合同纠纷提供了法律依据。

此外，该规定也是对比较法上立法经验的借鉴。从人格权法发展来看，人格利益已经呈现出了许可使用发展的趋向。在欧洲出现了所谓的“形象代言人权利”，甚至一个人的声音、笔迹、舞台的形象等都可以受到人格权的保护。③ 随着高科技以及互联网的发展，各种新的人格利益的许可使用会越来越宽泛，价值

---

① 朱岩．“利润剥夺”的请求权基础——兼评《中华人民共和国侵权责任法》第20条．法商研究，2011（3）．

② Giorgio Resta，The New Frontiers of Personality Rights and the Problem of Commodification，26 Tulane Eur. Civ. L. Forum33，35（2011）.

③ Gert Brüggemeier，Aurelia Colombi Ciacchi，Patrick O Callaghan ed.，Personality Rights in European Tort Law，Cambridge University Press，2010，p. 572.

会越来越凸显，这必将成为人格权发展的重要趋势。从比较法上看，尽管对人格权许可使用的法律规范方式存在一定差别，但各国也大多承认了人格权许可利用制度。德国法在司法实践中通过扩张人格权内涵与效力的方式，承认人格权中包含经济价值，并具有积极利用的权能，从而实现对人格权许可使用制度的调整。美国法则在隐私权之外创设独立的公开权制度，调整个人姓名、肖像等人格标志的经济利用问题，相当于我国法上的人格权许可使用制度。从《民法典》第993条规定来看，其不仅承认了个人有权许可他人对其人格利益进行利用，而且该条还划定了可以许可使用的人格利益的范围，这就可以在允许个人积极利用其人格权的同时，防止过度利用，从而保护个人的人格尊严。

《民法典》第993条规定了人格利益许可使用的一般规则。在我国民法典编纂过程中，有观点认为，能够进行商业化利用的人格权要素基本上仅限于姓名、名称、肖像等有限的人格利益，不宜将该规定置于人格权编的一般规定之中。[①]因为一方面，可以利用的人格利益范围有限，并非所有人格利益都可被商业化利用；另一方面，这种规定方式可能导致鼓励人格利益的商业化利用现象，将不利于对人格权的保护。因而，更理想的方法是将该条置于肖像权等规则中进行规定，并设置准用条款适用于其他人格利益。笔者认为该条还是应当置于一般规定中，理由在于：一方面，人格利益的许可使用的范围还是比较宽泛的。诸如肖像、姓名、信用、名称、隐私、个人信息等多种人格利益，均有被许可使用的可能。将该条置于某项具体的人格权中进行规定，则不得不面临其他人格利益许可使用法律规则适用问题。尤其是诸如个人信息的许可使用，由于个人信息并非一项权利，因而参照适用人格权的规定比较勉强，可能也未必准确。另一方面，人格权法处于不断的变革之中。可以预见的是，伴随着社会生活的发展，新类型的人格利益会不断涌现。对这些新类型的人格利益而言，适用一般规定并不存在障碍。而如果在某项具体人格利益中规定许可使用，则会给新类型人格利益的法律适用带来困难。因此，有必要在民法典中设置人格利益许可使用的一般规则。

二、可以进行许可使用的人格利益的范围

在现代社会，不仅应当关注人格权的保护，还应当更多地关注人格权的有效利用，人格权制度是由确认、利用和保护三类规范共同组成的。随着近几十年来人格权许可利用的发展，人格利益如姓名、肖像、声音、隐私等，在传统上被认为是财产之外的没有价格的利益，随着市场经济的发展，这些权利越来越具有财

---

① 石佳友．人格权立法完善的最后契机．中国民商法律网.

产属性，权利人有权许可他人使用。现代各国法律确定个人对其信息所享有的支配权，目的之一就是促进个人对信息的利用，对信息的保护和利用构成个人对信息所享有的权利的两个支柱。由此表明，现代社会中，对人格权的主动利用趋势日益突出和普遍，人格权的内涵在逐渐扩张，利用方式和适用范围也不断丰富。但由于人格权自身的特殊属性，对人格权的利用，应与物权、知识产权等财产权有所区分，因而，有必要构建一套以保护人格尊严为基础的人格权利用制度。从人格权法发展来看，已经呈现出了许可利用发展的趋向，而且随着经济社会的发展，新型人格利益不断产生，可进行许可利用的人格权益的类型也在不断增多。从《民法典》第993条规定来看，可进行许可利用的人格权益主要有以下几种。

1. 姓名权

按照传统观点，姓名权在性质上属于精神性人格权，并不具有财产价值，其主要功能是防止个人身份的混淆。姓名权之所以是标表型人格权的重要类型，是因为姓名对个人的身份具有一定的识别作用，将一些名人的姓名用于产品的宣传广告，可以对产品销售具有一定的推动作用。姓名也可以用于商标、企业名称。随着市场经济的发展，姓名权许可利用的实践也在不断发展。姓名权的许可利用是姓名权积极利用权能发展的重要体现。从我国的司法实践来看，法院都承认权利人有权许可他人对其姓名进行许可利用并从中获利。例如，在“姚明与武汉云鹤大鲨鱼体育用品有限公司侵犯人格权及不正当竞争纠纷上诉案”① 中，法院认为：“未经权利人授权或许可，任何企业或个人不得擅自将他人姓名、肖像、签名及其相关标识进行商业性使用。武汉云鹤公司未经权利人许可，多次使用姚明的姓名及肖像，将其生产和销售的运动型产品与姚明相联系，并进行引人误解的宣传，其行为违背了诚实信用原则，既侵害了姚明的姓名权及肖像权，也构成不正当竞争。”由此可以看出，法院在判决中也肯定了权利人有权许可他人对其姓名进行许可利用。

2. 名称权

法人和非法人组织享有名称权，名称权不仅具有标识法人及非法人组织身份的功能，而且具有一定的商业利用价值，权利人既可以许可他人对其名称进行利用，而且依据《民法典》第1013条的规定，权利人还可以通过转让的方式利用其名称。由此可以看出，名称权的利用方式比姓名权的更为广泛，即权利人不仅可以许可他人使用其名称，而且可以依法转让其名称权。民法典在名称权中承认了名称的可转让性。名称的转让是指名称权人将其名称全部让与某一个受让人，

---

① 湖北省高级人民法院（2012）鄂民三终字第137号民事判决书。

受让人成为该名称权的主体，《民法典》第 1013 条允许名称的转让，这也是名称权不同于其他人格权的重要特点。名称的转让应由转让方与受让方签订书面转让协议，并办理相关的批准、登记手续。转让名称的协议生效后，受让人必须按照约定和登记的规定使用受让的名称。

3. 肖像权

随着肖像权许可利用实践的开展，肖像权中的经济价值逐渐得到法律的肯定与保护，权利人既可以自己利用，也可以许可他人利用其肖像权。我国《民法通则》第 100 条规定承认了肖像权可以经权利人同意许可他人利用，这实际上是肯定了肖像权可以成为许可利用的对象。但是根据《民法通则》第 100 条的规定，未经本人同意，以营利为目的使用他人肖像的行为，构成侵权行为，行为人应承担侵害肖像权的责任。《关于贯彻执行〈中华人民共和国民法通则〉若干问题的意见（试行）》以下简称（《民法通则意见》）第 139 条规定："以营利为目的，未经公民同意利用其肖像做广告、商标、装饰橱窗等，应当认定为侵犯公民肖像权的行为。"《民法典》人格权编删除了以营利为目的的构成要件，从而强化了对肖像权的保护。《民法典》第 1021 条对肖像许可使用合同的解释规则作出了规定，第 1022 条对肖像许可使用合同的解除规则作出了规定。人格权编一般规定一章关于人格利益许可使用规则的规定可以看作是对人格利益许可使用的一般规定，而在肖像权一章中关于肖像许可使用规则的规定则是关于人格利益许可使用合同的特殊规定，二者共同构成了完整的人格利益许可使用合同规则体系。

4. 隐私权和个人信息

隐私权可以成为许可利用的对象，如近几年兴起的对某个人的生活起居、工作等进行网络直播，这实际上就是对隐私权的积极利用。个人信息也可以成为许可利用的对象，从本质上讲，个人信息本身就兼具人身属性和财产属性，绝大多数个人信息都可以进行经济利用，如将个人信息汇聚成大数据由他人共享，或者用于商业分析和用于商业规划等。随着信息社会的发展，个人信息的利用价值越来越大，被称为 21 世纪的"数据金矿"。故此，《民法典》第 1035 条规定，处理自然人的个人信息应当征得自然人或者其监护人同意，即自然人可以许可他人处理其个人信息。

5. 其他人格利益

如前所述，人格权编一般规定一章对人格利益许可使用规则作出了规定，从《民法典》第 993 条规定来看，其在划定可许可使用的人格利益的范围时使用了"等"这一兜底表述，这表明可许可使用的人格利益的范围并不限于姓名、名称、肖像等人格利益，其还可能包括其他的人格利益，而且可以许可使用的人格利益的范围也不限于作为人格权客体的人格利益，还包括声音、死者的人格利益等。例如，自然人死亡后，其人格要素如姓名、肖像等，仍具有商业利用的价值，也可以成为商业利用的对象。[1] 例如，在“周某诉黄某、贵州人民出版社肖像权纠纷案”中，被告将鲁迅的肖像编入《鲁迅像传》一书中，一共使用了114张鲁迅的肖像照片并配以文字解说。法院虽然认为被告的行为是对鲁迅肖像的合理使用，不构成侵权，但同时也肯定了死者的人格要素可以成为许可利用的对象。除死者人格利益外，其他人格利益，如个人特有的声音、肢体动作等，均可成为许可利用的对象。从该条规定来看，只要不是依照法律规定或者根据其性质不得许可的人格权益，均应当可以成为许可使用的对象。

三、依照法律规定或者根据其性质不得许可使用的人格权益

从该条规定来看，如果某种人格权益依照法律规定或者根据其性质不得成为许可使用的对象，则应当将其排除在可许可使用的人格权益的范围之外，不得进行许可利用。也就是说，为保护个人的人格尊严，维护公序良俗，应当对可进行许可利用的人格权益的范围进行一定的限制，以防止人格权的过度许可利用。

从比较法上来看，随着现代社会的发展，尤其是高科技的发展，器官移植、人体捐赠、生物实验、遗传检查和鉴别、代孕、机构监禁、精神评估等行为日益普遍，这也需要不断强化对身体权的保护，规范物质性人格权的行使。各国一般禁止对物质性人格权进行许可利用，而主要将人格权许可利用的权利范围限于精神性人格权。[2] 例如，《法国民法典》第16—5条规定：“任何赋予人体、人体之各部分以及人体所生之物以财产价值的协议，均无效。”从我国《民法典》第993条规定来看，其在保持可许可利用的人格权益范围的开放性的同时，也对可许可利用的人格权益的范围进行了一定的限定，即如果法律规定某种人格权益不宜成为许可使用的对象，或者按照其性质不宜成为许可使用的对象，则应当将其排除在可许可使用的人格权益的范围之外，这实际上也为特别法限定可许可使用的人格权益的范围预留了空间。我国《民法典》人格权编并未对哪些人格利益不得许可利用作出规定，但是，借鉴比较法上的一般做法，笔者认为，在具体划定不宜成为许可利用对象的人格权益的范围时，可以明确将物质性人格权如生命权、身体权、健康权等排除在外。禁止物质性人格权的许可利用理由主要在于以

① Jean-Christophe Saint-Pau, Larticle 9, matrice des droits de la personnalité, in Recueil Dalloz, 1999, n° 37, p. 541.

② 古奥乔·瑞斯塔．人格利益商品化——比较法的考察//2010年国际民法论坛论文集：人格权保护——历史基础、现代发展和挑战：135.

下方面。

一是维护人格尊严。从比较法上看，各国法律大多认为，当事人签订的代孕合同无效[①]，这表明不能对人的身体进行买卖，人的身体不能成为转让的客体。《人类辅助生殖技术管理办法》和《人类精子库管理办法》都明确禁止代孕和买卖精子等行为。所以，这一方式实际上已经被法律明文禁止。据此，法院在实践中都认定“借腹生子协议”无效。[②]

二是维护公序良俗。权利人行使身体权不得违反公序良俗原则。例如，依据《民法典》第 506 条，造成对方人身伤害的免责条款无效。这就是说，任何人与他人达成的以伤害人身为内容的协议，都因违反公序良俗而应认定为无效。一旦允许个人对其物质性人格权进行许可利用，可能导致人沦为权利客体，因为个人可能会基于经济方面的原因而放弃其物质性人格权。

三是保护权利人自身的利益。生命、身体、健康等物质性人格利益与个人的主体资格之间存在密切关联，也是个人最为重要的人格利益，如果允许此类人格利益的许可使用，则个人可能基于经济方面的需要而放弃生命、健康等最为重要的人格利益。例如，为了赚钱买房或买车而出卖自己的某个器官，会导致个人健康严重受损。

当然，除了物质性人格权外，并非所有的精神性人格权都可以被许可利用。其中最为典型的是名誉权与荣誉权，这些权利具有明显的人身依附性，其背后的人格利益无法脱离于权利人而存在，因此，依据其性质，无法许可他人利用。也正是由于这一原因，可以被许可利用的主要包括姓名权、名称权、肖像权等标表型人格权。[③]

四、人格利益许可使用的两种方式

《民法典》第 993 条中的“许可”包括以下两种形态。

一是以单方意思表示所进行的许可，以单方意思表示所进行的许可是指权利人可以通过单方意思表示的方式，向不特定人作出意思表示，同意其在特定范围内利用自身的姓名、肖像、名称等人格利益。权利人的此种意思表示，只要不违反公序良俗，不是进行不正当利用，均应认为可以构成许可。

---

① TGI Paris 3 juin 1969，D. 1970，p. 136，note J. P.

② 例如，广东省佛山市顺德区人民法院对一起抚养权纠纷案件作出一审判决，判决双方签订的“借腹生子协议”无效，驳回原告刘某的诉讼请求，判决小涛由被告携带抚养至小涛年满 18 周岁时止，之后随父、随母由其自行选择。参见广东法院网，2010－08－12。

③ 温世扬．论“标表型人格权”．政治与法律，2014（4）．

二是以合同方式进行的许可。人格利益的许可使用往往需要通过合同来进行，比如，权利人授权许可他人利用其特定人格利益，人格利益许可使用合同的内容应当以不侵害权利人的人格尊严和人身自由等基本价值为前提。因此，对此种授权许可合同的内容需要进行法律上的规制。以合同的方式许可他人使用，是针对特定人的许可使用方式。在这种方式中，双方当事人需要就合同内容（如许可使用的期限、范围等）进行约定。

五、未经许可使用他人人格利益的损害赔偿责任

未经许可擅自使用他人的人格利益的，将构成对他人人格利益的侵害，如果造成权利人精神损害或者财产损失，则权利人有权依法主张精神损害赔偿责任和财产损失赔偿责任。

（一）未经许可使用他人人格利益的精神损害赔偿

行为人未经许可对他人人格利益进行许可利用时，权利人可能遭受一定的精神损害，在此情形下，权利人应当有权依据《民法典》第 1183 条请求行为人承担精神损害赔偿责任。从我国的司法实践来看，在一些案件中，法院没有考虑受害人的财产损害，而主要通过精神损害赔偿对受害人进行救济。例如，在“崔永元与北京华麟企业（集团）有限公司侵害肖像权、名誉权案”[①] 中，法院认为，由于原告未举出其他证据证明其遭受了经济损失，因而并未支持原告赔偿经济损失的请求，但法院肯定了原告的精神损害赔偿请求权，并根据侵害肖像权、名誉权的范围，侵权方式，过错程度等情况酌定精神损害赔偿数额。再如，在“昆明市园林索道管理处因肖像权纠纷上诉案”[②] 中，法院认为，肖像权主要是一种公民精神上的人格权利，原判关于由上诉人赔偿经济损失（律师费）的内容不当；又鉴于上诉人所印制和销售印有被上诉人肖像的索道票及简介数量较大，具有营利性，且使用门票、简介者的处理方式不同，加之乘坐索道缆车的游客来自四面八方，致使该肖像侵权的扩散面较广，客观上给两被上诉人的身心造成一定程度的损害，故上诉人应负担因此给被上诉人造成的精神损害赔偿。

笔者认为，在人格权许可利用的情形下，在适用精神损害赔偿责任时，应当考虑权利人的财产损害，从而实现财产损害赔偿与精神损害赔偿的平衡。尤其是在受害人无法证明自身财产损失及其具体数额的情形下，受害人的财产损害赔偿请求往往难以获得支持，此时，可以考虑通过提高精神损害赔偿数额的方式，为

---

① 北京市朝阳区人民法院（1999）朝民初字第 4247 号民事判决书。

② 云南省昆明市中级人民法院（2000）昆民终字第 684 号民事判决书。

受害人提供救济，因为精神损害赔偿本身具有调节功能，在财产损害不足的情况下，可以通过精神损害赔偿的方式予以调节。同时通过此种方式可实现对行为人侵权获利的剥夺。当然，完全以精神损害赔偿来替代财产损害赔偿也是不妥当的，因为精神损害赔偿的目的主要是抚慰受害人，并不能达到剥夺侵权人收益的目的；而且精神损害赔偿的数额是有限的，无法达到制裁侵权人的目的，甚至在一定程度上鼓励了侵权行为，无法发挥侵权法的损害预防功能。

应当看到，在行为人未经许可对他人人格权进行许可利用的情形下，单纯的精神损害赔偿无法对人格权中的财产利益进行有效的保护，还必须借助财产损害赔偿方法。因为从实践来看，在人格权许可利用的情形下，权利人所遭受的损害主要是财产损害，只有在极少数案件中，受害人才会遭受精神损害。在许可利用趋势下，保护人格权中的财产利益是人格权保护的重要内容，在现实生活中，如果仅仅提供精神痛苦的抚慰，而不对财产损失进行补偿，尤其是在不法行为人侵害他人人格权取得非法的巨大经济利益的情况下，将可能导致对受害人严重不公平的后果。因此，对人格权的侵害应当区分精神损害和财产损害，并进一步分别计算赔偿额。法官在衡量精神损害赔偿数额时，可以考虑行为人的获利情况，从而有效剥夺行为人的获利，充分发挥侵权法的损害预防功能。但如果行为人已经赔偿了受害人的财产损害，则法院在衡量精神损害赔偿数额时，不宜再过多考虑行为人的获利情况。

（二）未经许可使用他人人格权的财产损害赔偿

如前所述，在行为人未经许可对他人人格权进行许可利用的情形下，权利人也可能遭受一定的财产损害，为全面救济受害人，应当注重发挥财产损害赔偿的功能。《民法典》第 1182 条对侵害人身权益的财产损害赔偿责任作出了规定，其主要适用于人格权许可利用的情形，该条规定："侵害他人人身权益造成财产损失的，按照被侵权人因此受到的损失或者侵权人因此获得的利益赔偿；被侵权人因此受到的损失以及侵权人因此获得的利益难以确定，被侵权人和侵权人就赔偿数额协商不一致，向人民法院提起诉讼的，由人民法院根据实际情况确定赔偿数额。"依据该条规定，在行为人未经许可对他人人格权进行许可利用的情形下，权利人有权请求行为人承担财产损害赔偿责任，关于财产损害赔偿数额的确定，被侵权人可以以其遭受的实际损失要求赔偿，也可以主张按照行为人的侵权获利赔偿，受害人可以在这两种方式中作出选择。具体而言，受害人可以选择如下两种方式确定其财产损失数额。

1. 按照实际损失赔偿

在行为人未经许可对他人人格权进行许可利用的情形下，依据《民法典》第

1182 条的规定，如果权利人能够证明其实际财产损失数额，则其有权请求行为人按照该数额承担损害赔偿责任。尽管侵害的对象是人身权益，但是，造成了受害人财产损害，所以，也适用财产损害赔偿的原则。另外，从侵权责任法的一般原理来说，损害赔偿就是按照受害人的现实损害进行赔偿，所以，该条规定也符合一般原理。因此，在造成财产损失的情况下，受害人应当举证证明损害的存在和范围，据此确定赔偿的数额。

在权利人选择请求行为人按照实际损失赔偿时，按照损害确定性的要求，权利人应当证明其客观上遭受了确定的财产损害，也需要证明其财产损失的具体数额，否则将难以获得救济。

2. 按照获利数额赔偿

依据《民法典》第 1182 条的规定，权利人也有权请求行为人按照其获利承担财产损害赔偿责任，该条所确立的获利赔偿规则有利于剥夺行为人的非法获利，从而发挥侵权法的损害预防功能。早在罗马法中，就确立了“禁止非法获利”的原则，这是罗马法的法谚“任何人不得因他人不法行为获利”（neminem cum alterius detrimento et iniuria fieri locopletiorem）的基本要求。禁止非法获利也是矫正正义的具体体现，我国《民法典》第 1182 条规定：“侵害他人人身权益造成财产损失的，按照被侵权人因此受到的损失或者侵权人因此获得的利益赔偿；被侵权人因此受到的损失以及侵权人因此获得的利益难以确定，被侵权人和侵权人就赔偿数额协商不一致，向人民法院提起诉讼的，由人民法院根据实际情况确定赔偿数额。”据此，该条规定了获利返还请求权，依据该条规定，因侵害人格权益造成财产损失的情形下，受害人可以请求行为人按照实际损失赔偿，也可以请求按照行为人的获利赔偿。获利标准也称侵权获利标准，这就是说，在受害人的损失难以确定时，可以按照侵权人的获利进行赔偿，其也被称为将获利视为损害的规则。这一规则符合侵权责任法上的完全赔偿原则，即只要是与侵权行为有因果关系的损害，都应当予以赔偿，以使受害人恢复到如同损害没有发生的状态。这一规定，一方面有利于缓解受害人证明其客观上遭受财产损害的困难；另一方面，将行为人的获利视为受害人的损害，也可以有效剥夺行为人的非法获利。

依据《民法典》第 1182 条规定，法院酌定方式是在受害人无法证明其实际损失数额或者行为人的侵权获利数额的情形下，由法院依据职权确定行为人损害赔偿数额的一种方式。酌定的情形适用于受害人实际损失与行为人获利难以确定的情况，在此情况下，只能通过法院酌定的办法来确定赔偿额。法院在酌定赔偿数额时，虽然没有最高或最低限额的限制，但是也应当谨慎确定，避免赔偿数额过高或过低。就侵害肖像权的案件来说，法院在酌定赔偿数额时，应考虑侵权人的过错程度、具体侵权行为和方式、造成的损害后果和影响等因素综合考量确定。[①] 在司法实践中，有的法院认为，“如果有一般许可使用费可以参照，法院可以结合侵权人过错、侵权的情节、该许可使用的范围、时间、受害人知名度等因素，参照许可使用费确定赔偿数额”[②]。此种看法不无道理。事实上，在《侵权责任法》颁行前，有的法院在决定人格权许可利用财产损害赔偿数额时，已经开始参考拟制的许可使用费。例如，在“艾瑞比·鲍威尔·泰勒诉人像摄影杂志社侵犯著作权、肖像权纠纷案”[③] 中，法院认为，对赔偿的具体数额，本院将参照模特行业肖像使用费的一般付费标准及被告侵权的情节等因素酌情予以确定。

针对利用网络侵害他人人身权益造成他人财产损失情形下财产损失赔偿数额的确定，最高人民法院《关于审理利用信息网络侵害人身权益民事纠纷案件适用法律若干问题的规定》第 18 条第 2 款规定：“被侵权人因人身权益受侵害造成的财产损失或者侵权人因此获得的利益无法确定的，人民法院可以根据具体案情在 50 万元以下的范围内确定赔偿数额。”其也适用于未经许可在网络环境下对他人人格权益进行许可利用的行为。如果将该数额与精神损害赔偿数额相比较，从我国司法实践来看，法院所确定的精神损害赔偿数额一般在 10 万元以下[④]，由此可以看出，该司法解释所确定的财产损失赔偿数额明显高于精神损害赔偿数额，这也有利于剥夺行为人的获利，从而更好地发挥侵权法的损害预防功能。

在行为人未经许可对他人人格权进行许可利用的情形下，法院在酌定行为人的财产损害赔偿数额时，还应当考虑行为人的侵权方式。例如，在行为人未经许可对他人肖像权进行许可利用的情形下，法院在确定行为人的财产损害赔偿数额时，应当考虑肖像制作的背景、肖像是否具有私人或公共属性、行为人如何制作、行为人是否公开制作、行为人使用何种设备（如是否使用长聚焦镜头）、肖像的类型与特征是什么、制作了多长时间、肖像的尺寸大小如何、肖像以前是否

---

① 全国人大常委会法制工作委员会民法室编．侵权责任法条文说明、立法理由及相关规定．北京：北京大学出版社，2010：76.

② “张柏芝诉梧州远东美容保健品有限公司肖像权案”．江苏省无锡市中级人民法院（2005）锡民初字第 101 号民事判决书．江苏省高级人民法院（2006）苏民终字第 109 号民事判决书//人民法院案例选：2006 年第 4 辑．北京：人民法院出版社，2006.

③ 北京市第一中级人民法院（2003）一中民初字第 10253 号民事判决书。

④ 例如，在“范冰冰与毕某、贵州易赛德文化传媒有限公司侵犯名誉权纠纷案”中，法院判决毕某和易赛德公司应分别承担赔偿精神抚慰金 3 万元和 2 万元；再如，在“徐某与北京新浪互联信息服务有限公司侵犯名誉权纠纷案”中，法院判定新浪公司赔偿原告精神损害抚慰金人民币 2 万元。

可以获得、肖像有无涉及隐私部位、肖像是否曾被复制、被告是否从中获利、肖像所要传递的信息是否具有娱乐价值、肖像权人的地位和特征如是否属于公众人物、本人是否愿意出版肖像、出版肖像对本人是否有实际的不利等情况。如果侵害肖像权造成了对其他人格利益的侵害，如散布他人裸体照片，导致他人的名誉、隐私等权利受侵害，表明受害人的损害后果是综合性的，较为严重，在确定财产损害赔偿数额时，也应当考虑此种情况。

（撰稿人：王利明）

第九百九十四条

死者的姓名、肖像、名誉、荣誉、隐私、遗体等受到侵害的，其配偶、子女、父母有权依法请求行为人承担民事责任；死者没有配偶、子女且父母已经死亡的，其他近亲属有权依法请求行为人承担民事责任。

本条主旨

本条是关于死者人格利益保护的规定。

相关条文

《民法总则》第185条规定："侵害英雄烈士等的姓名、肖像、名誉、荣誉，损害社会公共利益的，应当承担民事责任。"

《最高人民法院关于确定民事侵权精神损害赔偿责任若干问题的解释》第7条规定："自然人因侵权行为致死，或者自然人死亡后其人格或者遗体遭受侵害，死者的配偶、父母和子女向人民法院起诉请求赔偿精神损害的，列其配偶、父母和子女为原告；没有配偶、父母和子女的，可以由其他近亲属提起诉讼，列其他近亲属为原告。"

理解与适用

一、保护死者人格利益的必要性

死者人格利益是指自然人死亡以后，其姓名、肖像、名誉、隐私等利益，这些人格利益应受法律保护。死者人格利益是人格权延伸保护的结果，在主体死亡之后，人格权因死亡而消灭，但法律为了强化和全面保护人格利益，充分体现维护人格尊严的宪法理念，对自然人死亡后的人格利益仍予以保护，形成了对自然人人格利益的全面保护。

从法律上看，死者人格利益本身是人格权益的组成部分。保护人格权益，就是要保护个人的人格尊严，这种人格尊严不仅要在自然人生前获得保护，在其死后也应当获得保护。古人说得好，“神龟虽寿，犹有竟时”，“人固有一死”，但个人生前的荣耀不应随个人的死亡而丧失。亚里士多德认为，“死者也有善与恶（一个人活着的时候会碰到善与恶，但是对这些毫无意识），例如子孙后代们是享受荣誉或是屈辱，或是遭受好运和厄运”①。康德曾经说过：“一个人死了，在法律的角度看，他不再存在的时候，认为他还能够占有任何东西是荒谬的，如果这里所讲的东西是指有形物的话。但是，好名声却是天生的和外在的占有（虽然这仅仅是精神方面的占有），它不可分离地依附在这个人身上。”② 这就是说，人格尊严不仅在自然人活着的时候存在，而且延续到其死亡之后。法律保护其生前的人格尊严与保护其死后的人格尊严，乃一个不可分割的整体。

从各国有关人格权保护的判例和学说来看，几乎都无一例外地都赞成对死者人格利益进行保护，这也是人格权法律制度发展的一个趋势。早在 2001 年，最高人民法院就颁行了《精神损害赔偿司法解释》，该司法解释第 7 条就确认了对死者人格利益的保护。目前，对于死者人格利益应当受到法律保护，已经形成了基本共识。③《民法典》人格权编在总结司法实践经验的基础上，规定了对死者人格利益的保护规则。从社会效果来看，保护死者人格利益的必要性在于以下方面。

第一，有助于促进社会的进步。社会的进步与个人追求良好的名声具有密切的关系。俗话说，“雁过留声，人过留名”，许多人生前为社会作出贡献，甚至为了民族、社会的利益而献身，也是为了青史留名，至少不希望受后人指责甚至唾弃。文天祥说，“人生自古谁无死，留取丹心照汗青”，这就典型地反映了人们希望通过自己生前的努力以获得一个死后的好名声。多少仁人志士修身养性、廉洁自律，追求事业功名，都是为了博取好的名声。正是因为人们对好名声的不懈追求，才推动了社会道德的进步和人类文明的提高。所以，任何社会都要鼓励人们获得符合社会要求的良好名誉。因此，保护死者人格利益尤其是死者的名誉，对于鼓励生者积极向上、奋发有为，从而促进社会的进步，具有重大的意义。④

第二，有助于维护良好的社会风尚。尊重死者既是对死者人格的尊重，也是

---

① 亚里士多德．尼各马可伦理学．王旭凤，陈晓旭，译．北京：中国社会科学出版社，2007：33.

② 康德．法的形而上学原理——权利的科学．沈叔平，译．北京：商务印书馆，1991：118.

③ 参见《匈牙利民法典》第 85 条、《捷克民法典》第 15 条。

④ 亓培冰．死者肖像权的保护及其法律适用．人民司法，2005（1）.

对人们追求良好的道德、风尚、声誉等的尊重。而漠视死者人格，实际上就是蔑视生者对良好的道德的追求，所以对生者人格利益的保护，涉及社会的公共道德。尊重先人也是中华民族传统文化的组成部分。绝大多数的社会成员，都希望其死后不会受到他人的贬损和侮辱，这是一个社会可以延续下去的重要保障。曾子曰："慎终追远，民德归厚矣。"(《论语·学而》) 可见，尊重死者也是社会人伦的体现。如果对死者的人格利益不予保护，实际上就是不鼓励人们在生前从事正当的行为，这就会引发严重的道德风险①，也会导致人们的价值观、荣辱观、道德观遭到扭曲，社会利益将受到极大损害，同时也不利于社会秩序的稳定。

第三，有利于维护社会公共利益。许多名人的名誉、肖像等已经成为社会利益、甚至是国家利益的组成部分。尤其是领袖、伟人的肖像等涉及整个国家利益和公共利益。对其的贬损，不仅是对历史的不尊重，甚至是对民族感情的伤害。所以，侵害此类死者人格利益，即使死者近亲属不提起诉讼，有关机关也应当有权提起诉讼，请求停止侵害。②

第四，有助于安慰死者的近亲属。死者的人格利益与生者的感情、尊严、名誉等是不可分的，辱骂他人的长辈、祖先，在某种程度上，也是对生者的辱骂。侮辱先人实际上也是对后人的蔑视。所以，死者的名誉、隐私等常常和生者的名誉等联系在一起。侵害生者的人格利益往往也侵害了生者的人格利益。正如康德所说："他的后代和后继者——不管是他的亲属或不相识的人——都有资格去维护他的好名声，好像维护自己的权利一样。理由是，这些没有证实地谴责威胁到所有人，他们死后也会遭到同样地对待的危险。"③ 另外，即使不涉及近亲属的名誉等，侵害死者人格，也会侵害近亲属的追思之情。

虽然对死者人格利益的侵害往往会伴随着对生者人格利益的侵害，但将死者人格利益等同于其遗属的利益或者家庭的利益，显然是不妥当的。一方面，如果将死者的人格利益等同于生者的利益，在法律上也很难明确地确定行为人究竟侵害了生者的何种权利，行为人的行为和生者的权益受到侵害之间是否具有因果联系。因为生者要主张精神损害赔偿，应当证明其权利受到侵害。④ 另一方面，死者可能根本没有近亲属，但这并非意味着死者人格利益就不应当受到保护，因为即使其没有近亲属，毁谤已故名人，也可能侵害了公共利益，故也应当保护死者

① 魏振瀛．民法．北京：北京大学出版社，高等教育出版社，2000：54．

② 亓培冰．死者肖像权的保护及其法律适用．人民司法，2005 (1)．

③ 康德．法的形而上学原理——权利的科学．沈叔平，译．北京：商务印书馆，1991：120．

④ 魏振瀛．侵害名誉权的认定．中外法学，1990 (1)．

人格利益。[①] 还要看到，将死者人格利益等同于其遗属的利益或者家庭的利益，实际上是否定了死者人格利益的存在。[②] 当然，当自然人死亡后，死者的名誉好坏，有可能影响对其近亲属的评价，因此，侵害死者名誉、披露其隐私可能同时侵害其亲属的名誉。如果其近亲属可以证明其人格利益因此而受到侵害，他可以单独地以其自己的人格利益受到侵害为由提起诉讼，而并不一定要以死者人格利益受到侵害为由来主张权利。[③]

二、死者人格利益的性质

关于死者人格利益的性质，历来存在两种观点：一是权利说。此种观点认为，死者也享有人格权，应当受到法律保护。二是利益说。此种观点认为，自然人死亡后，其主体资格消灭，不可能享有民事权利，死者人格利益只是一种受法律保护的特定利益。死者人格利益在法律上仍然是一种法益，法律出于维护社会道德和近亲属的感情以及维护社会公共利益的需要，有必要对死者的人格利益予以保护。但是对死者人格利益的保护必须与对其近亲属的人格保护区分开来，仅仅侵害了生者对逝者的感情，并不足以成立对人格权的侵害。[④] 自然人在死亡以后，就不再享有任何权利，我们无法想象死者具有部分的权利能力，也无法想象没有主体的权利。[⑤] 尽管其不再享有任何权利，其名誉、肖像等人格权也不复存在，但其人格利益并不因死亡而消灭，死者的人格尊严仍然不受侵犯。[⑥] 权利内容本身是个人利益和社会利益的产物。在利益中，不仅包括民事主体的个人利益，可能还包括社会公共利益。例如，对死者的名誉、肖像而言，在死者死亡后其个人享有的利益已经不复存在，但由于这种利益在一定程度上体现了社会公共利益和公共道德，从公序良俗的要求出发，故有必要对该利益加以保护。[⑦] 实际上，保护死者人格利益是社会公共道德和公序良俗原则的体现，本质上也是社会公共利益的一种具体表现形态。我国《民法典》第 120 条规定："民事权益受到侵害的，被侵权人有权请求侵权人承担侵权责任。"此处所说的民事权益，既包

---

① 王全弟，李挺．论死者人格精神利益的民法保护．法治研究，2011（11）．

② 在德国，宪法法院不赞成德国联邦法院的观点，否定死者享有人格利益，其主要理由在于个人死亡以后，其遗属为保护死者的名誉、秘密，只能根据自己的权利，以自己人格利益受侵害为由主张权利。黄立．民法总则．北京：中国政法大学出版社，2002：112．

③ 魏振瀛．侵害名誉权的认定．中外法学，1990（1）．

④ MünchKomm/Rixecker，Anhang zu § 12，Rn. 34.

⑤ 同④35.

⑥ 同④38.

⑦ 王全弟，李挺．论死者人格精神利益的民法保护．法治研究，2011（11）．

括了权利，也包括利益，而死者人格利益就属于此处利益的范畴。

还需要指出的是，对死者的人格利益不能用一般人格权加以概括性的保护，只能明确规定应当受到保护的几种具体人格利益。其原因在于，一方面，一般人格权本身是一种权利，尤其是其中包含的人格自由和平等，只是生者所能享有的权利，死者无所谓自由、平等的问题。另一方面，一般人格权是一个兜底条款，对死者人格利益而言，本身就是法律特别列举的保护，故不能适用人格权的兜底条款，扩张保护死者人格利益的范围。

三、死者人格利益的范围

该条对死者人格利益保护的范围作出了规定，所谓死者人格利益保护的范围，是指死者的哪些人格利益应受法律保护。依据该条规定，死者人格利益的范围包括死者的姓名、肖像、名誉、荣誉、隐私、遗体等。显然，一个人生前所享有的人格权和其死后享有的人格利益是不可能同一的，不能认为生者的所有人格利益在死后都要受到保护。① 有学者认为，死者人格利益包括名誉、肖像、身体、隐私、姓名和名称、荣誉、亲属。② 生前所享有的物质性人格权不可能继续存在，而与身体相联系的人格权，如身体权等，死者也不可能享有，与人身有密切联系的人格权，如人身自由权等也不可能继续存在。即使就精神性人格权而言，像贞操等人格利益在死后也是不能受到保护的。

关于死者人格利益的保护范围，在我国司法实践中存在一个不断发展的过程。它最初仅限于名誉利益，以后逐步扩及隐私等利益。《精神损害赔偿司法解释》第3条规定："自然人死亡后，其近亲属因下列侵权行为遭受精神痛苦，向人民法院起诉请求赔偿精神损害的，人民法院应当依法予以受理：（一）以侮辱、诽谤、贬损、丑化或者违反社会公共利益、社会公德的其他方式，侵害死者姓名、肖像、名誉、荣誉；（二）非法披露、利用死者隐私，或者以违反社会公共利益、社会公德的其他方式侵害死者隐私；（三）非法利用、损害遗体、遗骨，或者以违反社会公共利益、社会公德的其他方式侵害遗体、遗骨。"这一解释显然扩张了死者人格利益保护的范围，它不限于对死者名誉利益进行保护，还包括对死者的姓名、肖像、名誉、荣誉、隐私以及遗体和遗骨等人格利益方面的保护。

依据《民法典》第994条的规定，死者人格利益的范围包括如下几种。

---

① 马丽，朱显国．死者人格利益保护理论的反思与重构——基于法的规范功能的分析．南京理工大学学报（社会科学版），2009（4）．

② 杨立新．人身权法论．北京：人民法院出版社，2002：307-308．

1. 死者的姓名。侵害死者的姓名应当承担法律责任。侵害死者姓名的主要表现形式是非法利用死者的姓名、招摇撞骗，利用死者的姓名从事其他非法活动，导致对死者人格的贬损。

2. 死者的肖像。侵害死者肖像的行为时有发生。例如，擅自在网上披露死者的裸体照片，或者将死者的肖像丑化等。行为人侵害死者肖像的，死者近亲属也有权请求行为人承担民事责任。

3. 死者的名誉、荣誉。在审判实践中，对死者人格利益的侵害主要是指故意诋毁死者的名声、辱骂或者丑化死者等，从而侵害了死者的名誉。例如，著名的荷花女案、海灯法师案、徐大雯状告宋祖德和刘信达侵犯谢晋名誉权案等就属于此类情形。①

4. 死者的隐私。死者的隐私也受法律保护。从实践来看，侵害死者隐私的方式主要有如下两种：一是非法披露。例如，在“甘某寿案”中，行为人将原告已经死亡的女儿的姓名、年龄、两性关系等隐私信息泄露，法院认为，该行为人侵害了死者的隐私，应当承担精神损害赔偿责任。② 二是非法利用。如未经死者近亲属同意，擅自将死者隐私改编成剧本，拍成电影、电视节目等。在行为人侵害死者隐私的情形下，死者近亲属也有权请求行为人承担民事责任。

5. 遗体等利益。严格地说，自然人死亡后，其物质性人格权已经不复存在，但其遗体、遗骨、骨灰等仍与其人格尊严存在密切关联，仍有保护的必要。从比较法上看，许多国家都有禁止侵害遗体完整性的规定，因为遗体不仅关系到死者的人格尊严，而且关系到生者对死者追思敬慕的感情。③ 中华民族的优良传统要求尊重自己祖先或者长辈，其中就包括了对死者遗体和遗骨的尊重，中国传统文化也历来认为，掘墓毁尸是严重违反社会伦理的极端行为。可见，遗体寄托着生者对死者的感情和思念，在一定程度上也体现了对死者的尊重和对生者人格利益的保护，保护遗体并不是为了保护身体权，而是为了保护死者人格尊严和死者近亲属的人格利益。同时，对遗体的保护还涉及对公共利益和公共道德的保护，因为如果允许人们可以随意侮辱死者的遗体，显然也是对公共道德的蔑视和侵

① 在徐大雯状告宋祖德、刘信达侵犯谢晋名誉权案中，法院认定，被告宋祖德在博客里称谢晋因嫖妓致死及与他人有私生子均非事实，法院由此作出一审判决，要求被告宋祖德、刘信达立即停止对谢晋名誉的侵害；在判决生效之日起 10 日内连续 10 天在多家网站和报纸醒目位置刊登向原告徐大雯公开赔礼道歉的声明，致歉声明内容须经法院审核同意，消除影响，为谢晋恢复名誉；赔偿损失 29 万元。谢晋遗孀告“大嘴”宋祖德名誉侵权案昨一审宣判宋祖德被判赔 29 万登报道歉．扬子晚报，2009－12－26.

② 新疆维吾尔自治区奇台县人民法院民事判决书（2006）奇民一初字第 524 号。

③ 税兵．超越民法的民法解释学．北京：北京大学出版社，2018：86.

犯。[①] 从实践来看，侵害遗体、遗骨的行为主要表现为：擅自盗取死者的器官[②]、抛撒死者的遗骨或骨灰[③]、丢失死者遗骨[④]等。

死者遗体、遗骨等是死者人格利益的重要载体，侵害死者遗体、遗骨等侵害死者遗体、遗骨的行为直接伤害了生者对死者的感情和尊严，也会给生者造成一定的精神痛苦。例如，在“周某与俞甲一般人格权纠纷上诉案”中，周某故意驾车冲撞俞甲父亲的出殡现场，撞倒骨灰盒、灵牌、花篮，法院认为构成以违反社会公共利益、社会公德的其他方式侵害遗体、遗骨。[⑤] 除民事立法外，我国相关立法也对遗体、遗骨的保护作出了规定。例如，《刑法》第 302 条还专门规定了“盗窃、侮辱、故意毁坏尸体、尸骨、骨灰罪”，依据该条规定，“盗窃、侮辱、故意毁坏尸体、尸骨、骨灰的，处三年以下有期徒刑、拘役或者管制”。

四、侵害死者人格利益的请求权主体

依据《民法典》第 994 条，死者人格利益遭受侵害的，其配偶、子女、父母有权请求行为人承担民事责任。这就明确了侵害死者人格利益的请求权主体。关于请求权的主体，是指在人格利益遭受侵害以后，究竟由谁来主张对死者人格利益的保护。

从比较法上来看，在侵害死者人格利益的情形下，关于提起请求权的主体，存在不同观点。一种观点认为，在缺乏实体法依据的情形下，仍应当肯定死者近亲属对行为人的损害赔偿请求权；另一种观点则认为，自然人死亡后，其主体资格消灭，在法律上并未对死者人格利益保护作出特别规定的情形下，此时应当否定死者近亲属的请求权。[⑥]

我国司法实践历来明确限定了死者人格利益的请求权主体范围。1993 年 6 月 15 日《最高人民法院关于审理名誉权案件若干问题的解答》中，明确了死者名誉受到侵害，其近亲属可以作为原告提起民事诉讼，从而解决了死者名誉是否应当受法律保护的问题。但该解释仅仅涉及死者名誉侵害的问题，而没有对死者

① 徐国栋．绿色民法典草案．北京：社会科学文献出版社，2003：84.

② 杨某某等诉兰州军区乌鲁木齐总医院擅自解剖死者尸体留取脏器侵权纠纷案．人民法院案例选，1994（3）.

③ 何美英等诉普觉寺墓园工作人员帮助安放骨灰盒时不慎跌落致使骨灰泼洒精神损害赔偿案．人民法院案例选，2001（2）.

④ 叶繁荣、叶凡庆等与梁仲有侵权责任纠纷一审民事判决书，广东省信宜市人民法院（2015）茂信法民一初字第 291 号民事判决书。

⑤ 浙江省舟山市中级人民法院（2011）浙舟民终字第 86 号民事判决书。

⑥ 刘春堂．民商法论集：三．台北：元照出版公司，2016：17－19.

的其他人格利益侵害作出规定。最高人民法院《精神损害赔偿司法解释》第 7 条规定："自然人因侵权行为致死，或者自然人死亡后其人格或者遗体遭受侵害，死者的配偶、父母和子女向人民法院起诉请求赔偿精神损害的，列其配偶、父母和子女为原告；没有配偶、父母和子女的，可以由其他近亲属提起诉讼，列其他近亲属为原告。"作出这种解释是因为，"当前的中国社会，当代同堂、四代同堂的大家庭很多，除了父母、配偶、子女之外，祖父母与孙子女、外祖父母与外孙子女以及兄弟姐妹之间长期共同生活，建立了深厚的感情，他们之间也存在着法定的赡养、抚养和扶养关系"①。从该规定来看，将请求死者人格利益保护的主体限定为死者的"近亲属"，由近亲属作为请求权主体是有道理的。因为在一般情况下，人格利益不直接表现为公共利益，不能由国家机关来进行管理，仍然应由死者的近亲属来进行管理。死者的人格利益遭受侵害，当然也只能由他们来主张权利。《民法典》第 994 条明确了有权提出请求的主体范围与顺序，与继承法的顺位保持了一致。

依据《民法典》第 994 条的规定，死者人格利益遭受侵害的，其配偶、子女、父母有权请求行为人承担民事责任，死者没有配偶、子女且父母已经死亡的，其他近亲属有权依法请求行为人承担民事责任。从该条规定来看，在死者人格利益遭受侵害的情形下，死者近亲属在提出请求时应有一定的主体顺序限制，即首先应当由死者的配偶、子女、父母提出请求，只有在死者没有配偶、子女并且父母已经死亡的情况下，死者其他近亲属才有权向行为人提出请求。

死者人格利益保护中有可能涉及公益诉讼问题。许多学者认为，如果死者人格利益关系到公共利益，尤其是像历史名人、领袖等，其形象与名誉往往与历史传统、民族感情、国家形象紧密联系，损害其死后的人格，也必将会损害公共利益，也会危害公共道德。所以，在没有近亲属提起诉讼之时，法律上也可规定公益诉讼。笔者认为，从《民法典》第 994 条规定来看，在死者人格利益遭受侵害时，仅死者近亲属有权请求行为人承担民事责任，因此，该请求权仅能救济死者近亲属的私益损害，无法救济公共利益的损害。在侵害死者人格利益又损害社会公共利益时，有关机关有权依据《民法典》第 185 条的规定提起公益诉讼。

五、关于侵害死者人格利益的民事责任

侵害死者人格利益的情形下，行为人究竟应当承担怎样的责任？该条采用

① 唐德华．最高人民法院《关于确定民事侵权精神损害赔偿责任若干问题的解释》的理解与适用．北京：人民法院出版社，2001：56－57.

“民事责任”的表述，“民事责任”的概念十分宽泛，其既包括赔偿损失，也包括停止侵害等预防性的责任形式，具体而言包括以下几种。

第一，停止侵害、排除妨碍。在侵害死者人格利益的情形下，死者的近亲属首先应当可以主张停止侵害、排除妨碍等人格权请求权。通过此种请求权的行使，可以及时制止对死者人格利益侵害行为，保护受害人。

第二，请求赔偿财产损害。死者人格利益中也可能包括财产因素，侵害死者人格利益，也可能导致财产损失。例如，在“黄人达等诉养天和集团姓名权纠纷案”中，湖南养天和大药房企业集团有限公司（以下简称养天和集团），未经黄氏后人允许，在企业宣传中长期使用黄菊翘及黄亮轩、黄耀轩、黄泽轩的姓名及创业历史为其进行广告宣传。湖南省长沙市中级人民法院审理认为，养天和集团明知使用黄菊翘父子的姓名可以带来经济效益，在企业宣传及经营中，仍在未征得黄氏后人的同意的情况下进行利用，给对方造成了经济损失，根据案情，认定损失为 10 万元。①

第三，请求赔偿精神损害。关于侵害死者人格利益能否适用精神损害赔偿，对此，学理上存在不同看法。德国判例一般不支持在侵害死者人格权情况下关于精神损害赔偿的请求。但是，如果能够认定侵害死者人格权同时也侵害了其亲属的人格权，二者之间存在法律的因果联系，则其亲属可以要求精神损害赔偿。②美国判例中对死者姓名、肖像等人格利益的保护，只承认财产损害赔偿，而不承认精神损害赔偿。③ 在我国，一般认为，只有在侵害了死者人格利益而导致近亲属的人格利益受到侵害的情况下，其近亲属才可以主张精神损害赔偿。在侵害死者人格利益造成其近亲属精神损害的情形下，涉及死者人格利益保护的直接保护模式与间接保护模式问题。直接保护模式认为，死者享有人格权益，在侵害死者人格利益的情形下，法律规定行为人应当承担侵权责任，其直接保护死者本人；而间接保护模式则认为，在侵害死者人格利益的情形下，法律主要保护的是死者的近亲属，即通过保护死者近亲属利益的方式间接地达到保护死者人格利益的目的。两种保护模式各有利弊，正如王泽鉴先生所指出的，“此种间接保护方式的优点在于维持传统人格权专属性的理论，即人死亡时，其权利能力、人格权消灭。其主要缺点在将死者保护转为对遗族的保护，此种主体的变更，理论上难作

---

① 湖南省长沙市中级人民法院（2013）长中民一终字第 02518 号民事判决书。

② Schricker/Gerstenberg，Urheberrecht，1987，ss 22 and 60 of the Kunsturhebergesetz，para 24 with examples.

③ David Collins，Age of the Living Dead：Personality Rights of Deceased Celebrities，39 Alberta L. Rev. 924.

圆满说明。请求权人的范围、保护期间难以界定”①。

我国司法实践实际上经历了从直接保护模式向间接保护模式转变的过程。在1989年的“荷花女案”中，最高人民法院发布了《关于死亡人的名誉权应受法律保护的函》(〔1988〕民他字第52号)，其中指出，“吉文贞（艺名荷花女）死亡后，其名誉权应依法保护，其母陈秀琴亦有权向人民法院提起诉讼”。从该批复的规定来看，最高人民法院肯定了吉文贞（艺名荷花女）死亡后仍然享有名誉权，显然是采纳了直接保护模式。② 可见，我国早期的司法实践对死者人格利益采取了直接保护模式。但在随后的司法实践中，最高人民法院在死者人格利益保护方面的态度发生了一定的转变，最高人民法院在1993年发布了《名誉权问题解答》(法发〔1993〕15号)，其中规定：“死者名誉受到损害的，其近亲属有权向人民法院起诉。近亲属包括：配偶、父母、子女、兄弟姐妹、祖父母、外祖父母、孙子女、外孙子女。”《精神损害赔偿司法解释》第3条规定：“自然人死亡后，其近亲属因下列侵权行为遭受精神痛苦，向人民法院起诉请求赔偿精神损害的，人民法院应当依法予以受理……”从上述规定来看，最高人民法院实际上已否定了死者仍然享有人格权，在侵害死者名誉等人格利益的情形下，死者的近亲属有权提出请求，而且死者近亲属提出请求的主要目的是救济自身所遭受的精神损害，这实际上是采纳了间接保护模式。

笔者认为，采用间接保护模式更为合理。直接保护模式通过肯定死者具有部分权利能力，实现对死者的直接保护，虽然具有一定的合理性，但如果采用此种保护模式，可能需要对我国既有的法律制度进行较大的调整，尤其会对我国的民事主体制度、民事权利能力制度等产生较大冲击。而间接保护模式通过保护死者近亲属的利益间接保护死者本人，则能够更好地契合我国既有的法律制度。在间接保护模式下，如果侵害导致死者近亲属遭受了精神痛苦，应当给予抚慰。例如，行为人辱骂他人已去世的近亲属，并因此造成他人精神痛苦，此时，受害人有权以自己遭受精神痛苦为由，主张精神损害赔偿。法律之所以设立精神损害赔偿，主要是为了对近亲属的精神损害予以安慰，如果近亲属并没有遭受任何精神损害，近亲属以死者人格利益受到侵害为由，主张精神损害赔偿，这和法律设定精神损害赔偿的目的是不符合的。所以，在侵害死者人格利益的情形下，只能以

① 王泽鉴．人格权法．台北：三民书局，2012：64.

② 再如，在“海灯法师案”中，最高人民法院也于1993年作出了《关于范应莲诉敬永祥侵害海灯名誉一案如何处理的复函》(〔1992〕民他字第23号)，其中规定，敬永祥的行为已侵害了海灯及范应莲的名誉权，应承担相应的民事责任。该批复也肯定了死者享有名誉权，实际上是对死者人格利益采纳了直接保护模式。

近亲属遭受精神痛苦给予补偿，也只能以近亲属人格利益遭受侵害提出请求。

需要指出的是，关于死者人格利益保护期限，有观点认为，应当设定死者人格利益的保护期限，例如可以参照《著作权法》关于著作权保护至作者死亡后50年的规则。笔者认为，这一观点并不妥当。首先，著作权保护与死者人格利益保护内容并不完全相同。著作权所保护的内容既包括著作人身权也包括著作财产权，因而并不完全是人格利益。根据《著作权法》的规定，著作人身权中的署名权、修改权、保护作品完整权等本来就不受到50年的限制。而在死者人格利益的保护中，针对的仅仅是人格利益部分。因而，即便是作出类比，也应当比照著作权中的著作人身权部分，不应设置保护期的限制。其次，采取诸如50年的保护期限规则可能导致与《民法典》第994条规定的请求权人范围产生矛盾。死者人格利益侵害中的请求权人为死者的父母、子女、配偶或者特殊情况下的其他近亲属，如果采取50年的保护期限，则可能导致死者的孙子女、外孙子女等在死者死亡50年后并未死亡，但却不能主张死者人格利益保护，这将会导致作为该条重要立法目的之一的保护近亲属人格尊严和精神利益的目的无法实现。最后，《著作权法》限定50年的保护期的重要原因在于，这一规则有利于促进保护期后的作品传播，从而促进文化、科学事业的发展与繁荣。[①] 而在死者人格利益的保护中，并不存在类似的立法目的，因而并无必要增设具体的保护期限条款。关于死者人格利益的保护期限，从我国的司法实践来看，也采纳了以近亲属为标准的期限限制。所谓近亲属，依据《民法典》第1045条第2款，是指“配偶、父母、子女、兄弟姐妹、祖父母、外祖父母、孙子女、外孙子女”，即三代以内的亲属。只有这些近亲属可提起诉讼，其他亲属不得起诉。这本身就构成对死者人格利益保护期间的限制。《民法典》第994条虽然没有作出明确规定，但从该条规定来看，在死者人格利益遭受侵害的情形下，仅死者近亲属有权提出请求，这实际上是将死者人格利益的保护期限限定为死者近亲属的生存期限。

（撰稿人：王利明）

第九百九十五条

人格权受到侵害的，受害人有权依照本法和其他法律的规定请求行为人承担民事责任。受害人的停止侵害、排除妨碍、消除危险、消除影响、恢复名誉、赔

① 胡康生．中华人民共和国著作权法释义．北京：法律出版社，2002：91.

礼道歉请求权，不适用诉讼时效的规定。

本条主旨

本条是关于人格权遭受侵害应受到法律保护的一般原则性规定以及有关人格权请求权的规定。

相关条文

《民法总则》第 179 条规定："承担民事责任的方式主要有：（一）停止侵害；（二）排除妨碍；（三）消除危险；（四）返还财产；（五）恢复原状；（六）修理、重作、更换；（七）继续履行；（八）赔偿损失；（九）支付违约金；（十）消除影响、恢复名誉；（十一）赔礼道歉。"

《民法总则》第 196 条规定："下列请求权不适用诉讼时效的规定：（一）请求停止侵害、排除妨碍、消除危险；……"

《侵权责任法》第 2 条规定："侵害民事权益，应当依照本法承担侵权责任。本法所称民事权益，包括生命权、健康权、姓名权、名誉权、荣誉权、肖像权、隐私权、婚姻自主权、监护权、所有权、用益物权、担保物权、著作权、专利权、商标专用权、发现权、股权、继承权等人身、财产权益。"

《民法通则》第 120 条规定："公民的姓名权、肖像权、名誉权、荣誉权受到侵害的，有权要求停止侵害，恢复名誉，消除影响，赔礼道歉，并可以要求赔偿损失。"

《最高人民法院关于审理名誉权案件若干问题的解答》第 10 条规定："人民法院依照《中华人民共和国民法通则》第一百二十条和第一百三十四条的规定，可以责令侵权人停止侵害、恢复名誉、消除影响、赔礼道歉、赔偿损失。"

理解与适用

一、人格权受到侵害的，受害人有权依照本法和其他法律的规定请求行为人承担民事责任

《民法典》第 995 条第 1 句是关于人格权遭受侵害应受到法律保护的一般原则性规定。在人格权受到侵害的情况下，我国宪法、刑法、行政法、民法等部门法都从不同的角度、采取不同的方式对自然人、法人和非法人组织的人格权予以保护。由此可见，我国法律对人格权实行全方位的保护。

需要注意的是，《民法典》第 995 条第 1 句的规定为不完全法条，不完全法

条需要结合其他规范适用，才能确定法律效果，成为请求权基础。需要结合适用的法条既包括本编中的其他规定，也包括其他编的规定，甚至是其他法律的规则，因为在人格权遭受侵害的情形下，受害人可以获得多层次的救济。第995条第1句也从侧面体现了人格权编的主要功能是划定权利的边界和义务人的义务，但是并不能仅仅依靠人格权编便完成对人格权的保护，而应与其他法律结合适用。但这并不等同于双重适用，双重适用是重复的适用，而结合适用则是根据不同的规范目的进行具体化的过程。

(一) 受害人有权依照本法的规定请求行为人承担民事责任

所谓本法，就是指民法典的相关规定，具体而言如下。

第一，民法典的人格权编。民法典单设人格权编的目的在于强化对人格权的保护，因为对民事主体的各项人格权进行确认的最终目的是通过各种保护方式对人格权进行强化保护。确认人格权是前提，而保护人格权是目的。虽然侵权责任编也能够对人格权提供保护，但仅仅依靠侵权责任编并不能完全解决人格权保护的问题，因为侵权责任编无法确认人格权请求权，也无法对保护人格权的各种方式进行细化规定。因此，必须通过人格权独立成编，从而对人格权进行全面保护。

第二，民法典其他各编的相关规定。事实上，民法典各编都涉及对人格权的保护。一是总则编，总则编在民事权利一章中具体规定了一般人格权和具体人格权、个人信息（《民法典》第109条、第110条、第111条）；在民事责任一章中规定了各种承担民事责任的方式（第179条），这些方式也适用于人格权的保护；同时，还规定了侵害英雄烈士人格利益的规则（第185条）。二是物权编，物权编中也涉及有关人格权的保护问题。例如，《民法典》第286条侵害业主合法权益包括业主的人身权益，业主有权请求停止侵害等。在相邻关系中，对妨碍通风、采光和日照损害他人人格利益的，权利人有权基于相邻关系的规定请求排除妨害。三是合同编。例如，《民法典》第506条规定，免除“造成对方人身损害的”免责条款无效。再如，《民法典》第731条规定：“租赁物危及承租人的安全或者健康的，即使承租人订立合同时明知该租赁物质量不合格，承租人仍然可以随时解除合同。”这就体现了对生命健康权优先保护的立法理念。四是婚姻家庭编。我国《民法典》婚姻家庭编确认婚姻自主权和对妇女、未成年人的特别保护，就婚姻自由的性质而言，婚姻自主权属于一种自由权。它实际上是尊重当事人在婚姻领域的意志自由，它不是基于婚姻关系产生的，而是基于人的主体性所固有的。五是侵权责任编。由于侵权责任编可直接适用于人格权侵害，《民法典》第995条设置了引致条款，连接了人格权编与侵权责任编的关系。由于人格权是一项绝对权，应当受到侵权法的保护，在人格权遭受侵害的情形下，受害人有权请求行为人承担侵权责任。尤其是在行为人侵害他人人格权造成受害人财产损害或者精神损害的情形下，受害人有权依据侵权责任编的规定请求行为人承担侵权责任。

（二）受害人有权依照其他法律的规定请求行为人承担民事责任

从《民法典》第 995 条第 1 句的规定来看，在人格权遭受侵害的情形下，受害人还有权依据其他法律的规定请求行为人承担责任，其他法律的范围十分宽泛。事实上，我国宪法确认了人格权及其保护的一般原则，并为各部门法的立法提供了依据。刑法、行政法是通过追究人格权侵害人的刑事责任和行政责任的方式来保护受害人的人格权的。

我国《宪法》也规定了对公民人格权的保护，例如，《宪法》第 37 条第 3 款规定："禁止非法拘禁和以其他方法非法剥夺或者限制公民的人身自由，禁止非法搜查公民的身体。"第 38 条规定："中华人民共和国公民的人格尊严不受侵犯。禁止用任何方法对公民进行侮辱、诽谤和诬告陷害。"但是，这并不意味着宪法上有关人格权的规定可以直接适用到民事案件的裁判中。2009 年，《最高人民法院关于裁判文书引用法律、法规等规范性法律文件的规定》第 4 条规定："民事裁判文书应当引用法律、法律解释或者司法解释。对于应当适用的行政法规、地方性法规或者自治条例和单行条例，可以直接引用。"从该条规定来看，并没有将宪法列入民事裁判文书可以引用的范围之列，因为宪法并不是一般性的法律，而是根本法。在著名的"齐玉苓诉陈晓琪冒名顶替到录取其的中专学校就读侵犯姓名权、受教育的权利损害赔偿案"① 中，终审法院认为被告侵害了原告的受教育权，最高人民法院于 2001 年 6 月 28 日专门作出了法释〔2001〕25 号批复。该批复明确规定，以侵犯姓名权的手段，侵犯他人依据宪法规定享有的受教育的基本权利，并造成了具体的损害后果的，应当承担相应的民事责任。但该批复后被废止，这也表明，最高人民法院认为宪法基本权利不能直接作为解决民事纠纷的裁判依据。当然，宪法规范可以作为裁判说理的依据。可见，宪法上规定的公民基本权利必须通过民事立法具体化为民事权利，方能作为解决民事纠纷的裁判规范。

此外，其他特别法如《未成年人保护法》《妇女权益保障法》《老年人权益保障法》《残疾人保障法》等，也对特殊主体的人格权保护作出了规定。

二、该条确认了人格权请求权

（一）人格权请求权的概念和特征

所谓人格权请求权，是指民事主体在其人格权受到侵害、妨害或者有妨害之

① 最高人民法院中国应用法学研究所编．人民法院案例选：总第 33 辑．北京：人民法院出版社，2002：97.

虞时，有权向加害人要求或者向人民法院请求判令加害人停止侵害、排除妨害、消除危险、恢复名誉、赔礼道歉，以恢复人格权的圆满状态。在民法中，基础性的民事权利都有相应的请求权，并因基础权利的功能差异而各自独立，物权请求权与债权请求权的区隔就是适例。人格权不同于其他民事权利，人格权请求权因此也具有独立性。人格权作为一项保护人格利益的绝对权，也需要成为一项独立的请求权。① 在人格权关系中，却一直未能形成独立的人格权请求权，这也反映了立法的不完备性，需要确立人格权请求权制度。《民法典》第 995 条第 2 句规定："受害人的停止侵害、排除妨碍、消除危险、消除影响、恢复名誉、赔礼道歉请求权，不适用诉讼时效的规定。"该句实际上对人格权请求权已经作出了规定。

人格权请求权主要具有如下特征。

第一，人格权请求权附随于人格权，是人格权效力的直接体现。人格权具有积极效力和消极效力两个方面。一是积极效力，它是指人格权所具有的支配、控制、依法利用等权能。人格权与其他的绝对权一样，有积极行使的功能。例如，肖像权人有权利用其肖像，并许可他人利用其肖像，如用于广告宣传等。二是消极效力。所谓消极效力，是指人格权受到侵害或可能受到侵害时，权利人享有的保护其权利的权能。例如，在名誉权遭受侵害的情况下，权利人有权要求恢复名誉。人格权请求权是基于人格权的效力而产生的，是基于人格权所具有的绝对性和排他性而产生的，其旨在在人格权遭受侵害的情况下，使其恢复到圆满状态。人格权请求权伴随着人格权的产生而产生，人格权被确认之后就当然产生此种效力，从而达到恢复权利人对人格利益的圆满支配状态、防患于未然的目的。

第二，人格权请求权旨在保护人格权，针对侵害人格权的行为采取预防与保护措施。一方面，对财产权的侵害，大多可以通过金钱赔偿而恢复原状。而对人格权的侵害，其往往具有不可逆转性（如隐私一旦公开就无法恢复原状），所以，应当更多地采用损害预防和停止侵害的方式。损害赔偿并不能够对受害人所遭受的损害提供完全地救济，还需要通过停止侵害、恢复名誉、消除影响等方式为人格权提供救济。另一方面，人格权请求权是专门针对人格权的保护而设立的。例如，消除影响、恢复名誉就是专门针对人格权的侵害而设立的制度。再如，赔礼道歉也仅适用于对人格权的侵害。正如拉伦茨所指出的，人格权请求权使人格权主体能够排除行为人的不法侵害行为，以恢复人格权的圆满状态。② 正是因为人

① Vgl. MüKoBGB/Rixecker BGB § 12 Anh. Rn. 58 ff.

② 卡尔·拉伦茨．德国民法通论：上册．谢怀栻，等译．北京：法律出版社，2004：326－328.

格权具有特殊性，在其遭受侵害以后，要恢复其圆满状态，就必然要采取与救济财产权的方式不同的方式。

第三，人格权请求权是基于人格权的支配性和排他性而产生的。人格权是绝对权，具有支配性和排他性，这一点与物权、知识产权等绝对权的无异。所谓人格权的支配，是指权利人对其人格利益的自主决定，而不能将其简单地视为对其人身的支配。基于人格权，权利人对其人格利益具有支配的权能，并能产生对抗第三人的效力，只要权利人对其人格利益的圆满支配状态受到了不法侵害，权利人都有权提出相关请求，以恢复此种圆满支配状态，而且权利人在提出此种请求时，不以行为人的行为构成侵权为前提。相反，债权属于相对权，而非支配权，因此，也就不能产生类似于“人格权请求权”的效力。所谓排他性，是指人格权作为对世权，任何人都负有不得非法侵害权利人的人格权的义务。人格权的绝对性决定了人格权的排他性，这一点与物权、知识产权等绝对权的无异。权利人所享有的人格权依法可以向任何人主张。由于人格权可以禁止任何人实施侵害其权利的行为，所以人格权也被称为绝对权。①

第四，人格权请求权具有人身专属性。我们说人格权请求权具有独立性，是指它不同于其他请求权，就它与人格权之间的关系而言，它要附随于人格权，不能与人格权相分离而独立存在，只能由人格权主体享有，权利人不能将它单独转让，或者允许他人继承，权利人死亡时，人格权请求权也一并消灭②，具有强烈的人身专属性。从某种意义上说，人格权的专属性也可以理解为是人格权请求权的“附随性”的体现。因此，只要人格权确定存在，人格权请求权即随之产生，一旦其行使受到或者可能受到妨碍，无论是否构成侵权，权利人都可以主张人格权请求权。而且权利人在主张人格权请求权时，并不以其提起侵权诉讼为前提。例如，在个人信息记载有误的情形下，信息权利人有权要求信息控制者采取更正等措施，这些也是人格权请求权行使的体现。

(二) 人格权请求权与侵权损害赔偿请求权的关系

侵权损害赔偿请求权是侵权责任法的主要保护方法。人格权因侵权行为而受损害，受害人可以请求侵权损害赔偿，包括财产损害赔偿和精神损害赔偿。③ 从性质上看，侵权损害赔偿请求权适用于所有的侵权案件，侵权责任归责原则主要是损害赔偿的归责原则，而不是各种侵权责任形式的归责原则，侵权法所规定的

---

① Otto von Gierke，Deutsches Privatrecht，Band I，Leipzig，1895.

② Vgl. Jauernig/Teichmann BGB § 823 Rn. 64 ff.

③ 王泽鉴．人格权法．北京：北京大学出版社，2013：396.

过错责任，只是针对侵权损害赔偿请求权而言的。[①] 对损害赔偿之外的责任形式，如停止侵害、排除妨碍、消除危险等请求权而言，其并不当然适用过错归责原则，这也为区分侵权损害赔偿请求权与人格权请求权等其他请求权提供了依据。

1. 两者的联系

在人格权遭受侵害的情况下，如果受害人遭受损害，无论是财产损失，还是精神损害，受害人都可以依据侵权责任法要求侵权行为人承担赔偿责任。侵权损害赔偿请求权是对所有民事权益的救济方法，也就是说，任何民事权益因侵权而遭受损害，受害人都可能主张侵权损害赔偿请求权。

在人格权既受到妨害又受到侵害并导致损害的情形，仅仅适用人格权请求权，并不能对损害提供救济，还必须要适用侵权损害赔偿请求权，因为侵权损害赔偿请求权旨在对受害人提供事后的救济，而人格权请求权则旨在对受害人提供事前的预防。此时，将发生人格权请求权和侵权损害赔偿请求权的聚合。这就是说，权利人既可以主张侵权损害赔偿请求权，又可以主张人格权请求权。例如，某人在网络上非法披露他人隐私，受害人既遭受了损害，又因为信息仍然存在于网络上而遭受妨害。虽然从表面上看，权利人既要主张人格权请求权，又要主张侵权请求权，似乎比较烦琐，不如所谓“吸收模式”简便，但这是法律科学性和法律准确适用的必然要求。在既有损害又有妨害的情形下，适用“吸收模式”可能产生一定的问题：如果对损害和妨害都不要求行为人具有过错，则可能不当妨害个人的行为自由；反之，如果都要求行为人具有过错，则可能不利于对人格权益的保护。因此，在妨害和损害并存时，应当综合考虑责任形式的适用。例如，在“马某林诉沈某波模仿其字体制作铭牌并署其名侵犯姓名权纠纷案”中，被告模仿原告的字体为学校做铜字铭牌，并署了原告的姓名，法院认为，该行为构成对原告姓名权的侵害，被告应当承担赔礼道歉、消除影响的责任，并赔偿原告的财产损失。[②] 笔者认为，对此种情形，对妨害应当适用人格权请求权，而对受害人所遭受的损害，则应当适用侵权损害赔偿请求权。

在人格权遭受侵害，受害人仅有损害而无妨害时，通过侵权损害赔偿请求权已经足以对权利人提供救济，此时，也就没有必要再行使人格权请求权。例如，被告驾驶机动车而导致受害人受伤，就属于仅有损害而无妨害的情形，此时，侵

① 程啸．侵权责任法．北京：法律出版社，2015：85.

② 最高人民法院中国应用法学研究所编．人民法院案例选：民事卷 6. 北京：人民法院出版社，2017：3152.

权损害赔偿请求权已经足以对权利人提供救济，权利人无权再主张人格权请求权。例如，在“吴某、张某某生命权、健康权、身体权纠纷案”中，吴某侵害张某某的身体，致张某某的健康及精神遭受损害，法院判决被告应当赔偿原告的损失。[①] 在该案中，权利人仅遭受损害而并未遭受妨害，此种情形下，侵权损害赔偿请求权已经足以对权利人提供充分救济，权利人无权再主张人格权请求权。

2. 两者的区别

人格权请求权则是专门针对人格权的救济方法。在人格权遭受侵害后，人格权请求权的作用在于恢复人格权的圆满状态，而不是为了填补权利人的实际损害。正是因为人格权具有特殊性，所以要恢复其圆满状态，就必然要采取与救济财产权的方式不同的方式。

具体而言，人格权请求权与侵权损害赔偿请求权的区别主要体现为以下几方面。

第一，是否考虑过错不同。侵权损害赔偿责任的成立需要行为人主观上存在一定的过错。侵权损害赔偿也是救济人格权的重要方法，但此种责任形式在构成要件上原则上要求行为人满足过错要件[②]，以保障一般行为自由，实现行为的可预期性。而人格权请求权在性质上属于绝对权请求权，绝对权请求权的目的都在于恢复个人对其绝对权利益的圆满支配状态，人格权请求权也不例外，因此该请求权的行使并不要求行为人具有过错。[③] 正如《瑞士民法典》起草人胡贝尔教授在解释该法所设立的人格权请求权制度时指出的，妨害排除诉讼的目的就在于排除妨害行为，而不考虑行为人是否存有过错。[④] 比较法上的经验可证明这一点。例如，根据法国最高法院的判例，对隐私权的侵害并不要求过错的存在。[⑤] 我国《侵权责任法》第 6 条第 1 款规定了过错责任的归责原则，但事实上，这一归责原则很难适用于停止侵害、排除妨害等责任形式，其适用对象主要是侵权损害赔偿。由此可见，在人格权遭受侵害或者有遭受侵害的危险时，赋予权利人人格权请求权，并且不考虑行为人是否具有过错，有利于防止损害的发生或者扩大，更有利于人格权的保护。也就是说，只要行为人的行为影响到权利人对其人格利益的圆满支配状态，权利人即有权主张人格权请求权，以消除相关的危险或者不法侵害行为，而不需要证明行为人主观上具有过错，这显然更有利于减轻权利人的

---

① 河南省郑州市中级人民法院（2018）豫 01 民终 6899 号民事判决书。

② 王泽鉴．人格权法．北京：北京大学出版社，2013：394.

③ 同②387.

④ 石佳友．人格权立法的历史演进及其趋势．中国政法大学学报，2018（4）.

⑤ Cass. Civ. 1ère，le 5 novembre 1996.

举证负担。

第二，是否具有对人格权侵害的预防功能不同。在瑞士法中，人格权请求权之所以被纳入防御性诉讼中（actions défensives），就是因为人格权请求权具有损害预防功能。侵权损害赔偿主要是一种事后的救济，是在各种绝对权遭受侵害的情况下对受害人的事后补救，而人格权请求权并不完全侧重于对损害的事后救济，而侧重于对损害的事先预防：一方面，在行为人妨害他人人格权但不构成侵权时，权利人虽无法主张侵权损害赔偿请求权，但其仍然可以主张人格权请求权。正是因为这一原因，其就可以发挥损害预防的功能。另一方面，人格权请求权所包含的各种责任形式，如就停止侵害、消除危险等预防性的侵权责任形式而言，其本身可以起到预防的作用。因为许多人格权一旦遭受侵害，损害后果往往具有不可逆转性，该人格权很难恢复到如同损害没有发生的状态（例如，某个名人的隐私照片被公布，就不能再恢复到受侵害以前的状态），所以，许多学者认为，对人格权的保护要注重“防患于未然”①。此外，还应该看到，按照传统观点，人格权在性质上属于消极防御性的权利，只有在遭受侵害时，权利人才能主张权利②，而人格权请求权则具有积极主动的特点，尤其是随着个人信息和隐私保护等的发展，人格权请求权主动的特点更有利于有效地维护人格权的完整性。例如，在侵害隐私和个人信息权时，受害人有权要求采取更正、删除、封锁、补充等措施，以保护其权利。可见，侵权损害赔偿制度侧重于提供事后的救济，其一般以发生实际损害为前提，而人格权请求权制度则更注重事前的预防，因此，其不以损害的实际发生为前提，而仅需要人格权受到妨害或者有受到妨害的可能即可。

第三，是否要求证明实际损害不同。在法律上之所以确认人格权请求权，是因为：一方面在人格权遭受侵害的情形下，受害人往往面临损害举证的困难，或者难以确定损害的具体数额，必须寻求侵权损害赔偿责任之外的救济方式；另一方面，在妨害人格权行使的情形下，虽然没有发生实际损害，但通过允许权利人行使人格权请求权，有利于制止损害的发生，从而达到“防患于未然”的目的。正是因为上述原因，人格权请求权的行使并不要求损害已经实际发生，在人格权益有遭受损害之虞时，权利人即可以要求行为人消除危险；而在侵害行为正在进行时，虽然侵害结果还没有发生，权利人也可以要求行为人排除妨害。由于侵权

---

① L. Enneccerus/H. Lehmann, Recht der Schuldverhältnisse, Tübingen, 15. Auflage 1958, S. 1008f.

② 王泽鉴．人格权法．北京：北京大学出版社，2013：252－253.

损害赔偿之债以填补受害人实际损害为主要目的，因而，其适用需要受害人证明其遭受了实际损害。可见，人格权请求权与损害赔偿请求权在是否要求证明实际损害方面存在区别。

第四，是否以构成侵权为适用条件。对侵权损害赔偿请求权而言，其适用前提是行为人的行为已经构成侵权。而人格权请求权的功能在于维持权利人对其人格利益的圆满支配状态，其适用并不需要行为人的行为已经构成侵权。[①] 之所以我国民法典规定人格权请求权，是因为人格权请求权的适用不以行为人构成侵权为前提，在保护人格权方面具有独特的功能。例如，有关新闻媒体、网站所刊载的报道内容失实或者有明显错误，侵害他人人格权的，受害人有权要求新闻媒体、网站及时更正。上述情形中并不一定要求行为人的行为构成侵权，也不要求权利人必须证明行为人的行为符合侵权责任的构成要件。

正是因为人格权请求权和损害赔偿请求权存有如前所述的不同，因此，《民法典》人格权编设立专门条文对人格权请求权作出了明确规定。

（三）人格权请求权的具体内容

人格权请求权是指在侵害人格权和妨害人格权行使的具体行为出现以后，权利人有权行使停止侵害、消除危险、恢复名誉赔礼道歉等请求权。[②] 人格权请求权的目的在于预防和停止侵害以及填补损害，人格权请求权是一种特殊的请求权，不能将侵权法中的请求权纳入其中。因此，在人格权遭受侵害之后，权利人虽然也有权请求财产损害赔偿，以使自己的损害得到补救，但损害赔偿在性质上应当属于侵权法上的请求权，而不能为人格权请求权所包含。

停止侵害、消除危险、恢复名誉、赔礼道歉等请求权既是侵害人格权的责任承担方式，也是人格权请求权的内容。同时，与其他权利的保护一样，对人格权的保护也应当体现民法的平等保护及充分救济的原则，在受到侵害之后，权利人也有权请求财产损害赔偿，以使自己的损害得到补救。虽然损害赔偿请求权是人格权的重要保护方法，但其应当属于侵权法请求权，而不属于人格权请求权。人格权请求权是一种特殊的请求权，不能将侵权请求权纳入其中。

1. 停止侵害

所谓停止侵害，是指受害人在面临即将发生的损害或正在发生损害的情况下，有权请求加害人停止其实施侵害行为。据此可见，停止侵害主要针对两种情形：一是正在发生的侵害行为，二是即将发生的侵害行为。我国《民法典》第

---

① 杨立新，袁雪石．论人格权请求权．法学研究，2003（6）．

② 崔建远．债法总则与中国民法典的制订．清华大学学报，2003（4）．

179条将停止侵害作为承担民事责任的首要方式加以规定，因此，此种方式可适用于各类侵权案件，在侵害人格权的情况下，此种方式常常是对人格权最有效的补救方式。其原因在于：一方面，如果损害正在进行，采取停止侵害的方式能够及时制止侵害行为，防止损害后果的产生或蔓延。例如，某人在网上非法发布他人的个人信息，一旦扩散，就会给权利人带来重大的损害，对此，权利人有权要求停止侵害，以避免损害的扩大。另一方面，在侵害人格权行为发生之后，若受害人直接向行为人提出停止侵害的要求，而行为人停止了侵害，且造成的损害又较为轻微，则不一定通过诉讼的方式进行救济。此外，对即将发生的损害也可以采取这一方式，制止损害的发生。例如，甲在网上散布乙的裸体照片等涉及隐私的信息，这些信息一旦传播开来，其后果极为严重，在此情况下，就应当允许乙申请禁令，禁止甲上传发布此类信息。再如，某刊物所刊载的文章具有诽谤的言辞，权利人可以请求法院停止该刊物的发行。①

现代侵权法不仅注重对损害的填补，也注重对损害后果的预防，尤其是在网络侵害人格权的情形下，损害后果一旦发生，后果往往具有不可逆转性，因此，更应当强调对损害后果的预防。停止侵害作为一种请求权，权利人既可以以此向法院提出诉讼，也可以直接向行为人提出请求。作为一种责任方式，停止侵害的请求权的适用应当符合如下条件。

第一，侵害行为正在进行过程中或即将发生。这意味着受害人正在面临人格权侵害持续以及现实损害将要发生的可能，在此情形下，采取其他的责任方式如损害赔偿都难以使受害人获得有效的保护。如果损害已经终了，就没必要采取停止侵害的责任方式，而可以采取损害赔偿的方式进行事后的救济。

第二，侵权行为必须是可以确定的。这就是说，对人格权的侵害必须是明显的、显而易见的。尽管判决尚未确认该侵权行为成立，但从一般的社会观念可以确认该侵权行为，则可以通过停止侵害的责任形式防止损害的进一步扩大。例如，行为人在互联网等媒体发表诽谤他人的言辞或者披露他人的隐私，受害人可以要求及时停止侵害。

第三，损害的发生具有可能性。在侵害行为发生的情况下，如果不及时制止，就有可能进一步造成实际的损害，并会给受害人带来难以完全挽回的损失。为了防止损害的进一步扩大，有必要及时制止损害。尤其是在通过大众传媒、网络散布诽谤言辞或披露他人的隐私的情况下，一旦不及时制止，传播后果将非常严重，因此，需要通过停止侵害的方式予以及时制止。例如，一旦侵害隐私权的

① 杨立新．民商法理论争议问题——精神损害赔偿．北京：中国人民大学出版社，2004：159.

行为将他人秘密公开，则事实上不可能再恢复到原来的私密状态。

第四，停止侵害的适用，不以侵害人具有故意或者过失为要件。只要侵害行为正在继续，并持续对权利人构成了侵害，受害人就有权请求停止侵害。而不论行为人主观上是否具有过错，这就有利于降低权利人的举证负担，更有利于人格权的救济与保护。在审判实践中，一些法院要求查明被告是否愿意停止侵害，以表明其愿意减轻损害。[1] 笔者认为，停止侵害的运用不必考虑被告是否愿意，法院都可以作出此种裁判。

2. 排除妨碍、消除危险

所谓排除妨碍，是指受害人面临行为人正在实施的、妨害其人格利益的行为，其有权请求行为人排除此种妨碍。排除妨碍请求权针对的是正在进行的妨害人格利益的行为。例如，某征信机构关于某人的信用记录有误，给受害人造成了损害，则受害人有权请求该征信机构及时修改、补充相关的信用信息，以排除妨碍。针对行为人的妨碍行为，权利人可以请求行为人撤回、改正、补充相关的错误陈述，以及停止相关的侵害人格利益的行为。[2]

所谓消除危险，是指行为人实施的侵害行为或者其物件危及他人人身或财产安全，受害人有权要求侵害人采取有效措施消除已经形成的危险。就人格权的保护而言，消除危险主要适用于危害他人生命、身体、健康权等的情形。例如，某人在从事地面施工时，因未设置安全措施，可能对邻人的生命安全构成威胁，在此情形下，受害人有权请求行为人消除危险。在特殊情形下，精神性人格权也可能面临现实的危险，如某人已经刊印了包含诽谤言辞的宣传品，但尚未散发，一旦散发，就可能侵害他人的人格权。此时，权利人可以请求法院销毁该宣传品。消除危险实际上消除了损害的发生来源，从而防患于未然。如果侵害行为已经实际发生，则权利人只能请求行为人停止侵害，或者请求行为人承担损害赔偿责任。

3. 消除影响、恢复名誉

（1）消除影响

消除影响，是指行为人因其侵害了他人人格权而应承担的、在影响所及的范围内消除不良后果的一种责任方式。例如，某人在网上发布了诋毁他人名誉的言论，并且该言论已经被不少网站转载，造成了不良影响，受害人要求网络发布者

---

① 龙云彬，等．关于人身权纠纷、医疗纠纷、劳动争议、物业管理纠纷、涉车纠纷案件审理情况及问题研究．审判丛刊，2004（2）.

② Verena Fricke，Der Unterlassungsanspruch gegen Presseunternehmen zum Schutze des Persönlichkeitsrechts im IPR，Tübingen，2003，S. 128.

删除该言论，并刊载有关更正信息，以消除影响。从比较法的发展来看，近几十年来，消除影响的方式也在不断适应于人格权保护。例如，德国司法实践在《德国民法典》第 1004 条所规定的物权请求权的基础上发展出了撤回请求权（Widerrufsanspruch），以保护权利人的名誉。① 此种请求权也具有消除影响的功能。而法国等国家所承认的回应权也具有消除不法行为不良影响的作用。消除影响主要适用于侵害名誉权等精神性人格权的情形。

消除影响的主要功能在于消除已经给他人的社会声誉造成的不良影响，从而使受害人的名誉得到恢复。消除影响本身并没有固定的形式，行为人消除影响的方式可以根据侵权行为的具体情况予以确定，对受害人的请求，只要有助于消除影响，都可以考虑予以采用。例如，对于通过网络侵犯他人的名誉权，可以通过通知网络运营商删除侵权言论的方式来消除影响；而对于通过口头方式侵害他人的名誉权，则可以通过向他人进行解释的方式来消除影响。

消除影响的适用要件包括：一是行为人的行为必须造成了人格权益的侵害。消除影响并不适用于财产权益的侵害，这里所说的影响是指对他人人格权益的不利影响。具体而言，消除影响主要针对精神性人格权尤其是名誉权遭受侵害的情形。二是必须造成了不良影响。不良影响本身就是一种损害后果。消除影响是以实际损害的发生为前提的，即必须给受害人造成了不良影响，包括受害人的社会评价降低、给受害人的工作就业造成不利后果、给受害人的正常生活造成妨碍等。三是此种责任的承担不以行为人具有过错为适用条件。也就是说，只要行为人的不法行为造成了相应的不良影响，权利人即有权请求行为人消除影响，而不论行为人是否具有过错。

一般来说，在什么范围内造成损害，就应当在什么范围内消除影响。在适用消除影响、恢复名誉的责任方式时，应明确消除影响、恢复名誉的范围（如在某地区、某学校等）、方式（采取口头或书面以及其他形式）。

（2）恢复名誉

所谓恢复名誉，是指行为人因其行为侵害了自然人、法人或非法人组织的名誉，而应在影响所及的范围内将受害人的名誉恢复至未受侵害时的状态的一种责任形式。严格地说，名誉是一种精神利益，其一旦遭受侵害，已经遭受损害的名誉不可能像遭受损害的财产一样，可以完全恢复原状。但是，仍然可以通过一些

① BeckOGK/Spohnheimer，2017，BGB §1004 Rn. 14. 司法实践在适用该请求权时有时直接适用第 1004 条，有时类推适用第 1004 条，有时直接适用 1004 条和第 823 条，有时又类推适用第 823 条和第 1004 条，虽然路径不一，但结果基本一致，即不要求行为人具有过错。BeckOGK/Spohnheimer，2017，BGB §1004 Rn. 326.

积极的行为如在一定范围内澄清事实，纠正诽谤的言论，并在特定的范围内，消除公众对受害人的不良印象，尽可能使受害人的名誉得到恢复，也就是说，这一责任承担方式至少可以部分地使受害人的名誉得到恢复。在实践中，它主要表现为更正、澄清等方式。例如，某网站发布不实信息，侵害他人名誉，受害人应有权要求网站无偿刊载其回应的文章，澄清有关事实，恢复其名誉。恢复名誉的适用要件包括如下内容。

第一，必须侵害了权利人的名誉权。恢复名誉的责任是侵害名誉权所特有的形式，其针对的就是名誉权侵害。也就是说，此种责任形式只有在侵害名誉权的情况下才能被采用，对于侵害其他人格权的行为一般不采用这种方式。例如，侵害他人健康权，就与名誉损害无关。侵害名誉权的直接后果乃造成受害人的名誉毁损。而只有使加害人承担恢复名誉的责任，才能彻底消除侵害名誉权的直接后果，消除造成受害人精神痛苦和财产损失的根源。而仅仅采用精神损害赔偿的方式难以弥补受害人的损失，也难以消除不良后果。①

第二，必须导致了权利人名誉的损害。受害人请求恢复名誉，必须证明其名誉受到毁损。而其要证明名誉受到毁损，则要证明加害人对受害人实施的侮辱诽谤行为已为第三人所知悉，从而影响到受害人所受到的社会评价。受害人如果不能证明其社会评价降低，而只是表明其名誉感或尊严受到损害，或者仅表明其遭受到精神上的痛苦，则不能适用此种请求权。

第三，不考虑行为人是否具有过错。恢复名誉和停止侵害一样，不考虑行为人的过错。只要行为人造成了受害人名誉的贬损，其无论是否具有故意或过失的主观心态，都应当对受害人的损失进行弥补，恢复其名誉。

行为人必须采取合理的措施恢复受害人的名誉。恢复名誉的具体措施是否合理，通常要根据侵害行为及造成的名誉毁损的后果来决定。一般来说，恢复名誉的措施应该与毁损名誉行为所影响的范围一致。例如，在报纸杂志上发表的新闻报道或评论，有损他人的名誉权，则行为人应当在曾刊载该有侵权内容文章之报纸杂志上刊登书面声明，对错误内容进行更正，并向被侵害人赔礼道歉。行为人如果是在某个场所对一群人散布了诽谤的言辞，则应在适当的场合消除影响。总之，因侵害名誉权而造成的不良影响越大，加害人应采取越多的措施，以消除不良影响。但如果受害人要求的恢复名誉的方式不适当，法院可以驳回其请求。例如，仅仅是发生在某一个地区的毁损名誉的案件却要求在全国性的报纸上更正和道歉，这显然是不适当的。

---

① 奚晓明．《中华人民共和国侵权责任法》条文理解与适用．北京：人民法院出版社，2010：121.

恢复名誉责任的适用应当及时，因为加害人侵害受害人的名誉权以后造成的不良影响持续时间越长，则损害后果可能越严重，对受害人更为不利，同时也增加了消除影响的困难，所以，这种责任形式应当及时采用。

4. 赔礼道歉

《民法典》第 995 条增加了赔礼道歉请求权。所谓赔礼道歉，是指责令违法行为人通过一定方式在一定范围内向受害人认错并表示歉意。本条之所以增加赔礼道歉请求权，是因为：一方面，不论经过多长时间，只要受害人所遭受的损害没有消失，就有必要对其提供救济，允许受害人主张赔礼道歉，对受害人而言也是一种安抚。另一方面，对行为人适用赔礼道歉的责任也不会过分增加其负担，因为赔礼道歉责任并不会使行为人遭受财产损失或者其他损害。此外，将赔礼道歉纳入人格权请求权的范畴，也有利于构建和谐社会。因此，赔礼道歉请求权不应受到诉讼时效的限制。

（四）人格权请求权的适用

1. 人格权请求权与预防性侵权责任承担方式之间的关系

人格权请求权并不排斥预防性侵权责任承担方式的适用。预防性侵权责任承担方式主要包括停止侵害、排除妨碍、消除危险等责任方式。《民法典》第 1167 条规定："侵权行为危及他人人身、财产安全的，被侵权人有权请求侵权人承担停止侵害、排除妨碍、消除危险等侵权责任。"从该条规定来看，民法典仍然保留了停止侵害等预防性的责任形式，这在一定程度上也延续了《侵权责任法》所确立的"大侵权模式"。之所以需要保留这一模式，是因为侵权法保护的范围极为宽泛，其不仅保护绝对权，而且保护各项民事利益，此外，随着社会的发展，将来还有可能出现新型的绝对权益，这些绝对权益在遭受侵害的情形下，都需要借助多元化的责任方式予以救济。从这个意义上讲，即便人格权请求权与侵权损害赔偿请求权发生了分离，但侵权责任编中关于侵权责任的预防性承担方式的规定仍然具有兜底的功能。

2. 区分损害和妨害的不同情形，分别适用人格权请求权和侵权损害赔偿请求权

损害是已经现实发生的、客观存在的，受害人请求行为人承担侵权损害赔偿责任时，其应当证明损害的具体程度和数额，否则可能难以获得救济。而妨害则是正在持续的侵害状态，其最终损害的具体程度和数额尚不确定，还没有形成最终的结果状态。妨害不一定造成实际的损害后果，它是一种持续性的不利影响，是正在进行、尚未结束的一种侵害状态，损害是已经结束的侵害状态。妨害行为常常无法用金钱价值予以衡量，其表现为对受害人绝对权的圆满支配状态构成持续性的干涉。通常，在造成损害的情形下，可以适用侵权损害赔偿请求权予以救

济，而在单纯构成妨害的情形下，由于并未造成实际的损害，只可以适用人格权请求权。在人格权受到侵害或者妨害的情形，究竟应当适用人格权请求权还是侵权损害赔偿请求权，需要明确两个制度的各自的适用范围。原则上来说，人格权受到妨害（或持续的侵害）或者可能受到妨害时，应当适用人格权请求权；而人格权受到侵害并且造成了损害时，就应当适用侵权损害赔偿请求权。

在一般情况下，如果仅有损害而不存在妨害，或者妨害和损害并存，应当适用侵权损害赔偿请求权，或者同时适用侵权损害赔偿请求权与人格权请求权。但是，如果仅有妨害而无损害，在此种情况下，权利人的人格权只是受到一定的妨害，而没有遭受现实的损害，此时，通过人格权请求权已经足以对权利人提供救济。例如，行为人将他人的隐私非法制作成视频，即将在网上发布，受害人知道后要求立即制止。在此情形下，权利人的人格权只是受到一定的妨害，由于权利人并没有遭受现实的损害，因而，其无权主张侵权损害赔偿请求权。例如，在“文某诉张某隐私权纠纷案”中，被告作为小区业委会副主任，擅自在小区业主微信群中公告原告起诉小区业委会的信息，并在微信群内发布了原告起诉小区业委会的起诉书，其中包括了原告的姓名、住址、身份证号、电话等隐私内容，法院认为，被告侵害了原告的隐私权，应当承担排除妨害、删除帖子、赔礼道歉等责任，但原告无法证明自身遭受了严重的精神损害后果，因此无权主张精神损害赔偿。[①] 笔者认为，本案中原告仅遭受了妨害，并未遭受现实的损害，在我国民法典规定人格权请求权之后，权利人主张人格权请求权已经足以救济其权利，而不能行使侵权损害赔偿请求权。

人格权请求权所对应的责任承担方式具有显著的多样性[②]，重点救济对人格权益的妨害，但在行为人侵害他人人格权造成权利人损害的情形下，人格权请求权难以为权利人的损害提供有效救济，而应当交由侵权损害赔偿请求权提供救济；侵权责任则主要聚焦于损害，侧重于救济现实的损害。即便侵权责任编对停止侵害等预防性的责任承担方式作出了规定，而且某些人格权请求权在形式上似乎是一些预防性的责任承担方式的具体化，也不宜将人格权请求权与此类预防性的责任承担方式的关系认定为特别法与一般法的关系。因为一方面，人格权请求权是绝对权的保护方式，在性质上不同于侵权责任承担方式；另一方面，某些人格权请求权是一些人格权所特有的保护方式，无法被预防性的侵权责任承担方式所涵盖。此外，人格权请求权的适用并不需要行为人的行为构成侵权，而对预防

① 参见北京市昌平区人民法院（2017）京 0114 民初 15482 号民事判决书。

② Vgl. Jauernig/Teichmann BGB § 823 Rn. 64 ff.

性的侵权责任承担方式而言，其适用以行为人构成侵权为前提。

在人格权请求权与侵权损害赔偿请求权分离之后，我国民事立法中就会形成完整的绝对权请求权体系，这就是由物权请求权、人格权请求权和知识产权请求权组成的体系。绝对权请求权与侵权损害赔偿请求权相分离，将使我国民法权利保障制度更加完善。

3. 人格权请求权的适用不以行为人的行为构成侵权为前提

人格权请求权的适用并不要求行为人的行为必须构成侵权。例如，受害人基于人格权请求权要求行为人停止侵害，其并不需要证明行为人具有过错或者造成了实际损害。从这一意义上说，人格权请求权的适用并不当然以行为人构成侵权为前提。人格权请求权之所以可适用于未构成侵权的情形，主要原因如下。

第一，人格权请求权的效力作用决定了其可适用于未构成侵权的情形。如前所述，人格权具有积极效力和消极效力两个方面，积极效力是指人格权所具有的支配、控制、依法利用等权能。人格权与其他的绝对权一样，有积极行使的功能。消极效力是指人格权受到侵害或可能受到侵害时，权利人享有的保护其权利的权能，即所谓的排他效力。基于人格权请求权的效力，当人格权受到侵害或者有受侵害之虞时，权利人即有权主张人格权请求权。例如，权利人的姓名变更请求权被无理拒绝、征信机构记载的信用记录有误、行为人对他人实施轻微性骚扰等，在此情形下，虽然无法确定行为人是否构成侵权，但只要权利人的权利行使有障碍，权利人就可以主动行使人格权请求权，以消除障碍。

第二，人格权请求权具有的维持人格权圆满支配状态的功能，决定了其可适用于未构成侵权的情形。侵害财产权的大多可以通过金钱赔偿而恢复原状，侵权损害赔偿请求权的目的则是填补损害。侵害人格权的损害后果往往具有不可逆性(如隐私一旦公开，就无法恢复原状)，所以，需要更多地强调对损害的预防，即通过停止侵害、恢复名誉、消除影响等方式为人格权提供救济。人格权请求权的功能在于维持权利人对其人格权的圆满支配状态，只要行为人不当妨害了权利人对其人格利益的圆满支配状态，即便不构成侵权，权利人也可以主张人格权请求权。例如，信息处理者所收集、公开的个人信息不准确，权利人请求其及时更正时，此时并不需要去证明信息处理者的行为构成侵权。

第三，人格权请求权预防功能的发挥也决定了其可适用于未构成侵权的情形。人格权请求权是直接针对侵害人格权的行为所采取的预防和保护措施，权利人在主张人格权请求权时，并不需要证明行为人具有过错，也不需要证明自己遭受了现实的损害，只要人格权的行使或权利人对其人格利益的圆满支配状态受到了不当影响，权利人就可以主张人格权请求权，以积极主动地保护人格权、预防侵害人格权的行为。由于人格权请求权可以适用于不构成侵权的情形，因而，并不需要通过法院确定行为人是否构成侵权，而权利人可以直接向行为人提出请求，这就更有利于对人格权的救济。人格权请求权由于可适用于未构成侵权的情形，可以将损害预防的时间提前，因而更有利于及时制止侵害人格权的行为。

如前所述，人格权请求权的发展已呈现出多种形式，而我国有关现行立法也适应了人格权请求权的这一发展趋势，对相关的人格权请求权作出了规定。尤其应当看到，人格权请求权形式的多样化决定了其可以针对各种妨害人格权的行为行使，而不仅仅针对已构成侵权行为的侵害人格权的情形。即便行为人的行为不符合侵权责任的构成要件，但如果其不当妨害了权利人对其人格利益的圆满支配状态，则权利人即可主张人格权请求权，以恢复权利人对其人格利益的圆满支配状态。

4. 区分侵害行为是否持续且是否产生损害后果

如果侵害人格权的行为已经终结，并产生了实际的损害后果，应当适用侵权损害赔偿请求权为受害人提供救济。但如果侵害行为处于持续状态，尚未产生实际损害后果，或者损害后果难以判断，则应当通过人格权请求权对权利人提供救济。需要指出的是，由于人格权请求权是一种概括性的权利，在适用时必须注重具体情形，根据不同情形来准确适用人格权请求权，只有这样，才能实现其充分有效保护人格权的功能。例如，针对可能发生的妨害，就要考虑不同情形而分别适用人格权请求权。正如王泽鉴教授所指出的，“第一次侵害后，其后有侵害之虞，得为推定。对生命、身体、健康、自由（如绑架）的侵害之虞应从宽认定。对名誉、隐私（包括姓名、肖像）等的侵害，多涉及言论自由，事先干预应更审慎”①。

5. 区分是否针对侵权诉讼而适用

区分损害和妨害的不同情形，有利于界分两种请求权的适用条件。侵权损害赔偿请求权以造成损害为前提，以行为人具有过错为要件。而人格权请求权则并不要求受害人证明自身损害，也不需要受害人证明行为人具有过错，正是因为这一原因，该项请求权的行使并不需要行为人的行为构成侵权，也不需要权利人必须通过诉讼的方式行使权利。

虽然人格权请求权可以在诉讼外行使，但与侵权损害赔偿请求权类似，权利人在行使人格权请求权时，也应当负有容忍轻微妨害的义务。因为任何人都必须

① 王泽鉴．人格权法．北京：北京大学出版社，2013：390.

容忍来自他人的轻微妨害，以维护社会安定及人与人之间的和睦、团结。正如冯·巴尔教授所指出的，对人格权保护必须基于侵害的非轻微性，否则不得行使人格权之排除妨害请求权，排斥他人的轻微妨害。此外，权利人在提出请求权以后，如果相对人具有正当的抗辩事由，例如相对人是在正当地行使新闻自由等权利，那么这些行为都可以阻止权利人人格权请求权的行使。因此，人格权请求权的行使也应当遵循诚实信用原则和公平原则，对轻微的妨害，权利人应当予以容忍。

6. 充分尊重当事人对请求权的选择

区分损害和妨害的不同情形而适用不同的请求权，但具体如何适用，则应当根据私法自治原则，尊重当事人对请求权的选择。在人格权请求权与停止侵害、排除妨碍等预防性的侵权责任承担方式并存的情形下，行为人侵害他人人格权时，权利人能否同时主张人格权请求权与侵权损害赔偿请求权？此时究竟发生请求权的竞合还是聚合？笔者认为，此种情形应当构成请求权的竞合而非聚合，权利人有权选择主张人格权请求权或者侵权损害赔偿请求权，按照私法自治原则，依据何种请求权提出请求，应当由权利人自由选择，法官也应当尊重当事人的选择。当然，在权利人选择依据侵权损害赔偿请求权提出请求时，其应当举证证明行为人构成侵权，而且应当通过诉讼的方式主张权利，从这一意义上说，主张人格权请求权对救济权利人人格权更为有利。

三、人格权请求权不受诉讼时效的限制

侵权损害赔偿之债作为一种债的关系，应当适用诉讼时效制度。也就是说，如果权利人没有在时效期间内主张权利，债务人将享有时效利益，可以基于此对权利人履行债务的请求提出抗辩。当然，除损害赔偿责任，许多责任形式也难以适用诉讼时效。例如，就停止侵害、排除妨害等责任形式而言，由于相关的侵害行为处于持续状态，因而难以适用诉讼时效制度。

从《民法典》第995条第2句规定来看，人格权请求权并不适用诉讼时效，主要理由如下。

第一，我国《民法典》第196条第1款也规定，“请求停止侵害、排除妨碍、消除危险”的请求权不适用诉讼时效，此处所说的“请求停止侵害、排除妨碍、消除危险”的请求权也包括了人格权请求权。

第二，人格权请求权作为一种具有绝对权请求权属性的权利，本身不应受到诉讼时效的限制。在人格权受到妨害或者可能受到妨害的情形下，权利人应当有权随时提出请求，以恢复权利人对其人格利益的圆满支配状态，因此该请求权不

应当受到诉讼时效的限制。[1] 人格权请求权的功能在于保护民事主体对其人格利益的圆满支配，只要该圆满支配的状态受到不当影响，权利人即有权主张人格权请求权。因此，人格权请求权原则上不应当适用诉讼时效。如果对人格权的侵害和妨碍仍处于持续状态，则权利人即应当享有人格权请求权，以消除相应的不利影响。而且从保护权利人的角度出发，只要其能举证证明其人格权处于受到妨害或者可能受到妨害的状态，则其就应当享有人格权请求权，该权利不应当受诉讼时效的限制。

第三，在人格权受到侵害或者妨害的情形下，由于行为人的行为一直处于持续状态，诉讼时效无法确定起算点，因而，不应当适用诉讼时效。以生命权、健康权为例，只要侵害或者妨碍生命权、健康权的行为一直持续，则权利人即应当有权主张人格权请求权。

第四，人格权请求权不受诉讼时效限制，一般不会给行为人造成重大损害，行为人所承担的是停止侵害、排除妨碍、消除危险、消除影响、恢复名誉、赔礼道歉等责任，这些责任的适用不会过分增加行为的负担，而对受害人的救济是十分重要的，因为不论经过多长时间，只要相关的损害后果或者不利影响仍然存在，都有必要对受害人予以救济。

（撰稿人：王利明）

第九百九十六条

因当事人一方的违约行为，损害对方人格权并造成严重精神损害，受损害方选择请求其承担违约责任的，不影响受损害方请求精神损害赔偿。

本条主旨

本条规定了责任竞合情形下的违约精神损害赔偿责任规则。

相关条文

《合同法》第 113 条规定："当事人一方不履行合同义务或者履行合同义务不符合约定，给对方造成损失的，损失赔偿额应当相当于因违约所造成的损失，包括合同履行后可以获得的利益，但不得超过违反合同一方订立合同时预见到或者

① 王泽鉴．人格权法．北京：北京大学出版社，2013：387.

应当预见到的因违反合同可能造成的损失。”

《最高人民法院关于审理人身损害赔偿案件适用法律若干问题的解释》第1条规定：“因生命、健康、身体遭受侵害，赔偿权利人起诉请求赔偿义务人赔偿财产损失和精神损害的，人民法院应予受理。本条所称‘赔偿权利人’，是指因侵权行为或者其他致害原因直接遭受人身损害的受害人、依法由受害人承担扶养义务的被扶养人以及死亡受害人的近亲属。本条所称‘赔偿义务人’，是指因自己或者他人的侵权行为以及其他致害原因依法应当承担民事责任的自然人、法人或者其他组织。”

理解与适用

一、违约责任原则上不适用精神损害赔偿

所谓精神损害，是指自然人因遭受外界刺激而产生的精神痛苦和不良情绪[①]，精神损害赔偿则是针对自然人因人格权益遭受侵害而产生的精神损害所提供的补救，因而其主要适用于侵权的情形。从比较法上来看，对于精神损害赔偿是否可以基于违约而请求，历来存在不同的做法。绝大多数国家将精神损害赔偿限于侵权领域，但有些国家也允许在例外情况下基于违约请求精神损害赔偿。[②]我国《民法典》颁行之前，精神损害赔偿属于侵权救济的范畴，被规定在《侵权责任法》第22条，其只能适用于侵权责任，而不适用于违约责任。

从比较法分析可见，各国关于违约赔偿的范围的规定虽然不同，但基本上都认为违约原则上不对精神损害提供救济，而仅在特殊情形下承认违约中的精神损害赔偿。例如，1996年的《欧洲合同法原则（Principles of European Contract Law)》第9.501条规定，由于对方不履行，非违约方可获得的损害赔偿包括：(1) 非金钱损害和 (2) 合理的将会发生的未来损害。由此可见，该示范法实际上承认了违约中的精神损害赔偿。《欧洲示范民法典草案》第Ⅲ-3：701条规定了违约的损害赔偿，其明确规定“损失”包括经济损失与非经济损失。“非经济损失”包括痛苦与创伤以及对生活品质的损害。从这些规定来看，精神损害赔偿原则上不适用于违约领域，但如果因违约造成他人人格权损害，并因此造成受害人精神痛苦，则受害人应当有权主张精神损害赔偿责任。但是，由库奇奥教授等起草的《欧洲侵权法原则》第4条规定：“合同不履行所引发的损害赔偿，仅得

---

① 杨立新．民商法理论争议问题——精神损害赔偿．北京：中国人民大学出版社，2004：18.

② U. 马格努斯．侵权法的统一：损害与损害赔偿．北京：法律出版社，2009：281.

依据合同法有关的规则。”这就是说，原则上禁止责任竞合和当事人选择请求权。如果发生人身伤害和精神损害，原则上必须适用侵权法。[①] 当然，应当看到，示范法彼此之间仍然存在不协调的问题。2009 年的《欧盟法原则》（Acquis Principle）第 8：402 条规定，“仅当债务承担的目的中包含了对非财产性利益的满足和保护”时，才有违约精神损害赔偿适用的余地。可见该原则实际上将违约精神损害赔偿限于责任竞合的情形。可以说，该条比较准确地概括了欧洲对这一问题的态度，即原则上仍将精神损害赔偿适用于侵权，但在出现请求权竞合或在以精神利益满足为内容的合同中，可以请求违约精神损害赔偿。

这一经验反映了违约和侵权界分的结果，但从现代合同法发展的趋势来看，违约责任中的精神损害赔偿确实有不断扩张的趋势，从中可以看出，各国普遍承认的是两种情形下的违约精神损害赔偿，一是在违约与侵权责任竞合时的精神损害赔偿，二是在以精神利益满足为内容的合同中的违约精神损害赔偿。

在我国，早在 1986 年的《民法通则》第 120 条第 1 款中就明确规定：“公民的姓名权、肖像权、名誉权、荣誉权受到侵害的，有权要求停止侵害，恢复名誉，消除影响，赔礼道歉，并可以要求赔偿损失。”该条所规定的“赔偿损失”实际上就是指精神损害赔偿。但从该规定来看，精神损害赔偿适用于侵权。自《民法通则》颁行后，最高人民法院于 2001 年发布了《精神损害赔偿司法解释》，对精神损害赔偿责任作出了细化规定，该解释第 1 条第 1 款规定：“自然人因下列人格权利遭受非法侵害，向人民法院起诉请求赔偿精神损害的，人民法院应当依法予以受理：（一）生命权、健康权、身体权；（二）姓名权、肖像权、名誉权、荣誉权；（三）人格尊严权、人身自由权。”从该条规定来看，精神损害赔偿仅适用于侵权责任，这实际上是排斥了精神损害赔偿在违约情况下的适用。我国《侵权责任法》第 22 条对精神损害赔偿责任作出规定：“侵害他人人身权益，造成他人严重精神损害的，被侵权人可以请求精神损害赔偿”。该条采用“侵害他人人身权益”的表述，表明只有侵权法才能提供对精神损害的补救，而合同法对因违约行为而造成的精神损害，一般是不提供补救的。因此，从该规定来看，精神损害赔偿责任仅适用于侵权责任。可见，我国立法和司法实践历来认为，精神损害赔偿仅适用于侵权，而不适用于违约。我国立法和司法实践之所以作出此种规定，主要原因在于以下方面。

第一，从救济对象来看，违约责任主要救济合同债权，而侵权责任的救济对象主要是物权、人身权等绝对权。违约责任具有替代原合同履行的作用，即通过

---

① 石佳友．民法典与社会转型．北京：中国人民大学出版社，2018：326.

违约损害赔偿可以填补非违约方因信赖合同有效履行而遭受的损害。在一般情况下，违约损害赔偿原则上应当限于财产损失，而不包括非财产损失，特别是精神损害。至于瑕疵履行造成相对人人身伤害的，违约方也仅赔偿相对人因人身伤害所致的各种财产损失。① 而对侵权损害赔偿来说，不仅应赔偿财产损失，而且在侵害人格权的情形下，也应当赔偿非财产损失。受害人因侵权遭受的精神损害，可通过侵权之诉获得救济。所以侵权损害赔偿所称的损害，作为对权利和利益的侵害后果，包括了财产损失和精神损害等非财产损失，而违约损害赔偿所称的损害限于财产损失，仅指财产的减少或丧失。精神损害赔偿是对人格利益进行直接保护的救济方式。对财产权和合同权利的侵害，通常不会直接侵害个人的人格利益，由此引发的精神损害通常也不会得到赔偿。②

第二，在违约责任中，对精神损害提供补救有可能会破坏交易的基本法则。损害赔偿在本质上是交易的一种特殊形态，仍然反映交易的需要，而精神损害赔偿使非违约方获得了交易之外的利益，这就违背了交易的基本原则，与等价交换的精神相违背。例如，甲、乙之间订立了借款500万元的民间借贷合同，约定一年后偿还，但债务人到期后并未清偿债务，致使甲因急需钱用而寝食难安，十分焦虑，后来甲诉至法院，除请求支付本息外，还额外请求50万元的精神损害赔偿。对该精神损害赔偿能否予以支持？笔者认为不能，因为允许该笔费用的赔偿，实际上是在交易之外，额外增加了对方当事人的负担，并使非违约方获得了交易之外的利益。

第三，在违约责任中适用精神损害赔偿责任不符合可预见性规则。所谓可预见性规则，是指违约损害赔偿责任不得超过违约方在订立合同时已经预见或应当预见到的违约造成的损失。在违约责任中，损害赔偿不得超过违反合同一方订立合同时应当预见到的违反合同可能造成的损失。因此，可预见性规则是对违约方所承担的损害赔偿范围的限制，任何损害只要可以由合同法予以补救，就应当适用可预见性规则。如果将精神损害也作为违约方赔偿的范围，当然应当适用可预见性规则。但通常情形下，非违约方因违约而遭受精神损害，是违约方在缔约时无法预见的，其不应当对此承担责任。例如，一方在借款到期之后多次恶意拖欠还款，导致债权人遭受精神痛苦，因为借款不还是实践中经常发生的，所以，债务人可能无法预见债权人会因此遭受多大的精神痛苦，并应当承担多大的精神损害赔偿责任。如果对违约方订约时无法预见的精神损害，都要求其承担赔偿责

① 梁慧星．民法．成都：四川人民出版社，1989：420.

② Neethling，Potgieter & Visser n 1 above at 63－5；Karner & Koziol n 27 above at 110.

任，则可能造成交易成本显著提升，甚至等价交易的规则遭到破坏，严重妨害交易和市场经济的发展。

第四，如果允许合同责任中赔偿精神损害，则当事人应当可以就精神损害赔偿约定违约金，且数额较大。由于精神损害缺乏客观的认定标准，难以准确确定，因而允许当事人就精神损害赔偿约定此类违约金，则可能使违约金具有一定的赌博性质，也将会违反等价交换的法则。同时，允许当事人在违约责任中主张精神损害赔偿责任，也赋予法官过大的自由裁量权，难以保障法官准确、公正地确定赔偿数额。此外，允许当事人在违约责任中主张精神损害赔偿责任，可能使违约责任与侵权责任在救济范围上存在重叠和交叉，这也会人为造成违约责任与侵权责任的竞合。

我国司法一般也否定了违约责任中的精神损害赔偿责任。例如，在“郑某峰、陈某青诉江苏省人民医院医疗服务合同纠纷案”中，原告夫妻二人在医院进行人工辅助生殖。人工辅助生殖有 IVF 和 ICSI 两种技术手段，原告按照技术 ICSI 进行缴费，但是医院却在后来的治疗中使用了 IVF 技术，且最后治疗未获成功。原告二人以医院违反医疗服务合同为由，请求医院赔偿精神损害。法院在审理中明确拒绝了原告的精神损害赔偿的请求，法院认为，本案为违约之诉，依据《合同法》第 107 条、第 113 条第 1 款的规定，合同当事人未适当履行合同义务的，应当承担赔偿损失等违约责任。赔偿的数额应当相当于因违约所造成的损失，但不包括精神损害，因而对原告的精神损害赔偿请求未予支持。①

二、在特殊情形下受害人在违约责任中请求精神损害赔偿

我国司法实践一直认为，在违约与侵权发生竞合的情形下，因当事人一方的违约行为损害对方的人格权并造成严重精神损害，或者合同的履行与人格利益的实现具有密切的联系，尤其是在订约即是为了实现某种人格利益时，因一方违约而导致另一方精神损害的，也是可以适用精神损害赔偿责任的。《民法典》第 996 条在总结司法实践经验的基础上，规定：“因当事人一方的违约行为，损害对方人格权并造成严重精神损害，受损害方选择请求其承担违约责任的，不影响受损害方请求精神损害赔偿。”从该条规定来看，在一方违约的情形下，只有在符合本条所规定的条件的情形下，非违约方才能主张精神损害赔偿责任，从该条规定来看，非违约方主张精神损害赔偿的条件十分严格。可以说，该规则在一定程度上弥补了我国民法对人格权保护的缺陷，主要原因在于：一方面，《民法典》

---

① 最高人民法院公报，2004（8）.

人格权编所确立的规则实际上确定了责任竞合情形下的违约精神损害赔偿的请求权基础。针对责任竞合下的违约精神损害赔偿，无论是侵权法还是合同法都未明确提供请求权基础。在立法上，当然可以通过选择修改合同法规则或侵权法规则的方式来完善相关规则，但是这种方案也存有一定困难。如果修改侵权法规则，则会将精神损害赔偿限定于侵权之内；而如果在合同法中进行修订，也面临究竟于何种合同中可以适用精神损害赔偿的难题。因而在人格权编对该问题进行规定应当是更合理的方式。另一方面，确立了责任竞合情况下，受害人选择违约请求权，可以就精神损害获得救济。有观点认为，既然允许违约责任与侵权责任的竞合，则意味着，当事人如果选择违约责任，就不得主张精神损害赔偿，而只有选择侵权责任才可以主张精神损害赔偿。应当看到，民事责任的根本目的主要在于充分救济受害人，在责任竞合的情形下，如果受害人选择主张违约责任就无法主张精神损害赔偿，则难以对受害人提供充分的救济。因此，《民法典》第 996 条在例外情况下允许受害人在违约责任中主张精神损害赔偿责任，更有利于救济受害人。此外，为法院提供了以违约之诉请求精神损害赔偿的裁判依据，有利于规则的统一适用，从而保障裁判结果的公平合理。如前所述，由于在责任竞合的情形下，是否需要赔偿精神损害，在司法实践中存在不同做法，导致裁判的不统一，因而，《民法典》第 996 条有利于强化对受害人的救济并统一裁判规则。

需要探讨的是，《民法典》996 条关于违约精神损害赔偿的规定与《民法典》第 1183 条之间的关系。依据《民法典》第 1183 条第 1 款，“侵害自然人人身权益造成严重精神损害的，被侵权人有权请求精神损害赔偿”，该条将精神损害赔偿责任限定于侵权纠纷，而且《民法典》是在侵权责任编中规定精神损害赔偿责任的，而没有在合同编中规定精神损害赔偿责任，显然，《民法典》一般情形下将精神损害的适用范围限定于侵权的情形。但《民法典》第 1183 条是关于精神损害赔偿的一般规定，而《民法典》第 996 条相对于《民法典》第 1183 条属于特殊规定，也可以将其看作是《民法典》第 1183 条适用的例外情形。按照特别法优先于一般法的法律适用规则，如果符合《民法典》第 996 条规定的，则应当优先适用该条规定。

三、违约精神损害赔偿的适用条件

(一) 主要适用于侵害人格权的情形

从比较法上来看，各国法律大多认为，在人格权遭受侵害时可以适用精神损害赔偿责任，例如，根据《日本民法典》第 709 条、第 710 条的规定，抚慰金的覆盖范围包括：人格利益、身份利益以及财产权因受到不法侵害而产生的精神损害。但德国法则对精神损害赔偿责任的适用进行了严格限制。根据《德国民法典》第253条第2款的规定，仅身体、健康、自由以及性自主受到侵害的，可请求非物质损害赔偿。[①] 精神损害赔偿之所以主要适用于侵害人格权的情形，主要是因为，侵害人格权虽然可能导致个人的损害，造成个人非金钱损失，但此种损害很难通过市场价值进行精确地衡量，财产损害赔偿难以对受害人提供充分的救济。[②] 所以一般认为，精神损害赔偿是对人格利益进行直接保护的救济方式。对财产权和合同权利的侵害，通常不会导致对个人人格利益的直接侵害，由此引发的精神损害通常也不会得到赔偿，除非此种损害严重侵害了人的尊严或人的身体完整性。[③]

（二）适用于违约责任与侵权责任竞合的情形

从《民法典》第996条规定来看，违约精神损害赔偿仅适用于违约责任与侵权责任竞合的情形。该条所规定的违约责任与侵权责任的竞合是指一种行为侵害了受害人的人格权和财产权，既符合违约责任的构成要件，也符合侵权责任的构成要件，受害人有权从中选择。从产生的基础来看，侵权损害赔偿的发生根据是侵权行为人因过错使受害人的人身、财产遭受损害。在侵权行为发生时，当事人之间常常没有合同关系存在，即使存在合同关系也不是损害赔偿发生的基础。但违约损害赔偿则是以当事人不履行合同为前提的。在违约发生时，当事人之间存在合同关系，正是因为一方违反了合同义务且造成了另一方的损害，其才应当承担违约损害赔偿责任。当然，在特殊情况下，侵权行为直接导致违约后果，从而产生责任竞合。从该条规定来看，仅在违约责任与侵权责任竞合的情形下，非违约方才能在违约责任中主张精神损害赔偿责任，在其他情形下，即便非违约方遭受了严重的精神损害，其也无权在违约责任中主张精神损害赔偿责任。

（三）非违约方因对方的违约行为遭受严重精神损害

从该条规定来看，只有非违约方遭受严重精神损害的情形下，其才能在违约责任中主张精神损害赔偿。在比较法上，精神损害难以被准确评估和确定，这也导致法官在衡量精神损害赔偿数额时享有较大的自由裁量权，为了限制法官的自由裁量权，一些国家对精神损害赔偿责任的适用作出了严格限制。例如，在法国，在作出精神损害赔偿的判决时，通常要有医学证据。当受害人的健康状况趋于稳定时，法院会传唤医学专家，不仅要求他们对受害人的损害进行描述，而且

---

① 但这种做法一直受到批评，经过债法现代化改革，精神损害赔偿的适用范围进一步扩大。

② E Karner & H Koziol Der Ersatz ideellen Scbadens im osterreicbischen Recht und seine Reform: Verhandlungen des Filnjzehnten Osterreicmscben Juristentages lnnsbruck 2003 volllil (2003) at 242.

③ Neethling, Potgieter & Visser n 1 above at 63－5; Karner & Koziol n 27 above at 110.

要求他们通过百分比的方式，对损害的程度进行量化。① 对痛苦（pain and suffering）的衡量必须与在相似情况下的一般反应相比，这种身体或者精神上的痛苦必须具有相当的严重性和持续很长时间，并且这种严重性和持续性必须获得医学上的认可。② 法律上作出此种限制，一方面是为了限制法官的自由裁量权，另一方面是为了防止滥诉，将实践中一些轻微的精神损害排除在外，以有效防止诉讼的泛滥。

问题在于，如何判断某种精神损害是否构成严重精神损害？学界对此看法不一。所谓后果的严重性，可从如下几个方面进行判断：一是精神痛苦的严重性。也就是说，侵害人格权所造成的痛苦已经超出社会一般人的容忍限度。③ 精神损害是否严重往往具有主观性，常常是因人而异的，但并非没有客观判断标准，如果这种痛苦按照一般人的标准已经超出了常人可以忍受的程度，则可以认定其是严重的。二是造成后果的严重性。也就是说，造成精神痛苦伴随着一定的后果，导致受害人无法正常工作，甚至精神抑郁等。如果社会一般人在权利遭受侵害的情况下，都难以忍受和承受这种精神痛苦和肉体痛苦，并会对受害人的正常生产、生活造成负面影响，则可以认为已经构成了严重后果。所以，判断严重后果，不仅要考虑受害人生理与心理上的反应，也要考虑是否影响其正常的生活、工作以及影响其正常交往的程度等。三是具有持续性。也就是说，损害所造成的痛苦不是立即消失的，而是持续了一段时间的，如果受害人只是遭受了偶尔的精神痛苦或者心理情绪上的不愉悦，则不属于应予赔偿的精神损害。④

在此需要讨论的是，如果当事人已经在合同中约定了违约金，则在一方违约的情形下，非违约方在主张违约金的同时，能否同时主张精神损害赔偿？有观点认为，应当允许当事人同时主张精神损害的赔偿。⑤ 笔者认为，在当事人已经约定违约金条款的情形下，原则上不宜承认非违约方关于同时支付违约金与精神损害赔偿责任的请求，因为双方约定的违约金已经是对合同中违约行为所造成的所有可能的损害的预估，通过支付违约金已经使非违约方遭受的损失得到了补救，在此情形下，非违约方不能再要求违约方就其精神损害进行赔偿，否则可能使非

① W. V. Horton Rogers (ed): Damages for Non-Pecuniary Loss in a Comparative Perspective, Springer Wien NewYork, 2001, p. 90.

② 同①251－252.

③ 张礼洪．意大利法中非财产性人身损害赔偿制度及其启示//2009年中日侵权责任法研讨会会议资料．全国人大常委会法工委民法室和中国人民大学法学院，2009：43.

④ 扈纪华，石宏．侵权责任法立法情况介绍．人民司法（应用），2010（3）.

⑤ 崔建远．论违约的精神损害赔偿．河南省政法管理干部学院学报，2008（1）.

违约方通过违约金和精神损害赔偿获得双倍赔偿，这与损害赔偿中的完全赔偿和禁止重复赔偿的价值相矛盾。除非在双方当事人约定的违约金明定为只是对财产损害的赔偿，且其精神损害的赔偿符合法律关于违约精神损害赔偿的要件时，才能例外地认可当事人同时请求精神损害赔偿与违约金。

四、违约精神损害赔偿仅适用于责任竞合情形

（一）在责任竞合的情形下，非违约方有权主张精神损害赔偿责任

在涉及违约和侵权竞合的情形中，我国司法实践大多否认了受害人可以依据违约请求精神损害赔偿。例如，在“郑某峰、陈某青诉江苏省人民医院医疗服务合同纠纷案”中，在违约责任与侵权责任竞合的情形下，法院就否定了违约责任中的精神损害赔偿责任。但是在《民法通则》发布之后，针对责任竞合的问题，由于法律并没有禁止法院在责任竞合的情形下适用精神损害赔偿责任，因而，法院也在一些竞合案件中承认了精神损害赔偿责任。最早承认竞合情形下精神损害赔偿责任的案件是1995年的“贾国宇案”，在该案中，受害人贾国宇在就餐时，餐馆煤气爆炸导致其容貌被毁，手指变形，留下残疾，后受害人向法院提起诉讼，请求饭店赔偿其精神损失。在审判中，法院依据《消费者权益保护法》，通过残疾人生活补助费的方式实际上赔偿了受害人的精神损害。[①] 这实际上是在责任竞合情形下允许受害人主张精神损害赔偿。

即使在《合同法》发布之后，针对一些责任竞合的情形，有的法院判决也支持了原告的违约精神损害赔偿的请求。例如，在“吴某景、张某逸、吴某娟诉厦门市康健旅行社有限公司、福建省永春牛姆林旅游发展服务有限公司人身损害赔偿纠纷案”中，原告与被告旅行社订立了两日的自驾游旅行合同，前往牛姆林进行旅行。在进入景区后，天气突变，导游仍坚持带领原告进入森林，导致受害人被狂风暴雨中倾倒的大树砸中，医治无效身亡。原告以侵权起诉至法院。法院认为导游在天气预报有雨的情况下，坚持带游客冒险进入林区，其行为具有明显过错，原告请求在死亡赔偿金以外给付精神损害抚慰金合法，并判决被告支付精神损害抚慰金。[②] 再如，在“朱某梅诉驻马店市汽车运输总公司等公路旅客运输合同纠纷案”中，原告乘坐被告公司的长途汽车途中，因客车过于颠簸，原告胸12椎体压缩性骨折，并入院手术治疗。原告诉至法院请求被告赔偿损失并支付精神损害抚慰金。法院认为：“世间最宝贵的莫过于人的生命与健康，原告朱某

① 马军．“贾国宇案”，12年里的压力与欣喜．法律生活，2009（17）．

② 福建省厦门市中级人民法院（2005）夏民终字第2405号民事判决书。

梅因乘坐车辆身体受到伤害，且构成伤残，对其精神上的打击是长久和深远的，虽然健康不能用金钱来衡量，但至少能体现出和谐社会法律的温暖和人性的仁爱，给原告以后的生活带来一丝安慰。但鉴于被告杨方生车辆造成原告伤害无重大过失，据此，本院酌定精神损害赔偿金为 3 000 元。”① 由此可见，法院对此处于一种矛盾的状态，这也在一定程度上表明对于《合同法》第 122 条关于责任竞合的情况下能否适用精神损害赔偿责任，仍存在不同的理解和解释。但笔者认为，在责任竞合的情形下，违约方承担精神损害赔偿，也是其应承担的责任。

从《民法典》第 996 条规定来看，其与《民法典》第 186 条关于违约责任与侵权责任竞合的规则相似。《民法典》第 186 条规定：“因当事人一方的违约行为，损害对方人身权益、财产权益的，受损害方有权选择请求其承担违约责任或者侵权责任。”由此也可以看出，《民法典》第 996 条实际上是将违约精神损害赔偿请求权限定于违约责任与侵权责任竞合的情形。

（二）导致责任竞合的主要原因：违反以精神利益实现为内容的合同

我国司法实践也承认以实现某种精神利益为订约目的的合同，但对于此类合同中一方违约是否可以赔偿精神损害确实存在两种不同的观点。一种观点认为，依据我国《侵权责任法》第 22 条规定，精神损害赔偿只限于侵权而不适用于违约。违约精神损害赔偿于法无据。例如，在“吴某与章贡区伊轩女子专业美容美体会所服务合同纠纷上诉案”中，原告以储值的方式到被告美容美体会所进行消费，并与该美容美体会所订立了服务合同，原告在没有消费完余额时，诉至法院请求被告退还其已经支付的费用，并赔偿精神损害。法院认为，本案系服务合同纠纷，而精神损害赔偿是指权利主体在人身权或者法律规定的特定财产权利受到不法侵害而遭受精神痛苦或精神损害时要求侵害人给予赔偿的一种民事责任，故上诉人吴某主张被上诉人赔偿其精神损失缺乏依据。② 再如，在“吕某果与上海途牛国际旅行社有限公司旅游合同纠纷上诉案”中，原告使用手机 App 与被告公司签订了旅游合同，但是在姓名栏中将姓名写作“吕小姐”而并未使用其真实姓名。后被告公司在未与原告确认的情形下，使用“吕小姐”作为姓名向航空公司订票，导致订票失败，原告无法按照合同约定前往三亚旅游。原告诉至法院要求被告退还其所支付的费用并赔偿其精神损害。法院审理认为：“鉴于本案为合同之诉，故只能主张因合同违约产生的损失，精神损害抚慰金不属于合同违约产

---

① 河南省汝南县人民法院（2009）汝民初字第 834 号民事判决书。

② 江西省赣州市中级人民法院（2017）赣 07 民终 3318 号民事判决书。

生的损失，双方签订的合同中亦无相关约定，故不予支持。”① 另一种观点认为，虽然法律上并未承认违约精神损害赔偿，但是对旅游、医疗服务等以实现精神利益为目的的合同，在一方违约的情况下，可以对原告进行精神损害的赔偿。

在司法实践中，有的法院确实突破了现行法律关于精神损害赔偿仅适用于侵权的规则，在特殊情形下对违反以精神利益的实现为目的的合同也适用精神损害赔偿责任，具体而言，主要包括如下几种情形。

1. 违反旅游服务合同

旅游服务合同是指旅行社等旅游经营者提供一定的旅游服务、旅游者支付相应费用的合同，以及为实现旅游服务的目的而由旅行社与其他服务业经营者签订的有关运送、住宿等服务合同。② 在旅游服务合同中，旅游者订立合同的目的并不是获得物质上的回报，而是获取审美和愉悦等精神利益，使自身休闲娱乐、游览名胜、观赏风景，获得精神上的愉悦和享受。因此，在旅游服务提供者违反旅游服务合同的情形下，旅游者也会遭受一定的精神损害，应当获得救济。例如，在“焦某军与江苏省中山国际旅行社有限公司、第三人中国康辉南京国际旅行社有限责任公司旅游侵权纠纷案”中，原告与被告旅行社签订了旅游服务合同，约定由被告提供赴东南亚多国进行旅游的服务。但原告乘坐的旅游车在返回泰国曼谷途中发生交通事故并侧翻，致使原告等多人受伤，法院判决被告旅行社应当支付原告医药费和精神损害赔偿金。③

2. 违反婚礼服务合同

所谓婚礼服务合同，是指一方按照约定提供婚礼策划、婚礼现场布置、婚礼主持、提供婚礼过程摄影摄像并提供摄像资料等服务，另一方支付报酬的合同。提供婚礼服务的一方违反婚礼服务合同的，可能使对方遭受严重的精神损害，非违约方应当有权主张精神损害赔偿责任。例如，在“李某峰等诉遵义市天赐良缘文化传媒有限公司服务合同纠纷案”中，原告与被告订立了婚庆服务合同，但被告对婚礼现场安排混乱，且后来提供的摄影和摄像资料中完全没有出现新娘和婚礼现场的画面。原告遂请求被告退还其支付的合同费用，并对其进行精神损害的赔偿。法院审理认为，婚礼录像记录的是人生重大活动，具有永久纪念意义，当时的场景、人物和神态具有时间性、珍贵性和不可再现性，是无法补救、不可替代的特定纪念物品，其承载的人格和精神利益要远大于其本身的价值。被告的违

① 上海市第二中级人民法院（2018）沪 02 民终 3343 号民事判决书。

② 曾隆兴．现代非典型契约论．台北：三民书局，1988：253.

③ 最高人民法院公报，2012（11）.

约行为导致二原告的婚礼视频缺少重要内容，丧失了原本应有的价值和意义，造成了无法弥补和挽回的损失，给原告造成了极大的精神损害，因此被告应适当赔偿原告精神抚慰金。①

3. 违反医疗服务合同

所谓医疗服务合同，是指医疗机构与患者之间订立的，一方提供诊疗服务，另一方支付医疗费用的合同。医疗机构违反医疗服务合同，不仅无法实现约定的诊疗目的，而且可能导致另一方额外的人身和精神损害。例如，在“邵某与华美医学整形美容门诊部损害赔偿纠纷上诉案”中，原告听信被告的广告内容，在被告处进行了鼻局部整形和脸部光子美白祛斑等美容整形服务，但是由于被告在整形美容中操作不当，造成了原告脸部浅表层灼伤和色素沉积，造成原告心理上精神负担的加重。在判决中，法院认为被告没有履行告知义务，因而依据《民法通则》第106条第2款判决精神损害赔偿，支持了原告的诉讼请求。②

4. 违反骨灰等人格物的保管合同

人格物是指有形的实体但附着一定的精神利益的物，或者该物寄托了个人的特殊感情。③ 例如，在“张某兰、魏某与某县殡葬管理所保管合同纠纷案”中，死者系原告的丈夫，原告与被告签订了火化服务和骨灰保管合同，约定由被告保管骨灰一年。但是在死者尸体火化过程中，原告前往他处冲洗死者照片，死者的父母前来被告处领取了死者的骨灰，原告冲洗照片后返回至被告处，发现骨灰已被取走。原告遂起诉至法院请求赔偿其精神损害。法院审理认为，被告的违约行为致使原告无法获得死者的骨灰进行寄托哀思和悼念，法院判决被告向原告支付精神抚慰金15 000元。④

5. 违反其他合同所致的精神损害赔偿

在“朱某诉长阔出租汽车公司、付某赔偿纠纷案”中，被告付某在履行运输职责时，对突发癫痫病的原告朱某不仅不尽救助的法定义务，反而中途停车，将昏睡中的朱某弃于路旁，使朱某处于危险状态下。付某的行为虽未危及朱某的生命、健康，但对朱某的精神造成了一定刺激，侵犯了朱某作为旅客应当享有的合

① 贵州省遵义市汇川区人民法院（2018）黔0303民初262号民事判决书。

② 广东省广州市中级人民法院（2004）穗中法民一终字第1743号民事判决书。

③ 冷传莉．民法上人格物的确立及其保护．法学，2007（7）.

④ 河北省保定市中级人民法院（2010）保民四终字第00299号民事判决书．http：//www.doc88.com/p-490333619760.html.

法权利。法院认为，原告应享有精神损害赔偿请求权。①

综上所述，在实践中，有的法院确实已经突破了《侵权责任法》第 22 条的界限，在一些案件中认可了违约中的精神损害赔偿。作出此种突破不无道理，从客观效果来看，确实有利于对受害人进行救济。因为在某些特殊情形下，如果受害人确实因违约遭受严重精神痛苦，基于侵权又难以提供充分的救济，则完全不考虑受害人的精神损害，并不合理，尤其是在旅游服务合同、医疗服务合同等合同纠纷中，一方违约会使对方遭受严重精神痛苦，是违约方在订约时可以合理预见的，此时，适用精神损害赔偿责任并不会不当加重其负担。但是，司法判例的承认也带来了法律上的问题，即司法裁判的不统一问题。从上述分析可见，对违约中的精神损害赔偿，即使有的法院在例外情形下予以承认，也有法院以缺乏明确法律的依据为由拒绝，存在两种不同的观点。由此形成的不统一的司法实践状态，使当事人缺乏合理的预期，而完全将此问题委诸法官，也会赋予法官过大的自由裁量权力，造成了司法极不统一。因此，《民法典》第 996 条对违约精神损害赔偿规则作出规定，既有利于对受害人的救济，也有利于保障司法裁判的统一。

（撰稿人：王利明）

第九百九十七条

民事主体有证据证明行为人正在实施或者即将实施侵害其人格权的违法行为，不及时制止将使其合法权益受到难以弥补的损害的，有权依法向人民法院申请采取责令行为人停止有关行为的措施。

本条主旨

本条规定了侵害人格权的禁令制度。

相关条文

《民事诉讼法》第 100 条规定："人民法院对于可能因当事人一方的行为或者其他原因，使判决难以执行或者造成当事人其他损害的案件，根据对方当事人的申请，可以裁定对其财产进行保全、责令其作出一定行为或者禁止其作出一定行

① 朱某诉长阔出租汽车公司、付某赔偿纠纷案．最高人民法院公报，2002（3）．

为；当事人没有提出申请的，人民法院在必要时也可以裁定采取保全措施。人民法院采取保全措施，可以责令申请人提供担保，申请人不提供担保的，裁定驳回申请。人民法院接受申请后，对情况紧急的，必须在四十八小时内作出裁定；裁定采取保全措施的，应当立即开始执行。”

《民事诉讼法》第101条规定：“利害关系人因情况紧急，不立即申请保全将会使其合法权益受到难以弥补的损害的，可以在提起诉讼或者申请仲裁前向被保全财产所在地、被申请人住所地或者对案件有管辖权的人民法院申请采取保全措施。申请人应当提供担保，不提供担保的，裁定驳回申请。人民法院接受申请后，必须在四十八小时内作出裁定；裁定采取保全措施的，应当立即开始执行。申请人在人民法院采取保全措施后三十日内不依法提起诉讼或者申请仲裁的，人民法院应当解除保全。”

《反家庭暴力法》第23条规定：“当事人因遭受家庭暴力或者面临家庭暴力的现实危险，向人民法院申请人身安全保护令的，人民法院应当受理。当事人是无民事行为能力人、限制民事行为能力人，或者因受到强制、威吓等原因无法申请人身安全保护令的，其近亲属、公安机关、妇女联合会、居民委员会、村民委员会、救助管理机构可以代为申请。”

《反家庭暴力法》第24条规定：“申请人身安全保护令应当以书面方式提出；书面申请确有困难的，可以口头申请，由人民法院记入笔录。”

《反家庭暴力法》第25条规定：“人身安全保护令案件由申请人或者被申请人居住地、家庭暴力发生地的基层人民法院管辖。”

《反家庭暴力法》第26条规定：“人身安全保护令由人民法院以裁定形式作出。”

理解与适用

一、侵害人格权禁令的概念和特征

禁令（Injunction）是指申请人为及时制止正在实施或即将实施的侵权行为，或有侵害之虞的行为，在起诉前或诉讼中请求法院作出的禁止或限制被申请人从事某种行为的强制命令。① 禁令制度是各国法律普遍认可的一项制度，我国《民法典》在借鉴国外的经验、总结司法实践经验的基础上，对侵害人格权的禁令制度作出了规定。本条对侵害人格权的禁令制度作出规定，对于及时制止侵害人格

① 刘晴辉．正当程序视野下的诉前禁令制度．清华法学，2008（4）．

权的行为、有效预防侵害人格权损害后果的发生，强化对人格权的保护具有重要意义。

禁令可以分为诉前禁令与诉中禁令。一是诉前禁令，它是指在提起诉讼前，当侵害他人权益的行为已经发生或即将发生，如果不及时制止，将导致损害后果迅速扩大或难以弥补，在此情形下，受害人有权依法请求法院颁发禁止令，责令行为人停止相关侵权行为。诉前禁令是近几十年来在民法尤其是知识产权法领域日益受到重视的一项制度。① 二是诉中禁令，所谓诉中禁令，是指在诉讼进行中，由于被申请人的行为，已经或有可能使申请人遭受损害，或者可能导致损害进一步扩大，申请人有权请求法院依法责令他人为或不为一定行为。例如，行为人在网上发布了毁损他人名誉或披露他人隐私的博客，原告提起诉讼后，该行为人将该博客在各大论坛进行转载，导致信息开始扩散，不及时制止将导致损害难以弥补，受害人有权请求法院颁发禁令，防止损害扩大。

诉前禁令与诉中禁令的区别在于：第一，申请禁令的时间不同。诉前禁令是在起诉前申请，而诉中禁令则是在案件受理后进行。二者的区别在于诉讼是否已经开始。诉前禁令发生于诉讼尚未开始时，而诉中禁令则发生于诉讼已经开始后。第二，申请诉前禁令，多是发生于损害没有实际发生的场合；但是诉中禁令则往往针对损害可能已经发生的场合。第三，申请的条件不同。依据《民事诉讼法》第 101 条的规定，由于诉前禁令在案件受理前提出，法院并不了解事实和法律关系，因而法院要求申请人必须提供担保。而就诉中禁令而言，法院在案件受理后可能掌握了一定的事实，因此可以并不要求申请人提供担保而颁发禁令。除此之外，在比较法上，诉前禁令的有效时间一般较诉中禁令的更为短暂。诉前禁令的紧急性和临时性特征，决定了其只能是为避免损失扩大而采取的临时性措施，因而相较于诉中禁令的有效时间，其有效时间普遍更短。

我国《民法典》第 997 条在规定侵害人格权的禁令制度时，并没有对其适用时间作出规定，这就意味着，其同时包括诉前禁令与诉中禁令。具体而言，我国《民法典》规定的侵害人格权的禁令制度具有如下特点。

第一，通常仅适用于情况紧急的侵害行为。一般认为，禁令适用于现实、紧迫的不法侵害行为，在此情形下，如果不及时采取禁令措施，侵权行为继续进行，就会造成损害的进一步扩大，甚至导致权利人遭受经济损害以外的其他损害（如其他人格利益的损害、商誉的减损等）。在人格权遭受现实紧迫侵害的情形

① Tilman Vossius, Current Trends in Interlocutory Injunction Proceedings Relating to Patent Cases in Europe, 2 Int'l Intell. Prop. L. & Pol'y (1998), pp. 20 - 21.

下，仅通过停止侵害制度无法为权利人提供有效的救济。因为停止侵害作为一种侵权责任承担方式，必须是在责任确认之后才可以适用，此时损害后果已经产生，并可能被无限扩大，从这个意义上说，停止侵害是一种事后救济措施，这就有必要在实体结果作出判决之前，通过禁令制度在程序法上给予当事人一种临时的救济措施，以防止损害后果的发生和扩大。

第二，适用于正在实施或具有侵害之虞的情形。禁令的适用要求必须存在侵害或者可能侵害人格权的情形，从而使申请人在实体纠纷的审判中具有较高的胜诉概率。因此，《民法典》第 997 条强调禁令必须针对"行为人正在实施或者即将实施侵害其人格权的违法行为"，具体而言包括如下两种情形：一是行为人正在实施侵害他人人格权的非法行为。例如，行为人已经在网上发布他人的裸照，如果不及时制止，就可能使受害人的名誉、隐私遭受重大损害。二是行为人可能实施侵害他人人格权的非法行为。所谓有侵害人格权之虞，是指未来有可能发生侵害人格权的危险，且发生的盖然性较高。这就是说，对此种侵害之虞通常需要用社会一般人的观点来判断，但针对不同的侵害行为，也应该有不同的判断标准。按照王泽鉴教授的观点，对第一次侵害人格权的情形，权利人申请诉前禁令时需要提供充分的证据，而在第一次侵害之后，即可以推定行为人有侵害之虞。同时，在具体判断时也需要区分不同的人格权类型，对生命权、健康权而言，判断存在侵害之虞的标准应当从宽，而对侵害名誉、隐私等权利而言，需要与对言论自由等法益的保护相平衡，因此，认定时应当更加审慎。① 此种看法值得赞同。

第三，禁令的适用不要求行为人具有过错。② 例如，行为人在网上散播严重毁损他人名誉的言论，受害人一经发现，即可以申请法院颁行禁令，要求网站予以删除、屏蔽，以防止该行为损害后果的扩大。虽然禁令与停止侵害的作用类似，但是不能将禁令等同于停止侵害的人格权请求权。禁令的适用不需要证明损害已经发生，只需要证明行为满足禁令的要件即可请求，如行为有侵害之虞。此外，请求法院颁发禁令也不需要证明被申请人具有主观过错，因而，在这一点上禁令也与侵权请求权不同。在互联网和大数据时代，这一救济方式对人格权的保护具有重要意义。此外，禁令的适用可以发生在诉讼开始之前，也就是说，民事主体有证据证明他人正在实施或者即将实施侵害其人格权益的行为，如不及时制

① 王泽鉴．人格权法．北京：北京大学出版社，2013：390.

② U Kerpen，Das internationale Privatrecht der Persoenlichkeitsrechtsverletzungen-Ein Untersuchung aufrechtsvergleichender Grundage，2003，S. 26.

止将会使其合法权益受到难以弥补的损害的，可以依法向人民法院申请采取责令停止有关行为的措施。因此，禁令制度能够通过将法院强制性命令发出时间点的提前而将对损害的预防更早实现。

第四，禁令的效力具有暂时性，在法院终局判决产生后，禁令就自动失效，而由终局判决决定当事人权利义务关系。禁令是一种临时性的措施，即针对侵权人实施的侵权行为，申请法院责令被申请人停止一定行为的紧急措施，其通常被认为是一种临时性的措施。所谓临时性措施，主要表现在以下几个方面：一是禁令是基于紧迫情况而发布的，其不同于法院的终局判决。禁令的程序保障程度较低，法院往往只是根据申请人的陈述即可颁行禁令，而且由于情况紧急，法院往往只是对当事人的申请进行书面审查，这就使禁令缺乏审判中的质证等程序。二是禁令的功能在于临时制止行为人的侵害行为，即在人格权遭受侵害或者有受侵害之虞时，通过颁发禁令的方式临时制止行为人的侵害行为，其并不能终局性地确定当事人之间的权利义务关系。三是禁令的效力期间较短。与法院的终局判决不同，禁令的有效期一般较短，判决中停止侵权行为的效力可以面向未来一直发生效力，而禁令的有效期间则往往较短。当然，在禁令的有效期间经过后，当事人可以重新申请禁令，使其效力期间更长。

人格权禁令是人格权编特有的制度，只能在人格权编中作出规定，而不能在侵权责任法中加以规定。一方面，侵权法是救济法，是在权利遭受侵害的情形下对受害人所遭受的损害进行救济，在通过侵权法对受害人提供救济的情形下，通常需要存在侵权行为，而且该行为造成了实际的损害后果，即便对预防性的责任形式而言，其适用也需要行为人构成侵权。但是，在适用禁令的情况下，权利人并不需要证明行为人构成侵权。另一方面，虽然侵权法也有预防功能，但就对人格权的保护而言，与人格权法的损害预防功能相比，侵权法的损害预防功能相对较弱，其只能规定事后的救济，无法事先规定相对人的义务，以发挥其预防功能。这恰好是人格权编应当发挥的功能。由此可见，将侵害人格权的禁令制度规定在人格权编是十分恰当的。

二、侵害人格权禁令性质上属于实体法上的禁令

侵害人格权禁令，是人格权请求权发生作用的方式之一，性质上属于实体法上的禁令。也就是说，与程序法所规定的禁令制度不同，诉讼法所规定的诉前禁令制度在性质上是一种诉前保全制度，而侵害人格权的禁令制度则是人格权请求权的重要内容。故此，禁令的适用并不必然伴随着诉讼程序。也就是说，在一方申请禁令后，其只是请求通过颁发禁令，采取责令行为人停止有关行为的措施，

以制止侵害行为，法院在颁发禁令后，该禁令即可生效，权利人在申请禁令后，并不负有在法院提起诉讼的义务。而权利人不提起诉讼，禁令就直接发生效力了。可见，禁令的适用与诉讼程序的适用之间并不存在直接关联。

（一）禁令不同于诉前保全制度

2017年修改的《民事诉讼法》第100条第1款规定："人民法院对于可能因当事人一方的行为或者其他原因，使判决难以执行或者造成当事人其他损害的案件，根据对方当事人的申请，可以裁定对其财产进行保全、责令其作出一定行为或者禁止其作出一定行为；当事人没有提出申请的，人民法院在必要时也可以裁定采取保全措施。"这就从程序法的角度确立了诉前禁令（诉前行为保全）制度。依据这一制度，法院对于可能因当事人一方的行为或者其他原因，使判决难以执行或者造成当事人其他损害的案件，根据对方当事人的申请，可以裁定对其财产进行保全、责令其作出一定行为或者禁止其作出一定行为。我国《民事诉讼法》虽然也规定了诉前禁令制度，但其在性质上是一种诉前保全制度，其显然无法代替《民法典》禁令制度的功能。因为，一方面，在当事人人格权遭受侵害或有可能遭受侵害的紧急情况下，受害人在请求法院颁发诉前禁令时，只能以实体法为依据，而不能以程序法为依据。法院在判断是否具备颁发诉前禁令的条件时，尤其是申请人是否存在胜诉的可能性时，也应当以实体法为依据。另一方面，民事诉讼法所规定的诉前禁令制度在性质上是一项程序性规范，而人格权法所规定的诉前禁令制度是人格权效力的体现，这也进一步明确了程序法上诉前禁令的请求权基础。另外，在法院审理的有关人格权侵权案件中，如果当事人针对行为人正在实施或者即将实施侵害其人格权的行为，向人民法院申请颁发禁令，要求行为人停止有关行为，法院很难通过适用程序法规定颁发禁令，因此，必须由民法典作出规定。

（二）禁令不同于先予执行

禁令与先予执行有类似之处。① 所谓先予执行，是指在法院就诉讼作出判决之前，申请人可以请求法院裁定债务人给付一定数额的金钱或其他财物，或者实施或停止某种行为。②《民事诉讼法》第106条规定："人民法院对下列案件，根据当事人的申请，可以裁定先予执行：（一）追索赡养费、扶养费、抚育费、抚恤金、医疗费用的；（二）追索劳动报酬的；（三）因情况紧急需要先予执行的。"

---

① 有观点认为，我国的行为保全制度与英国的禁制令在效力上、法院是否有必要采取强制执行措施等方面存在明显区别。周翠．行为保全问题研究——对《民事诉讼法》第100－105条的解释．法律科学，2015（4）．

② 江伟，肖建国．民事诉讼法．北京：中国人民大学出版社，2008：244．

该条对先予执行作出了规定，从该条规定来看，与禁令类似，先予执行也适用于情况紧急的情形，但禁令不同于先予执行。二者的区别主要体现为：一是适用范围不同。禁令适用于所有民商事案件，包括侵权案件，而先予执行仅适用于双方具有持续性关系或者有在先合同关系的案件中，在侵权纠纷案件中无法适用先予执行制度。二是适用条件不同。先予执行的适用要求双方当事人之间的权利义务关系明确、债务人有履行能力、不先予执行将会给债权人的生产生活成严重损失的情形，而禁令制度则是为了制止紧迫的“不法”侵害行为。三是制度功能不同。先予执行是为了使权利人的权利在判决之前全部或部分地得到实现和满足，而禁令则是为了制止行为人的不法侵害行为。四是制度价值不同。禁令制度作为行为保全制度的一种，其侧重于保全，对案件的实质不产生影响，而先予执行虽然不是对案件实质的最终解决，但其往往预示庭审的可能结局。①

三、侵害人格权禁令制度的主要功能

从比较法上来看，许多国家认可了禁令制度，其主要应用于知识产权等领域，但现在有逐渐扩大的趋势，在人格权的保护领域中得到了越来越多的重视。② 在我国《民事诉讼法》修改之前，我国知识产权法中就已经规定了停止侵权行为制度③，即知识产权权利人在有证据证明他人正在或者即将实施侵权行为，如果不制止将使其合法权益遭受难以弥补的损害时，可以在起诉前向法院申请责令停止有关行为。《反家庭暴力法》首次确立了禁令对人身权的适用，该法第 23 条规定：“当事人因遭受家庭暴力或者面临家庭暴力的现实危险，向人民法院申请人身安全保护令的，人民法院应当受理。”“当事人是无民事行为能力人、限制民事行为能力人，或者因受到强制、威吓等原因无法申请人身安全保护令的，其近亲属、公安机关、妇女联合会、居民委员会、村民委员会、救助管理机构可以代为申请。”人身安全保护令对于保护妇女、儿童的生命健康权，具有十分重要的意义。

如前所述，在民法典中规定独立成编的人格权，将诉前禁令等制度纳入其中，有利于及时制止侵害人格权的行为、有效预防侵害人格权损害后果的发生，因此，禁令是保护所有人格权的重要措施，并不仅仅适用于对人身安全的保护。我国过去立法缺乏关于统一适用人格权保护的禁令制度，是一大缺漏。从实践来

① 江伟，肖建国．民事诉讼中的行为保全初探．政法论坛，1994（3）.

② E Guldix & A Wylleman，De positie en de handhaving van persoonlijkheidsrechten in het Belgisch privaatrecht，(1999) 36 TPR 1589 at 1645 ff.

③ 参见《著作权法》第 50 条和《专利法》第 66 条、《商标法》第 65 条。

看，大量的网络侵权行为迫切需要禁令制度予以遏制，尤其是针对侵犯名誉、隐私等侵权行为，如不及时加以制止，损害后果可能会被无限扩大，因此禁令制度的适用是必要且可行的。在我国司法实践中，有的法院已经在侵害人格权的纠纷中采用了禁令的方式。例如，“杨季康（笔名杨绛）诉中贸圣佳国际拍卖有限公司（简称中贸圣佳公司）、李国强侵害著作权及隐私权纠纷案”就涉及隐私权的保护，该案中，中贸圣佳公司于2013年5月间发布公告称，其将于2013年6月21日公开拍卖一批私人信件，并在拍卖前举行研讨会和预展活动。此后，杨季康提出诉前申请，请求法院发布禁令，北京市第二中级人民法院审查后，依法于同年6月3日作出了禁止中贸圣佳公司实施侵害著作权行为的裁定，中贸圣佳公司随后宣布停拍。由于当时我国立法尚未规定侵害人格权的诉前禁令制度，因而，该案是通过侵害著作权的行为保全裁定对权利人提供救济的。但由于我国立法当时尚未规定侵害人格权的诉前禁令制度，因此，该案是通过侵害著作权的行为保全裁定对权利人提供救济。严格地说，通过著作权法的规则保护人格权是不周延的，也可能无法有效制止许多侵害人格权的行为。因此，《民法典》人格权编在总结司法实践经验的基础上，对侵害人格权的禁令制度作出了规定。

禁令制度的主要功能在于以下方面。

第一，及时制止网络侵害行为。在互联网时代，网络侵权行为层出不穷，网络暴力不断产生，这些不仅对自然人造成重大损害，甚至会给企业带来灭顶之灾。例如，一些竞争对手恶意污蔑其他企业的声誉和其产品的质量，一条谣言可能使其产品滞销，甚至蒙受巨大损害。如果按照诉讼程序，权利救济的时间将旷日持久，甚至是马拉松式的诉讼，等到最后官司终结，企业可能已经宣告破产了。

在网络侵权发生之后，如果任由损害后果蔓延，将使受害人的权益遭受不可估量的损失，因此，对受害人而言，最有效的救济方式是及时制止、停止侵权信息的传播，这也是禁令制度救济功能的重要体现。在互联网、高科技时代，法律遇到的最严峻挑战就是隐私、个人信息的保护问题，个人信息泄露已经成为一种“公害”。保护个人信息，强化信息处理者以及大数据开发者的信息安全保护义务等，预防信息泄露等损害的发生，是人格权编应当发挥的重要功能。在实践中，行为人在网上发布一条毁损某公司名誉的不实信息，如果不及时加以制止，可能导致整个公司破产。如果没有禁令制度，许多当事人被迫寻求有关行政管理机关删帖，但这种删帖的做法其实很不规范，有时难以对受害人提供及时救济；而且对于此种涉及平等主体之间的侵权纠纷，将是否删除相关链接，完全交由行政机关进行判断，而不能进行司法审查，显然并不妥当。如何及时制止、遏制这种行为？禁令制度就是最好的办法，这就是说，原告可以依据禁令制度规则向法院申请颁发禁令，对该信息采取紧急措施，如采取删除、屏蔽、断开链接等措施，然后再进行正常的诉讼。因此，禁令制度也是实现依法治网的重要举措和有力手段。

第二，有效预防侵害人格权后果的发生。在《民法典》人格权编中对禁令作出规定，是发挥人格权法立法功能的重要体现。人格权法注重事前防范、事前预防，而侵权法则注重事后救济。发挥人格权法的预防功能，正是人格权独立成编价值的体现。在美国法中，诉前禁令旨在于判决前制止侵权行为，主要目的在于避免损害的发生或者继续扩大，而不是为了保障将来判决的顺利执行。①我国人格权采纳该规定，正是为了发挥预防的功能。该规定对于及时制止侵害人格权的行为、有效预防侵害人格权损害后果的发生极为必要。在现代社会，互联网对损害后果具有一种无限放大效应，相关的侵权信息一旦在网上发布，即可在瞬间实现全球范围内传播，损害将覆水难收，受害人的权利很难恢复原状。因而，在人格权侵权中，预防比救济更为重要。但我国现行立法关于损害预防的规定本来就不多，如果删除该条规定，将会极大地影响损害预防功能的发挥。所以，《民法典》第997条规定禁令制度，由法院对相关的行为进行司法审查，并及时决定是否发布禁令，可以有效预防侵害人格权后果的发生。

第三，对受害人提供及时救济。禁令不仅具有预防损害的功能，还有救济的功能。一方面，在损害有发生之虞的情形下，禁令制度可以预防损害的实际发生，使受害人免于遭受重大损害。例如，《反家庭暴力法》第四章专门规定了人身安全保护令，规定了在离婚诉讼之前，如果一方有实施家暴的可能，申请人可以请求人身安全保护令，这一人身安全保护令也属于诉前禁令，其功能就在于有效预防可能发生的家庭暴力或骚扰行为。另一方面，即使是在损害已经发生的情况下，颁发禁令也具有防止损害进一步扩大的作用，从而保护受害人免于遭受更大的损害。当权利受到侵害或者威胁时，为了制止损害的发生或者扩大，避免权利人遭受难以弥补的损害，这就有必要及时制止行为人的不法侵害行为。② 也就是说，在人格权遭受侵害或者受侵害之虞时，也有必要对权利人提供救济。

第四，规范禁令申请权的行使。《民法典》规定禁令制度，由法院对相关的行为进行司法审查，并及时决定是否发布禁令，有利于规范禁令申请、发布行为，防止滥用禁令。法律规定详细的禁令适用条件，可以起到平衡当事人利益的

①② 郭小冬．民事诉讼侵害阻断制度释义及其必要性分析．法律科学（西北政法大学学报），2009(3).

作用，便于法院作出是否颁发禁令的决定。因此，申请禁令同样要求申请人进行举证证明损害的发生或有发生之虞。但是申请禁令的证明标准与诉讼的证明标准并不相同，诉前禁令通常都是针对时间紧急、情况危急的情形，通常需要法院迅速作出判断，而无法像诉讼一样进行详细审查。因此，申请禁令只需要提出初步的证据证明即可。当然禁令的适用问题比较复杂，《民法典》第 997 条的规定还比较原则，有关禁令制度的适用程序、期限、提供担保、申请错误的责任等，都需要通过今后修订《民事诉讼法》或制订相应司法解释予以细化，从而防止当事人恶意申请，滥用禁令制度。

四、禁令不同于停止侵害

我国《民法典》总则编和侵权责任编都将停止侵害作为民事责任形式。应当看到，在人格权遭受现实紧迫侵害的情形下，仅通过停止侵害制度无法为权利人提供有效的救济，因为一方面，停止侵害在性质上属于侵权责任承担方式，只有在行为人的行为构成侵权、法院确认行为人应当承担侵权责任时，才能予以适用。而在法院通过诉讼程序确认行为人构成侵权后，受害人的损害后果可能已经被无限扩大。可见，停止侵害虽然也具有制止不法行为的功能，但更多的是一种事后救济措施，难以真正实现对损害的事先预防。而禁令制度则可以在实体结果作出判决之前，在程序法上给予当事人一种临时的救济措施，以防止损害后果的发生和扩大。与停止侵害制度相比，禁令制度可以使损害预防的时间更加提前。另一方面，适用停止侵害必须提前诉讼，通过诉讼裁判决定，而禁令的适用不一定伴随诉讼，这种预防功能是停止侵害制度无法代替的。

五、侵害人格权禁令的适用条件

禁令作为一项独立的制度，具有其独特的构成要件，不能为其他制度所替代。由于禁令主要适用于时间紧迫、需要及时制止不法行为的情形，法院在颁发禁令时往往无法查明案件事实，这也有可能导致禁令制度的滥用。因此，为了防止禁令制度被不当使用，需要明确禁令的适用条件，并由法院对禁令的适用条件进行必要的审查。

依据《民法典》第 997 条的规定，人格权禁令的适用应当具备如下要件。

第一，行为人正在实施或者即将实施侵害人格权的行为。问题在于，正在实施或者即将实施侵害人格权的行为是否必须构成侵权？申请人是否必须对此进行举证？笔者认为，对正在实施的侵害人格权的行为，申请人尚有可能证明行为人构成侵权；而对于行为人有侵害之虞的情形，申请人则很难证明行为人构成侵权，因为在此情形下，损害后果并未发生，所以行为人是否造成损害以及造成多大的损害难以判断，此时不宜要求申请人证明行为人构成侵权。例如，在美国，法院在审查是否有必要针对侵害专利的行为颁发禁令时，要考虑如果没有禁令提供的保护，权利人将很可能在未来的市场竞争中损失产品销量以及利润，并很难如没有侵权产品存在时那样获得市场中的交易机会，同时，侵权产品的持续存在，还有可能损害专利人的声誉，而此种损害是很难用金钱量化的。① 因此，在适用禁令时，权利人并不需要证明行为人的行为将确定造成其损害。当然，对将要实施的侵害行为，法院在审查时应当确认是否有证据证明行为人将要实施侵害行为，并有可能造成受害人不可弥补的损害。

第二，如不及时制止将会使损害后果迅速扩大或难以弥补。禁令针对的是正在发生和将要发生的侵害行为，损害常常具有急迫性。也就是说，如果通过正常的诉讼程序维权，因为诉讼耗时等原因，可能导致损害后果的迅速扩大或难以弥补。笔者认为，在解释该条所规定的"不及时制止将使其合法权益受到难以弥补的损害的"这一条件时，应当将其与《民事诉讼法》第 101 条所规定的"情况紧急，不立即申请保全将会使其合法权益受到难以弥补的损害"作同种解释，也就是说，如果不立即采取禁令措施，将会对申请人造成难以用金钱来弥补的损害，非金钱损害的判断因素包括了"侵犯人格权、身份权等人身权利，难以恢复圆满的情形"②。侵犯人格权、身份权等人身权利通常具有不可恢复性或者难以弥补性，单纯的事后金钱赔偿救济方式难以起到保护权利和救济的作用。与金钱损害案件相比，人身权利一旦遭受侵害，损害通常难以弥补，无法使用金钱对损害进行完全的补偿。③ 该条所规定的损害"难以弥补"，也是指这种对人格权益的侵害无法通过金钱弥补，或者说这种损失具有不可逆性，无法通过金钱赔偿予以恢复原状。事实上，对人格权而言，一旦发生侵害行为，损害往往都难以恢复原状，特别是在互联网时代，侵害隐私、名誉等人格权益的损害后果一旦发生，即很难通过金钱赔偿的方式对受害人进行完全弥补。因此，应当适当放宽对该要件的认定。如果损害的发生不具有急迫性，或者即便发生，也可以通过其他方式弥补，则应当对此种情形进行严格审查。一般来说，如果损失能够通过金钱方式在事后进行充分赔偿，则不应认为该损失是不可弥补的。④ 例如，行为人未经权利人许可擅自利用其肖像，其主要损害了权利人的财产利益，可以通过赔偿财产损

① Rozek，Richard P. Economic Analysis of the Risks Associated with Seeking a Preliminary Injunction. European Journal of Risk Regulation Vol. 7，Iussue 1 (2016)：207.

②③ 江伟，肖建国．民事诉讼法：第 8 版．北京：中国人民大学出版社，2018：258.

④ Abbott Labs. v. Andrx Pharms.，Inc.，452 F. 3d 1331，(Fed. Cir. 2006).

失的方式对权利人提供救济，此时，一般不宜通过禁令制度解决纠纷。但如果是将某人的裸照用于网上广告用途，一旦传播，则可能造成受害人严重精神损害，而且该损害难以通过金钱赔偿恢复原状，此时，就有必要通过禁令制度对权利人提供救济。

第三，申请人具有较大的胜诉可能性。这就是说，当权利人提出颁发禁令的请求之后，法院虽然不进行实质审查，但应当对胜诉的可能性进行初步判断，只有当权利人所申请禁止实施的行为确有可能构成侵权，而且行为人将依法承担法律责任时，法院才有必要颁布禁令。如果被申请人的行为是否构成侵权存在较大不确定性，就匆忙颁布禁令，将可能损害正当的言论自由或行为自由，也可能使被申请人遭受难以弥补的损失。① 特别是当禁令与最终的判决不一致时，更可能损害司法的权威性。因此，在判断是否要颁发禁令时，法院要考虑正在发生或者将要发生的行为的性质、所可能导致的后果，以及该行为与他人合法权益、公共利益的关系，以最终确定胜诉的可能性。当然，此种胜诉的可能只是一种盖然性的判断，即只有当申请人的胜诉可能性达到一定程度时，法院才能够颁发禁令。

第四，申请人有证据证明行为人正在实施或者即将实施相关侵害行为。从《民法典》第 997 条规定来看，禁令的适用要求“民事主体有证据证明行为人正在实施或者即将实施侵害其人格权的违法行为”，这就是说，禁令应当由权利人提出，但权利人提出发布禁令的请求时，必须提出相关的证据证明已经具备适用禁令的条件。通常来说，权利人必须证明侵害人格权的行为已经发生并将持续发生，而此种情形具有急迫性。在此有必要区分侵害人格权的行为是否已经发生，对已经发生的侵害行为，权利人的举证较为简单，而对侵害尚未发生的情形，则应当适当提高申请人的举证负担，以防止禁令制度的滥用。在这里需要讨论的是证明标准的问题，即申请人提供的证据应当达到何种程度才能颁发禁令？笔者认为，应当采纳盖然性的证明标准，即只要当事人证明他人的行为可能造成损害或有损害之虞，则应当认定满足了相应的证明标准，而并不要求必须达到本案诉讼的证明标准，即《最高人民法院关于适用〈中华人民共和国民事诉讼法〉的解释》第 108 条所规定的“高度可能性”标准。

需要注意的是，比较法上对禁令的适用条件还存在司法审查制度。在英美法中，禁令被视为一种“不寻常的法律救济”②，因此在决定是否适用禁令时，应

① Peter S. Menell，Patent Case Management Judicial Guide，Third Edition：Volume I：Pretrial Case Management，Clause 8 Publishing，pp. 3 - 8.

② 毕潇潇，房绍坤．美国法上临时禁令的适用及借鉴．苏州大学学报（哲学社会科学版），2017（2）.

该从多个维度对禁令可能带来的正负面影响进行综合考量，在适用上应保持谨慎态度。① 在我国，也要防止禁令制度中的自由裁量过大而导致禁令被滥用。所以，为了规范禁令，限制滥用自由裁量权，应对禁令适用中的考量因素进行必要的规范。例如，美国法上适用禁令时，法官在审查时主要考虑如下因素：一是根据事实判断原告胜诉的可能性；二是在颁发禁令之外是否有其他的法律救济手段；三是不颁发禁令是否会导致无法弥补的损害；四是不颁发禁令给原告造成的损失是否会超过被告因禁令可能遭受的损失；五是颁发禁令是否会危及公共安全。② 这一经验值得我们借鉴。在司法实践中，法官应综合考量上述因素，平等对待各方主体利益，最终得出最为公平合理的裁决结果。司法审查的关键是进行利益平衡。从申请人的角度看，临时禁令的发出将有利于保护申请人的权利，但从被申请人的角度看，临时禁令是对其行为自由的直接限制，对其造成的影响甚至并不小于其对申请人的。③ 因此，法官在决定是否发出临时禁令时，应对双方的利益进行综合考量，即法官需要权衡不颁发禁令可能给申请人造成的损害与颁发禁令可能给被申请人造成的损害之间哪一个损害更大。例如，如果申请人能够证明不颁发禁令可能给其造成难以弥补的损害，而颁发禁令给被申请人造成的损害较小，则法院应当颁发禁令；反之，如果被申请人能够证明颁发禁令可能给其造成的损害远大于不颁发禁令给申请人造成的损害，则可以阻止申请人获得禁令。④

此外，在某些情况下，对被申请人发出临时禁令还可能对社会公共利益造成影响。特别是在侵害人格权纠纷中，一旦对侵权人发出禁令，不仅会对其个人的行为自由造成限制，还可能在相当程度上对社会公众的行为取向产生影响。例如，行为人在发布某则新闻报道时，因时效性的要求而来不及对信息内容进行严格审查，就可能因消息不实而造成他人损害，此时，是否需要发出禁令制止该报道行为，就需要对申请人的个人利益以及对新闻报道自由可能产生的影响进行利益平衡。

法院在作出禁令裁定时需要对权利人的申请进行必要的审查，问题在于，此种审查究竟是形式审查还是实质审查？笔者认为，法院仅对权利人的申请进行形式审查，并不足以有效平衡各方主体利益，因为临时禁令一旦被滥用，不仅会使

---

① eBay Inc. and Half. com，v. Merc Exchange，L. L. C. 547 U. S. 388.（2006）.

② 王迁．知识产权法教程．北京：中国人民大学出版社，2016：13.

③ Peter S. Menell，Patent Case Management Judicial Guide，Third Edition：Volume I：Pretrial Case Management，Clause 8 Publishing，pp. 3 - 13.

④ 江伟，肖建国．民事诉讼法：第 8 版．北京：中国人民大学出版社，2018：259.

争讼双方的利益发生失衡，还可能造成法律规则适用的不确定性。因此，只有对原告胜诉的可能性、禁令签发的必要性以及各方主体利益的平衡关系进行综合考量，才能确保禁令真正发挥其制度效用，而这显然已经超出了形式审查的范围。同时，鉴于禁令裁定作出后，当事人常常能够达成和解而不再提起诉讼，这也使得禁令成为权利实现的途径和解决纠纷的手段。然而，禁令制度适用不当，将会严重损害当事人的合法权益。因此，法院在作出禁令时应慎之又慎，德国、日本学者认为，禁令的颁发程序很大程度上类似于本案审理程序，贯彻对席辩论原则，而不宜仅依当事人申请即予以颁发，其道理就在于此。①

六、侵害人格权禁令的效力

（一）人格权禁令的直接效力

禁令一旦颁发，在到达行为人时即发生效力，行为人应当按照禁令的要求立即停止相关侵权行为。例如，在前述“钱钟书书信案”中，原告杨季康提出诉前申请，请求法院发布禁令，北京市第二中级人民法院审查后，依法于2013年6月3日作出了禁止中贸圣佳公司实施侵害著作权行为的裁定，中贸圣佳公司随后宣布停拍。禁令虽然不是法院的终审判决，但其也具有法律效力，在行为人违反禁令要求时，法院可以强制执行。需要指出的是，在该案中，法院禁止中贸圣佳公司实施侵害著作权行为的裁定只是暂时性的，一旦申请人未在法定期间内提起诉讼，或者被申请人对禁令不服，提起复议，而法院在审查过程中发现本案不具备颁发禁令的条件，则可以撤销禁令，禁令将因此失去效力，行为人仍可继续实施其行为。当然，如果被申请人不提起诉讼，禁令就直接发生效力了。

（二）人格权禁令的失效

关于禁令效力的存续期间，存在不同的观点，一种观点认为，在诉讼活动开始或者作出新的禁令时，禁令的效力即归于消灭。② 另一种观点认为，在法院的终局判决生效时，禁令的效力归于消灭。笔者认为，在如下情况下，禁令将失去效力。

第一，法院撤销禁令。依据2015年《最高人民法院关于适用〈中华人民共和国民事诉讼法〉的解释》第171条，在禁令颁发后，被申请人对禁令裁定不服的，可以自收到裁决书之日起5日内向作出裁定的人民法院申请复议，人民法院

---

① 江伟，肖建国．民事诉讼法：第8版．北京：中国人民大学出版社，2018：260.

② 毕潇潇，房绍坤．美国法上临时禁令的适用及借鉴．苏州大学学报（哲学社会科学版），2017（2）.

应当在收到复议申请后的10日内审查，裁定正确的，驳回当事人的申请，裁定不当的，应当变更或撤销原裁定。也就是说，在被申请人提出复议后，法院在审查过程中发现本案不具备颁发禁令的条件，则可以撤销禁令。人格权禁令的功能在于制止不法侵害行为，其并不具有证明侵权行为成立的效力。因为法院在审查禁令申请时对证据的审查不同于诉讼中对相关证据的审查，所以禁令有可能发生错误。这就需要有一个复议程序，以防止禁令的错误。笔者认为，侵害人格权的禁令也可以适用民事诉讼法的相关规定。

第二，终局裁判生效后自动失效。如果在颁发禁令以后，当事人提起诉讼，则禁令应当一直有效，但在法院所作出的终局裁判生效后，人格权禁令应当失去效力。禁令本身并不具有终局裁判的效力，其效力延续到本案判决作出时。禁令与终局裁判的关系表现在如下两个方面：一方面，在终局判决生效之前，禁令所禁止的行为在法律上是否构成侵权，是否被允许实施，是悬而未决的问题，只有通过终局判决，才能最终确定行为人所实施的行为是否构成侵权。① 终局裁判可以改变临时禁令的措施，权利人主张停止侵害，但判决驳回其请求的，则临时禁令应当失效。如果禁令的内容与终局判决的内容不一致，则应当以终局判决为准，错误申请造成被申请人损失的，申请人应当承担赔偿责任。也就是说，终局裁判生效后，应当以该终局裁判作为确定当事人权利义务关系的依据，禁令的效力也随即终止。如果行为人不履行该终局裁判，则应当依据该终局裁判追究其法律责任，而不再依据禁令追究其责任。另一方面，禁令的制度价值在于阻止侵权行为造成更大的损害后果，在终局判决生效之前，如果认定禁令失去效力，则被禁止的行为可能继续实施，这可能导致禁令颁发的目的落空。

（三）错误申请人格权禁令的法律后果

在临时禁令的有效期内，行为人违反禁令造成申请人损害的，则申请人有权请求行为人赔偿。此种损害赔偿纠纷通常与案件一并审理。错误申请人格权禁令的，申请人也应当承担相应的法律责任。毕竟申请禁令将使行为人停止实施某种行为，这可能给其造成一定的损失。例如，在前述“钱钟书书信案”中，被告已经为拍卖作出了大量的准备，并支付了一定的费用，如果法院作出了撤销禁令的裁判，或者在审查中认为颁发禁令的条件不具备，则申请人应当对因此给行为人造成的损害承担责任。在终局裁判生效后，对禁令所造成的损害，申请人应当承担相应的法律责任，受害人可以另诉请求申请人赔偿。依据我国《民事诉讼法》

① 毕潇潇，房绍坤．美国法上临时禁令的适用及借鉴．苏州大学学报（哲学社会科学版），2017（2）．

第 100 条的规定，申请人在提出禁令申请时，应当提出相应的担保，以防止因错误申请而给被申请人造成损失，该规定也应当可以适用于人格权禁令制度。

（撰稿人：王利明）

第九百九十八条

认定行为人承担侵害除生命权、身体权和健康权外的人格权的民事责任，应当考虑行为人和受害人的职业、影响范围、过错程度，以及行为的目的、方式、后果等因素。

本条主旨

本条规定了认定侵害人格权民事责任的参考因素。

相关条文

《侵权责任法》第 6 条规定："行为人因过错侵害他人民事权益，应当承担侵权责任。根据法律规定推定行为人有过错，行为人不能证明自己没有过错的，应当承担侵权责任。"

《侵权责任法》第 7 条规定："行为人损害他人民事权益，不论行为人有无过错，法律规定应当承担侵权责任的，依照其规定。"

《最高人民法院关于审理名誉权案件若干问题的解答》规定："七、问：侵害名誉权责任应如何认定？答：是否构成侵害名誉权的责任，应当根据受害人确有名誉被损害的事实、行为人行为违法、违法行为与损害后果之间有因果关系、行为人主观上有过错来认定。以书面或口头形式侮辱或者诽谤他人，损害他人名誉的，应认定为侵害他人名誉权。"

理解与适用

本条规定将动态系统论运用到侵害人格权的民事责任中，但在适用中，要区分对物质性人格权与精神性人格权的保护。对物质性人格权的保护不适用动态系统论，而适用最严格的保护标准。

一、对物质性人格权实行最严格的保护

物质性人格权是生命权、健康权、身体权等以生命、健康利益为客体的具有

最强人身专属性的人格权。物质性人格权是人格权乃至所有民事权利中居于最重要位阶的权利，我国民法典关于人格权的规定首先列举生命、健康、身体等权利也表明其是具有基础性地位的权利。物质性人格权也可以说是所有民事权利的享有的基础和前提，因为任何权利都无法离开生命与身体这一物质载体。生命不存在，各种权利的享有也将不复存在。同时，物质性人格权也是最基本的人权，所以，法律对物质性人格权的保护应当被置于首要位置。

《民法典》第998条规定在认定对生命权、健康权等物质性人格权侵害的情形下，不需要考虑行为人和受害人的职业、影响范围、过错程度，以及行为的目的、方式、后果等因素。这主要是基于如下原因。

第一，由于生命健康权具有重要的特殊地位，因而，生命权、健康权等物质性人格权在与其他权利冲突时，基于其至高无上性，应当优先受到保护。即当物质性人格权与其他权利冲突时，法律优先保护物质性人格权。从权利位阶规则角度看，生命权、身体权、健康权、人身自由权等具体人格权与其他人格权相比较，其权利位阶较高，在实现上具有优先性，其根本的原因也正在于这些具体人格权是社会公共利益的体现①，理应优先予以实现。

第二，物质性人格权一般具有不可克减性，对其作出限制应当必须由法律作出规定，即遵循法律保留原则。一般认为，关系到人格核心领域的生命权、身体权、人身自由权等权利在价值排序中处于第一位阶；与此同时，如果认为肖像、隐私等精神性人格权在价值排序上优先于其他利益受到保护则是存在问题的，因为相对于生命健康权等权益而言，这些权利需要受到保护的力度理应相对较小，所以必然需要作出利益平衡。②

第三，对于侵害物质性人格权的侵害，法律往往规定了特殊的救济方式，如侵害生命权的，依据《民法典》第1179条的规定，造成死亡的应当赔偿丧葬费与死亡赔偿金。这些损害赔偿被称为法定的损害赔偿。对于生命权、健康权的侵害之所以要采取法定的损害赔偿，是为了强化对物质性人格权侵害中受害人的充分救济。明确法定赔偿有利于限制法官的自由裁量，也为受害人主张权利提供了明确的指引。正是因为这一原因，所以在侵害物质性人格权情形下，一般不再考虑其他因素。

① 王轶．民法原理与民法学方法．北京：法律出版社，2009：31-59.

② 考茨奥，等．针对大众媒体侵害人格权的保护：各种制度与实践．北京：中国法制出版社，2012：5.

二、侵害物质性人格权以外的人格权益的民事责任的利益衡量

(一)《民法典》第998条采纳动态系统论的原因

该条将动态系统论运用到侵害物质性人格权以外的人格权的民事责任中，有助于协调和平衡人格权与其他利益之间的冲突。动态系统论最早由奥地利学者威尔伯格（Walter Wilburg）于20世纪40年代提出①，经日本学者山本敬三等人的介绍与传播②，已经为我国法学界所熟知，并在全世界的范围内产生了重要的影响。《欧洲侵权法原则》（PETL）和《欧洲示范民法典草案》（DCFR）均对这一学说进行采纳，使该学说的影响力进一步提升。在我国民法典的编纂中，《民法典》第998条在总结这些经验的基础上，对动态系统论进行了大胆的吸收与借鉴。

威尔伯格动态系统论的基本观点是：调整特定领域法律关系的法律规范包含诸多构成因素，但在具体的法律关系中，相应规范所需因素的数量和因素的强度有所不同，也就是说，调整各个具体关系的规范因素是一个动态的系统。③ 因此，应当在具体法律关系中通过对动态因素的考量认定责任。④ “动态系统提供了一个替代方案：通过明确规定法官裁判时应当考量的各种重要因素，立法者可以达到非常具体化的规定目的，能够决定性地限制法官的自由裁量空间，并且也使得法官自由裁量具有可预见性，而同时又有所控制地兼顾了生活事实的多样性。”⑤

动态系统论与传统的构成要件论的最大区别在于，构成要件论秉持着“全有全无”的原则，认为构成要件是法律后果的必要且充分条件，当要件全部满足时，结论一定发生，当条件有一个不能满足时，结论就不会发生。就侵权责任构成要件而言，如果将其构成要件确定为过错、损害、行为的违法性、因果关系，则只有在这些构成要件全部满足时，责任才能成立。而动态系统论则与此不同，表现在：一是动态系统论强调各因素的作用。动态系统论认为，在判断责任时，应当对所有的构成要件发挥的不同作用进行评价，针对影响因素的不同程度，来综合考量认定责任。这实际上是一种在量上分层的认定方法。二是动态系统论强

① Walter Wilburg，Entwicklung Eines Beweglichen Systems Im Bügerlichen Recht，Verlag Jos. A. Kienrech/Graz，1950.

② 山本敬三．民法中的动态系统论——有关法评价及方法的绪论性考察．解亘，译//梁慧星．民商法论丛：第23卷．香港：金桥文化出版（香港）有限公司，2002：213.

③ 同②177.

④⑤ 海尔穆特·库奇奥．损害赔偿法的重新构建：欧洲经验与欧洲趋势．法学家，2009（3）.

调各因素排列上的位阶，引导法官考量这些因素是否满足，但在个案中，并不要求每一个因素满足到特定程度，甚至不要求一定具备全部因素；而是要求考量不同的因素，确定这些因素满足到什么程度，根据案件的具体情况对各个因素进行综合考量。[①] 因素与效果之间的关系不再是“全有全无”，而是“或多或少”。三是强调各因素之间的“互补”。动态体系论的“动态”特征，是指法律规范或者法律效果由“与因素的数量和强度相对应的协动作用”来确定。这里的所说的“协动”是指因素之间具有互补性。[②] 在威尔伯格看来，因素不再像要件一样处于固定的状态，而是作为变量处于动态的考量之中。如 A 因素获得了较高程度的满足，那么即使 B 因素的满足程度较低，在法官的综合考量下，也可能发生因素间的互补。这些因素具有“相互比较”的个性。[③] 正如威尔伯格所指出，“如果一个因素以一种特殊强烈的方式出现，就可充分满足认定存在责任的要求”[④]。由此可见，动态系统论试图通过抽取一些因素或因子，引导法官考虑该因素或因子的权重，在个案中通过判断不同变量的强弱效果，并结合因素之间的互补性，最终得出案件裁判的结论。相较于构成要件论而言，动态系统论考虑的因素更为宽泛，更具有灵活性与开放性，从而可以适应复杂情况下的公正需要。

虽然理论界对动态系统论的评价不一而足，有学者也指出了动态系统论的作用不应被高估。[⑤]且从比较法上来看，民法典中采纳该理论的并不多见，但一些示范法则明确采纳了这一理论。例如，德国学者冯·巴尔（von Bar）教授主持起草的《欧洲私法共同参考框架》（DCFR）第 2：101 条第 3 款规定：“在判断赋予损害赔偿或预防损害的权利是否公平且合理时，应参考归责基础、损害或有发生之虞的损害的性质和近因、已遭受或即将遭受损害之人的合理期待以及公共政策考虑。”在库奇奥（Koziol）教授主持起草的《欧洲侵权法原则》第 2：102 条中确立了利益保护所应考虑的多重因素，主要包括：利益的性质、利益的价值、利益的定义是否精确与明显、行为人与受害人的接近程度、责任性质、行为人的利益（尤其是该行为人行动与行使权利的自由）以及公共利益。[⑥] 受保护利益的范围取决于该利益的性质：利益价值越高，定义越精确，越显而易见，保护范围就越广泛。该条显然是受到了动态系统论的影响而确定的制度。在责任范围（第

---

① 山本敬三．民法中的动态系统论——有关法评价及方法的绪论性考察．解亘，译//梁慧星．民商法论丛：第 23 卷．香港：金桥文化出版（香港）有限公司，2002：207－208.

②③⑤ 解亘，班天可．被误解和被高估的动态体系论．法学研究，2017（2）.

④ B. A. Koch，“Wilburg’s Flexible System in a Nutshell”，in：Koziol/B. C. Steininger，European Tort Law：Liber amicorum for GelmutKoziol，2000，pp. 293 ff.

⑥ European Group on Tort Law，Principles of European Tort Law：Text and Commentary，Springer，2005，p. 191.

3：201 条）的规范设计上，库奇奥教授同样采取了动态体系化的模式。由此可见，这两个侵权法的草案都没有提出明确的区分标准，而实际上采纳动态系统论，赋予法官一定的自由裁量权，综合考虑各种因素以确定是否保护利益。由此可见，动态系统论在立法中的采纳，是法律发展的重要趋势。其背后的原因在于，由于社会生活不断变迁，立法者不能预见到所有情形，因而，不得已需要给予法官自由裁量权。但是为了防止自由裁量权的滥用，有必要对其进行限制。而动态系统论恰恰可以完成对于法官行使自由裁量权的限制。动态系统论承认了司法者的自由裁量权，从而能够顾及不同案件的不同情况，并适应社会发展；但又通过立法者对考量因素的划定实现对司法者自由裁量权的限制，司法者要在立法者所划定的考量因素范围内进行思考、论证和说明判决理由。这样，法秩序安定性由立法和司法携手，通过司法者在立法者所划定的考量因素基础上进行论证所取得的共识而予以实现。①

动态系统论介绍到我国的时间并不太久，但在司法实践中已经得到运用，最典型的是，《精神损害赔偿的司法解释》第 10 条并没有采纳构成要件论，而是列举了诸多精神损害赔偿数额判断的因素②，引导法官通过考量这些因素，决定是否作出或者作出多少精神损害赔偿。在民法典人格权编编纂中，通过总结司法实践经验，在多个条款采纳了动态系统论。

在民法典人格权编编纂中，多个条款采纳了动态系统论，这主要是因为以下几个原因。

第一，人格权中各项权利的位阶存在差异。在持动态系统论观点者看来，不同的权利或利益的性质，在法律的保护上存有不同。人格权与物权和债权不同，在物权和债权中，并没有此种位阶的区分，很难说用益物权与担保物权何者应当更优先受到保护，但人格权中各项权利的位阶存在差异。生命、身体或精神上的完整性、人格尊严、人身自由处于最优先的地位，财产权次之，纯粹经济损失和合同债权又处于财产权之后。③ 在各项具体人格权中，各种权利或利益的价值不同，其利益价值越高，受到的保护就越广泛和有力。④ 具体到人格权中，生命、身体、健康等人格利益是处于最优越地位的，尤其是生命权应该被置于首位，而

① 朱虎．侵权法中的法益区分保护：思想与技术．比较法研究，2015（5）：52－55.

② 该条规定："精神损害的赔偿数额根据以下因素确定：（一）侵权人的过错程度，法律另有规定的除外；（二）侵害的手段、场合、行为方式等具体情节；（三）侵权行为所造成的后果；（四）侵权人的获利情况；（五）侵权人承担责任的经济能力；（六）受诉法院所在地平均生活水平。"

③ 张玉东．动态系统论及其对 PETL 和《奥地利损害赔偿法草案》的影响．国外社会科学前沿：第 20 辑．上海：上海人民出版社，2017：450.

④ 海尔姆特·库奇奥．侵权责任法的基本问题．朱岩，译．北京：北京大学出版社，2017：179.

精神性人格利益，如肖像、隐私等相较于物质性人格权而言，位阶则相对较低。例如，在疫情的防控中，基于对生命安全保护的考量，在生命权与隐私权发生冲突时，应当优先保护生命权，生命、身体或精神上的完整性享受最广泛的保护。生命健康等物质性人格利益要优于精神性人格利益，因此，位阶低的利益在保护上要受到更大的限制。[①] 这一点已经普遍达成共识。因此，人格权所具有的特征，就决定了对处于不同位阶的人格权，在判断其侵权是否成立、是否提供必要救济、提供何种救济等问题上，就要依据其所处的位阶进行综合考量。区分不同位阶进行保护，就是通过动态系统论中的因子或因素的考量实现的。

第二，人格权保护与其他利益保护冲突频发。人格权不同于财产权，人格权与其他利益常常发生冲突。财产权虽然也可能与其他利益发生冲突，如财产权的行使可能与公共利益、生态环境保护的利益相冲突，但是相较于人格权而言，其与其他利益发生冲突的可能性较小，即使发生冲突，该冲突也不如人格权的复杂。例如，在判断隐私权是否应当受到保护时，常常要将其与言论自由、公共利益等权利或利益进行平衡，而在名誉权的保护中，也往往要考虑新闻自由与舆论监督的关系。因此，法律需要协调各种可能产生的利益冲突，确保每一种权利都受到相应的保护，而不能因为保护其中一种，就牺牲其他的权利或利益。正如库奇奥所指出的，从比较法上来看，各国都比较重视侵害人格权尤其是精神性人格权情形下的利益平衡。在言论表达自由、媒体自由与人格权发生冲突时，在某些情况下，需要优先保护言论表达自由，但不能当然认为应当优先保护言论表达自由和媒体自由，因为媒体自身也应当对社会和他人负有一定的义务和责任。当两种利益冲突时，法院在个案中应当进行全面的利益衡量，以确定应当优先保护哪一种权利。[②] 在协调二者之间的关系时，既要尊重个人的人格权，又要维护言论自由。[③] 每个人的权利都应当受到保护，但不能因为保护某人的利益，而过分牺牲或损害他人的利益。[④]《欧洲侵权法原则》第 2 条第 6 款规定："决定利益保护范围时，应考虑行为人的利益，尤其是该行为人行动与行使权利的自由，以及公共利益。"[⑤] 我国《民法典》人格权编中，大量涉及对价值冲突的协调。例如，

① 欧洲侵权法小组．欧洲侵权法原则：文本与评注．于敏，等译．北京：法律出版社，2009：63.

② 库奇奥，等．针对大众媒体侵害人格权的保护：各种制度与实践．北京：中国法制出版社，2012：29.

③ App. E of the Report of the Committeeon Privacy (the Younger Report), Cmnd. 5012 (1972).

④ 库齐奥．侵权责任法的基本问题（第一卷）：德语国家的视角．朱岩，译．北京：北京大学出版社，2017：16.

⑤ European Group on Tort Law, Principles of European Tort Law: Text and ommentary, Springer, 2005, p. 193.

《民法典》第999条有效协调了人格权保护与新闻报道、舆论监督的关系，《民法典》第1027条第2款协调保护名誉权与鼓励创作自由的关系。《民法典》第1020条确定了肖像权保护和合理利用的平衡关系，协调在隐私保护中，个人隐私保护与维护公共利益之间的冲突。《民法典》第1036条在个人信息保护中，妥当平衡了个人信息的保护与合理利用的关系。此决定了法官在考虑责任时，很难采纳构成要件论确立责任，而必须要对各个因素进行综合考量。

第三，人格权益的受保护程度不同。人格权编中不仅对人格权利进行了规定，同时也对个人信息等人格利益进行了规定。一方面，权利与利益，其受到保护的程度并不相同。例如，对隐私信息的保护，在隐私权与个人信息保护部分均有规定，但是对隐私信息的保护优先适用对隐私权的保护，而非对个人信息的保护。这就是考虑到通过隐私权进行保护，相较于通过个人信息保护而言更为有力。同样，对肖像权与声音利益的保护也并不完全相同，人格权编虽然承认了声音利益，但对其的保护也与对肖像权的有所不同。由于人格权的开放性较为明显，不断涌现的新型人格利益可能并不一定会被上升为权利予以保护，这也就决定了其与财产权不同，需要考量这些权利与利益的受保护的程度；对于法律并未明确规定的利益通过一般人格权予以保护时，更是需要考虑多种价值之间的权衡关系。换言之，确定一般人格权的具体保护范围时，动态系统的运用空间更大。另一方面，就精神性人格权而言，因权利人的职业等原因（如是否是公众人物），对其人格权的限制也不同，这也成为动态系统论在人格权编被采纳的重要原因。

第四，人格权侵害的不同情形导致救济方式的差异。在财产权遭受侵害的情形下，一般都要采取损害赔偿的救济方式，而此种方式以及完全赔偿原则的采用，就是对财产权进行保护的最佳方法。但人格权遭受侵害的情形并不相同。一方面，在人格权遭受侵害的情形下，常常并没有发生财产损害，而只是发生了精神损害。但是精神损害赔偿很难像财产损害一样，运用清晰明确的标准进行判定或计算。在财产损害赔偿计算中可适用“差额说”，通过比较损害发生前后的财产差额，即可确定损害赔偿的数额，但是在精神损害赔偿中，却无法根据这一差额进行判断，而只能由法官综合考量各种因素进行判定。在瑞士法中，在侵害人格利益的情形下，如果没有抗辩理由，则将认定行为人具有过错，在判断抗辩事由能否成立时，需要考虑将受害人的利益与相对应的私法和公法的利益相比较，如果相关人格利益的保护是不重要的，则行为人的过错就可能会被排除。[①]《精

① A Bucher, Natuerliche Persoenen und Persoenlichkeitsschutz, Helbing & Lichtenhahn, 1995, S. 162ff.

神损害赔偿的司法解释》第10条就明确规定了精神损害赔偿计算中需要考量的各种因素。[①] 依据这一规定，精神损害赔偿计算要考虑到各种特殊的情形，给法官一定的自由裁量权，从而使法律系统更加富有弹性。而过错程度的考虑是一个重要的因素。[②] 另一方面，人格权遭受侵害或有侵害之虞时，在确定是否应当适用消除影响、恢复名誉、赔礼道歉等责任形式时，应当考虑行为人的行为具体方式和造成的影响范围。需要综合考量受害人所受损害的情形，这也有必要采用动态系统论。

社会生活是复杂的，侵权案件也是不断变化和发展的。“个案中通过被侵害利益保护力度、行为正当化程度、因果关系贡献度、过错程度等因素的综合平衡，来确定损害赔偿的范围。”[③]《民法典》人格权编采纳了动态系统论，既是对我国司法实践经验的总结，也是回应人格权救济方式的特殊性和内在要求，所作出的立法选择，对于正确认定侵害人格权的责任具有重要意义。

（二）认定行为人承担侵害物质性人格权以外的人格权的民事责任需考量的因素

首先，要区分物质性人格权与其他人格权（标表型人格权和精神型人格权）。物质型人格权是生命权、健康权、身体权等以生命、健康利益为客体的具有最强人身专属性的人格权。物质型人格权是人格权乃至所有民事权利中居于最重要位阶的权利，我国民法典关于人格权的规定首先列举生命、健康、身体等权利，也表明其是具有基础性地位的权利。物质型人格权也可以说是所有民事权利享有的基础和前提，因为任何权利都无法离开生命与身体这一物质载体。生命不存在，各种权利的享有也将不复存在。同时，物质型人格权也是最基本的人格权，所以，法律对物质型人格权的保护应当被置于首要位置，以加强对物质型人格权的保护。对于侵害物质型人格权的情形，法律往往规定了特殊的救济方式，如侵害生命权的，依据《民法典》第1179条的规定，造成死亡的应当赔偿丧葬费与死亡赔偿金。这些损害赔偿被称为法定的损害赔偿。法官对侵害物质型人格权的情形，应当直接适用法定赔偿金，而一般不再考虑行为人和受害人的职业、影响范围、过错程度等因素。

其次，采纳动态系统论，关键是要确定法官要考量的因素。依据《民法典》第998条规定：认定行为人承担侵害除生命权、身体权和健康权外的人格权的民

---

① 该条规定：“精神损害的赔偿数额根据以下因素确定：（一）侵权人的过错程度，法律另有规定的除外；（二）侵害的手段、场合、行为方式等具体情节；（三）侵权行为所造成的后果；（四）侵权人的获利情况；（五）侵权人承担责任的经济能力；（六）受诉法院所在地平均生活水平。”

② 海尔穆特·库奇奥．损害赔偿法的重新构建：欧洲经验与欧洲趋势．法学家，2009（3）.

③ 叶金强．论侵权损害赔偿范围的确定．中外法学，2012（1）：155.

事责任，应当考虑如下因素。

1. 行为人和受害人的职业

就行为人而言，其自身职业与责任的认定、影响的范围等都有总结联系。例如，如果行为人从事的是新闻媒体的工作，因新闻媒体职业而作出新闻报道行为，在认定责任时，就应当协调人格权的保护与新闻报道和舆论监督的价值之间的关系，予以平衡。

就受害人而言，考虑职业因素的立法目的并不在于对某些不同职业的人提供有区别的特殊保护，而是旨在平衡职业背后的社会利益与个人利益。例如，出于对公众人物、公职人员的监督等，适度披露其收入、财产状况等，或对其行为进行适度的评论或批评，其目的在于实现更为广泛的社会利益，因而不应构成侵权。从司法实践来看，考虑受害人的职业主要是要解决公众人物（public figure）人格权保护问题。公众人物是指在社会生活中具有一定知名度的人，其因特殊才能、成就、经历或其他特殊原因而为公众熟知。公众人物大致包括政府公职人员，公益组织领导人，文艺界、娱乐界、体育界的明星，文学家，科学家，知名学者以及劳动模范等知名人士。公众人物的概念最早起源于美国，最初在1964年《纽约时报》诉沙利文一案中首先确立了“公共官员”的概念。我国现行立法并没有对公众人物的概念作出规定，但司法实践却发展了公众人物的规则。例如，在“范志毅诉文汇新民联合报业集团名誉权纠纷案”[①] 中，上海市静安区人民法院判决范志毅败诉，在判决中首次使用了“公众人物”一语：“即使原告认为争议的报道点名道姓称其涉嫌赌球有损其名誉，但作为公众人物的原告，对媒体在行使正当舆论监督的过程中，可能造成的轻微损害应当予以容忍与理解。”[②] 对公众人物的人格权，如隐私权、名誉权等，应当进行必要的限制，其意义主要在于：一方面，这对反腐倡廉也是有意义的。阳光是最佳的防腐剂，由于公众人物的言行举止，以及他们从事的活动常常关系公共利益，因而他们理应受到社会舆论的监督。[③] 所谓“高官无隐私”就意味着，政府公职人员的某些隐私权、名誉权等可能要受限制，公众对公众人物的公开活动及其公开表示的内容所涉及的全部事实都具有合法的知情权。[④] 另一方面，对于保障公民知情权、协调新闻报道、舆论监督与人格权保护的关系也十分必要。因为公众人物作为高官、商贾名

---

① 上海市静安区人民法院（2012）静民一（民）初字第1776号民事判决书。

② “范志毅诉文汇新民联合报业集团侵犯名誉权案”的一审判决。

③ 丁晓燕．论对新闻名誉侵权案件中对公众人物的反向倾斜保护．人民司法，2004（4）．

④ H De Page，Traite elementaire de droit civil beige，Tome Ⅱ，Les Personnes，volume Ⅰ，par J-P Masson，Brussels，Bruylant，1990，p. 57.

流、文体明星等，其有关财产、婚姻、交友、嗜好等言行举止以及某些私生活领域关系到公共利益和公众兴趣，民众有权利知道其生活的部分内容。尤其是在舆论监督行使过程中，应当侧重保护舆论监督的权利，因为该权利毕竟关系到对公共利益的维护。[①] 舆论监督中难免有误会、误伤、夸大其词的情况发生，只要不具有恶意，且情节轻微，一般不宜认定为侵权。

此外，在职业的认定上，是否应当包括兼职在内？有观点认为，该条中的职业应当仅包括所从事的专门的全职性工作，而不应当包括兼职。笔者认为，这种观点有待商榷。如前所述，该条的立法目并不在于对行为人与受害人职业本身提供特别保护，而是对职业背后的社会公共利益进行保护。因此，某一具有一定社会影响的当事人无论是因为全职还是兼职获得了该社会影响，均应适用该条的规定。而不应当在形式上对全职或兼职进行限制。例如，许多公众人物如“网红”等，都是有其他全职工作的，不能据此认定由于其全职工作不涉及公共事务领域，就否定其社会影响力。

2. 影响范围

就行为人而言，判断其承担人格权侵权责任重点在于确立影响范围，因为不同的侵权后果意味着侵权严重程度的不同，这就必然导致侵权责任也存在程度的差异。影响范围通常与行为人的行为方式联系在一起。例如，当着数人的面诽谤他人与在网上公开诽谤他人相比，显然，后者的影响范围更大，在确定行为人的民事责任时，要考虑行为人行为所造成的是全国乃至更大范围的影响，还是仅仅局限在某地区、某学校、某单位等，这对于确定行为人应当承担或者如何承担消除影响、恢复名誉、赔礼道歉的责任至关重要。

3. 过错程度

在侵害人格权的场合，需要考量行为人主观过错。故意是指行为人预见自己行为的结果，仍然希望或放任结果的发生。故意为典型的一类过错，也是过错中最重的一种。过失是和故意相对应的一种过错形式。按照一般的理解，民事过失是指行为人对自己行为的结果应当预见或者能够预见而没有预见，或虽然预见了却轻信这种结果可以避免。罗马法实际上将过失仅区分为重过失和轻过失两种。[②] 现代大陆法国家基本上仿照罗马法将过错形式原则上区分为故意和过失两种。比较法上普遍注意考量过错程度。例如，在瑞士法中，在侵害人格权的情形下，如果没有抗辩理由，则将认定行为人具有过错，在判断抗辩事由能否成立

① 王军．舆论监督与公众人物名誉权保护．法学杂志，2005（1）.

② 陈朝壁．罗马法原理：上．上海：商务印书馆，1937：148，149.

时，需要考虑将受害人的利益与相对应的私法和公法的利益相比较，如果相关人格利益的保护是不重要的，则行为人的过错就可能会被排除。[①] 再如，住宅和公共场所中虽然都存在隐私，比较法对其保护程度是不同的，即使是在公共场所，公众人物的隐私保护和一般人的隐私保护也是有差异的，这都涉及对权利本身的确认和具体保护问题，而不是仅简单套用侵权责任的构成要件。也就是说，人格权在遭受侵害时，判断侵权责任是否成立所要进行的利益考量更为复杂，需要平衡各种冲突的利益。[②]

4. 行为的目的

行为人行为的目的也会对侵害人格权民事责任的认定产生一定的影响。例如，行为人利用他人的人格权是为了正当的舆论监督、新闻报道等符合公共利益的目的，还是为了个人的娱乐、消遣，是为了反腐需要而正当地进行检举控告，还是为了泄私愤、图报复，是为了商业目的还是非商业目的，都是应当考虑的因素。

5. 行为的方式

行为人在实施某种行为时，采取口头或书面以及其他形式，所造成的损害后果是不同。例如，在网上发表新闻报道或评论，损害他人的名誉权，在某个微信群诽谤他人与在影响较大的网站上诽谤他人，影响范围是不同的。一般而言，书面方式与口头方式所造成的影响后果是不同的。在侵害名誉权纠纷中，是进行新闻报道，还是从事文学创作，是自己创作还是转载，是主动爆料还是被动采访，各种方式是不同的，这些都会对侵害人格权民事责任的认定产生影响。

6. 行为的后果

侵害他人人格权的行为，所造成的损害后果是不一样的。有的造成受害人的名誉受损，有的造成隐私披露，有的仅仅只是造成财产损失，有的还造成严重精神损害。有的只是造成小范围的影响，有的可能造成全国范围乃至更大范围的影响。这些都是确定侵害人格权民事责任需要考虑的因素。

总之，《民法典》第998条只是针对精神性人格权予以适用。由于物质性人格利益处于较高的权利位阶，因而其受到较为绝对的保护，而相较于物质性人格权而言，精神性人格权保护则具有更多的例外，或受到更多的限制，这也正是仅在精神性人格权中使用动态系统论的思路判定侵权的重要原因。

（三）动态系统论要求综合考量各项因素、强化法官的裁判说理

《民法典》第998条引入动态系统论，要求法官在确定责任时对于诸多因素

① A Bucher，Natuerliche Persoenen und Persoenlichkeitsschutz，Helbing & Lichtenhahn，1995，S. 162ff.

② Larenz & Canaris，Lebrbuch des Schuldrechts，vol. II/2，1994，S. 491.

存在的范围、程度以及它们在整体权重中的相互关系进行一种综合的、动态的评估，相对于决定的责任构成要件论而言，更为科学合理。[①] 所谓综合考量，就是要考虑各种因素所实际产生的作用。在动态系统论下，各因素相互之间不再是孤立、割裂的关系，诸因素之间的互动、相互补充，呈现出动态的状态。以通过《民法典》第998条判断行为人的行为是否侵害名誉权为例，如果行为人的行为出于舆论监督的目的，就可能降低其构成侵害的可能；而如果其方式和手段较为恶劣，则会显著增加其构成侵害的可能。法官只有结合受害人的职业、影响范围、过错程度，以及行为的目的、方式、后果等因素进行综合的判断，才可以得出行为人是否应当承担侵害名誉权的责任的结论。在这些因素之中，多重因素之间还可能具有一定的关联关系，如受害人的职业关系到行为的影响范围，行为人的行为方式也与行为人的过错程度存在明显的联系。这些因素虽然可能存在正相关或负相关的关系，但并不意味着分别对其判断就没有价值。

首先，要考虑各个因素都有独立存在的价值。例如，虽然行为手段与过错程度紧密联系，但是行为手段本身也具有单独判断的价值，因为行为手段的背后还关系到公序良俗、公共利益等问题，是过错程度无法涵盖的。虽然这些因素之间通常可能存在关联关系，但是也可能出现其他可能。例如，虽然受害人为公众人物，但由于行为人并非在大众媒体上散播消息，因而影响较小。

其次，实现因素之间的互补。动态系统论中强调了各种因素与因子的互补。但是，这些互补的关系在立法上无法被直接规定，而只能交由司法实践进行操作。动态体系论之所以被称为“动态”，就在于因素之间的互补性。在威尔伯格看来，各种因素对责任影响的强度是不一样的，但法官在考量这些因素时，不是简单地考量是否满足某一因素，而是兼顾各种因素，虽然有的因素强度低，但如果其他因素强度高，则仍然可以导致责任的成立。这也就是要综合考量。威尔伯格试图从诸因素的协动作用这种观点来构建评价的框架，由此为回应实际生活的必要打开了可能性大门；同时又确保了一定的原则性。[②]

最后，要注重比例原则的运用。此种方式也称“个案衡量（ad hoc balancing)”，也就是说，在个案中要运用比例性原则调和相冲突的权利和价值。[③] 例如，法律允许出于公共利益等目的对一些精神性人格权合理使用，但此种使用应当限制在合理的范围内。也就是说，凡是能够最小化使用的，应当进行最小化使

---

① 李中原．论侵权法上因果关系与过错的竞合及其解决路径．法律科学，2013（6）：103.

② 山本敬三．民法中的动态系统论——有关法评价及方法的绪论性考察．解亘，译//梁慧星．民商法论丛：第23卷．北京：法律出版社，2002：210.

③ 王泽鉴．人格权法．北京：北京大学出版社，2013：316.

用。凡是能够在一定范围内使用的，就不必要扩大其使用范围。凡是能够使用后及时向权利人通知的，就应当及时通知权利人。如果在使用后能够及时删除或者有必要删除，则应当在合理期限内及时删除。在使用他人的人格利益时，要尽量避免对他人过大的损害。行为人如果恶意过度使用他人人格权，即便是为了实施新闻报道、舆论监督等行为，也可能构成侵权。一个侵权行为在不同时间段实施，其后果也有可能是不一样的，责任自然也会存在差别。概言之，侵权责任的确定必须与侵权行为的程度相适应。

裁判说理义务是法官独立行使审判权的应有之义。在我国司法改革中，要突出法官的办案主体地位，让审理者裁判、由裁判者负责。但是，在依法保障法官独立行使审判权之后，就应当强化裁判文书的说理，法官应当将裁判文书说理作为其应尽的义务。也就是说，法官要依法独立行使审判权，其就应当充分尽到说理的义务，二者应当是不可分离的。因为只有强化裁判文书说理，才能有效规范法官独立审判权的行使。如果不课以法官进行裁判说理的义务，法官的独立审判权可能异化为法官的恣意，司法公正也难以实现。在人格权编采纳动态系统论以后，法官的论证说理义务被进一步强化。这就是说，整个动态系统论的运用，本身是一个法官的自由心证过程，更应当是一个说理论证过程，法官应当阐明其是如何考虑法定的因素的，这些因素是否成立，对这些过因素如何综合考量，是否采纳比例原则，对特定责任形式的采取，是否考虑了受害人的职业、影响范围、过错程度以及行为的目的、方式、后果等多种因素，等等。这些说理论证越充分，则责任及其责任范围的确定就越合理。动态系统论要求法官合理论证其判断产生的过程和影响其判断的因素，从而促进裁判的公正。法官通过考虑立法中划定的考量因素，结合具体个案案情予以论证说理，有助于避免法官过分的恣意，因为其要考虑立法中划定的因素，且法官可以结合具体个案予以更为灵活的判断。同时，法官的论证说理有助于在考虑因素的规范基础上，通过论证说理形成“重叠共识”，此种共识能够保障法律的确定性。换言之，动态系统并非仅考虑个案灵活性而不考虑法律的确定性，只不过其是通过共识的形成保障确定性，其中的关键就是法官要予以论证说理。

通过法官的论证说理，在形成共识时，要对这些共识进行整理，从而在动态系统的基础上形成不同的案例类型，这些类型化的整理有助于减轻法官的论证负担。因此，法官在立法动态系统确定的因素基础上进行论证，进而形成类型化整理，类型化整理又部分减轻了法官的论证负担。由此，动态系统以法官的论证义务作为中介，实现了确定性和灵活性之间的有机而非固化的平衡。

（撰稿人：王利明）

第九百九十九条

为公共利益实施新闻报道、舆论监督等行为的，可以合理使用民事主体的姓名、名称、肖像、个人信息等；使用不合理侵害民事主体人格权的，应当依法承担民事责任。

本条主旨

本条是关于人格利益合理使用规则的规定。

相关条文

《最高人民法院关于审理名誉权案件若干问题的解答》规定："六、问：因新闻报道或其他作品引起的名誉权纠纷，如何确定被告？答：因新闻报道或其他作品发生的名誉权纠纷，应根据原告的起诉确定被告。只诉作者的，列作者为被告；只诉新闻出版单位的，列新闻出版单位为被告；对作者和新闻出版单位都提起诉讼的，将作者和新闻出版单位均列为被告，但作者与新闻出版单位为隶属关系，作品系作者履行职务所形成的，只列单位为被告。"

《最高人民法院关于审理名誉权案件若干问题的解答》规定："八、问：因撰写、发表批评文章引起的名誉权纠纷，应如何认定是否构成侵权？答：因撰写、发表批评文章引起的名誉权纠纷，人民法院应根据不同情况处理：文章反映的问题基本真实，没有侮辱他人人格的内容的，不应认定为侵害他人名誉权。文章的基本内容失实，使他人名誉受到损害的，应认定为侵害他人名誉权。"

《最高人民法院关于审理名誉权案件若干问题的解释》规定："六、问：新闻单位报道国家机关的公开的文书和职权行为引起的名誉以纠纷，是否认定为构成侵权？答：新闻单位根据国家机关依职权制作的公开的文书和实施的公开的职权行为所作的报道，其报道客观准确的，不应当认定为侵害他人名誉权；其报道失实，或者前述文书和职权行为已公开纠正而拒绝更正报道，致使他人名誉受到损害的，应当认定为侵害他人名誉权。"

《最高人民法院关于审理名誉权案件若干问题的解释》规定："七、问：因提供新闻材料引起的名誉权纠纷，如何认定是否构成侵权？答：因提供新闻材料引起的名誉权纠纷，认定是否构成侵权，应区分以下两种情况：（一）主动提供新闻材料，致使他人名誉受到损害的，应当认定为侵害他人名誉权。（二）因被动采访而提供新闻材料，且未经提供者同意公开，新闻单位擅自发表，致使他人名誉受到损害的，对提供者一般不应当认定为侵害名誉权；虽系被动提供新闻材料，但发表时得到提供者同意或者默许，致使他人名誉受到损害的，应当认定为侵害名誉权。”

理解与适用

一、为公共利益实施新闻报道、舆论监督等行为的，可以合理使用民事主体的有关人格利益

（一）为公共利益实施新闻报道、舆论监督等需要可以合理使用他人的人格利益

所谓合理使用，是指出于公共利益等目的的需要而在未得到权利人同意的情形下，对他人的人格利益的使用。[①] 在基于新闻报道和舆论监督等需要而合理使用他人人格利益的情形下，即便没有取得权利人同意，行为人的行为也不构成侵权。

《民法典》第999条规定：“为公共利益实施新闻报道、舆论监督等行为的，可以合理使用民事主体的姓名、名称、肖像、个人信息等；使用不合理侵害民事主体人格权的，应当依法承担民事责任。”该条对人格利益的合理使用规则作出了规定。依据该规定，对人格利益的合理使用，应当符合如下几个条件。

第一，必须出于公共利益的目的。公共利益是不特定多数人的利益，它也是公序良俗的重要组成部分。出于公共利益的需要而对人格权进行限制，是各国法律普遍认可的基本原则。通常，新闻报道和舆论监督主要涉及公共利益的保护，基于这种公共利益，诸如姓名权、名称权、肖像权和个人信息权益等可以被合理使用。但即使是实施新闻报道、舆论监督等行为，也必须是出于公共利益的限制，才构成对人格权的合理限制。例如，在自媒体时代，一些自媒体所作出的有关明星的花边新闻的报道可能出于娱乐等非公共利益的目的，实施此种行为，不应当对人格权构成合理的限制。

第二，必须实施了新闻报道、舆论监督等行为。所谓新闻报道，是指媒体组织稿件，对新闻文本进行加工、编辑，并以一定技术手段制作介质或安排播出的过程。[②] 所谓舆论监督，是指新闻工作者以及其他人依法通过新闻媒体发表意见或言论，对社会的政治生活、经济生活、文化生活等进行批评，实行监督的权利。[③] 新闻报道、舆论监督等与人格权保护之间存在一定的冲突，这尤其体现在

---

① 张红．肖像权保护中的利益平衡．中国法学，2014（1）.

② 刘建明．新闻学概论．北京：中国传媒大学出版社，2017：87.

③ 江必新，等．最高人民法院指导性案例裁判规则理解与适用：侵权赔偿卷二．北京：中国法制出版社，2014：125.

新闻侵权中，法律若过分强调对个人人格权的保护，则必须适当限制新闻工作者在从事新闻活动中的工作；反之，如果法律对舆论监督活动实行优先保护，则必然要求受害人对新闻侵害人格权的行为特别是轻微的侵害人格权的行为予以容忍。因此需要协调好两者的关系。

第三，必须符合人格权的性质。也就是说，生命、身体、健康等物质性人格权依其性质不能进行使用，不得成为本条限制的对象，同时，即使对一些精神性人格权，如名誉权，通常也很难进行合理限制。

合理限制规则实际上有效协调了人格权的保护与新闻报道、舆论监督等价值的冲突问题。从比较法上来看，对人格权的确认和保护常常涉及与新闻报道、舆论监督等的相互关系，在这些情况下，应对对立双方的利益进行谨慎和恰当的平衡。[①] 在欧洲的一些国家，人格权经常在与表达自由权的权衡中处于次位。[②] 在美国同样如此，在《纽约时报》诉沙利文案中，美国联邦最高法院的布伦南大法官首次提出了“公共官员”的概念，以及对公众人物隐私权的必要限制。[③] 在此案之后，表达自由处于更高的价值位阶，此种宪法上的特权经常用来作为对诽谤的抗辩。我国司法实践中也出现了大量的人格权与舆论监督权利之间冲突的案件。例如，在“范志毅诉文汇新民联合报业集团侵犯名誉权案”中，法院认为，范志毅系中国著名球星，自然是社会公众人物，关于国足和范志毅的任何消息，都将引起社会公众和传媒的广泛兴趣和普遍关注。《东方体育日报》依据这一客观情况撰写报道，“其消息来源并非主观臆造，从文章的结构和内容上看，旨在连续调查赌球传闻的真实性。从表面上看，报道涉及的是范志毅个人的私事，但这一私事与社会公众关注世界杯、关心中国足球相联系时，这一私事就不是一般意义的私事，而属于社会公众利益的一部分，当然可以成为新闻报道的内容。新闻媒体对社会关注的焦点进行调查，行使报道与舆论监督的权利，以期给社会公众一个明确的说法，并无不当”[④]。

应当看到，一方面，法律需要对民事主体的人格权予以充分保护。人格权既是民法所确认的民事权利，也是宪法所确认的公民的基本权利，应受到法律的充分保护。自由止于权利，同样，新闻工作者行使舆论监督的权利时，也应当尊重自然人、法人以及非法人组织所享有的人格权，不得妨碍其正当行使权利。在现

① von Bar，Gemeineuropiiiscbes Deliktsrecbt vall (1996)，at588－589. Neethling，JM Potgieter & PJ Visser，Neetbling's law of personality (2005) at 129ff.

② von Bar，Gemeineuropiiiscbes Deliktsrecbt vall (1996)，at589－590.

③ New York Times Co. v. Sullivan，376 U. S. 254 (1964).

④ 上海市静安区人民法院（2002）静民一（民）初字第1776号民事判决书。

代社会，利用大众传播媒介侵害个人隐私等人格权的行为变得更为容易，所造成的影响也更为严重，因此，法律必须加强对人格权的保护，以限制滥用新闻自由权利的现象。我国《宪法》第 38 条、第 51 条规定，新闻工作者行使言论自由权、舆论监督权必须严格遵守国家的法律和法规，应当尊重他人人格尊严、不得侵害他人名誉和隐私等权利。另一方面，法律也应当妥当平衡人格权保护与新闻报道、舆论监督之间的关系。在现实生活中，舆论监督机制尚不够健全，舆论监督的作用没有得到充分的发挥。广大新闻工作者对各种丑陋、违法现象进行揭露和批评总会遇到各种阻力和困难，在此情况下，更应该鼓励新闻工作者大胆行使舆论监督的权利，并应对正当的监督实行特殊保护，因为“如果诽谤判得太多，记者和传媒动辄受罚，在我们这样一个舆论监督本来就不发达的国家，其后果就可想而知了”①。可见，新闻报道、舆论监督和人格权保护之间的关系并没有得到有效平衡。

我国民法典人格权编通过允许基于新闻报道和舆论监督等合理使用他人的人格权，以解决新闻报道、舆论监督之间的冲突，该冲突主要体现为言论自由与名誉权、肖像权、隐私权等权利保护之间的冲突。对大量的精神性权利的侵害，行为人是否有过错，判断是非常复杂的，它涉及精神性权利和言论自由等其他价值的协调。

（二）合理使用是对人格权的一种法定限制

人格权并非天赋人权，而是一种法定的权利，因为此种权利可以受到法定的必要限制，而《民法典》第 999 条关于合理使用本质上就是法律对人格权进行的限制。之所以对人格权的限制要采取法定的方式，是因为：一方面，人格权是一种基本的民事权利。依据《立法法》第 8 条的规定，“民事基本制度”应当由法律作出规定。人格权属于民事主体所享有的基本民事权利，对人格权的限制在性质上也是人格权制度的重要内容，属于民事基本制度的范畴，应当由法律作出规定。如果允许法律之外的规范性文件如行政法规、部门规章等对人格权进行限制，可能会对人格权的保护设置过多的限制，不利于充分保护民事主体的人格权。另一方面，对人格权的限制由法律作出规定，也有利于协调人格权与其他权利之间的关系，防止权利冲突。人格权的类型复杂，各项人格权之间可能存在一定的交叉。例如，隐私权、个人信息权、名誉权之间就可能存在交叉。这就有必要通过法定化明确权利的内涵和外延，防止各项人格权之间发生冲突。人格权法定有利于权利人行使其权利，捍卫其权利，通过人格权的法定，可以区分某一人

① 孙旭培．新闻工作者与新闻纠纷．新闻通讯，1991（6）．

格权与其他人格权，尤其是对人格权进行法定限制的规则，如隐私权，有利于保障人的行为自由。[①] 还应当看到，人格权的性质不同，对人格权的限制也存在一些区别。就合理使用而言，其针对的是精神性人格权，而非物质性人格权，生命权、身体权、健康权等物质性人格权与个人的主体资格和人格尊严存在直接关联，不受合理使用规则的限制。通过合理使用规则对人格权作出限制，也是为了协调人格权与其他价值之间的冲突，兼顾人格权的保护与新闻报道、舆论监督等价值之间的关系。

在我国，权利都是法律赋予的，并都受到法律的限制。对人格权的保护同样需要平衡权利人的利益与公共利益之间的关系，因为人格权作为私权，可能与社会公共利益发生冲突，在特殊情况下，出于维护公共利益的需要，法律可以对人格权的内容作出限制。因此，对人格权的合理使用必须是出于维护公共秩序和善良风俗的需要，必须出于维护公共利益的需要，否则难以构成合理使用。

二、人格利益的合理使用

尽管行为人为公共利益实施新闻报道、舆论监督等行为的，可以合理使用民事主体的有关人格权，但依据《民法典》第999条的规定，行为人必须在必要范围内合理使用他人的人格利益。人格利益的合理使用在性质上属于对人格权的限制。该限制应当在合理范围内进行，避免对人格权构成不当妨碍，否则，人格权合理使用的正当性也将不复存在。例如，如果行为人恶意过度使用他人人格权，即便是为了实施新闻报道、舆论监督等行为，也难以成立合理使用。

从本条列举的范围来看，人格权合理使用的对象为姓名、名称、肖像、隐私、个人信息等精神性的人格权。物质性人格权如生命权、身体权、健康权，是个人最为重要的人格权，事关个人的主体资格，与个人的人格尊严具有最为密切的关联，因此，需要强化对物质性人格权的保护；同时，物质性人格权一般不会与新闻报道、舆论监督等公共利益发生冲突，客观上也难以成为合理使用的对象。因此，虽然该条在规定合理使用的人格权益的范围时使用了兜底性的规定，但按照同类解释规则，应当将其限定为精神性人格权。

由于人格权的合理使用在性质上属于对人格权的限制，因而该限制应当在合理范围内进行。合理的判断标准应当通过比例原则来确定。这就是说，尽管基于新闻报道和舆论监督的需要，有必要对他人的姓名、肖像等进行使用，而无须征得其本人同意，但在使用过程中，必须按照比例原则，将使用限制在合理的范围

---

① 马特，袁雪石．人格权法教程．北京：中国人民大学出版社，2007：16.

内。也就是说，凡是能够最小化使用的，应当进行最小化使用。

三、行为人使用不合理侵害民事主体人格权的，应当依法承担民事责任

《民法典》第999条规定，“使用不合理侵害民事主体人格权的，应当依法承担民事责任”，也就是说，如果行为人只是使用不合理，但没有侵害民事主体的人格权，则权利人无权请求行为人承担民事责任。因为在没有侵害民事主体人格权的情形下，权利人并没有遭受不利益，没有对其进行救济的必要性。当然，本条只是规定行为人侵害民事主体的人格权的责任，而没有要求行为人的行为必须符合侵权责任的构成要件。

《民法典》第999条第2句规定，使用不合理而侵害他人人格权的，需要依法承担民事责任。此处所说的民事责任，既包括人格权人行使人格权请求权（如更正、删除等）所产生的责任，也包括侵害人应当承担侵害人格权的侵权责任，如侵权损害赔偿责任等。例如，在“莫少聪诉广东省中山市美多化妆品有限公司肖像权纠纷案”中，法院认为，“基于肖像权所具有的专属性、独占性，肖像权仅在法律规定的范围内可进行合理使用……包括为社会公共利益而使用肖像的行为、为公民本人利益而使用肖像的行为、为社会新闻报道而使用肖像的行为、为记载特定公众活动，使用参与者肖像如善意使用政治家及社会明星肖像的行为等。本案中，上诉人美多公司……行为属于从事与其经营相关的宣传活动，显然具有营利目的，不属于法律许可的合理使用肖像行为。上诉人美多公司在使用被上诉人莫少聪肖像时主观上存在着故意，侵犯了被上诉人莫少聪的肖像权，应承担相应的民事责任”①。行为人不合理利用他人人格利益，将构成对他人人格权益的侵害，权利人有权请求行为人承担民事责任。

（撰稿人：王利明）

第一千条

行为人因侵害人格权承担消除影响、恢复名誉、赔礼道歉等民事责任的，应当与行为的具体方式和造成的影响范围相当。

行为人拒不承担前款规定的民事责任的，人民法院可以采取在报刊、网络等媒体上发布公告或者公布生效裁判文书等方式执行，产生的费用由行为人负担。

---

① 福建省泉州市中级人民法院（2005）泉民终字第1178号民事判决书。

本条主旨

本条是关于人格权请求权的特殊实现方式以及赔礼道歉方式适用的规则。

相关条文

《最高人民法院关于审理利用信息网络侵害人身权益民事纠纷案件适用法律若干问题的规定》第 16 条规定："人民法院判决侵权人承担赔礼道歉、消除影响或者恢复名誉等责任形式的，应当与侵权的具体方式和所造成的影响范围相当。侵权人拒不履行的，人民法院可以采取在网络上发布公告或者公布裁判文书等合理的方式执行，由此产生的费用由侵权人承担。"

理解与适用

一、行为人侵害他人人格权，应承担消除影响、恢复名誉、赔礼道歉等民事责任

在侵害人格权的情况下，除了损害赔偿的责任方式之外，还应当适用其他的责任方式。尤其是在侵害人格权导致受害人名誉受损等情形时，受害人有权请求行为人承担消除影响、恢复名誉或赔礼道歉的责任。

（一）消除影响

所谓消除影响，是指行为人因其侵害了自然人、法人和非法人组织的人格权而应承担的在影响所及的范围内消除不良后果的一种责任方式。例如，某人在网上发布了诋毁他人名誉的言论，且该言论已经被不少网站转载，造成了不良影响，受害人有权要求网络发布者删除该言论，并刊载有关更正信息，以消除影响。消除影响的主要功能在于消除已经给他人的社会声誉造成的不良影响，从而使受害人的名誉得到恢复。消除影响本身并没有固定的形式，行为人消除影响的方式可以根据侵权行为的具体情况予以确定，对受害人的请求，只要有助于消除影响，都可以考虑予以采用。例如，对于通过网络侵犯他人的名誉权的，可以通过通知网络运营商删除侵权言论的方式来消除影响；而对于通过口头方式侵害他人的名誉权的，则可以通过向他人进行解释的方式来消除影响。

（二）恢复名誉

所谓恢复名誉，是指行为人因其行为侵害了自然人、法人或非法人组织的名誉，而应在影响所及的范围内将受害人的名誉恢复至未受侵害时的状态的一种责任方式。严格地说，在名誉权遭受侵害的情况下，已经遭受损害的名誉不可能像

遭受损害的财产一样，完全恢复原状。但是仍然可以通过一些积极的行为澄清事实，纠正毁谤的言论，在特定的范围内，消除公众对受害人的不良印象，尽可能使受害人的名誉得到恢复。恢复名誉至少可以部分地使受害人的名誉得到恢复。在实践中，它主要通过更正、澄清等方式来实现。

消除影响常常与恢复名誉的责任方式一起适用。《民法通则》《侵权责任法》《民法典》都将“消除影响、恢复名誉”一并规定，也就是将二者确定为同一种侵权责任承担方式。事实上，虽然消除影响和恢复名誉都是为了去除侵权行为已经给他人的社会声誉造成的不良影响，但二者是从两个不同角度来描述此种责任承担方式的。消除影响是对不良的损害后果尽量予以消除，或减少影响的范围，从而维护受害人的名誉。而恢复名誉是从受害人所享有的社会声誉角度来描述的，其强调的是受害人享有的社会声誉恢复到了被侵害之前的状态。从这个意义上讲，消除影响与恢复名誉相互依存、关系密切。因此，有必要将两者在一种侵权责任方式中并列作出规定。

（三）赔礼道歉

赔礼道歉是指责令违法行为人通过一定方式，在一定范围内向受害人认错并表示歉意。赔礼道歉原则上应当限于侵权责任适用，而不应适用于合同责任，且此种方式主要适用于侵害人格权，尤其是精神性人格权，对其他民事权利的侵害，一般不采用此种责任方式。这主要是因为，一方面，侵害人格权常常会损害人格尊严、人身自由。赔礼道歉可以促使侵权行为人意识到其错误，促使其悔过，也有助于维护受害人的人格尊严。另一方面，赔礼道歉本身可以发挥一种抚慰的功能，使受害人在其人格利益遭受侵害之后获得一定的心理抚慰，也表达了对受害人人格尊严的尊重。还要看到，通过赔礼道歉可以及时纠正侵害行为，这也有利于化解纠纷，避免损害的进一步扩大。

关于赔礼道歉是否应当作为一种责任方式，对此一直存在争议。在《侵权责任法》的制定过程中，就有一些学者提出异议。有观点认为，赔礼道歉不仅违反了宪法上的良心自由原则，而且违反了道德相对主义。① 笔者认为，此种观点是值得商榷的。一方面，作为一种承担民事责任方式的赔礼道歉，与一般道义上的赔礼道歉有所不同，作为民事责任的赔礼道歉是依靠国家的强制力保障实施的。在各种责任方式之中，赔礼道歉有自身特有的功能，是其他责任方式所不可替代的。由于很多受害人都期望行为人赔礼道歉，因而，它也是一种救济方式。另一方面，就赔礼道歉的执行来看，在实践中，赔礼道歉的方式多种多样，既可以采

① 杨彪．论恢复原状独立性之否定——兼及我国民事责任体系之重构．法学论坛，2009（5）．

取口头方式也可以采取书面方式，既可以采公开方式也可以采非公开方式。即便在被告拒绝赔礼道歉的情形下，法院也可以将被告的败诉判决在一定范围内公开，尤其是在被告所在的社区公开，从而实现赔礼道歉的功能。① 总之，在司法实践中，通过多种方式已经使赔礼道歉具有可强制执行性。在赔礼道歉的适用中应当注意如下几个问题。

第一，赔礼道歉必须要由原告提出，并为被告所接受。赔礼道歉作为一种责任方式，并非在任何侵权行为中都必须采用，是否采用应该由原告决定。在原告提出以后，双方可以协商道歉的内容和方式。如果双方能够通过协商确定道歉的内容，法院可以通过判决对其加以认可。如果协商不能达成一致意见，则由法院对原告的诉讼请求进行审查，确立合理的道歉形式和内容。如果有多个侵害人，则这些侵害人都应该道歉。②

第二，承担赔礼道歉责任应当符合如下几个要件：一是被告已确实构成对人格权的侵害并应当承担侵权责任。赔礼道歉主要适用于人格权遭受侵害的情形。在财产权遭受侵害的情形下，通过损害赔偿等方式已经足以填补受害人的损害，而没有必要适用赔礼道歉的方式。二是加害人对给受害人造成的损害表示悔过，对自己的违法行为表示后悔，并保证将来不再作出类似行为。③ 三是赔礼道歉必须是无条件的，在涉及多个侵权行为时，不能仅对某个侵权行为道歉，而对另一行为不予道歉。

第三，赔礼道歉方式具有多样性。赔礼道歉既可由加害人向受害人口头表示承认错误，也可以由加害人以写道歉书的书面形式进行，既可以在一定的范围内，也可以直接在网络、媒体等公开道歉。采取何种方式赔礼道歉，可以由当事人进行协商，如不能协商确定，应当由法院确定。但是，对各种方式的运用，应当考虑到侵害行为发生的地点、损害后果波及的范围、侵害行为的具体情节等因素来确定。例如，如果损害后果仅仅是在小范围内，可以采取口头道歉的方式；但若在网上诋毁他人，损害后果波及面更广，这就需要通过网上赔礼道歉的方式进行补救。④

第四，赔礼道歉具有可强制执行性。如果行为人在判决前已经表示同意赔礼道歉，此时就可以由其写出道歉书，法院可以判决赔礼道歉。一旦法院作出判

①④　最高人民法院中国应用法学研究所．人民法院案例选：第4辑．北京：人民法院出版社，2011：93.

②　David Price and Korieh Duodu，Defamation，Law，Procedure and Practice，London：Sweet & Maxwell，2004，p. 241.

③　王立峰．民事赔礼道歉的哲学分析．www. civillaw. com. cn.

决，即使其反悔，也可以通过刊载道歉书的方式实现赔礼道歉。司法实践中，如果加害人以赔礼道歉的方式承担了侵权责任，且为受害人接受，并为法院所认可，法官应当在判决书中叙明。①

第五，赔礼道歉可以单独采用，也可以与其他责任形式结合适用。原告通常只要求赔礼道歉而不要求被告采取其他任何责任方式，则可以单独适用赔礼道歉方式。但是，实践中赔礼道歉的责任方式通常是作为一种辅助的形式而与损害赔偿、恢复名誉等责任方式并用的。② 在我国实践中，一些法院采用了“道歉减责”的做法。例如，在“陈某诉新加坡航空公司等侵犯人格权益纠纷案”中，法院也将赔礼道歉作为减少精神损害赔偿数额的因素。③ 这种方式的优点在于，通过精神损害赔偿与赔礼道歉的结合适用，有助于督促被告积极履行其赔礼道歉的义务，也有利于化解矛盾，救济受害人。

二、消除影响等责任形式应当与行为的具体方式和造成的影响范围相当

自 2014 年起施行的《最高人民法院关于审理利用信息网络侵害人身权益民事纠纷案件适用法律若干问题的规定》第 16 条第 1 句明确规定：“人民法院判决侵权人承担赔礼道歉、消除影响或者恢复名誉等责任形式的，应当与侵权的具体方式和所造成的影响范围相当。”本条规定要求消除影响等方式的适用应当与侵害后果相适应，是对我国司法实践经验的总结。之所以要求消除影响等责任形式的适用应当与行为方式和影响范围相适应，是因为一方面有利于强化对人格权的保护，另一方面可以避免给行为人强加过重的负担。具体而言如下。

第一，消除影响等责任形式应当与行为的具体方式相适应。在适用消除影响、恢复名誉的责任方式时，首先应明确消除影响、恢复名誉的范围（如在某地区、某学校等）、方式（采取口头或书面以及其他形式）。例如，在报纸杂志上发表的新闻报道或评论，有损他人的名誉权，则应当在曾刊载该侵权内容文章之报纸杂志上刊登书面声明，对错误内容进行更正，并向被侵害人赔礼道歉。如果是在某个场所对一群人散布了诽谤的言辞，则应在适当的场合为受害人恢复名誉。

第二，消除影响等责任形式应当与所造成的影响范围相当。消除影响等方式的主要功能在于已经给他人的社会声誉造成了不良影响，要减弱、清除直至消除

① 龙云彬，等．关于人身权纠纷、医疗纠纷、劳动争议、物业管理纠纷、涉车纠纷案件审理情况及问题研究．审判丛刊，2004（2）．

② 有人认为，如果是公开的道歉，实际上和恢复名誉等没有区别。笔者认为，即使是公开道歉，其与恢复名誉也存在本质的区别。

③ 广东省高级人民法院（2005）粤高法民四中字第 318 号民事判决书。

这种不良影响，只有消除了这种不良影响，才能够使受害人的名誉得到恢复。因为正是这些不良影响的存在，才造成了受害人名誉评价的降低，所以只有消除这些不良影响，才能够恢复当事人的名誉。首先，一般来说，在什么范围内造成损害的，就应当在什么范围内采取消除影响等责任形式。例如，行为人在某朋友圈内辱骂他人的，就需要在该微信圈内赔礼道歉以消除影响，在某个群体之中散播谣言的则应当在该群体中进行辟谣。再如，行为人在一个小城的范围内散布谣言诋毁人格权人名誉的，不必在省级媒体或者国家级媒体上进行公开赔礼道歉。其次，消除影响等方式也应当根据侵权行为的具体情况予以确定。

第三，消除影响等责任方式的适用应当及时。因为加害人侵害受害人的名誉权以后，造成不良影响的时间越长，则再公开的机会越多，对受害人越为不利，同时消除影响的困难也越大，所以，这种责任方式应当及时采用。

三、消除影响、恢复名誉和赔礼道歉的强制执行

消除影响、恢复名誉和赔礼道歉等方式的执行在实践中常常遇到困难。例如，受害人要求行为人赔礼道歉时，行为人可能拒绝赔礼道歉，此时强制要求行为人赔礼道歉，就有可能损害行为人的人格尊严，也可能违背行为人的良心自由。由于存在执行上的困难，所以许多学者对赔礼道歉方式的正当性提出了质疑。①

依据《民法典》1000 条第 2 款，“行为人拒不承担前款规定的民事责任的，人民法院可以采取在报刊、网络等媒体上发布公告或者公布生效裁判文书等方式执行，产生的费用由行为人负担”。因此，如果侵害人负有消除影响、恢复名誉和赔礼道歉等责任，法院也可以通过强制登报或者公布生效裁判文书等方式执行，登报等费用则由侵害人承担。这实际上是借鉴了行政法上的代履行的责任方式，即在行为人拒绝履行消除影响、恢复名誉、赔礼道歉等义务时，可以由人民法院代其在报刊等相关媒体上发布相关的公告或者公布生效裁判文书，由此产生的费用则由行为人负担。这实际上是将赔礼道歉、消除影响等义务转化为了金钱负担，更有利于此类义务的履行。这一做法也是我国司法实践经验的总结，《最高人民法院关于审理利用信息网络侵害人身权益民事纠纷案件适用法律若干问题的规定》第 16 条规定：“人民法院判决侵权人承担赔礼道歉、消除影响或者恢复名誉等责任形式的，应当与侵权的具体方式和所造成的影响范围相当。侵权人拒不履行的，人民法院可以采取在网络上发布公告或者公布裁判文书等合理的方式

① 吴小兵．赔礼道歉的合理性研究．清华法学，2010（6）．

执行，由此产生的费用由侵权人承担。”这就认可了此种强制执行的形式。采用此种方式既有利于消除影响、恢复名誉和赔礼道歉等责任的执行，也有利于保护受害人的合法权益。

公告赔礼道歉首先由法院审核道歉内容，再指定特定媒体发布赔礼道歉公告；公告赔礼道歉次数可以一次或多次，由法院确定；公告费用由被执行人承担，被执行人不支付的，法院可以将其作为金钱债权强制执行。

（撰稿人：王利明）

第一千零一条

对自然人因婚姻家庭关系等产生的身份权利的保护，适用本法第一编、第五编和其他法律的相关规定；没有规定的，可以根据其性质参照适用本编人格权保护的有关规定。

本条主旨

本条规定了人格权保护的规则可以参照适用于人身权的规则。

相关条文

《反家庭暴力法》第 23 条规定：“当事人因遭受家庭暴力或者面临家庭暴力的现实危险，向人民法院申请人身安全保护令的，人民法院应当受理。当事人是无民事行为能力人、限制民事行为能力人，或者因受到强制、威吓等原因无法申请人身安全保护令的，其近亲属、公安机关、妇女联合会、居民委员会、村民委员会、救助管理机构可以代为申请。”

理解与适用

一、自然人因婚姻家庭关系等产生的身份权利受法律保护

所谓身份权，是指基于权利人的特定身份产生的权利，包括监护权、配偶权、父母照顾权等。[①] 身份权是基于一定的身份关系而产生的权利，所以，只有具有某种身份的人才能取得某种相应的权利。例如，基于一定的血亲的身份而取

① 唐德华．民事审判若干理论与实践问题．长春：吉林人民出版社，1991：163.

得亲权。正如史尚宽先生所言："民法上身份云者，谓基于亲属法上之相对关系之身份，有一定身份后得享有之权利也。"① 由于个人的身份通常都是基于一定的血亲或姻亲所取得的，所以，身份权主要是婚姻家庭法中的权利。

从古代至今，身份权的内涵经历了一个从权利、义务主体法律地位的不平等到平等的演变过程。传统民法上的身份权主要包括夫权、父权、亲权、家长权等，这些权利都在内容上体现了对他人的支配。不过，这些对他人支配权利的存在与人类社会文明的发展相悖，所以，20 世纪以来，尤其是第二次世界大战之后，许多国家的法律为适应社会政治经济发展的需要，对身份权制度进行了重大改革。例如，逐渐废除了具有浓厚封建色彩的家长权制度②，废除了以男女不平等为基础的夫权的规定，并对亲权制度作出修改。③ 这些都导致了身份法的变化。特别是在传统民法上的亲权在内容上表现为父母对子女的支配权，这一制度在现代已经被修改。例如，最初的《法国民法典》第 375、376 条规定，父母对子女的行为有重大不满的原因时，可以拘留其子女。但法国于 1970 年 6 月 4 日发布的法律对《法国民法典》有关亲权的规定作了重大修改，规定父母对子女享有或负有照管、监督及教育的权利、义务，亲权由父母共同行使；并废除了父母得拘留子女的规定。

传统民法中身份权制度的改变是否意味着身份权已经逐渐地受到限制，甚至走向消亡呢？笔者认为，传统民法的身份权确实受到了严格的限制并逐渐萎缩。随着现代社会的发展，个人不再作为权利的客体而成为法律关系的主体，并逐渐摆脱了封建身份关系的束缚和家族权的支配，从而具有了独立平等的人格。在人格独立和人格平等的基础上，产生了具有新的内涵的身份权，这一点在我国现行法中表现得尤为突出。我国现行法中的身份权和传统民法中以支配他人人身为内容的身份权的区别在于：我国现行法中的身份权并不是对他人支配的权利，而是以法律上人格独立和平等为前提和基础的。例如，我国《婚姻法》明确规定了男女平等的原则，《民法总则》也明确宣告公民的民事权利能力一律平等，因而在我国法律规定的身份关系中，其权利主体和义务主体都是平等的，权利人在享受权利的同时也要承担相应的义务。

笔者认为，可以将身份界定为民事主体在特定的社会关系中所具有的地位，而身份权则是基于该种地位所享有的权利。具体包括：一是基于在亲属关系中的

---

① 史尚宽．民法总论．北京：正大印书馆，1980：16.

② 例如，日本在 1947 年修改民法典，废除了家的制度和家长权。

③ 梁慧星．民法．成都：四川人民出版社，1989：343－345.

地位而享有的身份权，如基于父母子女关系产生的亲权①、基于夫妻关系产生的配偶权、基于监护关系产生的监护权等。在审判实践中，曾经发生因抚养非亲生子而主张损害赔偿的案件，实际上构成对亲权的侵害。② 例如，因医院的过错导致抱错子女，并抚养了他人的子女，而要求损害赔偿的案件③，就属于侵害亲权的案件。二是在其他社会关系中产生的身份权，如基于特定荣誉的享有而产生的荣誉权。④

人格权与身份权合称人身权，人身关系作为与人身相联系并以人身为内容的关系主要包括人格关系和身份关系，分别对应民法上的人格权和身份权。人格权与身份权的不同在于，"人格权是权利人对其本身主体性要素及其整体性结构的专属性支配权，而身份权则是基于身份而产生的伦理性并且与财产有关的权利"⑤。身份权上的请求权主要包括抚养请求权、赡养请求权等。人格权和身份权虽然都属于人身权的范畴，但它们毕竟是两类不同的权利，二者的主要区别如下。

第一，在权利的固有性方面不同。从性质上看，人格权是民事主体所固有的、为维护主体的独立人格所必备的生命健康、人格尊严、人身自由以及姓名、肖像、名誉、隐私等各种权利。这种权利为民事主体所固有，并为法律所承认。任何个人都享有平等的人格权，没有这些权利便使个人丧失了作为人的权利。而对身份权来说，它是因人而异的，尽管个人不能脱离亲属关系而存在，但个人可以在是否取得某种身份的问题上作出选择。就身份权的享有而言，每个人的并不一定完全相同，不具备某种身份权并不一定会丧失其作为民事主体的资格，也不会使其丧失作为人的权利。⑥

第二，权利的主体不同。从主体上来看，人格权不仅可以由自然人享有，亦可以由法人和非法人组织所享有。例如，根据我国法律的规定，法人可以享有名称权和名誉权。而身份权主要基于亲属法上的身份关系产生，因而只能由自然人

---

① 宋慧英等诉徐州市第三人民医院因工作失误致其亲子被他人抱走要求找回亲子案//人民法院案例选：1999（4）．北京：时事出版社，2000.

② 周德勇诉王俊等返还受欺骗抚养非亲生子费用和侵犯配偶权索赔案//人民法院案例选：2001（2）．北京：人民法院出版社，2001.

③ 孙华东夫妇诉通化市人民医院错给所生孩子致使其抚养他人孩子达20余年要求找回亲生子和赔偿案//最高人民法院中国应用法学研究所．人民法院案例选．北京：人民法院出版社，2004：93-106.

④ 鞠瑛等诉郭晋荣以集体名义获得的荣誉应归全体成员享有荣誉权纠纷案//人民法院案例选：1996（1）．北京：人民法院出版社，1996.

⑤ 张俊浩．民法学原理．北京：中国政法大学出版社，1997：138.

⑥ 杨立新．人身权法论．北京：人民法院出版社，2002：105.

享有。

第三，权利的客体不同。从客体上来看，人格权以人格利益为客体，人格利益包括维护自然人生理活动能力的利益、主体人身专有标志的利益、主体所获得的社会评价和自尊的利益等。而身份权的客体则是基于一定的身份所取得的利益，简称身份利益。严格地说，现代身份权所支配的不是特定的人及其身份，而是因身份关系而体现的利益。①

第四，权利的取得方式不同。人格权因主体的出生或成立而取得，并不需要主体实施一定的行为就可以自然取得。身份权取得的原因则各不相同，行为人取得某些身份权不仅要有一定的行为能力，而且要实施一定的法律行为，如因结婚取得配偶权、因收养而形成养父母子女关系等。

第五，权利的存续期限不同。人格权的存续期限与主体作为独立人格的地位的存续期限是联系在一起的，它因权利人的出生或成立而取得，因权利人的死亡或终止而丧失，权利本身并没有特别的期限限制。而身份权则以一定的身份的存在为前提，并以身份的存续为权利存续的前提，如夫妻关系解体、配偶关系丧失，则配偶权便消灭，养父母子女因收养解除而丧失父母子女的身份，亲权便消灭。②

需要指出的是，虽然人格权与身份权存在差异，但作为人身权，它们具有共同的属性。这些共性表现在：第一，它们都是专属权。这就是说，人格权和身份权都是与权利主体的人身密切联系在一起的，它们的客体都表现为与权利人的人身不可分离的利益。例如，生命、健康、姓名、名誉和身份等只有和特定人联系在一起，才有意义，一旦和人身相分离，也就失去了其存在的价值。由此决定了这种权利都只能由权利人自己享有和行使，而不得转让或由他人继承。③ 第二，它们都是对世权。这就是说，权利人无须他人的协助就可以实现其权利。这两种权利的义务主体都是不特定的人，权利主体以外的一切人均为义务主体，负有不作为（即不为侵害行为）的义务，因而这两种权利都属于能对抗一切人的绝对权，而非仅能对抗特定人的相对权。第三，它们都是非财产权。这就是说，人格权和身份权都是以非财产利益为客体的民事权利。④ 人身不是财产，不能用金钱来衡量，尽管人身权的行使与财产权有一定的联系，并且会为权利人带来一定的财产利益，但是人身权的行使主要是为了实现权利人的内在价值，满足其内在需

① 杨立新．人身权法论．北京：人民法院出版社，2002：107.

② 王利明．人格权法新论．长春：吉林人民出版社，1994：209.

③ 同②207.

④ 同①103－104.

要，而主要不是为了谋取经济利益。第四，从救济方式来看，对于两者的侵害都可采取精神损害赔偿的救济方式，我国有关司法解释已经对此明确予以承认。例如，《精神损害赔偿司法解释》第2条规定："非法使被监护人脱离监护，导致亲子关系或者近亲属间的亲属关系遭受严重损害，监护人向人民法院起诉请求赔偿精神损害的，人民法院应当依法予以受理。"正是因为两种权利存在这些共性，所以，人格权的规定可以准用于身份权。

二、人格权保护规则参照适用于人身权的意义

《民法典》第1001条采用了参照适用的规定这一立法技术。这一规定的目的体现在以下几个方面。

第一，弥补身份权立法规定的不足。民法典由总则编和婚姻家庭编等有关身份权制度的规定主要集中在身份权人所享有的权利义务方面，而往往并没有就他人侵害身份权人权利的救济作出明确规定。例如，总则编规定了监护权人的权利义务等，但没有规定第三人侵害监护权的责任。此时，允许参照适用人格权编的规则是十分必要的。

第二，简化法律规定以避免重复。有关保护身份权的相关规则同样可以通过禁令、精神损害赔偿、赔礼道歉等方式实现。这些规则因此也常常可以适用到身份权的规定中。但是如果在婚姻家庭编等再次规定，就会导致法律规则的重复。因此，可以通过参照适用的方式，有效简化法律规定。

第三，保持法律的稳定性和连续性，避免过于频繁地修改法律。[①] 如果对特定的需要不明确规定准用其他法律规范，就很容易导致法律适用中的困难，可能需要及时修改法律。而规定身份权的保护可以参照适用人格权保护的规则，则可以实现对身份权的有效保护，避免基于身份权保护的需要而频繁修改民法典。

三、身份权保护参照适用人格权保护规则的范围

《民法典》第1001条规定，"对自然人因婚姻家庭关系等产生的身份权利的保护，适用本法第一编、第五编和其他法律的相关规定"，只有在法律"没有规定"的情形下，身份权的保护才能适用人格权编的有关规定。具体来说，参照适用的情形如下。

一是民法典第一编（总则编）中规定的监护人和被监护人的权利。《民法典》第34条第2款规定："监护人依法履行监护职责产生的权利，受法律保护。"但

① 刘德福．法律准用问题分析．江西公安专科学校学报，2007（6）．

是民法典总则编并未对监护人依法履行监护职责产生的权利规定具体的保护方法。这些权利在性质上而言，也属于绝对权，而又与物权的财产权性质具有显著的不同。因此，对监护人与被监护人因监护关系产生的权利，应当准用人格权保护的规则。在监护关系中的权利遭受侵害或有遭受侵害之虞时，应当准用《民法典》第 995 条的规定，允许权利人请求行为人停止侵害、排除妨碍、消除危险等。

二是民法典第五编（婚姻家庭编）中的身份权利。婚姻家庭编中包括了多种身份权利。基于婚姻关系可以产生配偶同居的权利、忠实的权利与义务、婚姻住所商定权等。而在家庭关系中，《民法典》第 1068 条规定："父母有教育、保护未成年子女的权利和义务。"这是婚姻家庭编对亲权的规定。亲权是指父母对未成年子女在人身和财产方面的管教和保护的权利，包含居住所指定权、惩戒权、职业许可权等。[①] 上述这些权利均基于婚姻家庭关系而产生，在性质上均属于身份权。但是婚姻家庭编中，并未专门设置上述权利的保护规则。此时，同样应当参照适用人格权编的规定，尤其是关于人格权请求权和精神损害赔偿的规则。

（撰稿人：王利明）

---

① 马俊驹，余延满．民法原论．北京：法律出版社，2010：867－869.

第二章

生命权、身体权和健康权

第一千零二条

自然人享有生命权。自然人的生命安全和生命尊严受法律保护。任何组织或者个人不得侵害他人的生命权。

本条主旨

本条是关于生命权的规定。

相关条文

《民法总则》第 110 条规定："自然人享有生命权、身体权、健康权、姓名权、肖像权、名誉权、荣誉权、隐私权、婚姻自主权等权利……"

《侵权责任法》第 2 条规定："侵害民事权益，应当依照本法承担侵权责任。本法所称民事权益，包括生命权、健康权、姓名权、名誉权、荣誉权、肖像权、隐私权、婚姻自主权、监护权、所有权、用益物权、担保物权、著作权、专利权、商标专用权、发现权、股权、继承权等人身、财产权益。"

《民法通则》第 98 条规定："公民享有生命健康权。"

《消费者权益保护法》第 7 条规定："消费者在购买、使用商品和接受服务时享有人身、财产安全不受损害的权利。消费者有权要求经营者提供的商品和服务，符合保障人身、财产安全的要求。"

《刑法》第 232 条规定："故意杀人的，处死刑、无期徒刑或者十年以上有期徒刑；情节较轻的，处三年以上十年以下有期徒刑。”

《刑法》第233条规定：“过失致人死亡的，处三年以上七年以下有期徒刑；情节较轻的，处三年以下有期徒刑。本法另有规定的，依照规定。”

《妇女权益保障法》第38条规定：“妇女的生命健康权不受侵犯。禁止溺、弃、残害女婴；禁止歧视、虐待生育女婴的妇女和不育的妇女；禁止用迷信、暴力等手段残害妇女；禁止虐待、遗弃病、残妇女和老年妇女。”

理解与适用

一、自然人享有生命权

本条确认了自然人所享有的生命权。生命权是以自然人的生命安全利益为内容的人格权，是体现了的人的尊严和基本价值的权利。①生命是自然人主体资格的载体，是一项重要的人格利益，与自然人的身体具有密切的关联，生命权可以被描述为保持个人身体存活的权利。②生命自身也可以成为支配权的客体，个人有权支配自己的生命利益，此种人格利益也被称为基本的生活利益或安全活动的自由。③因为生命是最重要的人格利益，所以生命的享有是具有法律人格的基础。

生命权是一种具有普世价值的基本人权，也被认为是第一人权。整个法律都要以保护自然人的生命权为首要任务。生命权超越了一般民事权利的范畴，在整个民事权利体系中处于最基础性的地位。个人如果不享有生命权，则不可能享有其他任何的权益。生命权在民法中具有独特的地位，在人格权体系当中，生命权也是享有其他一切人格权的前提和基础，无论是物质性的人格权，还是精神性的人格权，都以生命权的存在为前提。故此，生命权应当受到法律的优先保护，生命权也是所有人格权中位阶最高的权利。正因如此，我国《民法典》人格权编在规定具体人格权时，将生命权列为第一项人格权加以规定。

生命权是以自然人的生命安全利益为内容的人格权，是体现了人的尊严和基本价值的权利④，其具有如下几个基本特征。

第一，生命权具有至高无上性。生命重于泰山，属于最高的人格利益，在民事主体享有的各种人格利益中，没有任何一种人格利益可以和生命相提并论。

①④　韩大元．生命权的宪法逻辑．南京：译林出版社，2012：11.

②　Neethling，JM Potgieter & PJ Visser，Neethling's law of personality，LexisNexis South Africa，2005，p. 26.

③　陈民．论人格权：续．法律评论，1962，28（8）.

《黄帝内经》中有“天覆地载，万物悉备，莫贵于人”的论述；佛教教义中有“救人一命，胜造七级浮屠”的说法；法国的阿尔贝特・史怀泽指出，“保存生命，这是唯一的幸福”①。这些论述都从不同方面揭示了生命的神圣性。生命权具有的至高无上性表现在：当生命权与其他权利发生冲突时，法律应当优先保护生命权。② 任何权利在生命权面前都应当退居其次。在新冠病毒防治过程中，习近平总书记讲，在抗疫中，“人民至上、生命至上，保护人民生命安全和身体健康，我们可以不惜一切代价”，这就生动体现了生命权优先的价值理念，同时也展现了中国共产党以人民为中心的理念。我们采取扫健康码、人脸识别等措施，虽然在一定程度上限制了个人的隐私权，但这是维护生命权、健康权所必须采取的合理措施，也符合隐私权限制的比例原则。对生命安全利益的保护不仅意味着对自然人生命权的保护，而且意味着对最基本的社会秩序的维护。整个民法乃至整个法律都要以保护生命权为首要任务，国家和法律的产生也可以归结到对生命安全利益的保护。

第二，生命权具有固有性、专属性和绝对性。所谓生命权的固有性是指，生命权作为一种物质性人格权，与权利人的主体资格存在密切联系，伴随着自然人的出生而产生，具有自然生成性。③ 在各种具体人格权中，生命权的固有性是最强的，是自然人与生俱来的。生命权的专属性意味着，生命权只能由特定的权利人享有，不可转让或者继承，生命权不能也不应由权利人以外的其他任何人享有，不能成为许可利用的对象。实践中所谓“以命换命”“抵死”协议是为法律所禁止的。生命权的绝对性即生命权作为一项绝对权，其他任何社会主体都负有不得侵犯和妨害的义务。不仅如此，为强化对生命权的保护，《民法典》第1005条还规定，自然人的生命权、身体权、健康权受到侵害或者处于其他危难情形的，负有法定救助义务的组织或者个人应当及时施救。

第三，生命权具有不可克减性。所谓可克减性，是指权利可以在一定情况下受到一定的限制，甚至在特定情况下可以暂时停止权利人行使权利，或者在其与其他权利发生冲突时，优先保护其他权利。作为自然人所固有的基本人权，生命权既不受任意剥夺，也不受非法限制，所以具有不可克减性。④ 这是生命权与精神性人格权相比较而具有的重要特点。因为生命是法律上的最高利益，是自然人的其他权利存在的基础，所以生命权是自然人最重要的一种权利，对其所施加的

---

① 孙慕义，等．新生命伦理学．南京：东南大学出版社，2003：72.

②③ 孙大雄．论生命权的宪法保障．云南大学学报：法学版，2003（1）.

④ 杨成铭．人权法学．北京：中国方正出版社，2004：121.

任何克减，都将直接威胁到自然人生命的存续和其他民事权利的享有。因此，保留死刑的国家的立法一般都明确规定，除非主体触犯刑律，构成严重的犯罪，依据刑律应当被处以死刑，否则不得对生命权加以任何克减。还要看到，在现代社会，限制和废除死刑已经成为人权保障的一种趋势，这也反映了对生命权的尊重。①

第四，生命权具有平等性。一方面，任何自然人，包括公民、无国籍人和外国人，都平等地享有生命权，且应受到法律的平等保护。② 另一方面，不能牺牲某个人的生命，而去维护另一个人的生命，即使是残障新生儿，其生命权也应当受到法律的同等保护。残障新生儿，是指那些由遗传、先天、感染或外伤等因素引起的，一出生就先天发育不全、发育变态或有生理缺陷、智力缺陷的婴儿。③ 在法律上，没有任何理由可以对残障人进行歧视和伤害。不仅如此，从人道主义出发，全社会应当对残障人给予更多的关心和爱护，帮助他们治疗疾病、减轻其痛苦、增进其智力、提高其技能。

需要指出的是，在生命权受到侵害的情况下，不同地域的受害人的近亲属因此获得的死亡赔偿金的数额上会存在一定的差异，但是这并不意味着人的生命权不平等，更不是如某些人所言的“同命不同价”的问题。因为生命权的平等性，是主要就生命权的享有而言的，至于受害人因生命权遭受侵害之后产生的死亡赔偿金，属于财产损害赔偿，并非生命本身的价值。财产损害赔偿遵循完全赔偿原则，由于各个受害人自身的情况不同，自然会存在差别，法律必须根据损害的实际情况进行填补。但是，这并没有改变生命权的平等性。

第五，生命权主要具有消极防御性。所谓消极防御性，是指此种权利受到侵害之后，权利人有权通过请求消除损害后果。生命权是典型的消极防御权，生命权与主体资格具有密切关联性，因此，与其他人格权不同，生命权主要是消极防御性的权利。也就是说，只有在遭受侵害后，相关主体才能以受害人的生命权受害侵害为由主张救济，在生命权遭受侵害前，权利人通常无法积极行使生命权。但是，需要指出的是，近几十年来，许多国家承认患者享有拒绝无意义治疗的权利。例如，《魁北克民法典》第 13 条，允许临终状态的患者拒绝无意义或者带来巨大痛楚的治疗，从而尊重患者本人的意愿。再如，法国法虽然禁止积极安乐死，但是，自 2016 年修订著名的 Léonetti 法案后，临终状态的患者可要求“深

① 杨成铭．人权法学．北京：中国方正出版社，2004：125.

② 韩大元．生命权的宪法逻辑．南京：译林出版社，2012：16.

③ 关于残障新生儿的生命权是否应当受到保障，存在两种不同的观点。刘学礼．生命伦理学．上海：上海人民出版社，1987：160－161.

度且持续的镇静”，在不感到痛楚的情况下自然死亡。① 这就表明，在特殊情形下，生命权也具有积极行使的权能。

第六，生命权的救济方式具有特殊性。侵害生命权是指因故意或过失剥夺他人生命的侵权行为，这是最严重一类的侵权行为，在刑法上可构成杀人罪等各类刑事犯罪。然而，刑法上的杀人罪等犯罪的刑事责任与民法上侵害生命权的侵权责任是不同的。刑法上有杀人未遂，民法上却不发生未遂的侵害生命权的行为。如果侵害人意图侵害他人的生命但未致他人死亡，则不构成侵害生命权的侵权行为，而只是可能构成侵害身体权或健康权的侵权行为。从民法上看，生命权遭受侵害以后，具有不可恢复性，一旦生命受到侵害，对权利人自身而言，已经不可能对其提供任何补救了，但对行为人而言，其仍然应当对间接受害人承担损害赔偿责任。故此，在民法上，当生命权已经遭受了侵害（即受害人已经死亡）时，权利人已经不是民事主体，无法通过行使停止侵害、消除危险或者排除妨碍等人格权请求权来对生命权提供救济，而由其近亲属（即间接受害人）针对侵权人行使损害赔偿请求权。

二、生命权的内容包括权利人的生命安全和生命尊严受法律保护

《民法典》本条确认了权利人的生命安全和生命尊严受法律保护，任何组织和个人不得侵害，其具体内容如下。

（一）生命安全受法律保护

生命安全受法律保护，是指生命权人对生命利益享有受到法律的保护，而不受侵害的权利。当生命权人的生命安全面临危险时，权利人可以依法请求停止侵害、消除危险。与生命享有权不同，生命安全受到法律保护是一种防御性的权利，它存在的目的主要是保护生命的安全，而非赋予权利人积极使用的权能。

生命安全受到法律保护的权利包含了两个方面的含义：一是安全的消极维护权。生命权主要体现为对生命安全的维护。生命是基本的生活利益或安全活动的自由。② 例如，个人在社会生活中，应当享有基本的人身安全，其生命受到法律的充分保障，享有生命的安全利益。有学者将生命维护权称为“生命拒害权”，即个人维护自己的生命不受他人侵害的权利。③ 生命维护权可以用于防御来自个人或组织的不法侵害。④ 例如，在有关机关对受害人进行刑讯逼供、造成受害人

① Anne laude，Bertand Mathieu，Didier Tabuteau，*Droit de la santé*，Paris，PUF，2009，p. 581.

② 陈民．论人格权：续．法律评论（28－8，9）.

③ 张俊浩．民法学原理．北京：中国政法大学出版社，1997：143.

④ 韩大元．生命权的宪法逻辑．南京：译林出版社，2012：15.

损害的情形下，受害人有权依据《国家赔偿法》主张赔偿。通常，只有在生命受到侵害、妨碍或威胁时，权利人才能够行使此项权利，否则没有主张权利的必要。从这个意义上说，生命的维护权是生命权最重要的权能。二是安全的积极防卫权。它是指当个人的生命面对正在进行的危害或即将发生的危险时，权利人有权依法采取相应的保护措施，以排除侵害，维护自己的生命安全。在侵害已经发生或危险已经出现时，生命权人可依法行使生命维护权，采取必要的自卫措施如正当防卫、紧急避险等。对于因合法采取这些措施造成的他人的损害，行为人不承担侵权责任。

《民法典》第1002条规定自然人的生命安全受法律保护，就包括了公民在生命遭受安全威胁时，有进行正当防卫的权利。正当防卫是指当公共利益、他人或本人的人身或其他利益受到不法侵害时，行为人所采取的一种防卫措施。我国《民法典》第181条规定："因正当防卫造成损害的，不承担民事责任。正当防卫超过必要的限度，造成不应有的损害的，正当防卫人应当承担适当的民事责任。"依据该条规定，因正当防卫造成他人损害的，可导致正当防卫人被免除或减轻责任，这是因为，正当防卫是一种合法的、受法律鼓励的行为，它在性质上虽然不是履行某种公务，但属于行使法律赋予的自卫权利，以维护其合法权益不受侵害。正当防卫不得超过必要限度。依据《民法典》第181条的规定，"正当防卫超过必要的限度，造成不应有的损害的，正当防卫人应当承担适当的民事责任"。所谓必要的限度，也称必需限度，是指为了制止不法侵害，正当防卫必须具有足以有效制止侵害行为的应有强度。只要是为了制止侵害所必需的，就不能认为是超过了正当防卫的必要限度。① 如果正当防卫超过了必要限度，本身已构成侵权行为，则防卫人应当承担适当的责任。

（二）生命尊严受法律保护

"尊严"（dignity）一词源于拉丁文中的dignitas，意为有价值或有名誉的，"尊严"一词意味着人作为人应有的地位，也就是康德所说的是人能自治之结果。② 所谓生命尊严，包括了两层含义，一是维护生命存续的质量。二是维护生命结束的质量。也就是说，个人既要活得有尊严，同时，也可以依法选择有尊严的死亡。所以，国外将其称为"优生"和"优死"③。生命利益的至高无上性并不意味着人有"生存的义务（obligation de vivre)"；正如英国学者弗格森所指

① 刘云峰．正当防卫的理解和运用．中国法制报，1983-11-04.

② 李震山．人性尊严与人权保障．台北：元照出版公司，2001：4.

③ 吴泽伟，周镇宏．生与死的困惑．广州：新世纪出版社，1990：185.

出，“生命的神圣性价值并不意味着一切生命都必须以一切代价去保存”①。生命尊严不仅仅体现在活得有尊严，而且要求死得有尊严，生命对每个人都是宝贵的，是无价的。生命是一个过程，从出生到年幼、成年、衰老、离世，每一个阶段都体现了人生的价值和意义，并且始终是法律所要关注和保护的重点所在。生命即使处于刚开始的胚胎阶段，也具有了尊严的价值。生命的享有并不意味着个人必须负有痛苦生存的义务，不应不惜一切代价地生存，而应当享受生命的质量。正如德沃金所指出的，任何人类的有机体，包括胎儿，无论是否具有工具和个人价值，都具有生命的尊严。

《民法典》第1002条没有承认自然人对生命的自主决定权，据此，可以认为我国《民法典》没有承认安乐死。因为，无法从《民法典》第1002条的规定中解释出个人对其生命享有自主决定的权利，更不能将其解释为个人有权积极地选择安乐死，或者选择消极安乐死。但是，生命尊严受法律保护与患者的临终关怀并不矛盾，甚至，可以从保护生命尊严的角度解释出个人有权依法主张维生治疗拒绝权。也就是说，在患者生命垂危、抢救无望的情形下，此时是否继续治疗涉及患者的利益。法律上从维护生命尊严出发，需要鼓励病人与病魔作斗争，战胜病魔，乐观、自强。但是，当一个人走到生命尽头，应当尽量减轻患者的痛苦，对患者给予更多的关爱，这也是维护生命尊严的体现。比较法上存在所谓患者维生治疗拒绝权，它是指在疾病无法治愈时，患者享有拒绝接受医疗机构为延长其生命而实施的介入性治疗措施的权利。维生治疗拒绝权的本质是患者根据自身情况自主决定是否采用或者继续采用相关的治疗行为。例如，针对身体核心器官严重衰竭的患者，医院为其采取气管切割手术并安装呼吸机，以维持其生命。但是，如果患者已经感到极度痛苦，且明知时日无多，希望尽快结束极度痛苦的治疗，那么患者是否有权要求医院停止实施维生治疗呢？这就涉及患者是否享有维生治疗拒绝权的问题。从比较法上来看，许多国家法律出于减缓患者痛苦、加强人道关怀、维护个人的生命尊严等因素的考量，大多承认了患者的维生治疗拒绝权。但是，我国法律对此并未进行明确规定。不少学者论证了承认此种权利的合理性，例如，减少过度治疗，尊重患者意思自治，节省医疗资源，减轻患者痛苦，降低社会负担，加强人文关怀等。这些都是从不同的角度论述了这一权利的合理性。② 笔者认为，从根本上讲，该权利实际上是尊重患者生命尊严的重要体

① 弗格森．道德哲学原理．孙飞宇，等译．上海：上海人民出版社，2003：82.

② 孙也龙．违反生前预嘱的法律责任——美国法的考察与启示．金陵法律评论，2016（1）．黄文煌．植物人维生治疗决定中的法律与宗教问题——“特里·夏沃案”评析．医学与法学，2012（6）.

现。法律上承认患者维生治疗拒绝权，充分彰显了对患者生命尊严的尊重。从表面上看，患者行使维生治疗拒绝权类似于消极安乐死，体现为不采取积极的医疗措施延续个人的生命，但严格地说，患者维生治疗拒绝权不同于消极安乐死，承认患者维生治疗拒绝权并不当然意味着承认消极安乐死，二者的区别主要体现为以下几点。

第一，二者的适用对象不同。消极安乐死针对的是所有在医疗机构就诊的患者，但并不一定针对生命垂危、抢救无望的病人，在某些情况下，患者可能出于对疼痛无法忍受等原因，不愿意继续治疗，而要求停药或停止医疗手段。而维生治疗拒绝权仅针对生命垂危、治疗无望的患者。换言之，患者维生治疗拒绝权针对的主要是生命垂危、不可治愈的患者，甚至在某些情形下，对于尚未在医疗机构就诊的患者，如果法律承认该权利，则其也应当有权拒绝无意义的治疗。

第二，二者的本质不同，消极安乐死本质上是患者行使生命自决权，它是一种放弃生命权的行为，实施消极安乐死将导致患者死亡。从这一意义上说，可以将消极安乐死视为一种特殊的死亡方式，即在不违背临终病人的意愿或其受委托的前提下，出于对病人的同情或帮助，及对患者死亡权利和个人尊严的尊重，采取断水、断食、移除治疗设备等措施，使病人无痛苦地结束生命。① 而维生治疗拒绝权本质上不是生命自决权的行使，而是患者为了维护生命尊严而拒绝维生治疗，使患者不必接受介入性的手术等方式，让生命自然延续或终止。在患者行使此种权利时，医疗机构并不需要采取相关的医疗措施，而是使患者自然死亡，它体现的是对患者临终的关怀和对患者尊严的尊重。也正是因为这一原因，维生治疗拒绝权属于广义上的临终关怀。

法律之所以承认患者维生治疗拒绝权，在某种程度上体现了对患者的临终关怀，这是尊重患者生命尊严的具体体现。所谓临终关怀，是指在通过医学手段无法治愈病人时，为减轻患者的极度痛苦，维系其人格尊严，并调整其对死亡的生理、心理状态，提升适应能力的社会卫生服务。② 临终关怀以缓和医疗为手段，根据世界卫生组织（WHO）的定义，缓和医疗（Palliative Care）是指早期识别并及时阻止患者及其家属的身体、心理和精神上的问题，以提升患者及其亲属面对威胁生命疾病的生活质量的一种方法。③ 如果从广义上讲，将减缓病人临终前的痛苦和维护病人生命尊严作为临终关怀的内容，那么维生治疗拒绝权也应当属

① 呼满红，张晖．“安乐死”离我们有多远．民主与法制，2001（11）．

② 石大璞．临终关怀在我国的实施境遇及其与安乐死之异同说．中国医学伦理学，1991（3）．

③ WHO，WHO Definition of Palliative Care，available at https：//www. who. int/cancer/palliative/definition/en/，last visit on 2019－03－05．

于广义的临终关怀。而消极安乐死不同于临终关怀，因为：一方面，临终关怀解决的是个人生命末端的生命质量问题，而消极安乐死解决的则是生命终结的问题，前者属于优生的问题，而后者属于优死的范畴。[①] 另一方面，临终关怀是护理手段，而非治疗手段。临终关怀并不是以治疗疾病为目的的，而只是全面照顾、帮助患者并使患者解除痛苦，从而使患者活得有意义、有尊严，提高生命质量。[②] 而消极安乐死则属于拒绝治疗的范畴，针对的是医疗机构的诊疗行为。[③]

第三，是否需要医疗机构协助不同。在消极安乐死的情况下，虽然不像积极安乐死那样需要医疗机构采取积极措施终止其生命，但仍然需要医疗机构采取一定的医疗措施（如断水、断食），以终止其生命；而对患者维生治疗拒绝权而言，一般不需要医疗机构的协助。消极安乐死需要借助医生的配合行为，采取消极的治疗措施，如停止开具处方、停药等行为。但维生治疗拒绝权并不需要医生的协助行为，而只是停止正在进行的维生治疗。患者拒绝医疗机构采取维生治疗措施，只是拒绝采取使患者感到极为痛苦的、超常规的治疗措施以维持生命，选择自然死亡方式。

第四，是否需要通过患者生前预嘱的方式实现不同。消极安乐死的申请既可以由患者本人提出，也可以在患者无意识能力时，由患者近亲属提出，因而，此种方式并不需要患者明确表示同意。而患者维生治疗拒绝权则只能由患者本人明确表示同意。此种同意就是通过生前预嘱的方式来实现的。所谓生前预嘱，是指患者事先作出的在满足一定条件时放弃治疗的指示。消极安乐死不一定通过患者的生前预嘱实现，而患者维生拒绝治疗权主要通过患者生前预嘱的方式实现，也就是说，只有患者可以决定是否拒绝维生治疗，其他主体无权代替其决定。

除此之外，二者的考虑因素不同。消极安乐死主要是为了减轻患者的痛苦，而维生治疗拒绝权的认定则要考虑多种因素，除减轻患者的治疗痛苦外，其还需要考虑减轻或摆脱家庭经济困境、患者护理等问题。[④] 一般而言，患者维生治疗拒绝权仍然处于患者知情同意权的框架内，而消极安乐死则超出了患者知情同意权的框架。

---

① 石大璞．临终关怀在我国的实施境遇及其与安乐死之异同说．中国医学伦理学，1991（3）．严格地说，从狭义上理解，临终关怀与拒绝维生治疗权并不完全相同，临终关怀主要是对患者采用护理手段，而不是对患者的疾病进行治疗，而维生治疗拒绝权针对的则是具有明显身体侵入性的治疗措施。

② 李惠．生命、心理、情境：中国安乐死研究．北京：法律出版社，2011：83.

③ 孙也龙．临终患者自主权研究．西南政法大学学报，2017（5）.

④ 同②66.

三、任何组织或者个人不得侵害他人的生命权

（一）任何组织或者个人负有不得侵害他人生命权的义务

依据《民法典》第1002条，任何组织或者个人不得侵害他人的生命权。这就意味着在法律上确立了任何人负有不得侵害他人生命权的义务。“勿害生命”是人类文明社会的一项基本共识和法则，也是恒久不变的基本的规则。我国《民法典》人格权编规定这一义务，并不是为了简单地宣示生命权，更是为了确定相关主体的义务以及违反该义务所应当承担的法律责任。所谓任何组织或者个人，不仅是指任何民事主体负有不得侵害他人生命权的义务，也指任何公权力机关应当负有不得侵害他人生命权的义务。《民法典》第1005条规定：“自然人的生命权、身体权、健康权受到侵害或者处于其他危难情形的，负有法定救助义务的组织或者个人应当及时施救。”这对于及时制止他人侵害生命权，保护受害人的生命安全十分必要。

（二）侵害生命权的构成要件

生命权作为最高的法益，受到各个法律部门的调整，侵害他人生命权的行为可能同时构成刑事犯罪，承担刑事责任。在民法上侵害他人生命权，则可能成立侵权责任。构成侵害生命权的行为往往都是行为人基于自己的过错行为而产生的。根据行为人的主观状态，侵害生命权的行为包括基于故意和过失致他人死亡的行为。侵害生命权的行为往往同时既构成侵权，又构成犯罪。但是，民法上确认侵害生命权的责任，并不一定与刑事上侵害生命犯罪的责任一一对应。例如，在因大风刮倒树木或台风刮掉广告牌而致人死亡等情况下，物的所有人虽然要承担民事赔偿责任，却不一定承担刑事责任。

侵害生命权的构成要件主要包括以下几项。

第一，行为人实施了侵害行为。侵害生命权的行为通常体现为积极作为的方式，其有多种表现形式，但不论采用何种方式，行为人的行为均危及他人的生命。当然，侵害生命权不一定以导致受害人死亡为要件，如果行为人的行为足以威胁生命健康，如传播疾病、高楼随时倒塌等，受害人可以直接请求行为人承担排除妨碍、消除危险等责任。侵害生命权应当包括两种情形，一是造成了死亡的后果，二是正在实施的侵害有造成受害人死亡之虞。需要讨论的是，侵害生命权的行为是否可以由不作为的行为构成？例如，负有作为义务的人拒不履行救治义务，如果因此而导致他人死亡，是否构成对生命权的侵害？与刑法上侵害生命权的行为包括作为和不作为两种情形一样，民法上不作为也可以构成侵害生命权的

行为。[①] 当然，这种侵权责任的前提是行为人负有作为的义务。作为的义务源于法律的规定和行为人的在先行为。例如，张三驾车发生交通事故撞伤了李四，此时其负有救助李四的义务，同样，当李四被送到医疗机构后，依据法律的规定，医疗机构对李四应当及时抢救，不得因为没有及时支付抢救费用而拖延治疗甚至不予治疗。如果张三不救助李四，或者医疗机构不对李四及时进行抢救而导致了李四的死亡，都构成侵害他人生命权的行为。

第二，有损害后果。从民法的角度来看，侵害生命权必须有死亡后果的发生，如果仅有对生命丧失的威胁甚至只有健康受损、伤残的事实，都不能认为构成对生命权的侵害，而只能认为是对身体权或健康权的损害。生命权遭受侵害以后，将引发一定的财产损失和精神损失。例如，因死亡而支付的丧葬费、医疗费、误工费、交通费、护理费等，都属于财产损失。

第三，有因果关系。侵害行为与被害人生命的终止之间有因果关系是构成侵害生命权的必要条件。与一般侵权责任所要求的因果关系一样，此处所说的因果关系仅要求行为和结果之间存在相当因果关系，在积极作为导致受害人死亡的情况下，因果关系比较容易认定，但在不作为的情况下，因果关系的认定存在一定的难度。在侵害生命权的情况下，因果关系的认定有如下情况值得考虑：一方面，应当考虑行为人如果依法履行其作为义务，该死亡结果是否即可避免。如果即使行为人实际作为以后，仍然无法避免受害人死亡，则不能认定该不作为行为与死亡后果具有因果关系。另一方面，如果受害人遭受损害至死亡之间有一定的时间间隔，在此期间，可能会有其他因素的介入引起受害人死亡，这样就产生加害行为与死亡之间是否有因果关系的问题。例如，甲将乙打伤，丙因交通肇事撞伤乙，使其病情加重，致使其到医院不治而亡。对此情况，应当以相当因果关系考察造成损害结果的原因，只要从社会一般经验而言，两种行为都与结果的发生具有相当性，行为人就都需要承担民事责任。

（三）侵害生命权的请求权主体

对于侵害生命权致人死亡的请求权主体问题，一直存有争议。如前所述，侵害生命权并不当然导致他人生命权的丧失，这也会对侵害生命权的请求权主体产生一定的影响。侵害他人生命权并未导致他人死亡的，请求权主体为权利人本人，其有权请求行为人停止侵害、排除妨碍，并赔偿损失。对于侵害生命权致人死亡的，由于受害人已经死亡，不再是民事主体，故此，死亡赔偿金等的赔偿请求权主体为其近亲属。对于侵害他人生命权致人死亡的赔偿，应当由两个方面构

---

① 王泽鉴．民法学说与判例研究：第4册．北京：北京大学出版社，2009：312－316.

成，一是受害人死亡直接带来的受害人预期收入的损失，二是近亲属的“逸失利益”，如丧葬费用、抚养费等，但是受害人的死亡同时就意味着一系列损害后果的发生，包括受死者生前扶养的人的财产损失、死者近亲属遭受的精神损害等。在生命权遭受侵害的情况下，存有双重受害人，且各受害人遭到的损害分别为“生命权人生命丧失的损害”和“生命权人的近亲属的财产损失的损害”①。具体而言，在侵害生命权的情况下，存在双重受害人。

一是死者。毫无疑问，死者是受害人，如果没有直接受害人的死亡，就没有损害。受害人生命的终结，其本应享有的各种可得利益、预期收入以及对未来生活的享受等各种利益都因之而不复存在了。对这些损失，尽管死者已经不可能作为请求权的主体而提出请求，但不可否认其生命权确实受到了侵害，不能以其死亡无法行使其请求权为由而否认此种损害事实的存在。如果否认死者是受害人，就无法解释生者如何取得求偿的权利。死者生命被非法剥夺，是侵害生命权情况下产生损害赔偿的前提和基础，从这个意义上说，死者为直接的受害人。

二是死者的近亲属。法律之所以允许死者近亲属主张损害赔偿，主要理由在于：一方面，近亲属所遭受的精神痛苦是客观存在的。因为近亲属和死者之间存在血缘或感情上的密切联系，其在死者身上寄托着感情、希望，在受害人死亡的情况下，按照一般的社会观念，也必然对其近亲属造成精神上的损害。近亲属的精神痛苦甚至比一般的精神痛苦还要大，没有任何痛苦比自己的亲人遭受死亡或重大伤害更使人刻骨铭心。所以，在直接受害人遭受损害之后，对于间接受害人所遭受的相当的精神上的痛苦也应当予以赔偿。另一方面，受害人的生命遭受侵害，也会导致其近亲属的财产损害，如受害人的死亡造成扶养费用的丧失等。如果对近亲属的此种损害不予赔偿，就不能很好地保护其合法权益。

（四）侵害他人生命权的民事责任

《民法典》第1002条规定相关主体负有不得侵害他人生命权的义务，实际上是明确了相关主体违反这一义务时，应当承担相应的民事责任。生命权遭受侵害的，权利人有权基于《民法典》第995条的规定行使人格权请求权。在他人的行为正在侵害受害人的生命健康，或者使受害人的生命健康有遭受损害之虞时，受害人有权要求停止侵害。同时，在满足侵害人格权禁令适用条件的情形下，权利人也有权请求法院颁发禁令，以防止其生命权遭受侵害。例如，如果夫妻离婚后，男方对女方提出暴力威胁，在此情形下，女方可以依据《民法典》第997条或《反家庭暴力法》第23条申请人身保护令，以保护其人身安全。同时，依据

---

① 曹诗权，李政辉．论侵害生命权在民法上的责任．法学评论，1998（5）.

《民法典》第 995 条第 1 款，受害人有权依据《民法典》侵权责任编关于损害赔偿的规则请求行为人承担侵权责任。如果权利人因生命权受侵害而遭受损害，其也有权请求行为人承担财产损害赔偿责任和精神损害赔偿责任。

1. 财产损害赔偿

在人身伤害导致死亡的情况下，依据《民法典》第 1179 条的规定，“造成死亡的，还应当赔偿丧葬费和死亡赔偿金”。首先，在造成死亡的情况下，也要赔偿医疗费、护理费、交通费等合理费用，以及因误工减少的收入。其次，在造成死亡的情况下，还要赔偿丧葬费和死亡赔偿金。因为从文义解释来看，《民法典》第 1179 条中规定的“还应当”的含义，就是指财产损害赔偿除了包括前项之外，还包括“赔偿丧葬费和死亡赔偿金”。《最高人民法院关于审理人身损害赔偿案件适用法律若干问题的解释》（以下简称《人身损害赔偿司法解释》）第 29 条规定了死亡赔偿金，该条规定：“死亡赔偿金按照受诉法院所在地上一年度城镇居民人均可支配收入或者农村居民人均纯收入标准，按二十年计算。但六十周岁以上的，年龄每增加一岁减少一年；七十五周岁以上的，按五年计算。”该条规定确定了死亡赔偿金的标准，但因为死亡赔偿金的确定是区分城乡居民而分别确定的，所以该条规定引发了“同命不同价”的争论。[①]《民法典》修改了这一规定，该法第 1180 条规定：“因同一侵权行为造成多人死亡的，可以以相同数额确定死亡赔偿金。”该条确立了同一案件适用同一赔偿标准的原则。

死亡赔偿金在性质上如何界定，即究竟是属于财产损害赔偿，还是属于精神损害赔偿？按照最高人民法院《精神损害赔偿司法解释》第 9 条的规定，致人死亡的时候，还要赔偿作为精神损害抚慰金的死亡赔偿金。在我国，《消费者权益保护法》《国家赔偿法》等法律中也提出了死亡赔偿金的概念。因此，一些学者认为死亡赔偿金在性质上是侵害生命权的慰抚金赔偿。但通说认为，死亡赔偿金并非对死者的赔偿，而只能是对受害人的近亲属的精神或财产损害的赔偿。[②]《精神损害赔偿司法解释》第 9 条规定：“精神损害抚慰金包括以下方式：（一）致人残疾的，为残疾赔偿金；（二）致人死亡的，为死亡赔偿金；（三）其他损害情形的精神抚慰金。”可见，该解释将死亡赔偿金视为精神损害赔偿。本书认为，行为人侵害他人生命权导致死亡后，不仅要承担财产损害赔偿责任，还要承担精神损害赔偿责任。《民法典》第 1179 条第 3 句规定：“造成死亡的，还应当赔偿

---

① 佟强．论人身损害赔偿标准之确定——对“同命不同价”的解读．清华法学，2008（1）.

② 程啸．侵权责任法：第 2 版．北京：法律出版社，2015. 冯恺．生命损害赔偿请求权理论再思考．政法论丛，2004（2）.

丧葬费和死亡赔偿金。”这个“死亡赔偿金”当然仅仅是指财产损害赔偿，至于精神损害赔偿，则由《民法典》第 1183 条规定。当然，从功能上说，由于死亡赔偿金真正要救济的是与死者有着最亲切的感情联系、与其构成家庭经济利益的紧密共同体的近亲属，故此，其虽然属于财产损害赔偿，但是，也在一定程度上也具有精神抚慰金的性质。

2. 精神损害赔偿

各国立法大多认为，侵害他人生命权会给死者的近亲属带来极大的精神痛苦，因此在法律上应当赋予死者的近亲属以精神损害赔偿请求权。我国法律也明确规定了死者近亲属的精神损害赔偿请求权。《民法典》第 1183 条第 1 款规定：“侵害自然人人身权益造成严重精神损害的，被侵权人有权请求精神损害赔偿。”此外，最高人民法院《精神损害赔偿司法解释》第 7 条规定，自然人因侵权行为致死，死者的配偶、父母和子女向人民法院起诉请求赔偿精神损害的，列其配偶、父母和子女为原告；没有配偶、父母和子女的，可以由其他近亲属提起诉讼，列其他近亲属为原告。死者近亲属的精神损害主要是指因受害人死亡而给死者的配偶、子女以及父母等造成的精神痛苦。[①] 事实上，受害人因不法侵害而死亡，死者的近亲属如死者的父母、子女和配偶等一般也会蒙受精神痛苦，死者的近亲属作为间接受害人，亦有权就其遭受的精神损害主张赔偿。不过，死者近亲属提出精神损害赔偿必须以自己的名义提出，且必须证明自己因死者的死亡而遭受精神损害。虽然受害人的死亡会给其所有的亲友都造成不同程度上的痛苦，但这些痛苦无法都予以赔偿，否则赔偿范围太广，责任过重。因此，我国法上将赔偿范围定为死者的近亲属。依据《民法典》第 1045 条第 2 款，配偶、父母、子女、兄弟姐妹、祖父母、外祖父母、孙子女、外孙子女为近亲属。

（撰稿人：王利明）

第一千零三条

自然人享有身体权。自然人的身体完整和行动自由受法律保护。任何组织或者个人不得侵害他人的身体权。

---

① 汪志刚．论受害人近亲属的精神损害赔偿请求权．侵权法评论：第 2 辑．北京：人民法院出版社，2003：58.

本条主旨

本条是对身体权的规定。

相关条文

《民法总则》第 110 条规定："自然人享有生命权、身体权、健康权、姓名权、肖像权、名誉权、荣誉权、隐私权、婚姻自主权等权利……"

《侵权责任法》第 2 条规定："侵害民事权益，应当依照本法承担侵权责任。本法所称民事权益，包括生命权、健康权、姓名权、名誉权、荣誉权、肖像权、隐私权、婚姻自主权、监护权、所有权、用益物权、担保物权、著作权、专利权、商标专用权、发现权、股权、继承权等人身、财产权益。"

《反家庭暴力法》第 23 条规定："当事人因遭受家庭暴力或者面临家庭暴力的现实危险，向人民法院申请人身安全保护令的，人民法院应当受理。"

《反家庭暴力法》第 29 条规定："人身安全保护令可以包括下列措施：（一）禁止被申请人实施家庭暴力；（二）禁止被申请人骚扰、跟踪、接触申请人及其相关近亲属；（三）责令被申请人迁出申请人住所；（四）保护申请人人身安全的其他措施。"

《未成年人保护法》第 10 条规定："禁止对未成年人实施家庭暴力，禁止虐待、遗弃未成年人，禁止溺婴和其他残害婴儿的行为，不得歧视女性未成年人或者有残疾的未成年人。"

理解与适用

一、身体权的概念和特征

身体权是自然人维护其身体组织器官的完整性并支配其肢体、器官和其他组织的权利。① 身体权作为一种物质性的人格权，与其他的物质性人格权一样，都以身体完整的利益为对象，都具有固有性和专属性的特点，权利人不得将其权利转让、抛弃。身体权以身体利益作为客体，而身体又是所有物质性人格权的载体，这就决定了身体权在人格权体系中占有重要地位。身体权和生命权、健康权一样，是自然人最重要的法益，也是个人作为民事主体存在并享有各项其他民事

① 杨立新．人身权法论．北京：人民法院出版社，2002：398.

的基础和条件。[①]

从比较法的角度来看，法律对身体权的保护出现几种发展趋势：一是将身体权与健康权合并规定。例如，《奥地利民法典》第 1325 条规定，身体伤害是指一切对身体，或精神健康，或身体完好性的不利影响。[②] 二是有关国家的法律将身体作为一种特殊的法益给予保护。例如，1942 年的《意大利民法典》第 5 条是第一个关注人体组织“处分”的法律条款，1994 年《法国民法典》修订时，确认了“人体的不得处置原则（Indisponibilité du corp humain）”。《法国民法典》第 16—1 条更清楚地规定：“人的身体、人的身体的组成部分和人的后代不得成为财产权的标的。”同时，确定了身体的完整性以及身体不受侵害的原则。其他一些国家（地区）的法律，如《魁北克民法典》（第 19 到 25 条），以及《巴西新民法典》（第 13 到 14 条）等采纳此种规定。三是改变过去法律主体是一个“抽象的人”的传统观念，将人体视作人重要的组成部分。[③] 如《法国民法典》第 1128 条规定：“仅仅是物始能在交易中成为契约的标的。”人体的各个部分（如器官、组织、血液、基因、DNA 样本、生殖细胞）都具有人格属性，作为重要的人格利益加以保护。此种规定虽然没有直接确定身体是一种法益，但间接地确认了身体是一种不同于物的特殊人格利益。

我国《民法通则》确认了公民享有生命健康权，但并没有明确规定身体权。《侵权责任法》第 2 条第 2 款在列举民事权利时，也没有提及身体权。据此，许多学者认为，我国民法仅规定了生命权和健康权，而并没有规定身体权。也有人认为，健康权中已经包含了身体权。这一看法虽然不无道理，但是值得商榷。从法律上来看，身体权不能为健康权所涵盖，它应当作为一项独立的权利在民法上予以确认。也只有这样，才能充分保护个人的人身安全和人身自由。事实上，我国法律并未完全否认个人享有身体权。例如，我国《宪法》第 37 条第 3 款末段规定：“禁止非法搜查公民的身体。”《民法通则》第 119 条规定：“侵害公民身体造成伤害的，应当赔偿医疗费、因误工减少的收入、残废者生活补助费等费用；造成死亡的，并应当支付丧葬费、死者生前扶养的人必要的生活费等费用”，此处的身体即为身体权[④]；《精神损害赔偿司法解释》第 1 条明确规定了“身体权”遭受侵害，受害人有权请求精神损害赔偿。从我国司法实践来看，历来也承认身

① 梁慧星．民法总论．北京：法律出版社，1995：106.

② 冯·巴尔．欧洲比较侵权行为法：下卷．焦美华，译．北京：法律出版社，2001：80.

③ P. ZATTI, Di là dal velo della persona fisica. Realtà del corpo e diritti dell'uomo, in ID., Maschere del diritto, volti della vita, Milano, 2009, 53 ff.

④ 杨立新．人身权法论．北京：人民法院出版社，2002：393.

体权为一项独立的人格权。正是在总结我国既有立法和司法实践经验的基础上，我国《民法典》人格权编对身体权作出了规定。

《民法典》在法律上确认独立于健康权的身体权，有利于加强对个人人身权利的保护。因为生命权、健康权和身体权一起构成了完整的物质性人格权的体系结构①，只有确认和保护身体权，才有利于保护身体组织的完整和人身的安全。只有赋予权利人以身体权，才能使权利人获得充分救济。② 另外，规定独立的身体权，也是与现代科技和医学发展的需要相一致的。在现代社会，尽管随着科技的发展和医学的进步，对人的身体的完整性有了更为可靠的保障，但随着科技的进步，身体权也受到了基因技术、克隆技术、器官移植技术等发展所带来的挑战和威胁。例如，器官移植技术的发展，使人的身体的某些部分可以和人体相分离而无损人的健康；克隆技术的发展，使人体的很多部分都可以以克隆的方式被"复制"。这些都可能导致人的相关身体部位的变化，人的器官可以在不同的人之间交换，这就对身体的完整性原则提出了挑战。③ 这些内容显然与人的身体权是密切相关的，所以，确认和完善身体权概念对于合理解决这些问题也是十分必要的。

和其他人格权相比，身体权具有如下几个方面的特点。

1. 主体的特定性。从权利主体上说，身体权只能由自然人所享有。作为组织体的法人、非法人组织不享有身体权。尤其需要指出的是，身体权是个人人格权的基础，生命、健康都是依赖于身体的，一旦身体完整和行动自由受到侵害，个人的生命、健康也必然受到威胁。可见，身体权在民事权利中具有基础性的地位。

2. 固有性。这就是说，身体权是权利人所固有的、与主体资格联系十分密切的一种权利。一方面，身体权是与生俱来的权利，且在自然人生存期间始终伴随权利人。身体权丧失，生命也就不复存在。因为身体是生命和健康的载体，如果身体遭受侵害导致生命不复存在，自然人的主体资格就自然丧失。另一方面，身体权的固有性也决定了身体权是不可转让、不可抛弃、不可继承的。

3. 客体的二重性。身体权的客体包括两个方面：一是身体的完整利益。所谓完整，是指身体权人有权保护自己的主要部分和附属部分完整地结合在一起。任何破坏身体的完整性的行为都构成对身体权的侵害。身体包括主要部分和附属

① 杨立新．人身权法论．北京：人民法院出版社，2002：395.

② 同①396.

③ 黄丁全．医疗、法律与生命伦理．北京：法律出版社，2007：218.

部分。主要部分包括人的头颅、躯干、器官和其他组织，一般不得与身体相分离，是身体的基本组成部分。附属部分包括毛发、血液、体液、指（趾）甲等附着于身体的其他人体组织。① 身体某一部分只要不影响到身体的完整，不违反法律或公序良俗，则可以与身体相分离。随着现代科技发展，人的细胞和基因都可以作为身体的重要组成部分而存在，并且受到法律的保护。二是身体活动自由的利益。这就是说，个人不仅享有身体完整利益，也享有身体活动自由，个人作为人存在，不仅要保持身体完整，而且要广泛参与社会活动和社会交往，并能够按照自己的意志从事各种活动，这也是个人正常生存的基本条件，这种利益也是身体权的重要客体。《民法典》第 1003 条将行动自由作为身体权的组成部分，表明其也是身体权的重要客体。

上述两个方面的客体是有机地结合在一起，不可分割的，单纯地强调哪一个方面都是不妥当的。身体权必须以身体的完整为对象。身体的完整不仅表现为维护自己身体主体部分的完整，还包括维护肢体、器官等身体各个组成部分的完整。② 因为身体权人不仅有权维护自己身体的完整，例如，行为人实施某种侵权行为，限制了他人的人身自由等，这些行为虽然构成了对其他人格利益的损害，但因并未侵害身体完整性，因而并不构成对身体权的侵害，同时，个人还有权维护个人的行动自由，如果个人的行动自由得不到保障，则维护个人身体完整的目的也难以实现。《民法典》将行动自由作为身体权的客体，也意味着，即便行为人没有侵害他人身体的完整性，但只要不当妨害了他人的行动自由，也将构成对他人身体活动自由的侵害。

4. 内容的有限自主决定性。身体权是一种有限的自主决定权，这就是说，权利人有权在法律和社会公共道德允许的范围内自主决定捐献其人体细胞、人体组织、人体器官，也有权在生前决定在死后捐献遗体。自然人有权依法决定参与医学临床试验。身体是生命以及健康的载体，是自然人赖以生存的躯体，身体是生命的载体，也是人格的载体，所以身体权体现了一定的社会利益，它已超出了个人意思自治的领域。例如，权利人通过合同出售自己的身体器官，这将损害现代社会的基本价值，违反了公序良俗，应当予以禁止。

5. 具有绝对性。身体权的主体是权利人，义务人是除权利人以外的一切人，权利人的权利可以排除一切义务人的侵害，因此，身体权具有绝对性，此种权利受到侵害时，可以受到侵权责任法的救济。

---

① 尹飞．人身损害赔偿概述//王利明．人身损害赔偿疑难问题．北京：中国社会科学出版社，2004：16.

② 杨立新．论公民的身体权及其民法保护．法律科学，1994（6）.

身体权是物质性人格权的一种类型，受到法律的优先保护。在整个人格权体系中，物质性人格权处于优越地位，我国法律出于对人的生命、健康、身体等法益优先保护的考虑，对健康权实行了系统周延的保护，一方面，《民法典》第1005条规定了法定的救助义务，就是为了维护个人的健康权等物质性人格权。另一方面，人格权编第二章专门针对器官捐献作出规定，禁止买卖人体细胞、人体组织、人体器官，禁止性骚扰，并对人体医学试验以及对从事人体基因、人体胚胎等有关底线规则作出规定，都是为了强化对健康权等物质性人格权的保护。

二、权利人的身体完整和行动自由受法律保护

依据《民法典》第1003条，身体权的内容包括权利的身体完整和行动自由受到法律保护的权利。

（一）身体完整权

所谓身体完整权，是指权利人在其身体的安全和完整受到他人的侵害的情况下，有权采取一定的措施排除他人的侵害或妨害。此种措施既包括采取正当防卫、紧急避险等积极措施，也包括行使消极的人格权请求权。身体完整，是指自然人身体不受侵害，自然人依法维护自己身体组织的完整性，这一点在比较法上也得到了确认。例如，《法国民法典》第16条规定："人之身体不得侵害。"按照这一原则，任何人不得采取任何方式侵害他人的身体。我国《民法典》第506条规定，免除造成人身伤害责任的免责条款无效，实际上也体现了身体不得侵害的原则。《民法典》侵权责任编也充分体现了对自然人身体的特别保护，该法有多个条款都规定了侵害他人人身的责任，其中所说的人身就包括了身体。

具体来说，一方面，当权利人的身体正在面临不法妨害时，权利人有权采取正当的防御措施。当然，这种防卫措施必须适当，不能超过一定的界限而实施防卫。权利人在面临紧急的危险时，为了保护自己的身体的安全，也可以采取紧急避险的措施。但是，采取紧急避险所带来的利益要大于对第三人所造成的损害。此外，权利人为了维护身体完整的权利，有权采取各种措施预防各种损害的发生。与前述的保有权不同，身体完整和安全的维护权通常是针对即将发生的侵害而采取的积极的措施，而保有权并不需要权利人作出某种积极的行为来维护自身身体的完整。另一方面，身体完整权也包括消极的权利保护请求权，如果某种行为实际威胁、侵害到个人的身体，权利人也有权主张停止侵害、排除妨害、消除危险。现代社会是一个高风险的社会，尽管科技的发展、医疗的进步使人们的身体安全和完整得到极大的改善，但是，也要看到，在当前社会，各种灾害、事故以及其他前所未有的天灾人祸都在一定程度上威胁着人们的身体完整和安全，如

果他人的行为危及权利人身体的完整，权利人也可以请求停止侵害、消除危险。

（二）行动自由受法律保护的权利

所谓行动自由权，是指个人依法享有身体活动自由，不受他人的非法拘禁和限制。行动自由是权利人在法律规定的范围内自主支配自己行动的自由，也是人身自由的组成部分。只要权利人是在法律规定的范围内自主支配自己的行动，他人就不得干涉和妨碍。我国《民法典》第 1003 条从正面规定了行动自由是身体权的重要内容，同时，第 1011 条又从反面对侵害行动自由权的典型行为作出了规定。行动自由不同于身体完整，但二者也存在密切的联系。毫无疑问的是，行动自由对个人的价值是无法衡量的①，因此，我国《民法典》将其纳入身体权的范畴。对个人身体活动自由的侵害并不仅仅限于剥夺个人的活动自由，还包括对个人行为或者活动自由的任何非法的、不当的侵害。② 在实践中，讨债公司非法拘禁债务人、将债务人关进狗笼等，这些既是对身体活动自由的侵害，也是对身体权的侵害。因此，确立独立的身体权，对于保护身体活动自由也具有积极意义。

我国《民法典》第 1003 条将身体权的内容规定为身体完整和行动自由，二者之间存在密切联系，但二者之间也存在一定的区别：第一，二者的性质和内容不同。行动自由和身体完整所体现的利益不同，身体完整体现的是个人的物质性人格利益，而行动自由是权利人自主支配自己的活动，而不是支配身体本身，不是保持身体机能完整的权利。第二，对二者的侵害方式不同。对身体完整的侵害主要体现为殴打、非法切除他人的器官等人身伤害行为，而对行动自由的侵害主要体现为非法拘禁他人的人身、非法限制他人的行动。从这一意义上说，伤害他人身体的行为虽然可能侵害他人的身体完整，但并不当然侵害他人的行为自由。第三，二者损害后果不同。侵害身体完整的损害后果主要是造成他人肉体痛苦，而侵害他人行动自由的损害后果是影响他人身体活动自由。

三、任何组织和个人不得侵害他人的身体权

（一）任何组织或者个人负有不得侵害他人身体权的义务

依据《民法典》第 1003 条，任何组织或者个人不得侵害他人的身体权，这就意味着在法律上确立了任何人负有不得侵害他人身体权的义务。身体权作为绝对权，具有强烈的排他性，除权利人之外的任何人都负有不得侵害的义务。身体

---

① Thandani v. Minister of Law and Order 1991 1 SA 702（E）707.

② Botha v. Lues 1981 1 SA 687（o）690.

权体现为维护权利人的身体利益不受他人的侵害和妨碍，维护人体整体构造的完整性或身体的安全性，而维护人身的安全和完整是法律设定身体权的主要目的。正如 Lambert-Faivre 所指出的："人的身体的完整性是人类所普遍认可的价值。对人的身体的尊重是人的所有精神生活、职业生活和物质生活的介质、灵魂和必要媒介，它已深深地扎根于所有的文明之中。"①

身体权是个人所享有的一项重要的物质性人格权，个人享有身体权也是其参与社会交往的基本前提。《民法典》第 1003 条规定任何组织和个人负有不得侵害他人身体权的义务，并不是为了简单地宣示身体权，更是为了确定相关主体的义务，以及违反该义务所应当承担的法律责任。同时，不仅仅是民事主体负有不得侵害他人身体权的义务，对公权力机关而言，其也应当负有不得侵害他人身体权的义务。正是通过维护身体的安全性和完整性，生命得以延续、健康得以维护，自然人本人才能从事正常的生产生活。

（二）侵害他人的身体权的行为

侵害个人的身体权的行为的表现形式是多种多样的，但可以区分为两种类型。

1. 侵害身体完整

此类行为都有一个共同特点，即损害了身体的完整性和安全性，它既包括侵害个人身体的外部完整性，也包括侵害个人身体内部生理机能的完整性。法律上所说的对身体权的侵害，必须是造成对身体的完整性和安全性的破坏的行为。例如，致某人的肺脏破裂，砸伤他人的头部。在侵害身体的过程中，不管是否直接接触了他人的身体，只要造成了身体的安全性或完整性的侵害，就构成对身体权的侵害。至于被破坏完整性的身体是否可以经治疗而恢复，可能会影响到赔偿的数额，但这并不妨碍侵权行为的构成。具体来说，侵害身体权的行为包括如下几种类型。

（1）殴打。殴打他人所造成的损害不限于表面的生理机能的损害，它还包括内在的难以检测的生理机能的损害。在殴打他人尤其在身体受到暴力侵害的情况下，受害人一般会遭受肉体痛苦和精神痛苦。因此，不管这种痛苦持续多久，不管受害人是否能够举证证明其遭受了外在的生理机能的损害，或者是否具有医疗费用的支出②，不管殴打的轻重如何，只要受害人有证据证明行为人实施了殴打行为，行为人就构成侵权，受害人有权请求其承担侵权责任。

---

① Yvonne Lambert-Faivre, Droit du dommage corporel, 3e édition, 1996, Dalloz, p. 1.

② 杨立新．论公民的身体权及其民法保护．法律科学，1994（6）.

（2）非法切除他人的身体器官或附属部分。为了强化对身体权的保护，一些国家有关医疗方面的法律对医生的治疗活动规定了严格的事前说明和告知义务，尤其在手术过程中，医生切除病人的某一个部位或附属部分也应当事先告知患者，并征得其同意；否则，将构成对身体权的侵害，患者也可以基于医疗合同主张违约责任。①

（3）不当手术致他人身体部位受损。在医疗、整容等活动中，因为不当手术致他人身体部位受损，构成对他人身体权的侵害。例如，美容整形手术不当致受害人外在形象受损，构成了对身体权的侵害②，如果未影响其整体的生理功能，此时不构成对健康权的侵害，而仅构成对身体权的侵害。③

2. 侵害行动自由

此类行为主要体现为《民法典》第1011条所规定的侵害行为类型。

（1）非法拘禁。非法拘禁，是指没有法律上的根据，而非法限制他人的行动自由。例如，将某人拘禁于狗笼使其无法行动、将顾客锁在商场内强迫购物、将某人锁在房间禁止其出逃。身体行动自由的剥夺的成立，以无合理的方法可以离去为要件，如房门被锁，但可由窗户逃出时，尚不构成侵害自由。④ 任何人的行为自由不应受非法的限制，任何单位和个人都无权非法关押、拘禁他人，非法限制和剥夺个人的身体自由构成侵权，甚至构成犯罪。⑤ 非依法律，不得对个人进行逮捕、拘禁、搜查、审问或处罚，或采取各种方式限制他人的人身自由，否则，构成对他人的行动自由的侵害。

（2）非法搜查他人身体。例如，在某“超市搜身案”中，原告在离开超市时，被告店门口警报器鸣响，该店一女保安员上前阻拦原告离店，后原告被保安人员强行带入该店办公室内搜身，但并没有发现原告身上携带有带磁信号的商品，后允许原告离店。法院认为，被告将原告滞留店中作检查，不仅时间长达近两小时，其间还出现非法搜身原告的事实。被告已构成对原告人格权的侵害，应向原告赔礼道歉，并赔偿精神损失。非法搜查通常会对个人的名誉、隐私构成侵害。在非法搜查中，若采用暴力手段，则无论是否导致个人身体受损，均构成对

---

① 颜厥安．财产、人格，还是资讯?．台大法学论丛，(31-1).

② 马某涛诉鞍山铁东区服务公司梦真美容院损害赔偿纠纷案//最高人民法院中国应用法学研究所．人民法院案例选：1994（1）．北京：人民法院出版社，1994：89.

③ 例如，《山东省高级人民法院关于审理人身损害赔偿案件若干问题的意见》第18条规定：“美容整形手术失败给受害人造成不良后果，致人生理功能受损的，视为侵害他人身体权；受害人请求精神损害赔偿起诉到法院的，人民法院应当受理。”

④ 王泽鉴．侵权行为法：第1册．北京：中国政法大学出版社，2001：118.

⑤ 杨立新．人身权法论．北京：人民法院出版社，2002：645.

他人身体权的侵害。

(3) 其他侵害他人行为自由的行为。例如，夺去入浴妇女的衣服，使其无法行动，也应当构成对他人行动自由的侵害。

(三) 侵害他人身体权的民事责任

行为人侵害他人身体权，受害人有权依法请求行为人承担民事责任。在身体权遭受侵害的情形下，受害人有权行使人格权请求权，请求他人停止侵害、排除妨碍、消除危险。在他人正在侵害或者即将实施侵害受害人的身体完整和行动自由行为的，受害人有权要求停止侵害。受害人也可以基于人格权编关于禁令的规定，请求法院颁发禁令，以保护其人身不受侵害。为了保护公民的身体权，相关法律和司法解释已经规定了人身保护令，以有效制止侵害公民身体权的行为。例如，最高人民法院、最高人民检察院等于 2014 年 12 月 18 日颁行了《关于依法处理监护人侵害未成年人权益行为若干问题的意见》，其第 22 条规定："未成年人救助保护机构或者其他临时照料人可以根据需要，在诉讼前向未成年人住所地、监护人住所地或者侵害行为地人民法院申请人身安全保护裁定。"人身安全保护裁定可以包括如下内容，如禁止被申请人暴力伤害、威胁未成年人及其临时照料人；禁止被申请人跟踪、骚扰、接触未成年人及其临时照料人；责令被申请人迁出未成年人住所；保护未成年人及其临时照料人人身安全的其他措施。这些措施的采用，对于有效预防和制止侵害个人身体权的行为，防止损害后果的扩大具有重要意义。例如，某人因遭受家庭暴力或者面临家庭暴力的现实危险，而向人民法院申请人身安全保护令。这些措施的采用，对于有效预防和制止侵害公民人身权的行为，防止损害后果的扩大具有重要意义。

侵害他人身体权，造成损害的，受害人有权基于侵权责任编请求行为人承担侵权损害赔偿责任。

第一，财产损害赔偿。行为人在侵害他人身体权造成损害的情况下，应当赔偿的费用包括医疗费、护理费、交通费、为治疗和康复支出的其他合理费用、误工损失以及其他费用。侵害身体造成残疾的，侵权人还要赔偿残疾生活辅助器具费和残疾赔偿金，具体而言：一是残疾辅助器具费。它是指受害人因残疾造成身体机能的全部或部分丧失，而需要配备有关残疾辅助器具所支付的费用。这一费用是因侵害行为而增加的，所以，也应当赔偿。[①]《人身损害赔偿司法解释》第 26 条规定："残疾辅助器具费按照普通适用器具的合理费用标准计算。"人身伤

① 程啸．人身伤亡有关费用的赔偿标准//王利明．人身损害赔偿疑难问题．北京：中国社会科学出版社，2004：608.

害是否导致残疾，必须通过相关部门的鉴定。对此，我国相关部门制定了各自的标准，以确定是否残疾和残疾的等级。[①] 二是残疾赔偿金。它是指受害人身体或健康遭受侵害后，因全部或部分丧失劳动能力所应当获得的赔偿。依据《人身损害赔偿司法解释》第25条第1款规定，应当根据受害人丧失劳动能力程度或者伤残等级确定残疾赔偿金。因此，残疾赔偿金在性质上是对劳动能力丧失的赔偿，而不是对收入丧失的赔偿。关于残疾赔偿金的具体数额，《人身损害赔偿司法解释》第25条第1款规定："残疾赔偿金根据受害人丧失劳动能力程度或者伤残等级，按照受诉法院所在地上一年度城镇居民人均可支配收入或者农村居民人均纯收入标准，自定残之日起按二十年计算。但六十周岁以上的，年龄每增加一岁减少一年；七十五周岁以上的，按五年计算。"依据《人身损害赔偿司法解释》第25条第2款的规定，残疾赔偿金的赔偿也可以根据实际情况进行适当调整，这包括两种情况：一是受害人因伤致残但实际收入没有减少；二是伤残等级较轻但造成职业妨害严重影响其劳动就业的。在前一种情况下，应当适当减少残疾赔偿金。而在后一种情况下，应当适当增加残疾赔偿金。

第二，精神损害赔偿。在侵害身体权的情况下，受害人如果遭受了精神损害，也可以主张精神损害赔偿。侵害身体权的精神损害赔偿主要救济受害人的两类损失：一是受害人遭受的肉体痛苦。受害人遭受侵害以后，无疑要忍受肉体的痛苦，对此种肉体的痛苦，受害人应当有权要求赔偿。二是受害人遭受的精神痛苦，例如，受害人因残疾不能从事正常的工作、谈恋爱等，因此而引发的精神痛苦，应当允许受害人请求赔偿。

（撰稿人：王利明）

第一千零四条

自然人享有健康权。自然人的身心健康受法律保护。任何组织或者个人不得侵害他人的健康权。

本条主旨

本条是关于健康权受法律保护的一般规定。

---

① 参见国家质量监督检验检疫总局《道路交通事故受伤人员伤残评定》、国家技术监督局《职工工伤与职业病致残程度鉴定》、中国残疾人联合会《中国残疾人实用评定标准》等。

相关条文

《民法通则》第98条规定："公民享有生命健康权。"

《刑法》第234条规定："故意伤害他人身体的，处三年以下有期徒刑、拘役或者管制。犯前款罪，致人重伤的，处三年以上十年以下有期徒刑；致人死亡或者以特别残忍手段致人重伤造成严重残疾的，处十年以上有期徒刑、无期徒刑或者死刑。本法另有规定的，依照规定。"

《刑法》第235条规定："过失伤害他人致人重伤的，处三年以下有期徒刑或者拘役。本法另有规定的，依照规定。"

《治安管理处罚条例》第22条规定："有下列侵犯他人人身权利行为之一，尚不够刑事处罚的，处十五日以下拘留、二百元以下罚款或者警告：（一）殴打他人，造成轻微伤害的……"

《妇女权益保障法》第38条规定："妇女的生命健康权不受侵犯。禁止溺、弃、残害女婴；禁止歧视、虐待生育女婴的妇女和不育的妇女；禁止用迷信、暴力等手段残害妇女；禁止虐待、遗弃病、残妇女和老年妇女。"

理解与适用

一、健康权的概念和特征

健康权是自然人以其身体的生理机能的完整性和保持持续、稳定、良好的心理状态为内容的权利。[①] 在比较法上，"健康权（right to health）"一词并非典型的民事权利，而主要是指国家有义务保障公民享有能达到一定水平的身体和心理健康的权利。有关的国际公约也规定了健康权的内容。[②] 因此，许多学者认为，健康权主要是一种公法上的权利，其主要是设定国家的义务，也就是说，国家有义务为公民提供必要的医疗服务、健康设施以及健康的工作条件、清洁的环境等。[③] 但是现代民法中越来越强调对健康权的保护，这是因为，健康权与生命权、身体权一样，其也是个人享有其他民事权利的基础，如果健康权得不到保

---

① 王利明．人格权法新论．长春：吉林人民出版社，1994：288.

② 例如，《经济、社会及文化权利公约》第12条规定："一、本公约缔约各国承认人人有权享有能达到的最高的体质和心理健康的标准。二、本公约缔约各国为充分实现这一权利而采取的步骤应包括为达到下列目标所需的步骤：（甲）减低死胎率和婴儿死亡率，和使儿童得到健康的发育；（乙）改善环境卫生和工业卫生的各个方面；（丙）预防、治疗和控制传染病、风土病、职业病以及其他的疾病；（丁）创造保证人人在患病时能得到医疗照顾的条件。"

③ 石佳友．人权与人格权的关系——从人格权的独立成编出发．法学评论，2017（6）.

障，则其他民事权利的享有和保障也会受到影响，可以说，健康权在整个民事权利体系中居于基础性地位。健康权和生命权、身体权一样都是个人享有的基本人权，是个人从事正常的生产、生活的基本条件。健康是民事主体在正常生活中与他人交往的前提，只有享有健康权，人们才可能从事其他的民事活动，健康权一旦受到侵害，不仅会影响个人的正常生活，而且会进一步危及其生命。可以说，自然人的健康权，也是自然人有效行使其他权利的基础。

我国《民法典》第 1004 条确认健康权，对保护自然人的人格权意义重大，主要表现在：首先，确认健康权为实现人民群众美好幸福生活提供了重要的法律保障。当前，在人民群众基本的物质生活得到基本保障之后，健康成为人民群众幸福生活的重要内容，民法典从正面对健康权作出规定，并明确了健康权的内容，细化了健康权的保护规则，为个人在健康权受到侵害的情形下依法维护身心健康提供了法律依据。其次，可以为侵权法保护健康权提供依据，并确立有关单位和个人保护他人健康权的义务。虽然《侵权责任法》第 2 条已经明确将健康权规定为一种受法律保护的绝对权，但侵权法主要是救济法，民法典对健康权作出规定，也可以为健康权的侵权法保护提供依据。最后，为特别法保护健康权提供了上位法依据。也就是说，民法典关于健康权的规定既确立了一切不特定的主体均负有不得非法侵害他人健康权的义务，也规定了相关主体在特殊情况下的积极作为义务。例如，确立劳动者的健康权，企业就需要通过改善工作环境等方式相应保护劳动者的健康权。

在民法上，健康权主要具有如下特点。

第一，主体限于自然人。健康权作为物质性人格权，只能归属于自然人，法人和非法人组织不可能享有健康权。自然人因出生而当然享有健康权。依据《民法典》第 16 条的规定，“涉及遗产继承、接受赠与等胎儿利益保护的，胎儿视为具有民事权利能力”，因此，胎儿的健康利益也应当受到法律保护，其健康在其出生前遭受侵害的，其在出生后也应当有权请求行为人承担责任。自然人死亡后，不再属于民事主体，也不再享有健康权。

第二，健康权的客体是健康利益，其包括生理健康利益和心理健康利益。应当看到，健康首先是一个医学上的概念，但医学上健康的概念包括了生理健康和心理健康。《世界卫生组织宪章》导言指出，健康不仅是免病和残弱，而且是保持身体上、精神上与社会适应方面的完好状态。由此可见，作为健康权客体的健康利益包括两类，即生理健康利益和心理健康利益。健康权是一种身体和心理处于完好状态的权利。

第三，健康权具有平等性和固有性。一方面，健康权和生命权、身体权一样，是权利人与生俱来的权利，和主体资格联系十分密切，如果健康权无法得到保护，则个人的主体资格也会受到影响。另一方面，健康权是每个自然人都平等享有的权利，不因种族、政治取向、宗教信仰、经济及社会条件而有区别，每个自然人都平等地享有健康权，政府、社会有义务为保障公民的健康提供必要的条件和设施。①

第四，具有绝对性。健康权的主体是权利人，义务人是除权利人以外的一切人，权利人的权利可以排除一切义务人的侵害，因此，健康权具有绝对性，此种权利受到侵害时，可以受到侵权责任法的救济。

健康权是一种物质性的人格权。健康权与生命权、身体权具有密切的联系。健康受到侵害，生命必将受到威胁；而身体受到侵害，也往往伴随着健康权的侵害。但健康权具有其独特的权利客体和权利内容，是一种独立的人格权类型。我国《民法通则》第98条规定："公民享有生命健康权。"这一表述使学界对于健康权是独立的人格权，抑或是生命权的组成部分产生了争议。而《民法总则》第110条第1款则明确地采"健康权"的概念，并与"生命权"相区分。在总结上述立法经验的基础上，《民法典》人格权编单独对健康权作出了规定。

健康权和生命权、身体权一样，在整个人格权体系中处于优越地位，我国法律出于对人的生命、健康、身体等法益优先保护的考虑，对健康权实行了系统周延的保护。一方面，《民法典》第1005条规定了法定的救助义务，就是为了维护个人的健康权等物质性人格权。另一方面，人格权编第二章专门针对器官捐献作出规定，禁止买卖人体细胞、人体组织、人体器官，并对人体医学试验以及对从事人体基因、人体胚胎等有关底线规则作出规定，都是为了强化对健康权等物质性人格权的保护。除民法规定外，刑法、行政法以及大量的民事、行政特别法都涉及对健康权的保护。例如，《职业病防治法》第4条就确认了劳动者依法享有职业卫生保护的权利，并在此基础上对劳动者的健康权实行充分保护。此外，民法典其他分编也注重强化对个人健康权的保护。例如，《民法典》第506条就明确规定造成对方人身伤害的免责条款无效，其目的就在于保护自然人的健康权。又如，出于对承租人生命健康权保护的目的，《合同法》第233条也规定："租赁物危及承租人的安全或者健康的，即使承租人订立合同时明知该租赁物质量不合格，承租人仍然可以随时解除合同。"

二、健康权的客体

按照传统观点，作为人格权的健康，其客体限于生理健康，而不包括心理健

① 《世界卫生组织组织法》于1948年4月7日生效，经1959年世界卫生组织大会修订。

康。这主要是因为，生理健康具有外在保护方式，在受到侵害时比较容易判断，而心理健康属于精神层面的客体，其是否受到侵害，往往难以判断。我国《民法典》第 110 条在具体列举自然人所享有的各项人格权时，只是使用了“健康权”这一表述，并没有明确其内涵。但从我国司法实践来看，有关心理健康的纠纷越来越多，对心理健康的保护越来越重要①，我国民法典人格权编为强化对个人健康利益的保护，规定健康的内涵同时包括生理健康和心理健康，因此，健康权的客体也应当同时包括生理健康利益和心理健康利益。

笔者认为，《民法典》第 1004 条将健康权的客体规定为包含身体健康利益和心理健康利益两方面内容，主要理由如下。

第一，符合现代医学标准和比较法的发展趋势。现代医学普遍认为，健康应当包括心理健康。生理健康是指身体的生理机能的正常运转，而心理健康是指心理状态的良好状态。② 在许多情形下，生理健康和心理健康往往难以区分，二者常常发生转化，关联密切，如果不保护个人的心理健康，则个人的生理健康也难以实现。行为人侵害他人心理健康，造成他人心理健康损害，往往也会转化为生理健康损害。从实践来看，大量的生理健康问题都源于心理健康问题。法律仅保护生理健康而忽视心理健康，也难以实现对健康权的全面保护。因此，从比较法上来看，各国也越来越重视对个人心理健康的保护。例如，《欧洲民法典》也将精神上的损害视为健康损害。③

第二，从侵权保护的对象来看，如果不承认健康权的客体包括心理健康利益，则将使精神损害赔偿制度部分失去其保护对象，权利人将无法以健康权受到损害为由提出精神损害赔偿。例如，在因被恐吓造成忧郁、焦虑等精神痛苦的情况下，受害人确实发生了精神损害，其理应有权主张精神损害赔偿。④ 当然，在心理健康遭受侵害的情形下，受害人主张精神损害赔偿时也应当符合精神损害赔偿责任的构成要件，并非所有的精神损害都能获得法律救济。生理健康受到侵害往往伴随着生理机能的破坏，还发生身体疼痛、精神痛苦等心理健康状态的破坏，甚至可能导致心理疾病。⑤ 史尚宽先生认为，出卖腐肉或使用毒药以害人健康，因名誉毁损或恐吓而引起的精神衰弱，也属于侵害他人健康权。⑥

---

① 程啸．侵权责任法：第 2 版．北京：法律出版社，2015：131.

② 王利明．人格权法新论．长春：吉林人民出版社，1994：303.

③ 克雷斯蒂安・冯・巴尔．欧洲比较侵权行为法：下卷．焦美华，译．北京：法律出版社，2001：80.

④⑤ 尹飞．人身损害赔偿概述//王利明．人身损害赔偿疑难问题：最高人民法院人身损害赔偿司法解释之评论与展望．北京：中国社会科学出版社，2004：10.

⑥ 史尚宽．债法总论．北京：中国政法大学出版社，1998：143.

第三，如果将心理健康利益排除在健康权的客体之外，将难以对心理健康的损害进行有效补救。心理健康也受到保护，对其的保护同样重要。例如，在强奸案中，受害人会遭受重大的心理创伤。心理健康成为与身体健康同等重要的健康权内容。又如，严重的噪音侵害导致精神失常，虽然没有损害身体和生命健康，但可能影响心理健康。再如，恶劣的工作条件持续达到一定的程度，将可能严重影响个人的生产和生活，损害人们的心理健康，此种损害丝毫不亚于生理健康的损害。若对这些损害不予补救，则不能有效地保护个人基本的生存条件。①

此外，在现代社会，随着社会的发展和医疗科技的进步，人们的健康获得了更好的保障，但与此同时，环境污染和生态恶化带来的副作用也直接威胁着人们的健康，人们在享受现代化所带来的文明成果的同时，也要看到其对健康的威胁日益加剧，人类的心理健康越来越成为一个重要的社会问题，这就需要对健康的标准提出新的要求。当然，心理健康损害应当具有一定的严重性，否则将难以获得救济，单纯的心理失望、沮丧等并不构成对健康权的侵害。总之，健康权的核心在于身心健康，其不仅包括身体健康，也包括心理健康。

三、健康权与生命权、身体权的区别

健康权与生命权、身体权均属于物质性人格权，在人格权体系中均处于优越地位，且在侵害物质性人格权的情形下，依据《民法典》第998条的规定，并不需要通过动态系统论的规则进行利益衡量，而应当优先予以保护，但健康权与生命权、身体权存在明显区别。

（一）健康权与生命权

健康权与生命权具有密切的联系，健康受到侵害，生命必将受到威胁，但健康权不同于生命权：一方面，生命权不仅是自然人的人格权，而且是自然人作为主体存在的基础，自然人因有生命的存在而有权利能力，生命丧失，则自然人的主体资格也将不复存在；而虽然健康权对维护个人的主体资格具有重要意义，但其并非自然人主体资格存续的前提，在健康权遭受侵害的情形下，通过一定的医疗手段可以使个人恢复健康，因此，与生命权的不可恢复性不同，健康权具有一定的可恢复性。② 另一方面，在侵害生命权的情形下，直接受害人无法主张权利，而只能由因受害人死亡而遭受损害的间接受害人主张权利；而在健康权遭受

① 尹飞．人身损害赔偿概述//王利明．人身损害赔偿疑难问题：最高人民法院人身损害赔偿司法解释之评论与展望．北京：中国社会科学出版社，2004：10.

② 刘士国．中华人民共和国人格权法律条文建议附理由．北京：中国法制出版社，2017：43.

侵害的情形下，受害人的主体资格并不受影响，其有权直接请求行为人承担侵权责任。此外，生命权遭受侵害的，对直接受害人而言，不存在精神损害的问题，而通常要转化为财产损害。而在健康权遭受侵害的情形下，受害人可能同时遭受财产损害和精神损害，尤其是在侵害权利人心理健康的情形下，受害人的财产损害常常伴随着精神损害，受害人可以同时请求赔偿。

（二）健康权与身体权

健康权与身体权都属于物质性人格权，侵害身体权往往也会发生侵害健康权的后果。在比较法上，也有学者将健康权归入身体权的范畴。例如，德国学者优博特（Joubert）将身体区分为四个部分，即身体本身、健康（包括身体健康和心理健康）、身体活动自由以及主观感觉。① 个人心理上的损伤也会给个人生理上的健康带来一定的影响。② 但健康权与身体权毕竟是两种不同的人格权，二者的区别主要表现在：一方面，二者的权利客体不同。健康权的客体是生理健康和心理健康利益，目的在于保护个人生理、心理等机能的正常运转；而身体权的客体是身体完整利益以及行动自由利益。另一方面，损害后果不同。“身体伤害指的是人的外在表现形态的破坏，典型的就是伤口。而健康损害则是指导致了身体内部机能的障碍或精神上的损害。”③ 因此，侵害身体权并不当然侵害健康权，如打他人耳光，如果没有实质性地损害他人健康，则只是侵害身体权，而不构成对健康权的侵害。此外，对身体权的保护在实践中可能涉及器官移植、器官捐献、代孕等问题，与现代生物学技术与伦理等关联密切。而健康权虽然也与现代医学发展关联密切，但其通常并不涉及上述复杂的伦理问题。

有观点认为，通过精神损害赔偿制度已经足以保护心理健康，没有必要将其纳入健康权的范畴。但笔者认为，健康权与精神损害赔偿制度的功能是有区别的，健康权遭受侵害与精神损害也是不同的，在逻辑上应当区分作为侵害对象的“心理健康”和作为损害结果的“精神损害”。对心理健康的损害是一种持续性的损害，精神疾病的损失具有长期性和不确定性，在未来可能有恶化和损害扩大的可能。因此，对心理健康损害的赔偿主要应当采取支付治疗费用的方式，如果治疗期间持续较长，可以采取分期支付的方式强化对受害人的保护。而精神损害赔偿只是针对受害人的肉体疼痛、精神痛苦以及沮丧、愤怒、羞耻等消极的心理情绪所作出的补救，且大多是一次性的补偿。还要看到，精神痛苦只是一种消极性

① W. A. Joubert Grondslae van die persoonlikbeidsreg (1953) at 131.

② Boswell v. Miniser of Police 1978 3 SA 268.

③ 克雷斯蒂安·冯·巴尔．欧洲比较侵权行为法：下卷．焦美华，译．北京：法律出版社，2001：80.

的情绪，而不构成持续性的病态，如人格权受到侵害可能在心理上产生短暂的痛苦、愤怒等情绪，但未必会成为一种心理疾病。所以，笔者认为，不能以精神损害赔偿制度代替对心理健康的规定。

健康权与生命权、身体权一样，都是个人享有的基本民事权利，是个人正常从事生产、生活的基本条件。自然人的健康权一旦受到侵害，不仅会影响其正常生活，而且会进一步危及生命。可以说，自然人的健康权也是自然人有效行使其他权利的基础。

四、任何组织和个人不得侵害他人健康权

（一）任何组织或者个人负有不得侵害他人健康权的义务

依据《民法典》第1004条，任何组织或者个人不得侵害他人的健康权，这就意味着在法律上确立了任何人负有不得侵害他人健康权的义务。健康权是个人所享有的一项重要的人格权，具有强烈的排他性，任何组织和个人都负有不得侵害他人健康权的义务。享有健康权也是个人正常参与社会交往的基本前提，《民法典》第1004条规定任何组织和个人负有不得侵害他人健康权的义务，也进一步明确了相关主体违反该义务所应当承担的法律责任。同时，除民事主体外，公权力机关也负有不得侵害他人健康权的义务。

（二）侵害他人健康权的行为

健康权所具有的支配性在很大程度上体现为权利人有权采取各种合法的手段维护自身的健康并排除他人的侵害。具体而言，一方面，在发生损害健康权的危险的情况下，权利人可以主张消除危险，采取各种合法手段预防各种损害的发生。[①] 例如，在恶劣的工作环境严重危害劳动者的健康的情况下，工人有权要求消除危险。另一方面，如果权利人已经面临实际的健康危险，权利人可以采取正当防卫或紧急避险维护自己的健康。如果其健康已经遭受实际的损害，权利人可以主张排除妨害、停止侵害；构成侵权行为的，权利人还可以主张财产损害赔偿和精神损害赔偿等侵权责任。例如，在“于某诉侯某等健康权纠纷案”中，被告因与原告发生邻里纠纷，而到原告处与原告争吵并进行了厮打，导致原告受伤。法院认为，被告的行为侵害了原告的健康权，而且被告主观方面存在过错，应当对原告承担损害赔偿责任。[②]

侵害健康权的行为既包括直接针对受害人的身体实施的侵害行为，也包括间

① 徐国栋．绿色民法典草案．北京：社会科学文献出版社，2004：84.

② 河南省鄢陵县人民法院（2015）鄢民初字第808号民事判决书。

接地针对身体健康实施的侵害行为。从实践来看，侵害健康权的典型形态有：一是实施殴打等人身伤害行为，此时行为人不仅侵害了他人的健康权，而且还有可能构成故意伤害罪。二是实施其他非直接或非暴力的行为侵害他人的健康权。例如，通过环境污染、医疗事故、工伤事故、道路交通事故、产品质量缺陷等损害他人的健康权。三是劳动者因工作环境恶劣而患职业病也会对其健康权造成侵害。在实践中曾经发生“开胸验肺”等案例，即属于此类侵害健康的形态。所谓职业病，是指企业、事业单位和个体经济组织的劳动者在职业活动中，由接触粉尘、放射性物质和其他有毒、有害物质等因素而引起的疾病。① 企业虽未直接实施侵害劳动者权益的行为，但因为其工作环境造成职业病的发生，也需要对此负担相应的法律责任。四是采用威胁、恐吓、虐待等方式，使他人产生精神损害。例如，继母对某未成年子女的长期虐待，使未成年子女产生严重的心理疾病，即属于对他人心理健康的侵害。许多侵害健康权的行为都可能构成犯罪。例如，“地沟油”“毒奶粉”“瘦肉精”等事件中，相关企业或责任人可能构成生产伪劣产品罪。但在民法上，侵害健康权的民事责任的成立并非都以构成犯罪为前提。

（三）侵害他人健康权的民事责任

侵害健康权的责任方式主要包括如下两个方面。

1. 财产损害赔偿

关于侵害健康权的损害赔偿，各国立法大多确认受害人所遭受的身体伤害以及因此而蒙受的精神损害都需要赔偿。② 而且损害范围的确定也越来越采取类型化、标准化（standardization）的方法。在大多数情况下，侵害身体权与侵害健康权的后果是一致的，所不同的是，在身体权受侵害时更容易导致受害人残疾，而对健康权的侵害并不一定如此。正因如此，在多数情况下，区分健康权与身体权的意义不是很大。从我国《人身损害赔偿司法解释》来看，其区分了身体权与健康权，但是在赔偿的项目与类型上没有再分别作出规定，这种做法就是基于上述考虑。

关于侵害健康权的财产损害赔偿责任，《民法典》第 1179 条规定：“侵害他人造成人身损害的，应当赔偿医疗费、护理费、交通费、营养费、住院伙食补助费等为治疗和康复支出的合理费用，以及因误工减少的收入。造成残疾的，还应当赔偿辅助器具费和残疾赔偿金；造成死亡的，还应当赔偿丧葬费和死亡赔偿

---

① 卫生部曾公布 2009 年全国职业病情况，2009 年新发各类职业病 18128 例。职业病病例数列前三位的行业依次为煤炭、有色金属和冶金，分别占总病例数的 41.38%、9.33%和 6.99%。目前尘肺病仍是我国最严重的职业病。2009 年全国职业病情况公布 尘肺病占据其中八成．人民日报，2010－04－29.

② W. V. Horton Rogersed，Damages for Non-Pecuniary Loss in a Comparative Perspective，Springer Wien New York，2001，p. 12.

金。”该条所规定的“造成人身损害”不仅包括侵害身体权造成的损害，而且包括侵害健康权造成的损害。例如，在“李某等与黎某健康权纠纷案”[①] 中，原、被告双方因琐事发生纠纷，后双方互殴。事发后，原告前往通州区潞河医院救治，其伤情经诊断为：头外伤后神经反应。医嘱建议休息 17 天。法院认为，侵害他人造成人身损害的，应当赔偿医疗费、护理费、交通费等为治疗和康复支出的合理费用，以及因误工减少的收入；造成残疾的，还应当赔偿残疾生活辅助器具费和残疾赔偿金。本案中，原、被告因琐事发生纠纷后互殴，致使原告受伤，被告的行为侵害了原告的健康权，被告应当承担侵权责任。

具体而言，行为人在侵害他人健康权造成损害的情况下，主要应当赔偿如下几个方面的损失。

（1）为治疗和康复支出的合理费用，包括医疗费、护理费、交通费等费用。可以赔偿的这些损失，必须符合如下要件：第一，必须是实际发生的损失。如果尚未发生，不能赔偿。第二，必须与治疗活动有关。例如，交通费应当是因治疗而支出的，而不是因个人其他事务而支出的。第三，必须是合理的费用。例如，住宿费应当是合理水平的住宿费用，而不应当是过分的高消费。第四，必须由原告举证证明费用的支出。

（2）误工损失。它是指受害人从遭受损害到完全康复期间，无法从事正常的工作和劳动导致的收入损失。误工损失仅限于受害人自己的误工损失。一般认为，受害人因丧失了劳动能力而无法获得预期的收入，这些损失也属于可得利益的损失。

（3）被扶养人的生活费。关于被扶养人的生活费问题，受害人的健康权遭受侵害，使其丧失劳动能力不能获得预期的收入，原本由其扶养的人因此而无法得到扶养，此种损失究竟是属于所受损失还是所失利益，值得探讨。考虑到这些费用属于受害人未来将得到的收益，而非已经现实获得了的利益，本书认为，将其作为所失利益更为合理。

（4）赔偿残疾生活辅助器具费和残疾赔偿金。具体来说包括两个方面：第一，赔偿残疾生活辅助器具费。在许多情况下，侵害健康权不一定导致残疾，因而不需要赔偿此种费用。但如果受害人因健康受损而残疾，行为人也应当赔偿。例如，在劳工事故中，受害人神经麻痹导致其身体瘫痪。再如，长期污染导致的职业病，使受害人行走困难。在此情况下就需要赔偿残疾生活辅助器具费和残疾赔偿金。第二，赔偿残疾赔偿金。在健康权遭受侵害的情况下，是否应当赔偿残疾赔偿

① 北京市第三中级人民法院（2015）三中民终字第 05405 号民事判决书。

金，需要依据受害人是否残疾而定，凡是因健康受损而残疾的都需要获得赔偿。

在确定赔偿数额时，还应当考虑劳动能力遭受侵害的情况。在侵害劳动能力时，应当具体区分劳动能力的受损情况，以确定侵害人应赔偿的范围，如在确定行为人的财产损害赔偿数额时，在确定受害人的误工损失时，应当考虑受害人劳动能力受损的情况（如误工天数）。但是劳动能力只是评价损害程度的主要参考依据，而非唯一的依据，对损害的确定需要综合参考各种因素。例如，播音员的嗓音因医疗事故而被弄沙哑了，虽然其劳动能力没有减少或丧失，但是其无法再从事播音员的职业，此时如果仅以一般劳动能力为依据认定损害赔偿数额则对受害人极为不利。所以，在考虑劳动能力的同时，还要考虑受害人的特定职业等多种因素。正因如此，《人身损害赔偿司法解释》第 25 条第 2 款才明确规定，虽然受害人的伤残等级较轻，但是造成职业妨害严重影响其劳动就业的，可以对残疾赔偿金作相应的调整。

2. 精神损害赔偿

行为人侵害他人健康权的，在符合精神损害赔偿责任的适用条件时，受害人也有权请求精神损害赔偿。在有些国家的判例中，对精神损害赔偿区分了生理的痛苦与一般的精神痛苦，前者是指肉体的疼痛，后者是指心灵上的不适。在许多案例中，精神损害赔偿弥补的是生理的痛苦而非精神的痛苦。① 本书认为，这种区分并无多大的意义，因为受害人无论是身体权还是健康权遭受损害，都应当有权就“精神痛苦”获得赔偿。单纯的“生理疼痛”本身因个人的感受差异而有所不同，因此将精神损害赔偿认为主要是为了弥补生理疼痛，实践中很难准确地认定与判断，任意性比较大。相反，不区分肉体的疼痛与精神痛苦，更有利于法院综合考虑多种情形，给予受害人以救济。

问题在于，在侵害受害人健康权时，受害人的近亲属能否因受害人的健康受损而请求精神损害赔偿？比较法上对此存在争议。这主要是因为在直接受害人的健康权遭受侵害的情形，其近亲属可能会遭受痛苦，是否应当赔偿间接受害人的精神痛苦值得探讨。我国《精神损害赔偿司法解释》《人身损害赔偿司法解释》《侵权责任法》并没有对此作出规定，《民法典》也未作出规定。从我国司法实践来看，法院通常不认可此种精神损害赔偿。本书认为，原则上不应赔偿近亲属的精神损害，但在特殊的情况下，从公平正义考虑，应当承认某个未成年人的健康权受到侵害时，其近亲属也有权要求精神损害赔偿。例如，某个 6 岁儿童被他人

① W. V. Horton Rogers ed., Damages for Non-Pecuniary Loss in a Comparative Perspective, Springer Wien NewYork, 2001.

的带有狂犬病毒的狗咬伤，从而导致该病毒在体内潜伏，20 年之内均有发作的可能，而且致该儿童的体质严重下降，该儿童因年幼尚不知道这些危害，但是其父母看到自己的孩子遭受如此损害而感到非常痛苦。此时，如果不赔偿父母遭受的这种精神损害，确实有违公平正义。

（撰稿人：王利明）

第一千零五条

自然人的生命权、身体权、健康权受到侵害或者处于其他危难情形的，负有法定救助义务的组织或者个人应当及时施救。

本条主旨

本条规定的是相关主体的紧急施救义务。

相关条文

《人民警察法》第 21 条规定："人民警察遇到公民人身、财产安全受到侵犯或者处于其他危难情形，应当立即救助……"

《人民武装警察法》第 18 条规定："人民武装警察遇到公民人身、财产安全受到侵犯或者处于其他危难情形，应当及时救助。"

《医疗机构管理条例》第 3 条规定："医疗机构以救死扶伤，防病治病，为公民的健康服务为宗旨。"

《医疗机构管理条例》第 31 条规定："医疗机构对危重病人应当立即抢救。对限于设备或者技术条件不能诊治的病人，应当及时转诊。"

《执业医师法》第 3 条规定："医师应当具备良好的职业道德和医疗执业水平，发扬人道主义精神，履行防病治病、救死扶伤、保护人民健康的神圣职责。"

《执业医师法》第 24 条规定："对急危患者，医师应当采取紧急措施进行诊治；不得拒绝急救处置。"

《执业医师法》第 37 条规定："医师在执业活动中，违反本法规定，有下列行为之一的，由县级以上人民政府卫生行政部门给予警告或者责令暂停六个月以上一年以下执业活动；情节严重的，吊销其执业证书；构成犯罪的，依法追究刑事责任：……（二）由于不负责任延误急危患者的抢救和诊治，造成严重后果的；……（十一）发生自然灾害、传染病流行、突发重大伤亡事故以及其他严重威胁人民生命健康的紧急情况时，不服从卫生行政部门调遣的。”

《海商法》第 174 条规定：“船长在不严重危及本船和船上人员安全的情况下，有义务尽力救助海上人命。”

《刑法》第 445 条规定：“战时在救护治疗职位上，有条件救治而拒不救治危重伤病军人的，处五年以下有期徒刑或者拘役；造成伤病军人重残、死亡或者有其他严重情节的，处五年以上十年以下有期徒刑。”

《传染病防治法》第 69 条规定：“医疗机构违反本法规定，有下列情形之一的，由县级以上人民政府卫生行政部门责令改正，通报批评，给予警告；造成传染病传播、流行或者其他严重后果的，对负有责任的主管人员和其他直接责任人员，依法给予降级、撤职、开除的处分，并可以依法吊销有关责任人员的执业证书；构成犯罪的，依法追究刑事责任：……（三）发现传染病疫情时，未按照规定对传染病病人、疑似传染病病人提供医疗救护、现场救援、接诊、转诊的，或者拒绝接受转诊的……”

《海商法》第 38 条第 1 款规定：“船舶发生海上事故，危及在船人员和财产的安全时，船长应当组织船员和其他在船人员尽力施救。在船舶的沉没、毁灭不可避免的情况下，船长可以作出弃船决定；但是，除紧急情况外，应当报经船舶所有人同意。”

理解与适用

一、紧急施救义务的概念

所谓紧急施救，是指在自然人的生命权、身体权、健康权遭受现实侵害或者处于其他危难情形下，相关主体应当及时采取施救措施，避免损害的发生或者进一步扩大。例如，在“杨某芳与湘阴县中医院、湘阴县人民医院医疗损害责任纠纷案”中，法院认为，“原告提供的证据显示中医院在治疗原告尿路感染的过程中，未根据药品使用说明用药，给原告开具妊娠禁用药物，且在发现孕妇羊水偏少的情况下，未依法采取合理的产前诊断措施，故中医院在治疗行为上存在过错。同时，中医院未按照规定书写和管理病历，开具药品未载入病历，其在病历管理和制作上亦存在过错。在原告因出血到院急诊时，中医院未对原告依法采取必要的抢救措施，而是告知患者自行转诊，延误了患者的抢救时机，亦违反了紧急救助义务”[①]。我国《民法典》人格权编之所以要规定紧急救助义务，根本目

① 湖南省湘阴县人民法院（2016）湘 0624 民初 30 号民事判决书。

的在于维护自然人的物质性人格权免于遭受侵害。依据本条规定，负有紧急施救义务的主体限于法律规定的组织和个人。

需要指出的是，负有法定救助义务的组织和个人所应当负有的义务通常是在特别法中规定的，如《人民警察法》《执业医师法》等。《民法典》第1005条本身并没有为特定的组织和个人设定特别的紧急施救义务，而只是出于强化对物质性人格权的保护，重申相关主体的法定救助义务，并且将其与民法中因违反法定义务而产生的责任规则相衔接。对于特定主体所负有的法定救助义务，应依据特别法的规定予以判断。

人格权编规定的紧急施救义务主要具有如下特点。

第一，紧急施救义务不同于合同义务。人格权编所规定的紧急施救义务是一项法定义务，无论当事人是否约定了该项义务，相关主体均依法负有此项义务。同时，该项义务的目的在于保护个人的生命权、身体权、健康权，当事人不得通过约定排除该项义务。例如，《海商法》第175条规定："救助方与被救助方就海难救助达成协议，救助合同成立。遇险船舶的船长有权代表船舶所有人订立救助合同。遇险船舶的船长或者船舶所有人有权代表船上财产所有人订立救助合同。"此处所规定的救助义务属于合同义务，不属于法定的紧急施救义务。需要指出的是，不应将此处的法律限定为全国人大制定的法律，可以将其解释为法律和行政法规，不能排除行政法所规定的施救义务。但无论如何，救济施救义务应当是一项法定义务。例如，在"罗某、纪某等与台河市120急救中心医疗服务合同纠纷案"中，法院认为，"被告七台河市120急救中心是紧急救助疾病等急患的医疗服务机构，医务人员负有病情信息采集、指导自救和紧急医疗救助义务。2016年11月24日13时接到纪某紧急求救电话，被告受理后立即派医务人员前往事发现场，即医疗服务合同关系成立，被告应当立即履行紧急救助义务"①。在该案中，法院将医疗服务机构的紧急救助义务解释为合同义务，显然并不妥当。

第二，义务主体是负有法定紧急施救义务的组织和个人。也就是说，紧急施救义务的义务人限于法律规定的主体，其他主体并不负有法定的紧急施救义务。我国《人民警察法》第21条、《执业医师法》第24条以及《医疗机构管理条例》第31条等均规定了相关机构或个人的施救义务《海商法》也规定了海上救助，该法第174条规定："船长在不严重危及本船和船上人员安全的情况下，有义务尽力救助海上人命。"因此，在判断相关主体是否负有法定救助义务时，应当依据特别法律规定来判断。

---

① 黑龙江省七台河市桃山区人民法院（2018）黑0903民初5号民事判决书。

第三，义务人需要有施救的能力。这就要求具有施救能力的组织或个人采取合理措施进行救助，但不具有施救能力不意味着不承担任何责任。例如，依据《医疗机构管理条例》第31条的规定，对危重病人，如果相关机构无能力进行救治应当及时转诊，而不能耽搁，拖延。

第四，违反紧急施救义务时应当依法承担民事责任。紧急施救义务是一项法定义务，法定义务的违反将会导致责任的产生，如民法上的侵权责任、行政责任，甚至刑事责任。[①] 法定施救义务是特定主体在特定情形下依法负有的救助义务，此种义务在性质上属于特定主体的法定义务，相关主体违反该义务的，应当依法承担相应的责任。法律设定此种救助义务的主要目的即在于保护个人的生命权、健康权。

此外，紧急施救义务与安全保障义务在性质上均属于法定义务，其违反均可能导致侵权责任的产生。但是紧急施救义务与安全保障义务产生的原因并不相同，紧急施救义务的产生是由于特定的主体承担了救死扶伤或保护公民人身财产安全的特定义务，基于这些特定主体的职能，法律对其科以施救义务。而安全保障义务的主体的职能本身的产生并非因为要保障公民人身财产安全，而是因为其行为开启了某种风险而被要求采取一定的措施避免损害的发生。因此，两种义务的基础并不相同。

二、履行紧急施救义务与自愿实施紧急救助行为不同

从我国现实出发，法律在鼓励人们择善而从方面仍应发挥一定的作用。《民法典》也对见义勇为作出了规定，该法第184条规定："因自愿实施紧急救助行为造成受助人损害的，救助人不承担民事责任。"依据该条规定，在自愿实施紧急救助行为的情形下，即便造成了受助人损害，救助人也无须承担民事责任，其也被称为紧急救助行为人享有豁免权的规则。法律作出此种规定的目的在于鼓励自愿的救助行为，对于鼓励人们见义勇为、弘扬社会主义核心价值观具有重要意义。当然，虽个人应当见义勇为，但这一义务仍然属于道德上的义务，而不应当被作为法律上的义务，强制人们实施此种行为。从道德上讲，虽应鼓励个人积极

---

① 例如，《人民警察法》第21条第1款规定："人民警察遇到公民人身、财产安全受到侵犯或者处于其他危难情形，应当立即救助；对公民提出解决纠纷的要求，应当给予帮助；对公民的报警案件，应当及时查处。"再如，《道路交通安全法》第70条第1款规定："在道路上发生交通事故，车辆驾驶人应当立即停车，保护现场；造成人身伤亡的，车辆驾驶人应当立即抢救受伤人员，并迅速报告执勤的交通警察或者公安机关交通管理部门。因抢救受伤人员变动现场的，应当标明位置。乘车人、过往车辆驾驶人、过往行人应当予以协助。"

维护社会利益，救助他人，但不宜将此种道德义务上升为一项法律义务，不应强迫个人为维护他人利益献身。当然，对一些特殊的主体，法律可以规定其负有救助他人的义务，如警察、消防人员等。《民法典》第1005条中的紧急施救义务与见义勇为不同，二者的区别主要如下。

第一，是否存在法定的救助义务不同。施救义务人均是依据法律规定负有施救义务的主体，而见义勇为者则是没有法定的施救义务，而自愿救助他人的主体。但紧急施救和见义勇为不同，紧急施救义务以法定义务的存在为前提，而见义勇为并不以法定义务的存在为前提。除了法律明确规定以外，一般情形下，没有救助义务不应当承担相应的责任。

第二，是否适用免责不同。见义勇为适用《民法典》第184条的规定，满足条件的情形下，对损害的产生不承担责任，其也称为紧急救助行为人享有豁免权的规则。法律作出此种规定的目的在于鼓励自愿的救助行为，对于鼓励人们见义勇为、弘扬社会主义核心价值观具有重要意义。而紧急施救义务人则不适用这一规则，因为对紧急救助义务人而言，由于存在法定义务，没有及时合理进行救助则需要承担相应的责任。

三、紧急施救义务的履行

自然人的生命权、身体权、健康权受到侵害或者处于其他危难情形的，负有法定救助义务的组织或者个人应当及时施救，具体而言，紧急施救义务的履行应当具备如下条件。

第一，自然人的生命权、身体权、健康权受到侵害或者处于其他危难情形。可见，仅在自然人的物质性人格权遭受侵害的情形，相关主体才负有紧急施救义务，而对自然人的精神性人格权，则不适用该条的规定。

问题在于，如何理解该条所规定的“危难情形”？这种“危难情形”并不限于具有现实紧迫性的情形，对于一些持续存在的可能并不具有现实紧迫性的侵害，施救义务人同样应当依据本条进行施救。例如，警察对于已经被拐卖的妇女，在知晓被拐卖的情形时，应当负有及时解救的义务。

第二，相关主体依法负有法定的紧急施救义务。从该条规定来看，仅负有法定施救义务的主体才有义务进行紧急施救。《执业医师法》《医疗机构管理条例》《消防法》《人民警察法》《人民武装警察法》等对相关主体的救济施救义务作出了规定。当然，从上述法律规定来看，负有紧急施救义务的主体并不限于公权力机关，其他组织与个人也依法负有紧急施救的义务。例如，医院等组织有能力救助病人，其也依法负有法定的紧急施救义务。

第三，施救行为应当及时。因为在许多情形下，该义务发生于情况紧急的情形，如果不及时施救，将导致损害的产生或扩大，所以，负有施救义务的组织或个人，应当及时进行施救，以避免产生损害或扩大损害。

四、违反紧急施救义务的责任

既然紧急施救义务是一项法定义务，那么违反该义务应当承担一定的责任。由于民法典人格权编对此项义务作出了规定，因而行为人违反此项义务的，应当依法承担民事责任。如果因为行为人违反了紧急施救义务而造成受害人财产和精神损害的，受害人有权依法请求行为人承担损害赔偿责任。

人格权编对紧急施救义务作出规定，也为特别法进一步细化违反该项义务的责任提供了民事基本法层面的依据。如果相关特别法依据民法典的规则规定了违反紧急施救义务的行政责任，则相关主体在违反该特别法的规定时，也需要依法承担其他法律责任。

（撰稿人：王利明）

第一千零六条

完全民事行为能力人有权依法自主决定无偿捐献其人体细胞、人体组织、人体器官、遗体。任何组织或者个人不得强迫、欺骗、利诱其捐献。

完全民事行为能力人依据前款规定同意捐献的，应当采用书面形式，也可以订立遗嘱。

自然人生前未表示不同意捐献的，该自然人死亡后，其配偶、成年子女、父母可以共同决定捐献，决定捐献应当采用书面形式。

本条主旨

本条是对人体细胞、人体组织、人体器官、遗体捐献的规定。

相关条文

《人体器官移植条例》第 7 条规定：“人体器官捐献应当遵循自愿、无偿的原则。公民享有捐献或者不捐献其人体器官的权利；任何组织或者个人不得强迫、欺骗或者利诱他人捐献人体器官。”

《人体器官移植条例》第 8 条规定：“捐献人体器官的公民应当具有完全民事

行为能力。公民捐献其人体器官应当有书面形式的捐献意愿，对已经表示捐献其人体器官的意愿，有权予以撤销。公民生前表示不同意捐献其人体器官的，任何组织或者个人不得捐献、摘取该公民的人体器官；公民生前未表示不同意捐献其人体器官的，该公民死亡后，其配偶、成年子女、父母可以以书面形式共同表示同意捐献该公民人体器官的意愿。”

理解与适用

一、人体捐献的概念和对象

人体捐献是指自然人将其人体细胞、人体组织、人体器官、遗体等自愿捐献供医疗、科研等使用的行为。所谓捐献行为，是指自然人自愿、无偿地捐献自己的器官、血液、骨髓、角膜等身体的组成部分甚至捐献遗体的行为。随着医学技术的发展，器官移植等在技术上业已相当成熟，法律鼓励完全民事行为能力人有权依法自主决定无偿捐献其人体细胞、人体组织、人体器官、遗体。器官捐献行为有助于救死扶伤，弘扬社会主义的互助精神，并有助于医学的发展。因此，具有完全民事行为能力的自然人有权依法自主决定无偿捐献其人体细胞、人体组织、人体器官、遗体。

人体捐献的对象主要包括如下几种类型：一是人体细胞。按照生物学上的定义，细胞是生命的基本单位（如卵细胞）。二是人体组织。人体组织是在人体细胞的基础上形成的。组织是细胞经过分化形成的许多形态、结构和功能不同的细胞群，这些细胞群通过细胞间质连接在一起，共同组成组织（如上皮组织、结缔组织等）。人体由有机质和无机质构成细胞，由细胞与细胞间质组成组织，根据人体组织的形态和功能的不同，人体组织可分为上皮组织、结缔组织、肌肉组织和神经组织四大类。① 三是人体器官。人体组织构成人体器官，人体器官则就是由不同组织构成，按一定的次序联合起来，形成具有一定功能的结构的单位（如心脏、肝脏等）。② 功能相似的器官组成系统，由八大系统组成一个人体。《人体器官移植条例》第 2 条第 2 款规定：“本条例所称人体器官移植，是指摘取人体器官捐献人具有特定功能的心脏、肺脏、肝脏、肾脏或者胰腺等器官的全部或者部分，将其植入接受人身体以代替其病损器官的过程。”因此，具有特定功能的

---

① 刘长秋．人体移植器官产品化法律调整论批判——兼论人体移植器官来源困境之立法应对．政治与法律，2014（4）.

② 黄跃华，温盛伟．自然科学基础．上海：上海交通大学出版社，2016：129.

心脏、肺脏、肝脏、肾脏或者胰腺等构成人体器官。四是遗体。遗体是指人死亡后的尸体。尽管人死后，遗体对死者本人已经没有意义，但是遗体对他人可能具有意义，其对医学的进步也可能是有价值的。因此，法律鼓励遗体捐献这种有利于公益的行为，人体解剖、人体器官移植等都需要大量的遗体来源，遗体捐献对社会医疗卫生事业有极大的贡献。

人体捐献是自然人对其身体利益所依法作出的决定。法律之所以鼓励个人作出此种决定，是因为此种无偿捐献行为有利于及时救助他人，同时可以促进医疗进步和医学发展，并最终有利于社会公共利益的实现。该条虽然对人体捐献规则作出了规定，但并不意味着承认了个人对自己的身体享有处分权。有观点认为，由于身体权具有专属性，因而身体权人不得对身体权作出任何处分。事实上，本条关于人体细胞、组织、器官的捐献，应当在法律允许的范围内进行，其并不涉及对身体权的处分。

人体细胞、人体组织、人体器官、遗体的捐献需要在法律上作出区分。一般而言，细胞的捐献往往对人身体的影响较小，如捐献精子和干细胞等，并不会给身体造成巨大损害。而对人体器官而言，其捐献则可能给人体造成更大的损害，因此对器官的捐献就应当进行更为严格的限制。可以活体捐献的器官主要是肾脏，而对心脏等，则不能活体捐献，因为这将直接导致捐献者死亡，并违反公序良俗。遗体捐献与活体捐献也并不相同，虽然遗体的捐献因主体资格的丧失而不再给捐献人造成损害，但是未经同意而摘取遗体的器官、组织等行为本身可能构成对公序良俗的违反。所以即使是遗体捐献也应当在法律规定的范围内，依法进行。应区分人体细胞、人体组织、人体器官遗体，不同的客体对捐献者的影响不同，影响越大的就应当越严格限制。例如，捐献分为活体捐献与死体捐献，一般而言，活体捐献的限制较大，某些捐献行为（如心脏捐献），只能进行死体捐献。

在《民法典》颁行前，我国立法主要通过行政法规或规章规制人体捐献行为，然而由于人体捐献涉及个人的基本民事权利，立法法上对于基本民事制度的规定进行了法律保留，即只能制定法律，不能交行政法规对其作出规定。故此，我国《民法典》人格权编对人体捐献行为作出了规定。

二、完全民事行为能力人享有依法自主决定捐献其人体细胞、人体组织、人体器官、遗体的权利

《民法典》第 1006 条确认了完全民事行为能力人所享有的依法自主决定捐献其人体细胞、人体组织、人体器官、遗体的权利，这种依法决定的权利来自物质性人格权，但不能将其等同于物质性人格权，其只是物质性人格权的一项重要内

容。该权利的特点主要体现在以下几个方面。

一是该权利的主体只限于完全民事行为能力人。按照民法的一般原理，捐献作为一种法律行为，可以由无民事行为能力人或限制民事行为能力人的法定代理人作出，但是由于细胞、组织、器官和遗体的捐献关系到无民事行为能力人和限制民事行为能力人的身体利益，与其生命健康息息相关，完全民事行为能力人能够独立形成自己的意思，并将该意思进行表达，而无民事行为能力人和限制民事行为能力人并不享有这一权利，因而不能由其法定代理人代理其作出捐献的意思表示。《人体器官移植条例》第 8 条规定："捐献人体器官的公民应当具有完全民事行为能力。"第 9 条规定："任何组织或者个人不得摘取未满 18 周岁公民的活体器官用于移植。"这实际上也采取了同样的立场。

二是该权利必须依法行使。虽然完全民事行为能力人享有这一决定权，但是该权利的行使在法律上仍然受到限制。例如，《人体器官移植条例》第 10 条规定："活体器官的接受人限于活体器官捐献人的配偶、直系血亲或者三代以内旁系血亲，或者有证据证明与活体器官捐献人存在因帮扶等形成亲情关系的人员。"依据这一规定，捐献人的捐献意愿的对象不能超出这一范围。

三是必须依法自主决定。依法自主决定是民法的自愿原则的体现，也是个人享有的基本权利，彰显了个人的人格尊严。这就要求当事人在决定时，意思表示应当是真实、自由的，任何人不得欺诈或者胁迫他人作出细胞、组织、器官和遗体捐献的意思表示。

三、合法人体捐献的条件

（一）捐献主体限于完全民事行为能力人

依据《民法典》第 1006 条的规定，对死亡后的捐献，主体包括全部自然人，但对生前进行的细胞、组织、器官捐献，而且从该条规定来看，仅完全民事行为能力人有权作出此种捐献。《民法典》要求生前的捐献人必须为完全民事行为能力人，这是为了保护无民事行为能力人和限制民事行为能力人。因为无民事行为能力人和限制民事行为能力人无法完全辨认细胞、组织、器官的捐献的后果，对于未成年人而言，由于其处于生长发育期，摘取其细胞、组织、器官对其身心健康产生的影响难以估量。[①] 未成年人因其不具有完全行为能力，而谈不上自愿问题，且未成年人的身体正处于发育状态，所以法律禁止未成年人捐献器官。精神病人因为不能独立自主地表达自己的意志，所以不能作为人体捐献的主体。

① 佟子林．卫生法学．北京：中国中医药出版社，2011：480.

正是基于上述原因，《民法典》禁止了无民事行为能力人和限制民事行为能力人的生前捐献行为。同时，为了充分尊重捐献者的意愿，在其实际作出捐献行为以前，法律上应当允许捐献人对捐献行为反悔，即可以随时撤销捐献的意思表示。

关于受捐献人的范围，相关法规有特别规定。《人体器官移植条例》区分活体捐献与死体捐献，对活体捐献而言，必须严格限制受捐献人的范围，以避免发生道德风险。对此，《人体器官移植条例》第10条的规定："活体器官的接受人限于活体器官捐献人的配偶、直系血亲或者三代以内旁系血亲，或者有证据证明与活体器官捐献人存在因帮扶等形成亲情关系的人员。"作出此种限制主要是为了防止器官捐献行为违反公序良俗。

（二）必须无偿捐献

从《民法典》第1006条第1款规定来看，人体细胞、人体组织、人体器官和遗体的捐献必须是无偿的捐献，这实际是要严禁细胞、组织和器官成为交易的对象。这主要是出于两点考虑：一是要避免经济地位的不平等导致贫困群体出卖细胞、组织和器官，从而严重危及其生命健康；二是一旦细胞、组织和器官允许交易，将势必导致通过人口贩卖摘取细胞、组织和器官成为可能，为严厉打击人口贩卖行为，必须严格禁止细胞、组织和器官的交易行为。《世界卫生组织人体细胞、组织和器官移植指导原则》的第5项原则同样要求："禁止出售或购买细胞、组织和器官不排除补偿捐献人产生的合理和可证实的费用，包括收入损失，或支付获取、处理、保存和提供用于移植的人体细胞、组织或器官的费用。"

在法律的适用中，需要准确把握无偿捐献中"无偿"的内涵。首先，"无偿"意味着不得通过支付货币作为对价要求"捐献人"进行"捐献"，无论该货币以价金、感谢费、抚慰金、慰问费、高额营养费等形式中何种形式出现，均不符合"无偿"的要求。其次，"无偿"还意味着不得以非货币的方式变相为他人捐献提供对价。非货币的对价既包括实物，如为"捐献人"提供食物、电子产品等，也包括一定的行为，如允诺为"捐献人"升职提供便利等。

当然，无偿捐献并不意味着捐献人的合理支出和丧失的收入不应获得补偿。对于捐献人因捐献行为而支出的合理费用（如交通费用、必要的营养费等）和由此丧失的收入（如工资收入的损失等）应当进行补偿。

（三）意思表示真实、自由

意思表示真实、自由是所有法律行为发生效力的一般要件，细胞、组织、器官、遗体捐献作为一项意思表示自然也要满足这一要件。从《民法典》第1006条规定来看，个人有权自主决定捐献其人体细胞、人体组织、人体器官、遗体，任何组织或者个人不得强迫、欺骗、利诱其捐献。也就是说，个人捐献的意思应当真实、自由，法律禁止以强迫、欺骗、利诱等方式获得捐献人同意。所谓强迫，即采用威胁、恐吓等方式要求捐献人作出不真实的意思表示。所谓欺骗，是指以虚构事实、隐瞒真相的方式获得捐献人同意的意思表示。所谓利诱，是指以支付高额报酬或提供其他好处等方式，诱使他人捐献。基于上述原因而签订的捐献合同都应当是无效的。对于自然人死亡后捐献的，法律要求其配偶、成年子女、父母必须共同决定，即多数主体的意思表示一致。即使多数近亲属同意，只要有持有反对意见的，就不能捐献。

如果权利人的意思表示不真实，则会影响人体细胞、人体组织、人体器官等捐献行为的效力。意思表示不真实是表意人的原因造成的效果意思与外部表示不一致①，典型的形态包括真意保留、虚伪表示、错误等。例如，出于公益宣传的示范目的，在“器官登记捐赠表”上填写个人信息，就欠缺真正的效果意思。对于以捐献为名，行买卖之实的行为，其捐献行为应当无效，买卖人体细胞、组织、器官等行为也因违反《民法典》第1007条而无效。在发生意思表示错误时，如错误勾选捐献的器官等，应当允许当事人撤销其行为。《人体器官移植条例》第8条规定：“公民捐献其人体器官应当有书面形式的捐献意愿，对已经表示捐献其人体器官的意愿，有权予以撤销。”这就赋予了捐献人撤销捐献的权利，因此，捐献人可以在捐献后作出撤销的意思表示。同时，从实践来看，捐献人撤销捐献意思也无须向法院或仲裁机构表明，而可以直接向器官捐献管理中心表明。

意思表示不自由是指意思的形成与意思决定受到来自他人的不当干涉②，典型的形态包括欺诈、胁迫。按照《民法典》第148～150条的规定，对于受到欺诈、第三人欺诈和胁迫的法律行为，表意人可以向人民法院或仲裁机构请求撤销。依据该规定，撤销权的行使需要通过法院或仲裁机构进行。笔者认为，在捐献意思表示受到欺诈或胁迫的场合，一方面捐献人可以依据《人体器官移植条例》第8条的规定直接向器官捐献管理中心行使撤销的权利。另一方面，《人体器官移植条例》第7条第2款规定：“公民享有捐献或者不捐献其人体器官的权利；任何组织或者个人不得强迫、欺骗或者利诱他人捐献人体器官。”因此，捐献人可以直接依据《民法典》第153条的规定，主张法律行为因违反上述行政法规的强制性规定而无效。因此，捐献人可以不向人民法院或仲裁机构请求，而可以直接终止捐献行为的效力。

① 史尚宽．民法总论．北京：中国政法大学出版社，2000：394－395.

② 王泽鉴．民法总则．北京：北京大学出版社，2009：307.

（四）形式要件合格

《民法典》第 1006 条第 2 款规定："完全民事行为能力人依据前款规定同意捐献的，应当采用书面形式，也可以订立遗嘱。"该条第 3 款规定："自然人生前未表示不同意捐献的，该自然人死亡后，其配偶、成年子女、父母可以共同决定捐献，决定捐献应当采用书面形式。"书面的形式可以是多样的。目前，中国人体器官捐献管理中心已经制作出了《中国人体器官捐献志愿登记表》作为供完全民事行为能力人表达捐献意愿的文本，捐献人可以到当地红十字会器官捐献管理机构，填写并递交《中国人体器官捐献志愿登记表》。在特殊情况下，法律会要求法律行为必须以特定的方式作出，一般认为，要式行为的功能主要体现为"警示"和"存证"①。将捐献行为规定为要式行为的原因在于：一方面，细胞、组织、器官、遗体的捐献对捐献人的身心健康影响重大，应当在充分考虑之后作出，采取要式行为的方式有利于避免捐献人作出不符合其意愿的捐献的意思表示。人体细胞、人体组织、人体器官、遗体的捐献对捐献人而言事关重大，书面形式可以使捐献人在充分和慎重的考虑的基础之上作出捐献。另一方面，以书面形式可以为证明意思表示的存在提供证据，确保即使在真正具有捐献意思的捐献人丧失行为能力或死亡后，仍可证明捐献意思的存在。书面形式可以为完全民事行为能力人具有捐献的表示提供有效的证据。此外，书面形式也是对知情同意原则的贯彻，采用书面形式，可以更有效地保障捐献人知情同意的权利。

此外，捐献行为不能以造成捐献者身体的重大损害为代价。捐献器官的行为实质上是对身体的处分行为，也是对身体完整权的自愿限制。但这种限制不得以严重损害个人健康为前提，如果因捐献而危及权利人自身的健康，这就有悖于捐献制度的本质，因为捐献制度的前提是在不损害捐献人的前提下有益于受捐献人。可能造成捐献者身体的重大损害的捐献行为在法律上是无效的。

四、遗体捐献

在自然人死亡以后，其器官可能仍可以满足罹患疾病的人的需求，因此，一些死者可能生前即表达了遗体捐献的意愿，对尸体的器官捐献和遗体捐献而言，如果自然人生前已经明确表示死后进行捐献，则只要该表示不违背公序良俗，一般应该按照死者的生前意愿执行，从而实现对他人的救助。对这种死体的器官或遗体捐献，为挽救更多的生命，法律应当积极鼓励。

《民法典》第 1006 条第 3 款规定："自然人生前未表示不同意捐献的，该自

---

① 黄茂荣．债法通则之一：债之概念与债务契约．厦门：厦门大学出版社，2014：284.

然人死亡后，其配偶、成年子女、父母可以共同决定捐献，决定捐献应当采用书面形式。”依据该条规定，在个人未明确表达遗体捐献意愿的情形下，遗体捐献应当符合以下条件。

（一）本人生前未明确表示反对

一旦本人生前明确表示反对，应当尊重死者的意愿，不得进行捐献。《人体器官移植条例》第 8 条规定：“公民生前表示不同意捐献其人体器官的，任何组织或者个人不得捐献、摘取该公民的人体器官……”本人生前反对遗体捐献不一定需要采用书面形式，只要有合理的证据证明死者生前并未反对，就应当允许近亲属进行捐献。比较法上对死体捐献具有两种不同的立法模式，即推定拒绝（opt in）和推定同意（opt out）模式。前一种模式是指在没有明确表示的情形下，推定自然人不愿意捐献；后一种模式是指在没有明确表示的情形下，推定自然人愿意捐献。① 2018 年 8 月 5 日，英国卫生部发表声明，英格兰从 2020 年开始实施新的器官捐献制度，把现行的“告知同意”制改为“默认同意”制。② 从我国《民法典》第 1006 条规定来看，其延续了《人体器官移植条例》的规定，采取的是折中的模式，即除非该自然人坚决反对，应当允许其近亲属的捐献决定。③ 之所以采取此种模式，主要是出于以下几点考虑。

第一，遗体捐献不涉及生命健康的问题。自然人死亡后，丧失了民事主体资格，其身体不再成为生命健康的载体，因此，遗体的捐献不涉及对生命健康的侵害，不宜对此类捐献进行过多的限制。同时，遗体本身对科学研究和医学发展具有重要意义，因此，法律不应当对遗体捐献设置过多限制。

第二，有利于缓解人体器官紧张的现实困境。在我国现阶段，人们对遗体捐献还尚未形成完整的认识，加之我国传统观念中对遗体完整的重视，导致我国遗体捐献者数量并不充足，难以满足临床需求。采用这种方式，可以有效鼓励自然人捐献其遗体，以缓解实践中器官紧张的情形。

第三，从宪法价值角度而言，在自然人生前未明确表示反对的情形下，允许近亲属捐献遗体并不构成对自然人人格尊严的侵害。我国承认对死者人格利益的保护，自然人在死亡以后，尽管其不再享有任何权利，包括一般人格权，但

---

① 李恩昌，等．中国医学伦理学与生命伦理学发展研究．西安：世界图书出版西安有限公司，2014：104.

② 英国拟推行器官捐献“默认同意”制．https：//www.fx678.com/C/20180806/201808060408331855.html.

③ 蔡昱．论器官移植的法律与伦理问题//段瑞春．科技与法律：现代文明的双翼．北京：中国科学技术出版社，2010：215.

其人格利益并不因死亡而消灭，法律出于维护社会道德和近亲属的感情以及维护社会公共利益的需要，有必要对死者的人格利益予以保护。而允许近亲属在自然人生前未明确表示反对的情形下捐献遗体，并不会导致近亲属情感公共利益的损害。

第四，这一做法与严格的推定同意规则不同，并不意味着强制捐献，而是由亲属进行决定，在近亲属不进行捐献时，不能够强制捐献。这种方式可以减少强制捐献的执行成本，也更加尊重当事人的意志。

（二）必须要由死者的配偶、成年子女、父母共同作出决定

《民法典》第1006条第3款之所以要求死者遗体捐献必须由死者的配偶、成年子女、父母共同作出决定，主要是因为这些人同死者的关系十分密切，死者遗体上可能存有其精神利益，因此，只要有任何一人反对，都表明这种捐献将损害其精神利益，都不构成本条中的“共同决定”。自然人生前未表示不同意捐献的，该自然人死亡后，其配偶、成年子女、父母可以共同决定捐献，由此表明，此种捐献性质上属于一种共同行为。

（三）必须采取书面形式

从该条规定来看，死者近亲属在共同决定捐献死者的遗体时，应当采用书面形式，毕竟自然人没有明确同意表示捐赠，这种关系到近亲属利益重要事项的捐赠行为必须取得意思表示一致。法律之所以要求采取书面形式，主要是为了确保死者近亲属的意思表示真实。《民法典》颁行前，我国相关立法也作出了同样的要求，《人体器官移植条例》第8条规定：“公民生前未表示不同意捐献其人体器官的，该公民死亡后，其配偶、成年子女、父母可以以书面形式共同表示同意捐献该公民人体器官的意愿。”

（撰稿人：王利明）

第一千零七条

禁止以任何形式买卖人体细胞、人体组织、人体器官、遗体。

违反前款规定的买卖行为无效。

本条主旨

本条是对禁止买卖人体细胞、人体组织、人体器官、遗体的规定。

相关条文

《人体器官移植条例》第 3 条规定："任何组织或者个人不得以任何形式买卖人体器官，不得从事与买卖人体器官有关的活动。"

《献血法》第 2 条规定："国家实行无偿献血制度。国家提倡十八周岁至五十五周岁的健康公民自愿献血。"

《献血法》第 11 条规定："无偿献血的血液必须用于临床，不得买卖。血站、医疗机构不得将无偿献血的血液出售给单采血浆站或者血液制品生产单位。"

理解与适用

一、禁止以任何形式买卖人体细胞、人体组织、人体器官、遗体

我国法律法规历来禁止以任何形式买卖人体细胞、人体组织、人体器官、遗体，此处所说的买卖，主要是一种有偿交易，即以人体细胞等为客体的有偿交易。所谓以任何方式，是指以各种类型的买卖方式（例如，以抵押，租赁）等方式，或者以各种名为无偿、实为有偿的方式（如给予超过成本的回报、互易、通过中介支付价款、向医疗机构支付并由其转给出售者等），买卖人体细胞、人体组织、人体器官和遗体。

人体细胞、人体组织、人体器官与人体未分离时，是人体的组成部分，任何人侵害他人的人体细胞等，构成对他人人身的侵犯，造成对他人身体权、健康权甚至生命权的侵害。毫无疑问，在人体的器官或组织没有与人体分离时，其自然属于身体权的客体。但人体细胞等也可以基于身体权人的意愿而与其身体发生分离，权利人也可以基于自己的意愿，依法无偿捐赠给他人，或作出其他处分，但不得以任何方式从事买卖人体细胞、人体组织、人体器官、遗体的行为。如果人体的组织或器官已经与人体发生了分离，该已经分离出来的物，并不能等同于一般的物品，不能直接作为交易的对象，因为这些与人体相分离的人体细胞等与精神利益具有密切联系，也体现了自然人的精神利益。例如，存放在冷库中的精液，与一般的物之间存在区别。在国外的判决中，盗窃精液也被认为是侵害他人身体权。[①] 随着基因技术的发展，从身体中分离出的 DNA 也可以成为身体权的

① 在该案中，原告为了避免手术后失去生育能力，将精子取出予以保存，以便将来能够生育，然后因为被告过失导致精子毁损，导致原告无法生育，法院判定被告应承担侵害身体权的责任，并判处了抚慰金。BGH NJW 1994，127.

客体。例如，储存在医院等地的DNA样本，涉及对人体基因甚至身体的保护，因此，禁止管理人擅自处分或利用。① 行为人如果侵害他人人体细胞、人体组织、人体器官，应承担相应的民事责任。由于这些物曾经是身体的组成部分，不同于一般的物，因而，对其的处分应当更多地受到公序良俗和法律的限制，不得以任何方式进行买卖。

在法律上禁止以任何形式买卖人体细胞等的原因在于：一方面，为了强化对自然人的身体、健康权的保护。身体权是指自然人有权保有自己的身体的各个组成部分如肢体、器官和其他组织并维持其完整和安全的权利。许多学者认为，身体权应当表现为对身体组织器官的支配。② 所谓身体完整，是指自然人身体不受侵害，自然人依法维护其对自己身体组织的完整性，这在比较法上也得到了确认。例如，《法国民法典》第16条规定："人之身体不得侵害。"按照这一原则，任何人不得采取任何方式侵害他人的身体，我国法律法规采纳了身体完整不受侵害，权利人也不得违法处分自己的人体细胞、人体组织、人体器官的原则。例如，《献血法》第11条规定："无偿献血的血液必须用于临床，不得买卖。血站、医疗机构不得将无偿献血的血液出售给单采血浆站或者血液制品生产单位。"另一方面，维护公序良俗。如前所述，即使人体细胞等与个人的身体发生分离，它们也体现了一定的精神利益，在法律上属于具有人格价值的物，买卖这些人格物将严重损害人格尊严。因为器官本身不同于财产，其作为人格的载体，体现了个人的人格利益和人格尊严，所以，有学者认为，分离出来的特殊的物也具有主体性。③ 如果允许个人随意地转让器官，实际上是将个人的人格当成商品，这有可能诱发道德风险，导致自杀甚至谋杀。此外，在法律上禁止以任何形式买卖人体细胞等，也有利于防范道德风险，维护社会秩序。有偿买卖人体细胞等，特别是人体器官，不仅会造成权利人自身的损害，而且会引发巨大的道德风险。人们可能因为生活所迫而出卖自己的器官，也可能会无视自己的身体健康而为谋取一时的利益而进行身体器官移植，以致给自己身体造成严重损害④，甚至会诱发盗割人体器官的行为，严重危害社会安全。所以，许多国家立法禁止器官买卖。对人体器官的买卖、担保、抵债，应视为违反公序良俗的行为，应宣告其无效。⑤

---

① E. MAND, Biobanken für die Forschung und informationelle Selbstbestimmung, in Medizinrecht, 2005, 565; B. M. KNOPPERS et alii, "Control of DNA Samples and Information", in 50 Genomics 385 (1988).

② 杨立新．人身权法论．北京：人民法院出版社，2002：399.

③ 王泽鉴．侵权行为法：第1册．北京：中国政法大学出版社，2001：108.

④ 孙慕义，等．新生命伦理学．南京：东南大学出版社，2003：147-149.

⑤ 迪特尔·梅迪库斯．德国民法总论．邵建东，译．北京：法律出版社，2000：876.

近几十年来，随着器官移植技术的发展，器官短缺的现象日益严重。因此，国外有不少学者主张应当建立器官市场，允许器官转让，其主要理由在于：一是可以解决器官短缺问题，有利于救死扶伤，促进医疗进步；二是可以通过市场机制使转让人的损失得到公平补偿，以防止非法的交易；三是通过达成转让协议，可以确保器官的正常用途。① 虽然这一看法不无道理，但允许人体器官买卖显然是弊大于利的且违反公序良俗。因此，我国《民法典》第1007条禁止以任何形式买卖人体细胞、人体组织、人体器官，是十分必要的。

当然，人体组织有主要部分和附属部分的区分，对于某些从人体分离开的部分，如乳汁、血液、头发等附属部分，按照一般的社会观念，都已经将其作为一般的物对待，且这些物大多与精神利益之间没有直接联系。因此，一般可以将这些物作为物权的客体而非人格权客体。这些分离出来的物可以通过合法的转让归属于他人，或因抛弃而成为无主物，由他人因先占而取得。② 例如，头发、指甲等，在对身体不会造成损害，也不会违反公序良俗的情况下，可以由权利人进行转让。

二、买卖人体细胞、人体组织、人体器官、遗体的行为无效

首先，采取任何形式所订立的有关人体买卖的行为都是无效的，此类行为不但违反了法律法规的强制性规定，而且违反了公序良俗。此种行为是绝对无效的，以后也不能有效。但问题在于，此类行为无效后，如何确定当事人的权利义务关系？笔者认为，凡是能返回原物、恢复原状的，应及时返还原物、恢复原状。但如果确实无法恢复原状（如捐献的人体组织已植入他人的身体）则不宜判决恢复原状，在此情形下，应该追究有过错的当事人的责任。此外，合同如果没有履行，则不得继续履行。

其次，买卖人体细胞、人体组织、人体器官、遗体的行为被宣告无效后，行为人还可能承担其他责任，甚至刑事责任。2011年2月，我国《刑法修正案（八）》中明确增设了“组织出卖人体器官罪”，并为之规定了严格的刑事责任，即组织他人出卖人体器官根据情节轻重，最高可处15年有期徒刑并处罚金或者没收财产。我国《刑法》第234条之一也对非法摘取器官的行为作出了规定，依据该条规定，未经本人同意摘取其器官，或者摘取不满18周岁的人的器官，或

① Lloyd R. Cohen，Increasing the Supply of Transplant Organs：The Virtus of a Futures Market，58Qeo. Wash. L. Rev. 1 1989—1990；Marvin Brams，Transplantable Human Organs：Should Their Sale Be Authoriyed by State Statutes?，3 Am. J. L. and Med. 183（1977—1978）.

② 王泽鉴．侵权行为法：第1册．北京：中国政法大学出版社，2001：108.

者强迫、欺骗他人捐献器官的，可能构成故意伤害罪、故意杀人罪。当然，在上述情形下，行为人也构成侵权，受害人有权请求行为人承担侵权责任。

（撰稿人：王利明）

第一千零八条

为研制新药、医疗器械或者发展新的预防和治疗方法，需要进行临床试验的，应当依法经相关主管部门批准并经伦理委员会审查同意，向受试者或者受试者的监护人告知试验目的、用途和可能产生的风险等详细情况，并经其书面同意。

进行临床试验的，不得向受试者收取试验费用。

本条主旨

本条是关于临床试验规制的规则。

相关条文

《涉及人的生物医学研究伦理审查办法》第3条规定："本办法所称涉及人的生物医学研究包括以下活动：（一）采用现代物理学、化学、生物学、中医药学和心理学等方法对人的生理、心理行为、病理现象、疾病病因和发病机制，以及疾病的预防、诊断、治疗和康复进行研究的活动；（二）医学新技术或者医疗新产品在人体上进行试验研究的活动；（三）采用流行病学、社会学、心理学等方法收集、记录、使用、报告或者储存有关人的样本、医疗记录、行为等科学研究资料的活动。"

《涉及人的生物医学研究伦理审查办法》第4条规定："伦理审查应当遵守国家法律法规规定，在研究中尊重受试者的自主意愿，同时遵守有益、不伤害以及公正的原则。"

《涉及人的生物医学研究伦理审查办法》第33条规定："项目研究者开展研究，应当获得受试者自愿签署的知情同意书；受试者不能以书面方式表示同意时，项目研究者应当获得其口头知情同意，并提交过程记录和证明材料。"

《世界生物伦理与人权宣言》第6条指出："只有事先征得当事人自愿、明确和知情同意后才能进行相关的科学研究。向当事人提供的信息应当是充分的、易懂的，并应说明如何收回其则和规定……"

理解与适用

一、本条的适用范围

《民法典》第1008条是关于临床试验的规定。所谓临床试验，是指为开发新药物、促进医疗技术的发展，以人体为对象进行的试验。这种试验对医学的进步是非常必要的，然而，由于其极可能对自然人的身体健康造成严重损害，甚至在没有严格规范的时候会将作为主体的人物化为客体，贬损人的尊严。因此，必须在法律上作出明确具体的规范。我国现行立法对人体试验主要通过行政法规或规章予以规定，而人体试验涉及自然人的生命权、身体权和健康权这些重要的人格权，故此应当由法律加以规定，而不能仅由行政法法规进行规定。

《民法典》本条中所说的临床试验包括如下三种不同的形式：一是新药的临床试验。例如，关于病毒疫苗的临床试验，即属于此类情形。此类试验主要受国家药品监督管理局和国家卫生健康委员会制定的《药物临床试验机构管理规定》的调整，该规定的第二章对于药物临床试验开展的基本条件和备案进行了详细的规定。二是新型医疗器械的临床试验。例如，关于新型呼吸器的临床试验等，就属于此类试验。国务院发布的《医疗器械监督管理条例》将医疗器械分为一、二、三类，对第二、三类的医疗器械，应当需要进行试验。对于不同级别的医疗器械的临床试验，采取不同的管理方法。[①] 三是发展新的预防和治疗方法的临床试验。例如，为预防艾滋病等传染病而开展的相关预防性医疗措施的试验活动，即属于此类临床试验活动。对此种临床试验，《基本医疗卫生与健康促进法》第32条第3款规定："开展药物、医疗器械临床试验和其他医学研究应当遵守医学伦理规范，依法通过伦理审查，取得知情同意。"疫苗作为一种预防方法，其临床试验受《疫苗管理法》的调整[②]，上述规定对受试者的知情同意规则作出了细

---

① 依据该法第18条的规定，"开展医疗器械临床试验，应当按照医疗器械临床试验质量管理规范的要求，在具备相应条件的临床试验机构进行，并向临床试验提出者所在地省、自治区、直辖市人民政府食品药品监督管理部门备案。接受临床试验备案的食品药品监督管理部门应当将备案情况通报临床试验机构所在地的同级食品药品监督管理部门和卫生计生主管部门"。

② 该法第16条规定："开展疫苗临床试验，应当经国务院药品监督管理部门依法批准。疫苗临床试验应当由符合国务院药品监督管理部门和国务院卫生健康主管部门规定条件的三级医疗机构或者省级以上疾病预防控制机构实施或者组织实施。国家鼓励符合条件的医疗机构、疾病预防控制机构等依法开展疫苗临床试验。"该法也对受试者的知情同意进行了规定，该法第18条规定："开展疫苗临床试验，应当取得受试者的书面知情同意；受试者为无民事行为能力人的，应当取得其监护人的书面知情同意；受试者为限制民事行为能力人的，应当取得本人及其监护人的书面知情同意。"

化规定。无论是何种临床试验，都应当有利于疾病的预防和治疗，有助于医学的发展。因此，本条对参与医学临床试验的规则作出了规定，有利于规范此类行为。

二、临床试验的条件

（一）经相关主管部门批准

虽然国家药品监督管理局发布的《关于调整药物临床试验审评审批程序的公告》将审评审批由明示许可改为默示许可，但由于药物临床试验可能对受试者的生命、身体、健康产生重要影响，此类行为的开展同样以获得相关主管部门批准为必要。

（二）必须经过伦理委员会审查同意

伦理审查的目的是确保临床试验方案具有合法性，符合基本伦理道德，且具有科学性，同时也要能够切实保护受试者利益。目前我国已经初步建立了临床试验的伦理委员会审查制度。国家卫生和计划生育委员会 2016 年通过了《涉及人的生物医学研究伦理审查办法》，该办法对涉及临床试验中的伦理审查进行了较为详细的规定。伦理审查也是对国外有益经验的借鉴，根据卫计委《涉及人的生物医学研究伦理审查办法》第 20 条的规定，伦理委员会重要审查的内容包括：研究者的资格、经验、技术能力等是否符合试验要求；研究方案是否科学，并符合伦理原则的要求；受试者可能遭受的风险程度与研究预期的受益相比是否在合理范围之内；知情同意书提供的有关信息是否完整易懂，获得知情同意的过程是否合规恰当；等等。此外，《涉及人的生物医学研究伦理审查办法》第 18 条也对此作出了规定。① 之所以要进行伦理审查，主要是因为临床试验不仅涉及受试者的健康，而且涉及公序良俗，所以，需要通过伦理审查的方式对潜在的风险、利益冲突以及受试者权利的充分保障等进行综合考量。

---

① 《涉及人的生物医学研究伦理审查办法》第 18 条规定："涉及人的生物医学研究应当符合以下伦理原则：（一）知情同意原则。尊重和保障受试者是否参加研究的自主决定权，严格履行知情同意程序，防止使用欺骗、利诱、胁迫等手段使受试者同意参加研究，允许受试者在任何阶段无条件退出研究；（二）控制风险原则。首先将受试者人身安全、健康权益放在优先地位，其次才是科学和社会利益，研究风险与受益比例应当合理，力求使受试者尽可能避免伤害；（三）免费和补偿原则。应当公平、合理地选择受试者，对受试者参加研究不得收取任何费用，对于受试者在受试过程中支出的合理费用还应当给予适当补偿；（四）保护隐私原则。切实保护受试者的隐私，如实将受试者个人信息的储存、使用及保密措施情况告知受试者，未经授权不得将受试者个人信息向第三方透露；（五）依法赔偿原则。受试者参加研究受到损害时，应当得到及时、免费治疗，并依据法律法规及双方约定得到赔偿；（六）特殊保护原则。对儿童、孕妇、智力低下者、精神障碍患者等特殊人群的受试者，应当予以特别保护。"

(三) 受试者的知情同意

受试者知情同意是临床试验展开的基础性的前提条件。人体试验需要征得被试验者的同意，并且要详细告知可能发生的危险，这就是所谓的“告知后同意法则”。受试者接受试验乃基于自主决定进行，这就要充分尊重受试者的知情权。依据《纽伦堡法典》第 1 条的规定，进行医学试验，应当经受试者的同意，这也是此类活动合法性的基础。[①] 我国《基本医疗卫生与健康促进法》第 32 条第 3 款规定：“开展药物、医疗器械临床试验和其他医学研究应当遵守医学伦理规范，依法通过伦理审查，取得知情同意。”知情权是同意权的基础，只有当受试者对于试验目的、用途和可能产生的风险等情况都充分知悉之后，在此基础上才能够作出符合其最佳利益的选择。如果同意权是在没有充分享有知情权的基础上作出的，则不能认为是受试者的真实意思表示，因为其对于将要采取的诊疗措施及其风险尚未充分知悉，在此基础上作出的选择可能是片面的，未必符合其最佳利益。

(四) 获得受试者或者其监护人的书面同意

依据《民法典》第 1008 条的规定，人体医学试验应当经受试者或受试者监护人的书面同意，我国相关的法律法规也对此作出了规定。[②] 作出此种规定，一方面是为了督促受试者或者其监护人谨慎作出参与人体医学试验的决定；另一方面，要求人体医学试验获得受试者或者其监护人的书面同意，也有利于保存证据，防止发生纠纷。

(五) 不得向受试者收取试验费用

新药、医疗器械、新的预防和治疗方法的试验的开展必须以免费为原则，只

① 该条规定：“受试者的自愿同意绝对必要，这意味着接受试验的人有同意的合法权利；应处于有选择自由的地位，不受任何势力的干涉、欺瞒、蒙蔽、挟持、哄骗或者其他某种隐蔽形式的压制或强迫；对于实验的项目有充分的知识和理解，足以作出肯定决定之前，必须让他知道实验的性质、期限和目的，实验方法及采取的手段，可以预料得到的不便和危险，对其健康或可能参与实验的人的影响。确保同意的质量的义务和责任，落在每个发起、指导和从事这个实验的个人身上。这只是一种个人的义务和责任，并不是代表别人，自己却可以逍遥法外。”

② 《药品临床试验管理规范》第 15 条规定：“经充分和详细解释试验的情况后获得知情同意书。(一) 由受试者或其法定代理人在知情同意书上签字并注明日期，执行知情同意过程的研究者或其代表也需在知情同意书上签名并注明日期。(二) 在受试者或其合法代表均无阅读能力时，则在整个知情过程中应有一名见证人在场，经过详细解释知情同意书后，受试者或其合法代表作口头同意，并由见证人签名和注明日期。(三) 对无行为能力的受试者，如果伦理委员会原则上同意、研究者认为受试者参加试验符合其本身利益时，则这些病人也可以进入试验，同时应由其法定监护人签名并注明日期。(四) 如果受试者、见证人或监护人签字的知情同意书均未取得，则必须由研究者将上述情况和不能取得的详细理由记录在案并签字。(五) 如发现涉及试验用药品的重要新资料则必须将知情同意书作书面修改送伦理委员会批准后，再次取得受试者同意。”

有这样才能避免受试者因为急迫、焦虑等原因，病急乱投医，付费进行试验，从而使试验演变为变相销售未经许可的药品和医疗器械，进而使药品和医疗器械的许可制度目的落空。此外，参与试验的受试者本身接受试验已经承担了大量风险，如果需要再支付费用，会承受过多的风险。此外，如果试验成功，则试验单位也可以将相关的药品、医疗器械、新的预防和治疗方法投入市场，从而获得收益，因此，此种试验应坚持无偿原则。

三、无民事行为能力人和限制民事行为能力人作为受试人的临床试验

在试验中，应当要区分受试者是否为完全民事行为能力人而分别适用不同的规则。从《民法典》第1008条规定来看，进行人体医学试验应当“向受试者或者受试者的监护人告知试验目的、用途和可能产生的风险等详细情况，并经其书面同意”，虽然其使用了选择性的表述，但笔者认为，其并没有将受试者的范围限于无民事行为能力人和限制民事行为能力人。这也意味着，完全民事行为能力人也可以参与此类试验，此时，仅需要其本人同意即可，而在无民事行为能力人和限制民事行为能力人参与此类试验时，则存在取得其监护人同意的问题，此种情形下，为了保护无民事行为能力人和限制民事行为能力人的利益，人体医学试验应当同时取得其本人及其监护人的同意。因此，应当将本条规定解释为采纳了“双重同意说”的立场。

“双重同意说”是国际上共同的做法，该种模式区分两种不同的试验，即未超出最低风险的试验和超出最低风险的试验。对于未超出最低风险的试验，需要经过机构批准，以及未成年人的同意和监护人的同意。对于超过最低风险的试验，则要求未成年人对试验具有直接受益，且要对风险与受益进行评估，风险少于受益时才能进行。[①] 有关国际公约也采纳此种做法。例如，《世界医学协会赫尔辛基宣言》第28条规定：“对于一个无给予知情同意行为能力的潜在受试者，医生必须从合法授权的代表那里征得知情同意。不可将这些人纳入他们不可能受益的研究中，除非这项研究：意在促进这些潜在受试者所代表人群的健康，不能由有给予知情同意行为能力的人替代进行，而且仅有最低程度的风险和最低程度的负担。”如果受试者为无行为能力人，不仅需要监护人同意，而且要求试验必须对本人有利，从而对无民事行为能力人给予严格的保护。联合国教科文组织在《世界生物伦理与人权宣言》中明确指出：“对于没有能力表示同意的人应当根据国内法给予特殊的保护。”对无行为能力受试者的告知，则应当向其法定代理人

---

① 满洪杰．人体试验法律问题研究．北京：中国法制出版社，2013：184.

进行。

正是在借鉴上述立法经验的基础上，我国《药品临床试验管理规范》第 15 条第 3 项规定，"对无行为能力的受试者，如果伦理委员会原则上同意、研究者认为受试者参加试验符合其本身利益时，则这些病人也可以进入试验，同时应由其法定监护人签名并注明日期。"我国《民法典》第 1008 条在总结相关的立法和司法实践经验基础上，要求在受试者为无民事行为能力人和限制民事行为能力人时，相关试验活动应当取得其监护人同意，其主要目的还是在于更好地保护无民事行为能力人和限制民事行为能力人的利益。在取得受试者监护人同意前，应当对其进行充分说明，使其充分了解相关的试验风险。对此，《药品临床试验管理规范》第 14 条第 4 项规定："试验期间，受试者可随时了解与其有关的信息资料。必须给受试者充分的时间以便考虑是否愿意参加。对无能力表达同意的受试者，应向其法定代理人提供上述介绍与说明。知情同意的说明过程应采用受试者或其合法代表能理解的语言和文字。"

（撰稿人：王利明）

第一千零九条

从事与人体基因、人体胚胎等有关的医学和科研活动，应当遵守法律、行政法规和国家有关规定，不得危害人体健康，不得违背伦理道德，不得损害公共利益。

本条主旨

本条是关于人体基因、人体胚胎等有关的医学和科研活动的底线规则。

相关条文

《民法总则》第 8 条规定："民事主体从事民事活动，不得违反法律，不得违背公序良俗。"

《人类遗传资源管理条例》第 9 条规定："采集、保藏、利用、对外提供我国人类遗传资源，应当符合伦理原则，并按照国家有关规定进行伦理审查。采集、保藏、利用、对外提供我国人类遗传资源，应当尊重人类遗传资源提供者的隐私权，取得其事先知情同意，并保护其合法权益。采集、保藏、利用、对外提供我国人类遗传资源，应当遵守国务院科学技术行政部门制定的技术规范。"

理解与适用

一、设立人体基因、人体胚胎等有关的医学和科研活动底线规则的必要性

(一) 从事人体有关医学和科研活动的类型

本条是针对从事人体有关医学和科研活动的底线规则，这些医学和科研活动主要包括以下几种。

1. 与人体基因有关的医学和科研活动

基因是具有遗传效应的DNA分子片段，是人类基础的遗传信息单位，它决定着一个人由生到死的整个生命过程，决定着一个人所有的生理特性和行为特征。[①] 基因关系到自然人的多项人格权益。人体基因在人格权法中的意义表现在：首先，基因可能成为身体权的客体。随着基因技术的发展，从身体中分离出的DNA也可以成为身体权的客体。比如，储存在医院等地的DNA样本也可能会成为身体的一部分，禁止管理人擅自处分或利用。[②] 由于这些物曾经是身体的组成部分，不同于一般的物，所以在处分这些曾经是身体组成部分的物时应当受到公序良俗和法律的限制。其次，基因可以成为隐私权的客体。基因隐私是指个人对其私人基因信息所享有控制支配的权利。[③] 基因是个人重要的生理隐私，从个人基因中不仅可以了解个人的生理、健康状况，而且因为基因中记载了个人的遗传密码等生命信息，也可以从基因中了解个人的疾病史，甚至可以从中了解其家庭的重要生理隐私。最后，基因信息是个人重要的生物识别信息，也是个人的敏感个人信息，对该信息的披露将会对个人的人身安全和私人生活产生重大影响。在各种生理信息中，个人的基因信息是最为核心的生理信息。[④] 基因一旦被编辑等技术不当处理，将严重威胁该自然人的人格权益。

还应当看到，基因信息不仅涉及个人的人格利益，还关系到国家安全和公共利益，因为在大数据时代，众多的人体基因信息汇集在一起，可以在整体上反映一国国民的身体状况以及基因状况，对个人信息的非法收集、处理，也可能危害国家安全和社会公共利益。例如，对自然人的基因进行提取，并进行编辑等处

---

① 李文，王坤．基因隐私及基因隐私权的民事法律保护．武汉理工大学学报（社会科学版），2002 (2).

② E. MAND, Biobanken für die Forschung und informationelle Selbstbestimmung, in Medizinrecht, 2005, 565; B. M. KNOPPERS et alii, Control of DNA Samples and Information, in 50 Genomics 385 (1988).

③ 张宏．基因隐私权的法学思考．河北法学，2006 (9).

④ 李秀芬．论隐私权的法律保护范围．当代法学，2004 (4).

理，再对变异基因进行提取、改造等，可能导致人类基因库的污染，并可能造成难以估量的损害后果。

2. 与人体胚胎的相关的医学和科研活动

人体胚胎是指人的精子和未受精卵受精后所产生的胚胎。人体胚胎一般是指从受精卵至第八周末的发育时期。人体胚胎是生命的前端，在人体胚胎已经形成的情况下，其有潜力发展成为独立的生命个体。人体胚胎是女性受孕或受精之后，经过多次细胞分裂和细胞分化所形成的生命雏体，其对应的是从女性受孕或受精之日起 8 周（或女性无月经之日起 10 周）这段时间的状态。[①] 人体胚胎本身也是生命的一部分，属于生命的范畴，与生命权关联密切。自试管婴儿技术发明以后，美国威斯康星大学的詹姆斯·汤姆森教授（James Thomson）从人类早期胚胎的内层细胞团中分离培养出第一例人胚胎干细胞系，给人类带来了福音。1978 年，第一个试管婴儿在英国诞生，人工生殖技术迅速发展，生命科学的发展也日新月异。如今，人体胚胎技术已经日渐成熟。人体胚胎是一个医学上的词汇，它主要是指受精后的生殖细胞，属于胎儿的前阶段。胚胎不同于胎儿，在医学上，只有在胚胎发育到具有初步的人形后，才能称为胎儿，在此之前的阶段即属于胚胎。胚胎又分为体内胚胎和体外胚胎。前者是在母体内发育的胚胎，其可由自然方式受孕，也可能通过人工授精实现；而后者则是在母体外发育的胚胎，其一般不是通过自然方式受孕。

从比较法上看，有的国家立法专门规定了人体胚胎的保护规则。例如，在法国，经 1994 年 7 月 29 日的法律修订后，《法国民法典》第 16 条规定："法律确保人的优先性（primauté），禁止对尊严的一切侵害，自其生命伊始（dès le commencement de sa vie）即确保对人的尊重。"该条源自 1975 年 1 月 17 日的法律，后者规定："自生命伊始确保对所有人的尊重。"根据法国宪法委员会 1975 年 1 月 15 日的裁决，胚胎是人的组成部分，自其生命伊始应确保其受到尊重。有的国家法律对胎儿的保护可以扩大到对胚胎的保护，还有的规定可以将对胎儿的保护时间提前到受孕时。

从我国司法实践来看，有关胚胎的纠纷也开始出现，如在著名的"无锡冷冻胚胎案"中，法院已经对人体胚胎提供保护，即认为体外受精胚胎具有发展为生命的潜能，是含有未来生命特征的特殊之物，不能像一般物一样任意转让或继承，故其不能成为继承的标的。[②] 我国《民法总则》对胎儿的利益保护作出的规

① 叶名怡．法国法上的人工胚胎．华东政法大学学报，2015（5）.

② 无锡人体冷冻胚胎权属纠纷案．人民法院报，2019－09－06.

定，也可以为胚胎的保护提供法律依据。《民法典》第 1009 条将其规定在人格权编中，实际上承认其属于一种特殊的人格利益，对其予以不同于一般物的特殊保护，人体胚胎不仅仅是权利客体，而且也涉及对生命权、身体权的保护。侵害人体胚胎不仅仅是财产损害赔偿的问题，还可能产生精神损害赔偿责任。换言之，对胚胎应当以有尊严的方式对待，不能随意毁弃，对人体胚胎不能做商业化利用。

3. 与人体基因、人体胚胎具有相当性的其他医学和科研活动

除人体基因、人体胚胎相关的医学和科研活动外，其他一些活动也可能产生同等的效果，也需要法律的规制，例如，非医疗性器官克隆行为。《人体器官移植条例》没有对器官克隆问题作出规定。克隆技术涉及生命伦理的问题，许多国家对于克隆人采取禁止的立场，但是对于为了治疗疾病而克隆器官，大多采取相对缓和的态度，在一定范围内允许实施。笔者认为，从人道主义、救死扶伤的角度出发，应当允许科学家复制身体的部位和其他器官，但由于克隆技术涉及伦理道德等一系列问题，因而非医疗性器官克隆应当被禁止。

（二）设立人体基因、人体胚胎等有关的医学和科研活动底线规则的意义

本条设立人体基因、人体胚胎等有关的医学和科研活动底线规则，具有重要意义，具体而言如下。

第一，规范涉及人体基因、人体胚胎等医学和科研活动，保障其规范运行。21 世纪是生物技术时代，法律应当鼓励人体基因、人体胚胎等有关的医学和科研活动，生物技术运用得好，将会造福人类，而一旦被滥用，就会严重损害人类福祉。近年来，一些医疗机构和科研机构从事有关人体基因和人体胚胎的研究活动，因缺乏必要的规范，所以，出现了“基因编辑婴儿”等行为。如果对此类行为不加以规范，不仅对受试者及其家庭造成重大损害，危害人的尊严，也可能对整个社会的公序良俗造成重大危害，甚至可能损害代际利益，所以，非常有必要在立法上予以规范，使此类科研活动健康、有序地发展。因此，《民法典》第 1009 条的重要意义在于将上述研究活动合法化，划定法律的红线和底线。

第二，维护人格尊严和生命尊严。联合国自 1997 年起陆续通过了世界人类基因组与人权宣言（1997 年），国际人类基因数据宣言（2003 年），世界生物伦理和人权宣言（2005 年），联合国关于人的克隆的宣言（2005 年）等一系列国际公约，强调从事与人体基因、人体胚胎等有关的医学和科研活动，必须建立在尊重人格尊严的基础上，具体包括：一是禁止基于个人遗传特征的歧视；二是禁止对自然状态下的人类基因组进行商业化利用；三是要求人类基因数据等在使用

时，不得用于侵犯或造成侵犯某一个人的人权、基本自由或人类尊严的歧视的目的或导致对某一个人、家庭、群体或社区造成任何侮辱的目的；四是强调个人的利益和福祉应高于单纯的科学利益或社会利益等[①]。因此，出于这一目的，本条要求这些医学和科研活动必须合法。此处的合法既包括内容的合法，即规定哪些医学和科研活动可以从事，哪些研究活动不得从事，如对人体克隆的研究就应禁止；也包括程序的合法，即通过底线规则，确立相关医学科研工作需要依据法定程序进行，如伦理委员会的审查等。

第三，维护代际利益。本条关于人体基因、人体胚胎的医学科研活动的规范，以坚持代际正义为原则，实现代际利益。代际是指生物学意义上的代与代之间的关系，所谓代际利益是在不同代际中的人类均应当享有各自的利益。换言之，是指对不同世代之间利益必须平衡保护，规则设计应考虑未来世代的合理利益。[②] 代际利益是代际正义的内容。代际正义被罗尔斯概括为“即不计时间地同意一种在一个社会的全部历史过程中公正地对待所有世代的方式”[③]。在代际正义的观点看来，每一代人都是受后代人委托的受托人，代为后代人所能获得的各项权利。[④] 代际正义与代内正义相对，其不仅要求在一代人之内考虑公平与正义，而且要拉长时间的维度考虑代际的公平与正义。《民法典》第1009条关于人体基因、人体胚胎的医学科研活动的规范就是在充分考虑代际正义的基础之上作出的规定，也以实现代际利益为重要目标。因为对人体基因和人体胚胎的医学科学研究，如果不加限制，将可能显著威胁代际正义的实现。例如，人体基因编辑技术所可能带来的先天畸形婴儿的产生，甚至是对整个人类基因库的污染等问题，所造成的损害都是深远、长久而不可逆的，后一代人也很可能会因此受到不当的损害。

第四，为特别法立法提供上位法依据。本条虽然看似为宣示条款，但可以为将来相关领域的立法提供民事基本法层面的依据。从我国现行立法层面来看，其并没有对这些问题作出明确规定。例如，《科学技术进步法》第29条规定：“国家禁止危害国家安全、损害社会公共利益、危害人体健康、违反伦理道德的科学技术研究开发活动。”但这一规则主要针对的是科学研究活动。2019年实施的《人类遗传资源管理条例》对遗传资源的研究，进行了较为细致的规范，但其性

---

① 古津贤，李耀文．生命科技法律与伦理．天津：天津人民出版社，2014：261-266.

② 廖小平．论代际伦理及其关涉视域和基本原则．复旦学报（社会科学版），2004（2）.

③ 约翰·罗尔斯．正义论．何包钢，译．北京：中国社会科学出版社，1999：308.

④ 爱蒂丝·布朗·魏伊丝．公平地对待未来人类：国际法、共同遗产与世代间衡平．汪劲，等译．北京：法律出版社，2000：2-3.

质上仍属于行政法规。对人胚胎干细胞研究，原卫生部和科技部在2003年公布了《人胚胎干细胞研究指导原则》，该原则第1条规定："为了使我国生物医学领域人胚胎干细胞研究符合生命伦理规范，保证国际公认的生命伦理准则和我国的相关规定得到尊重和遵守，促进人胚胎干细胞研究的健康发展，制定本指导原则。"虽然该条肯定了国家鼓励人胚胎干细胞研究，但是其规范层级较低，且仅适用于人胚胎干细胞的研究。因此，民法典通过引入此条规定，不仅为相关的科研活动作出了指导，同时也为特别法立法细化相关的法律规则提供了基础，后续的立法活动都应当以此为基本原则展开。

二、人体基因、人体胚胎等有关的医学和科研活动底线规则的内容

本条所确立的底线规则主要包括两个方面的内容，即符合法律规定和符合公序良俗。底线规则的合法性是指医学科研活动的开展应当依据法律的规定进行。需要注意的是，此处的"法律"不仅包括法律，也包括行政法规，甚至包括部门规章或地方政府规章。目前规范人体基因、人体胚胎医学、科研的规范性文件层级往往较低。因此，应当对作为此类活动合法性依据的规范性文件进行扩张解释，其不仅包括《民法典》，也包括行政法规、地方性法规、部门规章和地方政府规章等。具体而言，此类活动的合法性包括内容合法与程序合法两方面的内容。

一是内容合法。内容合法是指以人体基因、人体胚胎等为展开的医学科研活动，仅在不违反法律规定时才能开展。以人胚胎干细胞的研究为例，《人胚胎干细胞研究伦理指导原则》第4条明确规定："禁止进行生殖性克隆人的任何研究。"这一规则就是规范性文件中对科学研究内容的绝对限制。

二是程序合法。程序合法是指上述医学科研活动的展开必须按照法律或其他规范性文件所要求的程序进行。以人胚胎干细胞研究为例，《人胚胎干细胞研究伦理指导原则》第8条和第9条均为程序性的规范，对研究人员进行实验的程序作出了规定。[①] 关于涉及胚胎的医学活动，原卫生部制定的《人类辅助生殖技术管理办法》第14条规定："实施人类辅助生殖技术应当遵循知情同意原则，并签

---

① 该原则第8条规定："进行人胚胎干细胞研究，必须认真贯彻知情同意与知情选择原则，签署知情同意书，保护受试者的隐私。前款所指的知情同意和知情选择是指研究人员应当在实验前，用准确、清晰、通俗的语言向受试者如实告知有关实验的预期目的和可能产生的后果和风险，获得他们的同意并签署知情同意书。"该原则第9条规定："从事人胚胎干细胞的研究单位应成立包括生物学、医学、法律或社会学等有关方面的研究和管理人员组成的伦理委员会，其职责是对人胚胎干细胞研究的伦理学及科学性进行综合审查、咨询与监督。"

署知情同意书。涉及伦理问题的，应当提交医学伦理委员会讨论。”该条对个人的知情同意原则以及伦理审查规则作出了规定。此外，2019 年国务院通过了《人类遗传资源管理条例》，对采集、保藏、利用、对外提供我国人类遗传资源进行了较为详细的规定。①

同时，从该条规定来看，底线规则也要求涉及人体基因、人体胚胎等医学和科研活动应当符合公序良俗。人应当是法律关系的主体，而不应被工具化，从而沦为客体，关于人体基因、人体胚胎等的医学科研活动一旦出现了人的客体化倾向，就应当认定其违反了公序良俗。以克隆技术为例，其区别于治疗性克隆，生殖性克隆的目的并非在于克隆人体器官用于医学治疗，而是在于让克隆胚胎发育直至出生，成为克隆人。这种生殖性克隆技术，除了可能会导致人类基因的趋同，从而产生极大的风险外，还可能造成出生的克隆人遭受不公平对待的歧视问题。更重要的是，克隆人的出生是人为干预的结果，这将极大地危害人的主体性，使人成为工具，降低了人的内在价值。② 因此，在与人体有关医学科研活动中，既需要满足法律的规定，也要符合公序良俗。

三、违反本条规定的责任

《民法典》第 1009 条是一个不完全规范，并未直接规定违反本条义务所产生的相应责任，但这并不意味着违反该条将不产生任何法律效果。违反该条的责任应当结合本法的其他规则，或其他法律规则加以确定。例如，对于当事人订立的从事依法禁止的人体基因科研合作合同，应当依法宣告无效。如果违反这一规定，造成他人的人身损害，也应当承担相应的侵权责任。除此之外，对该条的违反还可能产生责任的聚合，在行为人的行为违反本条规定时，其可能需要同时承担行政责任；在构成犯罪时，行为人还需要依法承担刑事责任。

（撰稿人：王利明）

---

① 该条例第 9 条规定：“采集、保藏、利用、对外提供我国人类遗传资源，应当符合伦理原则，并按照国家有关规定进行伦理审查。采集、保藏、利用、对外提供我国人类遗传资源，应当尊重人类遗传资源提供者的隐私权，取得其事先知情同意，并保护其合法权益。采集、保藏、利用、对外提供我国人类遗传资源，应当遵守国务院科学技术行政部门制定的技术规范。”

② 陈勰．医学伦理学．南京：江苏科学技术出版社，2018：135.

第一千零一十条

违背他人意愿，以言语、文字、图像、肢体行为等方式对他人实施性骚扰的，受害人有权依法请求行为人承担民事责任。

机关、企业、学校等单位应当采取合理的预防、受理投诉、调查处置等措施，防止和制止利用职权、从属关系等实施性骚扰。

本条主旨

本条对禁止性骚扰的规则作出了规定。

相关条文

《妇女权益保障法》第 40 条规定："禁止对妇女实施性骚扰。受害妇女有权向单位和有关机关投诉。"

《妇女权益保障法》第 58 条规定："违反本法规定，对妇女实施性骚扰或者家庭暴力，构成违反治安管理行为的，受害人可以提请公安机关对违法行为人依法给予行政处罚，也可以依法向人民法院提起民事诉讼。"

理解与适用

一、性骚扰的概念和特征

所谓性骚扰（sexual harassment），是指针对他人实施的以身体、语言、动作、文字或图像等方式实施的、以性为取向的、违背他人意愿的骚扰行为。"性骚扰"一词最初是由美国著名女权主义法学家凯瑟琳·麦金农于 1974 年提出来的。[①] 此后，许多国家都陆续在相关法律中确立了禁止性骚扰的法律规则。我国实践中也出现了不少性骚扰的现象，但是由于缺乏法律的规定，因而法官在裁判时往往找不到具体的法律依据。2005 年 8 月 28 日，第十届全国人民代表大会常务委员会第十七次会议修订了《妇女权益保障法》，专门在该法中新增了一条对性骚扰作出规定，该法第 40 条规定："禁止对妇女实施性骚扰。受害妇女有权向单位和有关机关投诉。"这是我国法律第一次对性骚扰作出禁止性规定，具有重要的意义。然而，该条规定得很简略，其针对性和实用性都不强。例如，如何界定性骚扰？性骚扰侵害了受害人的何种民事权益？除向单位和有关机关投诉外，

① 张新宝，高燕竹．性骚扰法律规制的主要问题．法学家，2006（4）.

受害人能否针对实施骚扰的行为人提起侵权之诉？有关单位是否负有防止性骚扰的法律义务并在违反该义务时承担何种法律责任？因此，在审判实践中，处理性骚扰案件仍然缺乏明确的、具有可操作性的法律规则。

关于性骚扰的概念，从比较法上来看，各国法律的界定并不一致，这也与各国规范性骚扰行为的中心有所不同是密切联系的。以美国为代表的一些国家主要是以职场性骚扰为中心来规范性骚扰行为的，性骚扰的定义也主要围绕职场性骚扰而展开。例如，在美国法上，性骚扰经常被称为“工作场所的性骚扰（workplace bullying)”。在美国平等就业机会委员于 1980 年发布的相关指导规则中，就明确地将工作场所性骚扰分为交换性骚扰和敌意性工作环境性骚扰两类。应当说，将性骚扰限定为职场性骚扰具有一定的合理性。因为一方面，法律最初之所以规范性骚扰行为，主要就是针对职业中的性别歧视，是为了保护在工作中受害的弱者。另一方面，性骚扰行为也大多发生在工作场所中，通常和具体的工作环境联系在一起，因为在工作环境中容易形成上下级之间命令与服从的支配关系，而借助此种关系就很容易发生性骚扰行为。但是，性骚扰并不限于工作场所的性骚扰，特别是考虑到现代社会中人们的交往日益密切，更不应当将性骚扰行为局限于工作场所。只要是违背他人意愿、通过各种方式与对方进行与两性内容相关的交流或接触，严重影响他人内心安宁或者造成其他严重后果的行为，均应当认定为性骚扰行为。①

正是考虑到将性骚扰限于职场性骚扰过于狭窄，因此，有些国家的立法扩张了性骚扰的内涵。例如，在欧洲法上，性骚扰就被称为“性方面的骚扰行为(mobbing，victimization)”②。1990 年，欧洲议会《关于保护男女工作人员尊严的议会决议》将性骚扰定义为：“不受欢迎的性行为或其他以性为目的的行为，它损害工作女性和工作男性的尊严。性骚扰包括不受欢迎的身体、语言或非语言行为（CEC. 1993)。”有关国际公约也对性骚扰的概念作出了更宽泛的界定。例如，根据《反对对妇女一切形式的歧视公约》第 19 号建议书以及欧盟委员会公报等文件的定义，性骚扰具有以下三项特征：（1）不合乎需要、不适当或者冒犯性、损害其尊严的行为；（2）受害人拒绝其性暗示，将影响其职业或升迁；(3）骚扰行为制造出令人害怕、敌意或者侮辱性的工作环境。基于欧盟的指令要求，英国于 2006 年制定了《平等法》，该法将性骚扰被定义为“基于性别的、法

① 王成．性骚扰行为的司法及私法规制论纲．政治与法律，2007（4).

② Marte-France Hirigoyen，Stalking The Soul，Emotional Abuse and The Eroston of Identity，Helen Marx trans.，Helen Marx Books 2000，1998.

律禁止的事由而为下列行为：（1）对某人实施不受欢迎的行为，故意地或从结果来看侵犯他人的尊严；（2）或者制造恐吓性、充满敌意、自卑或不快的工作环境”①。应当说，上述规定揭示了性骚扰的一些基本特征，但其并没有在法律层面明确性骚扰究竟侵害了他人的何种权益，也没有揭示性骚扰行为的违法性特征。

从《民法典》第1010条规定来看，性骚扰是一种违背受害人意愿、以性取向为内容、侵害他人人格尊严并造成他人损害的行为②，按照这一定义，性骚扰必须是和性有关的行为，该行为违背他人意愿，行为人以言语、行为等方式对他人实施与性有关的骚扰行为。

性骚扰具有如下几个方面的特征。

第一，性骚扰是行为人针对特定受害人的以性为内容的骚扰行为。性骚扰必须和性有关，它不当干涉了受害人的性自主决定自由。此种行为可以以言语、文字、图像、肢体行为等各种方式表现出来。行为人在实施性骚扰时可能采取口头的方式（如讲下流话、性挑逗语言等），也可能采用书面形式（如发黄色视频、短信等），还可能采用其他行为举动（如触摸生殖器或者以其他姿态骚扰他人）等，但通常和性取向有关。

第二，性骚扰是违背受害人意愿的骚扰行为。如果受害人是完全民事行为能力人的，是否构成违背其意愿需要根据具体情况判断。在行为人实施性骚扰时，受害人明确表示反对的，该行为显然违背了受害人意愿。但是，即使受害人当时没有明确表示反对或处于沉默状态，也不能意味着其同意或接受性骚扰，只要其事后表示厌恶、反感、不满等情绪，就意味着该行为是违反受害人意愿的。如果受害人是限制民事行为能力人或者无民事行为能力人的，因为他们的辨识能力有限，即便是在性骚扰行为发生时，受害人没有明确作出反对或者拒绝的意思，也应当认定其有拒绝性骚扰的意愿，即针对这些民事行为能力受限之人的性骚扰，都被法律视为违反了他们的意愿。

第三，性骚扰是侵害人格权益的骚扰行为。《民法典》第1010条虽然规定在人格权编的第二章“生命权、身体权和健康权”，但这并不意味着性骚扰侵害的

---

① 就性骚扰的构成要件，英国司法实践中总结了六项基本要素，即（1）原告系被保护群体的一员（男性或女性）；（2）原告须受制于以性为基础且不受欢迎的行为；（3）该性骚扰行为必须影响原告的工作条件；（4）上述影响原告工作条件的行为与原告的性别有因果关系；（5）雇主知悉或应知悉该性骚扰行为而未采取立即和适当的救济措施；（6）骚扰次数不限。饶志静．英国反就业性别歧视法律制度研究．环球法律评论，2008（4）.

② 冯巴尔，等．欧洲私法的原则、定义与示范规则：欧洲示范民法典草案．王文胜，等译．北京：法律出版社，2014：320.

仅仅是生命、身体和健康权，而是需要根据具体情形予以认定，因为在现代社会，性骚扰的类型越来越复杂，其所侵害的利益很难被某种具体人格权所涵盖。例如，行为人故意碰撞他人身体敏感部位，在成立性骚扰的同时，也构成对身体权的侵害；如果在大庭广众之下实施该行为，还可能侵害隐私权；如果在实施此种行为之后，行为人故意拍照发到网上，还可能侵害名誉权、肖像权等权利；如果前述行为造成他人的身体损害或者使他人产生心理疾病，还可能侵害健康权。此外，性骚扰还可能侵害他人的人格尊严和人身自由。① 正因此，仅仅认定性骚扰侵害了某一种具体人格权，是很难全面对性骚扰的受害人提供救济的。比较法的经验也表明，性骚扰更多地与受害人的人格尊严，而非仅仅与某种具体人格权存在紧密关联。比如，1990 年欧洲议会《关于保护男女工作人员尊严的议会决议》将性骚扰定义为损害他人人格尊严的不受欢迎的性行为或其他以性为目的的行为。又如，《反对对妇女一切形式的歧视公约》第 19 号建议书认为，性骚扰的首要特征是不合乎需要、不适当或者冒犯性、损害其尊严。再如，基于欧盟的指令要求，英国 2006 年制定的《平等法》定义的性骚扰具有故意地或从结果来看侵犯他人尊严的要素。故而，针对性骚扰，在某种具体人格权规则不足以对受害人提供全面救济时，应当认定行为人侵害了受害人人格尊严，即侵害了受害人的一般人格权。

第四，性骚扰是性犯罪以外的骚扰行为。以暴力手段违背他人意志实施的与性有关的行为，情节严重的，构成强奸罪、猥亵罪等性犯罪，尽管它们看上去具有性骚扰的内涵，但由于它们一方面适用刑法的相关规定，另一方面适用民法的相关规定，有一套相对完整的权利保护和法律责任体系，因此，没有必要再通过专门的性骚扰制度来解决。也就是说，性犯罪通常都是性攻击，即以暴力手段或以暴力相威胁、违背他人意志而侵害他人性自主权的行为，而性骚扰通常是指性攻击以外的、有损他人人格尊严的性侵犯行为。② 故而，性骚扰是造成损害程度较轻的、不构成犯罪的骚扰行为。

明晰性骚扰的内涵和特征，有助于正确认识《民法典》人格权编规制性骚扰的重要意义和价值。《民法典》第 989 条规定，人格权编调整因人格权的享有和保护产生的法律关系，而性骚扰损害了人格尊严，与人格利益直接相关，当然应由人格权编予以调整。更为重要的是，通过人格权编来规制性骚扰，能使受害人明了自己的人格利益及其保护途径，进而有效保护受害人的合法权益。从实践情

① 王成．性骚扰行为的司法及私法规制论纲．政治与法律，2007（4）．

② 南莲·哈斯贝尔，等．拒绝骚扰．唐灿，等译．长沙：湖南大学出版社，2003：20．

况来看，在性骚扰发生的场合，尤其是职场中，有些受害人意识不到性骚扰已经侵害其人格利益，有些受害人面对性骚扰而不知如何抵御和救济。通过明晰性骚扰的内涵和特征，能看出《民法典》人格权编对其加以规制的合理性，也能鼓励受害人在遭受性骚扰之后积极主张权利，抵制性骚扰行为。由于《民法典》尚未实施，我们还无法通过实践情况来验证前述认识，但有学者在观察美国性骚扰司法保护进程后发现，法律的发展的确能唤醒人们对自己合法权益的保障意识①，这从一定程度上能说明前述认识是可靠的。

明晰性骚扰的内涵和特征，有助于准确认定性骚扰行为，避免不当妨碍人们合理的行为自由。权益保护是一种平衡的技术，必须在权利人的权利保护与他人的行为自由之间保持合理的平衡②，对性骚扰的法律规制也不例外，同样要合理平衡受害人的人格尊严和他人的行为自由。虽然《民法典》第1010条明确规制了性骚扰，但未明确界定其内涵和特征，一旦把握不准，该条规定在实践中有可能被误用或滥用，进而会导致利益失衡。而且，性骚扰往往与道德的观念认识掺杂在一起，如果在法律上不能科学界定其内涵和特征，就容易把道德因素引入其中，从而扩大性骚扰的范围，将一些不应纳入性骚扰范畴的行为认定为性骚扰，这就难以保障人们合理的行为自由。

明晰性骚扰的内涵和特征，有助于法院正确适用法律，全面妥当保护受害人的正当权益。性骚扰通常给受害人造成的损害是精神层面的损害，不能为侵害身体权、健康权等侵权行为所包括，但过去因为缺乏规范，更因为认识不清，法院在司法实践中往往通过身体权、健康权等其他人格权的保护规则来处理和解决性骚扰纠纷，这不仅适用法律不当，也不利于救济受害人。

二、性骚扰的构成要件

依据《民法典》第1010条，构成性骚扰应当具备如下要件。

(一) 必须是和性有关的骚扰行为

性骚扰行为表现的方式多种多样，但都是和性有关的。在德国法上，肢体上的接触作为最典型的性骚扰方式，被规定在刑法中，而口头上的性骚扰则并未被纳入刑法。③ 这并不意味着性骚扰仅以肢体上的接触为表现形式，行为人在实施

① Holly B. Fechner, Toward an Expanded Conception of Law Reform: Sexual Harassment Law and the Reconstruction of Facts, 23 U. Mich. J. L. Reform 475 (1990).

② 马克西米利安·福克斯．侵权行为法．齐晓琨，译．北京：法律出版社，2006：4.

③ Tatjana Hornle, The New German Law on Sexual Assault and Sexual Harassment, 18 German L. J. 1309 (2017).

性骚扰时可能采取口头的方式（如讲下流话、性挑逗语言等），也可能采用书面形式（如发黄色视频、短信等），还可能采用其他行为举动（如触摸生殖器或者以其他姿态骚扰他人）等多样的方式。总的来说，性骚扰行为可以分为以下五大类别。

一是职场性骚扰行为。职场性骚扰就是指发生在工作场所的性骚扰，即在工作场所中一方对他方实施的、不受欢迎的、具有性本质的侵犯他人人格权及其他权益达到一定严重程度的行为。① 如前所述，工作场所性骚扰是以美国为代表的一些西方国家法律规范的重点。我国现行立法也对职场性骚扰行为进行了规范，例如，《女职工劳动保护特别规定》第 11 条规定："在劳动场所，用人单位应当预防和制止对女职工的性骚扰。"该条实际上也主要是为了保护职场性骚扰中的受害人。当然，该条规定过于简略，难以为受害人主张权利提供明确的指引，同时，上述规定也没有对用人单位预防和制止性骚扰所应当采取的具体措施和应当承担的具体义务，以及违反相关义务所应当承担的法律责任作出规定，这实际难以有效地起到防止性骚扰行为发生的作用。

二是向他人发送具有性内容或性暗示的文字、语音或视频资料。行为人对他人使用具有性内容或者与性有关的肢体行为、语言、文字、图片、声像、电子信息等，也会构成性骚扰。目前我国司法实践中也有不少法院采纳了此种立场。例如，在"林某某与广东邦达实业有限公司劳动和社会保障行政管理案"中，法院认为："林某某利用电脑软件在照片上添加对白文字和主题，该文字和主题以公司女同事为对象，使用带有明显的与性有关的文字，故意对照片中的女同事实施上述行为，且从女同事向公司领导投诉和哭诉的事实能够确认林某某的行为造成行为对象的羞辱和不适，明显违背了女同事的意志，造成女同事精神上的压力，林某某的上述行为已构成性骚扰。"②

三是利用从属关系进行性骚扰。所谓从属关系，是指基于工作、学习、生活等社会关系而使一方在一定程度上隶属于另一方。许多性骚扰行为的实施与一方当事人利用从属关系有关，包括上下级关系、医生和患者的关系、师生之间的关系。从属关系既包括一时从属关系，如医生和患者，也包括长期的从属关系，特别是上下级关系和师生关系。行为人在利用从属关系实施性骚扰行为时，通常会以录用、晋升、奖励等利益作为交换，从而诱使受害人提供性方面的回报。在具有从属关系的情况下，一方利用从属关系给另一方造成压力，即便受害人没有明

---

① 张新宝，高燕竹．性骚扰法律规制的主要问题．法学家，2006（4）.

② 广东省高级人民法院（2015）粤高法民申字第 2839 号民事裁定书。

确拒绝，但迫于从属关系，也可能被迫接受。利用从属关系进行性骚扰可能有多种表现形式，如以明示或暗示方式对他人施加压力，使他人提供性方面的回报，或者利用谈话、谈心等方式故意进行身体上的接触，等等。在利用从属关系进行性骚扰的情形下，受害人迫于因从属关系而产生的压力，此时仍应当认定行为人的行为构成性骚扰。

从属关系并不限于人事组织上的从属关系，其强调的是骚扰方比被骚扰方有特定的优势地位，且可能利用这种优势地位去实施骚扰行为。在公司内部，主管经理骚扰普通职员，构成骚扰，自不待言，但如果公司的销售经理骚扰客户，是否构成骚扰呢？这需要结合具体的情况来判断。如果销售经理垄断供货渠道，交易相对人迫于交易需求忍受被骚扰的行为，实际上是一种利用优势地位的骚扰行为。在这个意义上说，可以将“从属关系”理解为一种“优势地位关系”，这种优势地位可能是法律上的，也可能是经济上的。

四是在公共场所实施的性骚扰行为。从实践来看，除职场性骚扰行为外，在公共场所发生的性骚扰行为也是性骚扰行为的重要形态。例如，在人群拥挤的公共汽车、地铁上对异性进行“揩油”“非礼”等，均属于此类情形。当然，与职场性骚扰不同，公共场所的性骚扰行为一般发生在陌生人之间，当事人之间并不存在从属关系，行为人一般通过实施与性相关的肢体动作对受害人进行骚扰。

五是其他形式的性骚扰行为。除上述形态外，只要行为人是以身体、语言、动作等方式，违背他人意愿而对他人实施了以性为取向的行为，符合性骚扰的构成要件，不论是发生在何种场所，也不论是否造成了严重后果，均应当认定构成性骚扰。

但是，如果难以判断相关的行为是否与性相关，则可能难以认定其构成性骚扰。例如，在“杭某与马某、江某其他人格权纠纷案”中，原告杭某请托被告马某为其子女办理入学事宜，并应被告的要求支付了 4 万元好处费。在联络中，被告向原告发送了内容暧昧的信息，称原告“站在那里是亭亭玉立、坐在那里很工整的，走起路来飘飘然的。就是不知道睡觉是怎样的情况”。原告向法院提起诉讼，法院认为，原告与被告马某的网上聊天的内容表明，被告言语的确有失分寸，但尚未构成性骚扰，且杭某不能举证证明被告对其实施了侮辱、恐吓、诽谤等行为，驳回了原告的诉讼请求。① 从本案来看，法院要求原告证明被告必须实施了侮辱、恐吓、诽谤等行为，显然要求过高，关键是被告是否实施了违背原告意愿的、与性取向相关的行为。而从双方的短信对话内容来看，对此难以确定，

① 上海市虹口区人民法院（2015）虹民一（民）初字第 3187 号民事判决书。

因此，法院最终认定被告不构成性骚扰是妥当的。

(二) 违背了受害人的意愿

所谓“违背了受害人的意愿”是指性骚扰行为不符合受害人的利益，受害人主观上并不接受，甚至明确拒绝。关于性骚扰行为是否必须以违背受害人意愿为要件，存在不同的观点。一种观点认为，构成性骚扰的行为必须是实施了不受欢迎的行为，尽管有些可能符合受害人的意愿。换言之，某些性骚扰行为可能是“自愿”的，但却是“不受欢迎”的。例如，受害人迫于压力而屈从于行为人，此时仍应将之界定为性骚扰。① 美国法采取的就是这种观点，即要求行为是“不受欢迎”（unwelcome）的且在客观上不被受害人所接受。② 在我国的司法实践中，也有法院认为，在被告向原告发送提出性要求的暧昧短信后，原告没有明确拒绝，而是变相纵容，因此不能构成性骚扰。③ 另一种观点认为，性骚扰行为应当是违背受害人意愿的行为，因为“不受欢迎”只是从行为的角度对性骚扰行为所进行的认定，应当从受害人的角度对性骚扰的概念进行认定，即强调性骚扰是违背受害人意愿的行为，同时，受害人迫于压力而“自愿”的行为应当被认定为是违背其意愿的行为。④ 笔者赞同上述第二种观点，即性骚扰行为应当是违背受害人意愿的行为，也正是因为性骚扰行为违背了受害人的意愿，因此，其侵害了受害人的人格尊严，可能导致受害人产生愤怒、焦虑等不良情绪。

问题在于，如何认定相关行为是否违背受害人的意愿？对此，笔者认为可以从如下几个方面进行把握。

第一，在受害人没有明确表示接受或同意该类行为的情形下，不宜一概认定该行为符合受害人的意愿。有的国家立法要求受害人必须明确表示反对行为人的性骚扰行为，否则将难以构成性骚扰。例如，依据以色列《性骚扰防治法》的规定，被骚扰者有义务向行为人表明反对的态度。但是，在美国法上，这种反对不仅可以明示，也可以被默示地表达；且无论是明示还是默示的，意味着违背了当事人的意愿。⑤ 笔者认为，构成性骚扰虽然要求行为人的行为必须违背受害人的意愿，但不以被骚扰者向行为人明确表示反对为构成要件。因为就基于工作关系、从属关系而出现的性骚扰而言，受害人往往碍于各种压力难以明确提出反

① 张新宝，高燕竹．性骚扰法律规制的主要问题．法学家，2006（4）．

② Holly B. Fechner，Toward an Expanded Conception of Law Reform：Sexual Harassment Law and the Reconstruction of Facts，23 U. Mich. J. L. Reform 475（1990）．

③ 北京市通州区人民法院（2014）通民初字第07785号民事判决书。

④ 王成．性骚扰行为的司法及私法规制论纲．政治与法律，2007（4）．

⑤ Vicki Schultz，Reconceptualizing Sexual Harassment，107 Yale L. J. 1683（1998）．

对，而且受害人对于是否明确反对也很难举证，故此，将受害人明确提出反对作为性骚扰的构成要件，可能不利于保护受害人。在具体判断上，只要从受害人当时的行为表现可以看出，受害人对行为人以口头、书面形式等方式实施的性骚扰行为是不赞成的、不接受的，就可以认定该行为违背了其意愿。此外，在认定构成性骚扰时，并不需要受害人证明自己产生了愤怒、焦虑等不良情绪，而只需要其证明行为人的行为违背了其意愿即可。如果行为人主张其不构成性骚扰，则其应当证明受害人作出了明确的同意或者自愿接受。受害人同意相关行为原则上应当以明示的方式作出，当然，在例外情形下，也可以从相关客观情况判定受害人是否自愿接受相关行为。例如，行为人对受害人讲述黄色玩笑时，受害人作出了积极的回应，则应当认定其接受了行为人的行为。

第二，对未成年人的意愿认定，应当区别于对成年人的。我国《刑法》规定，与未满 14 周岁的幼女发生性关系，无论是否违背其意愿，法律上均视为违背其意愿。这一法理对民法也是可以适用的。笔者认为，鉴于未成年人对与性取向相关的事务缺乏判断能力，而且为了强化对未成年人的保护，即便未成年人表面上作出了同意，也不应当认可其效力。因此，对未成年人而言，行为人的性骚扰行为不论是否违背其意愿，在法律上均应当视为违背其意愿。

第三，在判断行为是否具有性骚扰的故意时，不考虑其主观动机如何，也就是说，只要行为人故意实施了性骚扰行为，其行为满足了性骚扰的构成要件，不论其实施该行为的主观动机如何，均应当认定其成立性骚扰行为。事实上，行为人实施性骚扰行为的动机是多元的，其既可能是与性相关的，也可能是与性无关的，如行为人单纯为了表现欲或者展示自己所谓的幽默感，或者仅仅是为了从他人的难堪中满足某种低级趣味，均不影响性骚扰行为的认定。还应看到，行为人的主观动机难以证明，西方谚语有云："魔鬼都不知道一个人在想什么。"如果考虑行为人的主观动机，可能不利于对受害人进行救济，也不利于对行为进行归责。

(三) 必须针对特定的对象

性骚扰行为应当是向特定的对象作出的[①]，依据《民法典》第 1010 条，"违背他人意愿，以言语、文字、图像、肢体行为等方式对他人实施性骚扰的"，构成性骚扰。此处所说的"对他人实施"，就是指针对特定人。如果缺乏特定的对象，受害人就难以明确。如果相关行为没有明确的指向对象，即使该行为会使某

---

① 《妇女权益保障法释义》编写组．中华人民共和国妇女权益保障法释义．北京：中国法制出版社，2005：113.

个或者某些人感到不悦，也不应当将其认定为性骚扰。例如，在微博上发表涉性方面的黄色言论，可能会使女性看到后自感受辱，但该行为由于没有明确的指向对象，因而，不应当构成性骚扰。再如，某人当众讲黄色段子，内容虽然不雅且不道德，应当受到道德谴责但因为没有针对特定的对象，也不宜认定其实施了性骚扰行为。

在认定相关行为是否有明确的指向对象时，应当结合具体情形加以判断，即便行为人没有明确使用受害人的姓名等个人信息，但如果可以合理推断出相关主体就是该行为的指向对象，依然可以认定其构成性骚扰。性骚扰必须要有特定的对象。当然，受害对象特定并不意味着一个性骚扰行为不能产生多个受害人。即使存在多个受害人，也并不影响性骚扰对象的特定性。

至于性骚扰的特定对象的性别问题，虽然实践中常见的是男性对女性进行性骚扰，但不应将性骚扰严格限定为此种类型，异性甚至同性之间都可能构成性骚扰。从比较法上来看，现在各国立法大多采取性别中立主义，不再限定性骚扰主体的性别。[①] 美国最高法院在Oncale案的判决中甚至否定了第五巡回法院关于同性间不构成性骚扰的判决，认为同性之间同样可能构成法律意义上的性骚扰。[②] 我国也有学者认为，虽性骚扰的受害人大多为女性，但男性也可能成为性骚扰的受害人，也就是说，性骚扰既可能发生在异性之间，也可能发生在同性之间。[③] 在我国司法实践中，法院也认可了同性之间会构成性骚扰。[④]

需要探讨的是，是否性骚扰行为必须达到一定的严重程度，受害人才能获得法律的救济？在美国的判例中，有观点认为，只有性骚扰足够严重或者明显变更并形成有害的职场环境，才构成性骚扰。[⑤] 美国联邦最高法院认为，受害人无须证明骚扰行为严重损害其心理健康或引发其他心理创伤，只要受害人证明一个“理性人”认为已经足够严重，则可以认为构成了敌意的或者滥用的工作环境。[⑥] 我国有学者认为，性骚扰应当造成严重的损害后果，受害人才能获得法律救济[⑦]，否则可能导致诉讼的泛滥。在具体判断某一性骚扰行为是否严重时，学者大都主张应当从受害人的感受出发，同时结合性骚扰的方式、持续时间、影响范围等综合予以判断。笔者认为，构成性骚扰并不需要必须造成严重的损害后果，

---

① 张新宝，高燕竹．性骚扰法律规制的主要问题．法学家，2006（4）.

② Oncale v. Sundowner Offshore Servs.，Inc.，No. 96－568，1998 WL 88039（U. S. Mar. 4，1998）.

③ 王成．性骚扰行为的司法及私法规制论纲．政治与法律，2007（4）.

④ 全国首起同性性骚扰案判决 骚扰者被判道歉赔偿．法制日报，2004－09－15.

⑤ Barbara Henson v. City of Dundee，682 F. 2d 897，904（11th Cir. 1982）.

⑥ Vicki Schultz，Reconceptualizing Sexual Harassment，107 Yale L. J. 1683（1998）.

⑦ 张新宝，高燕竹．性骚扰法律规制的主要问题．法学家，2006（4）.

因为从实践来看，判断性骚扰行为的损害后果是否严重较为困难，对于长期、持续性的，并导致受害人严重痛苦的性骚扰行为，认定损害后果较为严重十分容易。但是，对大量的性骚扰行为而言，如在公共场所偷摸他人身体敏感部位或者发送黄色短信等，受害人通常只是心理不愉悦，尚未达到严重痛苦的程度，但仍应当构成性骚扰。同时，在性骚扰没有造成严重损害后果时，受害人虽然无法主张精神损害赔偿，但仍然有权主张行为人承担停止侵害、赔礼道歉等责任。因此，认为构成性骚扰必须造成严重的损害后果，将会不当加重受害人的举证负担，也不利于保护性骚扰行为的受害人。

三、机关、企业、学校等单位负有预防性骚扰的义务

从该条规定来看，机关、企业、学校等单位负有预防性骚扰的义务，之所以规定用人单位承担预防义务，是因为法律规范性骚扰行为最初主要针对职业中的性别歧视，是为了保护在工作中受害的弱者[①]，许多实施性骚扰的行为人与受害人之间往往具有上下级的管理或从属关系。在国外，性骚扰的责任特别强调雇主责任，对于工作场所之外发生的性骚扰行为，如在公共汽车上猥亵妇女、在舞厅里猥亵他人、在街头针对异性突然裸露性部位等，可以通过侵害他人名誉权、身体权等方式提起民事诉讼，而不必作为性骚扰处理。对职场性骚扰而言，用人单位完全有条件也有能力通过事前预防、事中监管和事后处置等手段来预防和控制性骚扰行为。从这个意义上说，要求有关单位承担预防性骚扰的义务，有助于从源头上预防和减少性骚扰行为的发生。

从《民法典》第1010条第2款规定来看，其明确规定了机关、企业、学校等单位负有预防性骚扰义务，本款中之所以列举了上述几种类型的单位，主要是因为：一方面，这些单位属于较为特殊的场所，受关注程度比较高，一旦发生性骚扰行为，将会给受害人造成严重的损害，并产生恶劣的社会影响。另一方面，在机关、企业、学校等特殊场所，需要强化对特定人员的保护。例如，学校是学生聚集的场所，是未成年人和年轻人十分集中的地方，甚至中小学学生以未成年人为主，一旦发生教师对学生的性骚扰，将给未成年人带来严重的损害。对于发生在学校的性骚扰问题，教育部印发的《教育部关于建立健全高校师德建设长效机制的意见》中就明令禁止，"对学生实施性骚扰或与学生发生不正当关系"。这一列举方式，将具有预防义务的单位不仅明确为有劳动关系的企业，也扩展到非劳动关系的机关和学校。明确要求机关、企业、学校等单位应当采取合理的预防

① Vicki Schultz, Reconceptualizing Sexual Harassment, 107 Yale L. J. 1683 (1998).

等措施，有利于保护被用工者以及学生的合法权益，也有助于预防性骚扰的发生，实现对性骚扰的社会多层次综合治理。

应当看到，在发生性骚扰后，并不意味着用人单位必须要对此承担严格责任。在美国法上，性骚扰案件中的雇主责任属于严格责任，虽然判例对此种责任进行了限制，但严格责任仍是性骚扰案件中雇主责任的主流。① 有学者依据工作环境权理论认为，在发生职场性骚扰时，用人单位因其与员工之间的权利义务关系而应当直接承担责任。② 笔者认为，在员工实施性骚扰行为的情形下，用人单位所承担的责任并不是雇主责任。因为一方面，在雇主责任的情形下，雇员是按照雇主的意志和利益行为，而在用人单位工作人员实施性骚扰的情形下，虽然性骚扰行为也发生在工作场所，但行为人是按照自己的意志行为，其与雇主责任存在区别。另一方面，在雇主责任的情形下，雇员实施侵权行为发生在执行职务过程中，这也是对雇主进行归责的基础，而在性骚扰的情形下，行为人实施性骚扰行为并不涉及执行职务的问题，其主要是基于个人意志而实施违法行为，二者存在显著区别。

在性骚扰的情形下，用人单位对员工实施性骚扰行为所承担的责任应当是过错责任。这就是说，在发生性骚扰的情形下，用人单位只有在存在过错的情形下，才承担责任。在我国，性骚扰行为主要是由行为人自己承担责任，按照自己责任原则，性骚扰是行为人自己故意实施的侵害他人人格权益的行为，行为人理应对自己行为所导致的后果承担责任。但在行为人实施性骚扰的过程中，用人单位在防范性骚扰方面也可能存在一定的过错，所以，其应当就其过错承担责任。在这一点中，此种责任类似于违反安全保障义务的责任。

应当看到，用人单位预防性骚扰的义务不完全等同于安全保障义务。我国《民法典》第1198条第1款规定："宾馆、商场、银行、车站、机场、体育场馆、娱乐场所等经营场所、公共场所的经营者、管理者或者群众性活动的组织者，未尽到安全保障义务，造成他人损害的，应当承担侵权责任。"该条规定了违反安全保障义务的侵权责任，虽然安全保障义务与用人单位预防性骚扰的义务一样，旨在要求行为人积极作为以保障他人，因而违反该义务的表现均为消极地不作为，但是，对此，笔者认为，预防性骚扰义务和安全保障义务存有以下区别：第一，二者保护的客体不同。安全保障义务主要是对人身安全和财产安全的保

① 王成．性骚扰行为的司法及私法规制论纲．政治与法律，2007（4）．

② 郑尚元，等．劳动和社会保障法学．北京：中国政法大学出版社，2008：262．

护①，预防性骚扰的义务则主要针对人格尊严，而不完全针对人身安全和财产安全。第二，二者所保护的范围不同。源于大陆法系“交往安全义务”的安全保障义务所保护的对象，除了意图与其订立合同的顾客外，还应当包括虽未意图与其订立合同，但借助其场所交通往来的其他人。例如，借地铁站通行的行人，或根本不想购物的超市往来行人。② 而预防性骚扰的义务则主要保护受雇于该用人单位的劳动者，不宜扩大至所有进入该用人单位的人。因为交往安全义务的基础在于义务人开启了一定的危险，而性骚扰的风险广泛发生于各种场合，用人单位只是因其对职场的环境具有掌控的能力而负有预防义务。

当然，用人单位预防性骚扰的义务与安全保障义务也存在一定的相似性，法律规定用人单位的预防义务也有利于保护受害人，对该义务的违反也应当承担相应的补充责任。《民法典》第1010条第2款规定：“机关、企业、学校等单位应当采取合理的预防、受理投诉、调查处置等措施，防止和制止利用职权、从属关系等实施性骚扰。”从该条规定来看，用人单位应当采取如下几方面的措施。

一是预防措施。为实现防止性骚扰发生的目的，预防是最为重要的环节。用人单位对性骚扰的预防主要应当通过完善的制度建设实现。用人单位应当制定或完善管理制度，提倡健康向上的企业文化，明确禁止性骚扰行为。用人单位应当发布禁止性骚扰的书面声明，以明确禁止工作场所内任何形态的性骚扰，并应将相应的规章制度印发给员工。③ 此外，目前许多用人单位逐步采取开间式办公的方式，既可以提升办公空间的利用效率，又可以有效预防可能发生的性骚扰等行为。

二是投诉、调查机制。用人单位应针对性骚扰行为建立投诉、调查机制。用人单位接到投诉之后，应当积极展开调查等工作，尽快查清事实真相，以防止性骚扰行为危害结果的扩大。首先应当确保投诉渠道的畅通，在接受投诉后不得推诿、拖延或压制。与此同时，应当做好投诉的保密工作。用人单位也应当建立措施防止投诉所可能遭受的报复行为。调查中，应当保持中立的立场，尽可能避免信息的泄露，妥善保护当事人的隐私。

三是处置机制。如果发生性骚扰，用人单位应当及时处置，这对于今后再次发生类似的性骚扰行为具有一定的威慑作用。如果有员工投诉性骚扰行为，用人

---

① 王胜明．中华人民共和国侵权责任法释义．北京：法律出版社，2010：202.

② 王泽鉴．侵权行为．北京：北京大学出版社，2010：264.

③ 陈英敏．性骚扰法律问题研究//柳经纬．厦门大学法律评论：第6辑．厦门：厦门大学出版社，2004：446.

单位置之不理，那么其事实上起到了纵容姑息的作用。经过调查发现确有性骚扰行为的，用人单位应当在内部进行处理，包括警告、降低、调离、停止停薪或者开除等。[①] 但对诬告行为，也应当考虑给予申诉人一定的处罚。[②]

严格来说，上述措施都属于企业内部制度建设的范畴，但在法律规定用人单位负有采取必要措施防范性骚扰的义务之后，如果用人单位并未采取相关措施，在发生性骚扰之后，用人单位应当承担何种责任？有观点认为，既然人格权编规定了用人单位负有预防性骚扰的义务，那么就应当规定相应的责任，否则预防义务依然是难以落实的，用人单位违反此种义务，不应承担全部责任，而应当承担补充责任。应当看到，性骚扰的范围较为宽泛，如果规定用人单位承担较为严苛的责任，可能导致用人单位的责任过于泛化；而且法律规定用人单位负有预防性骚扰的义务具有一定的倡导功能，旨在避免性骚扰行为的发生，因而不宜由用人单位承担替代责任。如果用人单位违反上述义务，应当依据侵权法的基本归责原则即过错责任原则确定其责任。如果雇员在执行工作任务过程中对非本单位人员实施性骚扰，该行为已经超出了其工作任务的范畴，不应当由用人单位对该行为承担责任，而应当由实施性骚扰的雇员承担责任。

（撰稿人：王利明）

第一千零一十一条

以非法拘禁等方式剥夺、限制他人的行动自由，或者非法搜查他人身体的，受害人有权依法请求行为人承担民事责任。

本条主旨

本条对行动自由权作出了规定。

相关条文

《民法总则》第 109 条规定："自然人的人身自由、人格尊严受法律保护。"

《宪法》第 37 条规定："中华人民共和国公民的人身自由不受侵犯。任何公

---

① 《女职工劳动保护特别规定》编写组．女职工劳动保护特别规定．北京：中国工人出版社，2013：18.

② 陈英敏．性骚扰法律问题研究．柳经纬．厦门大学法律评论：第 6 辑．厦门：厦门大学出版社，2004：446.

民，非经人民检察院批准或者决定或者人民法院决定，并由公安机关执行，不受逮捕。禁止非法拘禁和以其他方法非法剥夺或者限制公民的人身自由，禁止非法搜查公民的身体。”

《妇女权益保障法》第 37 条规定：“妇女的人身自由不受侵犯。禁止非法拘禁和以其他非法手段剥夺或者限制妇女的人身自由；禁止非法搜查妇女的身体。”

理解与适用

一、自然人的行动自由受法律保护

所谓行动自由，是指自然人享有的人身不受他人非法限制、强制、拘禁、拘束、干涉或妨碍等限制的权利，它是人身自由的一种类型，也是身体权的组成部分。最广义的人身自由包括思想自由、创作自由、行动自由、居住自由、职业自由、遗嘱自由、经营自由等。[①] 但《民法典》人格权编所规定的人身自由包括广义和狭义两种含义，广义上理解的人身自由是指一般人格权中的人身自由，包括了行动自由、自主决定和精神自由。自主决定主要体现在如参与药品试验、捐献器官等场合。精神自由包括禁止采取欺诈、胁迫等方式妨碍他人的精神活动自由。而从狭义上理解的人身自由主要是指物理上的行动自由，即不受他人非法限制、强制、拘禁、拘束、干涉或妨碍等限制的自由，这就是《民法典》第 1011 条所规定的行动自由。

《民法典》第 1011 条规定的行动自由，实际上是将《民法典》第 109 条的规定具体化了，该条并没有将行动自由规定为一项具体人格权，但鉴于《民法典》第 1003 条将行动自由包括在身体权的内容之中，因此，可以认为，行动自由是身体权的组成部分。人格权编保护个人行动自由，具有如下重要意义。

一方面，有利于维护人身自由。人身自由是一项受宪法保护的公民基本权利。我国《宪法》第 37 条规定：“中华人民共和国公民的人身自由不受侵犯。任何公民，非经人民检察院批准或者决定或者人民法院决定，并由公安机关执行，不受逮捕。禁止非法拘禁和以其他方法非法剥夺或者限制公民的人身自由，禁止非法搜查公民的身体。”这就确立了保护人身自由的宪法原则，形成了公民所享有的宪法基本权利。宪法规范虽然为公民的人身自由能够对抗国家机关的侵害提供了规范依据，但必然要通过相关立法予以具体化。例如，依据《立法法》第 8 条第 5 项的规定，“对公民政治权利的剥夺、限制人身自由的强制措施和处罚”，

---

① 徐国栋．绿色民法典草案．北京：社会科学文献出版社，2004：87.

只能制定法律。第 9 条规定，全国人大及其常委会“授权国务院可以根据实际需要，对其中的部分事项先制定行政法规，但是有关犯罪和刑罚、对公民政治权利的剥夺和限制人身自由的强制措施和处罚、司法制度等事项除外”。这就从立法程序上防止了对公民人身自由的限制和妨碍。再如，2012 年的《刑事诉讼法》修改进一步规定了不得自证其罪的规则以及逮捕的具体规则。这些都是以宪法规范作为基础而作出的规定。然而，人身自由也应当是一项私法权利。鉴于宪法调整公民和国家之间的关系，宪法规范不能适用于私主体的法律关系之中，因此，宪法关于人身自由保护的规定也应当通过民法予以具体实现，也就是说，民法应当确认人身自由的私权地位，并通过私法规范对人身自由权予以保护。① 从我国民事立法来看，《婚姻法》《侵权责任法》等法律也都对人身自由予以保护，《民法总则》第 109 条同样规定了人身自由的保护规则，但该法并没有将人身自由权规定为一项具体人格权。鉴于人身自由权内容的特殊性，《民法典》人格权编在总结我国既有立法和司法实践经验的基础上，对行动自由的保护作出了规定。

另一方面，有利于强化对身体权的保护。尽管行动自由和身体完整存在明显区别，但二者不可截然分开，所以，《民法典》保护行动自由，可以宣示行动自由作为一种基本人权的价值，使自然人能够有效地排除一切非法拘禁、非法逮捕、非法搜身等行为，维护个人的行为自由。人身自由是个人安全地参与社会各项活动，参与社会各种关系，行使其具体权利的基本前提。一个人丧失了人身自由，其他权利的存在也就失去了意义。维护行动自由就是保障人身安全，只有有效保护个人的人身安全，人们才会有投资的信心、置产的愿望和创业的动力。维护个人的自由，使每个人生活在安全的环境中，享受安宁的生活，免于一切非法的强制和恐惧，这也是人民群众美好幸福生活的重要内容。所以，将行动自由权确认为一种权利，进一步确认个人在法定范围内享有的人格利益，有助于保障个人行为自由、维护社会秩序的稳定。

还应当看到，民法典保护个人的行动自由，还有利于维护个人的人格尊严，《民法典》第 1011 条所规定的侵害行动自由的典型行为之一就是非法搜身行为，此种行为侵害的主要是他人的人格尊严。

二、行动自由的特点

行动自由具有如下几个方面的特点。

第一，主体具有限定性，即仅限于自然人。行动自由是在法定范围内不受外

---

① 刘凯湘．人格权的宪法意义与民法表述．社会科学战线，2012（2）．

来因素控制和拘束的状态，和自然人的身体密切联系在一起，其主要是身体活动的自由，以及不受非法限制的权利，法人和非法人组织并不存在身体活动的问题，因此，行动自由权是自然人所享有的一项权利。

第二，内容具有确定性。行动自由具有特定的内涵，即仅限于人身不受非法逮捕、拘禁，从内容上看，它包括自然人享有行动自由的利益，有权在法定的范围内行为、维护自身的行动不受他人干涉，有权在法定的范围内自由地从事与其职业、生活相适应的行为。除非法律有例外的限制性规定，任何人的行为自由不应受非法的限制，任何单位和个人都无权非法关押、拘禁他人，非法限制和剥夺个人的身体自由的构成侵权，甚至构成犯罪。① 非依法律，不得对个人进行逮捕、拘禁、搜查、审问或处罚，或采取各种方式限制他人的人身自由，否则，构成对他人的行动自由的侵害，例如，将某人拘禁于狗笼使其无法行动、将顾客锁在商场内强迫购物、将某人锁在房间禁止其出逃。对身体行动自由的剥夺，以无合理的方法可以离去为要件，如房门被锁，但可由窗户逃出时，尚不构成侵害自由。② 当个人的行动自由受到侵害时，权利人有权排除妨碍、请求司法机关提供救济，当其行动自由受到的侵害造成损害时，权利人有权要求损害赔偿。

第三，具有人身专属性。行动自由的固有性表现在：一方面，它与人格不可分离。尽管人身自由权不是物质性人格权，而是一种精神性人格权，是人格自由的体现，但它又和主体的人格天然地联系在一起，是维护主体人格必备的前提。如果行动自由可以随意侵害，则个人与奴隶一样，根本不可能作为独立的民事主体自由地从事民事活动。人身自由权确立了自然人的基本法律地位。正如有学者所指出的，自由权“代表了一个人最基本的人格、身份和社会地位，保证他免受奴役和压迫，这是一个人即使处在最坏的环境中也要首先争取的利益”③。另一方面，行动自由具有与生俱来的特点，它是自然人基于出生而当然取得的权利。其具有强烈的专属性，权利人无法转让、抛弃其行动自由权。当然，对此种权利的内容，法律是可以作出一定的限制的。因此，除非受到法律的限制，个人可以根据自己的意愿决定其身体行动自由。

第四，权利限制具有法定性。人身自由是现代社会中受法律保护的重要价值，是人在社会中生存的第一要件，缺少人身自由将使人无法在社会中生存。所以，自由利益不得抛弃。任何抛弃自由的行为（如卖身为奴）都是无效的。任何

① 杨立新．人身权法论．北京：人民法院出版社，2002：645.

② 王泽鉴．侵权行为法：第1册．北京：中国政法大学出版社，2001：118.

③ 江立成，赵敦华．当代美国的社会正义理论刍议．天津社会科学，1995（6）.

人非法限制他人的人身自由，例如，债权人对债务人擅自拘禁，强迫其从事劳动以还债等，都构成对人身自由的侵害。但任何自由都是相对的，而不是绝对的、不受限制的，因此，法律可以对个人的行动自由进行合理的限制。为了维护公共秩序和安全，国家可以依法对个人采取限制人身自由的措施。但是，人身自由权是一项基本的人权，对人身自由的限制必须有法律上的依据，当事人之间不能通过约定限制他人的自由。许多法律都严格限制了可以设置限制人身自由的法律规范的类型，其目的即在于保障个人的人身自由。例如，《行政处罚法》第 9 条规定："法律可以设定各种行政处罚。限制人身自由的行政处罚，只能由法律设定。"该条严格限制了可以设定限制人身自由的法律规范的范围；同时，依据该法第 10 条、第 11 条的规定，行政法规、地方性法规等规范均不得设定限制人身自由的行政处罚。该法作出此种限定主要是为了保障个人的人身自由，防止相关的法律规范任意设置限制人身自由的措施，使个人动辄得咎。

第五，行动自由是身体权的组成部分。如前所述，行动自由与身体完整联系紧密，是身体权的重要组成部分。在某些情形，侵害他人身体完整也可能造成对行动自由的限制，如殴打他人致使他人截肢，受害人不得不长期住院治疗。在此种情况下，虽然患者的物理位置客观上无法依据自身意愿改变，但是这是身体完整遭受侵害的原因造成的。行动自由与身体完整也存在显著的区别。一方面，二者的表现形态不同。侵害他人身体完整主要体现为殴打、侵扰他人身体、进行不当的外科手术等；而侵害他人行动自由则表现为非法逮捕、拘禁，非法剥夺、限制自由及非法搜查身体等。另一方面，二者的保护内容不同，行动自由旨在保护自然人依据其意志进行物理移动，而身体完整则以保护自然人身体完整为中心。

三、行动自由的内容

（一）行动自由不受非法限制和剥夺的权利

在我国现行法上，民事主体所享有人身自由权的宪法基础是《宪法》第 37 条确立的人身自由权，该条规定："禁止非法拘禁和以其他方法非法剥夺或者限制公民的人身自由，禁止非法搜查公民的身体。"在宪法层面上，公民的人身自由权作为一项基本权利，核心要义在于防止公权机关未经正当程序剥夺或限制公民的人身自由。我国《民法典》第 1011 条依据宪法的规定，首先确认自然人依法享有不受他人以非法拘禁等方式限制和剥夺行动自由的权利，具体如下。

第一，不得采取非法拘禁方式限制和剥夺他人行动自由。例如，为讨债而将债务人拘禁于狗笼使其无法行动或者将其非法关押。如果国家机关依据法定的权限和程序限制或剥夺自然人的行动自由，则应当属于合法限制或剥夺自然人的行动自由，不构成侵权。

第二，不得采取其他方式限制和剥夺他人行动自由。例如，医务人员在诊疗活动中应当向患者说明病情和医疗措施，不得擅自对患者采取限制人身自由的措施。① 需要实施手术、特殊检查、特殊治疗的，医务人员应当及时向患者说明医疗风险、替代医疗方案等情况，并取得其书面同意；不宜向患者说明的，应当向患者的近亲属说明，并取得其书面同意。当然，患者生命确有危险而无法及时取得上述书面同意的，主治医师应当提出医疗处置方案，在取得医疗机构负责人或者被授权负责人员的批准后实施。对严重精神障碍患者依法实施住院治疗的，应当经其监护人同意，但该精神障碍患者已经实施危害他人安全的行为或者有危害他人安全的危险的除外。

（二）身体不受非法搜查的权利

非法搜查涉及对人身权利的侵害，非法搜身侵害了受害人两方面的权利。

一是人格尊严。人格尊严是指自然人基于自己所处的社会环境、地位、声望、工作环境、家庭关系等各种客观条件而对自己和他人的人格价值和社会价值的认识和尊重。② 人格尊严是一般人格权的重要内容，也是人格权民法保护的核心要素（the core elements）。③ 例如，在“超市搜身案”中，某超市的保安怀疑消费者偷拿财物，对其进行搜身，虽然没有侵犯原告的名誉权，但实际上侵犯了原告的人格尊严。④

二是身体隐私。身体隐私部位是指不愿对他人公开的身体的各个部位，尤其是性器官、有残疾的部位等。保护个人的身体隐私并不意味着身体的每一个部位都是不能公开的，但个人的身体敏感区域可能关系到个人的名誉、贞操，尤其是对女性而言，身体的隐私更为重要，应当受到隐私权的保护。在实践中，有的不法行为人在非法搜身时故意猥亵他人，这不仅侵害了他人的身体权，而且侵害了他人的隐私权。

《民法典》人格权编规定禁止他人以非法搜查身体的方式侵害行动自由，并规定在物质性人格权一章中，是因为此项与物质性人格权具有密切联系，即非法

---

① 例如，《巴西新民法典》第 13 条规定：“除非为了医疗需要，处置自己身体的行为造成身体完整性永久受损或与善良风俗相违背的，禁止之。”第 15 条规定：“不能强迫任何人接受有生命危险的医学治疗或外科手术。”

② 王利明，杨立新，姚辉．人格权法．北京：法律出版社，1997：35.

③ Gert Brüggemeier，Aurelia Colombi Ciacchi，Patrick O Callaghan，Personality Rights in European Tort Law，Cambridge University Press，2010，p. 568.

④ 钱某诉上海屈臣氏日用品有限公司搜身侵犯名誉权案．上海市虹口区（1998）虹民初字第 2681 号民事判决书，上海市第二中级人民法院（1998）沪二中民终字第 2300 号民事判决书.

搜查身体通常要将个人带到某个地方，限制个人的行动自由。同时，非法搜查身体也可能采取暴力行为，侵害他人身体。在人格权编中规定禁止非法搜查他人身体，可以对实践中频繁发生的非法搜身现象予以禁止，使自然人身体、隐私等免受侵害。

四、侵害他人行动自由的民事责任

对人身自由进行保护是我国各个法律部门的任务，因为法律的重要任务就是要维护个人的自由，我国《宪法》第37条明确规定：“中华人民共和国公民的人身自由不受侵犯。”我国《刑法》分则第四章“侵犯公民人身权利、民主权利罪”中，也明确将非法拘禁他人或者以其他方法非法剥夺他人人身自由的行为规定为侵犯公民人身权利的犯罪行为。为强化对公民人身自由的保护，《国家赔偿法》也规定，国家机关如果因为非法扣押公民的人身而侵害人身自由权，应当依法承担损害赔偿责任。同时，依据该法第15条的规定，在赔偿义务机关采取行政拘留或者限制人身自由的强制措施期间，被限制人身自由的人死亡或者丧失行为能力的，赔偿义务机关的行为与被限制人身自由的人的死亡或者丧失行为能力是否存在因果关系，赔偿义务机关应当提供证据。这就采取了一种因果关系举证责任倒置的方式，以实现对赔偿请求人更为有利的保护。

《民法典》将人身自由权规定为一种人格权，旨在当这种权利受到侵害时，采取民事赔偿的办法对受害人的损害提供救济。保护公民的人身自由是我国法律的重要任务。在民法上，侵害他人行动自由的，也将构成侵权，受害人有权请求行为人承担侵权损害赔偿责任，即便没有造成实际的财产或精神损害后果，受害人也可以针对行为人的侵权行为，基于人格权请求权，要求行为人承担停止侵害、排除妨碍、消除危险、消除影响的责任。

（撰稿人：王利明）

第三章

姓名权和名称权

第一千零一十二条

自然人享有姓名权，有权依法决定、使用、变更或者许可他人使用自己的姓名，但是不得违背公序良俗。

本条主旨

本条确认了姓名权的概念与内容。

相关条文

《民法通则》第 99 条规定："公民享有姓名权、有权决定、使用和依照规定改变自己的姓名，禁止他人干涉、盗用、假冒。法人、个体工商户、个人合伙享有名称权。企业法人、个体工商户、个人合伙有权使用、依法转让自己的名称。"

《民法总则》第 110 条规定："自然人享有生命权、身体权、健康权、姓名权、肖像权、名誉权、荣誉权、隐私权、婚姻自主权等权利……"

《侵权责任法》第 2 条规定："侵害民事权益，应当依照本法承担侵权责任。本法所称民事权益，包括生命权、健康权、姓名权、名誉权、荣誉权、肖像权、隐私权、婚姻自主权、监护权、所有权、用益物权、担保物权、著作权、专利权、商标专用权、发现权、股权、继承权等人身、财产权益。"

《反不正当竞争法》第 6 条规定："经营者不得实施下列混淆行为，引人误认为是他人商品或者与他人存在特定联系：……（二）擅自使用他人有一定影响的企业名称（包括简称、字号等）、社会组织名称（包括简称等）、姓名（包括笔名、艺名、译名等）；……”

理解与适用

本条确认了姓名权的概念与权能，具体可以从如下几个方面来理解。

一、姓名权的概念和特征

所谓姓名权是自然人依法决定、使用、变更或者许可他人使用自己的姓名的权利。简言之，姓名权是自然人对其姓名利益在法律上所享有的权利。姓名是指自然人的姓氏和名字，是自然人在社会中区别于他人的标志和代号。正如歌德所言："姓名就如人之皮肤般密切。"① 姓名的基本功能是为了防止个人身份的混淆，表彰个人的人格特征。

严格地说，姓和名是有区别的。姓最初代表了血缘和家族的归属，通常由一群人共用。姓字由"女"与"生"组合而成，许慎《说文解字》解释道："姓，人所生也。古之神圣母，感天而生子，故称天子，从女，从生，生亦声。"在现代社会，姓仍然是特定群体在社会中的标志。名，则是个人的代表符号，或者说是一种个人的标志。②《说文解字》称："名，自命也，从口夕，夕者冥也，冥不相见，故以口自名。"其意为因天黑而看不清楚对方，需要用口报名，使对方知道。③ 姓和名的组合，表现了个人对社会团体或血缘家族或某一类人的归属，也表现了从个体到群体的关系。社会成员因为有了姓氏，而在群体符号和类符号的系统中，具有特定位置，产生符号意义上的归属与认同，而姓的拥有者毕竟要落实到个人，人们彼此之间也要通过符号来区分地位、身份和义务。④ 所以，每个自然人都有姓名，姓是一个血缘遗传关系的记号，名是"为使有个性之个体易于记忆之符号也"⑤。姓名是人的生理属性、社会属性的代号和标志，是每一个人用以表现自己的人格特征并区别于他人的符号，也是权利义务主体的标识，是标志权利义务主体的符号，因而，姓名也成为个人人格的独特标志。人作为社会中的人，需要与他人发生各种联系，并使自己与其他人区别开来，就有必要使用姓

---

① 歌德．歌德自传——诗与真实．赵震，译．台北：志文出版社，1997：203－204.

② 何晓明．姓名与中国文化．北京：人民出版社，2001：9.

③ 陈伟雄．姓名工具书．南昌：江西教育出版社，2010：20.

④ 纳日碧力戈．姓名论．北京：社会科学文献出版社，2002：24－25.

⑤ 龙显铭．私法上人格权之保护．上海：中华书局，1948：87.

名。[①] 因此，姓名不仅与个人人格有特殊的联系，而且姓名本身也体现了人格利益。

姓名权具有如下法律特征。

1. 主体是自然人

姓名权的主体仅限于自然人，法人及非法人组织虽然也有名称，但其并非姓名权的主体。如果自然人将其姓名作为法人的名称使用，姓名已经转化为名称，受到名称权的保护。例如，在法国 1985 年著名的 Bordas 案判决中，其最高法院就曾认定，一个人的姓名，如果成为一个实体组织的名称，该姓名“就脱离了其原来指称的那个自然人，而适用于那个被冠名的法人，并因此而变成了一项无形财产”[②]。在我国，合伙、独资等类型的企业也常常使用个人的姓名作为其名称，在此情况下，个人的姓名也可以受到名称权的保护。

自然人生前应对其姓名享有权利自不待言，自然人死亡后，是否还享有姓名权，值得探讨。在审判实践中，对于假冒已故画家之名作画、擅自以已故名人的姓名做广告等纠纷，是否应作为侵害死者的姓名权处理，存在不同做法。笔者认为，虽然姓名权具有极强的专属性，但自然人死亡之后，其姓名及与姓名联系在一起的利益并不会马上消失，虽死者不可以由自己行使姓名权，但其死后，姓名可能被他人所非法使用，尤其对名人而言，利用其姓名可以获取一定的经济利益。[③]这时就有必要对死者的姓名利益进行保护。

2. 客体是姓名利益

姓名作为自然人表彰自己、区别他人的符号，必须以文字形式表现出来，不能仅仅是一个符号。在我国，除某些少数民族的人名比较特殊以外，汉族和多数少数民族的姓名主要有四种形式，即单姓单名（如李白、杜甫）、单姓双名（如曹雪芹、白居易）、复姓单名（如司马迁、诸葛亮）、复姓双名（如司马相如、上官云珠）。[④]

姓名权的客体主要是指本名，本名需要登记，在个人身份证上记载的和正式的法律文件中签署的都应当是本名，更改本名需要遵守严格的法律程序。除本名之外的其他名称是否受到保护，需要作具体分析。姓名作为表现自己、区别他人的符号，总是与某个特定的个人联系在一起的，可以说，它是个人人格的基本特征，在法律上只有本名才是个人在法律上受到承认的符号。那些个人使用的笔

---

①③ 董炳和．死者姓名的民法保护．法学，1997（12）.

② Cass. com.，12 mars 1985，Bull. civ. Ⅳ，n°95.

④ 何晓明．姓名与中国文化．北京：人民出版社，2001.

名、艺名等，虽然具有一定的社会知名度，能够代表某人、表现某人的特征，能参照姓名权的相关规定予以保护，但其本身不是姓名权的客体。

3. 属于标表型的人格权

姓名权既可以单独标明个人人格特征，也可以与肖像权等权利相结合以实现标表的功能。正因为姓名权是一种标表型的人格权，所以权利人既可以自己使用，也可以许可他人使用。例如，“杂交水稻之父”袁隆平有权允许“袁隆平农业高科技股份有限公司”有偿使用其姓名权，并从中获取一定的经济利益。① 同时，姓名权的标表型权利性质也决定了姓名权的内容应包括决定、使用和改变姓名的权利。

4. 包含了精神利益和财产利益

姓名权具有强烈的人身专属性，但姓名权并不仅仅包含精神利益，随着姓名权许可利用实践的开展，姓名权中的经济价值日益凸显。姓名作为个人人格个性的表达，体现了权利人的精神利益，但同时，姓名尤其是名人的姓名，往往和一定的声誉、名望等联系在一起，对商品和服务的宣传或者销售具有一定的促进作用，因而具有一定的经济价值。非法利用他人姓名，可能获得一定的不当利益。因此，依据《民法典》第 1012 条的规定，姓名权是自然人依法自己使用，并可以许可他人使用自己的姓名的权利，可见，姓名权中同时包含精神利益和经济价值。

二、姓名权的内容

依据《民法典》第 1012 条，姓名权是自然人依法决定、使用、变更或者许可他人使用自己的姓名，可见，姓名权的内容包括姓名的决定权、使用权、变更权、许可使用权四个方面。

(一) 姓名决定权

姓名决定权亦称命名权，它是指自然人决定自己的姓名的权利。为自己命名是自然人享有的基本权利。自然人不仅有权决定自己的姓名，而且有权决定自己的艺名、笔名、化名、别名。自然人取得正式姓名，应依法办理有关手续。虽然自然人自出生时起就应有代表自己的专有符号，但自然人在出生后、没有意思能力之前，是不可能实际行使其命名权的。所以，对无行为能力的自然人，应由其监护人为其命名，限制民事行为能力的自然人决定自己的姓名也应征得其监护人同意。自然人成年并取得完全的行为能力之后，有权依据自己的意志决定自己的

① 韩命军，等．“杂交水稻之父”缘何“卖名”．北京晚报，2000-09-03 (3).

姓名，其监护人应尊重其命名权，不应妨碍本人行使命名权。当然，自然人在命名时应当依法办理登记手续。从司法实践来看，虽然姓名权是私权，但有的法院也肯定公安户籍部门的管理与批准权能。例如，在“高某妹诉上海市公安局浦东分局其他（公安）案”中，上海市高级人民法院就认为，“根据《户口登记条例》《上海市常住户口管理规定》的规定，自然人的姓名属户口登记项目，被上诉人公安浦东分局作为负责本辖区内户口管理工作的户口管理机关，具有批准居民姓名变更登记的行政职权”①。

姓名决定权还包括要求他人尊重自己姓名的权利。姓名是对一个人的标识，因此在一定范围之内，姓名往往与特定的个人联系在一起，对姓名的尊重就是对姓名权人人格的尊重，以侮辱性方式恶意利用他人的姓名（如因与某人素有冤仇，而将自己的狗取名为某人的名字），这也侵害了他人的人格尊严，构成对他人姓名权的侵害。

（二）姓名使用权

姓名使用权是指自然人使用自己的姓名以明确自己身份，以从事各种社会活动，满足自己物质和精神方面需要的权利。自然人设立姓名的目的是表现其个人特征，并与社会其他成员相区别，同时，只有以自己的姓名从事各种社会活动，才能为自己取得权利和设定义务，因此，自然人使用自己的姓名，是其姓名权的基本内容。依据法律的规定，在某些情况下，自然人必须使用正式的姓名，比如在有关书面文件和证件上签字。在此情况下，使用自己的姓名既是自然人的权利，也是自然人的义务。但是，在某些情况下，自然人可以使用自己的姓名，也可以不使用自己的姓名。自然人有权保有自己的姓名，免予他人非法使用。

（三）许可使用权

许可使用权即姓名权人有权依法许可他人使用自己的姓名，如利用其姓名作商标、广告等。姓名权具有强烈的专属性，即使在重名的情况下，姓名也代表了不同的人格特征。所以姓名始终与个人人格联系在一起，不可在整体上作为财产加以转让。但是，姓名具有利用的价值，尤其是就一些公众人物的姓名而言，其对有关产品或者服务的宣传能够起到一定的促进作用。因此，我国《民法典》第993条明确承认，民事主体可以许可他人使用自己的姓名。这就是说，自然人可以依法允许他人使用自己的姓名从事民事活动，如允许他人以自己的名字为某个企业命名，或以某人的名义从事项目研究、做广告宣传等。这就是说，姓名权也可以进行许可使用，权利人通过许可他人使用自己的姓名可以获得一定的物质利

---

①　上海市高级人民法院（2010）沪一中行终字第8号行政判决书。

益，此种权利亦受法律保护。在市场经济社会，自然人的姓名，特别是名人的姓名，体现了一定的财产利益，可能对产品和服务产生一定的广告或促销作用，或者姓名本身就体现了一定的商业价值，所以姓名权在内容上也包括姓名的利用权。

（四）姓名变更权

姓名变更权亦称姓名改动权，它是指自然人依照规定改变自己姓名的权利。这是自然人姓名决定权的自然延伸。自然人在确定姓名以后，可能会出于各种原因而要求改变自己的姓名，如当初取名时考虑不够周密，或姓名带有极强的时代特点等。随着年龄的增长和时代的变化，自然人可能会不满意自己的姓名，而要求更改。无论自然人出于何种原因改名，只要符合法律规定，都应当允许。例如，某中学生征得其父亲的同意，要求变更自己的姓名，民警要求其必须提供与他人重名的事实才能更改。① 笔者认为，对姓名权的更改进行一定的限制是必要的，由于自然人已参与各种法律关系，其姓名的改变必然会涉及他人和社会的利益，因而自然人改名必须按有关规定办理，并且需要在户籍登记机关办理更名手续。

需要指出的是，对姓名权的更改也必须符合法律法规的相关规定，具体如下。

一是权利人自己主张变更姓名的，其应当具备完全民事行为能力。因为姓名权是个人基本的人格权，不仅体现了婚姻、血缘关系，而且体现了一定的身份关系，尤其是姓名权的变更还涉及他人利益和社会公共利益，所以，为了防止姓名的变更对权利人本人和他人产生不利影响，权利人自己主张变更姓名时，其应当具有完全民事行为能力。未成年人姓名的变更应当取得其父母的同意。

二是姓名的变更应当符合命名的一般规则。依据《居民身份证法》第 4 条的规定，自然人的姓名应当使用规范汉字和符合国家标准的数字符号，变更后的姓名应当符合该条规定的要求。如在“赵 C 姓名权案”中，某人使用“赵 C”命名，公安机关拒绝进行变更登记，因此发生争议。二审法院认定，根据《居民身份证法》及《国家通用语言文字法》规定精神，居民身份证姓名登记项目应当使用规范汉字填写，据此，赵 C 须更改名字。②

三是不得损害他人的在先权利。姓名的变更也不得损害他人的在先权利，不得恶意与他人姓名混淆。例如，在“湖南王跃文诉河北王跃文等侵犯著作权、不正当竞争纠纷案”中，原告湖南王跃文曾因创作过系列官场题材小说而知名，

---

① 少女逢考必败 威胁父亲三天内给其改名 不然就退学．重庆晨报，2012-03-30.

② “赵 C 姓名权”案尘埃落定．江淮晨报，2009-02-27.

《国画》是其创作的又一畅销书籍，这些作品均以“王跃文”署名，该署名对读者（消费者）具有一定的吸引力，被告将其姓名改为王跃文，后出版《国风》一书，并在其作者简介中作出对消费者具有误导性的描述，以达到推销自己作品的目的。法院认为该行为构成不正当竞争，责令被告停止侵害行为，并承担损害赔偿责任。[①] 在该案中，行为人的变更行为就损害了他人的在先权利。

四是必须符合法律规定和公序良俗。姓名的变更应当符合法律规定的条件和法定程序。《收养法》第 24 条规定：“养子女可以随养父或者养母的姓，经当事人协商一致，也可以保留原姓。”被收养人可以称收养者的姓氏，亦可维持原有姓氏，亦可称收养人直系长辈血亲的姓氏。自然人艺名、笔名、化名，并不需要办理法定的改名手续，但自然人如果变更自己正式姓名，则应当办理相关的变更登记手续。依据《户口登记条例》第 18 条的规定，未满 18 周岁的自然人变更姓名时，由其本人或者其父母、收养人向户口登记机关申请变更登记；18 周岁以上的自然人变更姓名时，则由其本人向户口登记机关申请变更登记。自然人申请变更姓名时，应当符合该条规定。此外，自然人变更姓名时，也不得违反公序良俗。例如，某人因超生被罚款 3 万元，将其子女改名为“三万一郎”，该姓名虽然使用的是规范的汉字，但该姓名的变更就不符合社会公德。

三、姓名权的行使

姓名权是一项重要的人格权，但权利人行使姓名权必须遵循法律规定的必要条件，《全国人民代表大会常务委员会关于〈中华人民共和国民法通则〉第九十九条第一款、〈中华人民共和国婚姻法〉第二十二条的解释》（以下简称《姓名权立法解释》）规定：“公民依法享有姓名权。公民行使姓名权……应当尊重社会公德，不得损害社会公共利益。”该规定对自然人的姓名权的行使作出了必要的限制。作出此种限制的主要目的是保护自然人更好地行使其姓名权，并维护社会利益和社会公德。对姓名权的法律限制主要体现在如下几点。

第一，自然人从事重要的法律行为时，负有使用其在户口簿和身份证上记载的正式姓名的义务。如前所述，自然人除了可以使用正式姓名以外，还可以使用别号、笔名、艺名、堂名等。但是由于自然人的正式姓名是经过登记并记载于户口簿上的符号，且每个自然人只能有一个正式姓名，所以它最能直接表明自然人的人格。与本名相比，其他姓名并不一定具有社会公开性，他人也不一定能够准确识别，在发生纠纷后，也不利于纠纷的有效解决。因此，当个人实施重要的法

---

① 最高人民法院公报，2005（10）.

律行为时，应当使用其本名，尤其是应当与身份证上记载的本名相一致。如果允许自然人在这些场合可使用笔名、化名、别号等，必然会导致法律关系的混乱，使权利义务主体不明确，从而影响社会经济秩序和自然人的个人利益。例如，在取得、设立、移转或变更财产权，或者在具有法律意义的证书、合同及其他文件上签字等情形下，个人应当使用自己的正式姓名。此外，自然人向司法机关作证、接受司法机关的合法调查等，亦必须使用正式姓名。对自然人出于某种非法目的（如企图偷税漏税等）而不使用其正式姓名的行为，应追究其法律责任。

第二，不得滥用姓名权。自然人的姓名权依法受法律保护，但权利人必须正当地、合法地行使其姓名权，不得滥用姓名权损害他人利益和社会利益。滥用姓名权的范围非常广泛，诸如随意更改姓名造成权利义务关系混乱，以违背公共道德和善良风俗的方式而允许他人使用自己的姓名，甚至非法转让自己的姓名等，都可构成滥用姓名权。严格地说，基于不正当目的而改名换姓也是一种滥用更名权的行为。一般来说，滥用姓名权的行为人主观上具有过错，在许多情况下表现为恶意（如为了重婚、偷税而更改姓名），在客观上均造成了危害他人和社会利益的后果，所以，对滥用姓名权的行为人应依法追究责任。个人虽然有权决定和变更自己的姓名，但不得滥用该权利。例如，张三因与李四发生纠纷，将自己的姓名变更为李四父亲的姓名，该行为即构成滥用姓名变更权的行为。

第三，个人使用自己姓名不得损害他人的在先权利，也不得恶意与他人的姓名或者名称混淆。此种行为主要发生在姓名权商业化利用的情形，例如，个人在商业广告宣传中使用自己的姓名，故意与他人的姓名或者名称混淆，此种行为也属于不当使用自己姓名权的行为。例如，在“宝钢集团、宝钢股份与舞钢市宝钢金属材料有限公司侵犯商标专用权及不正当竞争纠纷案”中，宝钢商标是在同行业和普通消费者中具有较高知名度及良好商业信誉的大型国有企业，其品牌价值已为公众所认同，舞钢市宝钢金属材料有限公司称因其法定代表人名字中包含“宝钢”字样，所以，其在企业宣传中使用“宝钢”名称，后宝钢集团在法院提起诉讼，二审法院认为，舞钢市宝钢金属材料有限公司不得在其企业名称中使用“宝钢”字号。[①] 该案虽然属于名称权纠纷，但也构成个人滥用其姓名权、损害他人的在先权利。

第四，姓名权的行使不得违反法律法规，不得违反公序良俗。姓名权作为一种民事权利，其行使应当遵循民事权利行使的一般规则，不得违反法律法规，不得违反公序良俗。例如，在欧洲，一些国家如比利时等对父母为子女命名设有严格的限制，认为对孩子的命名不仅涉及其人格利益，也涉及公共利益，如果政府

① 河南省高级人民法院（2013）豫法知民终字第39号民事判决书。

有关机构认为父母对孩子所取的名字不适当，可以拒绝登记。[1] 因此，在对姓名权的相关内涵进行解释，尤其是在赋予个人对其姓名的命名权时，应当考虑我国特定的文化传统和道德伦理背景。因此，《姓名权立法解释》规定："公民行使姓名权……应当尊重社会公德，不得损害社会公共利益。"

需要指出的是，上述情形只是对姓名权行使的几种限制，按照"法不禁止即自由"的私法基本原则，除上述情形外，个人应当有权自由行使其姓名权，他人不得非法干涉。

（撰稿人：王利明）

第一千零一十三条

法人、非法人组织享有名称权，有权依法决定、使用、变更、转让或者许可他人使用自己的名称。

本条主旨

本条确认了名称权的概念与内容。

相关条文

《民法通则》第 99 条规定："法人、个体工商户、个人合伙享有名称权。企业法人、个体工商户、个人合伙有权使用、依法转让自己的名称。"

《民法总则》第 110 条规定："自然人享有生命权、身体权、健康权、姓名权、肖像权、名誉权、荣誉权、隐私权、婚姻自主权等权利……"

《侵权责任法》第 2 条规定："侵害民事权益，应当依照本法承担侵权责任。本法所称民事权益，包括生命权、健康权、姓名权、名誉权、荣誉权、肖像权、隐私权、婚姻自主权、监护权、所有权、用益物权、担保物权、著作权、专利权、商标专用权、发现权、股权、继承权等人身、财产权益。"

《反不正当竞争法》第 6 条规定："经营者不得实施下列混淆行为，引人误认为是他人商品或者与他人存在特定联系：……（二）擅自使用他人有一定影响的企业名称（包括简称、字号等）、社会组织名称（包括简称等）、姓名（包括笔

---

① James Q. Whitman, The Two Western Cultures of Privacy: Dignity Versus Liberty, Yale Law Journal, April, 2004.

名、艺名、译名等)；……”

《企业名称登记管理规定》第23条规定：“企业名称可以随企业或者企业的一部分一并转让。企业名称只能转让给一户企业。企业名称的转让方与受让方应当签订书面合同或者协议，报原登记主管机关核准。企业名称转让后，转让方不得继续使用已转让的企业名称。”

理解与适用

一、名称权的概念和特征

本条确认了名称权的概念与内容。名称权是法人、非法人组织对其名称依法享有的使用、变更、转让或者许可他人使用自己的名称的权利。换言之，是法人、非法人组织对其用以确定和代表自身并区别于他人的符号和标记所享有的权利。除民法典人格权编之外，我国《公司法》《合伙企业法》《个人独资企业法》《商标法》《反不正当竞争法》等都对名称权的保护作出了规定，而民法主要从名称权作为权利人人格权的角度对其进行确认和保护。

名称权具有如下法律特征。

第一，名称权的主体是法人、非法人组织。名称是法人、非法人组织所享有的称呼。名称权与姓名权不同，姓名权的主体是自然人，因为姓名是自然人的人格标志，是专属于自然人的人格利益，法人和非法人组织无法享有姓名权；而名称权的主体则是法人和非法人组织，自然人无法享有名称权。《民法典》第110条第2款对法人和非法人组织的名称权作出了规定，法人名称权为法人所依法享有，无论是企业法人，还是机关、事业单位法人，都应当具有自己的名称，对其名称享有名称权。具有自己的名称是社会组织成为法人的一个重要条件，也是某一法人区别于其他法人的重要标志。所谓非法人组织名称权，是指法人之外的合伙企业、社会团体等组织对其名称所享有的权利。法人名称权和非法人组织名称权的区别主要表现在主体的区别上，即名称权的主体是否是法人。另外，两者适用的法律规则不同，对法人名称权的保护除适用《民法典》外，还要适用《公司法》等法律，而对非法人组织名称权的保护则主要适用《民法典》等法律。

第二，名称权的客体是名称利益。名称是社会组织表征自己主体资格的字号，是某个组织区别于其他组织的外在标志。而且名称并不受团体成员变动的影响，从这一意义上说，名称权也具有一定的“专属性”[①]。有观点认为，法律之

① 房绍坤，曹相见．法人人格权的立法论分析．山东社会科学，2016(12)．

所以要保护法人的人格权，主要是为了保护“自然人以团体的形式而存在的人格利益”[①]。笔者认为，此种观点并不妥当，因为法人和非法人组织作为法律上的实体，本身有自己独立的人格，应当有自身的标识，使其与其他主体能够相区分，所以，非经权利人同意，其他主体不得使用该名称，对名称的非法利用，也会造成他人人格利益的损害。因此，保护法人和非法人组织的名称权，主要是为了保护其与其他法人、非法人组织相区分而产生的人格利益。

虽然法人、非法人组织的简称也是法人、非法人组织的称谓，但简称不同于名称，关于简称能否受到名称权的保护，值得探讨。许多法人、非法人组织的简称具有一定的社会知名度，能够为相关公众所知悉，应当受到法律保护。例如，“腾讯”“阿里”“清华”等，都是相关主体的简称，并为社会公众广泛了解，应当受到法律保护。例如，在“山东起重机有限公司与山东山起重工有限公司侵犯企业名称权纠纷案”[②] 中，最高人民法院认为，对于具有一定市场知名度、为相关公众所熟知并已实际具有商号作用的企业或者企业名称的简称，可以视为企业名称。如果经过使用和公众认同，企业的特定简称已经为特定地域内的相关公众所认可，具有相应的市场知名度，与该企业建立起了稳定联系，已产生识别经营主体的商业标识意义，他人在后擅自使用该知名企业简称，足以使特定地域内的相关公众对在后使用者和在先企业发生市场主体上的混淆，进而将在后使用者提供的商品或服务误认为是在先企业提供的商品或服务，造成市场混淆，在后使用者就会不恰当地利用在先企业的商誉，侵害在先企业的名称权，这也属于不正当竞争行为。在他人盗用、冒用法人、非法人组织的简称时，权利人应当有权请求行为人承担侵权责任。因此，《民法典》第 1017 条规定：“具有一定社会知名度，被他人使用足以造成公众混淆的笔名、艺名、网名、译名字号、姓名和名称的简称等，参照适用姓名权和名称权保护的有关规定。”当然，从该条规定来看，并不是所有的简称都应当受到法律的保护，只有那些具有一定的社会知名度、为相关公众所知悉的简称，才能受到法律保护。除简称外，法人、非法人组织名称中的字号、徽标等，如果具有一定的知名度，他人使用足以导致公众混淆的，也应受到法律保护。

第三，名称权的取得、变更、转让必须符合法定的程序。自然人的人格权大多是随主体的产生而自然产生的，不需要通过一定的程序而取得。但是，名称权作为法人或非法人组织的人格标志，其取得具有特殊性。也就是说，在设立法人

① 薛军．法人人格权理论的展开．上海财经大学学报，2011（6）.

② 最高人民法院（2008）民申字第 758 号民事裁定书，最高人民法院公报，2010（2）.

或非法人组织的过程中，有关机关应当依法对其名称进行审批或核准，法人或非法人组织不能擅自命名。而且，法律对名称的选定、使用等也进行了明确的规定。尤其是企业对其依法选取的名称必须进行登记才能成为法律所保护的名称。名称的取得一般要求经过登记，名称权原则上需要经过有关机关核准登记才能产生，我国《企业法人登记管理条例》第 10 条规定："企业法人只准使用一个名称。企业法人申请登记注册的名称由登记主管机关核定，经核准登记注册后在规定的范围内享有专用权。"依据该规定，企业名称只有经过登记才能取得名称权，法律上对企业名称也有特殊的要求，个人独资企业对其名称享有名称权。《个人独资企业法》第 8 条规定："设立个人独资企业应当……有合法的企业名称……"该法第 11 条规定："个人独资企业的名称应当与其责任形式及从事的营业相符合。"

当然，按照《关于审理不正当竞争民事案件应用法律若干问题的解释》第 6 条的规定，"企业登记主管机关依法登记注册的企业名称，以及在中国境内进行商业使用的外国（地区）企业名称，应当认定为反不正当竞争法第五条第（三）项规定的'企业名称'。具有一定的市场知名度、为相关公众所知悉的企业名称中的字号，可以认定为反不正当竞争法第五条第（三）项规定的'企业名称'"。因此，在特殊情形下，即便企业名称没有登记注册，但如果其已经具有一定的社会知名度，为社会公众所知悉，也可视为企业名称，受名称权法律制度的保护。

第四，名称权具有专有性。名称权属于法人等社会组织专有，非经转让等合法移转方式，其他经营单位不得使用。对自然人的姓名权来说，在同一地区内，法律不禁止自然人取与他人相同的姓名，但在同一地区，法律却不允许社会组织取相同的名称。如《企业名称登记管理规定》第 6 条规定，企业只准许用一个名称，在登记主管机关辖区内不得与已登记注册的同行业企业名称相同或者近似。确有特殊需要的，经省级以上登记主管机关核准，企业可以在规定的范围内使用一个从属名称。由此可见，社会组织，尤其是企业的名称具有独占性和排他性，任何人都不得以各种方式盗用、冒用法人等社会组织的名称，损害其财产利益和对外信誉。《反不正当竞争法》第 6 条规定，在市场交易中，经营者擅自使用他人的企业名称或者姓名，"引人误认为是他人商品"，就会构成不正当竞争行为。

第五，名称权具有标表性。名称是一个法人或者非法人组织表彰自己的主体身份的重要外在标志，也是其区别于其他法人或者非法人组织的重要特征。从人格权的分类角度讲，名称权和自然人的姓名权都可以归为标表型人格权。对某些特殊形态的企业来说，法律上要求其在名称中表明其所采取的组织形态。例如，《公司法》要求有限责任公司和股份有限公司在其名称中都必须表明其所采取的公司形态。《合伙企业法》第 62 条规定，有限合伙企业名称中应当标明"有限合伙”字样。有限合伙的名称中应当标明“有限合伙”的字样，这主要是因为在有限合伙中，有限合伙人要承担有限责任，为了使第三人能够知悉某企业为有限合伙，法律特别要求注明该字样，以便与其他合伙区别开来。

第六，名称权具有财产属性和人格属性。名称权不同于姓名权，虽然姓名权中也同时包含精神利益和经济价值，但其主要是一种精神性的人格权，在侵害姓名权的情形下，权利人有权请求行为人承担精神损害赔偿责任和财产损害赔偿责任。而名称权则具有较为突出的财产属性，其经济价值可以用货币进行评估，并且可以依法转让。名称权又称商事人格权，与人格尊严保护并不相关，也正是因为这一原因，在名称权遭受侵害的情形下，行为人侵害的主要是法人、非法人组织的人格标识利益，权利主体遭受的通常是财产损失，而不包括精神损害。① 同时，姓名权具有很强的人身专属性，权利人虽然可以许可他人使用其姓名权，但不得转让其姓名权，而名称权的人身专属性较弱，权利主体既可以许可他人使用其名称，也可以将其名称权转让。

需要指出的是，营利性法人以及合伙企业的名称权在遭受侵害后，还可以受到《反不正当竞争法》的保护。除此之外，还有大量的非营利法人，其本身并不从事经营活动，对此类名称权的侵害，则无法通过《反不正当竞争法》予以保护，而只能借助名称权的保护规则对其进行保护。在非营利法人的名称权遭受侵害后，虽然权利主体也可能遭受一定的财产损失，但多数情形下，权利主体并不遭受财产损失，此时可以通过其他侵权责任承担方式对权利主体进行救济。例如，在“浙江大学与浙江大学科慧软件有限公司侵犯名称权纠纷案”中，被告在其名称中使用了原告的名称，法院认为，“被告的行为客观上给原告的名称权造成了侵害，主观上存在过错，应依法承担相应的侵权责任。原告有权排除被告使用‘浙江大学’名称，其要求被告立即停止名称侵权并办理工商变更登记手续的诉讼请求应予支持”②。在该案中，原告浙江大学并不是营利法人，在其名称权遭受侵害的情形下，法院就采取了赔偿损失之外的责任方式对其进行救济。

二、商号与名称

商号又称字号，它是商业主体依法申请登记、用以表示自己营业的名称，亦即商业主体在营业上所使用的名称。③ 《企业名称登记管理规定》第 7 条将字号

① 樊涛．我国民法典的制定与商事规范的构建．法学杂志，2016（11）.

② 浙江省杭州市西湖区人民法院（2010）杭西知初字第 174 号民事判决书。

③ 刘清波．商事法．台北：台湾商务印书馆，1986：31.

等同于商号。例如，一些企业以“兴旺”“鸿发”为名，这些都属于企业名称中的商号部分，尤其是一些老字号企业（如瑞蚨祥、全聚德等）甚至直接以其商号对外进行日常经营活动。商号具有如下几个特征：第一，商号只能由以营利为目的的商业组织享有，非商业组织不具有商号。第二，商号是经营者的外部标记。商号就是个体工商户为其商店、工厂等所起的名称，它是经营者的一个外部标记。如“×××酒店”“×××理发店”等，但户主的姓名代表的是酒店、理发店，而不是自然人个人，所以，个体工商户的商号与自然人的姓名是不同的。无论个体工商户的经营规模、经营范围如何，都可以起商号，也可以根据具体情况不起商号。拥有商号的个体工商户以商号的名义与他人形成民事法律关系，由此形成的一切权利义务通常由个体工商户承担。第三，商号通常是企业名称的核心组成部分。根据《企业名称登记管理规定》第7条规定：“企业名称应当由以下部分依次组成：字号（或者商号，下同）、行业或者经营特点、组织形式。”

应当看到，企业名称与商号有密切联系。依据《企业名称登记管理规定》第7条第1款和《企业名称登记管理实施办法》第9条的规定，企业名称一般应当由行政区划、字号、行业、组织形式依次组成。从该规定来看，商号本身是企业名称的重要组成部分，同时，对同一行政区划内的企业而言，其行业、组织形式等可能具有很大的相似性，难以成为区分不同企业的标志。因此，商号是某一企业区别于其他企业的核心标志，可以说是企业名称的核心组成部分。但并不能将商号与企业名称等同，主要原因如下。

第一，二者的主体不同。商号通常用于指营利性的法人或者非法人组织的名称，即以营利为目的的法人和非法人组织，当然，依据《民法典》的规定，个体工商户也可以取商号。① 而名称权的主体除此之外还包括公法人、财团法人、非营利社团法人等非商事主体。换言之，公法人、非营利法人都享有名称权，但并没有商号权。② 可见，并非所有有名称的主体都有商号，而有商号的企业都必然有名称。

第二，二者的表现形式也不同。根据《企业名称登记管理规定》第7条规定：“企业名称应当由以下部分依次组成：字号（或者商号，下同）、行业或者经营特点、组织形式。”可见，就营利性法人而言，商号是指其企业名称中的核心字段，而依据上述规定，名称除了包括商号外，还应当包括行业或者经营特点、

① 《民法总则》第54条规定：“自然人从事工商业经营，经依法登记，为个体工商户。个体工商户可以起字号。”

② 杨立新，等．《中国民法典·人格权编》草案建议稿的说明//王利明．中国民法典草案建议稿及说明．北京：中国法制出版社，2004：334.

组织形式等内容。例如，从事商业经营的企业通常要用“商贸集团”的名称，而从事房地产开发的企业名称中通常要体现“地产”这一行业特点。但对商号而言，通常并无此种要求。依据《企业名称登记管理规定》第10条的规定，私营企业甚至可以使用投资人姓名作为商号，例如，“王麻子剪刀”这一名称中就使用了“王麻子”为字号。

第三，是否需要登记不同。企业名称应当登记，非经登记不能取得，且法律上对名称的使用有明确的要求和规范，而商号则并不要求必须登记[①]，而且法律也未对个体工商户的商号使用规则作出细化规定。

第四，是否构成不正当竞争不同。依据《反不正当竞争法》第6条第2项的规定，“擅自使用他人有一定影响的企业名称（包括简称、字号等）、社会组织名称（包括简称等）、姓名（包括笔名、艺名、译名等）”，“引人误认为是他人商品或者与他人存在特定联系”的，构成不正当竞争。依据该条规定，擅自使用他人的名称，引起混淆的，构成不正当竞争，但对于擅自使用他人名称中的商号是否构成不正当竞争，存在一定的争议，因为从本条规定来看，其只是规定了对名称的擅自利用行为构成不正当竞争，而没有规定对商号的擅自利用构成不正当竞争。[②] 从司法实践来看，对于擅自使用他人商号是否构成不正当竞争，有的法院持否定立场。例如，在“蜜雪儿服饰（北京）有限公司诉上海蜜雪儿服饰有限公司不正当竞争纠纷案”中，法院认为，“字号显然是企业名称中最具区别特征的组成部分，但按照《企业名称登记管理规定》，字号也仅仅是企业名称的一个组成部分，并不等同于企业名称本身”[③]。在该案中，法院认为，字号并不同于名称，对企业字号的使用也不能产生与使用企业名称相同的法律后果。

三、名称权的内容

依据《民法典》第1013条规定，“法人、非法人组织享有名称权，有权依法决定、使用、变更、转让或者许可他人使用自己的名称”。因此，名称权包括如下几项内容。

（一）名称决定权

名称决定权是指法人、非法人组织决定自己名称的权利。自然人申请设立法人、非法人组织成立之时必须确定名称，所以事实上在法人、非法人组织一开始

---

① 杨立新．人身权法论．北京：中国检察出版社，1996：442－443.

② 李友根．论企业名称的竞争法保护——最高人民法院第29号指导案例研究．中国法学，2015（4）.

③ 北京市第一中级人民法院（1997）一中知初字第71号民事判决书。

成立之时，其名称权由投资人具体予以行使；法人、非法人组织的名称应当与其性质相适应。例如，有限责任公司与股份公司、合伙企业与独资企业等在名称的决定上有不同的要求，应当标明其性质，以免使公众发生混淆。再如，《合伙企业法》第56条规定："特殊的普通合伙企业名称中应当标明'特殊普通合伙'字样。"该法第62条规定："有限合伙企业名称中应当标明'有限合伙'字样。"在法律上，名称的选择应当符合法律的规定，例如，《企业名称登记管理规定》第9条规定："企业名称不得含有下列内容和文字：（一）有损于国家、社会公共利益的；（二）可能对公众造成欺骗或者误解的；（三）外国国家（地区）名称、国际组织名称；（四）政党名称、党政军机关名称、群众组织名称、社会团体名称及部队番号；（五）汉语拼音字母（外文名称中使用的除外）、数字；（六）其他法律、行政法规规定禁止的。"企业违反上述规定使用名称的，有关有权予以撤销，并追究其相应的法律责任。企业名称是否合规、是否存在同名等情况，均需要由工商行政管理部门加以审核，企业未经批准擅自使用相关名称的，则不应受名称权规则的保护，行为人也可能需要承担相应的法律责任。

（二）名称使用权

所谓名称使用权，是指名称权人有权对其名称在一定范围内享有独占使用的权利。名称权人有权自己使用也有权许可他人使用自己的名称。例如，企业法人和合伙组织对其字号享有专有使用权，可以以字号的名义注册登记、拥有动产和不动产、开立银行账户、申请商标登记、与第三人产生债权债务关系等；同时，也可以依法许可他人使用自己的名称，例如，通过设立分支机构或者连锁店等方式许可他人使用。企业取得名称权以后，其专用权的范围在法律上并没有明确的规定。在比较法上，许多国家将企业名称权的专用权限定在一定的行政区划和行业领域，超出了该区划和行业领域，企业就不享有专用权，其他企业可以使用相同或类似的企业名称。在我国，也有学者认为，企业名称具有地域性的特点。① 一般认为，企业名称经依法登记公示后，即产生名称权主体的独占排他效力。在登记的地区内，他人不得再登记营业性质相同的名称；未经登记而使用的，构成侵害名称权。② 笔者认为，过去我国市场经济尚不发达、企业经营活动的地域性较强，加上受信息公开的技术条件的限制，名称权确实具有一定的区域性。但是，随着社会主义市场经济体制的逐渐完善、企业经营空间的扩张，尤其是互联

---

① 杨煜．商标权煜企业名称权冲突的分析．上海市中级人民法院第二中院审判研究：第6期．

② 杨立新，等．《中国民法典·人格权编》草案建议稿的说明//王利明．中国民法典草案建议稿及说明．北京：中国法制出版社，2004：334．

网技术的发展促使信息便于公开，因而不应再将名称权限于在登记的区域范围内享有，而应尽可能使企业的名称在超出特定登记的范围时也受到保护。

（三）名称变更权

所谓名称变更权，是指法人和非法人组织有权要求将其名称予以变更。与名称的决定类似，名称的变更也应当符合法定的程序，对名称决定的限制同样应当适用于对名称的变更。例如，前述《企业名称登记管理规定》第 9 条的规定也当然适用于名称变更的情形。《民法典》第 1016 条规定："民事主体决定、变更姓名，或者法人、非法人组织决定、变更、转让名称的，应当依法向有关机关办理登记手续，但是法律另有规定的除外。"据此，民事主体变更自己的名称的，应当办理登记手续。法律之所以作出名称变更登记的规定，是因为企业名称变更频繁，会导致企业主体混乱，影响消费者的合理信赖，并且会危害交易安全。企业虽然可能会因为合并、分立等发生相应的变动，此时，原有的名称已经不足以表达这些真实的信息，基于企业名称真实的原则，也需要对其名称作相应的变更，但应当将名称变更的信息对外公布，因此，民事主体变更名称也必须依法办理变更登记，否则，擅自改变企业名称的，将会承担限期办理变更登记等其他行政处罚措施。①

为了维护交易安全和秩序，保护民事主体的合法权益，企业名称的变更应当受到一定的限制。例如，《企业名称登记管理规定》第 22 条规定："企业名称经核准登记注册后，无特殊原因在 1 年内不得申请变更。"对于擅自变更企业名称的，《企业名称登记管理规定》第 26 条第 2 项规定："擅自改变企业名称的，予以警告或者处以 1 000 元以上、1 万元以下罚款，并限期办理变更登记。"这都对企业名称的变更作出了限制。

（四）名称转让权

名称权人有权转让其名称。名称权的转让是指名称权人将其名称全部让与给某一个受让人，受让人成为该名称权的主体，这也是企业名称权不同其他人格权的重要特点。《民法典》第 1016 条规定："民事主体决定、变更姓名，或者法人、非法人组织决定、变更、转让名称的，应当依法向有关机关办理登记手续，但是法律另有规定的除外。"该条规定民事主体可以转让自己的名称，在转让名称时，应由转让方与受让方签订书面转让协议，并应当依法办理批准和登记手续。转让名称的协议生效后，受让人必须按照约定和登记的规定使用受让的名称，超出约定而使用的，仍可构成对名称权的侵害。根据《企业名称登记管理规定》第 23

① 杨立新．人格权法．北京：法律出版社，2011：429.

条的规定，企业名称可以随企业或者企业的一部分一并转让。名称转让权主要具有如下特征。

第一，名称权转让的整体性。这就是说，名称权只能作为一个整体的权利让与给某一个受让人。但是公司名称的转让通常只能转让商号或字号，至于行政区划名称，等是不能转让的。[①] 关于名称权的转让，有两种不同的立法例。一是绝对转让主义。此种观点认为，名称权转让应当随同营业一并转让，或者在营业终止时转让。德国商法第 23 条规定："商号用于营业者，非随同营业，不得转让。"日本商法第 24 条第 1 项也规定，"商号只能与营业同时或营业废止时，方能让与"。该法第 20 条规定，"让与商号，除经登记、公告或直接通知该第三人外，受让人应负担让与人因营业所生债务"。二是相对转让主义，又称自由转让主义，是指名称权无须和营业一并进行转让，可以单独转让企业名称。从我国实际情况来看，企业名称可随业务一起转让，也可以单独转让。[②] 笔者认为，允许企业名称单独转让，使原企业在转让名称后继续营业，必然会造成与该企业发生经济联系的第三人产生误解，同时也会使转让方通过单独转让方式逃避债务，获取非法所得。

第二，与营业转让的同时性。这就是说，名称应当与营业同时转让。所谓同时，是指基于对企业单独转让名称作严格限制，名称权应当与营业或营业的一部分一并转让，从转让生效之日起，原权利人丧失名称权，受让人取得名称权。

第三，受让主体的唯一性。由于企业名称的唯一性和真实性，因而，《企业名称登记管理规定》第 23 条规定，企业名称只能转让给一户企业。这一规定实际上也是对名称转让权的限制，也就是说名称权人不能将自己的名称转让给多个主体，以免造成新的混淆。

名称权转让之后，原权利人丧失权利。原权利人如果继续使用该名称，则构成侵权。权利人也不得在该名称登记的地区再次登记该名称。问题在于，如果某企业转让名称后，权利人继续使用名称，而第三人对此形成了信赖，由此产生的责任由谁负责？笔者认为，在此情况下，转让人和受让人都应当承担责任，从而维护第三人的信赖利益，保护交易安全。

需要指出的是，《民法典》第 1016 条规定了名称权的转让，但是《民法典》第 992 条规定："人格权不得放弃、转让或者继承。"且这一规则并未设置但书，这是否意味着二者之间存有矛盾呢？笔者认为，《民法典》第 11 条规定："其他

① 陈书高，等．公司名称权法律问题研究．当代法学，2001（5）.

② 杨明仑．论企业名称权：续．北京律师，1992（2）.

法律对民事关系有特别规定的，依照其规定。”可以将此处的“其他法律”进行扩大解释，将其解释为不只限于特别法，而且包括特别规范的方式，第 1016 条作为名称权的特别规范，应当优先于人格权的一般规定适用。

（五）名称许可使用权

法人或非法人组织还享有许可他人使用其名称的权利。所谓名称权的许可使用，是指名称权人与受让人达成协议，允许他人使用该名称。一旦达成协议，即对当事人发生法律拘束力。名称许可使用的典型形态就是特许经营。所谓特许经营，是指拥有注册商标、企业标志、专利、专有技术等经营资源的企业，以合同形式将其拥有的经营资源许可其他经营者使用，被特许人按照合同约定在统一的经营模式下开展经营，并向特许人支付特许经营费用的经营活动。[①] 例如，麦当劳等连锁店通过特许经营合同允许多家受让人使用其名称标志。许可使用是指权利人允许他人在一定期限、一定范围内使用其名称。这在外国商法上也称为商号的出借或借贷，即名称权本身也可以成为借贷的标的，权利人可以准许他人使用自己的名称。在许可使用的情况下，权利人本身不丧失名称权，只是允许他人在合同约定的时间、地域范围内予以使用，在性质上类似于商标、专利等工业产权的许可使用。权利人通过许可他人利用自己的名称，可以更好地发挥名称的价值，使许可人和被许可人都从中获得利益。

（撰稿人：王利明）

第一千零一十四条

任何组织或者个人不得以干涉、盗用、假冒等方式侵害他人的姓名权或者名称权。

本条主旨

本条旨在说明对姓名权和名称权的侵害。

相关条文

《民法通则》第 99 条规定：“公民享有姓名权，有权决定、使用和依照规定改变自己的姓名，禁止他人干涉、盗用、假冒。”

---

① 参见《商业特许经营管理条例》第 3 条。

法人、个体工商户、个人合伙享有名称权。企业法人、个体工商户、个人合伙有权使用、依法转让自己的名称。

《民法总则》第110条规定："自然人享有生命权、身体权、健康权、姓名权、肖像权、名誉权、荣誉权、隐私权、婚姻自主权等权利……"

《侵权责任法》第2条规定："侵害民事权益，应当依照本法承担侵权责任。

本法所称民事权益，包括生命权、健康权、姓名权、名誉权、荣誉权、肖像权、隐私权、婚姻自主权、监护权、所有权、用益物权、担保物权、著作权、专利权、商标专用权、发现权、股权、继承权等人身、财产权益。"

理解与适用

一、侵害姓名权的行为及其责任

(一) 侵害姓名权的行为

侵害姓名权的行为属于侵权行为。和其他侵权行为一样，行为人是否应负民事责任，应以其行为是否符合侵害姓名权的责任构成要件为前提。由于侵害姓名权本身就是对他人人格的侵害，无论此种侵害是否为他人知悉，或者是否造成受害人的精神痛苦等，均不影响行为人应承担的责任。

《民法通则》第99条规定，自然人享有姓名权，禁止他人干涉、盗用、假冒。《民法典》第1014条规定："任何组织或者个人不得以干涉、盗用、假冒等方式侵害他人的姓名权或者名称权。"由此可见，与《民法通则》的规定相比，《民法典》的规定在侵害姓名权的行为方式中增加了"等"字，作出此种规定是对我国司法实践经验的总结。因为实践中确实出现了不少上述三种行为之外的侵害姓名权的行为，必须将其纳入法律规定的范围内。具体而言，侵害姓名权的行为主要表现为如下几种。

1. 干涉他人决定、使用和变更姓名

干涉他人行使姓名权是指行为人干涉他人行使姓名权，如干涉他人使用自己的姓名，或者干涉他人改变自己的姓名。干涉行为既包括干涉他人使用真名，也包括干涉他人使用笔名、艺名等。此类侵害行为，实际上是侵害了自然人对其姓名所享有的自主决定权。从审判实践来看，干涉行为主要有如下几种。

第一，干涉养子女决定、使用和变更姓名。自然人被他人收养以后，从收养方的姓氏是符合法律规定的，但养子女一旦成人，即为完全行为能力人，应有权决定自己的姓名。如果养子女在成年以后要求改变自己的姓名，只要符合户籍管理的规定，应予准许，任何人包括养父母均不得干涉。对于未成年的养子女应从养父母还是生父母的姓氏，在实践中经常发生纠纷。根据我国《收养法》第 24 条规定，“养子女可以随养父或者养母的姓，经当事人协商一致，也可以保留原姓”。如果当事人之间无协议，是否可保留原姓？笔者认为，从《收养法》第 24 条规定来看，当事人之间的协商应为特殊规定，若当事人之间无特别协议，则应从养父母姓氏，而不应从原姓。这一立法精神也是符合我国民间习惯的。所以，对已被他人收养的未成年子女，生父母不得以任何借口强行要求其子女从其姓氏。

第二，干涉被监护人决定和使用其姓名。如前所述，无行为能力的自然人的姓名应由其监护人决定，限制民事行为能力的自然人决定自己的姓名应征得其监护人同意。如果未成年人的监护人与未成年人在命名上发生争执，应该尊重监护人的意见，因为在此情况下，未成年人的自我命名权是受限制的。在未成年人成年以后，其自然取得自我命名权，如果原监护人对该成年自然人行使姓名权加以干涉，可构成侵害姓名权。

应当指出，夫妻离婚以后，未成年子女由父母一方监护，该未成年子女的姓名权应由监护一方代为行使或征得监护一方同意，没有实际监护权的一方无权干涉。但监护一方是否有权在不征得对方及子女本人同意的情况下，擅自更改未成年子女的姓名，值得研究。一种观点认为，姓名只是一种符号，抚养子女的一方更改未成年子女的姓名（如把未成年子女的姓氏改为再婚后的丈夫或妻子的姓氏）是合法的，不构成侵权。另一种观点认为，抚养子女的一方擅自更改未成年子女的姓名是不合法的。笔者认为，离婚之后，虽然未成年子女由父母一方抚养，但在父母双方均健在的情况下，扶养一方不能单方面决定未成年子女的姓名，应当与未成年子女的生父或其生母协商决定姓名的更改，擅自将未成年子女的姓氏改为生父母以外的他人的姓氏的，也可能侵害亲生父母的命名权。

第三，干涉他人使用与自己相同的姓名。在我国，只要自然人不是出于某种不正当目的而取与他人相同的姓名，故意造成姓名权冲突，则任何人无权干涉自然人如何选择姓名。例如，被告人王某强迫同村的两个与其姓名相同的人更改姓名，表面上是为了避免姓名权冲突，实际上已构成对他人姓名权的侵害。有学者认为，故意重名的，应认定为侵害名誉权。① 笔者认为，重名虽然可能会侵害他人的名誉权，但主要还是侵害了他人姓名权。

需要特别指出的是，自然人享有选择自己姓氏的权利。在自然人为未成年人时，自然人的法定监护人享有为其选择姓氏的权利。例如，在某个案件中，林某

---

① 张新宝．中国侵权行为法．2 版．北京：中国社会科学出版社，1998：290.

用的是母姓，他希望自己的儿子能够沿袭祖姓，随其祖父姓郭。但是，在他办理自己儿子的户口登记时被警方告知，孩子只能随父姓或母姓，不能姓其他姓氏。公安机关的理由是，按照婚姻法的规定，自然人可以随父姓或者随母姓，所以，必须随父姓或者随母姓。① 虽然依据《民法典》第1015条规定，“自然人应当随父姓或者母姓”，但是符合法定情形的（如选取其他直系长辈血亲的姓氏），可以在父姓和母姓之外选取姓氏。因此，婚姻法的规定只是原则性的规定，而非必须随父姓或者母姓，如果选取其他直系长辈血亲的姓氏，法律并不禁止，自然人就享有选择该姓氏的权利。

2. 盗用他人姓名

盗用他人姓名是指未经他人同意或授权，擅自以他人名义实施有害于他人和社会的行为。例如，盗用他人的姓名领取不合法的收入，在罚款通知单上签上他人的姓名，以某电影演员的名义向某运动员写求爱信以欺骗和愚弄对方，盗用他人姓名作为企业负责人等。② 但盗用他人姓名，也可能并没有对原告造成重大损害。例如，在“李某与被上诉人建昌县农村信用合作联社姓名权纠纷案”中，法院认为，本案中上诉人的姓名被他人非法使用，因贷款没有及时偿还，被银行系统记有不良贷款记录，所以，已构成对姓名权的侵害。③ 盗用他人姓名也可能被不法行为人作为诈骗的手段，如私刻他人印章从事诈骗活动，以某人的名义向其家属发电报要求汇款以诈骗他人钱财等，此种盗用他人姓名的行为已构成犯罪。盗用他人姓名的，行为人通常出于某种不正当目的（如欺诈、报复、获取非法所得），行为的结果直接损害了他人的利益或社会公共利益。由于在盗用他人姓名的情况下，行为人以他人的名义从事不法行为，因而也常常构成对他人名誉权的侵害。

3. 假冒他人姓名

假冒是指冒名顶替，换言之，是指冒充他人进行活动。假冒行为破坏了姓名与主体的同一性，其目的通常是获取非法利益。例如，未经他人同意，在自己作品的“序”中署上他人的姓名，擅自在招生广告中使用某个名教授的姓名，擅自在自己的美术作品上标上他人的姓名等。在著名的“齐玉苓案”中，就涉及假冒他人姓名入学。④ 在冒充他人姓名的情况下，侵权人常常利用他人对知名人士的

---

① 新生儿为姓名权状告公安局．北京晚报，2004-08-25.

② 参见“陈某彝诉湛江经济技术开发区耀华建筑装饰工程公司侵害姓名权纠纷案”，广东省湛江经济技术开发区人民法院民事判决书（2001）湛开法民初字第13号。

③ 参见辽宁省葫芦岛市中级人民法院（2011）葫民一终字第00021号民事判决书。

④ 最高人民法院中国应用法学研究所．人民法院案例选：总第33辑．北京：人民法院出版社，2002：97.

崇敬、羡慕、信任，使用某知名人士的姓名从事各种活动。在实践中，利用与他人同姓名的条件冒充他人实施行为，利用与他人姓名容易相混的条件冒充他人，以及利用他人的身份和名义从事某种行为，也应被认为属于假冒行为。但是，如果行为人不是利用某个特定人的身份或名义，而是以一群人、不特定的多数人的名义从事某种行为，则不能视为假冒姓名权的行为。

假冒他人姓名与盗用他人姓名一样，都是非法利用他人姓名并侵害权利人的姓名权，但两者之间存在一定的区别。盗用的结果常常直接损害了被盗用者的利益，而假冒则是使用他人的姓名从事某种民事、经济及其他活动，假冒者的目的常常并不是直接损害被假冒者的利益，而只是为了牟取个人的非法所得。例如，在“韩某诉韩某姓名权纠纷案”中，法院认为，被告因赌博在被公安机关查获处理过程中冒用原告的姓名，侵犯了原告的姓名权，应承担相应的民事责任。[①] 此案被告的行为应被认定为盗用行为而非假冒行为。当然，假冒的结果也可能损害被假冒者的利益。但是假冒他人姓名如果旨在侵害他人著作权，则应当被认定为侵害他人著作权的行为，而不宜被作为侵害姓名权处理。[②]

假冒他人姓名也可能是为了愚弄他人或者恶意侵害他人，但行为人可能并未从中获取利益，此种行为也构成对他人姓名权的侵害。例如，在“薛某诉张某国际互联网络侵犯姓名权案”中，薛某收到美国密歇根大学教育学院通过国际互联网络发来的为其提供 1.8 万美元奖学金的电子邮件。张某假冒薛某姓名，利用国际互联网络向密歇根大学发出一封电子邮件，谎称薛某已接受其他学校邀请，拒绝了密歇根大学，导致薛某失去了赴美国深造的机会；造成其经济、精神损失，构成侵害姓名权。[③]

假冒他人笔名、艺名、别号、乳名等是否构成侵权，则应视这些名称是否可以代表他人而定。由于这些名称毕竟不同于自然人在户口簿、身份证上所记载的真实姓名，所以，只有在这些名称为周围的人所熟知，并被人们认为是特指某个特定的人的情况下，才可认为是假冒该人的姓名。至于剽窃、抄袭他人的作品，擅自在他人作品上署名，未经合作者许可而将与他人合作创作的作品当作自己单独创作的作品发表等行为，应认为构成对他人著作权（包括署名权、发表权等）的侵害，而不应视为侵害姓名权。

① 参见杭州市萧山区人民法院（2014）杭萧民初字第 227 号民事判决书。

② 参见《最高人民法院关于范曾诉盛林虎姓名权纠纷案的复函》［1990 年 11 月 5 日（1989）民他字第 55 号］。

③ 北大法宝［法宝引证码］CLI. C. 26853.

4. 侵害姓名权的其他行为

《民法典》第 1014 条采用"等方式"的表述，实际上规定了兜底条款，保持了开放性。在实践中，除上述侵害姓名权之外，还存在其他一些侵害他人姓名权的类型。比较典型的行为是未经他人同意，超出权利人许可的范围，将某人的姓名用于各种商业活动。此类行为与假冒、盗用他人姓名不完全相同。行为人也获得了权利人的同意，但在使用他人姓名时，超出了授权许可的范围。例如，在"姚明诉武汉云鹤大鲨鱼体育用品有限公司侵害姓名权案"中[①]，法院认为，被告利用姚明的姓名作为体育用品的名称，由于姚明是著名运动员，其姓名具有极强的人身标识性，虽然不具有排他性，别人也可以重名，但是任何与体育有关，尤其是与体育运动有关的公司使用姚明的姓名，则明显具有侵权的过错，足以造成对一般人的混淆和误导，一般的消费者看到该公司特定商品之后，会误以为该公司获得了姚明的授权而使用其姓名，从而对该公司的产品产生一定的预期，这显然是利用姚明在为公司的体育产品做广告。

司法实践中，经常出现许多因为侵犯他人姓名权而有损他人名誉的行为，对此种行为，在实践中，有法院认为认定由侵犯姓名权引发的对他人名誉侵犯的行为，应当同时认定对姓名权和名誉权的侵犯，比如新疆维吾尔自治区乌鲁木齐市中级人民法院在"中国工商银行股份有限公司新疆维吾尔自治区分行营业部与黄某等姓名权纠纷上诉案"中就持该立场。[②] 笔者认为，在擅自利用他人姓名导致他人社会评价降低的情形下，应当同时构成对他人姓名权和名誉权的侵害，权利人可以选择依据姓名权或者名誉权提出请求。

（二）侵害姓名权的责任

在侵害姓名权的情况下，德国学者大都认为，因为姓名权属于《德国民法典》第 823 条规定的"其他权利"，所以侵害姓名权而获得利益的，可以根据《德国民法典》第 812 条的规定请求不当得利返还。[③] 但笔者认为，姓名权是一种人格权，绝大多数侵害姓名权的行为并不一定造成经济损失，而主要是一种精神上的损害，对此不能完全用不当得利制度来解决。当然，行为人侵害他人姓名权造成受害人财产损失的，受害人亦可要求赔偿财产损失。例如，在"赵某一诉赵某二（刘某某）、赵某三姓名权纠纷案"中，被告冒用原告的姓名及身份信息，领取集体经济组织分配的各种收益，这就是侵害姓名权涉及财产损失的情形，法

① 姚明状告"姚明一代"侵权成功索赔千万只赔了 30 万．大连日报，2011-12-28.

② 参见新疆维吾尔自治区乌鲁木齐市中级人民法院（2010）乌中民一终字第 453 号民事判决书。

③ 卡尔·拉伦茨．德国民法通论：上册．王晓晔，等译．北京：法律出版社，2003：169.

院认为应当予以支持。[①]

确实侵害姓名权的损害赔偿责任，要兼顾姓名权商业利益的实现。姓名权也具有一定的财产价值，也能够被商业化利用，因此，侵害姓名权应当考虑受害人的财产损失。例如，在“姚明诉武汉云鹤大鲨鱼体育用品有限公司侵害姓名权案”中，一审法院认为被告在未经姚明授权的情况下，在其生产的服装、鞋等商品上使用包含姚明姓名的“姚明一代”作为商业标识，并在全国范围内以专卖店的方式销售这些商品。已经构成对原告姚明姓名权的侵害，法院判决被告赔偿人民币 30 万元。[②] 该赔偿数额的确定，实际上就考虑到姚明姓名权的商业价值。在侵害姓名权的赔偿责任中，不仅应该考虑权利人所遭受的精神损害，还应当在财产损害赔偿数额上考虑姓名权的商业利用价值。

二、侵害名称权的行为及其责任

（一）侵害名称权的行为

侵害名称权构成侵权行为，此种行为的主要表现是干涉、盗用、假冒他人名称，但又不限于干涉、盗用、假冒，具体来说，主要有如下几种行为。

1. 干涉，也就是非法干涉他人对名称的使用。干涉内容包括对名称的设定、专有使用、依法变更和依法转让的干预等，干涉行为大多出于故意。例如，行为人非法宣布撤销他人的名称[③]，行为人在转让其名称权后，不正当地限制新权利人对名称的使用等，均构成非法干涉他人对名称的使用。干涉行为通常侵害了权利人对于其名称权的自主决定权。

2. 盗用。盗用是指擅自使用他人名称从事违法行为。例如，在“泉州市服装总校诉陈某等侵害名称权案”[④] 中，法院认为，被告在没有取得“泉州服装总校”名称的情况下，以“泉州服装总校”之名刊登招生广告，被告的行为构成侵权。盗用他人名称的动机和目的是多样的，行为人盗用他人名称主要是从事违法行为。在盗用的情况下，通常不仅可能侵害企业的名称权，而且可能侵害其名誉权，还可能构成诈骗等犯罪。再如，在“上海奇能服饰发展有限公司与上海新世界股份有限公司、昆山圣罗兰制衣实业有限公司擅自使用他人企业名称纠纷案”中，法院认为，根据当事人之间的约定，原告授权圣罗兰公司的产品范围仅限于

---

① 赵某一诉赵某二（刘某某）、赵某三姓名权纠纷案//最高人民法院中国应用法学研究所．人民法院案例选：第 4 辑．北京：人民法院出版社，2011：93.

② 姚明状告“姚明一代”侵权成功索赔千万只赔了 30 万．大连日报，2011－12－28.

③ 杨立新等．论名称权及其民法保护．江苏社会科学，1995（1）.

④ 福建省泉州市鲤城区人民（1994）鲤民初字第 80 号民事裁定书。

男装，从未包括女装，圣罗兰公司未经许可在女装上使用奇能公司的企业名称，引人误认为是女装吊牌所标示的中国总代理及产地的奇能公司所为，且将作为男装品牌定位的SATCHI品牌使用于女装，有损整个品牌的形象，造成市场混淆，影响正常的市场秩序，构成不正当竞争行为。①

3. 假冒。假冒是指未经他人许可擅自使用他人名称进行民事行为。如在自己生产的商品、服务、信函等上面标上其他企业的名称以欺骗公众，使公众误认为是被假冒企业的商品、服务或经营；或将他人的企业名称作为商标或服务标记注册，严重违背诚实信用和公平竞争原则，并致他人损害。例如，在“北京市正义律师事务所诉朱某晖侵犯企业名称权纠纷案”中，法院认定，被告未经原告许可，擅自使用原告的名称发布网络信息、招揽法律服务业务，侵犯了原告依法享有的名称权，应依法承担相应的法律责任。② 盗用和假冒都是未经名称权人许可而使用他人名称，但是盗用人的目的通常在于利用他人名称进行招摇撞骗，其情节严重的可能构成诈骗等犯罪，而假冒人利用他人名称通常是进行一般的民事活动，其情节较之于盗用的更为轻微。

4. 其他行为。除上述行为外，侵害名称权的行为还包括其他类型的行为，这实际上设定了兜底条款。在实践中，一些侵害名称权的行为很难概括在前三类行为中。例如，在“中国人民解放军警卫第一师仪仗大队与深圳市信禾工艺品有限公司名称权、肖像权、名誉权侵权纠纷上诉案”③ 中，一审法院认为，民事主体有权禁止他人干涉、盗用、假冒其名称权，但信禾公司的行为既不构成对专有名称的干涉、盗用、假冒，也未使用“三军仪仗队”的名称直接为其产品进行文字宣传，故不构成侵犯三军仪仗队的名称权。在该案中，法院依据《民法通则》第99条的规定，将侵害他人名称权的行为理解为仅包括干涉、盗用、假冒三种，即忽略了该法律规则的目的。实际上，侵害名称权的行为不应当局限于干涉、盗用、假冒三种。鉴于《民法通则》的表述确有缺陷，《民法典》第1014条规定：“任何组织或者个人不得以干涉、盗用、假冒等方式侵害他人的姓名权或者名称权”。此处采用了“等方式”的表述，表明侵害名称权的行为，不限于干涉、盗用、假冒行为，还包括其他侵害行为。

---

① 上海市第二中级人民法院（2012）沪二中民五（知）终字第77号民事判决书。

② 北京市东城区人民法院（2011）东民初字第3537号民事判决书。

③ 北京市第一中级人民法院（2006）一中民终字第3240号民事判决书。该案的案情为：2005年上半年，三军仪仗大队官兵在北京市场上发现了一个出售“红色八一步枪”和“将军佩剑”的商家宣传册，宣传册当中随意使用了三军仪仗大队的名称和形象。2005年4月，仪仗大队在法院提起诉讼，认为信禾公司蓄意侵犯仪仗队的名称权、肖像权、名誉权，请求法院判令信禾公司赔偿248万元。

其他侵害名称权的行为类型也较多，具体而言：一是仿冒。它是指以与他人名称相类似或易混淆的文字作为自己的名称或注册商标以及用作其他非法用途。例如，在“上海罗芙仙妮化妆品有限公司诉上海市工商行政管理局金山分局工商行政处罚决定案”① 中，法院认为：“罗芙仙妮公司生产、销售的‘罗芙仙妮’系列化妆品上标有‘法国’‘欧莱雅’字样，而‘欧莱雅’是原审第三人欧莱雅公司企业名称中的字号，同时作为国际品牌的商标也已成为我国重点保护的商标和驰名商标；上诉人生产、销售的‘碧优泉’系列化妆品上有容易与欧莱雅公司代理的‘碧欧泉’化妆品发生混淆和误认的品牌、商标标识。”因此，判定罗芙仙妮化妆品有限公司败诉。此种行为侵害了他人的在先权利。二是超出许可范围的利用行为，即行为人虽然取得他人许可，但超出许可范围利用他人的名称，也构成侵害名称权。三是转让后继续使用。企业名称在转让后，转让方不得继续使用已转让的企业名称，否则也构成对受让企业方的名称权的侵害。

在司法实践中，判断某一行为是否侵害名称权的主要标准是公众是否认为行为人所使用的名称与权利人的名称有直接的关联，如果公众认为行为人所使用的名称与权利人的名称具有直接的关联，则该行为就构成对权利人名称权的侵害，否则就不构成侵害名称权的行为。例如，在“南昌扬子集团赣州橡胶有限公司诉台州奋飞橡塑制品有限公司赣州分公司名称权纠纷案”中，法院认为，认定某一行为是否构成对企业法人名称权的侵犯，其基本要件之一就是该行为与企业法人名称要素的切合度是否能够使公众明确意识到行为的指向。如果公众不认为被告所使用的名称与原告有直接的关联，那么被告不构成对原告名称权的侵犯。②

（二）侵害名称权的责任

在名称权遭受侵害的情况下，受害人可以以其名称权受到侵害为由提起诉讼。在名称权遭受侵害的情况下，权利人可以请求行为人承担以下侵权责任。

一是请求停止侵害。在司法实践中，对人民法院认定构成侵犯注册商标权或者不正当竞争行为的企业名称中的字号的使用，权利人有权请求行为人变更或停止使用其企业名称。

二是赔偿损失。根据《民法典》第 1182 条的规定，在名称权受到侵害时，受害人有权请求行为人赔偿损失。由于名称权主体为法人和非法人团体，故侵害名称权不产生精神损害问题，受害人只能向行为人要求赔偿财产损失而不能要求赔偿精神损害。在确定损害赔偿的数额时，如果权利人无法证明其实际损失数

① 最高人民法院公报，2009（11）.

② 江西省赣州市章贡区人民法院（2003）章民一（3）初字第 1125 号民事判决书。

额，而可以证明行为人的获利数额，则权利人有权依据《民法典》第 1182 条请求行为人承担获利返还责任，依据该条规定，侵害人身权益的获利返还是指在人身权益遭受侵害的情形下，权利人有权请求行为人返还因侵权所获得的利益。

（撰稿人：王利明）

第一千零一十五条

自然人应当随父姓或者母姓，但是有下列情形之一的，可以在父姓和母姓之外选取姓氏：

（一）选取其他直系长辈血亲的姓氏；

（二）因由法定扶养人以外的人扶养而选取扶养人姓氏；

（三）有不违背公序良俗的其他正当理由。

少数民族自然人的姓氏可以遵从本民族的文化传统和风俗习惯。

本条主旨

本条旨在说明姓氏的确定。

相关条文

2014 年 11 月 1 日《全国人民代表大会常务委员会关于〈中华人民共和国民法通则〉第九十九条第一款、〈中华人民共和国婚姻法〉第二十二条的解释》规定："公民原则上应当随父姓或者母姓。有下列情形之一的，可以在父姓和母姓之外选取姓氏：（一）选取其他直系长辈血亲的姓氏；（二）因由法定扶养人以外的人扶养而选取扶养人姓氏；（三）有不违反公序良俗的其他正当理由。少数民族公民的姓氏可以从本民族的文化传统和风俗习惯。"

《婚姻法》第 22 条规定："子女可以随父姓，可以随母姓。"

《收养法》第 24 条规定："养子女可以随养父或者养母的姓，经当事人协商一致，也可以保留原姓。"

理解与适用

一、自然人的姓氏应当随父姓或者母姓

本条明确了姓氏选择的基本规则，即自然人的姓氏应当随父姓或者母姓，这

一规定来自2014年11月1日《姓名权立法解释》。该解释指出，“在中华传统文化中，‘姓名’中的‘姓’，即姓氏，体现着血缘传承、伦理秩序和文化传统，公民选取姓氏涉及公序良俗。公民原则上随父姓或者母姓符合中华传统文化和伦理观念，符合绝大多数公民的意愿和实际做法。同时，考虑到社会实际情况，公民有正当理由的也可以选取其他姓氏”。自然人在选取姓名时，原则上应当随父姓或者母姓。法律之所以作出此种规定，理由在于：一方面，这是由血缘关系决定的。因为姓名本身具有一种身份定位功能，其不仅是个人的人格标志，而且具有一定的伦理因素。“姓”和“名”不同，“姓”具有很强的伦理性，具有浓厚的身份属性，是其家族血脉传承的标识，也是区分自然人与其他群体自然人的一种身份标志，按照我国传统文化和伦理秩序，子女随父姓或者母姓被认为是天经地义的事，这也反映了个人“姓”的身份属性。另一方面，符合中华民族的传统。自然人出生取得姓氏，随父母姓符合我国社会对姓氏取得的传统认识，符合中华传统文化和伦理观念，符合绝大多数公民的意愿和实际做法，体现着血缘传承、伦理秩序和文化传统。

由此可见，姓与名并不完全相同，由于姓受到来自血缘、文化传统、生活习惯等多种因素的制约，因而，法律上对姓氏的选择相对于名而言，更加严格。但是，子女随父姓或者随母姓，并不意味着只能随父姓或者母姓，权利人可以选择自己的姓氏，当然，从《民法典》第1015条的规定来看，权利人决定其姓氏的自由也受到一定的限制，即权利人决定自己的姓氏时，原则上应当随父姓或者母姓，但可以在随父姓或者母姓之间选择。

二、在出现法定情形时可以在父姓和母姓之外选取姓氏

《民法典》第1015条第1款虽然明确了姓氏选择的基本规则，但仍然无法有效解决实践中出现的子女姓氏选择问题，如因父母婚姻关系变化、亲子关系变化所引发的姓氏选择问题①，尤其是无民事行为能力人与限制民事行为能力人的姓氏选择问题。笔者认为，无民事行为能力人或者限制民事行为能力人的姓名应当由其监护人决定。监护人在变更被监护人的姓名时，应当根据被监护人的年龄和智力、精神健康状况，尊重被监护人的真实意愿，但鉴于被监护人的年龄较小、精神健康状况不佳等情形，不宜一概要求监护人变更被监护人的姓名时需要被监护人同意。在各监护人就被监护人姓名变更意见不一致时，应当由人民法院根据一方监护人的申请，按照最有利于被监护人的原则确定。

① 王歌雅．子女姓名权：内涵检审与制度建构．求是学刊，2016（4）.

从原则上说，自然人的姓氏应当随父姓或者母姓，但是鉴于实践中情况较为复杂，若简单采用一个原则，无法解决大量的姓氏选取问题，因而，依据本条规定，自然人的姓氏应当随父姓或者母姓，但是有下列情形之一的，可以在父姓和母姓之外选取姓氏。

第一，选取其他直系长辈血亲的姓氏。父母之外的直系长辈血亲包括祖父母、外祖父母、曾祖父母、外曾祖父母等直系长辈。例如，我国一些地方存在“三代还宗”的习俗，即因入赘等原因，子女改姓女方的姓，到第三代时，孩子又要改为其祖父的姓，这是我国许多地方长期存在的民间习俗，在法律上应当予以尊重。因此，本条允许自然人决定自己的姓名时选择其他直系长辈血亲的姓氏。

第二，因由法定扶养人以外的人扶养而选取扶养人姓氏。依据我国法律的规定，法定扶养义务主要是指子女对父母的赡养义务，父母对子女的抚养义务。此种扶养义务是法律明确规定的义务。但在法定扶养义务之外，其他近亲属也可能负担相应的扶养义务，如对父母死亡或无力抚养的未成年人，有负担能力的祖父母、外祖父母即有抚养义务。依据本条的规定，如果被法定扶养人以外的人扶养，则自然人可以选择扶养人的姓氏作为自己的姓氏，这在客观上也有利于鼓励法定扶养义务人之外的近亲属对自然人履行扶养义务。

第三，有不违背公序良俗的其他正当理由。按照这一规定，如果有不违背公序良俗的其他正当理由，则自然人也可以选择父姓和母姓以外的姓氏，该条对自然人在父姓和母姓之外选择姓氏作出了兜底性的规定。因为社会生活纷繁复杂，除前述两种情形外，还存在其他允许自然人选择姓氏的正当理由。例如，依据《收养法》第 24 条的规定，子女在被他人收养之后，可以随养父或者养母的姓。该条规定也应当是自然人选择父姓和母姓以外其他姓氏的正当理由，因此，本条对自然人选择姓氏的自由作出了兜底性的规定。当然，该条使用了“有不违背公序良俗的其他正当理由”的表述，自然人在父姓和母姓外选择姓氏的行为是否存在正当理由，还应当由法官根据个案进行认定。

值得探讨的是，如何判断父母自行创设的姓氏是否违背公序良俗？例如，在“‘北雁云依’诉济南市公安局历下区分局燕山派出所公安行政登记案”中，法院认为：“自然人选取姓氏涉及公序良俗……自然人对姓氏传承的重视和尊崇，不仅仅体现了血缘关系、亲属关系，更承载着丰富的文化传统、伦理观念、人文情怀，符合主流价值观念，是中华民族向心力、凝聚力的载体和镜像。自然人原则上随父姓或者母姓，符合中华传统文化和伦理观念，符合绝大多数自然人的意愿和实际做法。反之，如果任由自然人仅凭个人意愿喜好，随意选取姓氏甚至自创姓氏，则会造成对文化传统和伦理观念的冲击，违背社会善良风俗和一般道德要求。"[1] 因此，最终认定公安机关不准许随意取名的行为是合法的。笔者认为，从立法解释来看，只要姓氏的选取有不违反公序良俗的其他正当理由，即应当允许，但如果对该正当理由的认定过于宽松，则可能导致法律关于姓氏选取原则上随父姓或者母姓规则的目的落空，因此，应当进一步对此处的"正当理由"进行明确限定。

三、少数民族自然人的姓氏可以遵从本民族的文化传统和风俗习惯

本条规定，"少数民族自然人的姓氏可以遵从本民族的文化传统和风俗习惯"，依据这一规定，少数民族公民在选择姓氏时，可以不受原则上随父姓或者母姓的限制，可以按照本民族的文化传统和风俗习惯来选择姓氏。该规定也是尊重少数民族文化传统和风俗习惯的体现，一些少数民族的姓氏具有特殊的血缘传承的功能，对于维护本民族的文化传统和伦理秩序具有重要意义，对其姓氏的选择也应当尊重其文化传统和风俗习惯。例如，布朗族人一般无姓，其名字是按婴儿的性别和出生先后排列的。男性一般排行为"艾、尼、桑、垒、苛、拉"，"艾、尼、桑、赛、老乌"等。女性一般排行为"月、仔、也、垒、姨、拉"，"叶、依、阿、姆、爱、蛾"等。[2] 对于少数民族在姓氏选取方面的习惯应当予以尊重。

（撰稿人：王利明）

第一千零一十六条

自然人决定、变更姓名，或者法人、非法人组织决定、变更、转让名称的，应当依法向有关机关办理登记手续，但是法律另有规定的除外。

民事主体变更姓名、名称的，变更前实施的民事法律行为对其具有法律约束力。

本条主旨

本条旨在规定姓名和名称的登记。

---

① 山东省济南市历下区人民法院（2010）历行初字第 4 号行政判决书。

② "少数民族姓名"，https：//m. iask. sina. com. cn/b/4257582. html.

相关条文

《居民身份证法》第 3 条规定："居民身份证登记的项目包括：姓名、性别、民族、出生日期、常住户口所在地住址、公民身份号码、本人相片、指纹信息、证件的有效期和签发机关。"

《户口登记条例》第 18 条规定："公民变更姓名，依照下列规定办理：（一）未满十八周岁的人需要变更姓名的时候，由本人或者父母、收养人向户口登记机关申请变更登记；（二）十八周岁以上的人需要变更姓名的时候，由本人向户口登记机关申请变更登记。"

《民法总则》第 66 条规定："登记机关应当依法及时公示法人登记的有关信息。"

《企业名称登记管理规定》第 2 条规定："本规定适用于中国境内具备法人条件的企业及其他依法需要办理登记注册的企业。"

《企业名称登记管理规定》第 3 条规定："企业名称在企业申请登记时，由企业名称的登记主管机关核定。企业名称经核准登记注册后方可使用，在规定的范围内享有专用权。"

理解与适用

一、自然人决定、变更姓名应当依法向有关机关办理登记手续

（一）姓名命名的登记

根据我国《户口登记条例》第 7 条，婴儿出生后一个月内，由户主、亲属、抚养人或者邻居向婴儿常住地户口登记机关申报出生登记，并将其姓名记入户籍登记簿。弃婴应由收养人或者育婴机关向户口登记机关申报出生登记。自然人的姓名一经登记，就成为自然人的正式姓名，受到法律的保护。姓名登记只能登记一个正式的称谓，登记时应当使用规范的汉字和少数民族文字。姓名不得含有损害国家或者民族尊严的、违背公序良俗的内容。

（二）姓名变更的登记

自然人在选择其姓名以后，因各种原因会变更其姓名，例如，因收养关系成立，变更为养父姓氏或者养母姓氏的；或者因收养关系终止，恢复收养前姓氏的；或者婚姻关系成立，变更为冠以夫姓或者妻姓的；或者因婚姻关系终止，恢复婚前姓氏的；或者因夫妻一方死亡或者被宣告死亡，生存配偶恢复婚前姓氏的；或者因父母再婚，未成年子女变更为继父姓氏或者继母姓氏或者再婚父母双

方姓氏的；等等。但是，由于自然人已参与各种法律关系，其姓名的改变必然会涉及他人和社会的利益，因而自然人变更姓名必须按有关规定办理，应具有一定的正当理由，并且需要在户籍登记机关办理更名手续。例如，正在接受刑事案件或者治安案件调查的，或者民事案件尚未审结或尚未执行完结的，为逃避债务而要求变更姓名，在这些情况下，就不得变更。

姓名的变更应当符合法律规定。例如，《收养法》第 24 条规定："养子女可以随养父或者养母的姓，经当事人协商一致，也可以保留原姓。"依据该条规定，在不违反公序良俗的情形下，被收养人可以姓收养者的姓氏，亦可维持原有姓氏。自然人艺名、笔名、化名，并不需要办理法定的改名手续，但如果自然人变更自己的姓名，则应当办理相关的变更登记手续。

二、法人、非法人组织决定、变更、转让名称，应当依法向有关机关办理登记手续

法人、非法人组织的设立人在设立法人和非法人组织时，应当办理有关的批准和登记手续。依据《企业名称登记管理规定》第 3 条，企业名称在企业申请登记时，由企业名称的登记主管机关核定。企业名称经核准登记注册后方可使用，在规定的范围内享有专用权。依据该规定第 4 条，企业名称的登记主管机关是国家工商行政管理局和地方各级工商行政管理局。登记主管机关核准或者驳回企业名称登记申请，监督管理企业名称的使用，保护企业名称专用权。该规定第 11 条规定，企业应当根据其主营业务，依照国家行业分类标准划分的类别，在企业名称中标明所属行业或者经营特点。该规定第 12 条规定，企业应当根据其组织结构或者责任形式，在企业名称中标明组织形式。我国《公司法》《合伙企业法》也要求公司、合伙企业的名称要反映其组织形式。从这些规定来看，我国现行法律要求企业的名称反映企业的相关真实信息。

（一）名称决定的登记

目前，我国现行法律并没有要求所有的名称都必须登记，但依据《企业名称登记管理规定》，企业名称必须登记，这对于维护市场交易的安全，保障市场经济的秩序是十分必要的。根据该规定第 5 条，对已登记注册的不适宜的企业名称，任何单位和个人可以要求登记主管机关予以纠正。该规定第 6 条规定，企业只准使用一个名称，在登记主管机关辖区内不得与已登记注册的同行业企业名称相同或者近似。该规定第 16 条确认企业可以采取名称的预先登记方法，即在开业登记前预先单独申请企业名称登记注册。企业名称一经登记，即具有合法性，其享有的名称权受法律保护。

（二）名称变更的登记

所谓名称变更权，是指权利人依法改变自己的名称、选取新的名称的权利。既然企业享有名称的设定权，其也应该相应享有企业名称的变更权。需要指出的是，企业名称的变更权会依法受到相应的限制。《企业名称登记管理规定》第22条规定："企业名称经核准登记注册后，无特殊原因在1年内不得申请变更。"法律之所以作出此种规定，是因为企业名称变更频繁会导致企业主体混乱，影响消费者的合理信赖，并且会危害交易安全。但是法律也不可能严格禁止企业变更名称，企业也可能会因为合并、分立等发生相应的变动，此时，原有的名称已经不足以表达这些真实的信息，基于企业名称真实的原则，也需要对其名称做相应的变动。在企业变更名称时，法律对企业名称所作的相应的限制仍然适用。另外，企业变更名称也必须依法办理变更登记，否则，擅自改变企业名称的，将会承担限期办理变更登记等其他行政处罚。[①] 严格限制企业名称变更，除了行政管理需要外，也是为了维护交易秩序和交易安全，保护善意第三人。

（三）名称转让的登记

按照工商企业申请登记程序，报工商行政管理机关批准。转让名称的协议生效后，受让人必须按照约定和登记的规定使用受让的名称，超出约定而使用的，仍可构成对名称权的侵害。根据《企业名称登记管理规定》第23条的规定，企业名称可以随企业或者企业的一部分一并转让。企业名称只能转让给一户企业。企业名称的转让方与受让方应当签订书面合同或者协议，报原登记主管机关核准。企业名称转让后，转让方不得继续使用已转让的企业名称。

三、民事主体变更前实施的民事法律行为对其具有法律约束力

依据本条第2款规定，"民事主体变更姓名、名称的，变更前实施的民事法律行为对其具有法律约束力"。所谓姓名、名称变更，也就是通常所说的"改名"或者"更名"。法人、其他组织更名，应当按照有关法律规定经有关部门批准、登记，才能发生名称变更的法律后果。严格地说，"改名"或者"更名"并不是对合同主体的变更，虽然民事主体对其姓名或名称进行了变更，但是其主体资格并未发生变化，姓名和名称变更前后的主体仍然具有统一性。基于这一原因，民事主体在姓名或名称变更前实施的民事法律行为应当仍然继续对其产生法律约束力。

法律之所以作出此种规定，首先是为了维护合同的效力，保障交易的安全和

---

① 杨立新．人格权法．北京：法律出版社，2011：429.

秩序。《民法典》第532条规定："合同生效后，当事人不得因姓名、名称的变更或者法定代表人、负责人、承办人的变动而不履行合同义务。"依据该条规定，当事人在姓名、名称变更以前所签订的合同，以及其他法律文件，不得因为自然人姓名、法人名称的变更而失效。当然，法律行为的相对人也不能因民事主体变更其姓名或名称而主张法律行为不再对变更人发生效力。除合同以外的其他法律行为，如决议行为等同样也受到该条的规定。另外，这也是诚实信用原则的基本要求。诚信是社会主义核心价值观的重要内容。要求民事主体变更前实施的民事法律行为对其具有法律约束力，就是要强化诚实守信。

（撰稿人：王利明）

第一千零一十七条

具有一定社会知名度，被他人使用足以造成公众混淆的笔名、艺名、网名、译名、字号、姓名和名称的简称等，参照适用姓名权和名称权保护的有关规定。

本条主旨

本条旨在说明具有一定社会知名度的笔名、艺名、网名、译名、字号、姓名和名称的简称的保护。

相关条文

《反不正当竞争法》第6条规定："经营者不得实施下列混淆行为，引人误认为是他人商品或者与他人存在特定联系：……（二）擅自使用他人有一定影响的企业名称（包括简称、字号等）、社会组织名称（包括简称等）、姓名（包括笔名、艺名、译名等）。"

《最高人民法院关于审理不正当竞争民事案件应用法律若干问题的解释》第6条规定："企业登记主管机关依法登记注册的企业名称，以及在中国境内进行商业使用的外国（地区）企业名称，应当认定为反不正当竞争法第五条第（三）项规定的'企业名称'。具有一定的市场知名度、为相关公众所知悉的企业名称中的字号，可以认定为反不正当竞争法第五条第（三）项规定的'企业名称'。在商品经营中使用的自然人的姓名，应当认定为反不正当竞争法第五条第（三）项规定的'姓名'。具有一定的市场知名度、为相关公众所知悉的自然人的笔名、艺名等，可以认定为反不正当竞争法第五条第（三）项规定的'姓名'。"

理解与适用

一、具有一定社会知名度的笔名、艺名、网名等应当受到法律保护

（一）笔名、艺名、网名等称呼的法律性质

在现实生活中，除本名之外，自然人的笔名、艺名、网名等，可能比本名更为人们所熟知，因此，也应当受人格权法的保护，具体如下。

一是笔名。笔名是作者发表作品时所署的别名。例如，“鲁迅”是周树人的笔名，“老舍”是舒庆春的笔名。个人的笔名等个人称号的使用要达到使社会公众产生混淆的标准，并不要求该个人称号必须像公众人物的个人称号那样具有广泛的社会知名度，也不要求使大多数社会公众产生混淆，而只要求使该个人称号知名度范围内的公众产生混淆，即可以认定该个人称号应当受到法律保护。

二是艺名。艺名是指演员、模特等从事艺术活动时所使用的代替自己真实姓名的名称。例如，梅兰芳是演员梅澜的艺名，再如，Angelababy 是演员杨颖的艺名。艺名也可能是团体的名称，如“小虎队”“Beyond”“TFBOYS”等，都是由多人组成的演出团队。

三是网名。网名是个人在网上所使用的名称或代号。随着互联网的发展，网名的使用也越来越普遍。网名在特定的虚拟空间为其他人所了解，且网名的使用也不需要登记，因而网名受姓名权规则的保护确有一定的困难，但那些具有一定的社会知名度、并为相关公众所知悉的网名，同样是与特定的个人联系在一起的，从而能够成为个人的独特标志，并形成一定的人格利益。据此，该网名也可以受到姓名权规则的保护。例如，在“张某诉俞某网络环境中侵犯名誉权纠纷案”中，法院认为，本案原告张某、被告俞某虽然各自以虚拟的网名登录网站并参与网站的活动，但在现实生活中通过聚会，已经相互认识并且相互知道网名所对应的人，且张某的“红颜静”网名及其真实身份还被其他网友所知悉，“红颜静”不再仅仅是网络上的虚拟身份。被告仍然在网上多次使用侮辱性语言贬低“红颜静”即张某的人格，已经构成侵权，应当承担侵权的民事责任。[①] 尤其是随着网络技术的发展，如果网名能够具体表征特定的民事主体，公众能够通过该网名而具体地联系到特定的个人，那么该网名也应当受到姓名权规则的保护。

四是译名。译名是翻译过来的名称，例如，“Jordan”翻译成中文为乔丹，《反不正当竞争法》第 6 条规定：“经营者不得实施下列混淆行为，引人误认为是

---

① 最高人民法院公报，2001（5）.

他人商品或者与他人存在特定联系：……（二）擅自使用他人有一定影响的企业名称（包括简称、字号等）、社会组织名称（包括简称等）、姓名（包括笔名、艺名、译名等）”；在实践中，已经产生了由译名而引发的纠纷，因此，人格权编有必要对译名进行保护。

五是字号。字号也称为别名，我国传统上还有人于姓名之外另起“字”“号”，例如，诸葛亮字孔明，李白字太白，杜甫字子美。此种习惯在现在仍被一部分人保留。

六是姓名的简称。例如，美国职业篮球联赛（NBA）巨星迈克尔·杰弗里·乔丹曾分别主张“乔丹”与“QIAODAN”均属于其姓名权保护的范围，请求认定他人将上述“乔丹”与“QIAODAN”注册成商标的行为侵犯了其姓名权这一在先权利。根据最高人民法院的裁判立场，自然人所主张的特定名称与该自然人已经建立稳定的对应关系时，即使该对应关系达不到“唯一”的程度，该自然人也可以依法获得姓名权的保护。[①] 自然人童年时所用乳名等是否应作为姓名权的客体加以保护，亦不可一概而论，而应看这些姓名是否可能代表该自然人，从而决定是否应保护这些姓名。若自然人使用假名，因其不能真实地表现某人的人格，故不应受到保护。

七是名称的简称。所谓名称的简称，是指法人和非法人名称的简要称呼，也可以说是法人和非法人组织名称的缩减。例如，中央电视台简称“央视”，阿里巴巴简称“阿里”。许多法人、非法人组织的简称具有一定的社会知名度，能够为相关公众所知悉，应当受到法律保护。例如，“腾讯”“阿里”“清华”等，都是相关主体的简称，为社会公众广泛了解，应当受到法律保护。我国也发生了一些法人简称纠纷。例如，泸州医学院改名为四川医科大学后，即与四川大学就“川医”的简称发生了争议，因为四川大学认为，“四川医科大学”的简称易与华西医科大学（2000 年 9 月已并入四川大学）历史曾用名“四川医学院”的简称“川医”混淆。[②] 名称简称的主体是法人和非法人组织。自然人姓名的简单称呼，例如，某人的姓名为“李徐舟夫”，其简称为“李徐”，在此情形下，“李徐”应当被界定为别名，而不是简称。简称的主体只能限于法人和非法人组织。因此，本条关于简称保护的规定并不适用于自然人，而仅适用于法人和非法人组织。

简称可能由多个主体享有。如“南大”是南京大学的简称，但同时也是南开大学、南昌大学的简称；“海大”可以是海南大学、广东海洋大学、中国海洋大

---

① 最高人民法院（2016）最高法行再 31 号行政判决书。

② 川大致函反对泸州医学院更名 教育部：正处理更名争议．中国青年报，2015－06－18.

学、大连海事大学等学校的简称。虽然同一简称可以为多个主体享有，但各个主体不得恶意使用简称，使用简称时也不得故意与其他主体的名称或者简称发生混淆、进行不正当竞争。因此，依据《民法典》第1017条的规定，具有一定社会知名度，被他人使用足以造成公众混淆的简称，参照适用姓名权和名称权保护的有关规定。

依据本条规定，具有一定社会知名度的笔名、艺名、网名等能够识别个人的身份，则其也应当受到人格权法保护，主要原因在于：一方面，这些符号与特定个人的身份、人格尊严具有内在的联系。在使用笔名、艺名、网名、译名、字号或简称的情况下，这些虽然并非主体的姓名或名称，但仍然可以与主体产生对应关系，因此，也应当受到法律的保护。对笔名、艺名、网名等的冒用，会对特定个人的公众形象与声誉等带来损害，在公众中引起不必要的误会、混淆。例如，鲁迅、梅兰芳、成龙等，具有一定的社会知名度，往往与个人的身份联系在一起，个人对其享有一定的人格利益。如果他人冒用某一用户的网名，以其名义发布信息，足以使他人产生混淆，此类行为也应当受到法律制裁。正如王泽鉴先生所指出的，“凡在社会交易及生活上具有识别性功能的标志，均应纳入受‘姓名权’保护的范围”[①]。另一方面，笔名、艺名、网名等有时候还具有一定的商业价值，对这些特定符号的保护，有利于防止不诚实的商业行为和不正当竞争行为，有利于维护社会经济秩序。

二、具有一定社会知名度的笔名、艺名、网名等受到法律保护的条件

依据《民法典》第1017条的规定，笔名、艺名、网名等要受到法律保护，应当具备如下条件。

一是具有一定的社会知名度，为相关公众所知悉。笔名、艺名等之所以受到法律保护，就是因为其与姓名一样，能够标识个人的身份，户籍姓名与特定自然人之间存在确定的对应关系，笔名、艺名、译名等与特定自然人之间也可以存在确定的对应关系。[②] 而确立这样一种对应关系，需要笔名等能够为人们所知道，有一定的社会影响。这正是因为笔名等称号与个人身份之间的对应关系，个人才能对此类称号享有人格利益，其也才能受到法律保护。具备这种社会知名度并不当然需要个人长期、连续使用，只要其具有一定的社会知名度，不论其使用时间长短、是否连续使用，均应当受到法律保护。

① 王泽鉴．人格权法．自版，2012：139.

② 崔建远．姓名与商标：路径及方法论之检讨．中外法学，2017（2）.

有一种观点认为，对于笔名等受法律保护的条件，应当采纳“广为人知”的标准。此种观点认为，个人的笔名等称号只有在“广为人知”的情形下，才能与真名一样获得法律的保护。[①] 对笔名、艺名等非登记姓名而言，只有“大家都知道这一笔名或者艺名是指什么人”时，其才能受到法律保护。[②] 笔者认为，以“广为人知”作为笔名、艺名等称号受到法律保护的条件并不妥当，因为一方面，“广为人知”的内涵并不确定，难以为别名等称号的保护提供明确、客观的判断标准。例如，某个别名在某一特定的行业、地域等范围享有一定知名度，但在社会公众中则并不为一般人所知晓，这是否构成所谓“广为人知”，显然难以判断。另一方面，“广为人知”的标准可能不利于对别名等的保护，对许多个人而言，其笔名、艺名等称号可能并不具有很强的社会知名度，但其在一定范围内仍然能够与其身份产生直接的关联，能够在一定范围内识别个人的身份，此时，其仍然应当受到法律保护。但这些别名等可能并不能达到“广为人知”的程度，按照“广为人知”的标准，该别名可能难以受到法律保护。当然，由于一般人与知名人士在知名度方面存在差异，二者的艺名、笔名所具有的影响力不同，因而，其保护程度和范围等也必然存在一定的差异。

二是与民事主体的身份具有稳定的对应性。换言之，笔名、艺名、网名、简称、字号等应当能够识别个人的身份，只有那些具有一定的社会知名度，能够代表某人、表现某个主体的笔名、艺名等，才能受到姓名权和名称权制度的保护。例如，在“罗林诉广东飞乐影视制品有限公司案”中，法院认为：“罗林以‘刀郎’为演唱者艺名，在专辑中收录多首民族风格歌曲，突出表现了西北民族的曲风特点，一经推出，其歌曲在民间广为传唱，‘刀郎’作为罗林的署名已经具有相当的认知度。尽管‘刀郎’一词具有新疆少数民族文化等含义，但因罗林以艺名方式推出其歌曲作品为公众所认知，‘刀郎’一词不仅带有原有含义而且兼具‘演唱者罗林’的特定署名含义。”[③] 最高人民法院也持此种立场，例如，在“迈克尔·乔丹与国家工商行政管理总局商标评审委员会争议案”中，最高人民法院认为，姓名权保护的对象虽然不要求与特定个人具有唯一的对应性，但是这种身份的识别与对应必须是稳定的[④]，也就是说，人们必须能够通过称呼识别出特定

① 五十岚 清．人格权法．铃木 贤，葛敏译．北京：北京大学出版社，2009：118.

② 李永军．论姓名权的性质与法律保护．比较法研究，2012（1）.

③ 北京市第一中级人民法院（2006）一中民终字第6252号民事判决书。

④ 关于“乔丹”是否属于迈克尔·杰弗里·乔丹姓名权的保护范围，参见最高人民法院（2016）最高法行再27号行政判决书；关于“QIAODAN”是否属于迈克尔·杰弗里·乔丹姓名权的保护范围，参见最高人民法院（2016）最高法行再31号行政判决书。

个人，甚至可以说这种称呼与特定人之间存在一种“可替代性”。

三是被他人的使用行为足以使社会公众产生混淆。如果个人笔名、艺名等的使用不会使社会公众产生混淆，就表明该个人称号不足以标识个人的身份，其也难以受到法律保护。笔名、艺名受法律保护的原因在于，其功能与姓名的功能相同，能够起到标识个人身份、防止个人身份混淆的作用，当然，也不是所有的笔名、艺名等都受法律保护，从《民法典》第 1017 条的规定来看，只有足以造成个人身份混淆的，才能受到法律保护。此处所说的“社会公众”并不当然泛泛指称一般的社会公众，而应当是相关领域的社会公众。例如，判断“刻刀张”这一称呼是否为社会公众所知悉时，此处的社会公众就应当限于从事雕刻艺术领域的特定人群。正是由于这些称呼能够为社会公众所知悉，所以，行为人在使用这些称呼时容易产生混淆，从而构成侵权。

三、姓名权、名称权规则对笔名、艺名等的扩张保护

依据《民法典》第 1017 条的规定，具有一定社会知名度，被他人使用足以造成公众混淆的笔名、艺名、网名、译名、字号、姓名和名称的简称等，参照适用姓名权和名称权保护的有关规定。如何理解此处所说的“参照适用姓名权和名称权保护的有关规定”？笔者认为，参照适用实际上是扩张适用姓名权规则，以保护笔名、艺名等权益，具体而言，包含如下含义。

第一，笔名、艺名、简称等不能等同于本名和名称。扩张保护并不意味着具有一定社会知名度的笔名、艺名、网名、字号、姓名等，被他人使用足以造成公众混淆的，与本名或名称完全等同。一方面，本名和名称只能有一个，与个人身份具有唯一对应性，而笔名、简称等可以有多个。例如，在正式的法律文书中只能使用本名和名称，而不能使用笔名、艺名、简称等。即便是具有一定社会知名度的笔名、艺名、网名、字号、姓名和名称的简称等，要受到姓名权规则的保护，也必须符合一定的条件。另一方面，笔名、艺名、简称等与姓名、名称受到法律保护的条件不同。姓名和名称受到法律保护，而不需要其具有相应的社会知名度，而从《民法典》第 1017 条的规定来看，笔名、艺名、简称等受到法律保护的前提是具有一定的社会知名度。二者之所以存在此种差别，就是因为姓名和名称与特定主体的身份具有唯一对应性，而笔名、艺名、简称等并不当然能够识别特定主体的身份，只有其具有一定的社会知名度，才能具有身份识别功能，才有受到法律保护的必要。

第二，在笔名、艺名、简称等受到侵害时，权利人可以依据姓名权和名称权的规则向行为人提出请求，要求其承担法律责任。

第三，姓名权、名称权的部分规则可以参照适用于对笔名、艺名、简称等的保护。例如，《民法典》第 1014 条规定："任何组织或者个人不得以干涉、盗用、假冒等方式侵害他人的姓名权或者名称权。"该规则也可以参照适用于笔名、艺名、简称等的保护，即任何人不得以干涉、盗用、假冒等方式侵害他人的笔名、艺名、简称等。

从《民法典》第 1017 条的规定来看，笔名、艺名、网名等虽然可以受到法律保护，但与本名是有区别的，其并不是姓名权的客体，不能等同于本名，其区别主要表现在：一方面，从构成上看，姓名是指自然人的姓氏和名字，是自然人在社会中区别于他人的标志和代号，因此，姓名在内容上应当是包含姓氏和名字，而个人的笔名、艺名、网名等虽然也能起到与姓名类似的标识个人身份的作用，但其并不包含个人的姓氏和名字，因此不应当属于姓名。通常，个人的姓名的命名需要遵循一定的规则，姓氏本身代表往往从家族传承下来，而父母给子女所赋予的名字往往也遵循一定的规则。这些规则限制对笔名、艺名、网名等并不存在。另一方面，姓名需要登记，而别名等称呼并不需要登记。与笔名、艺名、网名等的命名和变更相比，姓名的命名和变更也受到更为严格的限制。关于姓名的命名，依据《居民身份证法》及《国家通用语言文字法》规定的精神，居民身份证姓名登记项目应当使用规范汉字填写；同时，《姓名权立法解释》也对姓名的命名进行了严格限制，其目的在于维持相关的伦理关系。而笔名、艺名、网名等的设定和变更则没有严格的限制，个人可以根据自己的意愿设定和变更此类称号。另外，两者受到法律保护的条件不同。姓名一旦登记，就应当受到法律的保护，而别名等称呼并不当然受到法律的保护，只有具有一定的知名度、能够为相关公众所知悉的别名，才具有识别个人身份的功能，也才可能受到法律保护。从实践来看，一个业余作家也会有笔名，一个爱好戏剧的票友也可能有艺名；互联网空间中，普通用户大量使用网名。但上述称号如果不具备上述条件，便难以受到法律保护。

（撰稿人：王利明）

第四章

肖像权

第一千零一十八条

自然人享有肖像权，有权依法制作、使用、公开或者许可他人使用自己的肖像。

肖像是通过影像、雕塑、绘画等方式在一定载体上所反映的特定自然人可以被识别的外部形象。

本条主旨

本条是关于肖像权概念和内容的规定。

相关条文

《民法总则》第110条规定："自然人享有生命权、身体权、健康权、姓名权、肖像权、名誉权、荣誉权、隐私权、婚姻自主权等权利……"

《侵权责任法》第2条规定："侵害民事权益，应当依照本法承担侵权责任。本法所称民事权益，包括生命权、健康权、姓名权、名誉权、荣誉权、肖像权、隐私权、婚姻自主权、监护权、所有权、用益物权、担保物权、著作权、专利权、商标专用权、发现权、股权、继承权等人身、财产权益。"

《妇女权益保障法》第42条规定："妇女的名誉权、荣誉权、隐私权、肖像权等人格权受法律保护。禁止用侮辱、诽谤等方式损害妇女的人格尊严。禁止通过大众传播媒介或者其他方式贬低损害妇女人格。未经本人同意，不得以营利为目的，通过广告、商标、展览橱窗、报纸、期刊、图书、音像制品、电子出版物、网络等形式使用妇女肖像。”

理解与适用

一、肖像的概念和特征

关于肖像的内涵，学理传统上将其限于以面部特征为中心的外部形象，即肖像应当限于个人的面部特征，也即肖像应当再现自然人的面部特征，自然人的其他身体特征即便能够反映个人的外在形象，也不应当属于肖像。① 但是，随着造型艺术的发展，雕塑、素描、剪影等展现人物肖像的方式大量产生。尤其是随着电脑合成技术的发展，将他人面部以外的身体部位与其他人的其他身体部位予以组合，合成全新的形象，在技术上已变得极为简单。某个名人的姿态、动作、声音都有可能通过电脑处理而和他人的头像、身体嫁接，用于木偶剧或广告中。因而，对面部特征以外的身体部位的人格利益的保护变得越来越重要。肖像并不限于个人的面部特征，个人的其他身体部分特征（如个人的肢体动作等）如果能够反映个人的外在形象，即便其识别度低，也应当将其认定为肖像。② 因此，肖像的保护范围也应当扩大。正是基于这一原因，本条第 2 款在规定肖像的概念时，放弃了“以面部为中心”说，而转向“可被识别性”说。

依据这一规定，肖像是指通过摄影、雕塑、录像、电影等方式在一定载体上所反映的特定自然人可被识别的外部形象。通过可被识别性的标准界定肖像内涵的意义主要在于：一方面，从“以面部为中心”到“可被识别性”的转化，旨在扩大肖像的保护范围。这一转化实际上扩大了肖像权的保护范围，将面部以外的具有可识别性的其他身体特征纳入肖像权的保护范畴，符合肖像权制度设立的初衷。例如，某人特有的肢体动作、背影等，如果为相关公众所知悉，能够对外展现个人的形象，则应当受到法律保护，而如果将肖像的内涵限于面部特征，则面部以外的具有可识别性的身体特征将难以受到法律保护。另一方面，符合现代社会造型艺术、电脑合成技术等的发展需要，符合了互联网、大数据时代的要求。此外，此种规定也与我国司法实践的经验相契合。在我国司法实践中，已有一些法院在裁判中扩张了肖像的内涵，而没有将其限于面部特征，例如，在“深圳市松吉电动自行车有限公司与赵某肖像权纠纷上诉案”中，法院认为，“对肖像权

① 郭明瑞，张玉东．肖像权三题．浙江工商大学学报，2014（1）．

② 隋彭生．论肖像权的客体．中国法学，2005（1）．

的保护范围应当进行适当的扩张解释，将与肖像有密切联系的形象解释为涵盖在肖像之中。当某一角色形象能够反映出饰演者的体貌特征并与饰演者具有可识别性的条件下，应当将该形象作为自然人的肖像予以保护”①。

根据《民法典》第1018条，肖像具有如下特征。

第一，个体性，即肖像必须是单个个体的肖像，并为个人所特有。肖像反映自然人身体的外部形象，是某个人与其他人相区别的重要标志。换言之，肖像以形象标记着自然人的特征。肖像是自然人享有的重要人格利益，并且只能由自然人享有。在例外情况下，数个自然人的肖像组合在一起也可以形成集体肖像，此种肖像既具有个体性，又具有集体性。此外，对法人来说，因其只是一个社会组织而并没有具体的形象，因而不可能具有肖像。即使是反映某个企业形象的摄影、照片等，也不是肖像。当然，个人应当是真实的个人的形象的再现，至于虚构的人物形象，如孙悟空、米老鼠、唐老鸭等，均不属于法律意义上的肖像。②

第二，载体性。就是说，肖像必须是在一定影像、雕塑等载体上反映出来的个体形象，法律上的肖像是指个人的外部形象所形成的区别于他人的要素，并可以通过绘画、照相、雕刻、录像、电影等艺术形式使个人外貌在物质载体上再现的视觉现象。也就是说，肖像作为个人的外部形象，应当可以通过再现和再创造等方式予以一定程度的再现，这也要求肖像必须要脱离肖像权人且固定在一定的物质载体上，才能够为人力所支配，可以由肖像权人独立地使用或许可他人使用，并体现出一定的财产价值。肖像必须是对一个特定的、可辨认的人的视觉表现，仅对个人面部特征的文字描述不是肖像。③ 某人的外貌形象如果不能固定下来，则既不能使用，也不存在肖像权的问题。④ 肖像的载体既包括物理载体，如雕塑、照片等，也可以是电子载体，如在电脑等电子产品中再现个人的形象。随着科技的发展和艺术创作手段的日益丰富，肖像的表现形式也越来越多样化，现在通过电脑制作、扫描甚至舞台表演等各种方式都可以再现个人的肖像。电脑所采用的“六维空间”技术，甚至可以将画像、人体雕塑通过复制再现出活生生的形象。个人的肖像如果没有在载体上反映出来，而仅仅是个人面部的形象，则很难受到肖像权的保护。例如，在某人脸上打叉，应当构成对他人人格尊严的侵害，而不构成对他人肖像权的侵害。也就是说，只有个人的形象通过一定的载体

① 广东省深圳市中级人民法院（2016）粤03民终17303号民事判决书。

② 马卉等．对民法意义上的“肖像”之认识．建财高教理论与实践，2001（2）．

③ Michael Henry，International Privacy，Publicity and Personality Laws，London：Butterworth，2001，p. 61.

④ 杨立新．人身权法论．北京：人民法院出版社，2002：462.

表现时，相关行为才有可能构成对肖像权的侵害，如偷录、偷拍他人形象等。肖像能够而且必须固定在一定的物质载体上，这也是肖像与名誉、隐私等人格利益的重要区别。

但肖像本身不能等同于物质载体。有学者认为，载体性是肖像概念的本质属性。① 笔者认为，此种看法是值得商榷的，尽管肖像可以以物质载体表现出来，但肖像本身并不等同于物质载体，二者不能混淆。如果照相馆丢失其为顾客拍摄的照片，或者某人将他人照片撕毁，不能认定为侵害肖像权，而只能将其视为违约或侵害一般的财产权。

第三，再现性。一方面，再现性是指以艺术手段创造出来的肖像必须是现实生活中实际存在的人的肖像的反映，即肖像的主体需为实在的个人而非虚拟的人，因而客观性与前述的个人性是密切联系的。肖像是一种外在形象，必须能够为人们所认识，艺术作品中虚拟的人物形象，如根据鲁迅《阿 Q 正传》而绘制出来的阿 Q 形象，虽具有一定的形象性，但因为不具客观性，所以不应作为肖像权客体的肖像，此种形象应当通过著作权法等法律规则加以保护。另一方面，客观再现性是指肖像必须客观上展现了人物的外部形象。个人的肖像应当具有再现性，此种再现既可以是客观再现，也可以是通过艺术加工的方式，如通过漫画、雕塑等艺术手法再现，再现的形象只要具有可识别性，都可以受肖像权规则的保护。

第四，外部形象性。肖像权所保护的个人外部形象不限于个人的面部形象，其保护个人全部的外部形象，如乔丹上篮的动作、杨丽萍跳舞的舞姿等，而不仅仅限于个人的面部特征。也就是说，相关的外部形象，只要具有可识别性，都可以为肖像权所保护。需要指出的是，肖像权保护的是个人的外部形象，个人的身体隐私部位等，不受肖像权的保护，而应当是隐私权保护的对象。

第五，可识别性。所谓可识别性，是指通过某种技术手段再现的个人肖像必须能被人们辨认为具体的某个人，可识别性是肖像的核心特点，因为肖像的本质在于指向特定人的可识别性。个人可再现的外部形象要受到法律的保护，相关主体可以通过一定的载体识别出个人的身份。反之，如果相关主体不能从肖像载体中识别出个人的身份，则该个人的外部形象就不具有可识别性，其也就不属于肖像权意义上的“肖像”。从我国司法实践来看，多数法院采用了社会一般人的识别标准，也就是说，如果社会一般人能够从相关的肖像载体中识别出特定的个人，则应当认定该肖像具有可识别性。例如，在“徐熙媛与广州雅升化妆品有限

---

① 马卉等．对民法意义上的“肖像”之认识．建财高教理论与实践，2001（2）．

公司肖像权纠纷案”中，被告认为自己只是采用了一个女性的形象而非本案原告的肖像。一审法院认为，“自然人的肖像权是指自然人对于自己的照片、画像、录像、塑像等具有物质载体的视感影像依法享有的不受侵犯的权利。即肖像权对身体的部位并无具体指定，只要能够让人从视觉形象上感知此为具体的某个人即为肖像权含义”。二审法院则直接以“一般人的认知标准”作为可识别性的具体判断标准。[①] 笔者赞同此种观点，即在判断肖像是否具有可识别性时，应当以社会一般人能否识别作为判断标准。实践中，判断某座雕塑、某幅漫画等是否反映了某个自然人的肖像，关键要看这些作品的内容是否具有可识别性。这就意味着，肖像不仅应当反映人的外在形象，而且所反映的个人外在形象应当清晰、真实，使一般人能够明确地辨认出该肖像为何人的形象。

第六，人格性。一般认为，肖像可从美术上的意义和法律上的意义两个层面来理解。美术意义上的肖像是通过绘画、照相或者其他技术性手段模仿人物外形而塑造形象、以描绘人物形象为内容进行的艺术创造，它是以再现和复制人物外形为中心和基点的再创造。法律意义上的肖像是自然人的人格利益，它是个人因为其外部特征而享有的利益。[②] 但肖像作为一种人格标识，不仅可以使肖像权人与其他人相区别，而且也体现了肖像权人的人格尊严和人身利益。肖像常常与个人的隐私、名誉发生紧密联系。所以肖像不仅仅具有美术上的意义，而且具有法律上的意义，它是法律所保护的重要法益。

二、肖像权的特征

《民法典》第 1018 条第 1 款规定，“自然人享有肖像权”，肖像权是自然人以自己的肖像所体现的利益为内容，依法制作、使用、公开或者许可他人使用自己的肖像的权利。肖像权是以肖像所体现的人格利益及财产利益为内容的民事权利，它直接关系到自然人的人格尊严及其形象的社会评价，是自然人所享有的一项重要的标表型人格权。从比较法上看，对肖像权的保护主要有如下几种模式：一是通过侵权责任的一般条款来保护个人的肖像权（如法国），或通过侵权法保护肖像利益；二是通过特别立法的方式保护肖像权（如德国发布了《艺术与著作权法》）。[③] 我国《民法总则》第 110 条则从正面确权的角度对肖像权作出了规定。人格权编专章规定了肖像权。肖像权主要具有如下特点。

---

① 广东省广州市中级人民法院（2016）粤 01 民终 12021 号民事判决书。

② 杨立新．人身权法论．北京：人民法院出版社，2002：459 - 460.

③ Gert Brüggemeier，Aurelia Colombi Ciacchi，Patrick O Callaghan，Personality Rights in European Tort Law，Cambridge University Press，2010，pp. 570 - 571.

1. 是专属于自然人的权利

肖像权的专属性是由肖像的专属性决定的。肖像作为人的形象的再现，是个人与生俱来的人格利益，是个人特定化的标志，由此决定了某人的肖像只能是该自然人所享有的肖像权的客体。肖像权作为一种标识性的权利，只能为自然人享有，它既不能被抛弃，也不能被转让，更不能被继承。有一种观点认为，自然人许可他人使用自己的肖像（如允许他人以自己的肖像做广告、制作挂历等）是转让自然人的肖像权。笔者认为，肖像权相对于其他人格权而言，专属性较弱，因为肖像权人既可以自己对肖像进行商业利用，也可以许可他人进行商业使用，但肖像权并不具有可转让性，从这个意义上说，肖像权也具有专属性。

2. 以肖像利益为客体

肖像权人所享有的各项权利，如依法制作、使用、公开或者许可他人使用自己的肖像，都是以自己的肖像利益为客体，是在肖像利益上展开的。随着造型艺术等的发展，肖像的利用方式越来越多，肖像权的客体也出现了扩张趋势，由于肖像不再以面部特征为中心，肖像权的保护范围也将进一步扩大。另外，在肖像权人死亡后，其肖像所具有的财产价值能够成为继承的客体。例如，在“王某荣等诉松堂关怀医院等擅自使用其已故母亲的肖像作广告侵犯肖像使用权案”①中，法院认为，被告擅自使用原告母亲的肖像，构成侵权，因而应当承担损害赔偿责任。在本案中，原告所继承的是死者肖像所具有的财产利益，而不是人格利益。

3. 是标表型的精神性人格权

一方面，肖像权不同于名誉权等人格权之处在于，它是一种标表型人格权。所谓标表型人格权，是指以主体的外在标志为特征的人格权。由于肖像是人的外部特征，而人的外部特征通常具有唯一性，能够将主体与其他人相区分，直接体现个人的基本特征，因而肖像权是一种标表型的人格权。另一方面，肖像权主要是一种精神型的人格权。肖像权体现的是自然人的人格利益，法律对自然人肖像权的保护主要是为了维护自然人的人格尊严和精神利益的完整。

4. 是具有商业利用价值的排他性权利

肖像中包含一定的财产价值，可以成为许可利用的对象，肖像权人可以通过对其肖像进行商业利用，获得一定的经济利益。② 例如，将名人的肖像用于挂历、商业广告、产品包装、宣传画、海报、书籍封面及其插图等。实践中，侵害

① 北京市崇文区人民法院（1999）崇民初字第1189号民事判决书。

② 王泽鉴．人格权法．台北：三民书局，2012：331.

肖像权的行为大多表现为未经权利人许可利用名人的肖像从事商业活动，有学者将未经许可对他人人格权进行许可利用的行为称为“人格权的强制商业化”①。我国司法实践中也出现了一些未经许可对他人肖像权进行许可利用的纠纷，如“崔永元与北京华麟企业有限公司侵害肖像权、名誉权案”②“王军霞诉云南昆明卷烟厂侵害肖像权案”③“刘翔诉《精品购物指南》侵害肖像权案”④等。鉴于肖像权可以成为许可利用的对象，有学者认为，肖像权本身具有财产属性，甚至认为，肖像权本身就是财产权。笔者认为，尽管随着人格权许可利用实践的发展，肖像权尤其是名人的肖像权具有一定的财产权属性，肖像权也因此具有积极利用的权能，但肖像权仍然是典型的人格权，它与自然人的人格相伴始终，是个人人格的外在标志。所以，肖像权中的财产利益是从属于人格利益的，肖像权可以成为许可利用的对象，并不影响其人格权的权利属性。⑤与其他人格权的许可利用现象相比，肖像权的许可利用现象虽然更为普遍，但其本质上仍应当属于人格权而非财产权。

5. 救济方式的特殊性

肖像权具有一定的财产属性，侵害肖像权不仅可能导致权利人的精神损害，而且可能导致其财产损害。尤其是公众人物的肖像，其具有较大的经济价值。因此，在未经许可对他人肖像权进行许可利用的情形下，权利人既有权主张精神损害赔偿，又有权主张财产损害赔偿，我国《民法典》第1182条专门就侵害人格权的财产损害赔偿责任作出了规定。

三、肖像权的内容

所谓肖像权的内容，是指肖像权所包含的各项权能。《民法典》第1018条第1款规定，肖像权人“有权依法制作、使用、公开或者许可他人使用自己的肖

---

① 王泽鉴．人格权法．台北：三民书局，2012：331.

② 参见“崔永元与北京华麟企业有限公司侵害肖像权、名誉权案”的判决，北京市朝阳区人民法院(1999)朝民初字第4247号民事判决书。

③ 1996年8月6日，香港大公报广告版登载一整版红山茶香烟广告，该版面右侧是王军霞在1996年亚特兰大奥运会上夺得5 000米长跑金牌后，站在领奖台上手举鲜花的照片，左侧是红山茶香烟，上方写有“热烈祝贺中国奥运代表团高奏凯歌”字样，右上侧写有“国际名烟，时尚味道”字样，下侧写明中国昆明卷烟厂出品。王军霞以该广告侵害其名誉权、肖像权为由起诉至法院，法院终审判决一审败诉的王军霞胜诉，昆明卷烟厂登报向王军霞公开道歉，并给付王军霞赔偿金80万元。辽宁高法负责人讲述王军霞告昆烟案判决几大依据．辽沈晚报，2001-05-28.

④ 北京市第一中级人民法院(2005)一中民中字第8144号民事判决书。

⑤ Eric H. Reiter, Personality and Patrimony: Comparative Perspectives on the Right to One's Image, 76 Tul. L. Rev. 673.

像”。据此可见，肖像权作为一种标表型的人格权，具有不同于其他人格权的内容，肖像权在内容上应包括以下四项权能。

第一，肖像制作权。肖像制作权又称形象再现权。此种权利是指自然人根据自己的合法需要，有权由自己或许可他人通过造型艺术及其他形式再现自己的形象。自然人的形象只有通过制作转化为肖像，才能脱离人体而为人们传播和利用。① 但是，是否再现自己的形象以及如何再现自己的形象，是肖像权人所享有的权利。未经本人同意不得为他人摄影、作画、写生以及从事其他肖像制作活动。他人在制作本人肖像时应征得肖像权人的同意。如未经同意擅自制作他人肖像，即使未予公布，亦构成对肖像制作权的侵害。② 肖像制作权专属于肖像权人，当然，肖像权人也可以将该权利授予他人行使。③

第二，肖像使用权。虽然肖像权是一项重要的人格权，但其中包括的肖像使用权却体现了一定的财产利益，从而可以在一定程度上与权利人相分离。因肖像可固定在一定的物质载体上，为肖像权人所支配和利用，所以肖像权包含了使用权能。肖像使用权包括如下几个方面：一是肖像权人自己使用。因为肖像权也体现了一定的财产利益，所以，权利人可以通过使用自己的肖像获取一定的利益。二是权利人通过许可他人使用自己的肖像而获得一定的利益。肖像权人有权同意他人使用自己的肖像以获取适当的经济利益。但肖像权人使用其肖像，也应当符合法律、法规和公序良俗。例如，不得将其肖像用于制作淫秽图片并加以传播。④ 非法利用他人肖像属典型的侵害肖像权行为。美国学者布劳斯登曾经认为，以营利为目的使用他人的姓名和肖像是侵害他人人格尊严的，因为将某人的肖像应用在某种产品上，就表明，该人对该产品的质量作出保证，尤其在该产品质量低劣的情况下，更是违背肖像人意愿的。⑤ 此种观点较为准确地解释了肖像利用权存在的合理性。

第三，肖像公开权。肖像公开权是指权利人有权决定是否公开，以及采何种方式公开的权利。⑥ 行为人擅自公开他人肖像的，既构成对他人肖像权的侵害，也可能侵害他人名誉权、隐私权等权利。《民法典》第 1019 条第 2 款规定：“未

---

① 杨立新等《中国民法典·人格权编》草案建议稿的说明//载王利明．中国民法典草案建议稿及说明．北京：中国法制出版社，2004：336.

② 王泽鉴．侵权行为法．北京：北京大学出版社，2001：137－138.

③ 张红．人格权各论．北京：高等教育出版社，2016：174.

④ 张新宝．中国侵权行为法．2 版．北京：中国社会科学出版社，1998：302.

⑤ Bloustein，Privacy as an Aspect of Human Dignity：An Answer to Dean Prosser，39 N. Y. U. L. Rev. 962，988－989（1964）.

⑥ 张红．人格权各论．北京：高等教育出版社，2016：175.

经肖像权人同意，肖像作品权利人不得以发表、复制、发行、出租、展览等方式使用或者公开肖像权人的肖像。”该规定实际上是对肖像公开权的进一步展开，从反面规定了对肖像公开权的保护。

第四，肖像许可使用权。这就是说，权利人对其肖像的归属享有专有权，也同时享有许可他人利用自己肖像的权利。虽然肖像权是一项重要的人格权，但其中包括的肖像使用权却体现了一定的财产利益，从而使之可以与权利人相分离。从比较法上看，各国普遍承认了肖像权保护的基本原则，即制作和传播个人的肖像必须经过个人的同意。这实际上是肖像许可使用权的具体体现。①

在现代社会，肖像权的利用权能不断扩张，利用方式越来越广泛。这就是说，权利人对肖像权的享有不仅在于消极地防御他人的不法侵害，而且在于积极地利用肖像权获取一定的经济利益。肖像权的使用的方式和程度日益地多样化和复杂化。由于肖像权的许可利用，利用权能在肖像权内容体系中的地位日益突显。肖像权之所以可以许可利用，其主要原因在于：一方面，肖像具有可复制性，肖像在一定程度上能够与主体相分离，并且能够用于一些商业活动，权利人自己能够加以利用，也能够授权他人加以使用。众所周知，人格权通常不能够与主体相分离，无法转让，如名誉权、生命健康权等，但是也有相当数量的人格权可以在一定程度上与权利人本身相分离，权利人可以通过合同授权他人加以利用，如肖像权，甚至在权利人本身死亡以后，授权人还可以在合同所约定的范围内继续对这些权益加以使用。另一方面，肖像权具有一定的财产性。由于肖像权本身具有一定的利用价值和商业价值，能够体现一定的商业价值，不论是名人还是普通人，其肖像都具有一定的财产价值，只是在程度上存在一定的区别。例如，在“崔永元与北京华麟企业有限公司侵害肖像权、名誉权案”中，法院认为：“《实话实说》是全国知名的栏目，原告是著名的节目主持人。原告主持的《该不该减肥》节目，虽然未提及相关企业名称和产品，但使用由原告主持的该节目做广告，势必会提高广告收视率。因此，被告使用名牌栏目和知名主持人的名人效应，提高产品知名度，创造销售利润的主观目的是明确的。且该行为未经原告同意，已经构成了对原告肖像权的侵害。”② 可见，肖像权中包含一定的财产利益。这些原因导致了肖像权可以被许可利用。我国民法典人格权编专门规定了肖像许可使用合同，并对合同内容约定不明确的解释规则、肖像许可使用合同

① Gert Brüggemeier，Aurelia Colombi Ciacchi，Patrick O Callaghan，Personality Rights in European Tort Law，Cambridge University Press，2010，p. 571.

② “崔永元与北京华麟企业有限公司侵害肖像权、名誉权案”，北京市朝阳区人民法院（1999）朝民初字第 4247 号民事判决书。

的解除规则等作出了明确规定。《民法典》第 1023 条第 1 款规定："对姓名等的许可使用，参照适用肖像许可使用的有关规定。"这表明肖像许可使用合同不仅适用于肖像权，而且还适用于姓名、名称等的许可使用。

此外，肖像权是一种绝对权，具有排他效力，除权利人以外，任何其他人都负有不得侵害权利人肖像权的义务。肖像权人有权禁止他人非法毁损、玷污、丑化自己的肖像，未经本人的同意，任何人不得非法使用他人的肖像。在他人侵害肖像权时，权利人有权请求他人停止侵害、排除妨害、赔偿损失。

四、肖像权与其他权利

（一）肖像权与名誉权

肖像权与名誉权密切联系，侵害他人肖像权可能同时侵害他人名誉权，实践中，此类情况主要有以下几种。

一是未经他人同意，以违背公序良俗的方法恶意使用他人肖像。以违背公序良俗的方式恶意使用他人肖像，可能导致他人社会评价的降低，从而同时侵害他人的肖像权和名誉权。例如，原告李某与被告赵某在谈恋爱期间曾合影留念，后来两人关系破裂。被告赵某为发泄怨恨，将该合影照片的底片送至某照相馆放大，并请该照相馆职工将放大的照片摆在橱窗内。照片放在橱窗展览后，原告受到他人非议，感到其名誉严重受损，遂到法院起诉，请求被告赵某和照相馆撤下照片，赔偿其精神损害。在该案中，行为人不当利用他人肖像，导致他人社会评价的降低，同时侵害了他人的肖像权和名誉权。

二是恶意丑化、玷污、毁损他人的肖像。例如，在他人肖像上打叉或添画胡须、瘢、痣、疖、眼镜等，或者焚烧、撕扯、倒挂他人的肖像，从而损害了肖像人在公众中的良好形象，影响了公众对其良好的社会评价，该行为即同时侵害了他人的肖像权和名誉权。

三是未经他人同意公开他人的裸照或将他人的肖像用于有损其形象的广告，或者将他人的形象拼接于色情图片中等。该行为也可能导致他人社会评价的降低，并同时侵害他人的肖像权和名誉权。例如，某杂志刊登某影星的照片，但该照片所配文字竟是一则皮肤病药品广告，这也可能使社会公众认为该影星为该药品做广告代言，导致其社会评价降低，该行为也同时侵害了他人的肖像权和名誉权。

在上述情况中，行为人的行为既侵害了肖像人的肖像权，又侵害了其名誉权①，可能构成请求权聚合，但也可能构成请求权竞合。受害人可以在侵害肖像

① 张新宝．中国侵权行为法．2 版．北京：中国社会科学出版社，1998：300.

权请求权和侵害名誉权请求权中选择一种对其较为有利的请求权。例如，侵害肖像权请求权与侵害名誉权请求权相比较，在举证责任上更为简单，肖像权人只需证明侵害人未经其同意使用其肖像，即可成立对肖像权的侵害，而不必证明其社会评价是否降低、侵害人主观上是否具有故意和过失。因此，原告主张被告侵害其肖像权，在举证上更为简便。当然，原告如果希望恢复名誉，则只能通过主张名誉权受侵害获得救济。

尽管名誉权和肖像权存在密切关联，但二者也存在明显区别，主要表现如下。

1. 主体不同

名誉权的主体既包括自然人，也包括法人，可以说，任何民事主体都享有名誉权。但由于肖像权的客体是自然人所具有的客观的外在形态，是自然人的人格标志，法人等社会组织并不具有外貌形象，因而无法享有肖像权。实践中经常提到的某个单位的形象、某个厂家的形象，不是法律上所说的肖像。反映法人某一方面面貌的艺术作品，如关于厂容、厂貌的相片以及法人成员的集体照片等，并不是法人的肖像。

2. 客体不同

名誉权的客体是名誉，是社会对权利人的一种评价，其内容相对主观，而肖像权的客体则是反映个人外部形象的肖像，较为客观。尽管肖像与名誉会有一定的联系，如良好的肖像会使人获得良好的社会评价，而丑化他人的肖像也会毁损他人名誉，但二者的客体并不相同，不可混淆。

3. 内容不同

肖像权与名誉权的内容不同，由于肖像可以固定在物质载体上并为人力所支配①，因而肖像可以被使用，肖像使用权是肖像权的重要内容。权利人可以通过自己行使肖像权或授权他人使用肖像而获取一定的经济利益。但名誉本身只是一种社会评价，不能像肖像那样可固定在物质载体上，因此，不能像肖像那样可以被实际使用。所以，名誉权的内容不包括对名誉的使用权。

（二）肖像权与身体权

肖像本来具有两种含义，一是附着于身体的肖像，二是再现后的形象。人的面部是人的身体的组成部分，也是人的肖像的集中体现，从这个意义上说，肖像利益和身体利益是密切联系的。肖像权保护的是再现的肖像，人的身体本身应当受身体权的保护。例如，殴打致人脸部受伤或整容不当致受害人形象受损，受害

① 杨立新．人身权法论．北京：人民法院出版社，2002：462.

人只能以身体权受侵害为由提起诉讼，而不能认为肖像权受到了侵害。当然，如果受侵害的是再现后的形象，即使不是对脸部的再现，而是对身体其他部位的再现，也可能受到肖像权的保护，当然，此时仅涉及肖像权保护问题，而不涉及身体权问题。

（撰稿人：王利明）

第一千零一十九条

任何组织或者个人不得以丑化、污损，或者利用信息技术手段伪造等方式侵害他人的肖像权。未经肖像权人同意，不得制作、使用、公开肖像权人的肖像，但是法律另有规定的除外。

未经肖像权人同意，肖像作品权利人不得以发表、复制、发行、出租、展览等方式使用或者公开肖像权人的肖像。

本条主旨

本条对侵害肖像权的规则作出了规定。

相关条文

《民法通则》第100条规定：“公民享有肖像权，未经本人同意，不得以营利为目的使用公民的肖像。”

《民法通则意见》第139条规定：“以营利为目的，未经公民同意利用其肖像做广告、商标、装饰橱窗等，应当认定为侵犯公民肖像权的行为。”

《民法总则》第110条规定：“自然人享有生命权、身体权、健康权、姓名权、肖像权、名誉权、荣誉权、隐私权、婚姻自主权等权利……”

《侵权责任法》第2条规定：“侵害民事权益，应当依照本法承担侵权责任。

本法所称民事权益，包括生命权、健康权、姓名权、名誉权、荣誉权、肖像权、隐私权、婚姻自主权、监护权、所有权、用益物权、担保物权、著作权、专利权、商标专用权、发现权、股权、继承权等人身、财产权益。”

《妇女权益保障法》第42条规定：“妇女的名誉权、荣誉权、隐私权、肖像权等人格权受法律保护。禁止用侮辱、诽谤等方式损害妇女的人格尊严。禁止通过大众传播媒介或者其他方式贬低损害妇女人格。未经本人同意，不得以营利为目的，通过广告、商标、展览橱窗、报纸、期刊、图书、音像制品、电子出版物、网络等形式使用妇女肖像。”

理解与适用

一、本条不再将行为人具有营利目的作为肖像权侵权的构成要件

本条规定具体列举了侵害肖像权的各种行为。在《民法典》颁行前，认定侵害肖像权要以行为人具有营利目的为构成要件。根据《民法通则》第 100 条的规定，未经本人同意，以营利为目的使用他人肖像的行为，构成侵权行为，行为人应承担侵害肖像权的责任。《民法通则意见》第 139 条规定：“以营利为目的，未经公民同意利用其肖像做广告、商标、装饰橱窗等，应当认定为侵犯公民肖像权的行为。”上述规定以行为人具有营利目的作为肖像权侵权的构成要件，但何为“以营利为目的”，实践中常常发生争议。例如，在“深圳市松吉电动自行车有限公司与赵某肖像权纠纷上诉案”中，法院认为，“所谓‘以营利为目的的使用肖像’，是指对他人肖像进行具有商业性质的使用，以谋取经济利益，进而给其人格带来商业化的负面影响。因此，就本案而言，上诉人在其企业微信公众号的两篇配图文章中，使被上诉人肖像与上诉人经营产品产生一定的广告性质的关联性，从而使社会公众产生有合理根据的误解，进而使被上诉人人格受到上诉人广告的商业化侵害”。在该案中，法院要求必须“给其人格带来商业化的负面影响”，但在其他案件中，法院并没有作出此种要求，只要是未经权利人的同意的利用，即可能构成侵权。例如，在“董某诉南阳市虹光摄影图片社未经同意向他人提供其照片侵犯肖像权纠纷案”中，法院认为，《南阳邮电》所载文章在未征得肖像权人同意的情况下，使用原告肖像，在文章中，介绍了虹光摄影图片社引进彩扩设备的先进性能、摄影技术，具有明显的广告内容和作用，因此可认定被告具有营利目的。①

实践证明，将行为人具有营利目的作为其侵权责任构成要件显然是不妥当的，因为：一方面，将营利作为侵害肖像权的构成要件，旨在禁止通过非法利用行为获取不当利益，主要目的在于维护肖像权人的财产利益，但事实上，肖像权作为一种人格权，主要体现的是肖像权人的人格利益和人格尊严。尽管肖像权中包含了财产因素，但财产内容只是附属的、派生的，不是肖像权的主要内容。法律保护肖像权的主要目的在于维护肖像权人的人格利益和人格尊严，而不是维护

① 最高人民法院中国应用法学研究所．人民法院案例选：1992—1999 年合订本．北京：中国法制出版社，2000：728.

肖像权人的财产利益。如果坚持以营利作为判断侵害肖像权的责任构成要件，则会偏离法律保护肖像权的目的，也不利于保护肖像权人的人格尊严。① 另一方面，其将不当限缩肖像权的保护范围，使得许多非法使用他人肖像但并不是追求营利的行为不能被作为侵害肖像权处理，从而不利于保护肖像权人的利益。② 从实践来看，某些侵害肖像权的行为是以营利为目的③，但毕竟侵害肖像权的行为类型十分复杂，除以营利为目的使用他人肖像的情形之外，还有一些其他的侵害肖像权的类型，如以歪曲、污辱等方式侵害他人的肖像权，行为人并非以营利为目的，因此，以此为标准不利于对肖像权人的保护。因为上述原因，我国《民法典》第1019条在规定肖像权侵权规则时，放弃了行为人具有营利目的这一构成要件。

二、侵害肖像权的形态

（一）丑化、污损他人肖像

丑化、污损他人肖像是指通过各种方式恶意丑化、污损他人的肖像。例如，以女电影演员的画像作为酒店女洗手间的标志。④ 不管行为人主观上是否具有营利的动机和目的，这些行为都造成了对肖像权人的人格利益和人格尊严的侵害，构成对肖像权的侵害。例如，在“赵某与林肯电梯（中国）有限公司、李某平等隐私权纠纷、肖像权纠纷案”中，法院认为，“林肯公司将包含有赵某肖像的证据提交劳动仲裁部门时，并未有污损、丑化、歪曲其肖像权的行为。因此，林肯公司的行为并未侵犯赵某的肖像权”。按照法院的观点，如果行为人污损、丑化他人的肖像，则构成对他人肖像权的侵害。⑤

（二）利用信息技术手段伪造等方式侵害他人的肖像权

利用信息技术手段伪造方式侵害他人的肖像权，主要是指利用信息技术手段深度伪造他人肖像的行为，它是指通过一定利用信息技术手段，将某人的肖像换成他人的肖像，并在此基础上形成高度逼真且难以甄别的图像、声音、视频。深度伪造以换脸技术为典型。⑥深度伪造技术出现后，出现了大量利用这一技术、

---

① 杨立新．肖像权//载王利明等．人格权与新闻侵权．北京：中国方正出版社，1995：284-285.

② 在美国，新闻传播和娱乐可能不被认为是商业活动。P. L. Kunath，Lights，Camera，Animate! The Right of Publicity's Effect on Computer Animated Celebrities（1996）29 Loy. L. A. L. Rev. p. 863，p. 896，p. 882，p. 887.

③ 张红．人格权各论．北京：高等教育出版社，2016：184.

④ 朱国光．肖像权及其法律保护制度探析．法学论坛，1997（4）.

⑤ 浙江省嘉兴市中级人民法院（2016）浙04民终155号民事判决书。

⑥ 曹建峰．深度伪造技术的法律挑战及应对．信息安全与通信保密，2019（10）.

伪造他人形象用于色情影片、广告宣传等的案例，给受害人造成严重损害。“AI换脸”可以随意替换视频角色面部，形成“只需一张照片，出演天下好戏”的状况。2019 年 6 月 12 日，美国国会提出《深度伪造责任法案》（Deep Fakes Accountability Act），依据该法案，深度伪造内容的提供者应当在伪造作品中进行提示，得公众知晓该内容系属伪造，否则构成侵权。此外，该法案还规定了受害主体享有私人诉权，即受害的自然人可以直接向法院申请禁令或提起损害赔偿之诉，如果内容涉及隐私，也可要求不公开审理。[①] 在我国实践中，已经出现了将某人的肖像与某黄色影片中的角色肖像互换的现象，严重侵害了他人的肖像权。例如，在“葛优与无锡施尔美医疗美容医院有限公司肖像权纠纷案”中，行为人对权利人的多张照片经过加工修改，通过深度伪造肖像并附上文字用于广告宣传。法院认为，“施尔美公司未经葛优许可，在其官方微信公众号中使用葛优饰演电视剧的剧照并进行修改，借‘葛优躺’的网络热度吸引相关公众关注、阅读，推介被告微信公众号及美容服务，具有商业性使用性质，其该使用行为侵害了葛优的肖像权，应当承担停止侵害、赔礼道歉、赔偿损失的侵权责任”[②]。如果行为人采用深度伪造技术侵害他人的肖像权，平台明知，但仍然提供帮助，或者未采取措施予以删除，平台也应当承担连带责任。

从《民法典》第 1019 条的规定来看，其在规定侵害肖像权的方式时，除规定丑化、污损，以及利用信息技术手段伪造他人肖像外，还使用了“等”这一兜底性表述，表明侵害肖像权的方式并不限于上述形态。因为随着科学技术的发展，对肖像的利用方式会不断多样化，从而对肖像的侵害也会多样化，所以，该条采用了一个兜底条款，有利于适应未来发展的需要。

（三）擅自使用和公开他人肖像

依据《民法典》第 1019 条第 1 款，“未经肖像权人同意，不得制作、使用、公开肖像权人的肖像，但是法律另有规定的除外”。此类行为主要包括如下几种形态。

第一，擅自制作他人的肖像。也就是说，未经本人同意制作他人肖像。一般来说，擅自偷拍他人后，制作他人的肖像，行为人除非是以善意收藏、鉴赏他人的相片，否则，即使未将所制作的肖像传播流通，也可能构成侵权。

第二，擅自使用他人肖像。所谓擅自使用，是指未取得他人同意而非法再现他人肖像的行为，包括商业性的利用和非商业性的利用。例如，非法制作他人的

---

① 曹建峰．深度伪造技术的法律挑战及应对．信息安全与通信保密，2019（10）．

② 北京市海淀区人民法院（2018）京 0108 民初 5972 号民事判决书。

肖像作品、非法复制和传播他人肖像作品等。具体来说，非法利用他人肖像的行为包括非法使用他人肖像。非法使用既包括以营利为目的而将他人肖像制成画像、照片、图片、塑像、雕像等出售给他人，或用做广告、商标、产品说明书等。例如，在“卓某诉孙某、重庆市乳品公司侵犯肖像权纠纷案”① 中，法院认为，孙某与重庆市乳品公司未经卓某本人同意，以营利为目的，擅自出售、印刷他人肖像作商标，是侵犯他人肖像权的行为，应当承担侵权的民事责任。非法使用也包括非以营利为目的而将制作的肖像予以公布、陈列、复制等使用行为。例如，在网络上未经肖像权人同意而粘贴、修改、下载传播他人肖像。当然，一般的善意鉴赏和收藏肖像作品的行为不构成侵权。此外，恶意毁损、丑化他人肖像也构成侵害肖像权。例如，在网络上通过修改他人的肖像，将他人丑化，也构成非法利用。值得注意的是，未经许可利用他人肖像的行为并不限于直接利用，转发等利用也能构成肖像权侵权。在“深圳众生元网络技术有限公司与杨颖肖像权纠纷上诉案”之中，该案两级法院均认为，“虽然涉案文章转载自其他网站，被告没有对文章内容进行实质性修改，但涉案文章不仅直接提及原告的英文名称，而且还配有多幅原告的相片，被告以营利为目的转载涉案文章同样侵犯了原告的肖像权，不能因为涉案并非被告原创而免于承担侵权责任”②。

第三，擅自公开他人的肖像。在互联网上，未经他人同意，擅自公布他人照片，甚至广泛传播的，即便侵权人没有营利目的，但客观上也造成了对他人肖像权，特别是肖像权中精神利益的侵害。通过互联网或其他媒体，擅自传播他人的裸照的。例如，将某演员的裸照在网络上广泛传播，这种行为可能同时构成对他人隐私权和肖像权的侵害。

行为人未经他人的同意而制作、使用或公开他人的肖像的，其所使用的肖像应当具有可识别性，即可以通过该肖像识别出特定的主体，构成侵害肖像权。可识别性在肖像权保护中的意义表现在：一是通过各种技术手段（如影像、雕塑、绘画、素描、剪影等）非法再现他人的肖像的，只有在具有可辨认性的条件下才构成侵害肖像权。肖像是通过各种艺术表现形式反映出来的某人的外部形象，个人的形象并不一定要原封不动地再现才属于肖像，绘画、雕塑等作品在再现某人的形象时，只要达到了清晰可以识别为某人的程度，便可以认为其反映了某人的肖像。二是随着肖像权的发展，需要扩展肖像权的保护范围，如侧影、形体动作、身体某个部位等也可以受到肖像的保护，但此种保护的前提是须具有可识别

---

① 最高人民法院公报，1987（1）.

② 广东省深圳市中级人民法院（2016）粤03民终9542号民事判决书。

性。我国《民法典》第 1018 条采用可识别性标准，扩大了对肖像权的保护范围，但何谓可识别性？所谓可识别性，就是指社会一般人可以将通过一定的艺术手段再现的个人的外部形象，识别为某人。在判断是否可识别时，应当按照一般人的标准进行判断。这就是说，在识别过程中，应当采用合理的一般人标准，而不能仅以某个熟人是否能够辨认为标准。因为熟人熟悉某人的面部特征，从某一个特征就足以辨认出某人，但其他不熟悉的人则未必能根据某一个特征识别出某人。也就是说，被告必须利用了原告的面部形象，且该形象能够为一般人所识别。此种观点在其他案例中也被采纳。例如，在"谢某诉北京概念久芭模特责任有限公司侵犯肖像权案"中，被告在宁波举行的某模特大赛中国选拔赛的宣传材料中使用了一张胡兵等名模的一男四女模特合影。原告发现，其中一个人的身体是自己的，而头部却通过电脑手段被换成了别人的，因此到法院起诉。一审法院判决，认为目前我国《民法通则》所保护的肖像权是指以自然人面部为中心的形态和神态的客观表现，因此，仅包括了谢某的四肢和躯干、没有其面部形象的照片不具有谢某的肖像特征。[①] 笔者认为，此种观点不无道理，本案中，行为人利用的并非原告的面部形象，不能为社会公众所识别，因此，不应当受肖像权的保护。当然，即使没有面部形象，但如果能够使社会公众从该形象中识别特定的主体（例如，杨丽萍的孔雀舞，其手势极具个性），也应受到肖像权的保护。

在通常情况下，应当以社会公众能否识别作为判断可识别性的标准，但由于每个人的社会知名度不同，完全按照社会公众的标准判断可识别性，确有一定的困难。因而在特殊情形下，可以考虑按照与权利人熟悉的人的标准判断可识别性。

需要指出的是，从本条规定来看，"任何组织或者个人不得以丑化、污损，或者利用信息技术手段伪造等方式侵害他人的肖像权。未经肖像权人同意，不得制作、使用、公开肖像权人的肖像，但是法律另有规定的除外"，如何理解本条所规定的"但是法律另有规定的除外"？笔者认为，"法律另有规定的除外"就是指《民法典》第 1020 条所规定的肖像合理使用的各类情况，在符合法律规定的获利使用的情况下，行为人使用他人的肖像不构成侵权，但合理使用也必须在合理范围内，或者在不可避免的范围内使用，超出这一范围的，也构成侵权。

三、肖像作品的著作权与肖像权的关系

《民法典》第 1019 条第 2 款规定："未经肖像权人同意，肖像作品权利人不

① 北京市高级人民法院编．审判前沿——新类型案件审判实务．北京：法律出版社，2003：139.

得以发表、复制、发行、出租、展览等方式使用或者公开肖像权人的肖像。”这涉及肖像权与著作权之间的关系协调问题。肖像权和著作权关联密切，肖像权在立法上的确立，最初就是以限制作品传播的方式出现的。尽管肖像权和著作权在历史渊源上存在密切关联，但笔者认为，肖像权和著作权存在明显区别，主要表现在：第一，两种权利的性质不同。肖像权属于人格权的范畴，而著作权属于知识产权的范畴。第二，二者保护的基点不同。著作权所保护的是经过创作活动而形成的智力成果，即作品。任何著作权都必须附着于一定的作品之上。肖像权保护的是肖像利益。著作权与个人的人身肖像并不一定有必然的关联。人的肖像如果不经再现，就不可能产生著作权，因为个人不能对自己的肖像享有著作权。第三，人身专属性程度不同。著作权的人身专属性较弱，当事人可以通过约定确定著作权人，如委托作品可以通过约定而由委托人享有著作权。而肖像权具有很强的人身专属性，虽然权利人可以许可他人对其肖像权进行利用，但肖像权本身不得转让。第四，二者的保护方式不同。肖像权作为人格权遭受侵害时，肖像权人往往可以请求精神损害赔偿，而对著作权的侵害，通常不产生精神损害赔偿问题。

著作权和肖像权也可能会发生冲突。从实践来看，经常发生这样的情况：一方为另一方拍摄了剧照、写真集、裸照后，或者一方为某人绘制了画像后，肖像权人要求取得作品的所有权，而拍摄人、绘制人等要求取得肖像作品著作权，并通过发表、复制、发行、出租、展览等方式使用其著作权。这就产生了著作权和肖像权的冲突。从法律上说，既然拍摄人、绘制人等是著作权人，其有权保留作品，并在不损害肖像权人利益的情况下予以发表，拍摄人应当享有署名权。但是，著作权人不能未经肖像权人的许可而将裸体相片等照片予以公开，更不能擅自复制予以销售，否则将造成对他人肖像、隐私等权利的侵害。例如，某画家请模特拍照创作油画，该画家未经模特同意，将该油画参加人体油画展览，后模特委托律师对该画家起诉，其依据是被告的行为已侵害了其肖像权。①

关于肖像权与著作权的冲突问题，从比较法来看，在德国法中，肖像权是在摄影作品著作权法中规定的。② 德国 1907 年《艺术与著作权法》规定：“人之肖像，限于肖像人同意得公布或公然展览。”我国《民法典》第 1019 条第 2 款规定借鉴了国外的经验，规定了肖像权优先于著作权的规则。这就是说，如果拍摄人、绘制人等在拍摄剧照、写真集、绘画时，已经与肖像权人之间作出明确的约

---

① 画家请模特拍照创作油画展出 遭裸模起诉赔 30 万．新京报，2012－03－25．

② 程啸，杨明宇．肖像权与肖像作品著作权冲突的研究．四川大学学报（哲学社会科学版），2000（3）．

定，只要该约定不违反法律法规的强制性规定和公序良俗，则该约定就是合法有效的，当事人应当依据约定确定当事人之间的权利义务关系。如果当事人之间没有约定，则依据《民法典》第 1019 条第 2 款规定，未经肖像权人同意，肖像作品权利人不得以发表、复制、发行、出租、展览等方式使用或者公开肖像权人的肖像。例如，画家在创作人体作品时，可以与模特协商订约，确定画家是否有权将其作品陈列、展览、复制。如果未经模特的同意或双方未达成协议，则画家虽有权制作、收藏其作品，但无权将其作品展览、陈列、复制，否则将构成对模特权利的侵害。法律作出此种规定的主要原因在于：一方面，肖像权的内容体现为个人对其肖像所享有的利益，其虽然包含经济价值，但主要是精神性利益。而著作权虽然也包括部分著作人身权，但主要是一种财产权。按照人格权一般应当优先于财产权的规则，著作权人行使著作权应当取得肖像权人同意。如此规定也有利于维护人格尊严。另一方面，这也可能涉及对隐私权人的保护。例如，裸体油画涉及模特的隐私问题。人体部位属于隐私的范畴，模特自愿受聘让画家作画，表明其同意向画家公开其身体的隐私，但并不意味着模特同意将模特油画公开展出，使其身体的各个部位暴露于公众面前。未经同意即公开展出无疑是非法披露了模特的身体隐私，构成对其隐私权的侵害。

（撰稿人：王利明）

第一千零二十条

合理实施下列行为的，可以不经肖像权人同意：

（一）为个人学习、艺术欣赏、课堂教学或者科学研究，在必要范围内使用肖像权人已经公开的肖像；

（二）为实施新闻报道，不可避免地制作、使用、公开肖像权人的肖像；

（三）为依法履行职责，国家机关在必要范围内制作、使用、公开肖像权人的肖像；

（四）为展示特定公共环境，不可避免地制作、使用、公开肖像权人的肖像；

（五）为维护公共利益或者肖像权人合法权益，制作、使用、公开肖像权人的肖像的其他行为。

本条主旨

本条是关于肖像权的合理使用的规定。

相关条文

《民法通则》第100条规定："公民享有肖像权，未经本人同意，不得以营利为目的使用公民的肖像。"

《著作权法》第22条规定："在下列情况下使用作品，可以不经著作权人许可，不向其支付报酬，但应当指明作者姓名、作品名称，并且不得侵犯著作权人依照本法享有的其他权利：（一）为个人学习、研究或者欣赏，使用他人已经发表的作品；（二）为介绍、评论某一作品或者说明某一问题，在作品中适当引用他人已经发表的作品；（三）为报道时事新闻，在报纸、期刊、广播电台、电视台等媒体中不可避免地再现或者引用已经发表的作品；（四）报纸、期刊、广播电台、电视台等媒体刊登或者播放其他报纸、期刊、广播电台、电视台等媒体已经发表的关于政治、经济、宗教问题的时事性文章，但作者声明不许刊登、播放的除外；（五）报纸、期刊、广播电台、电视台等媒体刊登或者播放在公众集会上发表的讲话，但作者声明不许刊登、播放的除外；（六）为学校课堂教学或者科学研究，翻译或者少量复制已经发表的作品，供教学或者科研人员使用，但不得出版发行；（七）国家机关为执行公务在合理范围内使用已经发表的作品；（八）图书馆、档案馆、纪念馆、博物馆、美术馆等为陈列或者保存版本的需要，复制本馆收藏的作品；（九）免费表演已经发表的作品，该表演未向公众收取费用，也未向表演者支付报酬；（十）对设置或者陈列在室外公共场所的艺术作品进行临摹、绘画、摄影、录像；（十一）将中国公民、法人或者其他组织已经发表的以汉语言文字创作的作品翻译成少数民族语言文字作品在国内出版发行；（十二）将已经发表的作品改成盲文出版。前款规定适用于对出版者、表演者、录音录像制作者、广播电台、电视台的权利的限制。"

理解与适用

一、肖像合理使用的概念

所谓肖像合理使用，是指行为人利用他人肖像虽然未经权利人同意，但基于公共利益等目的的需要，可以无偿对他人肖像加以利用的行为。[①] 在某些情形下，法律出于特定目的的考量，允许行为人不经肖像权人的同意，在一定范围之内使用肖像权人的肖像。即使使用他人的肖像，也可以免除使用人的侵权责任。

---

① 张红．肖像权保护中的利益平衡．中国法学，2014（1）．

此种情形，从行为人的角度来看，是一种对他人肖像权的合理使用，从肖像权人的角度来看，是对肖像权的合理限制。因为肖像权作为一种绝对权，表现为肖像权人对其肖像享有支配并排除他人非法使用的权利。但法律为了维护公共利益和社会秩序以及其他原因，可以对肖像权的内容及其行使作出限制，对肖像权的限制主要体现在肖像权的合理使用上。

人格权编之所以设置肖像权的合理使用制度，主要是基于以下原因：一方面，肖像权作为一项民事权利，可能与其他合法存在的权利产生冲突。肖像权的行使常常与其他的利益或价值发生冲突，如公共利益、新闻报道、国家职权的行使等，法律需要平衡肖像与其他价值之间的关系，不能为了保护肖像权人的利益而完全牺牲其他价值。因此，在必要的情形下，为了平衡其他利益、价值之间的关系，有必要规定肖像合理使用规则。从某种意义上说，肖像合理使用规则可以看作是对肖像权的一种限制，也就是说，在符合法律规定的条件下，即便行为人未经权利人许可而利用其肖像，也不构成对其肖像权的侵害。因此，法律有必要设置相应的规则，设定权利冲突时的解决方案。肖像权合理使用规则就是法律有效衡平肖像权与其他权利冲突的规则。① 我国法律也规定了著作权、专利权的合理使用规则，其与肖像合理使用规则在功能上具有相似性。

另一方面，肖像权合理使用制度是出于维护公共利益等目的。例如，为依法履行职责，国家机关在必要范围内制作、使用、公开肖像权人的肖像。在我国司法实践中，有的法院也承认了在一定条件下，相关主体可以合理使用他人肖像。例如，在“刘翔与《精品购物指南》报社、北京精品卓越科技发展有限公司、北京中友百货有限责任公司肖像权纠纷案”中，一审法院认为，“刘翔代表国家参加奥运会比赛，进入公共领域的奥运会赛场，其肖像属于与特定意义公共事件相结合的肖像，此时刘翔作为公众人物，肖像权应当受到限制，正当的拍照摄影以及相关的媒体报道使用其肖像均属于合理使用，不构成侵权”②。在该案中，一审法院认为，被告的行为构成对原告肖像的合理使用。此外，肖像权合理使用制度也是社会运行效率的必然要求。为了个人学习、艺术欣赏、课堂教学或者科学研究，在必要范围内使用肖像权人已经公开的肖像，如果对此类行为一概禁止，则正常的科研活动将难以进行。在所有的社会环境中，自然人的外部形象都是普遍存在的，因此，在从事特定活动时往往很难避免对肖像权的适用，如果全部要

---

① Neethling, JM Potgieter & PJ Visser, Neethling's law of personality, LexisNexis South Africa, 2005, pp. 243 - 244.

② 北京市海淀区人民法院（2005）海民初字第2938号民事判决书。

求获得肖像权人的许可，必将大幅降低社会效率。

需要指出的是，合理使用的范围较广，无论是从比较法上来看，还是考虑我国司法实践的传统，对于合理使用范围的规定事实上都是比例原则的反映，即便行为人有权获利使用他人的肖像，也必须在合理范围内使用，不得过度使用。从比较法上来看，对肖像权等人格权的限制的方式和程度要符合“合理必要（reasonably necessary)”原则[①]，否则，也可能构成侵权。

二、肖像合理使用的具体情形

（一）为个人学习、艺术欣赏、课堂教学或者科学研究，在必要范围内使用肖像权人已经公开的肖像

为个人学习、艺术欣赏、课堂教学或者科学研究而使用的他人肖像构成合理使用的必须满足以下几个要件。

一是使用的目的限于学习、艺术欣赏、课堂教学或者科学研究，一般而言，从事学习、艺术欣赏、课堂教学或者科学研究活动使用他人的肖像，必须是自用，且不能以营利为目的。而一旦该使用中含有商业目的，就不应当适用合理使用的规则。例如，在课堂教学中，为了讲述某个历史事件，必须要使用某个名人的肖像，或者在发表的论文中引用含有肖像的图片，或者为了医学教学展示含有病人肖像的图片等。为了科学研究和文化教育的目的，可以在一定范围内使用他人肖像。科学文化教育活动有时需要利用个人肖像，所以，许多国家法律规定，基于教育科学文化发展的需要可以合理使用他人肖像。[②] 例如，2001 年制定的《加利福尼亚民法典》第 3344 条规定：“任何人采用任何方式或者在任何产品上或商品上使用已故者的姓名、声音、签名、肖像或照片，或者从事商业广告、销售、推销，将对因此而造成的损害承担责任。但在下列情况下的使用除外：在剧本、书籍、杂志等非从事商业广告或促销广告中使用已故的人的姓名、声音、签名、肖像或照片等；在具有政治和新闻价值的信息中使用。”我国《民法典》颁行前，我国司法实践中也承认了肖像合理使用规则。最高人民法院在“1990 年最高人民法院（1990）民他字第 28 号复函”中指出，经研究认为：上海科技报社、陈贯一未经朱虹同意，在上海科技报载文介绍陈贯一对‘重症肌无力症’的治疗经验时，使用了朱虹患病时和治愈后的两幅照片，其目的是为了宣传医疗经

---

① Neethling, JM Potgieter & PJ Visser, Neethling's law of personality, LexisNexis South Africa, 2005, pp. 243 - 244.

② 赵徽．浅谈我国肖像权保护中的“合理使用”问题．天津市政法干部管理学院学报，1999（4）．

验，对社会是有益的，且该行为并未造成严重不良后果，尚构不成侵害肖像权。因此，同意你院审判委员会的意见，即该案由二审人民法院撤销一审人民法院原审判决，驳回朱虹的诉讼请求。可见，按照最高人民法院的观点，如果某人未经他人同意而使用他人肖像，“其目的是为了宣传医疗经验，对社会是有益的”，则不构成对肖像权的侵害，这就意味着为了科学研究和文化教育的目的而在一定范围内使用他人肖像可成为阻却违法的事由。

二是必须在特定的范围内使用他人肖像。此处的必要范围应当结合特定的使用目的进行判断。对于个人学习而言，适用范围就应当仅仅局限于该个人；课堂教学的适用范围应当局限于课堂教学的参与者，即教师与学生；科学研究的范围应当局限于参与科学研究的必要人员。超出这些范围的使用，则不再属于肖像的合理使用。

三是此处的肖像必须限定于肖像权人已经公开的肖像，对于未经肖像权人公开的肖像，则不适用本款的规定。因此，采用偷拍、偷摄等方式获取他人肖像进行个人学习、艺术欣赏、课堂教学或者科学研究的，并不满足该款的要件，因而不构成合理使用。此处之所以要求是肖像权人已经公开的肖像，主要目的仍是在于保证肖像权人自决的权利。由于肖像权人已经将其肖像进行公开，这就意味着肖像权人已经行使了公开权，并愿意接受肖像公开的后果。而对偷拍、偷摄的肖像而言，权利人并未行使公开权，因此，出于特定目的的使用因为该肖像没有公开而丧失正当性。在这种情况下，偷拍、偷摄等行为即便是为了个人学习、艺术欣赏、课堂教学或者科学研究，但仍然可能构成对他人肖像权的侵害。

四是合理使用的方式仅仅局限于“使用”，而不包括“制作”和“公开”。肖像权有多种利用方式，根据《民法典》1018条的规定，肖像权具有制作、使用、公开、许可他人使用等不同的行使方式。本项中构成合理使用的方式仅包括使用，制作和公开他人肖像的，即使满足其他要件，也不构成合理使用。

（二）为实施新闻报道，不可避免地制作、使用、公开肖像权人的肖像

新闻报道关系到社会公共利益和人民的福祉，即使是文化娱乐类的新闻报道，也能够满足人们的精神文化生活需要。新闻报道自由关系到公众知情权的实现。一方面，新闻报道经常需要使用与报道相关的当事人的肖像，许多事件本身是通过现场拍摄来报道的，如果不能利用肖像，则新闻报道将无法进行。尤其是在个人的肖像已经融入公共事件之中的情形下，对该公共事件进行报道等行为，即便涉及个人的肖像，也不应当构成对个人肖像权的侵害。例如，对大型比赛进行实况报道，即便未经运动员的许可而使其出镜，也不应当构成侵权。从某种程度上说，为实施新闻报道而使用他人肖像也是出于公益的目的而使用他人的肖像。另一方面，合理使用肖像也是为了舆论监督的需要。也就是说，在媒体上刊载了某人的相片，只要使用人是出于舆论监督的正当目的而使用他人肖像，作品反映的人和事具有较强的新闻性，这种新闻价值是与公共利益、社会利益相关的①，且报道的事实属实，评论正当，就不应当认定使用人对他人的肖像权构成侵害。例如，某个记者拍摄街头打架、斗殴、翻越栏杆、横穿马路等各种不良现象，并予以披露，不能认为该记者构成对他人肖像权的侵害，否则就会纵容各种不法行为，损害社会公共利益。法律为鼓励舆论监督行为，维护公共利益，应当允许个人在特定情况下出于正当舆论监督需要而使用他人肖像。比较法上普遍承认了新闻媒体在新闻报道中对肖像权的合理使用。② 所以，在此情况下，对所涉人物的肖像权应当予以合理限制，即便新闻报道未经许可使用了他人的肖像，一般也不构成对他人肖像权的侵害。③ 本款在借鉴比较法的经验，并总结我国司法实践经验的基础上，规定了为实施新闻报道，不可避免地制作、使用、公开肖像权人的肖像的，不构成侵权。

需要指出的是，此处所说的新闻报道，应该是指为了公共利益所作的新闻报道。本款规定事实上是对新闻报道自由这一公共利益和自然人肖像权冲突的规定，也划定了肖像权与新闻报道公共利益的保护边界。本款要求新闻报道所制作、使用、公开的肖像必须是“不可避免”的，才能够构成合理使用。此处所说的“不可避免”，应当以保持新闻报道的真实性和完整性所必需为标准进行判断。④ 所谓不可避免，是指不使用他人肖像就无法完成新闻报道的目的。例如，报道庆典活动现场，为表现和反映观众的情绪，就不可避免地拍摄现场参与者的肖像。将新闻报道中利用他人肖像局限于“不可避免”的情形，就要求在某些情况下，即使不出现报道对象的肖像也可以完成报道的目的。例如，在消费者维权的报道中，完全可以使用将消费者的面部情况采取模糊处理，或对声音采取变声处理等方式，这些方式均不影响报道的完整性。因此，对于在新闻报道中使用他人肖像的，应当以“不可避免”为限。

在实施新闻报道过程中，如果不使用他人肖像虽同样可以完成新闻报道，但将影响新闻的真实性和完整性，那么就应当认为该肖像的使用是不可避免的。例如，在关于体育赛事的新闻报道中，为展现球迷的兴奋或悲伤情绪，如果不对球迷的面目表情进行拍摄，就难以传达完整的新闻信息，此时就应当认为构成了肖

---

① 赵徽．浅谈我国肖像权保护中的“合理使用”问题．天津市政法干部管理学院学报，1999（4）．

② 陈静．大众传播中的肖像权利研究．北京：中国传媒大学出版社，2012：53－54.

③ 张红．人格权各论．北京：高等教育出版社，2016：206.

④ 刘士国．中华人民共和国人格权法律条文建议附理由．北京：中国法制出版社，2017：160.

像权的合理使用。但即便行为人的肖像已经融入公共事件之中，如果在该公共事件范围之外未经他人许可而利用其肖像，则应当构成对他人肖像权的侵害。例如，截取运动员在比赛中的肖像，并将其运用于商业广告中，即应当构成对他人肖像权的侵害。所以，判断某一行为是否构成对肖像权的侵害时，重点应当对合理使用进行准确界定。

（三）为依法履行职责，国家机关在必要范围内制作、使用、公开肖像权人的肖像

国家机关在执行公务的过程中也有可能要制作、使用、公开自然人的肖像。公权力机关为履行职责而利用他人肖像的方式包括制作、使用、公开。所谓制作是指拍摄、录像、绘画他人的肖像，如在通缉令上印上犯罪嫌疑人的照片。使用是指不需要征得肖像权人同意而利用其肖像。例如，公安机关拍摄正在超速行驶的驾车人、司法机关在诉讼活动中使用当事人的肖像作为证据等。公开是指将他人肖像在全社会或者在一定范围内进行公开，无论是通过网络形式还是其他形式，均构成公开，如将逃犯肖像在网络上公开。本款规定，公权力机关为履行职责而制作、使用、公开使用他人肖像的，构成合理使用，不构成对肖像权的侵犯。例如，通缉犯罪嫌疑人是公权力机关行使职权的行为，也是及时依法打击犯罪的必要方式，对于维护社会公共利益具有重要作用。此时，就应当允许公安机关制作、使用、公开犯罪嫌疑人的肖像。依据本款，构成合理使用应当符合两个要求。

一是必须是依法履行职责的行为。国家机关从事这些活动时必须是为了执行职务的需要。如果是非国家机关从事维护自身利益的行为，则不能构成免责事由。例如，某企业将小偷的形象拍摄下来挂在橱窗上并制作成录像，以作禁止他人再行盗窃的宣传。笔者认为，企业本身无权从事此种行为，应认定这构成侵害肖像权。

二是必须是在必要范围内制作、使用、公开他人肖像。所谓必要范围，是指在能够实现依法履行职责目的的情况下，要在最小范围和最轻程度上制作、使用、公开他人肖像。例如，能够只是内部使用的就不应向社会公开，能在小范围内公开的就不应向全社会公开，能在系统内部公开的就不应在网络上公布。本款必须要在必要范围内进行，这实际上反映了比例原则的要求。国家机关行使公权力关系到公共利益的实现，有可能要制作、使用、公开自然人的肖像，但这并不意味着要对个人权利进行完全的限制。应当仅仅在符合比例原则要求的范围内，限制自然人肖像权的行使。超出比例原则要求的行为，因为不满足“必要范围”这一要件，应当承担肖像权的侵权责任。

（四）为展示特定公共环境，不可避免地制作、使用、公开肖像权人的肖像

此种情形是指拍摄特定公共环境不可避免地制作、使用、公开他人肖像。例如，为了拍摄某一庆典活动现场，就难免对参与庆典活动的观众进行拍摄，这就构成对肖像权的合理使用。此处所说的公共环境包括私人场所之外的场景、地点、建筑物外观等。某人出现在公共场所，参加集会游行、庆典、观看体育比赛等，他人未经本人同意而拍摄公共场所的场景，如果涉及某人的肖像，但该人物的肖像在场景中并不突出，也构成合理使用。正如有学者指出的："基于人群共处相互容忍的必要，及社会之利益，肖像权的保护应受限制。阻却违法，如拍摄公众人物、参与游行集会、仪式或意外灾变重大事故之人的照片，或拍摄风景、建筑、街道，而以人物为其点缀。"① 为展示特定公共环境而对肖像权进行限制应当具备几个条件。

一是肖像权人必须要出现在公共场所，参加集会游行等活动。如果没有出现在公共场所，而是在私人空间内，他人拍摄则构成对肖像权的侵害。本条仅限于展示特定"公共"环境，即必须发生在公共场合。因为在公共场合，肖像权人已经可以预期到其形象可以为他人所看见，对于自己并不希望被公共所看见的一面，权利人往往也不会在公共场合中展现，所以，在公共场合中，权利人的肖像权需要受到一定的限制。② 因此，适用本款需要注意，本款所规定的公共环境的展示应当以公共环境为中心，而不是以个人为中心。如果利用他人的肖像只是为了展示该自然人的特征或状态，则并不属于本款的范畴。

二是拍摄他人肖像，不是为了单纯拍摄他人肖像，而是为了拍摄事件，人物仅仅是点缀。在照片中的人物必须是不特定的人，人物只是背景或者点缀。拍摄者并不是为了表明某人，而是为了报道某个事件。例如，在"叶某江诉云南长基房地产开发有限公司等肖像权案"中，法院认定单纯为了新闻报道而对原告进行拍摄，并不构成对肖像权的侵害。③

三是符合比例原则。这就是说，在使用和公开他人肖像时，应当尽可能避免对他人肖像权的侵害。只有是"不可避免"地要使用或公开他人肖像，才具有正当性。不可避免是指不利用他人肖像就不可能达成展示特定公共环境的目的。例如，为展现某公园或广场的全民健身环境，就必须拍摄在该公园或广场运动的人群。

---

① 王泽鉴．侵权行为法：第1册．北京：北京大学出版社，2001：137－138.

② 吉尔摩等．美国大众传播法：判例评析．梁宁等译．北京：清华大学出版社，2002：237.

③ 云南省昆明市中级人民法院（2008）昆民三终字第941号民事判决书。

(五) 为维护公共利益或者肖像权人合法权益，制作、使用、公开肖像权人的肖像的其他行为

本款属于兜底条款。肖像权在行使中，因各种原因都会发生与公共利益等的冲突，而合理使用的情形也不胜枚举。因此，有必要设置兜底条款，使合理使用的情形保持开放性，以适应未来发展的需要。对于此类开放的情况主要有两种情形。

一是为维护公共利益而制作、使用、公开肖像权人的肖像的其他行为。如前所述，肖像权与公共利益保护时常发生冲突，此时，对公共利益的保护应当优先于对肖像权的保护。公共利益是一个范围非常宽泛的概念，如果制作、使用、公开他人肖像是为了公共利益，则可以合理使用。公众人物肖像权的限制应当以其肖像与社会公共利益相联系为前提，如果其肖像仅仅涉及权利人的私人生活，则不得限制其肖像权。例如，偷拍名人的家庭生活的照片，即便该照片与社会公共利益没有联系，也可能构成侵害肖像权。但即使为了公共利益而制作、使用、公开肖像，如果不是“不可避免”或“必要”的，事实上并未产生两种权利的冲突，此时并不构成肖像的合理使用。虽然该款并未加入“不可避免”或“必要范围”的要件，但该条关系到公共利益保护与个人人格权保护的冲突问题，过分扩大公共利益的概念将导致个人人格权遭受不当侵害，因此，在解释上，应当遵循同类解释的规则，将维护公共利益的行为限定为与前述四点具有相当性的行为。

二是为维护肖像权人合法权益而制作、使用、公开肖像权人的肖像的其他行为。肖像权与肖像权人的其他合法权益冲突时有发生，例如，个人离家不归、杳无音信，家属和有关组织在报纸和公共场所刊登载有其肖像的寻人启事等。再如，在诉讼过程中，当事人为主张自己的权利、证明案件的事实，而在举证中涉及有关个人的肖像。因此，肖像权人失踪可能威胁生命、健康权时，张贴寻人启事以找寻肖像权人不应构成肖像权侵权。由于为维护肖像权人合法权益而制作、使用、公开肖像权人的肖像的其他行为，难以全部列举，因而需要规定兜底条款。

（撰稿人：王利明）

第一千零二十一条

当事人对肖像许可使用合同中关于肖像使用条款的理解有争议的，应当作出有利于肖像权人的解释。

本条主旨

本条规定的是肖像许可使用合同的解释规则。

相关条文

《合同法》第41条规定："对格式条款的理解发生争议的，应当按照通常理解予以解释。对格式条款有两种以上解释的，应当作出不利于提供格式条款一方的解释。格式条款和非格式条款不一致的，应当采用非格式条款。"

理解与适用

一、肖像许可使用合同的概念和特征

本条是对肖像许可合同的解释规则的规定。所谓肖像许可使用，是指权利人通过合同的方式，许可他人在约定的期限和范围内使用其肖像。肖像的许可利用的实现方式往往需要通过合同来进行，比如，权利人授权许可他人商业化使用自己的肖像，在肖像许可利用授权许可合同中就需要以不侵害权利人的肖像权为前提。就肖像许可使用合同而言，被许可人应当按照约定的期限和方式使用他人肖像，否则不仅构成违约，也构成对他人肖像权的侵害。例如，在"任达华与海南正大汇龙房地产开发有限公司肖像权纠纷上诉案"① 中，法院认为，被告仅与原告签订《演出协议书》，而没有签订肖像权许可使用合同，其利用原告肖像的行为已经超出许可使用的范围，故构成侵权，其应当承担侵权责任。

就本质上而言，肖像许可使用合同也是一种典型的合同类型，但是这并不意味着，人格权法不能对其作出规定，因为肖像许可使用是肖像权的具体行使方式，正如建设用地使用权是物权法的调整对象一样，肖像许可使用合同也理应受到人格权法的调整。相反，正是因为肖像许可合同本质上属于合同，所以有关肖像许可使用合同的成立、生效等的规则理应适用合同法总则的有关规定，但是肖像许可使用合同不同于财产权交易合同，故无法简单适用合同法的规则，应当由人格权法对肖像权等人格权许可使用合同的特殊规则作出规定。换言之，肖像许可使用合同事关人格利益的利用，这就需要在涉及合同解释、合同解除以及限制可许可利用的人格权益范围等方面构建诸多特殊的规则，因而不能完全适用合同法的规则。从法律适用角度来看，在人格权编对肖像许可使用合同作出特别规定

① 海南省高级人民法院（2013）琼民三终字第59号民事判决书。

的情形下，肖像许可使用合同的规则可视为是合同法的特别规则，按照“特别规范优于一般规范”的法理，理应优先适用人格权编的相关规定。

一般认为，肖像许可使用合同主要具有如下特征。

第一，当事人是许可人与被许可人，许可人是肖像权人。有观点认为，只有所谓“名人”才能对其肖像进行许可利用，一般人难以对其肖像进行许可利用。笔者认为，此种观点并不妥当。因为一方面，随着自媒体的发展，所谓“名人”与普通人往往难以区分，将肖像许可利用的主体范围限于“名人”并不妥当。另一方面，与所谓“名人”肖像相比，普通人肖像所包含的经济价值虽然相对较低，但其仍然可以成为商业利用的对象。从实践来看，不仅是“名人”的肖像，普通人的肖像也可以成为许可利用的对象。例如，将他人的私人活动直播到网上，可以成为商业利用的对象；再如，未经许可抓拍某人在公共场所的形象，用于制作相关的作品、广告等，显然也是对其肖像的一种利用。

第二，许可利用的客体具有特殊性。肖像许可使用合同的客体是肖像利益，这就是说，一方面，权利人是针对其人格利益而并不是财产的利用作出许可，所以其不同于一般的财产转让合同。同时，肖像许可合同的客体是肖像利益，而不是整个肖像权，因为虽然肖像权具有很强的人身专属性，不能整体转让，但肖像利益是可以许可他人进行利用的。

第三，对许可期限应当进行一定限制。人格权许可使用一般都有一定的期限限制，当事人应当在合同中对人格权许可使用的期限作出约定。被许可人仅可在许可使用的期限内利用权利人的人格权。如果当事人未在合同中明确约定人格权的许可使用期限，则双方当事人应当有权随时解除合同，当然，当事人解除合同时应当在合理的期限之内通知对方。诚如上文述，肖像权只能许可使用而不能转让，这就决定了肖像许可使用合同必须有一定的期限限制，否则将可能导致肖像许可使用合同异化为肖像权的转让合同，并最终有损于肖像权人的合法权益。

第四，许可使用的方式。人格权许可使用合同的当事人对于人格权的许可使用通常都要明确约定肖像使用的具体方式，例如，许可肖像在他人的特定商品包装上使用、在特定商品或服务的广告中使用等。当事人还可以在合同中对人格权许可使用的具体方式作出约定，即被许可人究竟是独占性许可使用还是非独占性许可使用。例如，被许可人是饮料的生产商，当事人可以约定，人格权人不得许可其他饮料的生产商使用其人格权。如果当事人明确约定被许可人对人格权人的人格权享有独占性使用权，则人格权人即不得再次许可他人利用其人格权，否则将构成违约。从保护人格权人的利益出发，如果合同条款就许可使用的范围约定不明确，则应当对该条款作有利于人格权人一方的解释。

第五，许可合同不具有可转让性。肖像许可合同的被许可人应当在许可使用的范围内利用他人肖像，而不能将该使用权予以转让；在肖像权人同意转让的情况下，宜将此解释为肖像权人与他人达成了新的肖像许可使用合同。有观点认为，人格权许可使用仅能使被许可人享有债权，并不符合现代社会对人格要素使用的要求，也与人格权的积极使用、收益权能不相符合，因此，我国立法应当承认具有物权性质的人格权使用权。① 对此，笔者认为，此种主张虽然有利于保护被许可人的利益，但其也可能使相关人格标志的利用脱离权利人的控制，从而不利于保护个人的人格尊严。因此，被许可人应当在合同约定的期限内、按照合同约定的方式对肖像加以利用，否则将构成对他人肖像权的侵害。

第六，许可合同是不要式的。这就是说，肖像许可使用合同可以采取口头形式、书面形式以及其他形式。

民法典人格权编一般规定一章中关于人格利益许可使用规则的规定可以看作是对人格利益许可使用的一般规定，而在肖像权一章中关于肖像许可使用规则的规定则是关于人格利益许可使用合同的特殊规定，二者共同构成了完整的人格利益许可使用合同规则体系。

二、肖像许可使用合同的解释

《民法典》第 1021 条规定，“当事人对肖像许可使用合同中关于肖像使用条款的理解有争议的，应当作出有利于肖像权人的解释”，这就确认了肖像许可合同的解释规则。所谓合同解释，是指对合同及其相关资料的含义所作出的分析和说明。② 即法官和仲裁员依据一定的事实，遵循有关的规则，对合同的内容和含义作出准确的说明。合同是当事人通过合意对其未来事务的安排，然而，由于当事人在订立合同时，即使具有丰富的交易经验和雄厚的法律知识，也不可能对未来发生的各种情况事先都作出充分的预见，并在合同中将其未来的各种事务安排得十分周全，所以在合同中出现条款不明确、不具体，甚至出现漏洞，都是在所难免的。肖像许可使用合同也可能出现用语不明、含糊不清，合同的内容有遗漏，理解产生分歧等问题，因此有必要进行解释。

《民法典》第 1021 条首先借鉴了《著作权法》第 27 条的规则。《著作权法》第 27 条规定：“许可使用合同和转让合同中著作权人未明确许可、转让的权利，未经著作权人同意，另一方当事人不得行使。”制定本条的基本价值理念是对人

① 黄芬．商品化人格权的定限转让．河北法学，2017（1）．

② 崔建远．合同法：修订本．北京：法律出版社，2000：324.

格权进行特殊保护。在《著作权法》中，在双方签订了著作权许可使用或转让合同后，受许可人或受让人仅能行使合同中明确约定的著作权利。这事实上就是规定了著作权许可使用或转让合同在有关许可或转让内容条款的解释上，有利于著作权人的规则。本条款扩大了《著作权法》仅限于转让权利内容的规定，规定“关于肖像使用条款的理解有争议的”，均应当作出有利于肖像权人的解释，从而确立了争议的解释规则。本条作出此规定的原因如下。

第一，进一步强化对权利人人格利益的保护，体现了人格权优于财产权受保护的立场。在肖像权许可使用合同发生争议的情形下，对被许可人而言，其取得的是合同债权，属于一项财产权。而肖像权人受到限制的，则是作为人格权的肖像权的行使，与人格尊严密切相关。由于人格权相较于财产权处于较高位阶，因而在人格权与财产权发生争议时，应当优先保护人格权。因此，在当事人就肖像使用条款的理解产生争议时，应当作出有利于肖像权人的解释。需要指出的是，人格权的优位并不损害当事人地位的平等，当事人的法律地位仍然是平等的，只不过因为权利效力的不同，即基于利益衡量的考虑而对人格权和财产权进行区别对待。

第二，维护个人人格尊严。人格尊严是指人作为法律主体应当得到承认和尊重。人在社会中生存，不仅要维持生命，而且要有尊严地生活。故此，人格尊严是人之为人的基本条件，是人作为社会关系主体的基本前提。由于肖像权直接关涉个人的人格尊严，因而，如果当事人对肖像许可使用合同中关于肖像使用条款的理解有争议，则作出有利于肖像权人的解释更有利于维护个人的人格尊严。

第三，肖像权许可使用合同中当事人双方可能存在谈判能力的不同。在肖像权许可使用合同中，肖像权人作为自然人，其合同的对方当事人大多为法人。双方虽然是平等的民事主体，但是在谈判过程中具有明显不平等的经验、能力等。因此，为平衡当事人双方的利益，在当事人就肖像使用条款的理解有争议时，应当作出对肖像权人有利的解释。

当然，在作出有利于肖像权人的解释时，也要遵循合同解释的一般规则。对于合同没有约定或约定不完备的事项，不得采用类推或扩张适用某些条文的适用范围的方法作出对肖像权人不利解释。例如，在肖像权许可使用合同中约定了使用人的免责条款，对免责范围的解释，应当尽可能严格。如果该免责条款并未指明是免除合同责任还是侵权责任，因侵权责任具有一定的强制性，常常涉及公共秩序，故应尽可能地不使当事人通过协议而免责。此外，在格式条款中，有时将具体事项一一加以列举，最后用“其他”或“等等”等字样加以概括规定，对于“其他”或“等等”所包含的事项，应解释为与先前所列举的具体事项属于同一种类。

如果合同条款的内涵是明确的，即按照社会一般人的理解只能做某种解释时，肖像权人不能在该解释方案之外故意曲解合同条款并主张有利于自己的解释。

（撰稿人：王利明）

第一千零二十二条

当事人对肖像许可使用期限没有约定或者约定不明确的，任何一方当事人可以随时解除肖像许可使用合同，但是应当在合理期限之前通知对方。

当事人对肖像许可使用期限有明确约定，肖像权人有正当理由的，可以解除肖像许可使用合同，但是应当在合理期限之前通知对方。因解除合同造成对方损失的，除不可归责于肖像权人的事由外，应当赔偿损失。

本条主旨

本条是关于肖像许可使用合同解除的规定。

相关条文

《民法通则》第100条规定："公民享有肖像权，未经本人同意，不得以营利为目的使用公民的肖像。"

理解与适用

一、肖像许可使用合同未规定许可使用期限的可随时解除

依据本条规定，对肖像许可使用合同而言，如果当事人在肖像许可使用合同中明确约定了期限，在合同规定的期限内，合同对当事人具有拘束力，在合同有效期限内，任何一方当事人均不得擅自解除合同。例如，在"广州艺讯演出经纪有限公司诉周某委托合同纠纷案"中，被告许可原告在报纸杂志之上使用其照片进行广告宣传，许可期限为一年。在未到一年时，被告认为原告存在违约使用肖像的行为，但是不能举证证明。被告主张解除合同，原告诉至法院。法院审理认为，虽然被告不能证明原告存有违约行为，但是被告仍然可以主张解除合同，且应当对给原告造成的损失进行损害赔偿。[①] 只有在当事人没有就许可使用期限作

① 广东省广州市天河区人民法院（2008）天法民二初字第199号判决书。

出约定，或者约定不明的情况下，当事人才享有随时解除合同的权利。

关于人格利益许可使用合同的解除，从比较法上看，有的立法规定了权利人一方享有任意解除权。例如，欧盟《一般数据保护条例》第 7 条第 3 款规定："数据主体有权随时撤回其同意。同意的撤回不应影响在撤回前基于同意作出的合法数据处理。在作出同意前，数据主体应被告知上述权利。撤回同意应与作出同意拥有同样的难易度。"依据该条规定，在个人允许他人利用其个人信息的情形下，个人有权随时撤回其同意，由于个人在同意他人利用其个人信息时，其意思表示并不存在瑕疵，因而，该条所规定的"撤回"并非合同的撤销，而应当将其解释为合同的解除。这也意味着，在个人信息利用的情形下，不论当事人是否约定了许可使用期限，权利人一方均有权任意解除合同。此种规定有利于保护个人的人格尊严，即在人格权益许可使用合同履行过程中，个人的价值观等可能发生变化，其可能不愿意继续履行许可使用合同，此时，有必要允许其解除合同，当然，权利人在解除合同后，应当赔偿对方的损失。但从我国《民法典》第 1022 条的规定来看，其仅规定了在当事人没有约定许可使用期限或者约定不明确的情形下，当事人有权解除合同，这也意味着，在当事人明确约定了肖像许可使用期限时，当事人仍应当按照合同严守原则的要求，严格履行合同，不得擅自解除合同，这就对当事人单方解除合同的权利作出了限制。

《民法典》第 1022 条之所以规定当事人合同未规定许可使用期限的可随时解除，主要是基于如下理由。

一方面，在当事人没有约定肖像许可使用期限或者期限约定不明确时，此类合同在性质上属于不定期合同，就不定期合同而言，当事人对合同的存续期限并没有长远的预期，因此，即便允许当事人解除合同，也不会对其合理信赖造成损害。而且从本条规定来看，当事人在行使合同解除权时，应当在合理期限之前通知对方，其目的也在于减少当事人因合同解除而遭受的损失。

另一方面，肖像许可使用合同在性质上属于继续性合同，在未约定期限或约定不明的情形下，如果不赋予当事人解除合同的权利，可能使继续性的给付不断延续，对肖像权人而言，合同的长期延续可能损害其个人自由，允许此类合同无限延续，也会增加当事人的履约风险。① 因此，如果合同未规定许可使用期限，应当允许当事人可随时解除合同。

还应当看到，此种规定有利于强化对个人人格尊严的保护。在当事人没有在合同中明确约定肖像许可使用合同的期限，或者期限约定不明时，从保护个人人

① 王文军．论继续性合同的解除．法商研究，2019（2）．

格尊严出发，不宜使个人长期受合同关系的拘束。有观点认为，对人格权许可使用合同而言，虽然也需要坚持鼓励交易的价值目标，但人格权的许可使用更应当注重保障个人的人格尊严，而且在鼓励交易的价值与保障个人人格尊严的价值发生冲突时，要优先保障个人的人格尊严。① 此种观点值得赞同。人格权不同于财产权，对财产权交易合同而言，出于鼓励交易的目的，应当对合同的法定解除事由进行严格限制，但是对人格权而言，与鼓励交易相比，更应当注重对个人人格权的保护，解除权是当事人以单方的意思使合同效力终止的权利，人格权与个人的人格尊严具有密切关联，如果继续利用有损于个人人格尊严，为了维护尊严，就应当允许解除合同。因此，不应当仅以鼓励交易为由而严格限制人格权许可使用合同的法定解除条件。相反，从强化对人格权的保护出发，应当尽量放宽人格权许可使用合同中人格权人依法享有解除权的法定解除条件。

依据该条规定，当事人行使解除权应当符合如下条件。

第一，当事人未在合同中约定肖像许可使用期限，或者约定的期限不明确。例如，当事人虽然在合同中约定了肖像许可使用的具体事项，但并没有约定肖像许可使用的具体期限。从实践来看，当事人在订立肖像许可使用合同时，通常会明确约定肖像许可使用的起止日期，该起止日期之间的期限即为肖像许可使用的期限。在此需要讨论的是，如果当事人没有在合同中明确约定肖像许可使用的期限，但当事人约定需要完成某特定事项，完成特定事项的时间也应当属于当事人约定的肖像许可使用期限。例如，在“王某某与德清县新闻传媒发展中心，浙江德清农村合作银行肖像权纠纷案”中，德清县新闻传媒发展中心与浙江德清农村合作银行联合举办“2010 德清年画宝宝”大赛，并通过网络、报纸等宣传形式发布了活动介绍，明确告知本次大赛共选拔“封面宝宝”一名，“月份宝宝”十二名，并将使用该十三名入选宝宝的照片制作“2010 德清年画宝宝”挂历，入选宝宝将免费拍摄照片，并获得挂历十本及若干奖金。王某某报名参加本次大赛，并被评选为第二名，后王某某要求退出比赛。② 在该案中，按照当事人的约定，王某某应当接受拍摄，并允许他人在挂历中使用其照片，虽然当事人没有明确约定肖像许可使用的期限，但按照约定，其应当完成接受拍摄等事项，这实际上也确定了肖像许可使用的期限，该期限即为相关事项完成之时，此种情形并不构成肖像许可使用期限没有约定或者约定不明的情形。

---

① 廖焕国．论人格权许可使用合同的法定解除——兼评民法典各分编草案第八百零二、八百零三条．暨南学报（哲学社会科学版），2019（8）．

② 浙江省湖州市中级人民法院（2010）浙湖民终字第 458 号民事判决书。

第二，一方当事人行使了任意解除权。在当事人没有约定肖像许可使用期限或者约定不明的情形，要产生合同解除的效果，还要求当事人必须行使了合同解除权。任意解除权是一种形成权。所谓形成权，是指基于行为人单方的意思表示就可以发生某种法律效果的权利。也就是说，在该条所规定的情形下，只要当事人单方面作出了解除合同的意思表示，在当事人所发出的解除合同的通知到达对方当事人时，即可产生合同解除的法律效果。当然，如果接收通知的一方对对方当事人解除合同有异议的，其有权在合理期限内提出解除异议，由法院最终确定合同能否解除。从《民法典》第 1022 条的规定来看，在肖像许可使用合同中，该条并没有将合同任意解除权仅赋予人格权人，任何一方当事人均可解除合同。

第三，必须在合理期限之前通知对方。从《民法典》第 1022 条的规定来看，在肖像许可使用合同中，当事人在行使任意解除权解除合同时，应当在合理期限之前通知对方。法律作出此种规定主要是为了给接收解除通知的一方一定的准备期限，如寻找新的订约对象，或者预留出作出合同解除安排的时间等，以尽量减少其因合同解除而遭受的损失。

关于行使解除权的一方当事人应当在何种期限内通知对方当事人，该条并没有作出明确规定，这就需要根据合同履行的具体情况予以判断。一般而言，当事人的通知期限应当使对方当事人有充足的时间作出合同解除后的各种安排，以尽可能减少其因合同解除而遭受的损失。

至于当事人行使任意解除权的法律后果，该条并没有作出具体规定，但从该条规定来看，在当事人没有约定肖像许可使用期限，或者期限约定不明的情形下，如果当事人在解除合同之前的合理期限内通知了对方当事人，则即便造成对方损害，行使解除权的一方也不应负有赔偿责任。同时，鉴于肖像许可使用合同属于继续性合同，所以，合同解除原则上不具有溯及既往的效力，其仅向将来发生效力。因此，合同解除后，当事人双方并不负有恢复原状的义务。

二、合同虽然明确规定了许可使用期限，但有正当理由的，也可解除

依据本条第 2 款的规定，“当事人对肖像许可使用期限有明确约定，肖像权人有正当理由的，可以解除肖像许可使用合同，但是应当在合理期限之前通知对方。因解除合同造成对方损失的，除不可归责于肖像权人的事由外，应当赔偿损失”。这就对有正当理由解除肖像许可使用合同的规则作出了规定，即合同虽然明确规定了许可使用期限，但肖像权人在有正当理由的情形下，可以单方面解除肖像许可使用合同。

（一）肖像权人基于正当理由解除许可合同的理由

从比较法来看，不少国家的判例和学说确认了肖像权人基于正当理由解除许可合同。按照德国司法实践的立场，许可使用合同（Lizenzvertrag）是继续性合同。[①] 因此，学界有观点认为，就姓名权的许可使用合同而言，即使合同当事人双方没有约定解除权、终止权，该许可使用合同仍然可以依据《德国民法典》第314条基于重大事由而终止。[②] 如何认定存在一项可以终止许可使用合同的重大事由，需要在个案中结合各种情况来进行利益衡量，从而判断维持合同关系不再具有期待可能性。[③] 不过，由于《德国民法典》第314条本身没有对什么是重大事由作进一步的界定，因而，重大事由的具体化通常需要结合具体的合同类型来判断。一般来说，重大事由的判断，不以一方当事人具有过错为要件，一方当事人具有过错也不足以构成重大事由。[④] 如果不可期待一方当事人继续受领或享有对方提出的给付，造成这一后果的事由也不属于该一方当事人的责任范围，即一方当事人并不能影响或阻止这一后果的发生，那么，这就构成终止合同的重大事由。[⑤]

依据该条规定，如果合同明确规定了许可使用期限，仅肖像权人享有合同解除权，这与第1款所规定的任意解除权不同。当事人对肖像许可使用期限没有约定或者约定不明确的，双方当事人均享有解除合同的权利，而第2款所规定的合同解除权仅肖像权人享有，被许可人一方无权解除合同，这表明在人格权与他人财产权利发生冲突的情况下，法律原则上将优先保护人格权的立场。单方解除权本质上是为了强化对人格权的保护，体现了人格权较之于财产权处于更优越的地位。有学者认为，如果被许可人的行为影响权利人人格发展的需要，则为了满足人格权人人格利益自治的需要，应当允许其解除合同。[⑥] 在具备重大正当事由的情形下，人格权人应有权解除合同，此种重大事由主要是指人格权人价值观的变化，或者是被许可人的行为侵害了权利人的一般人格权。[⑦] 也就是说，即便当事人在合同中明确约定了肖像许可使用的期限，但如果行为人对权利人肖像的利用“影响权利人人格发展的需要”，或者侵害了其人格尊严，或

① BeckOK BGB/Lorenz，52. Ed. 1. 11. 2019，BGB § 314 Rn. 5；MüKoBGB/Gaier，8. Aufl. 2019，BGB § 314 Rn. 8.

② MüKoBGB/Säcker，8. Aufl. 2018，BGB § 12 Rn. 89.

③ BT-Drs. 14/6040，178.

④ BeckOK BGB/Lorenz，52. Ed. 1. 11. 2019，BGB § 314 Rn. 8.

⑤ MüKoBGB/Gaier，8. Aufl. 2019，BGB § 314 Rn. 17.

⑥ 姚辉．人格权法论．北京：中国人民大学出版社，2011：395.

⑦ 刘召成．人格许可利用权的教义学构造．清华法学，2014（3）.

者人格权人的宗教信仰或政治观念发生了变化，使继续履行合同将有损其人格尊严，则应当允许其依法解除合同。[①] 例如，肖像权人为了改变自身的形象，重新树立自己健康、阳光的形象，而不再希望自己的肖像被用于药品广告的宣传，则应当认为构成符合本条的规定，可以行使解除权。本条第 2 款是出于对人格权特殊保护的目的。

本条赋予权利人单方解除权，是为了保障个人的人格尊严，维护其对人格利益的控制，体现了权利人对其人格利益的支配。与此同时，以“正当理由”对人格权人的这一权利进行限制，则更好地平衡了合同各方当事人的权益。

（二）肖像权人基于正当理由解除许可合同的条件

肖像权人基于正当理由解除许可合同应当符合如下条件。

1. 当事人对肖像许可使用期限有明确约定

从该款规定来看，肖像权人有正当理由解除合同适用于当事人对肖像许可使用期限有明确约定的情形，如果当事人没有在合同中约定肖像许可使用期限，或者所约定的许可使用期限不明确，则依据该条第 1 款的规定，双方当事人均有权随时解除合同，肖像权人解除合同时并不需要有正当理由。因此，该条第 2 款对有正当理由解除合同的条件进行了进一步限定，即仅在当事人明确约定肖像许可使用期限的情形下，才适用肖像权人有正当理由解除合同的规则。

2. 肖像权人有正当理由

依据该款规定，在当事人明确约定了肖像许可使用期限的情形下，肖像权人仅在有正当理由的情形下才能解除合同，从立法目的判断，此处的正当理由即对人格权人单方解除权的限制，是为了防止权利的滥用，是诚信原则的延伸。问题在于，如何理解该条所规定的“正当理由”？该条并没有明确规定，笔者认为，肖像权人的正当理由包括以下几个方面：一是被许可人对肖像权的使用达到不合理的程度，已经构成了对肖像的丑化、侮辱。例如，按照约定，肖像应当用于药品广告，但受许可人将其用于性病治疗广告，严重影响了肖像权人的良好形象。二是受许可人对肖像权的使用，可能给肖像权人带来严重的损失，如商家与明星订立肖像权许可使用合同，但是商家的广告违反反不正当竞争法，明星继续代言会给自己带来严重经济损失。三是肖像权人个人的价值观念转变。个人价值观念的转变也属于该条所规定的“正当理由”，也就是说，在肖像许可使用合同履行过程中，如果权利人的价值观念发生变化，例如，权利人在订立肖像许可使用合

---

① Huw Beverley-Smith, Ansgar Ohly & Agnes Lucas—Schloetter, Privacy, Property and Personality: Civil Law Perspectives on Commercial Appropriation, Cambridge University Press, 2005, p. 137.

同时，其愿意将其肖像用于商业广告，但随后其价值观念发生变化，不愿意其肖像出现在商业广告中，此时，应当允许其解除合同，以维护其人格自由。

在考虑肖像权人的正当理由时，还需要考虑受许可人的违约行为，受许可人的违约可以有两种情形，即轻微违约与根本违约，在受许可人未按时支付许可使用费达到根本违约的程度时，权利人可以基于合同法定解除的一般规则解除合同，而没有必要援引该条规定解除合同。如果仅仅是轻微违约，就不应当解除合同。

从该条文整体上来分析可知，赋予肖像权人单方解除权，有利于充分保护肖像权，解除权是当事人以单方的意思使合同效力终止的权利，人格权与个人的人格尊严具有密切关联，如果继续利用有损害个人人格尊严，为了维护尊严，就应当允许解除合同。笔者认为，该条所规定的“正当理由”既包含前述学者所言的“影响权利人人格发展的需要”，也应当包含其他一切导致人格尊严受损的情形。肖像权人有正当理由解除合同的规定，明确了肖像权优位于财产权的价值取向，强化了优先保护人格权的精神。

3. 在合理期限之前通知对方

依据民法的一般规则，对于未定期限的继续性合同，通常赋予当事人通知解除权。[①] 因此《民法典》第 563 条第 2 款专门规定：“以持续履行的债务为内容的不定期合同，当事人可以随时解除合同，但是应当在合理期限之前通知对方。”本条即是对于这一规则在人格权许可使用合同中适用的确认。从该款规定来看，即便肖像权人有正当理由解除合同，其也应当在合理期限之前通知对方，这主要是为了给对方必要的准备时间，尽量减少对方因合同被解除而遭受的损失。

问题在于，如果肖像权人没有在合理期限之前通知对方其将要解除合同，则在其发出解除合同的通知后，能否产生合同解除的效力？对此有两种不同观点，一种观点认为，即便肖像权人没有在合理期限之前通知对方，其也有权解除合同，但因此造成对方当事人损失的，肖像权人应当赔偿该损失。另一种观点认为，如果肖像权人没有在合理期限之前通知对方当事人，则其解除合同的条件并不具备，其发出的解除合同的通知也不应当产生合同解除的效力。笔者赞同后一种观点，即肖像权人在合理期限之前通知对方当事人是其行使解除权的条件，因为从该款规定的文义来看，应当将该款第一句解释为关于合同解除条件的规定，第二句是关于肖像权人解除合同不当造成对方损失赔偿责任的规定，按照此种理

① 王文军．论继续性合同的解除．法商研究，2019（2）．

解，肖像权人“在合理期限之前通知对方”是其行使合同解除权的基本条件之一。据此，如果肖像权人没有在合理期限之前通知对方其将要解除合同，则其所发出的解除通知将无法产生合同解除的效力。

在合同解除后，对当事人将失去拘束力，但鉴于肖像许可使用合同属于继续性合同，因此，合同解除在原则上向将来发生效力。同时，依据该条规定，因解除合同造成对方损失的，除不可归责于肖像权人的事由外，应当赔偿损失。法律之所以作出此种规定，是因为虽然肖像权人是依法行使解除权，且有正当理由解除合同，但其毕竟是在合同履行期届满前解除合同，提前解除将给对方造成一定的损失，这些损失主要包括：一是为继续履行合同已经投入的费用；二是为准备合同履行而支出的费用。

但依据上述规定，如果是可归责于对方的原因导致肖像权人解除合同，则肖像权人解除合同时，即便造成对方当事人损失，其也不负担损害赔偿责任。例如，在被许可人一方对肖像权人的肖像进行不当利用时，肖像权人有权解除合同，即便因合同解除造成对方当事人损失，其也无须赔偿。当然，如果被许可人因合同解除而遭受的损失是可归责于肖像权人的原因造成的，则肖像权人应当予以赔偿。

（撰稿人：王利明）

第一千零二十三条

对姓名等的许可使用，参照适用肖像许可使用的有关规定。

对自然人声音的保护，参照适用肖像权保护的有关规定。

本条主旨

本条对肖像许可使用规则准用于其他人格利益的规则作出了规定。

相关条文

《民法通则》第100条规定，公民享有肖像权，未经本人同意，不得以营利为目的使用公民的肖像。

《民法通则意见》第139条规定，以营利为目的，未经公民同意利用其肖像做广告、商标、装饰橱窗等，应当认定为侵犯公民肖像权的行为。

理解与适用

一、对姓名等的许可使用参照适用肖像许可使用的规定

（一）对姓名等的许可使用参照适用肖像许可使用的规定的原因

从本条第1款规定来看，肖像许可使用规则可以准用于姓名等人格利益的许可使用，将肖像许可使用规则扩张适用于其他人格利益，这就意味着关于肖像权许可使用的规则不仅适用于肖像，实际上还为人格权的许可使用确定了一般性的规则，从而弥补了我国现行立法在这方面规定的不足。该条使许可使用制度可以适用于肖像以外的其他人格利益，具有重要意义。该条之所以规定对姓名等的许可使用参照适用肖像许可使用的规定，主要原因如下。

第一，有利于回应时代发展需求。传统社会中，社会形态比较简单，对人格权更为注重保护而非利用；随着社会的发展，对肖像、姓名、声音、个人信息等的利用凸显出来，各种利用现象层出不穷，尤其是对个人信息的利用十分普遍，人格权编中关于人格利益许可利用的规定协调了个人信息保护与利用关系，有利于我国数据产业的发展和国家整体战略的推进。十九届四中全会决议中提到，建立健全运用互联网、大数据、人工智能等技术手段进行行政管理的制度规则。推进数字政府建设，加强数据有序共享，依法保护个人信息。该条对姓名等的许可使用参照适用肖像许可使用的规定，为个人信息等人格利益的利用提供了法律依据。

第二，有利于保护个人人格尊严。人格利益的利用和人格尊严保护并非截然对立的两个层面，人格尊严也包括对人格利益通过自己的意志自主利用，他人不得未经许可而利用，这本身就是保护人格尊严的重要方式。同时人格权编也基于人格尊严保护的要求，规定了对肖像权人等人格权人的特殊保护规则，更有利于强化对人格尊严的保护，避免因利用而损害人格尊严。在利用中，对于涉及人格利益和财产利益的冲突，尤其在解释、解除等问题上，人格权编作出特殊规定，更有利于在人格利益和财产利益的冲突中，注重对人格利益的保护。因此，该规定能够更好地实现保护人格尊严的宪法要求。换言之，人格的许可利用虽然属于商品化利用，但其并不会有损个人尊严，相反，这恰恰是对个人自由的尊重，是对私法自治的尊重，只要这种许可利用本身不违反社会的善良风俗与公共道德，就是值得肯定的，是对个人人格尊严的最大尊重。

第三，有利于协调对个人信息的保护与利用的关系。由于个人信息等人格利益具有极高的利用价值，所以法律有必要鼓励对个人信息的利用。但在大数据时

代，数据开发和利用也会给个人信息保护带来巨大威胁，尤其是在数据开发、数据流通、数据共享过程中，个人信息泄露的现象频频发生。因此，各国都普遍地寻求数据流通和人格权保护之间的平衡。美国传统上更注重个人信息利用，以促进数据产业的发展，而欧盟更注重个人信息保护。但现在出现了共同的趋势，即在数据的开发、共享中，普遍重视对个人信息的保护。因此，人格权编既要重视对个人信息等人格利益的保护，同时也要注重对个人信息的利用，两者应当实现有效的平衡，无论只强调哪一个方面，都是不妥当的。因此，在规定个人信息等人格权益的保护同时，应当通过许可利用制度，鼓励对个人信息等人格利益的利用，从而有效实现保护与利用之间的平衡。

第四，构建人格利益许可利用的制度体系。依据该条规定，对姓名等的许可使用，参照适用肖像许可使用的有关规定。人格权编关于肖像许可使用合同的相关规定，不仅可适用于肖像，还可以适用于姓名，《民法典》第 993 条规定："民事主体可以将自己的姓名、名称、肖像等许可他人使用，但是依照法律规定或者根据其性质不得许可的除外。"该条是规定了许可使用的一般条款，其中就规定了姓名，两条可结合起来理解，第 1023 条可以说是第 993 条的具体化，两者共同构建了许可使用制度的体系。

（二）参照适用肖像许可使用的有关规定的范围

《民法典》第 1023 条第 1 款规定："对姓名等的许可使用，参照适用肖像许可使用的有关规定。"依据该规定，人格权编对肖像许可使用合同相关规则不仅适用于肖像，还适用于其他的人格权益，具体包括以下内容。

一是姓名的许可使用。姓名是个人的标志，代表了某个特定人，姓名权具有强烈的专属性，姓名始终与个人人格联系在一起，不可在整体上作为财产加以转让，但在市场经济社会，自然人的姓名，特别是名人的姓名，体现了一定的财产利益，具有一定的商业价值，姓名的使用可以对产品和服务产生一定的广告或促销作用。例如，将某人的姓名作为商标、为某个企业命名，或以某人的名义从事项目研究、做广告宣传等。因此，姓名权人有权许可他人对其姓名进行利用。

二是隐私。隐私权虽然主要是一种消极防御性的权利，但在特殊情形下，也具有积极利用的权能，如权利人允许他人公开其隐私，或者允许他人将其隐私编写成个人传记等进行销售，此种情形既属于隐私的公开，也应当属于隐私的积极利用。

三是个人信息。在互联网、大数据时代，个人信息的许可使用是个人信息利用的主要方式，也是大数据产业发展的基础，个人允许他人收集、利用其个人信息，本质上就是许可他人对其个人信息进行利用。个人信息的共享实际上也是个人信息的再次许可使用。

四是个人的声音、形体动作等。随着市场经济的发展，个人的声音、形体动作等，如果具有可识别性，具有利用的价值，也可以成为许可使用的对象。例如，个人可以许可他人在其商品的包装或者服务的广告宣传中使用其特有的形体动作。

五是死者姓名、肖像等人格利益。自然人死亡后，虽然其民事主体资格消灭，但其姓名、肖像等人格特征仍然具有经济利用的价值，仍然可以成为许可使用的对象。从《民法典》第994条的规定来看，在死者的姓名、肖像等遭受侵害的情形下，其近亲属有权请求行为人承担民事责任，其中就包括了赔偿损失的责任形式，这也意味着，行为人利用死者姓名、肖像等，通常应当取得死者近亲属的同意，这实际上也承认了死者人格利益可以成为许可使用的对象。从我国实践中发生的死者人格利益纠纷来看，一些纠纷也涉及死者人格利益的许可使用。例如，在李小龙公司诉真功夫公司一案中，李小龙公司认为真功夫公司未经李小龙继承人同意而使用李小龙形象构成侵权，其向法院提起诉讼，请求真功夫公司立即停止使用李小龙形象、在媒体版面上连续90日澄清其与李小龙无关，并请求法院判令真功夫公司赔偿其经济损失2.1亿元，以及维权合理开支8.8万元。①

需要指出的是，肖像许可使用规则中对肖像权人进行倾斜保护的规则，原则上无法准用于名称的许可使用。所谓名称的许可使用，是指名称权人与受让人达成协议，允许他人使用该名称。一旦达成协议，即对当事人发生法律拘束力。名称许可使用的典型形态就是特许经营，即被特许人按照合同约定在统一的经营模式下开展经营，并向特许人支付特许经营费用的经营活动。② 名称许可使用通常发生在商事主体之间，通常并不需要对某一方当事人进行倾斜保护，而且与肖像权的保护不同，名称权的保护也不涉及个人人格尊严的保护，因此，肖像许可使用规则中对肖像权人进行倾斜保护的规则，无法准用于名称的许可使用。

（三）参照适用肖像许可使用的具体规定

其他人格利益许可使用具体可以参照适用肖像权的如下规则。

一是《民法典》第1021条关于合同内容有争议时应当作有利于肖像权人的解释的规则。也就是说，如果当事人对肖像许可使用合同中关于肖像使用条款的理解有争议，应当作出有利于肖像权人的解释。该条可以适用于姓名等人格利益

---

① 李小龙女儿起诉真功夫餐饮形象侵权索赔2亿余元，法院已立案．［2020-01-15］．https：//baijiahao.baidu.com/s？id=1653954027916245783&wfr=spider&for=pc.

② 参见《商业特许经营管理条例》第3条。

的许可利用。

二是合同虽然明确规定了许可使用期限，但有正当理由的，也可解除。《民法典》第1022条第2款规定："当事人对肖像许可使用期限有明确约定，肖像权人有正当理由的，可以解除肖像许可使用合同，但是应当在合理期限之前通知对方。因解除合同造成对方损失的，除不可归责于肖像权人的事由外，应当赔偿损失。"该条可以适用于姓名等人格利益的许可利用。

二、对自然人声音的保护

（一）声音是一种人格利益

声音是通过物体震动产生的声波，人的声音是由人的声带震动发出，每个人的声音都具有独特性，因而可以成为标识个人身份的重要依据。尽管在现实生活中，人们往往难以识别个人的声音，但借助计算机、人工智能算法等技术，可以很好地识别个人的声音。声音反映了一个人的人格特征，并且可以被复制、传播，因此，随着现代科学技术的发展，声音与个人身份的关联性将越来越紧密。随着人工智能和语音合成技术的新发展，声音保护的重要性日益凸显。这也决定了对声音这一人格利益的保护日益重要。从比较法上看，许多国家都对个人的声音利益予以保护，具体而言，有如下几种保护模式。

一是将声音作为一种人格利益保护。例如，《秘鲁共和国新民法典》第15条第1款规定："未取得本人明确授权的，不得利用其肖像和声音，或在本人已死亡时，只能按顺位经其配偶、卑血亲、尊血亲或兄弟姐妹同意，方可利用之。"该法典第15条第3款规定："在利用其肖像和声音时侵犯其本人荣誉、尊严或声誉的，上述例外不予适用。"从上述规定来看，该法实际上是将声音作为一种人格利益加以保护的。再如，法国巴黎上诉法院在1970年5月15日作出的判决中，认定下述问题"必须得到特别保护，以免受到侵害：对个人姓名、肖像、声音、隐私、名誉以及荣誉所享有的权利，被忘却的权利以及对个人自身经历所享有的权利"①。

二是通过公开权对声音予以保护。公开权（publicity rights）又称形象权，是指个人对其姓名、肖像、角色、声音、姿态以及图像、卡通人物形象等人格标识所享有的进行商业利用和保护的权利。② 公开权本身属于财产权，而不属于人

① Recueil Dalloz, Sirey, 1970, JPN, p. 466.

② Michael Henry ed., International Privacy, Publicity and Personality Laws, Reed Elsevier (UK), 2001, p. 88.

身权。作为财产权，它与物权和知识产权一样，可以转让继承。随着市场经济的发展，个人人格标志的利用方式也日益多样化，个人的声音也受到公开权的保护。如果行为人未经个人许可而出于商业目的模仿他人的声音，则将构成对他人公开权的侵害。例如，在著名的 Midler v. Ford Motor Co. 一案中，被告福特汽车公司在其电视商业广告中使用了与原告米德勒（Midler）声音相似的歌曲。法院指出，肖像一词应当指本人的形象，而不包括模仿。被告福特汽车公司使用的是另外一个人的声音，而不是原告米德勒的声音，因此，不构成对权利人公开权的侵害，但美国联邦第九巡回上诉法院推翻了地区法院的判决，法官认定声音如同面孔一样，具有可区别性与个性，人类的声音是表明身份的最易感受的方式，判定模仿著名歌手的声音构成侵权。① 美国各个州对也明确规定了对声音的保护。例如，纽约州规定保护姓名、照片、肖像和声音；肯塔基州保护声音和肖像；加利福尼亚州规定保护姓名、声音、签名、照片和肖像；而印第安纳州则保护姓名、声音、签名、图画、形象、照片以及姿态动作等人身的财产利益。②

三是将声音作为其他具体人格权的内容加以保护。一些大陆法系国家的判例将声音作为一般人格权加以保护，有的将其作为隐私权或者肖像权加以保护。例如，《加拿大魁北克省民法典》第 36 条从隐私权的角度对声音利益进行了保护。③

四是通过一般人格权对声音加以保护。由于德国规定的人格权类型较少，大量的人格利益均通过一般人格权进行保护，因此，在实践中，声音被认为是私人生活领域和私人生活秘密，受到一般人格权的保护，他人不得窃听和记录个人的声音。④ 同时，个人声音中所包含的经济价值也受到一般人格权的保护。⑤ 例如，在德国的海因茨·艾哈特（Heinz Erhardt）案中，原告的父亲海因茨·艾哈特是著名的影星，但已经去世，被告未经原告同意而在其声音模仿秀节目中模仿了海因茨·艾哈特的声音，法院认为，声音中所包含的经济价值应受一般人格权的保护。⑥

---

① Midler v. Ford Motor Co. 549 F. 2d 460 (9th Cir. 1988).

② Thomas McCarthy, The Right of Publicity and Privacy at§5. 5 (B) (4), 1995.

③ 该条规定："特别是有下列行为之一的，为侵犯他人隐私：（1）进入或者占领他人的住宅。（2）故意截取或者使用他人的私人通讯工具。（3）盗用或者使用他人的肖像或者声音，尽管在私人寓所内。（4）尽一切可能持续将他人的私生活公开。（5）使用他人的姓名、肖像、形象或者声音，但向大众合理公开信息的除外。（6）使用他人的信件、手稿或者其他的私人文件。"该条实际上是通过隐私权对声音加以保护的。

④ Münchener Kommentar zum BGB, Rixecker, § 12, Rn. 90－93.

⑤ Michael Hartl, Persönlichkeitsrechte als verkehrsfähige Vermögensgüter, Aufl., 2005, S. 50.

⑥ OLG Hamburg GRUR 1989, 666.

从今后的发展趋势来看，声音利益的重要性将日益凸显。这种重要性表现在：一方面，现代科技对声音的收集利用能力有了显著提升。现代科学技术的发展，尤其是声控技术和声纹识别技术的发展，给声音的保护带来了现实挑战。随着影视技术、声控技术、网络技术等高科技的发展，声音的利用方式越来越多样化。例如，声音可以直接发出指令，打开房门，开启电子设备，开启电脑、手机等，启动汽车，声音的独特性使其具有替代指纹等其他个人特有标志的功能，声音一旦被仿冒，就可能侵害个人的人格利益，也可能造成其他财产损害。另一方面，随着人工智能的发展，机器人通过输入、存储大量的个人语音，借助于大数据建立了机器人的神经网络，形成语音识别能力。据统计，2016 年，机器在语音识别上的表现已经超过了人类的平均水平。① 人工智能领域对声音的开发和利用使得对声音的保护显得更加重要。与此同时，复制、传播、模仿、伪造、非法合成个人声音的方式方法越来越多，声音利益受到侵害的问题也越来越突出。近年来，声音克隆技术也迅速发展，克隆后的声音将会和真人的嫁接，与真人声音、形象完全相同的虚拟人物将会出现在银幕上。这种深度的开发利用可能导致对他人声音利益的侵害。此外，随着市场经济的发展，声音利益的经济价值也随之凸显。出于商业利益而模仿他人声音，除可能造成他人财产损失外，还可能构成不正当竞争，这就有必要强化对声音利益的保护。②

在我国《民法典》颁行前，相关法律也有涉及声音的法律问题的规定。例如，2019 年修正的《商标法》第 8 条规定："任何能够将自然人、法人或者其他组织的商品与他人的商品区别开的标志，包括文字、图形、字母、数字、三维标志、颜色组合和声音等，以及上述要素的组合，均可以作为商标申请注册。"依据该条规定，个人将其声音申请为商标，这实际上也是对其声音的积极利用。《民法典》第 1023 条对声音的保护作出了规定，该条虽然没有明确承认声音是一种具体人格权，但认可声音是一种人格利益，应当受到法律保护，有关声音保护的规则参照适用肖像权保护的有关规定，这就适应了声音利益发展的需要，强化了对个人人格利益的保护。

从我国司法实践来看，有的法院对声音利益提供了保护，并明确使用了"声音权"这一表述。例如，在"上海大承网络技术有限公司与北京天浩盛世娱乐文化有限公司合同纠纷案"中，法院认为："×××授权天浩盛世公司代表其本人

① 杨澜．人工智能真的来了．南京：江苏凤凰文艺出版社，2017：17.

② 李林启．论发展着的人格权．湖南科技大学学报（社会科学版），2012（3）；马俊驹等．论法律人格内涵的变迁和人格权的发展．法学评论，2002（1）.

就其肖像和声音用于游戏《超××》的相关事宜对外授权，且在大承网络公司使用×××肖像权与声音权用于《超××》手机游戏营销传播期间，并没有证据证明×××本人提出异议。××公司与×××之间的合同争议抑或侵权争议，涉及独家经纪权的法律认定问题，不足以证明天浩盛世公司没有获得×××的相关授权，故对于大承网络公司主张的天浩盛世公司无权代表×××签署《合作协议》且《合作协议》效力待定的意见，该院不予采信。”① 从上述裁判中可以看出，个人特有的声音能够识别个人的身份，并对外展示个人的形象，在性质上属于人格利益，应当受到法律保护。权利人有权对其声音进行积极利用，同时，在行为人恶意模仿他人声音，造成他人损害时，权利人有权请求行为人承担侵权责任。

（二）声音利益的特征

声音作为一项人格权益，应当也可以受到人格权法的保护，任何人未经他人许可，侵害他人具有人格特征的声音利益可以构成侵权。据此，可以通过人格利益的保护方式对声音进行保护。声音利益主要具有如下特点。

1. 声音利益主体是自然人

《商标法》所规定的声音商标不限于自然人的声音，各种独特的声音，即使是自然界的声音，只要具有显著性，都能注册成商标。但人格权法所保护的声音利益则仅限于自然人的声音。

2. 声音利益的客体是声音

在现代社会，自然人的声音之所以能够成为一种人格权的客体，这主要是基于如下几方面原因。

第一，具有身份识别性。每个人的声音都具有一定的特殊性，声音也因此具有一定的身份识别功能，对有特质的声音而言，其更有利于相关信息的传播。②每个人声音虽然可识别性可能存在一定的差异，但都具有一定的可识别性，通过声纹识别技术可以从声音中识别出具体的个人。自然人的声音具有独特性，据此可识别彼此，这也使个人的声音可以对外展示其个人行为和身份，声音也因此具有一定的人格属性。③ 所以，恶意模仿他人声音，可能会向社会公众不当展示个人的形象，从而构成对个人人格权的侵害。例如，行为人模仿他人声音给假冒伪劣产品做广告代言，可能会降低社会公众对受害人的评价，这也构成对受害人名誉权的侵害。再如，将某人演讲声音改编，并改变相应的演讲内容，则不仅侵害

---

① 北京市第一中级人民法院（2017）京01民终5532号民事判决书。

② 王国忠，赵淑华．论声音的人格标识特性和声音人格利益保护．黑龙江省政法管理干部学院学报，2015（1）．

③ 韩强．人格权确认与构造的法律依据．中国法学，2015（3）．

个人的声音权，还可能侵害著作权。保护个人的声音利益，并不是为了保护特定的某种声音，而是为了保护能够识别出个人身份的声音。即使随着时间的推移，个人的声带可能发生变化，个人的声音也会随之发生变化，但声音仍然可以识别个人的身份，仍然应当受到声音利益的保护。

第二，具有可模仿性。每个人的声音虽然是独特的，但又是可以被他人模仿的，而一般人对这种模仿的声音难以区分，这就可能造成对他人人格利益的侵害。实践中，许多娱乐节目中都出现了声音模仿秀，甚至可以达到以假乱真的地步。对模仿的声音而言，其本质上是模仿者声带所发出的声音，并不当然构成对被模仿者声音利益的侵害。当然，如果行为人恶意模仿他人声音，故意造成身份的混淆，则应当构成对被模仿者声音利益的侵害。例如，行为人恶意模仿他人声音，恶意造成身份混淆，并将模仿的声音用于商业广告，该行为应当构成对他人声音利益的侵害。

第三，可记载性和传播性。声音虽然通过声带的震动而产生，但也可以通过一定的载体加以记载，并且可以重复播放，广泛传播，这也给声音的利用创造了条件。当然，法律保护声音利益，并不是为了保护特定的声音载体，而是为了保护该载体中的个人声音。因此，毁坏相关的声音载体通常并不会构成对他人声音利益的侵害，但擅自利用或者恶意模仿相关载体中的声音，则可能构成对他人声音利益的侵害。

3. 声音利益是具有财产价值的人格权益

声音不仅承载精神利益，而且包含一定的经济价值，能够成为商业化利用的对象。例如，授权他人将自己的声音应用于网络游戏、电视广告或智能产品之中，以此获取许可使用的费用。在视听科技不断发展的过程中，这种商业价值也相应地不断增加。

4. 声音的侵害往往伴随其他具体人格权的侵害

当然，声音利益无法被其他人格权益所涵盖，应当受到法律的保护。尽管在实践中，声音常常与姓名、肖像等人格标志一起利用，而且由于肖像、姓名等人格标志比声音的身份识别性更强，因而，声音识别个人身份的作用往往被忽视和弱化了。[①] 但事实上，声音本身应当属于独立的人格标志，具有独立的客体。声音利益的客体是个人独特的声音，个人的声音具有独特性，能够单独识别个人的身份，而并不当然需要依赖于肖像、姓名等人格标志，也正是因为这一原因，声

① 王国忠，赵淑华．论声音的人格标识特性和声音人格利益保护．黑龙江省政法管理干部学院学报，2015（1）．

音也具有独立的利用价值。还应当看到，对此种人格利益的支配与对其他人格利益（如隐私、肖像等）的支配可以区分开，其无法被其他人格利益所涵盖。

三、对声音利益的保护可参照肖像权的规定

声音利益作为一项人格权益，应当也可以受到人格权法的保护，任何人未经他人许可，侵害他人具有人格特征的声音利益可以构成侵权。据此，可以通过人格利益的保护方式对声音进行保护。

声音与肖像关联密切，都具有识别个人身份的特征，人们听到一种声音之后想到的就是特定的人，每个人都有声纹，声纹和人的指纹、掌纹等身体特征一样，都具有唯一性、稳定性的特点[①]，这些特点能够标明个人的身份。因此，在比较法上，如《秘鲁新民法典》，将声音利益和肖像权并列作出规定。确实应当看到，这一比较法的立法经验具有一定合理性。而且，从实践来看，二者也存在一定的交叉。例如，行为人在商业广告中利用他人模糊的肖像或者漫画、素描形象，同时配上个人所特有的声音，将更会使人们据此联想到特定的个人。正是因为声音与肖像具有相似性，可以考虑类推适用肖像权的规则对声音利益提供保护。据此，有学者认为，为了便于对声音提供法律保护，我国立法可将肖像权与声音利益进行合并，从而创设了肖像声音利益这一概念。[②] 也有观点认为，可将声音纳入肖像权的保护范围。[③] 就此，笔者认为，虽然声音利益和肖像权存在密切关联，但二者仍存在明显区别，故不宜直接混同为同一个权利，具体如下。

第一，二者的客体不同。虽然声音与肖像都具有唯一性和稳定性的特点，都能标明个人的身份，但二者标明个人身份的方式不同。肖像是可识别个人身份的外部形象，主要是指个人的面部形象，而且一般是个人有形的外部形象。而声音虽然也能识别出主体的身份，但其与肖像的有形性不同，声音是个人无形的身体特征。例如，行为人在商业广告中可以仅利用他人特有的声音，而不需要出现个人的肖像，声音的利用方式具有独立性。

第二，二者的侵害方式不同。肖像需要存在于一定的载体之上，对肖像权的侵害既可以表现为未经许可的制作、使用，也可以表现为污损、恶意毁坏他人肖像。而对声音的侵害则很难通过污损、毁坏的方式进行，如果对已经录制的光盘、影碟中的声音进行加工、改变，导致声音变形，这只是对著作权的侵害，而

---

① 杨立新，袁雪石．论声音权的独立及其民法保护．法商研究，2005（4）．

② 徐国栋．绿色民法典草案．北京：社会科学文献出版社，2004：151.

③ 杨立新等．中国民法典·人格权编．草案建议稿的说明//王利明．中国民法典草案建议稿及说明．北京：中国法制出版社，2004：337.

不应当构成对声音利益的侵害。当然，如果通过模仿他人声音恶意侮辱、诽谤他人，并导致声音利益的主体社会评价降低，则应当构成对受害人名誉权的侵害。所以，侵害声音利益只能通过模仿、盗用等方式予以实现。

第三，二者是否有实定法上的规定不同。肖像权在性质上是一项具体人格权，而声音利益在实定法中并没有被作为独立的人格权类型明确加以承认，在法律适用上，往往也只能通过准用肖像权的保护规则实现对声音利益的保护。

具体而言，肖像权的如下规则可以参照适用于声音的保护：一是《民法典》第 1020 条所规定的肖像合理使用规则，可以参照适用于声音的合理使用。所谓声音利益的合理使用，是指在特定情形下，法律允许行为人为公共利益的需要使用他人的声音，该行为不必征得权利人的许可，也不构成侵权。声音的合理使用行为是一种合法行为。例如，在新闻报道中需要现场采访他人，录制和播放他人的声音。在录制广播电视节目时需要播放、储存他人的声音。由于这些行为是为了实现社会公共利益，因而构成声音的合理使用，而不构成侵权。[①] 二是《民法典》第 1021 条、第 1022 条关于肖像许可使用合同的规定，可以参照适用于声音的许可使用。三是《民法典》第 1019 条关于禁止他人擅自制作、使用、公开肖像权人的肖像的规定，也可参照适用于声音利益的保护。

（撰稿人：王利明）

① 李丽峰，李岩著．人格权——从传统走向现代：理论与实务双重视角．北京：中国法制出版社，2007：271.

第五章

名誉权和荣誉权

第一千零二十四条

民事主体享有名誉权。任何组织或者个人不得以侮辱、诽谤等方式侵害他人的名誉权。

名誉是对民事主体的品德、声望、才能、信用等的社会评价。

本条主旨

本条对民誉权的保护规则作出了规定。

相关条文

《民法通则》第 101 条规定：“公民、法人享有名誉权，公民的人格尊严受法律保护，禁止用侮辱、诽谤等方式损害公民、法人的名誉。”

《民法总则》第 110 条规定：“自然人享有生命权、身体权、健康权、姓名权、肖像权、名誉权、荣誉权、隐私权、婚姻自主权等权利……”

《侵权责任法》第 2 条规定：“侵害民事权益，应当依照本法承担侵权责任。本法所称民事权益，包括生命权、健康权、姓名权、名誉权、荣誉权、肖像权、隐私权、婚姻自主权、监护权、所有权、用益物权、担保物权、著作权、专利权、商标专用权、发现权、股权、继承权等人身、财产权益。”

《妇女权益保障法》第 42 条规定：“妇女的名誉权、荣誉权、隐私权、肖像权等人格权受法律保护。禁止用侮辱、诽谤等方式损害妇女的人格尊严。禁止通过大众传播媒介或者其他方式贬低损害妇女人格。未经本人同意，不得以营利为目的，通过广告、商标、展览橱窗、报纸、期刊、图书、音像制品、电子出版物、网络等形式使用妇女肖像。”

理解与适用

一、名誉的概念和特征

一般认为，名誉是对个人客观的、良好的、综合的社会评价。《辞海》解释说：“名为命名，誉为美誉，有令名始获美誉，谓令名曰名誉。”《民法典》第1024条第2款规定：“名誉是对民事主体的品德、声望、才能、信用等的社会评价。”该条将信用包括在名誉内，这实际上采取了较为宽泛的名誉概念。名誉具有如下特点。

第一，社会性。名誉是一种客观的社会评价，它是名誉权人通过实际的社会活动来获取公众对其声望与地位的评价。名誉是社会对个人的评价，如果只是个人的自我感觉，则不属于名誉。《布莱克法律辞典》认为，名誉是“关于一个人格或其他特点的共同的或一般的评价（Commen or general estimate of a person with respect to character or other qualities）”[①]。正是由于名誉是一种客观的社会评价，因而要求侵害名誉权的事实必须为第三人所知悉并且形成公示方能构成。

第二，美誉性。名誉是一种良好的社会评价。“名誉”，顾名思义，其包含“誉”，是一种良好的名声和美誉。如果是民事主体的负面社会评价，很难将其解释为一种权利。名誉是一种积极的、良好的社会评价，而不是指对坏名声的评价。所以说，侵害名誉权必须导致个人社会评价的降低。例如，如果行为人宣扬他人私密信息，不仅没有导致他人社会评价降低，反而提高了其社会评价，则不应当构成对其名誉权的侵害，而可能构成对其隐私权的侵害。也正是因为名誉是个人良好的社会评价，所以，其有利于人们的对外交往，并使个人获取一定的利益。有观点认为，名誉是个人最大的品牌，此种观点不无道理。

第三，客观评价性。名誉的客观评价性是由名誉的社会性所决定的。虽然对特定人的评价总是存在于社会公众的观念之中，但并不意味着名誉是一种主观概念，相反，名誉是一种客观的社会评价。一方面，名誉是客观存在的，是主体通过自身的努力和表现而应当获得的，它在客观上直接关系到主体在社会上的地位、社会成员对其信赖的程度，关系到主体的权利与义务的取得问题。另一方

① Blacks law Dictionary，West publishing Co. 1979，pp. 1171 - 1172.

面，这种客观性表现为名誉不是主体个人的主观的自我评价，所以名誉不是内部名誉（名誉感），而是外部的客观名誉。如果某人相信自己有某种能力，而实际上并无此能力，此时，就不能以个人的评价来决定其名誉的内容，也不能以个人的情感受到伤害为理由代替社会评价降低而认定他人的行为构成对其名誉权的侵害。

第四，综合性。名誉是对民事主体的一种综合评价。依据本条第2款的规定，名誉是对民事主体的品德、声望、才能、信用等的社会评价。可见，名誉既可能是对主体某一方面的评价，也可能是对民事主体的综合评价。从该规定来看，其将信用包括其中，把信用作为名誉的重要内容加以规定。当然，虽然名誉具有综合性，但是对自然人、法人名誉的某一方面进行毁损，都可能造成对整体评价的毁损，因此都可能构成对其名誉权的侵害。所以，名誉应是一种综合的评价。①

第五，特定性。名誉是对特定人的社会评价，也就是说，它是对某个具体的自然人、法人或非法人组织的评价，而不是对社会一般人的评价。正是因为名誉是对特定人的评价，所以，对名誉权的侵害只有在指向特定人的情况下才能确定构成对某人名誉的毁损并应当承担侵权责任。

第六，时代性。名誉具有时代性，在不同的时期、不同社会制度中，人们的名誉观念和意识是不同的。例如，在罗马法中，名誉是完全的权利能力的外观形象，但在日耳曼法中，名誉乃指特定人不受非难，能够受到来自他人的尊敬。应该看到，名誉作为名誉权的客体，体现为一种主体的人格价值，无论何人，也无论其属于社会的何种阶层，以及其在经济上、政治上的地位如何，都应享有自身的名誉。每个人的名誉都理应受到法律的保护，对名誉的保护是人格权制度的重要内容。

名誉本身不限于对自然人的社会评价，还包括对法人、非法人组织的评价，所以，名誉权的主体具有宽泛性。应当指出，名誉作为一种社会评价，因主体性质的不同而略有区别。由于自然人与法人的性质各不相同，所以，探讨名誉的概念，应当能概括出自然人名誉与法人名誉的共性。总之，名誉是指对特定人的人格价值的一种社会评价。此处所说的“特定人”，既包括自然人，也包括法人和非法人组织。

二、名誉权的概念和特征

所谓名誉权，是指自然人、法人和非法人组织对其名誉所享有的不受他人侵

① 唐德华．谈谈审理损害赔偿案件中的几个问题．人民司法，1989（2）．

害的权利。名誉权是个人的基本人权，也是个人人格尊严最直接的体现。人生于天地之间，名誉是个人与他人正常交往的基础。名誉一旦受到损害，个人就无法在社会中立足，所以在很多情况下，名誉甚至与生命同等重要。因此，名誉权作为一种重要的人格权，应当受到法律的保护。我国法律历来重视保护民事主体的名誉权。我国《民法通则》第 101 条规定，公民和法人享有名誉权，公民的人格尊严受法律保护，禁止用侮辱、诽谤等方式损害公民、法人的名誉。《侵权责任法》第 2 条第 2 款也明确列举了受侵权法保护的权益范围中包含“名誉权”。依据法律的规定，最高人民法院的一系列司法解释都确认了关于名誉权的问题。例如，最高人民法院《民法通则意见》《关于审理名誉权案件若干问题的解答》《精神损害赔偿司法解释》等都专门对名誉权作出了规定。此外，最高人民法院的许多批复也涉及名誉权的保护问题。《民法总则》第 110 条也对自然人、法人、非法人组织的名誉权作出了规定。《民法典》人格权编也专门规定了名誉权。

名誉权主要具有如下特征。

1. 取得的法定性和社会性

名誉权是法律赋予民事主体所享有的一项权利，受国家法律的保护，所以，名誉权作为一种人格权，不是与生俱来的自然权利，而是法定的权利。名誉权的法定性还表现在名誉权的客体范围、权利限制等问题通常亦由法律作出规定，此种规定对于正确认定名誉权的侵害问题具有重要意义。名誉权作为一种人格权，并非自然人一出生即可获得，名誉权必须在自然人从事一定的社会活动过程中经公众的相关评价才会实际取得，这也就体现了名誉权的社会性。

2. 主体是自然人和法人、非法人组织

应该看到，尽管名誉权可以为自然人和法人、非法人组织所享有，但自然人的名誉权与法人、非法人组织的名誉权之间仍存在一定的区别，这表现在：一方面，名誉的内容不同。自然人的名誉主要是对个人的能力、品行、作风、思想、才干等方面的社会评价，自然人名誉本质上是其人格尊严和人格自由的体现，而法人的名誉则是对法人的商业信用、资产经营活动、经营业绩等方面的评价。对法人的评价并不会影响其人格尊严与人格自由。另一方面，侵害名誉权的方式不同。对自然人名誉权的侵害主要采用侮辱、诽谤等方式，其中侮辱既包括以暴力的方式贬低他人人格，也包括以语言文字的方式贬低他人。而对法人名誉权的侵害一般不会出现暴力侮辱等通常作用于自然人的侵害方式。对法人名誉权的侵害通常采用的方式是捏造、散布虚假事实，损害竞争对手的商业信誉、商品声誉，或者在大众公开媒介上发表的作品因内容不实或评论失当而损害法人的名誉等。侵害法人名誉权的行为有可能因违反《反不正当竞争法》的规定而构成不正当竞争行为。还要看到，两者与财产权的联系程度不同。法人的名誉权与自然人的名誉权相比，与财产权的联系更为密切，权利本身的财产性也更为明显。对法人来说，好的名誉能够为其产品带来销路，为其带来更多的交易伙伴，从而使其具有很强的竞争力。所以，侵害法人名誉权往往会使其遭受财产损失。因此，在欧洲，一些学者认为，名誉应当被视为财产的组成部分。此种观点存在一定的问题，虽然名誉权包含一定的财产价值，但其作为法人、非法人组织所享有的一项人格权，与财产权存在本质区别。

3. 客体是名誉利益

名誉权的客体是指名誉权本身所保护的对象。具体来说，其是通过名誉所体现出的人格利益。名誉权的客体并非名誉本身，而是名誉所体现出的人格利益。名誉作为一种社会评价，因主体性质的不同而略有区别。就公民来说，其名誉是指社会对某公民的品行、思想、道德、生活、作用、才干等方面的社会评价。而对法人来说，因其作为一个组织体不像自然人那样享有对品行、才干、思想作风等专属于自然人的名誉，所以，法人的名誉是指对其经济活动、生产经营成果等方面的社会评价。它是在法人的整个活动中逐渐形成的，是社会对法人的信用、生产经营能力、生产水平、资产状况、活动成果、贡献等因素的综合评价。可见名誉是指对特定人的人格价值的一种社会评价。

4. 内容具有综合性

与其他具体人格权相比较，名誉权的内容较为复杂，这尤其体现在其具有综合性的特点。一方面，名誉是一种综合性的社会评价，评价涉及的内容较为宽泛。另一方面，名誉权不仅包括了自然人的名誉权，而且包括了法人、非法人组织的名誉权，二者的内涵大致相同，但也存在一定的差异，如自然人名誉权更注重精神利益的维护，而法人、非法人组织的名誉权则更注重对财产利益的维护。此外，还应当看到，名誉权在内容上也具有综合性，它包括了名誉的享有和维护、排斥侵害等权利，还包括利用的权能，虽然我国现行立法没有明确规定名誉的利用，但在实践中，名誉的利用是十分常见的，如利用良好的名誉为他人提供担保。

需要指出的是，法人名誉权是否属于财产权？有学者认为，法人的名誉权可以评估、继承与转让，其权利行使与流转遵循财产权的规则，因此，其应当属于财产权。[①] 如前所述，法人名誉权与自然人名誉权不同，其与财产权的关联更为密切，但并不能据此认为，法人名誉权在性质上属于财产权。法人名誉权在性质

① 钟瑞栋．“法人人格权”之否认//厦门大学法律评论：第7辑．厦门：厦门大学出版社，2004：218.

上属于法人作为独立的民事主体所应当享有的权利，其是对法人总体社会活动进行综合评价而产生的一项人格权，而不只是对法人经营活动社会评价所享有的权利。尤其是对非营利法人而言，其往往并不追求经济利益，对其名誉权的侵害也主要不是导致其财产损失，将法人名誉权界定为财产权，显然难以对法人提供全面的保护。

5. 主要具有非财产性

名誉是一种重要的人格利益，名誉本身不是财产，其主要体现了主体的精神利益，因此，其主要具有非财产性。当然，名誉也与个人的财产利益存在关联，名誉权常常是主体从事正常经济活动，并与他人广泛发生经济联系的前提。一个有良好信誉的人就能取信于其他人，一个没有信誉的或信誉受到损害的人，是很难从事广泛的民事活动的。例如，侵害他人名誉权造成受害人社会评价的降低，会极大地妨害受害人与他人的交往，从而使其遭受财产损失。

6. 具有专属性

这就是说，名誉权是主体所固有的、与其人身不可分离的权利。它既不能转让，也不受他人的剥夺，名誉权也不能由主体随意抛弃。名誉权的专属性还表现在它随着自然人的出生或法人、非法人组织的成立而产生，并随着自然人的死亡或法人、非法人组织的终止而消灭。权利主体在生存或存在的期限内始终享有名誉权。尤其是法人的名誉权不像法人的名称权那样可以转让。因为法人的名誉权始终与法人组织不可分离。法人可以不享有某种荣誉，但不能没有自己的名誉。

三、侵害名誉权的主要方式

从《民法典》第 1024 条第 1 款的规定来看，侵害名誉权的方式主要包括侮辱、诽谤以及其他方式。

（一）侮辱行为

侮辱是指故意以暴力或其他方式贬低他人人格，毁损他人名誉。在侮辱他人的情况下，行为人主观上都具有毁损他人名誉的目的和故意。实践中，侮辱行为主要有如下几种方式。

1. 暴力侮辱

此处的暴力行为是指对受害人施以暴力或以暴力相威胁，使他人人格、名誉受到侵害。例如，往他人脸上吐唾沫、往他人身上泼粪便等，暴力侮辱通常可能伴随对他人身体权、健康权的侵害。

2. 语言侮辱

此处的语言侮辱是指用语言对他人进行嘲笑、辱骂，如以猥亵的语言辱骂妇女，用下流、肮脏的语言谩骂他人等。语言侮辱与暴力侮辱的区别在于，行为人并没有实施暴力直接作用于受害人的人身，而只是通过一定的话语和动作来侮辱他人。语言侮辱构成侵权通常需要情节严重并明显造成了受害人的精神痛苦。① 例如，在“贾某诉王某名誉权案”中，法院认为，就作品发表不同观点属于正常的学术争鸣与舆论监督，但行为人应当善意地表达自己的观点，而不能故意贬损他人人格，被告多次使用“欺世盗名”“编史造假”“信口雌黄”“随意编造”“无耻之徒”等刻薄词句，已超出正当的学术争鸣与批评的范畴，构成了对原告人格的贬损，应当承担停止侵害、消除影响、赔礼道歉、赔偿损失的民事责任。②

3. 文字侮辱

文字侮辱是指通过书写文字、图形对他人进行侮辱，侵害他人名誉，如书写和张贴丑化他人、侮辱他人人格的标语、漫画等。例如，在“余某诉傅某等侵犯名誉权案”中，被告在原告店旁竖立黑板并写上暗示其售假的内容，法院认定，被告的行为构成一种传播（暗示）虚假事实的行为，同时又是一种发表不利于他人名誉的不当评论，已构成了对原告名誉权的侵害。③

4. 其他方式的侮辱

除上述方式外，行为人以其他方式侮辱他人的，也构成对他人名誉权的侵害。例如，学理上还存在一种以作出某种姿态侮辱他人的行为，称为态度侮辱。④ 实践中，态度侮辱主要表现为行为人作出一定的姿态、表演有辱他人，如扮鬼脸、恶行、恶状以及当众焚毁他人相片、标志等。

《民法通则意见》第 140 条第 2 款规定：“以书面、口头等形式诋毁、诽谤法人名誉，给法人造成损害的，应当认定为侵害法人名誉权的行为。”因此，侮辱行为也会针对法人实施，如公开指责某法人生产伪劣产品，书写和张贴丑化法人形象、败坏法人名声的大字报、小字报、漫画等。但由于法人毕竟不同于自然人，行为人不可能对法人实施暴力侮辱。

按照最高人民法院的解释，侮辱行为只有在造成了一定影响的情况下，才能被认定为侵害公民名誉权的行为。⑤ 此处所说的造成一定的影响，主要是指影响

① 杨立新．民商法理论争议问题——精神损害赔偿．北京：中国人民大学出版社，2004：286.
② 北京市第一中级人民法院（2007）一中民终字第 4112 号民事判决书。
③ 最高人民法院公报，2003（1）.
④ 龙显铭．私法上人格权之保护．上海：中华书局，1948：71.
⑤ 《民法通则意见》第 150 条。

了受害人的社会评价。一般来说，如果侮辱行为是公然进行的，不管受害人是否在场，自然可以认定已造成了一定的影响。但如果行为人实施侮辱行为时没有第三人在场，能否认定已造成一定影响并构成对他人名誉权的侵害，则要依具体情况而定。如果行为人针对受害人实施一定的行为时并无第三人在场，而行为人亦未将该行为向第三人公开，第三人并不知行为人实施了侮辱行为，则仅仅是侵害了受害人的名誉感，而并未构成对名誉权的侵害。如果这种行为已经侵害了公民的人格尊严，则可以按侵害公民人格尊严的行为处理。如果行为人针对受害人施加一定的行为时，虽没有第三人在场，但行为人事后将此行为向第三人公开，可以认为该行为已使受害人的社会评价降低，并可认定构成对他人名誉权的侵害。

（二）诽谤行为

诽谤是指因过错而捏造并散布某些虚假的事实，损害他人名誉的行为。[①] 诽谤不同于侮辱：一方面，侮辱既可以以语言的方式进行，也可以以行为的方式进行。但是诽谤行为只能通过语言的方式进行，其表现为捏造事实、无中生有。例如，在“郭某诉刘某等名誉权纠纷案”[②] 中，被告刘某带人手持白布黑字条幅到原告郭某工作的单位门口展示。条幅上书写有原告郭某勾结黑社会等内容。法院认为，被告捏造原告勾结黑社会的事实，在原告郭某单位门口打横幅，已构成诽谤，应承担侵权赔偿责任。另一方面，侮辱主要针对受害人，第三人可能并不知晓；而诽谤虽然也针对受害人，但是，它不可能直接针对受害人实施，而是将有损受害人名誉的言论向第三人传播，所以诽谤通常涉及第三人。此外，侮辱行为一般是故意的，但诽谤有可能出于过失。例如，某出版社对某部具有诽谤内容的作品审查不严，具有过失。

诽谤行为主要具有如下特点：第一，行为人陈述的事实是虚假的。任何行为构成诽谤都必须是作出了虚假的陈述。问题在于，如果散布的事实是真实的，是否能够构成对名誉权的侵害？依据《最高人民法院关于审理名誉权案件若干问题的解答》第 8 问，即使行为人言论所指出的主要事实是真实的，行为人也不得在其言论中使用侮辱、诽谤性的词语，否则仍可构成对他人名誉权的侵害。第二，诽谤通常以语言、文字、漫画或其他方式进行。诽谤行为的表现形式是多样的，一般可以分为两类，即口头诽谤和书面诽谤。前者即通过语言将捏造的虚假事实加以散布，使他人名誉受到侵害；后者则是指通过书写文字把捏造的虚假事实进

① 《牛津法律大辞典》对诽谤一词的解释是，它是指向第三人公开虚伪事实而致他人（申诉者）声名狼藉。牛津法律大辞典．北京：光明日报出版社，1988：249.

② 河南省郑州市中级人民法院（2014）郑民二终字第 1779 号民事判决书。

行散布，败坏他人名声。这种分类的意义在于，二者在构成要件及责任范围上是不同的。口头诽谤属于一般的侵害名誉权的行为，实施此种行为的行为人主观上一般具有故意，行为的方式也较为简单。而书面诽谤，特别是通过大众传播媒介刊登新闻、报告文学等作品来诽谤他人，属于新闻侵权行为。通常，对新闻侵权，法律要作出专门的规定。第三，诽谤行为必须导致受害人社会评价的降低。行为人的诽谤行为如果并未导致受害人社会评价的降低，则并不构成对其名誉权的侵害。

诽谤行为作为一种民事侵权行为，与刑法中的诽谤罪不同。其一，诽谤罪的主观方面仅限于故意，即主观上具有使他人人格及名誉受到贬损的目的；而诽谤的民事侵权行为主观上并不一定出于故意，过失也可能构成对他人名誉权的侵害，而且行为人的故意或过失对于认定是否侵害他人名誉权并不十分重要。其二，情节不同。构成诽谤罪需要行为人的行为情节严重，也就是说加害行为的性质、手段、方式、结果等均达到了十分严重的程度；而侵害名誉权的行为并不要求加害行为情节严重，只要求造成他人名誉的毁损即可构成侵害名誉权。

在许多情况下，行为人的言辞是否具有诽谤性，往往因言辞本身较为含糊或有歧义等而难以确定。本书认为，言辞是否具有诽谤性应由原告举证，按照一个合理的、普通的、一般人的理解来确定相关的言辞是否具有诽谤性，而不宜采用特定人的标准来认定。名誉本身是社会公众对某个人的价值的评价，而言辞具有诽谤性意味着这些言辞在公众看来是不恰当、与事实不符的，并有损他人人格。因此，应当以一般人的观点来确定言辞是否具有诽谤性。为了使一般人的标准顾及具体的情况，在实践中，也要兼顾受害人的职业、年龄等方面的特点，考虑“同职业、同社会交易团体份子一般所应具有之智识能力”①。而如果采用特定人的标准，就意味着要根据受害人自我评价而不是社会评价来决定行为人的行为是否具有诽谤性，其结果是使侵害名誉权的认定完全以受害人的主观思考而非公众的判定为标准，这显然不利于正确认定侵害名誉权的行为。

当然，根据一般人的观点来确定诽谤言辞时，也应当看到，一般人的观点也不是一成不变的，不应以过去的公众的观点作为判断依据。② 在确定言辞的内容是否具有诽谤性时，还必须对该言辞作全面、整体的分析和理解。例如，对某篇文章中的某句话是否具有诽谤性存有争议，则应分析整个文章的内容，然后确定

---

① 王泽鉴．民法学说与判例研究：第5册．北京：北京大学出版社，2009：286.

② 加拿大法官 Herrier 在 Heberty v. Acksn 一案中指出：“诽谤言辞须以一个合理人的观点来衡量，但此种观点在不同的时期会发生一定的变化。”

该句话是否具有诽谤性[①]，绝不能断章取义，肢解言辞的全部内容。一般来说，言辞是否具有诽谤性，应由原告举证证明，此外，要考虑到行为人实施一定行为时的具体环境。如行为人指称他人“不忠实”“不诚实”“不讲信用”“有生理缺陷”“对人刻薄和残忍”“行为不轨”“品行不端”等，在不同的场合公开，对接受公开者会产生不同的影响。在某些场合，听者认为该言辞属于善意的玩笑或无伤大雅；而在另一些场合，则认为该言辞有损他人人格，具有诽谤性。

诽谤行为既可以是积极作为，又可以是消极的不作为。在某些情况下，法律对某些具有特殊身份的主体赋予了积极的作为义务，以防止诽谤行为的产生，如果主体未尽到此种作为的义务，也可能构成消极的诽谤。例如，报刊社发表稿件，其负有审查稿件的真实性，防止侵害他人名誉权的义务。法律上要求其“应负责审查核实”就是指报刊社所负有的积极作为义务，如果报刊社未经审查或审查不严而使具有诽谤内容的稿件发表，未尽到审查义务，就属于不作为行为。所以，不作为也可以成为诽谤行为的方式。

（三）其他毁损名誉的行为

侵害名誉权行为的种类较多，除侮辱、诽谤行为外，还应当包括其他毁损名誉的行为。例如，《最高人民法院关于审理名誉权案件若干问题的解答》第9问指出：“编辑出版单位在作品已被认定为侵害他人名誉权或被告知明显属于侵害他人名誉权后，应刊登声明消除影响或采取其他补救措施；拒不刊登声明，不采取其他补救措施，或者继续刊登、出版侵权作品的，应认定为侵权。”该条对通过新闻媒体侵害他人名誉权的行为作出了规定。

四、毁损名誉的行为必须指向特定人并为他人所知悉

（一）毁损名誉的行为必须指向特定人

无论是侮辱、诽谤，还是其他行为，要构成对名誉权的侵害，必须具有特定的侵害对象，也就是说，毁损名誉的行为必须指向特定的人。从名誉权的特点来看，任何名誉权都具有特定性，即只能为特定的人所享有，因而，侵害名誉权只有针对特定的人实施，才能造成对该人的社会评价的降低，从而构成对名誉权的侵害。如果行为人的行为未指向特定的对象，仅泛指包括原告在内的一般人，不能具体认定指向谁，则不能认定侵害名誉权，如妄称今日的商人多为奸商，今日的律师皆为讼棍等。在此情况下，此类行为并未指向特定人[②]，特定人的社会评

① 唐德华主编．民事审判若干理论与实践问题．167.

② Eastwood v. Homes (1858), I F. RF. 347.

价也未因此降低，所以，不能认为构成诽谤。

行为人通过一定的动作和方式，使社会一般人能认定为指向某人或者某些人，描述某人的相貌特征、语言特征、行为特征及生活和工作环境等能够使社会一般人认定指向某人或某几个人，也可认为已指向特定人。在文学作品中，作者所描绘的人物的相貌特征、生活经历、工作环境等，足以使他人认定为某人，则作者的行为应视为指向特定的人。例如，在“胡某超、周某昭、石某成诉刘某忠、《遵义晚报》社侵害名誉权纠纷案”[①] 中，被告与三位原告不和，被告为图报复，遂在其撰写的长篇历史纪实小说《周西成演义》中，描写了贩毒者胡冀昭、妓院老板周孔超、地痞石述庭三个人物，这三个人物不但与三个原告同姓，而且与他们名字中的两个字或为相似字，或为谐音字。三个人物形象的许多特征描写分别与三个原告相同或相似。被告将这三个人物描写得十分丑恶。该小说发表以后，熟悉三原告的读者一看便知道作者是在侮辱、丑化三原告，导致原告社会评价降低。被告的行为使社会一般人可认为指向某个特定人，尽管被告并未指名道姓诽谤该人，亦可认为指向该人。

（二）行为人的行为为第三人所知悉

行为人实施的侵害名誉权的行为所造成的直接后果通常是使受害人的名誉遭受损害。在某些情况下，受害人的名誉受到毁损，具有一定的外在表现形态，如受到他人指责、嘲笑、轻视、怨恨、议论，亲朋好友对受害人产生不信任感，甚至与受害人断绝关系等。[②] 有时，毁损名誉虽不具有外在表现形式，却可以通过民意测试、舆论调查等方式显现。但是，在许多情况下，名誉受到毁损的事实表现得并不明显，对受害人来说，要证明其名誉受到毁损往往是很困难的。

认定名誉遭受毁损应当从名誉和名誉权概念本身出发来确定。既然名誉是社会公众对主体的一种客观的、良好的社会评价，名誉权是为主体所享有的，应受社会公众公正评价的权利，那么，行为人所实施的侮辱、诽谤等行为只有在影响到社会公众对受害人的评价时，才能构成对名誉权的侵害。所以，在认定名誉权是否受到侵害时，既不能以受害人的感觉为标准，也不能以行为人的观念为依据。应当看到，社会评价是存在于公众内心之中的，在行为人实施了侮辱、诽谤等行为以后，如何确定公众对原告的社会评价已经降低，这是十分困难的。笔者认为，只要行为人所实施的诽谤行为为第三人所知悉，就可以认定该诽谤行为已

---

① 最高人民法院公报，1992（2）.

② 英国学者佛罗斯特（Fraster）曾指出，妨害名誉是指“陷某人于憎恨、嘲笑、蔑视或使他人对之逃避或对其事务、职业、商业有危害之境地”。Frank Thayer，Legal Control of the Press，the Foundation Press，3th ed，1956，p. 202.

经对第三人产生了影响，从而造成了受害人社会评价的降低。

第三人知悉是指第三人知道行为人的行为，已产生了社会影响，因此可以认定侵害行为已经造成了名誉毁损的后果。在我国司法实践中，常常要求名誉权侵害必须造成一定的社会影响。例如，依据《民法通则意见》第140条的规定，“以书面、口头等形式宣扬他人的隐私，或者捏造事实公然丑化他人人格，以及用侮辱、诽谤等方式损害他人名誉，造成一定影响的，应当认定为侵害公民名誉权的行为”，而“造成一定影响”显然是以第三人知悉为前提，如果第三人对此并不知悉，显然不可能产生相关的社会影响。然而，造成一定影响并不一定必须在大庭广众之下实施侵权行为，或使不特定的许多人知道并使他们对受害人的评价降低，只要有一个外人知悉，就可以认定受害人的名誉在其心目中已受影响。

行为人所实施的侮辱、诽谤等行为因被告的原因而为第三人所知悉。如果某人在其日记或笔记中写下诽谤他人的言辞，但被他人偷看，自己并未公开，则不构成公开。因此，公开行为必须是由被告或因被告的原因作出的，而原告对此无过错。[①] 如果侮辱、诽谤行为是仅针对受害人实施的，由受害人自己加以公开并为他人所知，则不能认定行为人的行为构成对他人名誉权的侵害。例如，甲寄一封信给乙，信中诽谤乙具有生活作风问题，乙将该信件交给他人阅读，造成诽谤言辞被公开给他人，此公开行为应由乙自己负责。问题在于，若行为人所实施的侮辱、诽谤等为受害人的近亲属和其他与之有特殊关系的人所知悉，是否构成为第三人所知悉？有学者认为，行为人的言论使受害人的配偶或其他家庭成员知悉的，考虑到他们之间特殊的、亲密的关系，故不应认为是第三人知悉。笔者认为，受害人的近亲属知悉，亦会影响他们对受害人的评价，故亦应认为已毁损受害人的名誉，但受害人的近亲属知悉后未向他人公开的，可以认为情节轻微，应依具体情况处理。另外，如果行为人将其诽谤的言辞以书面形式作出，原告应证明这些书面言辞已经流传。原告不必证明第三人是否已收到或阅读该出版物，就可认定已构成公开。在英美法中，若将言辞公开出版，则出版物本身就成为一种公开的表面证据（prima facie evidence）。如果诽谤的言辞是以通知、标语、告示等形式出现的，原告如能够证明这些书面言辞张贴在公共场所或者引人注目的地方，则不必证明是否为第三人所知就可以构成公开。

在以文学、新闻作品侵权的情况下，转载、销售、传阅等再公开的行为人是否也应当承担侵害名誉权的责任，关键在于确定其是否具有审查义务。如果其负

① 在美国一案例中，原告为一盲人，在收到寄来的侮辱信后，被迫将信给他人看，此时不能认定原告有过失。Allen v. Wortham 89Ky，485 133W. 73（1890）.

有审查的义务和职责而未尽到此种职责，则原则上应当承担责任。例如，杂志社转载其他杂志上发表之作品，应负有审查的义务，其若未尽此种义务或在审查后明知其内容具有诽谤性却予以发表，应对其再公开行为负责。

总之，在名誉权纠纷中，应以“因被告的过错而使第三人知悉”作为确定原告社会评价是否降低的重要标准。因此，受害人要主张行为人构成对其名誉权的侵害，必须证明行为人所实施的侮辱、诽谤等行为因行为人的过错而为第三人所知悉。

五、侵害名誉权的责任

在名誉权遭受侵害的情况下，受害人可以依据民法典人格权编的规定，请求行为人承担停止侵害、消除影响、恢复名誉、赔礼道歉等责任；如果造成损害，受害人还可以同时依据侵权损害赔偿请求权，要求行为人承担损害赔偿的责任。这就表明，我国法律对受害人提供的补救措施相当完全和完备。具体而言，侵害名誉权的侵权责任承担方式主要有以下几种。

（一）停止侵害

在行为人侵害他人名誉权的行为正在进行时，受害人有权要求法院采取强制手段，制止侵权人侵权行为的进行。例如，具有诽谤他人内容的书刊正在发行，受害人有权要求停止发行或予以销毁。停止侵害是及时防止损害后果进一步扩大的措施。对于通过互联网等即时通信工具侵害他人名誉权的行为，权利人有权请求网络服务提供者对相关信息采取删除、屏蔽、断开链接等措施。

（二）消除影响

消除影响，是指行为人因其侵害了公民或法人的人格权而应承担的在影响所及的范围内消除不良后果的一种承担责任的方式。消除影响主要适用于侵害名誉权的情形。例如，某人在网上发布了诋毁他人名誉的言论，并且该言论已经被不少网站转载，造成了不良影响，受害人要求网络发布者删除该言论，并刊载有关更正信息，以消除影响。消除影响的主要功能在于消除已经给他人的社会声誉造成的不良影响，从而使受害人的名誉得到恢复。此种方式与停止侵害不同，停止侵害要求行为人本身不再从事侵权行为，而消除影响主要是为了使已经产生的影响得以消除。

依据《民法典》第1000条，在适用消除影响这一责任方式时，应当与行为的具体方式和造成的影响范围相当。一般来说，在什么范围内造成损害的，就应当在什么范围内消除影响。就消除影响的方式而言，行为人消除影响的方式，可以根据侵权行为的具体情况而加以决定。这主要是因为，消除影响本身并没有限定具体的行为方式，而是侧重于从后果去考虑。例如，通过网络侵犯他人的名誉权，则可以通过通知网络运营商采用删除侵权言论的方式来消除影响。而通过口头表述的方式在一定范围内侵害他人的名誉权，则可以通过向他人进行解释的方式来消除影响。

（三）恢复名誉

恢复名誉是指在行为人造成他人名誉毁损的情况下，受害人有权要求行为人采取各种合理的措施消除影响，使已经遭受损害的名誉尽可能得到恢复。恢复名誉的责任是侵害名誉权所特有的形式，也就是说，此种责任形式只有在侵害名誉权的情况下才能采用，侵害其他人格权一般不采用此种侵权责任承担方式。由于侵害名誉权的直接后果是权利人的名誉毁损，因而，恢复名誉应当是在侵害名誉权的情况下，加害人首先应当承担的责任。恢复名誉也有利于彻底消除侵害名誉权的直接后果，消除造成受害人精神痛苦和财产损失的根源。

《民法典》第1000条第2款规定："行为人拒不承担前款规定的民事责任的，人民法院可以采取在报刊、网络等媒体上发布公告或者公布生效裁判文书等方式执行，产生的费用由行为人负担。"例如，行为人在报纸上发表诽谤他人的文章，法院判决其撤回该诽谤言论，行为人拒绝撤回的，则法院可以在该报纸上发布公告。发布公告的费用应当由行为人承担。

（四）赔礼道歉

赔礼道歉是指责令违法行为人在侵害他人名誉权以后，采取一定方式向受害人认错并表示歉意。此种方式有利于安慰受害人，消除因名誉侵害而造成的不良后果，因此也经常适用于名誉侵害。

（五）财产损害赔偿和精神损害赔偿

1. 财产损害赔偿

在侵害名誉权的情况下，也会使受害人遭受财产的损害。例如，受害人因遭受名誉的毁损而丧失某种工作的机会，法人因名誉毁损而遭受财产的重大损失。尤其是就法人名誉权侵害而言，由于法人并不存在精神损害的问题，侵害法人名誉权主要是造成法人的财产损失。例如，在"康达医疗保健用品公司诉西北工商报社、陕西省医疗器械公司侵害法人名誉权纠纷案"中，法院认为，被告工商报对于记者赵平方撰写的批评稿件，未经核实便在报纸上点名批评被上诉人康达公司，致使报道内容失实，给康达公司名誉造成损害，其行为侵犯了康达公司的名誉权，应当赔偿原告的经济损失。[①] 在侵害他人名誉权造成财产损失的情形下，

① 最高人民法院公报，1990（2）.

权利人有权依据《民法典》第 1182 条请求行为人承担财产损害赔偿责任，即权利人在能够证明自身实际财产损失的情形下，有权请求行为人赔偿该财产损失或者按照侵权人的侵权获利进行赔偿；同时，权利人也可以同行为人协商，或者请求人民法院酌定具体的财产损失赔偿数额。

2. 精神损害赔偿

精神损害主要是指受害人因名誉权遭受损害而遭受精神上的痛苦或其他不良情绪。对精神损害予以赔偿，一方面可以对受害人起到有效的抚慰作用，另一方面也可以制裁不法行为人。精神损害赔偿主要限于对受害人本身所遭受的精神损害的赔偿，受害人近亲属因受害人的名誉受侵害而遭受的精神痛苦，无权请求行为人赔偿。

在考虑精神损害赔偿范围时，应当考虑到行为人的过错程度、诽谤的形式、影响的后果、社会影响、行为人是否已经道歉等因素加以确定，依据《民法典》第 1183 条第 1 款，只有在造成受害人严重精神损害的情形下，才能适用精神损害赔偿责任。当然，精神损害赔偿主要适用于侵害自然人名誉权的情形，侵害法人名誉权，并不适用精神损害赔偿。

损害赔偿和恢复名誉两种责任形式既可以分别采用，也可以并用。当然，如果行为人的行为仅造成受害人名誉受损而并未造成其精神痛苦和财产损失，则权利人仅能请求行为人承担恢复名誉的侵权责任，而无权请求行为人赔偿损失。

(六) 其他救济方式

除上述承担责任的方式外，受害人还可以通过其他方式救济其名誉权。例如，如果民事主体有证据证明行为人正在实施或者即将实施侵害其人格权的行为，不及时制止将使其合法权益受到难以弥补的损害的，受害人有权依法向人民法院申请采取禁令，责令行为人停止有关行为的措施，也可以请求更正、删除相关信息，以保护其名誉权。

（撰稿人：王利明）

第一千零二十五条

行为人为公共利益实施新闻报道、舆论监督等行为，影响他人名誉的，不承担民事责任，但是有下列情形之一的除外：

(一) 捏造、歪曲事实；

（二）对他人提供的严重失实内容未尽到合理核实义务；

（三）使用侮辱性言辞等贬损他人名誉。

本条主旨

本条规定了新闻报道、舆论监督侵害名誉权的三种形态。

相关条文

《民法通则》第101条规定："公民、法人享有名誉权，公民的人格尊严受法律保护，禁止用侮辱、诽谤等方式损害公民、法人的名誉。"

《妇女权益保障法》第42条规定："妇女的名誉权、荣誉权、隐私权、肖像权等人格权受法律保护。禁止用侮辱、诽谤等方式损害妇女的人格尊严。禁止通过大众传播媒介或者其他方式贬低损害妇女人格。未经本人同意，不得以营利为目的，通过广告、商标、展览橱窗、报纸、期刊、图书、音像制品、电子出版物、网络等形式使用妇女肖像。"

《最高人民法院关于审理名誉权案件若干问题的解释》规定："九、问：对产品质量、服务质量进行批评、评论引起的名誉权纠纷，如何认定是否构成侵权？答：消费者对生产者、经营者、销售者的产品质量或者服务质量进行批评、评论，不应当认定为侵害他人名誉权。但借机诽谤、诋毁，损害其名誉的，应当认定为侵害名誉权。

新闻单位对生产者、经营者、销售者的产品质量或者服务质量进行批评、评论，内容基本属实，没有侮辱内容的，不应当认定为侵害其名誉权；主要内容失实，损害其名誉的，应当认定为侵害名誉权。"

《最高人民法院关于审理利用信息网络侵害人身权益民事纠纷案件适用法律若干问题的规定》第13条规定："网络用户或者网络服务提供者，根据国家机关依职权制作的文书和公开实施的职权行为等信息来源所发布的信息，有下列情形之一，侵害他人人身权益，被侵权人请求侵权人承担侵权责任的，人民法院应予支持：（一）网络用户或者网络服务提供者发布的信息与前述信息来源内容不符；（二）网络用户或者网络服务提供者以添加侮辱性内容、诽谤性信息、不当标题或者通过增删信息、调整结构、改变顺序等方式致人误解；（三）前述信息来源已被公开更正，但网络用户拒绝更正或者网络服务提供者不予更正；（四）前述信息来源已被公开更正，网络用户或者网络服务提供者仍然发布更正之前的信息。"

理解与适用

一、为公共利益实施新闻报道、舆论监督等行为不承担民事责任

依据本条规定，为公共利益而实施的新闻报道、舆论监督等行为，即使影响他人名誉，也应被免责。所谓新闻报道，是指对新近发生的事实的报道。在各种传播方式中，新闻传播工具在反映舆论和形成、引导舆论过程中具有决定性作用。新闻报道具有一定的准确性、真实性、简明性与及时性的特点。舆论监督是舆论界（主要是指新闻界）利用各种传播媒介发表各种意见或言论，对社会的政治、经济和文化生活等各方面问题进行批评、实行监督的权利。舆论是新闻报道的重要内容，新闻报道是舆论传播的主要方式①，为公共利益实施新闻报道、舆论监督等是党和人民群众通过新闻媒介对社会进行监督的一种方式，是国家治理体系中的主要环节，也是维护社会正常有序运转、纠正社会治理中的偏差、满足广大人民群众的知情权的重要手段。因此，与其他侵害名誉权的方式相比，此种方式具有一定的特殊性。当然，即使实施新闻报道、舆论监督等行为，也必须是基于公共利益的目的，而非商业等目的，才构成对名誉权的合理限制。例如，在自媒体时代，一些自媒体所作出的有关明星的绯闻新闻报道可能出于娱乐等非公共利益的目的，如果实施此种行为，侵害他人名誉，仍然应当承担责任。

保护正当的新闻报道和舆论监督是我国宪法规定的公民的言论、出版自由在新闻活动中的体现。②《宪法》第 35 条明确规定："中华人民共和国公民有言论、出版、集会、结社、游行、示威的自由。"依据《民法典》第 1025 条的规定，除非符合法律特别规定的情形，行为人为公共利益实施新闻报道、舆论监督等行为，影响他人名誉的，不承担民事责任。法律之所以作出此种规定，原因如下。

第一，保护为公共利益实施的新闻报道和舆论监督，是发挥舆论监督作用的重要手段。人民群众通过大众媒体等舆论工具对掌握公权力的国家机关及其工作人员进行监督，这对于提高领导机关决策科学性和办事效率、有效遏制腐败、纠正社会治理中的偏差具有重要的意义。同时，使人民群众广泛了解各种新闻和信息，也可以有效监督政府及其工作人员的工作。在"罗某诉央视侵害名誉权案"中，法院认为，在新闻活动中，新闻工作者行使舆论监督的权利，大胆揭露和批评一些违法和不良现象，总会涉及对被批评者的指责，而由于新闻活动过程环节

① 中国大百科全书·新闻出版．北京：中国大百科全书出版社，1990：457.

② 同①421.

多、时间短促、专业性强，不可能绝对准确地把握事实和意见，也不可能完全避免过失①，因此，如果将任何失实的、哪怕是轻微失实的新闻都作为新闻侵权处理，将影响新闻媒体舆论监督功能的发挥。②

第二，有利于保障新闻媒体舆论监督和正面宣传功能的发挥，有助于良好社会风气的形成。面对社会生活中出现的各种丑陋和违法现象，人们如果不能借助大众传播工具予以大胆披露和批评，就会纵容一些侵害公民权利包括侵害公民人格权的行为，而且会使个人的人格权沦为一种与社会利益不协调的绝对化的极端的个人权利。新闻工作者为维护社会公共利益，需要披露社会阴暗面，揭露、批评一些违背人民利益的错误言行和不良现象，如果这些批评属于正当的舆论监督，批评的事实是真实的，则被批评者不能以其名誉受到损害、个人秘密受到披露为由而要求他人承担侵害人格权的责任。

第三，这是保障信息公开透明、满足广大人民群众的知情权的重要方式。新闻媒体的关注和报道，真实、客观、及时反映和记录社会现实，让更多的人民群众了解事件始末和发展，引发社会关注和重视，在确保群众及时了解与切身利益密切相关的信息的同时，促进社会和谐有序发展。

新闻工作者以及其他人依法通过新闻媒介发表评论，对社会的政治生活、经济生活、文化生活等方面进行批评，实行监督，应受到法律保护。因此，在新闻媒体上发表报道和评论，只要主要内容属实，即使是在个别细节上有失真实或遣词造句不当，也不能认为构成侵权。例如，在“广州侨房公司诉改革杂志社侵犯名誉权纠纷案”③ 中，法院认为，对正当的舆论监督而言，即使细节存在瑕疵也不构成侵权。毕竟舆论监督在本质上符合社会公共利益，且因为新闻报道的时效性、实时性等原因，难免发生报道存在瑕疵的情况，在此情形下，应当侧重于保障新闻媒体发挥其舆论监督功能。

二、新闻报道、舆论监督等行为侵害名誉权的三种形态

在任何社会中，权利、自由都是相对的，都要受到反映统治阶级意志的法律的限制，这就是像孟德斯鸠所说的“自由是做法律所许可的一切事情的权利，如果一个公民能够做法律所禁止的事情，他就不再自由了，因为其他的人也同样会有这个权利”④。因此，新闻报道、舆论监督也要在法律规定的限度内行使，即

① 王晋闽．试论新闻侵权．国际新闻界，1991（5）－（6）．

② “霸座”的新闻上了央视，男子起诉侵犯名誉权，法院：驳回．法制日报，2020－01－09.

③ 广东省广州市天河区人民法院（2003）天法民一初字第1832号民事判决书。

④ 孟德斯鸠．论法的精神：上册．北京：商务印书馆，1978：154.

使是在那些把新闻自由视为“天赋人权”的西方社会，新闻自由也受到严格限制，这些限制的一个重要表现是，行使新闻自由权不得侵害公民的人格权。随着互联网、高科技的发展，各种新的传播方式大量产生，高科技在大众传播中的广泛运用，大众传播手段日益先进，对社会影响更为深刻，在此情况下，利用大众传播媒介对个人隐私等人格权进行侵害也变得更为容易，侵害人格权以后造成的影响也更为严重。所以，法律必须加强对人格权的保护。

我国民法典人格权编为协调新闻报道、舆论监督等行为与人格权保护的关系，一方面明确规定了正当的新闻报道、舆论监督等行为不承担民事责任；另一方面，也规定在符合法律规定的情形下，将构成侵害名誉权等人格权。本条规定了新闻报道、舆论监督侵害名誉权的三种形态，前两种形态都是涉及内容失实，是客观的判断，第三种形态中的侮辱性言辞是意见的表达，涉及主观的判断。

（一）捏造、歪曲事实

新闻报道和舆论监督是以反映社会现实为前提的，符合这种前提的标志就是真实，新闻内容失实是与新闻的本质要求相违背的。在新闻报道中，有关时间、地点、人物、事件、原因、情节报道等都必须真实，对新闻的背景材料的介绍也必须真实，不得虚构、夸张。因此，即使行为人主观上具有舆论监督的目的，但其客观上实施了捏造、歪曲事实的行为，也不应当属于正当的舆论监督。例如，在“方是民等名誉权纠纷案”中，法院认为，“方是民恶意歪曲事实、断章取义，使用‘一笔德艺双馨的好交易’‘忽然对崔永元的正常收入很感兴趣’的表述，实际是在误导公众得出崔永元存在利益交换、谋取私利的判断，其言论本身已经偏离了质疑批评性言论的轨道，构成侵权”①。但是，相关表述如果未歪曲事实，则不应构成侵权。例如，在“胡觉照与立德共识（北京）网络传媒科技有限公司名誉权纠纷案”中，法院认为，“立德共识公司刊载的《胡觉照：岂能翻‘剽窃’的案》一文，其内容主要是对诸葛亮历史评价问题的学术成果是否存在抄袭争议进行分析评论，属于学术批判类以及社会现象批判性文章；从文字用语看，该文章个别地方稍有偏激或不当，但并没有明显以侮辱、诽谤等方式故意贬损胡觉照的个人名誉及人格，亦未达到故意捏造歪曲事实，或者刻意侮辱诽谤的程度”，因此，不构成侵害名誉权。②

当然，由于新闻活动过程环节多、时间短促、专业性强，新闻内容失实并不一定必然构成新闻侵权，轻微的失实并不一定产生较为严重的后果，因而，只要

① 北京市第一中级人民法院（2015）一中民终字第07485号民事判决书。

② 陕西省高级人民法院（2017）陕民申1914号民事裁定书。

基本事实是真实的，不应当认定其构成侵权。

（二）对他人提供的严重失实内容未尽到合理核实义务

《民法典》第1025条规定了行为人“对他人提供的严重失实内容未尽到合理核实义务”的，应当承担民事责任。该项包括两个要件。

第一，他人提供的内容严重失实。在实施新闻报道、舆论监督等情形下，不能要求其内容不出现任何错误，如果只是报道的细节失实，如将某人的年龄由19岁错误写成了20岁，但报道的基本内容没有错误，此时，不应当要求行为人承担责任。在司法实践中，判断报道的内容严重失实一般以报道的基本事实是否符合客观事实作为判断标准，而不在于报道的细枝末节。

第二，行为人未尽到合理核实义务。比即要考虑消息来源等因素，具体认定行为人是否尽到了合理的核实义务，除消息具有足够的权威来源外，行为人对其他渠道所了解的消息应当具有核实义务，对道听途说的事实，不能未尽核实义务而加以传播，否则可能构成侵权。例如，在“南方报业传媒集团与世奢会（北京）国际商业管理有限公司名誉权纠纷案”中，法院认为，“新闻媒体只有违背了真实性审核义务，故意歪曲事实进行不实报道，或者因过失未尽合理审查义务导致不实报道的，才构成侵权。反之，新闻媒体没有歪曲事实、不实报道的主观故意或过失，且有合理可信赖的消息来源为依据，则不应承担侵权责任”①。

如果对他人提供的严重失实内容未尽到合理核实义务，则应当承担责任。例如，在“北京秀水街市场有限公司与北京法制晚报社名誉权纠纷案”中，法院认为：“新闻媒体作为面向大众的传媒机构，在对某一对象进行批评揭露式报道时，应当有更强的审慎意识，不得使用未经核实的消息来源，要进行符合常理的善意推理。新闻媒体违背了真实性审核义务，故意歪曲事实进行不实报道，或者因未尽到合理审查义务导致不实报道的，构成名誉权侵权。”因此，被告北京法制晚报社构成侵权。② 关于行为人是否尽到了本条第2项所规定的合理核实义务，应当结合《民法典》第1026条关于行为人核实义务的规则予以判断。

从实践来看，“合理核实义务”主要发生在如下几种场合：一是新闻工作者在从事新闻报道创作时，应当对消息来源尽到合理的核实义务。二是出版社、杂志社、报社、网站等在发表相关的新闻报道、文章、评论等内容时，应当对其中披露的具有明显可能引发争议甚至构成侵权的内容尽到合理的核实义务。三是在转载的场合中，转载人也应当对转载内容尽到合理核实义务，未尽到该义务的转

① 北京市第三中级人民法院（2014）三中民终字第07694号民事判决书。

② 北京市朝阳区人民法院（2015）朝民初字第57355号民事判决书。

载行为同样可能构成侵权。因此，合理核实义务并不仅仅局限于新闻创作的新闻工作者，也包括对新闻进行发表、转载的个人或机构。

（三）使用侮辱性言辞等贬损他人名誉

在比较法上，有的国家针对新闻报道等采用了“真相例外”的规则。即如果基本事实是准确的，即使使用侮辱性言辞贬损名誉的也不应当承担责任。[①] 但我国司法实践历来将侮辱与诽谤作为两种不同的侵害名誉类型加以对待。依据《最高人民法院关于审理名誉权案件若干问题的解答》第 8 问，认定是否构成侵害他人名誉权，除了认定该言辞的内容是否基本属实外，还要考虑该言辞是否具有诽谤性。例如，在“周某某与杨某某名誉权纠纷上诉案”中，法院认为，即使原告的言辞内容属实，但在“帖中使用了‘道德败坏’‘贪官’‘作恶多端必自毙’等带有侮辱性的字眼并辱及杨某某家人。上述网帖发布后，部分网友点击阅读并进行了跟帖回复，以上言论足以使人相信杨某某品德低下、为人不端，造成社会公众对杨某某的评价降低”，因此，构成侵害名誉权。[②]

就侮辱而言，使用辱骂、贬损、恶毒的侮辱性言辞本身，导致他人名誉受到损害的，就已经满足侵权成立的要件，并不需要满足该言辞本身为编造或不真实的要件。也就是说，即使行为人表达的内容是真实的，但如果采用辱骂、贬损的的语言等也会造成个人社会评价的降低，应该单独成立侵权。基本事实是否准确，可以作为是否构成侵权的考量因素，但不能完全因为基本事实准确就排除侵权责任。据此，要成为名誉权侵权的抗辩事由，要求相关言论一方面主要内容必须真实，即该言论的主要内容必须符合客观情况，同时，该言论必须不存在侮辱、诽谤的内容。即便相关言论的内容真实，但如果其包含侮辱、诽谤的内容，则仍可能侵害他人的名誉权。例如，某人发表的文章中尽管陈述的事实是真实的，但辱骂他人是泼妇、娼妓等，也构成对他人名誉权的侵害。

关于《民法典》第 1025 条第 3 项中的“使用侮辱性言辞”并非涉及事实陈述，而主要是指意见表达，笔者认为，这一内容包括了两个要件。

1. 行为人使用了具有侮辱性的言辞

所谓言辞，既包括口头也包括书面，同时该言辞必须具有侮辱性。对于言辞是否具有侮辱性，应当结合社会一般观念进行判断，即通过社会一般人的标准判断言辞是否具有侮辱性，是否会导致他人人格遭受贬损。如果仅仅是过激的言辞，不当然构成侮辱。例如，指责他人为狗，是否构成侮辱性言辞，也要根据社

① 石佳友．人格权立法的历史演进及其趋势．中国政法大学学报，2018（4）．

② 浙江省杭州市中级人民法院（2017）浙 01 民终 191 号民事判决书。

会的一般观念和当时的具体场景进行判断。如果行为人只是一种善意的戏谑行为，则不能将其认定为侮辱性言辞，但如果行为人明显具有恶意辱骂他人的意思，则可以将其认定为侮辱行为。不过，在确定言辞的内容是否具有诽谤性时，必须对该言辞作全面、整体地分析和理解。例如，对于某篇文章中某句话是否具有诽谤性存有争议，则应分析整个文章的内容，然后确定该句话是否具有诽谤性①，绝不能断章取义，寻章摘句，肢解言辞的全部内容。一般来说，言辞是否具有诽谤性，应由原告举证证明。

2. 必须造成他人名誉的贬损

本条作为侵害名誉权的特殊规则，同样应当适用《民法典》第1024条所确立的侵害名誉权的一般规则，即侮辱只是一种行为方式，其应当具有造成名誉受损的结果，只有客观上造成了某人的社会评价降低，才构成侵害名誉权，且此种名誉贬损不以严重为必要。如果评论内容基本属实，仅是个别评论的词句表达不当且无侮辱他人人格的内容和用语，不能认为侵权。例如，某厂的生产车间确有少量苍蝇，违反食品卫生法的规定，记者在报道这一事件时，使用了“飞蝇聚车间”一语，虽然“聚”字表达不确切，但因为内容基本属实，不能认为其构成对该厂名誉权的侵害。

（撰稿人：王利明）

第一千零二十六条

认定行为人是否尽到前条第二项规定的合理核实义务，应当考虑下列因素：

（一）内容来源的可信度；

（二）对明显可能引发争议的内容是否进行了必要的调查；

（三）内容的时限性；

（四）内容与公序良俗的关联性；

（五）受害人名誉受贬损的可能性；

（六）核实能力和核实成本。

本条主旨

本条对行为人核实义务的参考因素作出了规定。

① 唐德华．民事审判若干理论与实践问题．长春：吉林人民出版社，1991：167.

相关条文

《最高人民法院关于审理利用信息网络侵害人身权益民事纠纷案件适用法律若干问题的规定》第 13 条规定："网络用户或者网络服务提供者，根据国家机关依职权制作的文书和公开实施的职权行为等信息来源所发布的信息，有下列情形之一，侵害他人人身权益，被侵权人请求侵权人承担侵权责任的，人民法院应予支持：（一）网络用户或者网络服务提供者发布的信息与前述信息来源内容不符；（二）网络用户或者网络服务提供者以添加侮辱性内容、诽谤性信息、不当标题或者通过增删信息、调整结构、改变顺序等方式致人误解；（三）前述信息来源已被公开更正，但网络用户拒绝更正或者网络服务提供者不予更正；（四）前述信息来源已被公开更正，网络用户或者网络服务提供者仍然发布更正之前的信息。"

理解与适用

一、合理核实义务的概念

所谓合理核实义务，是指在从事新闻报道和舆论监督时，行为人依法应当负有必要的合理核实义务，违反此种义务，行为人应当承担法律责任。立法上之所以要确立合理核实义务，其目的在于有效协调新闻自由、舆论监督与人格权保护之间的关系。一方面，法律对人格权的保护要求相关的新闻媒体和其他行为人在从事新闻报道和舆论监督等过程中，应当尽到合理的核实义务，防止新闻报道和舆论监督的内容对他人人格权造成侵害。另一方面，实施新闻报道和舆论监督的主体所负有的核实义务必须在合理的范围内，而不能强加给新闻媒体过重的核实义务，从而导致严重妨碍新闻自由和舆论监督。这一原则在比较法上也得到了普遍的承认。例如，在美国 1964 年的《纽约时报》有限公司诉沙利文案（New York Times Co. v. Sullivan）中，法院就确立了媒体侵权的真实恶意（Actual malice）原则。依据这一原则，只要并非恶意，就应保证媒体报道的自由喘息空间（breathing space），以防止法律对媒体报道过度介入而形成"寒蝉效应"（chilling effect），使媒体报道丧失舆论监督的功能。[①] 本项中规定的核实义务是"合理"的义务，之所以要求"合理"，就是因为既要防止该义务过重，导致妨碍舆论监督和公民知情权的实现；也要防止核实义务过轻，导致人格权保护力度

① New York Times Co. v. Sullivan，376 U. S. 254 (1964).

不足。

《民法典》第 1026 条所规定的合理核实义务，具有如下特点。

第一，是针对行为人为了公共利益而实施新闻报道的事实进行审核。法院在判断行为人是否尽到合理核实义务时，需要进行双重审查：一是考虑行为人是否是从事舆论监督和新闻报道；二是行为人是否是为了公共利益。从实践来看，有些自媒体每天抓取一些明星的花边新闻、绯闻等，该行为人很难说是为了公共利益。

第二，审核的对象是报道的内容，而不是针对价值判断和观点、意见的表达。也就是说，法律上确定行为人的合理核实义务，主要针对的是事实认定问题，而不是要去甄别行为人发表的观点或者价值判断是否妥当。

第三，行为人合理核实义务针对的是他人提供内容的真实性，而不是行为人自己去调查、了解相关行为，对行为人自己发表的内容，其当然应当尽到审核义务，只有对他人提供的内容，如他人的爆料，或者从网上看到的传闻、信息等，行为人才有合理审核的义务。

当然，确定行为人是否尽到了合理核实义务不仅仅是针对事实问题，也涉及对行为人过错的判断。也就是说，如果行为人在转载、转发相关信息时，已经尽到了合理的审查义务，则应当认定行为人没有过错；如果行为人没有尽到合理核实义务，则行为人便具有过错，应当认为其构成侵权。

二、合理核实义务的确定

合理核实义务的标准并不是一成不变的，实施新闻报道、舆论监督的行为人，在不同情况下，负有的核实义务不尽相同，需要因时制宜、因地制宜，结合所处的不同环境进行判断。因此，法律上不宜泛泛地对该义务进行一般规定，正因如此，《民法典》第 1026 条确立了判定是否尽到合理核实义务的标准，这一立法方式也是对我国司法实践经验的系统总结。例如，依据《最高人民法院关于审理利用信息网络侵害人身权益民事纠纷案件适用法律若干问题的规定》第 13 条的规定，网络用户或者网络服务提供者，根据国家机关依职权制作的文书和公开实施的职权行为等信息来源所发布的信息，在一般情形下不承担侵权责任，仅在特定四种情形下，才承担侵权责任。该条作出此种规定的主要原因在于，国家机关依职权制作的文书和公开实施的职权行为等信息来源所发布的信息一般情况下具有更高的公信力，因此可以降低发布人的审查义务。所以，核实义务的标准应当是结合具体案情中的多种因素进行综合判断的，而不宜采用一刀切的标准。《民法典》第 1026 条实际上是根据动态系统论的观点，确定当事人在各种不同情形下的审核义务，这对于引导法官正确裁判侵害名誉权的案件，有效协调人格权保护与言论自由、舆论监督的关系是非常必要的。

(一) 内容来源的可信度

内容来源主要是指消息源，新闻工作人员在从事新闻报道的时候是依据不同的消息源来获得事实资料并进行报道的，如果其依据的是官方权威机构发布的信息、资料、档案或者新闻发布会上的材料所描述的事实，即便此后证明是失实的，那么也不应因此认定其构成侵权。具体如下。

第一，考虑信息、资料发布的机构。一般而言，机构主体的可信度要高于个人主体的，公权力机构、权威学术机构的可信度可能高于商业机构发布的内容的。越是权威性机构，其发布的消息越具有权威性。例如，在“罗某诉央视侵害名誉权案”中，法院认为，“央视报道‘罗某列车被拘’一事，是源于罗某在列车上扰乱社会公共秩序并被行政处罚的真实事件，具体依据有武汉铁路公安处作出的处罚决定书，内容真实。综合运输合同、执法记录仪呈现画面及罗某个人陈述，法院认定央视报道内容客观、属实”①。当然，机构主体发布的信息不一定都具有可信度，这种可信度的判断只是盖然性的，但是这并不意味着机构发布的消息就一定是尽到合理核实义务的消息，还需要结合其他因素进行判断。

第二，消息内容来源的途径。相比较而言，官方报道的可信度要高于道听途说的信息的可信度，因此，如果行为人所获得的消息是来源于权威的官方报道，则其在传播该消息时的审核义务就相对较轻，此时，即便因行为人过失而没有发现官方报道的内容有误，通常也不宜认定其构成侵权。反之，如果行为人获得的消息来源于权威报道之外的其他领域，甚至是行为人道听途说的结果，此时，其在再次传播该消息时对该信息的真实性即应当尽到更高的审查义务，否则，行为人就可能需要承担侵权责任。② 例如，在“南方报业传媒集团与世奢会（北京）国际商业管理有限公司名誉权纠纷案”中，法院认为，“新闻媒体只有违背了真实性审核义务，故意歪曲事实进行不实报道，或者因过失未尽合理审查义务导致不实报道的，才构成侵权。反之，新闻媒体没有歪曲事实、不实报道的主观故意或过失，且有合理可信赖的消息来源为依据，则不应承担侵权责任”③。再如，在“北京秀水街市场有限公司与北京法制晚报社名誉权纠纷案”中，法院认为，“新闻媒体作为面向大众的传媒机构，在对某一对象进行批评揭露式报道时，应

① “霸座”的新闻上了央视，男子起诉侵犯名誉权，法院：驳回．法制日报，2020－01－09.

② 周敏．新闻侵权民事责任的抗辩事由．法学，1999（1）．

③ 北京市第三中级人民法院（2014）三中民终字第07694号民事判决书。

当有更强的审慎意识，不得使用未经核实的消息来源，要进行符合常理的善意推理。新闻媒体违背了真实性审核义务，故意歪曲事实进行不实报道，或者因未尽到合理审查义务导致不实报道的，构成名誉权侵权"，因此，被告北京法制晚报社构成侵权。①

依据《最高人民法院关于审理利用信息网络侵害人身权益民事纠纷案件适用法律若干问题的规定》第13条的规定，网络用户或者网络服务提供者，根据国家机关依职权制作的文书和公开实施的职权行为等信息来源所发布的信息，在一般情形下不承担侵权责任，仅在特定四种情形下，才承担侵权责任。这四种情况具体包括：一是网络用户或者网络服务提供者发布的信息与前述信息来源内容不符；二是网络用户或者网络服务提供者以添加侮辱性内容、诽谤性信息、不当标题或者通过增删信息、调整结构、改变顺序等方式致人误解；三是信息来源已被公开更正，但网络用户拒绝更正或者网络服务提供者不予更正；四是信息来源已被公开更正，网络用户或者网络服务提供者仍然发布更正之前的信息。由此可见，即便是根据国家机关依职权制作的文书和公开实施的职权行为等信息来源所发布的信息，也应当正确使用，不得采取随意加工、改变等方式侵害他人名誉权。

第三，根据发布的依据进行判断，即发布的消息中是否含有一定的数据、事实的引用，是否进行了合理的逻辑推理等。

第四，考虑发布的方式，其中既包括发布的渠道，如是传统纸质媒体还是数字媒体，也包括发布的范围，如是以公告的方式发布，还是以内部传阅的方式发布等，这些都会对行为人的审核义务产生一定影响。

（二）对明显可能引发争议的内容是否进行了必要的调查

如果按照社会一般人的看法，对新闻报道的内容极有可能引发争议，则报道人应当对其进行必要的调查，以确定报道内容的真伪状况。按照这一规则，如果相关信息的内容符合社会公众的普遍认知，符合公众的心理预期，则行为人在传播该消息时所负担的调查义务就相对较轻。反之，如果相关的消息可能引发广泛争议，则表明该消息的真实性与可信度存疑，此时，行为人在传播该消息时即应当尽到更高的调查义务。例如，某人在网上披露某明星涉嫌偷税漏税等违法犯罪行为，该消息一旦披露，就可能引发极大的争议，此时，行为人在披露该事实时，不能仅凭某人私下爆料，在无足够的证据证明的情形下就予以公开报道，而应当尽到更高的调查与核实义务。

① 北京市朝阳区人民法院（2015）朝民初字第57355号民事判决书。

(三) 内容的时限性

由于新闻报道具有及时性的特点，很难要求新闻工作者进行详尽的全面的调查、了解，特别是如果新闻报道的内容与社会公共利益关联密切，需要及时报道，则应当适当降低新闻报道者对信息真实性的审查义务，不宜要求新闻媒体对消息的真实性进行过于烦冗的调查。例如，在“北京三维天然数码科技有限公司与中国工商报社名誉权纠纷上诉案”中[①]，法院认为：“工商报社所发表的文章实际是一篇新闻报道，故而本案争议焦点是工商报社是否在发表新闻报道前对刊登的内容尽了审核义务……从工商报社的该篇新闻报道的总体内容看，并未达到法律界定的‘严重失实’的状态，虽然文中有一些用语有欠妥当，但新闻报道具有时效性，要求在一定期限内快速向社会通报真实情况，故不应过于要求新闻报道单位在报道过程中对事件的每个细节均要做到审查核实。故工商报社的整篇报道内容基本客观地反映了事件的原本状况，对三维公司不构成名誉侵权。”但是，如果新闻报道所涉及的事实不是新闻而是旧闻，则通常不再有时效性的要求，新闻媒体对消息的真实性应当进行更加深入的了解。

(四) 内容与公序良俗的关联性

公序良俗是由“公共秩序”和“善良风俗”两个概念构成的。公共秩序体现的是公共利益，善良风俗是社会所普遍承认的伦理道德，体现了社会主义核心价值观。因此，新闻报道和舆论监督都应当符合公序良俗。为了维护公序良俗，如果言论的目的在于保护社会公共利益、维护社会公德，则应当倾斜保护言论表达自由，从而降低行为人的核实义务。需要考虑相关言辞与公共利益的关联程度，如果新闻报道的内容与社会公共利益关联密切，需要及时报道，则也不应当课以报道人过重的审核义务。[②] 例如，为了保护食品安全，新闻媒体对某企业产品的质量报道不实，导致该企业的名誉权受损的，在认定新闻媒体是否构成侵权时，即应当考虑其保障食品安全的目的。

(五) 受害人名誉受贬损的可能性

如果新闻报道将严重损害受害人的名誉，则报道人应当对其内容进行更为严格的审核，也就是说，如果相关言辞所涉及主体名誉权的损害程度越高，则其核实义务也越重，反之，则行为人的核实义务也应当随之降低。在判断受害人名誉受贬损的可能性时，不应当要求按照专家的标准来认定，只要按照社会一般人的认识，在行为人实施该行为时，受害人名誉受贬损的可能性较大，行为人就应当

---

① 北京市第一中级人民法院（2006）一中民终字第 328 号民事判决书。

② 刘文杰．论新闻侵权的归责原则．环球法律评论，2010（4）．

负有一定的核实义务。

(六) 核实能力和核实成本

确定核实义务标准时，还应当考虑能力与成本问题。如果核实的能力大，则义务高，反之就小。如果付出极小的成本即可对报道内容的真实性进行核实，则其应当尽到相应的核实义务；反之，若成本较高，则核实义务相应降低。例如，对于某个在网络上公布的有关某名人的负面信息，平台很容易核实，则其应当负有核实义务。

（撰稿人：王利明）

第一千零二十七条

行为人发表的文学、艺术作品以真人真事或者特定人为描述对象，含有侮辱、诽谤内容，侵害他人名誉权的，受害人有权依法请求该行为人承担民事责任。

行为人发表的文学、艺术作品不以特定人为描述对象，仅其中的情节与该特定人的情况相似的，不承担民事责任。

本条主旨

本条规定了文学、艺术作品侵害他人名誉权的规则。

相关条文

《民法通则》第101条规定：“公民、法人享有名誉权，公民的人格尊严受法律保护，禁止用侮辱、诽谤等方式损害公民、法人的名誉。”

《妇女权益保障法》第42条规定：“妇女的名誉权、荣誉权、隐私权、肖像权等人格权受法律保护。禁止用侮辱、诽谤等方式损害妇女的人格尊严。禁止通过大众传播媒介或者其他方式贬低损害妇女人格。未经本人同意，不得以营利为目的，通过广告、商标、展览橱窗、报纸、期刊、图书、音像制品、电子出版物、网络等形式使用妇女肖像。”

《最高人民法院关于审理名誉权案件若干问题的解答》“九、问：因文学作品引起的名誉权纠纷，应如何认定是否构成侵权？答：撰写、发表文学作品，不是以生活中特定的人为描写对象，仅是作品的情节与生活中某人的情况相似，不应认定为侵害他人名誉权。描写真人真事的文学作品，对特定人进行侮辱、诽谤或者披露隐私损害其名誉的；或者虽未写明真实姓名和住址，但事实是以特定人或者特定人的特定事实为描写对象，文中有侮辱、诽谤或者披露隐私的内容，致其名誉受到损害的，应认定为侵害他人名誉权。编辑出版单位在作品已被认定为侵害他人名誉权或者被告知明显属于侵害他人名誉权后，应刊登声明消除影响或者采取其他补救措施；拒不刊登声明，不采取其他补救措施，或者继续刊登、出版侵权作品的，应认定为侵权。”

理解与适用

本条两款区分了“以真人真事或者特定人为描述对象”和“不以特定人为描述对象”的文学作品，前者一般为纪实作品，后者可以称为虚构作品。对于两种不同的作品而言，在认定名誉权的侵权中应当适用不同的规则。

一、以真人真事或者特定人为描述对象的文学、艺术作品侵害他人名誉权，应承担民事责任

依据本条第 1 款规定，“行为人发表的文学、艺术作品以真人真事或者特定人为描述对象，含有侮辱、诽谤内容，侵害他人名誉权的，受害人有权依法请求该行为人承担民事责任”。该条规定来自《最高人民法院关于审理名誉权案件若干问题的解答》。该条区分两种情况。

一是描写真人真事的文学作品，对特定人进行侮辱、诽谤或者披露隐私损害其名誉的；纪实文学、报告文学的特点就在于其是描写真人真事的文学作品，不是纯粹的艺术虚构和艺术创造，而要真实地记录特定的人物和事件。例如，著名作家徐迟的报告文学《哥德巴赫猜想》，描写陈景润探索数学奥秘的历程，影响了一代人，这就是以真人真事为描写对象。纪实文学属于文学的作品范畴，需要将真人真事等素材进行加工和艺术创作，加以删减，并利用文学的手法表述出来，因此，纪实文学兼具真实性和艺术性。但是这种写作方式也不是随心所欲的，不能虚构事实，或者随意侮辱、诽谤攻击他人，或者披露他人的隐私。依据本条第 1 款的规定，纪实文学、艺术作品，即使以真人真事或者特定人为描述对象，但是如果其中含有侮辱、诽谤的内容，也可能构成名誉权的侵权。我国司法实践中也出现了不少文学艺术作品创作侵害他人名誉的案例。例如，在“尕某某某、化某二人诉金某中《战火绕开这里》和《雪山作证》侵害名誉权案”中，法院就认定被告创作的小说以真人真事改编，且作者对素材处理不当，导致被告遭

受名誉权的侵害，因而判决作者承担了名誉权的侵权责任。[①]

二是虽未写明真实姓名，但是以特定人或者特定人的特定事实为描写对象，文中具有侮辱、诽谤或者披露隐私的内容，致其名誉受到损害的，也构成侵权。此类文学作品不同于纪实文学，其并未写明真实姓名，但确以特定人为描述对象，以该人的事迹为原型进行描写，在描写过程中，具有侮辱，诽谤情节。在文学作品中，虚构作品中的情节与特定人或特定人群相似的，创作者不承担名誉权侵害的责任，但如果作者以特定人或者特定人的特定事实为描写对象，采取影射的方式侮辱、诽谤他人，所描绘的人物的相貌特征、生活经历、工作环境等，足以使他人认定为某人的，也构成侵权。例如，在“胡某超、周某昭、石某成诉刘某忠、《遵义晚报》社侵害名誉权纠纷案”中[②]，法院认为，“被告在创作《周西成演义》中，采用姓相同名相近、体型外貌等突出特征相似的方法把作品中的三个人物与三原告联系起来加以丑化，使熟悉三原告的读者一看便知这三个反面人物是影射三原告的，在当地给三原告的人格尊严造成不良影响，使三原告的名誉受到损害。《周西成演义》公开发表后，被告还公开对人说过把三原告写进演义中是有原因的。因此，被告侵害三原告名誉权的故意是明显的，依法应当承担侵权的民事责任”。因此，尽管被告并未指名道姓诽谤原告，但被告的行为使社会一般人可认为指向某个特定人，亦可认为指向原告。

《民法典》第 1027 条第 1 款以“发表”作为侵害他人名誉权的构成要件，这就意味着能够构成侵害他人名誉权的作品必须是已经“发表”的作品。但应当对“发表”进行广义的理解，其不仅包括出版等发表形式，还应当认为，凡是已经具有公开性的作品，均符合“发表”这一要件。[③] 作品侵权的行为方式主要体现为文学艺术作品的发表。发表可以以多种方式进行，既包括口头地公开宣读、演唱、表演，也包括将图书、音像制品等公开出版。这些发表方式的共同特征在于将作品向公众进行传播，因而可能导致受害人社会评价的降低。无论是上述何种发表方式，均可能构成对受害人名誉的侵害。但如果仅仅是创作文学、艺术作品，而不将作品进行发表，社会公众并不会知晓该作品的存在，因而也不会导致受害人社会评价的降低，则不构成名誉权的侵害。无论如何，上述形态不一的侵权方式均需要以作品为载体进行，《民法典》第 1027 条的适用范围也局限于对文学、艺术作品的侵权。而一般的名誉权的侵权方式较为多样，也不一

① 云南省高级人民法院（2000）云高民终字第 115 号民事判决书。

② 最高人民法院公报，1992（2）.

③ 张红．文学作品中的名誉权侵权责任．中南民族大学学报（人文社会科学版），2012（6）.

定需要以作品作为载体。其行为方式可能是辱骂，发表侮辱性的言论，对他人进行不实评价等，这些行为导致主体的社会评价不当降低的，均可能构成对名誉权的侵害。

在认定上述两类文学作品侵权中，都涉及名誉权与创作自由的协调问题。允许作者选取题材创作文学艺术作品是创作自由的具体体现，基于保护创作自由的需要，原则上不应当对作者的创作内容进行干涉，除非该创作损害了他人的合法权益或有损公共利益。① 对于上述两类文学艺术作品侵害他人名誉权的认定，事实上是划定了创作自由与人格权保护的边界。

一方面，要保护他人人格权，不能因为追求作品的文学性，而歪曲事实，肆意侮辱、诽谤他人。例如，在“李某诉《新生界》杂志社、何某侵害名誉权纠纷案”中，何某在其主编的《新生界》杂志上发表了自己撰写的长篇报告文学《科学大师的名利场》，该文描述了李四光在中国地质计划指导委员会会议上大骂地质界前辈丁文江的情节后，推测这是他为了保住地质部部长的位置所为，并暗示李四光运用政治斗争手段来了结个人恩怨。法院审理认为，报告文学中叙述我国当代科学史上的重大事件时，理应尊重事实；在对著名历史人物的经历和人品作出评价时，应当持客观、慎重的态度。但是，该文却从政治、学术、人品等方面对李四光进行了不恰当的描写，许多情节缺乏客观事实根据，客观上影响了公众对李四光的公正评价，损害了李四光的名誉，同时也给李四光之女、被上诉人李某造成了一定的精神痛苦，何某应当依法承担侵权的民事责任。②

另一方面，要创作自由，重视文学创作的客观规律，不能为过度保障人格权而牺牲创作自由，使作品丧失文学性。例如，在“李某与作家出版社名誉权纠纷上诉案”中，在作家出版社出版的报告文学作品《上访》一书的第八章，描写了上诉人李某的上访经历。李某认为该书将其多年的控告行为扭曲为上访，侵犯了其名誉权。审理法院认为，《上访》属于报告文学类作品，是在真人真事的基础上经过文学加工所形成的作品。书中所涉及的内容均是有据可查的。涉案作品中也没有对李某进行侮辱、诽谤，致使李某名誉受到损害的内容。作家出版社出版该作品已经尽到了相应的审查义务，且无侵犯李某名誉权的故意，不构成侵权。③

---

① 杨立新．人身权法论．北京：人民法院出版社，2002：340.

② 最高人民法院公报，1998（1）.

③ 北京市第三中级人民法院（2017）京03民终98号民事判决书。

在判断上述两类文学艺术作品是否侵害他人名誉权时，应当依据不同的作品内容作出判断。对纪实文学而言，作品虽然以真人真事为描写对象，但虚构事实和情节，对他人进行侮辱、诽谤，或者揭露他人隐私等，均构成侵权。对纪实作品而言，其往往以真实生活为原型进行艺术创作，因此具有明显的指向性。对于以特定人为描述对象而没有写明真实姓名的文学作品，如果行为人的作品对特定人或特定人群的描写会导致大众与被描写对象发生直接的认识联系，从而导致被描写对象社会评价的降低，则应当由行为人承担侵权责任。

二、不以特定人为描述对象，通常不构成对他人名誉权的侵害

《民法典》第 1027 条第 2 款规定："行为人发表的文学、艺术作品不以特定人为描述对象，仅其中的情节与该特定人的情况相似的，不承担民事责任。"该款实际上针对的就是文学艺术作品中时常出现的"如有雷同，纯属巧合"的情形。该规则来自《最高人民法院关于审理名誉权案件若干问题的解答》。作出此种规定的原因在于，人格权编既要保护权利人的人格权，也要保护作者的创作自由，鼓励作者大胆创作文学作品。文学作品源于生活又高于生活。文学的艺术性就表现在作品中的人物往往并非现实生活中某个特定人的简单再现，而常常是作者经过加工、处理的虚构人物。作者必须对生活中的素材进行加工、整理、提炼，通过艺术虚构等方式，展现真善美。法律要鼓励作者大胆进行文学艺术创造，就要有效协调人格权的保护与鼓励文学创作之间的关系。所以，在处理撰写、发表文学作品引起的名誉权纠纷案件时，要禁止自行"对号入座"。

《民法典》第 1027 条第 2 款规定与第 1 款规定的区别在于：第 1 款实际以特定人为描述对象，而第 2 款则关于行为人发表的文学、艺术作品，其不以特定人为描述对象。对于不以特定人为描述对象的一部文学作品，在判断是否属于以特定人为描写对象时，必须确定原告与被告之间的相互关系。如果作者与某人完全不了解、不熟悉，没有共同生活的经历等，那么其没有以该人为描述对象的可能性。此时，即便作品的基本事实与该人之间存在一定的相同或相似之处，也不宜认定侵害名誉权。任何人提出"对号入座"，行为人对于其发表的文学、艺术作品不承担责任。

在判定文学、艺术作品侵犯名誉权的过程中，要区分不同的行为人适用不同的规则。如果受害人请求作品的作者承担责任，作者符合《民法典》第 1027 条中的"行为人"的构成要件，此时只能适用《民法典》第 1027 条的规定承担责任；但如果受害人请求出版社承担责任，则也可以适用《民法典》第 1028 条的

相关规定，通过对“等媒体”的解释，将出版社作为《民法典》第1028条中的责任人，从而请求出版社采用更正、删除等必要措施，而不只限于请求承担赔偿责任。

（撰稿人：王利明）

第一千零二十八条

民事主体有证据证明报刊、网络等媒体报道的内容失实，侵害其名誉权的，有权请求该媒体及时采取更正或者删除等必要措施。

本条主旨

本条对更正、删除措施作出了规定。

相关条文

《民法通则》第101条规定：“公民、法人享有名誉权，公民的人格尊严受法律保护，禁止用侮辱、诽谤等方式损害公民、法人的名誉。”

《侵权责任法》第36条规定：“网络用户、网络服务提供者利用网络侵害他人民事权益的，应当承担侵权责任。网络用户利用网络服务实施侵权行为的，被侵权人有权通知网络服务提供者采取删除、屏蔽、断开链接等必要措施。网络服务提供者接到通知后未及时采取必要措施的，对损害的扩大部分与该网络用户承担连带责任。网络服务提供者知道网络用户利用其网络服务侵害他人民事权益，未采取必要措施的，与该网络用户承担连带责任。”

《最高人民法院关于审理利用信息网络侵害人身权益民事纠纷案件适用法律若干问题的规定》第5条规定：“依据侵权责任法第三十六条第二款的规定，被侵权人以书面形式或者网络服务提供者公示的方式向网络服务提供者发出的通知，包含下列内容的，人民法院应当认定有效：（一）通知人的姓名（名称）和联系方式；（二）要求采取必要措施的网络地址或者足以准确定位侵权内容的相关信息；（三）通知人要求删除相关信息的理由。被侵权人发送的通知未满足上述条件，网络服务提供者主张免除责任的，人民法院应予支持。”

《最高人民法院关于审理利用信息网络侵害人身权益民事纠纷案件适用法律若干问题的规定》第6条规定：“人民法院适用侵权责任法第三十六条第二款的规定，认定网络服务提供者采取的删除、屏蔽、断开链接等必要措施是否及时，应当根据网络服务的性质、有效通知的形式和准确程度，网络信息侵害权益的类型和程度等因素综合判断。”

《新闻出版署关于发布〈报刊刊载虚假、失实报道处理办法〉的通知》规定：“三、报纸、期刊刊载虚假、失实报道和纪实作品，致使公民、法人或其他组织的合法权益受到侵害的，当事人有权要求更正或者答辩，有关出版单位应当在其出版的报纸、期刊上予以发表；拒绝发表的，当事人可以向人民法院提起诉讼。四、报纸、期刊因刊载虚假、失实报道和纪实作品而发表的更正或答辩，必须符合以下要求：（一）凡公开更正的，应自虚假、失实报道和纪实作品发现之日起，在其最近出版的一期报纸、期刊的同等版位发表；（二）凡按当事人要求进行更正或发表答辩的，应自当事人提出要求之日起，在其最近出版的一期报纸、期刊的同等版位上，予以发表。五、报纸、期刊转载虚假、失实报道和纪实作品，其更正和答辩，按照本办法第四条的规定办理。”

《期刊出版管理规定》第 26 条规定：“期刊刊载的内容不真实、不公正，致使公民、法人或者其他组织的合法权益受到侵害的，期刊出版单位应当公开更正，消除影响，并依法承担其他民事责任。期刊刊载的内容不真实、不公正，致使公民、法人或者其他组织的合法权益受到侵害的，当事人有权要求期刊出版单位更正或者答辩，期刊出版单位应当在其最近出版的一期期刊上予以发表；拒绝发表的，当事人可以向人民法院提出诉讼。期刊刊载的内容不真实、不公正，损害公共利益的，新闻出版总署或者省、自治区、直辖市新闻出版行政部门可以责令该期刊出版单位更正。”

理解与适用

一、因报道的内容失实侵害他人名誉权，应承担民事责任

该条规定仅在内容失实时，媒体才承担相应的责任。之所以将失实作为请求采取必要措施的要件，主要目的是鼓励新闻报道和舆论监督。报刊、网络等媒体报道满足该条构成侵权的，应当具备两个要件，即报道内容失实和报道内容构成对名誉权的侵害。本条中受害人可以请求采取的必要措施，包括更正、删除和其他必要措施。

二、受害人有权请求该媒体及时采取更正或者删除等必要措施

在互联网和大数据时代，权利人享有的名誉、隐私、肖像、姓名等精神性人格权，很容易遭到他人的侵犯，且损害后果具有易扩散性和不可逆性，如果将人

格权界定为纯粹消极防御性的权利，则只有在遭受侵害后，权利人才能主张救济，这显然不利于保护人格权，因为在许多情形下，即便相关行为尚不构成侵权，个人的人格权的实现也可能受到不当影响，此时，应当允许权利人积极行使人格权，以消除影响其人格权圆满实现状态的原因，防止损害的发生和扩大。从比较法上看，许多国家都在保护人格权中承认了回应权、更正权等权利。随着个人信息的收集、“黑名单”设置、信用记录的收集等现象的出现，信息失真、记载错误等情况，也给相关当事人的社会生活和经济交往活动带来了不良影响。出现此种情形后，应当允许权利人请求就相关失真和错误的信息进行删除、修改和补充。[①] 在行使该权利的情形下，即便行为人没有构成侵权，也应当强化对个人信息权利的保护，赋予其请求相关主体对信息进行删除、修改和补充等积极权能，而不能仅在构成侵权时才对其进行救济。上述这些对人格权予以保护的措施本身就是人格权积极权能的体现，人格权的所有这些多元化的保护方式已经大大突破了对人格权的简单消极防御方式，而施加给特殊行为主体以更为积极的行为义务，使人格权主体对其人格权的保护更为主动、有效和全面。

在网络时代，应当更加重视对人格权侵权行为的预防，因为与传统社会的信息传播方式不同，网络信息的传播具有即时性，而且网络的无边界性以及受众的无限性，也使网络环境对信息的传播具有一种无限放大效应，网络信息一经发布，即可瞬间实现全球范围的传播，损害后果将被无限放大。尤其是在网络环境下，侵害人格权的损害后果往往具有不可逆性，损害一旦发生，即难以恢复原状，犹如覆水难收。这就需要更加重视对侵害人格权侵权行为的预防。为此，许多国家都采用了禁令、删除、屏蔽、断开链接等各种方式来保护网络侵权的受害人，以防止损害的进一步扩大。

（一）更正权

所谓更正权，是指报刊、网络等媒体刊载的报道内容失实或有明显错误，侵害他人人格权益的，则受害人有权请求该媒体及时更正。从比较法上看，许多国家的新闻法，如法国、丹麦、芬兰、泰国以及塞内加尔等的，都对更正与答辩权作出了规定。[②] 在德国法中，在人格权保护（尤其是名誉权的保护）的司法实践中，即大量采用了更正请求权（Berichtigungsanspruch）和撤回请求权（Widerrufsanspruch）。更正请求权和撤回请求权的请求权基础既可以是侵权损害赔偿意

① 张钱．个人征信侵权责任认定中存在的问题分析．法律适用，2014（3）．

② 参见法国新闻自由法第二章第二节，丹麦新闻法第 9、10 条，芬兰新闻自由法第 25 条，泰国新闻法第 40～43 条、塞内加尔新闻刊物和记者职业法第一篇第三章第三节。

义上的回复原状，也可以是类推适用《德国民法典》第 1004 条。[①] 与不作为请求权相同，更正请求权系非财产性请求权；与不作为请求权指向未来的不法行为不同，更正请求权指向的是在过去已经出现且还在持续的妨害。[②]

在我国，国务院《出版管理条例》第 27 条规定："出版物的内容不真实或者不公正，致使公民、法人或者其他组织的合法权益受到侵害的，其出版单位应当公开更正，消除影响，并依法承担其他民事责任。报纸、期刊发表的作品内容不真实或者不公正，致使公民、法人或者其他组织的合法权益受到侵害的，当事人有权要求有关出版单位更正或者答辩，有关出版单位应当在其近期出版的报纸、期刊上予以发表；拒绝发表的，当事人可以向人民法院提起诉讼。"该条对更正权与答辩权作出了规定。我国民法典人格权编对更正权作出规定，一方面可以为媒体报道提供行为指引，另一方面也可以为权利人主张权利提供更为具体的法律依据，更有利于权利人主张权利。此外，在规定更正权的情形下，权利人只需要证明相关报道不实即可，并不当然需要其已经遭受现实的损害。因此，与消除影响相比，更正权的确立能够将损害预防的时间提前，这也更有利于对损害的事先预防。

更正权的行使应当符合如下几个要件。

第一，有关报刊、网络等媒体刊载的报道内容必须失实或有明显错误。更正请求权不仅适用于部分不实的事实陈述，也适用于误导他人引起他人对权利人错误印象的陈述。[③] 如果有关报刊、网络等媒体刊载的报道内容并未失实，没有发生明显错误，则即便对权利人不利，权利人也无权请求更正。例如，媒体报道某人的违法事实，则即便该报道对被报道人不利，被报道人也无权请求更正。再如，在媒体擅自披露他人隐私时，如果披露的内容是事实，则权利人即无权主张媒体进行更正[④]，而只能请求媒体承担侵害隐私权的侵权责任。因此，只有媒体报道内容失实或者明显错误时，权利人才享有更正权。当然，更正权的行使并不要求权利人必须遭受了现实的损害，只要权利人能够证明报道内容失实或者存在明显错误，其就应当享有更正权。

更正请求权主要适用于事实陈述（Tatsachenbehauptungen），而不适用于价

---

① MüKoBGB/Rixecker，7. Aufl. 2015，BGB § 12 Anh. Das Allgemeine Persönlichkeitsrecht，Rn. 255；Staudinger/Hager (2017)，BGB § 823，Rn. C 271；Götting/Schertz/Seitz，Handbuch Persönlichkeitsrecht，C. H. Beck，2008，§ 49，Rn. 2.

② Götting/Schertz/Seitz，Handbuch Persönlichkeitsrecht，C. H. Beck，2008，§ 49，Rn. 4 f.

③ 同②55.

④ Staudinger/Hager (2017)，BGB § 823，Rn. C 273.

值判断或意见表达，也就是说，其适用于加害人作出了不实事实陈述的情形；权利人在行使更正权时，其应当举证证明行为人报道的内容失实或者存在明显错误。[①] 同时，在报道内容不全面的情形下，权利人也有权主张媒体及时补充相关内容，从而发挥与更正相同的作用；如果媒体只是传播第三人的言论且并未亲自对言论进行审查，权利人可以要求媒体注明（Anspruch auf Distanzierung）。[②]

第二，因报道内容失实或有明显错误，侵害他人人格权益的。也就是说，权利人在主张更正时，其不仅要证明相关报道的内容失实，还要证明其因此遭受了名誉受损、隐私泄露等损害，或者有可能遭受损害。权利人行使更正请求权和撤回请求权必须符合比例原则，也就是说，行使更正请求权适合（geeignet）排除妨害，对于消除报道不实的不利影响而言，行使更正请求权应当是必要的（erforderlich）且是最适度的措施，而且，在权衡加害人和受害人的利益关系后，行使更正请求权和撤回请求权是可以期待的（zumutbar）。[③]

第三，更正必须是针对事实进行的，而不是针对有关的评论进行的。评论本身是一种主观的评价，并不存在更正的问题，因此，更正权行使的对象应当是事实陈述，而非评价。当然，如果评论不当造成权利人社会评价降低，则权利人有权以其名誉权遭受侵害为由向行为人提出请求。

第四，必须是请求刊载相关言论的报刊、网络等媒体予以更正。[④] 对于未刊载相关不实报道的媒体，权利人无权请求其更正。当然，刊载相关不实信息的媒体既包括直接发布不实信息的媒体，也应当包括转载不实信息的媒体。

当然，在更正权的情形下，原则上不要求权利人证明其遭受了实际损害，或者即便要求其证明遭受了实际损害，也应当尽量减轻其损害的证明负担。权利人只需要证明相关不实报道可能造成其损害即可，此种损害可能只是一种推定的损害。此外，权利人在行使更正权时，并不需要证明行为人具有过错。

在权利人提出更正请求后，相关媒体应当及时予以更正，如果相关媒体不予更正，则必须向权利人说明不予更正的理由，如果相关媒体没有正当理由拒绝更正，则权利人有权请求人民法院予以强制更正。同时，与回应权不同，更正权的

---

① Götting/Schertz/Seitz, Handbuch Persönlichkeitsrecht, C. H. Beck, 2008, § 49, Rn. 10 - 12; Rn. 81.

② MüKoBGB/Rixecker, 7. Aufl. 2015, BGB § 12 Anh. Das Allgemeine Persönlichkeitsrecht, Rn. 264; Götting/Schertz/Seitz, Handbuch Persönlichkeitsrecht, C. H. Beck, 2008, § 49, Rn. 62, Rn. 65 f.

③ MüKoBGB/Rixecker, 7. Aufl. 2015, BGB § 12 Anh. Das Allgemeine Persönlichkeitsrecht, Rn. 259; Staudinger/Hager (2017), BGB § 823, Rn. C 277; Götting/Schertz/Seitz, Handbuch Persönlichkeitsrecht, C. H. Beck, 2008, § 49, Rn. 33 ff.

④ 陈力丹．更正与答辩——一个被忽视的国际公认的新闻职业规范．国际新闻界，2003（5）．

行使不应当有时间限制，因为在不实报道的情形下，行为人侵害权利人人格权的侵害状态一直持续①，权利人的更正权不应受到时效限制。也就是说，只要被报道人发现相关媒体刊载的信息不实，其就应当有权请求该媒体予以更正，以消除相关不利影响。该权利不应当受时效的限制。

（二）删除权

所谓删除权，是指行为人发布相关的侵权文字或信息具有侮辱、诽谤的内容的，受害人有权请求行为人删除相关的文字或信息。如果是在网络上发表的，受害人有权请求删除，使侵权信息的文字、图片、音频、视频等内容不再在网页上出现。在比较法中，一些国家也确认了受害人所享有的删除权。例如，德国法中出现了补充和更正请求权（Der Anspruch auf Ergänzung und Richtigstellung）②，补充、更正和删除旨在消除原有文义给大众带来的不良印象，或者请求加害人自己更正其信息。在有些情况下，即使言论并非直接针对受害人本人，而采用影射等方式，也可以请求加害人进行补充性的更正，使言论更加客观真实。在言论传播到第三人的情况下，如果表意人本身没有足够明确地表达且未加以核实即进行传播，则权利人可以主张隔离相关言论（Anspruch auf Distanzierung），以停止该言论的传播。③《侵权责任法》第 36 条中规定，“网络用户利用网络服务实施侵权行为的，被侵权人有权通知网络服务提供者采取删除、屏蔽、断开链接等必要措施。”《最高人民法院关于审理利用信息网络侵害人身权益民事纠纷案件适用法律若干问题的规定》第 6 条规定：“人民法院适用侵权责任法第三十六条第二款的规定，认定网络服务提供者采取的删除、屏蔽、断开链接等必要措施是否及时，应当根据网络服务的性质、有效通知的形式和准确程度，网络信息侵害权益的类型和程度等因素综合判断。”权利人更正权、删除权的行使并不需要证明行为人的行为构成侵权，也不要求权利人必须通过诉讼的方式向网络运营者提出更正、删除的请求。

《民法典》人格权编赋予受害人删除权，对于预防损害的发生，及时保护受害人的人格权不受侵害，十分必要。因为互联网上的侵权行为一旦发生，就是向全世界发布，其可以无数次被下载，损害后果具有无限放大性，且若任其蔓延，后果难以估量，因此，允许受害人请求删除，能够防止损害的进一步扩大。例如，在网上发布他人的裸照，如果不及时屏蔽或者删除，则可能瞬间实现全球范

① Götting/Schertz/Seitz，Handbuch Persönlichkeitsrecht，C. H. Beck，2008，§ 49，Rn. 17.

② MuekoBGB/Rixecker，7. Aufl. 2015，BGB § 12 Anh. Das Allgemeine Persönlichkeitsrecht Rn. 264.

③ 同②265.

围的传播。如果涉及侮辱、诽谤言论，受害人有权要求网络发布者立即删除该言论，并可以请求行为人刊载有关更正信息，以消除影响。消除影响的主要功能在于消除已经给他人的社会声誉造成的不良影响，从而使受害人的名誉得到恢复。例如，通过网络侵犯他人的名誉权，可以通过通知网络运营商删除侵权言论的方式来消除影响；而通过口头方式侵害他人的名誉权，则可以通过向他人进行解释的方式来消除影响。

删除权的行使与更正权的行使一样，并不要求受害人已经遭受现实的损害，也不要求证明行为人是否具有过错，甚至受害人不需要证明行为人的行为是否已经构成侵权。例如，在“覃某豪诉桂平市郊区农村信用合作社名誉权侵权案”中，原告经查询，发现在中国人民银行征信中心系统中，被告提供给征信服务中心的个人信用数据库中信息不准确，导致其借款受阻。原告为此要求被告将上述信息予以删除未果，遂向法院提起诉讼。法院认为，被告的行为已经侵害原告名誉权，并责令被告予以更正。[①] 由此可见，此种请求权在性质上应当属于人格权请求权的范畴，与侵权损害赔偿请求权相比较，对受害人而言，举证负担更轻。

（三）其他必要措施

《民法典》第 1028 条使用了“等必要措施”的表述，这就意味着除了更正、删除措施外，还可以包括其他措施，具体包括哪些措施，将来可以通过司法解释予以进一步澄清。笔者认为，有必要将回应权包括其中。所谓回应权（right to reply）是指有关报刊、网络等媒体披露报道直接涉及他人名誉和其他人格权益，权利人认为其中的事实存在错误，可以请求该媒体及时免费刊载其澄清相关事实的回应。例如，某人在网上披露某明星通过签订“阴阳合同”的方式偷税漏税，该明星如果认为披露的事实有误，则其有权请求该网站刊载其回应的文章，以澄清事实。回应权最早源自法国，由法国 1881 年 7 月 29 日发布的法律所规定，它一开始就被认为是一项人格权。瑞士民法典 1983 年修改，在 28g 到 28l 条用 6 条专门规定了回应权。我国新闻出版署 1999 年发布的《报刊刊载虚、假失实报道处理办法》规定：“报纸、期刊刊载虚假、失实报道和纪实作品，致使公民、法人或其他组织的合法权益受到侵害的，当事人有权要求更正或者答辩，有关出版单位应当在其出版的报纸、期刊上予以发表；拒绝发表的，当事人可以向人民法院提起诉讼。”此处所说的“答辩”，就是指回应权。法律承认该权利的必要性在于，赋予受害人回应的权利就能够使其在发现相关事实失实后，能够迅速针对不

① 广西壮族自治区贵港市中级人民法院（2008）贵民一终字第 37 号民事判决书。

实事实作出澄清，消除相关报道可能产生的不良后果。① 因此，回应权也可被视为是消除影响的一种具体方式。在更正和回应的情况下，根本不需要确定有侵权的发生。也就是说，即使在没有确定发生侵权的情况下，如果出现了需要更正或者回应的情形，权利人也有权行使这些权利。这是为了维护名誉的完整性，具有防止不法侵害的发生和扩大等多重功能。《民法典》第1028条虽然没有明确规定回应权，但从该条规定来看，受害人有权请求该媒体及时采取更正或者删除等必要措施。笔者认为，回应权可以包括在“等”之中。

（撰稿人：王利明）

第一千零二十九条

民事主体可以依法查询自己的信用评价；发现信用评价不当的，有权提出异议并请求采取更正、删除等必要措施。信用评价人应当及时核查，经核查属实的，应当及时采取必要措施。

本条主旨

本条是关于侵害信用的规定。

相关条文

《征信业管理条例》第17条规定：“信息主体可以向征信机构查询自身信息。个人信息主体有权每年两次免费获取本人的信用报告。”

《征信业管理条例》第18条规定：“向征信机构查询个人信息的，应当取得信息主体本人的书面同意并约定用途。但是，法律规定可以不经同意查询的除外。”

《征信业管理条例》第23条规定：“征信机构应当采取合理措施，保障其提供信息的准确性。征信机构提供的信息供信息使用者参考。”

《征信业管理条例》第25条规定：“信息主体认为征信机构采集、保存、提供的信息存在错误、遗漏的，有权向征信机构或者信息提供者提出异议，要求更正。征信机构或者信息提供者收到异议，应当按照国务院征信业监督管理部门的规定对相关信息作出存在异议的标注，自收到异议之日起20日内进行核查和处

---

① Kerpen，Das internationale Privatrecht der Persoenlichkeitsrechtsverletzungen，2003，S. 134.

理，并将结果书面答复异议人。经核查，确认相关信息确有错误、遗漏的，信息提供者、征信机构应当予以更正；确认不存在错误、遗漏的，应当取消异议标注；经核查仍不能确认的，对核查情况和异议内容应当予以记载。”

理解与适用

一、侵害涉及信用的名誉权的特殊性

所谓涉及信用的名誉权，是指民事主体享受并支配其信用及其利益的人格权，或者说是自然人、法人或非法人组织对其所具有的经济活动及其能力的良好评价所享有的权利。《民法典》第1024条第2款规定：“名誉是对民事主体的品德、声望、才能、信用等的社会评价。”我国民法典人格权编将信用置于名誉之中，是将信用利益作为名誉权予以保护的，因此，并没有承认独立的涉及信用的名誉权。但民法典采用了两条（第1029条、第1030条）专门规定了信用利益的保护，也反映出信用利益具有一定的独立性。

应当看到，涉及信用的名誉权确实和名誉权有相似之处。一方面，信用本身可以表现为一种良好的名誉，它和名誉一样都是一种社会评价。损害他人信用也会损害对主体的社会评价，反过来说，损害名誉也必然会降低信用。布劳指出，“社区中的好名声是一种很高的信用，可以帮助一个人得到其他人得不到的利益”。好名声可帮助一个经济人减少交易成本，克服信息不足。① 另一方面，从保护的方式来看，侵害信用确实也可以适用恢复信用的方式，而恢复信用和恢复名誉是十分类似的。尤其应当看到，虽然从司法实践来看，有的法院在判决中明确使用了“信用权”这一概念，但由于我国立法并未规定独立的信用权，因而，法院大多通过名誉权对信用利益进行保护。例如，在“覃某豪诉桂平市郊区农村信用合作社名誉权侵权案”中，原告经查询，发现在中国人民银行征信中心系统中，被告提供给征信服务中心的个人信用数据库的信息不准确，导致其借款受阻。原告为此要求被告将上述信息予以删除未果，遂向法院提起诉讼。法院认为，被告的行为已经侵害原告名誉权，并责令被告予以更正。② 再如，在“徐某祥与江苏淮安农村商业银行股份有限公司等名誉权纠纷上诉案”之中，江苏省高级人民法院就曾明确指出，“信用权属于名誉权范围，是民事主体就其所具有的

---

① 彼德·布劳．社会生活中的交换与权力．孙非，张黎勤译．北京：华夏出版社，1988：299.

② 广西壮族自治区贵港市中级人民法院（2008）贵民一终字第37号民事判决书。

经济能力在社会上获得相应依赖与评价所享有其保有和维护的人格权”①。正是因为上述原因，我国人格权编并没有规定独立的信用权，而将其包括在名誉权中，也不无道理。

但是，应当看到，涉及信用的名誉权与名誉权确实存在一定的区别，主要表现如下。

第一，两种权利的客体不完全相同。名誉权主要是社会公众对其人格的道德评价，涉及信用的名誉权则主要是对权利人经济能力的评价。王泽鉴教授指出，信用权和名誉权的区别在于前者系经济上的评价，后者为社会上的评价。② 名誉是对民事主体的品格、才干、能力等的综合素质的社会评价，名誉过于宽泛，包括权利人在道德、经济等各方面的社会评价，信用则是对民事主体的经济能力的社会评价，信用仅仅是指社会对于权利人履行交易的经济能力的评价。侵害信用，有时并不表现为对名誉利益的侵害，而只表现为公众对于权利人经济能力信赖的降低③，例如，指责某人支付能力较差，或经济上遇到严重困难，甚至散布某人贫穷的谣言，尽管与事实不符，此时可能并不损害其名誉，但侵害了其涉及信用的名誉权。

第二，侵害涉及信用的名誉权的主体与侵害名誉权的主体不同。由于信用是信用评价主体基于一定的规则给予权利人的信用评价，因而并非所有的主体都能够造成对于他人的信用评价失实。可见，侵害涉及信用的名誉权最为常见的主体是信用评价机构。由于信用评价机构对于权利人的履约记录等信用信息不全面、不真实或者已经过时，在此基础上，对于信息主体的信用记录进行了错误的评价，这些均构成对权利人涉及信用的名誉权的侵害。另外，向他人提供错误信用信息的主体也可能承担侵害信用的侵权责任。例如，某商业银行基于过失错误地向人民银行上报了贷款客户的逾期还款记录，导致该客户的信用评价降低，此时，该商业银行虽然并未对该客户的信用进行评价，但是由于人民银行征信系统是依据其上报的还款记录进行信用评价的，对于因此导致的该客户涉及信用的名誉权遭受侵害，该商业银行同样应当承担侵权责任。可见，对于涉及信用的名誉权的侵害，主要体现于信用评价人和提供信用信息的主体，而其他不能进入信用评价系统的主体，通常并无侵害他人涉及信用的名誉权的可能。但在侵害名誉权的情形下，任何主体都可能构成对于他人的名誉权的侵害。

---

① 江苏省高级人民法院（2015）淮中民终字第01990号民事判决书。

② 王泽鉴．侵权行为法：第1册．北京：中国政法大学出版社，2001：125.

③ 杨立新．民商法理论争议问题——精神损害赔偿．北京：中国人民大学出版社，2004：384.

第三，两者的侵害方式不同。侵害名誉权主要采取诽谤和侮辱方式，且要为第三人知道，并造成对受害人的社会评价的降低。而侵害涉及信用的名誉权的方式则主要体现为虚假陈述或者错误记载。此种错误，很可能给被记录者产生各种资格上的限制，如不能获得银行的贷款，无法预订高铁票、列车软卧和飞机票，无法报名参加旅游团等。在对名誉权的保护中，内容真实是不构成对名誉权的损害的，但在涉及信用的名誉权的保护中，有时非法披露他人的信用信息，导致他人信用评价降低，也可能构成侵权。恶意散布真实的消息可能侵犯涉及信用的名誉权，但未必侵犯名誉权。另外，侵害涉及信用的名誉权可能并没有为第三人所知道。例如，在“周某诉中国银行股份有限公司上海市分行名誉权纠纷案”①中，被告某银行征信系统中的不良信用记录有误，该银行在多次向原告发出催款通知后，向人民法院提起诉讼，要求原告偿还信用卡欠款，为此发生争议。法院认定，被告在审核信用卡申请信息中确实存在一定的过错导致原告的信用报告存在不真实的记载。但是，被告所报送的欠款信息是源于原告名下信用卡的真实欠款记录，并非捏造，故不构成侵害原告名誉权的行为。同时，名誉权受损害的损害后果应当是造成原告的社会评价降低，但是，中国人民银行的征信系统是一个相对封闭的系统，原告的信用记录并未在不特定的人群中进行传播，不会造成其社会评价的降低。故法院未支持原告的主张。其实在该案中，原告的名誉可能并没有受到影响，但其涉及信用的名誉权确实受到了侵害。

第四，两者的救济方式不同。侵害自然人的名誉权往往导致精神损害，而侵害自然人的涉及信用的名誉权，虽然也可能导致精神损害，但通常主要导致财产损失。涉及信用的名誉权本身不能用金钱衡量，信用评价机构对涉及信用的名誉权主体的信用评价虽然有优劣之分，但是却不能通过一定的方法直接换算成一定的金钱价值。② 然而，一旦侵害涉及信用的名誉权，受害人遭受的损害往往体现为失去了从事交易或者获得贷款的机会等，这些均属于财产损害，在这一点上，侵害涉及信用的名誉权产生的损害结果与侵害名誉权等其他人格权产生的损害结果具有明显的不同。另外，侵害涉及信用的名誉权与名誉权虽然都可以采用修复信用或者恢复名誉的方式予以救济，但二者的救济方式存在一定的区别，对名誉权的恢复主要采用消除影响、恢复名誉的方式予以修复，而对涉及信用的名誉权的修复则主要通过更正相关的信用信息记录的方式予以修复。除损害赔偿的责任方式外，涉及信用的名誉权人对于信用信息记载错误导致信用评价不当的，也可以行使更正、删除

① 最高人民法院公报，2012（9）.

② 李新天，朱琼娟．论“个人信用权”——兼谈我国个人信用法制的构建．中国法学，2003（5）.

权等人格权请求权。但在侵害名誉权的情形下，极少采用更正等救济方式。

此外，信用评价处于不断的变化之中，对涉及信用的名誉权侵权的判定必须依据特定的时间点进行。信用评价是评价人对于特定权利主体在特定时间内的信用信息进行的评价。据以进行信用评价的信用信息处于不断的变化之中，因此基于这些信息的信用评价也势必依据这些变化而作出相应的变更。伴随着权利人不断从事交易、履约或违约，其信用评价不断发生变化。既往的履约或违约记录等，根据信用评价机构的评价规则，也可能在达到一定的期限后，不再被纳入评价体系。例如，《征信业管理条例》第 16 条规定："征信机构对个人不良信息的保存期限，自不良行为或者事件终止之日起为 5 年；超过 5 年的，应当予以删除。"因此，为了应对信用信息和信用评价的不断变化，对于侵害涉及信用的名誉权的判定首先必须明确判定的时间点，即判断造成损害的发生时间是否存在信用评价不当。没有造成损害的，应当通过更正、删除等手段进行救济。

二、民事主体可以依法查询自己的信用评价

《民法典》第 1029 条首先确认了民事主体享有对自己信用评价的查询权。所谓查询，是指信息主体有权查看其个人信用信息被收集后的状态以及被处理的情况，以了解信息控制者对信用信息的控制状态，确定其信用信息是否真实、准确、全面。民事主体可以依法查询自己的信用评价，这是涉及信用的名誉权的重要内容，只有保障该项权利的行使，才能全面保障涉及信用的名誉权的实现。目前相关征信服务机构已经建立了个人征信信息库，当事人有权查阅自己的信用信息，有关机构应当给予配合。《征信业管理条例》第 17 条规定："信息主体可以向征信机构查询自身信息。个人信息主体有权每年两次免费获取本人的信用报告。"这也是保护涉及信用的名誉权所必需的。

此处所说的民事主体既包括了自然人，又包括了法人。自然人的信用评价主要是指基于自然人的信用信息收集而对其信用作出的评价，如人民银行征信系统中的个人征信记录。法人的信用评价则主要是一些机构通过对法人履约纪录、资产状况等对法人的信用作出的信用评价，如一些单位对法人进行的评级等。上述信用评价均适用本条的规定。依据本条规定，只要信用评价发生不当，既可以请求采取更正、删除等手段，也可以直接向法院起诉要求承担民事责任。

《民法典》第 1029 条中的"依法查询"是指依据法律规定的程序进行的查询。不同的信用评价体系受到不同的规范约束。例如，对中国人民银行的征信系统的相关查询程序应该按照《征信业管理条例》的查询规则。《征信业管理条例》第 18 条规定："向征信机构查询个人信息的，应当取得信息主体本人的书面同意

并约定用途。但是，法律规定可以不经同意查询的除外。”该条规则就是对查询规则的规定。

本条中使用了“信用评价不当”的表述。信用评价本身只是一种意见的表达，因而与事实不同，其往往不涉及正确与错误，而主要是存在不当的情形。信用评价不当主要包括以下几种类型：一是收集的信息没有及时更新，导致评价不准确；二是遗漏重要信息，导致评价不当；三是缺乏事实根据的评价不当；四是算法歧视。算法往往是建立于大量来自社会现实的数据材料分析基础之上的，这就导致算法并非一种完全价值中立的活动，算法总是隐含了价值判断，此时算法中的价值判断如果显著失去公平就造成了算法歧视。① 由于算法歧视的存在，根据这一算法进行的信用评价结果就是不当的。

三、发现信用评价不当的，有权提出异议并请求采取更正、删除等必要措施

信用评价是征信机构对信用状况的客观描述，所以很难说信用评价有正确与错误之分，但其有可能存在妥当与不当之分。如果评价的相关信用信息有误，有可能导致评价不当。在市场经济社会，征信制度、黑名单制度的建立也都给个人信息的保护带来了挑战。在各种名目繁多的评级、企业自己建立的黑名单制度之下，若因信息失真导致评价不准确，不仅会造成对他人名誉、信用等的损害，也会影响他人正常的经营活动。因此，发现信用评价不当的，在法律上可以对其提供一定的救济。依据《民法典》第1029条，权利人有提出异议并请求采取更正、删除等必要措施的权利，以维护其信用利益。具体如下。

（一）提出异议权

如果权利人发现相关主体对其信用评价不实，或者虽然信用评价正确，但可能侵害其合法权益的，权利人即有权提出异议。《征信业管理条例》第25条规定：“信息主体认为征信机构采集、保存、提供的信息存在错误、遗漏的，有权向征信机构或者信息提供者提出异议，要求更正。征信机构或者信息提供者收到异议，应当按照国务院征信业监督管理部门的规定对相关信息作出存在异议的标注，自收到异议之日起20日内进行核查和处理，并将结果书面答复异议人。”

（二）请求更正权

民事主体发现信用评价不当或者侵害自己合法权益的，有权请求更正，《征信业管理条例》第25条第3款规定：“经核查，确认相关信息确有错误、遗漏

① 丁晓东．算法与歧视从美国教育平权案看算法伦理与法律解释．中外法学，2017（6）．

的，信息提供者、征信机构应当予以更正；确认不存在错误、遗漏的，应当取消异议标注；经核查仍不能确认的，对核查情况和异议内容应当予以记载。”信用记录实际上是大数据时代的产物，其通过互联网所支持的强大信息搜集、传播和查阅功能，让那些背负不良信用记录的人随时随地都面临资格上的限制。即使是征信机构，在征信过程中发生征信错误，导致信息失真，权利人也有权要求其更正、补充或修改，使自己的信用信息处于良好的状态。对于不正确、不完整的信用信息，当事人有权要求有关机构予以删除和更正。例如，如果某人被列入“黑名单”后，其已经改过自新，纠正了其失信的行为，则其可请求相关机构将其从“黑名单”中移除，以维护其良好的信用状态。[①] 例如，在一则案例中，原告在深圳鹏元个人征信系统和中国人民银行个人征信系统中，被记录有 8 次逾期还贷的记录。该记录有误，导致原告向银行借款遭到拒绝，因此原告向法院起诉，请求消除该不良信用记录。[②] 由此可见，对信用信息的不真实记载或歪曲，不论该信息是否已经公开，都将构成对他人涉及信用的名誉权的侵害。

（三）请求删除权

行为人对不当信用信息拒绝更正，以致对受害人造成不良影响。在个人信用信息记载不当的情形下，权利人有权请求行为人删除或者更正该信用信息，请求删除的原因主要在于：一是信息不当，如收集的信用信息不全面、不准确或者已经过时。二是信用评价不当，信用评价机构根据不当的信息，会作出不当的评价，对此应当予以删除。三是依据法律、法官所规定的原因删除。《征信业管理条例》第 16 条规定，征信机构对个人的不良信息的保存期限，自不良行为或者事件终止之日起为 5 年，超过 5 年的，应当予以删除。例如，在“马某诉中国农业银行股份有限公司郑州中原支行名誉权纠纷案”[③] 中，原告马某于 2000 年向农业银行贷款 16 万元，2002 年其与农业银行间的债权债务纠纷经人民法院裁判，后在该案的执行过程中双方和解，马某已经清偿了全部债务，但农业银行在时隔 9 年之后，仍拒不协助马某删除因该债务所产生、形成的银行不良信息记录，导致原告难以借款。法院认为，依据《征信业管理条例》第 16 条的规定，对该记录应当予以删除。被告的行为已经构成对原告名誉权的侵害，应当及时删除该信息。

如果行为人拒绝更正，也构成对他人涉及信用的名誉权的侵害。例如，在

---

① 张国栋．信用修复让黑名单管理更有效．北京晨报，2017－11－20：A23.

② 深圳首宗个人信用权案开庭．南方都市报，2007－04－10.

③ 河南省郑州市中级人民法院（2014）郑民二终字第 595 号民事判决书。

“朱某与尉氏县农村信用合作联社名誉权纠纷案”中，原告因被告的过错在银行信用系统中出现不良信用记录，在原告多次要求下，被告不予更正，给原告的生活和精神造成了严重影响，法院认为被告应承担相应的责任，被告应删除原告在银行系统中的不良信用记录。①

（四）其他措施

除上述救济方式外，权利人还可以采取其他如屏蔽、封锁等救济措施，只要相关措施有利于保护其信用利益，权利人即应当有权提出请求。在对信用信息进行错误记载或记载不全面、不客观的情形下，权利人有权要求征信机构予以删除、更正、补充。在收到权利人的通知以后，义务人应当在合理期限内采取措施，如果义务人不愿意进行相应的更正、删除、补充，法院就可以采取一定的措施予以强制执行，因此造成权利人损害的，权利人也有权请求行为人赔偿损失。

四、信用评价人应当及时核查和及时采取必要措施

信用评价人在收到权利人的请求权后，应及时核查，对于经核查属实的，应当及时采取必要措施。这就是说，针对特定的信用评价人所传播的不实的信用信息，权利人有权要求对这些不实信息进行删除、更正。在一定程度上，各种资格限制同样是向当事人施加的一种“不利后果”，这些不良信息的记载和公示，很可能给被记录者带来各种资格上的限制，如不能获得银行的贷款，无法预订高铁票、列车软卧和飞机票，无法报名参加旅游团等。由于征信信息是个人信用状况的集中体现，对信用记录进行错误记载或者擅自篡改、歪曲、隐瞒社会主体的信用信息，必将对社会主体的信用产生不良的影响。而且此类错误信息一旦公开，也将直接影响对当事人经济能力即信用状况的正确评价。②

信用评价人在征信过程中，如果发生征信错误，导致信息失真，权利人有权要求更正、补充或修改，使其信用信息处于良好的状态。对于不正确、不完整的信用信息，当事人有权要求有关机构予以删除和更正。中国人民银行《个人信用信息基础数据库管理暂行办法》第 8 条规定：“征信服务中心应当建立完善的规章制度和采取先进的技术手段确保个人信用信息安全。”征信服务机构应该根据商业银行报送的信用数据进行整理、保存乃至更改，不得擅自改动原始数据和其他个人信用信息，应对商业银行报送的个人信用信息进行客观整理、保存。商业银行发现其所报送的个人信用信息不准确时，应当及时报告征信服务中心，征信

① 河南省尉氏县人民法院（2013）尉民初字第 2649 号民事判决书。

② 王锐等．完善我国个人信用征信体系的法学思考．中国法学，2002（4）．

服务中心收到纠错报告应当立即进行更正。个人如果发现其信用信息记录有误，一旦提请更正，征信服务机构应当及时予以核实、更正。如果某人被列入“黑名单”后，其已经改过自新，纠正了其失信的行为，则可请求相关机构将其从“黑名单”中移除，以维护其良好的信用状态。①

由于信用是对个人参与经济活动能力的评价，直接具有经济利益因素，因而侵害信用利益，一般会带来财产利益的损失，尤其对经营者而言，常常在其涉及信用的名誉权遭受侵害之后，会直接遭受财产损害。② 所以，在侵害涉及信用的名誉权的情况下，要注重运用财产损害赔偿的方式对受害人进行救济。例如，因为权利人的信用受损，导致银行拒绝贷款，使其蒙受财产损失，或者使其产品滞销。对此种财产损失应当予以赔偿。此外，受害人为调查其信用受损害的行为所支付的合理费用也应当被纳入受害人财产损失的赔偿范围。当然，侵害自然人涉及信用的名誉权，也会对受害人造成精神痛苦，此时也就需要通过精神损害赔偿的方法加以救济。精神损害赔偿也应该作为侵害自然人涉及信用的名誉权的侵权责任的方式。

（撰稿人：王利明）

第一千零三十条

民事主体与征信机构等信用信息处理者之间的关系，适用本编有关个人信息保护的规定和其他法律、行政法规的有关规定。

本条主旨

本条是关于信用信息保护的规定。

相关条文

《征信业管理条例》第 2 条规定：“在中国境内从事征信业务及相关活动，适用本条例。本条例所称征信业务，是指对企业、事业单位等组织（以下统称企业）的信用信息和个人的信用信息进行采集、整理、保存、加工，并向信息使用者提供的活动。”

《征信业管理条例》第 13 条规定：“采集个人信息应当经信息主体本人同意，

① 张国栋．信用修复让黑名单管理更有效．北京晨报，2017－11－20：A23.

② 杨立新．民商法理论争议问题——精神损害赔偿．北京：中国人民大学出版社，2004：385.

未经本人同意不得采集。但是，依照法律、行政法规规定公开的信息除外。”

《征信业管理条例》第 14 条规定：“禁止征信机构采集个人的宗教信仰、基因、指纹、血型、疾病和病史信息以及法律、行政法规规定禁止采集的其他个人信息。征信机构不得采集个人的收入、存款、有价证券、商业保险、不动产的信息和纳税数额信息。但是，征信机构明确告知信息主体提供该信息可能产生的不利后果，并取得其书面同意的除外。”

《征信业管理条例》第 15 条规定：“信息提供者向征信机构提供个人不良信息，应当事先告知信息主体本人。但是，依照法律、行政法规规定公开的不良信息除外。”

《征信业管理条例》第 16 条规定：“征信机构对个人不良信息的保存期限，自不良行为或者事件终止之日起为 5 年；超过 5 年的，应当予以删除。在不良信息保存期限内，信息主体可以对不良信息作出说明，征信机构应当予以记载。”

《征信业管理条例》第 18 条规定：“向征信机构查询个人信息的，应当取得信息主体本人的书面同意并约定用途。但是，法律规定可以不经同意查询的除外。征信机构不得违反前款规定提供个人信息。”

《征信业管理条例》第 24 条规定：“征信机构在中国境内采集的信息的整理、保存和加工，应当在中国境内进行。征信机构向境外组织或者个人提供信息，应当遵守法律、行政法规和国务院征信业监督管理部门的有关规定。”

理解与适用

一、区分信用信息处理关系与信用评价关系

信用虽然具有财产因素，体现了一定的经济利益，但整体上仍属于一种人格利益。它与名誉一样，与主体的人格有着不可分割的关系。因为，一方面，信用作为一种评价，反映了社会对某个主体的价值认同，并成为主体享有的一定的精神利益，对许多自然人而言，其以追求社会对其很高的社会评价为行为目标，自然人取得良好信用的目的有时不是纯粹出于经济利益的考虑，很多情况下是出于一种精神上的需要。另一方面，信用本身就是对主体人格的某一方面的评价，信用与人格不可分离。“人而无信，不知其可也。”信用与主体的人格的社会认同具有很大的关联性，信用有助于个人人格的发展和培育。所以，其本质上仍然属于精神利益的范畴。

征信行为本身实际涉及两种法律关系。

第一，信用信息处理关系。本条旨在将民事主体与处理个人信息的征信机构之间的关系与评价关系区别开来。在本条的适用中，首先要区分收集的信息是个人信息还是单位信息，对于单位信息的处理不适用本条的规定，其原因在于，单位信息不适用个人信息保护规则。其次，要区分信用信息的处理，本条中的处理并不包括对信息的评价，而只是加工、保管等，如果针对基于收集的信息作出评价行为，则应当适用涉及信用的名誉权的规则，而不适用个人信息保护的规则。

第二，信用评价关系。在此需要区分基础信用信息与基于基础信息进行的评价。基础信息的错误应当适用个人信息保护的规则，但是基于基础信息进行的评价，应当属于信用权的范畴，适用信用评价规则。对于基础信息错误导致的评价错误，受害人既可以请求基础信息的更正，也可以以其信用利益遭受侵害为由向行为人提出请求。信用信息是信用评价的基础，通过算法将收集到的信息形成信用评价。信用信息主要是通过征信机构的处理，形成信用评价。但是信用信息不同于信用评价。信用信息仍属于个人信息，而信用评价则不再是个人信息，其属于涉及信用的名誉权的范畴。信用评价不仅限于征信评价，还包括了诸如淘宝网店的卖家信用评价等。收集信用信息本身有错误的，可以适用个人信息的更正删除进行保护。而如果是信用评价的错误，则应适用涉及信用的名誉权进行保护。

信用是一种客观的社会评价，即信用不是主体自身的、内在的评价和感觉，而是外部的社会评价。它是民事主体所具有的经济能力在社会上获得的相应信誉评价，也就是对特定主体的经济信赖的客观评价。① 正是因为对信用的评价是客观的，所以在确认是否侵害信用权时，必须考虑到社会对其信用能力的客观评价，不能仅仅依据权利人自身的估计来确定。信用的内容由多方面内容组成，信用一般不涉及对自然人政治态度、道德、技能、职业水平等方面的评价，而主要涉及对经济活动及其能力的评价，不仅仅是指对清偿能力的评价，还包括了偿债能力、履约态度、诚实守信等方面。但在信用中，其核心内容是偿债能力、意愿以及所获得的信赖程度的社会评价，也就是说，不仅涉及行为人偿债能力的客观评价，还涉及对行为人是否愿意偿债的主观意愿的评价。

《民法典》第1029条和第1030条区分了信用信息收集与信用信息评价，区分的主要原因在于；第一，二者是不同层面的问题。信用信息的收集是事实问题，主要关系信用信息的真实性与全面性的问题；而信用评价是意见表达问题，其并不涉及真实与否，而只涉及妥当与否的问题。第二，信息收集的主体与信用评价的主体也并不相同。信用评价主要是由信用评价机构作出的，而信用信息的

① 吴汉东．论信用权．法学，2001（3）．

收集主体则较为广泛，商业银行等金融机构均可能成为信用信息的收集者。目前，我国的征信机构主要包括四类：一是政府部门所属的征信机构，如中国人民银行征信中心；二是中资征信公司，主要从事信用调查和风险管理等业务；三是外资征信公司；四是正在试点的个人征信机构。随着征信事业的发展，还可能出现其他征信机构，这些征信机构都应当受到本条规定的约束。第三，所适用的法律规定不同。信用信息的收集、处理与一般个人信息的收集、处理并无本质的区别，应当适用一般个人信息的保护的规定。如果征信机构作为信用收集者，在收集中违反法律规定，未经同意或违法收集了如宗教信仰、基因信息等敏感信息和生物识别信息等，权利人应当适用《民法典》第1036条等的规定，请求收集者或控制者及时删除。但有关信用的评价实际上涉及对民事主体的信用权的保护问题，应当置于信用权中规定。在评价结果不当是因为信息收集有误而造成的时，就可能会产生竞合，此时既可以适用《民法典》第1029条，请求评价人采取更正、删除等必要措施，又可以适用《民法典》第1036条提出异议并要求更正。正是基于以上原因，立法者将信用信息的收集与评价进行了区分。

《民法典》第1029条实际上确认和保护民事主体的信用利益，其规定的是民事主体的信用维护权，即权利人有权维护自身的信用信息客观、完整、真实。与其他具体人格权不同的是，此种维护不是指受到侵害时的救济，而是涉及权利人对自己信用信息的积极维护。权利人有权依法查询自己的信用记录，如果发现相关主体关于自己信用记录的记载有误，则权利人有权提出异议，并有权请求相关主体采取更正、删除等措施。在权利人提出上述请求后，相关主体应当及时予以核查，发现信用记录记载不实的，则应当及时予以更正。严格地说，恢复信用和恢复名誉具有很多相似性，但恢复信用主要是指恢复对其经济方面积极评价的状态，而恢复名誉则是恢复社会公众对权利人的一般评价。从性质上说，信用维护权还是由个人对其信用信息的自主决定性所决定的。

二、民事主体与征信机构等信用信息处理者之间的关系，适用有关个人信息保护的规定

如前所述，征信机构依据其收集的信用信息进行评价，由于信用信息的收集、处理与一般个人信息的收集、处理并无本质的区别，因而应当适用一般个人信息的保护的规定。具体如下。

一是个人信息的处理应当遵守“知情同意”规则。《网络安全法》第41条规定：“网络运营者收集、使用个人信息，应当遵循合法、正当、必要的原则，公开收集、使用规则，明示收集、使用信息的目的、方式和范围，并经被收集者同

意。网络运营者不得收集与其提供的服务无关的个人信息，不得违反法律、行政法规的规定和双方的约定收集、使用个人信息，并应当依照法律、行政法规的规定和与用户的约定，处理其保存的个人信息。"《民法典》第1035条规定："处理个人信息的，应当遵循合法、正当、必要原则，不得过度处理，并符合下列条件：（一）征得该自然人或者其监护人同意，但是法律、行政法规另有规定的除外；（二）公开处理信息的规则；（三）明示处理信息的目的、方式和范围；（四）不违反法律、行政法规的规定和双方的约定。"

二是将个人信息与他人共享必须取得信息权利人的同意。《民法典》第1038条规定："信息处理者不得泄露或者篡改其收集、存储的个人信息；未经自然人同意，不得向他人非法提供其个人信息，但是经过加工无法识别特定个人且不能复原的除外。"

三是法律禁止收集的个人信息，不得收集。《民法总则》第111条规定："自然人的个人信息受法律保护。任何组织和个人需要获取他人个人信息的，应当依法取得并确保信息安全，不得非法收集、使用、加工、传输他人个人信息，不得非法买卖、提供或者公开他人个人信息。"《征信业管理条例》第14条规定："禁止征信机构采集个人的宗教信仰、基因、指纹、血型、疾病和病史信息以及法律、行政法规规定禁止采集的其他个人信息。"

四是不良消息的保管应当符合相关规定。《征信业管理条例》第16条规定："征信机构对个人不良信息的保存期限，自不良行为或者事件终止之日起为5年；超过5年的，应当予以删除。在不良信息保存期限内，信息主体可以对不良信息作出说明，征信机构应当予以记载。"

（撰稿人：王利明）

第一千零三十一条

民事主体享有荣誉权。任何组织或者个人不得非法剥夺他人的荣誉称号，不得诋毁、贬损他人的荣誉。

获得的荣誉称号应当记载而没有记载的，民事主体可以请求记载；获得的荣誉称号记载错误的，民事主体可以请求更正。

本条主旨

本条对荣誉权的保护规则作出了规定。

相关条文

《民法通则》第 102 条规定：“公民、法人享有荣誉权，禁止非法剥夺公民、法人的荣誉称号。”

《民法总则》第 110 条规定：“自然人享有生命权、身体权、健康权、姓名权、肖像权、名誉权、荣誉权、隐私权、婚姻自主权等权利……”

《侵权责任法》第 2 条规定：“侵害民事权益，应当依照本法承担侵权责任。本法所称民事权益，包括生命权、健康权、姓名权、名誉权、荣誉权、肖像权、隐私权、婚姻自主权、监护权、所有权、用益物权、担保物权、著作权、专利权、商标专用权、发现权、股权、继承权等人身、财产权益。”

理解与适用

一、荣誉权的概念和特征

所谓荣誉权，是指自然人、法人和非法人组织对自己所获得的以及可能获得的荣誉称号依法享有的不受他人非法侵害的权利。例如，在“刘某光与张某福等荣誉权纠纷上诉案”中，原告认为，被告在相应荣誉事实的记录文本中，并没有将原告的贡献及时反映在排名中，构成对其荣誉权的侵害，法院认为，原告的排名顺位并不涉及损害原告荣誉。[1] 在实践中，非法剥夺他人的荣誉称号，非法阻止他人获得某项荣誉称号，或通过诽谤、虚假举报的方式使他人所能获得的荣誉最终被取消，都应当构成对他人荣誉权的侵害。

荣誉权主要具有如下特征。

第一，主体包括自然人、法人和非法人组织。从本条规定来看，其在规定荣誉权的主体时使用了“民事主体”这一表述，这表明，荣誉权的主体并不限于自然人，法人和非法人组织也可以享有荣誉权。例如，法人和非法人组织因对社会有特殊贡献，也可能被有关机关授予特定的荣誉，其也可以对该荣誉享有荣誉权。

第二，客体是荣誉。所谓荣誉，是指民事主体根据一定的程序或标准而由有关机关作出的一种积极、肯定的评价。荣誉通常具有如下几个特征：一是荣誉是一种积极的、肯定的评价。也就是说，荣誉本身带有一种褒奖的特点[2]，在这一

① 新疆生产建设兵团第一师中级人民法院（2015）兵一民终字第 00041 号民事判决书。

② 杨立新．人格权法．北京：法律出版社，2011：566.

点上，荣誉不同于隐私。隐私可能是积极的个人私密信息，也可能是消极的个人私密信息，而荣誉都是对个人积极的、肯定的评价。二是荣誉的获得需要民事主体实施一定的行为，而不是与生俱来的。三是它是依据一定的程序、标准所作出的评价。荣誉本质上是一种评价，即荣誉和名誉一样，都是社会对特定主体的一种评价，但荣誉与名誉不同。荣誉一般是有关组织和机构依据一定的程序给予特定人的评价。[①] 例如，每年一度评选的“感动中国年度人物”，就具有严格评选程序。再如，“国家科学技术进步奖”也都是按照一定的标准评选出来的。

第三，荣誉权是民事主体以自己的行为获得相关荣誉，荣誉是国家和社会组织等给予自然人或法人的一种特殊的美名或称号，荣誉的获得以主体实施了相关的行为为前提。例如，国家为了表彰自然人对保卫祖国和社会主义建设作出的突出贡献，授予其“战斗英雄”“劳动模范”称号，社会组织根据自然人某一方面的卓越成就，授予其“百花奖”等。荣誉的获得需要主体实施相关的行为，也正是因为这一原因，荣誉权并不是主体与生俱来的一项权利，其并不具有固有性，而且荣誉不是社会给予所有民事主体的评价，而是社会授予在各项社会活动中成绩卓越和有特殊贡献的民事主体的称号。

第四，荣誉权本质上是民事主体对其良好评价所享有的权利。荣誉权是个人对其荣誉称号所享有的权利，需要个人积极地实施一定的行为才能获得。此外，荣誉同时包含“评价”与“奖励”的内涵，即通过奖励的方式对个人的一种评价。[②] 当然，荣誉虽然也表现为有关机关对相关主体的奖励，但奖励只是一种形式和手段，其本质是有关机关对相关主体行为的一种积极、良好的评价。

二、荣誉权的性质

关于荣誉权的性质，有名誉权说、身份权说、特殊人格权说、非独立权利说等不同的观点。从比较法上看，有的国家立法也承认荣誉权为一项独立的民事权利。例如，《蒙古国民法典》第 7 条、《意大利刑法典》第 585 条至 595 条、《加拿大魁北克省人权与自由宪章》第四节等，都将荣誉权规定为一项独立的民事权利。[③] 根据法国相关的判例，侵害他人的荣誉构成侵权，受害人有权请求损害赔偿，甚至可能提起刑事诉讼。[④] 意大利区分了荣誉（onore）、礼节（decoro）和

① 佟柔．中国民法．北京：法律出版社，1990：489.

② 段先义．关于集体荣誉权的法律思考//徐继敏．法学探索：第 1 卷．重庆：西南师范大学出版社，2005：324.

③ 马特，袁雪石．人格权法教程．北京：中国人民大学出版社，2007：272.

④ CA Paris 8 October 1985，D. 1986 I. R. 190，note Lindon.

名誉（reputazione）。荣誉与一个人的总体的道德素质有关，礼节与其他素质有关，名誉与其在社会中的评价有关，三者都受侵权法的保护。[①] 西班牙曾发布了《西班牙对荣誉权、私生活权及个人肖像权的民事保护法》，其中专门对荣誉权作出了规定。由此可见，在比较法中，荣誉权已经成为一项独立的人格权。

笔者认为，由于荣誉权不是与生俱来的，而是以一定的社会关系为前提存在的，因而，荣誉权具有一定的身份权的特点。但是，从我国立法来看，1986 年《民法通则》就已经规定了独立的荣誉权，该法第 102 条规定："公民、法人享有荣誉权，禁止非法剥夺公民、法人的荣誉称号。"该法对自然人、法人的荣誉权作出了规定，实际上是肯定了荣誉权属于独立的人格权。《民法总则》也继受了《民法通则》的立法经验，该法第 110 条再次确认了自然人、法人、非法人组织享有荣誉权。2017 年，我国又颁行了《国家功勋荣誉表彰条例》等规范性文件，强化了对荣誉权的保护。因此，从立法层面看，荣誉权应当属于独立的人格权类型。正是在总结我国立法和司法实践经验的基础上，我国《民法典》人格权编专门规定了荣誉权。荣誉权在性质上应当属于独立的人格权，主要理由如下。

第一，荣誉权形式上是个人对其荣誉称号所享有的权利，但实质上是个人对其积极的、肯定的社会评价所享有的权利。在这一点上，荣誉权和名誉权比较类似，都是主体对其积极社会评价所享有的权利，即使认为荣誉属于一种特殊的名誉，也并不影响荣誉权作为一项独立的人格权。

第二，侵害荣誉权，可能造成权利人人格利益的损害，权利人有权主张精神损害赔偿责任。荣誉权是民事主体所享有的、任何人都不得非法侵害的一项人格利益。与名誉权类似，荣誉权也是个人对其积极、良好的社会评价所享有的人格权。在自然人荣誉权遭受侵害之后，权利人也应当有权请求行为人承担精神损害赔偿责任。

第三，与身份权不同，荣誉权具有对世性的特点。身份权是民事主体基于一定的伦理关系而享有的权利，具有相对性的特点，而荣誉权则是特定民事主体所享有的、任何人都不得非法侵害的权利，具有对世性的特点。这显然不同于身份权。[②]

第四，荣誉权也具有一定程度的专属性，也就是说，自然人所享有的荣誉是不可转让给他人的。荣誉只能授予特定的主体，所以它是不能转让的。在这一点

---

① 冯·巴尔，克莱夫．欧洲私法的原则、定义与示范规则：欧洲示范民法典草案：第 5－7 卷．北京：法律出版社，2014：334.

② 李丽峰，李岩．人格权从传统走向现代：理论与实务双重视角．北京：中国法制出版社，2007：188.

上，荣誉权也具有人格权的特点。

三、荣誉权不同于名誉权

荣誉权与名誉权具有密切联系，这主要表现在对荣誉权的侵害将会直接导致主体的名誉毁损。例如，无正当理由非法剥夺自然人的“劳动模范”和“先进工作者”等称号，或非法剥夺法人的“先进企业”等称号，将会影响社会公众对该自然人和法人的社会评价。此种情况表明，行为人的行为直接侵害的仍然是荣誉权，只是因为对荣誉权的侵害附带产生了对名誉权侵害的后果，对此一般仍然应当按侵害荣誉权处理。在实践中，侵害名誉权也会导致对荣誉权的侵害，例如，对某种荣誉称号的授予正处于酝酿、评审和审批阶段，某人极有可能获得该项荣誉，但他人的诋毁、中伤影响了评审人员的正确判断，致使其未获得该项荣誉。此种情况是否构成对荣誉权的侵害呢？笔者认为，从现行法律来看，侵害荣誉权仅限于非法剥夺自然人已经取得的荣誉称号，而不包括从事一定的行为影响荣誉称号的取得。故意诋毁、中伤他人以影响他人获取一定的荣誉称号，属于典型的侵害名誉权的行为，行为人应当承担侵害名誉权的责任。但荣誉权不同于名誉权，荣誉的获得、荣誉的保有、侵害荣誉权的方式以及荣誉权的救济方式等，均具有一定的特殊性，无法被名誉权所涵盖。二者的区别主要表现在以下方面。

第一，权利主体不同。名誉权是典型的人格权，民事主体均对其良好的社会评价享有名誉权。同时，名誉权是与生俱来的，具有强烈的固有性。而荣誉不是社会给予每个自然人或法人的评价，而是授予个人和组织在各项社会活动中成绩卓越和有特殊贡献的荣誉称号。荣誉权只能由那些在某一方面取得突出成绩和作出贡献并获得荣誉称号的主体所享有。因此，荣誉权不是为主体所固有的、所始终享有的，其需要主体实施一定的行为而获得。

第二，客体不同。荣誉权是对国家或社会组织授予某个主体的荣誉称号所享有的权利，是对主体在特定事件中的特定行为所作出的评价；而名誉权则是主体对其品行、能力等方面的良好社会评价所享有的权利。名誉是对人格价值的全面评价，是社会公众的评价，而不是某个行政机关和社会组织作出的评价；而荣誉则是因国家机关或社会组织对某一主体在某方面的成绩或贡献作出评价，并授予该主体一定的荣誉称号之后而产生的。主体在某一方面取得一定的成绩或作出贡献，即使未取得一定的荣誉称号，也仍然可以获得良好的社会评价并享有良好的名誉。可见，荣誉不同于名誉，难以为名誉所涵盖。① 当然，名誉与荣誉称号也

---

① 张新宝．名誉权的法律保护．北京：中国政法大学出版社，1997：43.

存在一定的联系，如获得某种荣誉称号，意味着主体在某一方面获得了良好的社会评价，而丧失某种荣誉称号，也会在一定程度上使其社会评价降低。从这个意义上讲，荣誉是一种特殊的名誉。①

第三，取得的方式不同。荣誉权是主体依据法律的规定，根据自己的劳动和贡献，并经国家机关或社会组织授予以后才能取得。例如，《人民调解法》第6条规定："国家鼓励和支持人民调解工作。县级以上地方人民政府对人民调解工作所需经费应当给予必要的支持和保障，对有突出贡献的人民调解委员会和人民调解员按照国家规定给予表彰奖励。"当调解委员会或调解员在工作中取得一定的成绩，各级人民政府可以根据一定的程序授予其荣誉称号。荣誉权必须是主体作出一定的行为和贡献以后，依规定的程序被授予荣誉称号方可取得。而名誉权则是法律规定每个主体所享有的权利，它是主体自产生或成立起就享有的、不需要主体作出一定的行为即可取得的权利。

第四，就评价主体来说，荣誉权的评价主体是特定的机构，不包括个人。荣誉权是因国家机关或社会组织对某一主体在某方面的成绩或贡献作出评价，并授予该主体一定的荣誉称号之后而产生的。名誉权的评价主体是社会一般人，而不是某个行政机关和社会组织作出的评价。

第五，消灭方式不同。名誉权是维护主体人格所必备的权利，一旦丧失，主体的独立人格也难以继续存在。但荣誉权则不同，主体不享有荣誉权并不影响其主体资格的存在与否。法律规定禁止非法剥夺自然人和法人的荣誉称号，但如果主体的行为表明，其不应当继续享有某种荣誉称号，或在违背了有关授予其荣誉称号的规定时，有关行政机关和社会组织可以依法剥夺其荣誉称号。此种剥夺尽管导致主体对该项荣誉权的丧失，但并不否定该主体独立人格的存在。

正是因为荣誉权与名誉权之间存在区别，所以，立法上应当将荣誉权规定为独立的人格权，并设置相应的保护规则，而不宜简单适用名誉权的一般规则。

四、侵害荣誉权的法律责任

从本条规定来看，侵害荣誉权的行为主要包括如下两种。

1. 非法剥夺他人荣誉称号

非法剥夺主要是指荣誉已经被授予后，没有正当理由或未经正当程序就剥夺某人的荣誉。例如，公示某人获得某称号，没有正当理由，就进行剥夺，或在荣誉称号公示后，没有合理原因，拒绝授予荣誉称号。但是，应该获评而未获评荣

---

① 柯昌信．审理荣誉权初探．法学，1991（2）．

誉称号的，则并不属于这一范围，因为这往往涉及某人是否应当获得某一荣誉称号的问题，很难适用荣誉权的规则。

2. 诋毁、贬损他人荣誉

这主要是指对他人所享有的荣誉进行诋毁贬损。侵害名誉权和荣誉权，造成的后果实际上是名誉的毁损。因此，正是由于这一原因，二者很难被截然分开，所以都被规定于《民法典》人格权编第五章之中。在出现诋毁贬损他人荣誉的情况时，可能构成二者的竞合，受害人既可以选择使用名誉权保护的规则进行救济，也可以选择使用荣誉权保护的规则进行救济。

本条第 2 款是关于人格权请求权的规定，荣誉权的请求权主要包括两方面内容：一是补充权，即对于应予记载而未予记载的，权利人有权请求补充记载。二是更正权，即对于记载错误的，例如荣誉内容的错误、荣誉等级的错误、获得时间的错误等，权利人有权请求更正。在这两种情形下，并不要求行为构成侵权，也不考虑行为是否具有过错或造成了损害，因此应注意请求权与侵权请求权的不同。

（撰稿人：王利明）

第六章

隐私权和个人信息保护

第一千零三十二条

自然人享有隐私权。任何组织或者个人不得以刺探、侵扰、泄露、公开等方式侵害他人的隐私权。

隐私是自然人的私人生活安宁和不愿为他人知晓的私密空间、私密活动、私密信息。

本条主旨

本条旨在说明隐私的概念和隐私权的效力。

相关条文

《民法总则》第110条规定："自然人享有生命权、身体权、健康权、姓名权、肖像权、名誉权、荣誉权、隐私权、婚姻自主权等权利……"

《侵权责任法》第2条规定："侵害民事权益，应当依照本法承担侵权责任。

本法所称民事权益，包括生命权、健康权、姓名权、名誉权、荣誉权、肖像权、隐私权、婚姻自主权、监护权、所有权、用益物权、担保物权、著作权、专利权、商标专用权、发现权、股权、继承权等人身、财产权益。"

《妇女权益保障法》第42条规定，妇女的名誉权、荣誉权、隐私权、肖像权等人格权受法律保护。禁止用侮辱、诽谤等方式损害妇女的人格尊严。禁止通过大众传播媒介或者其他方式贬低损害妇女人格。未经本人同意，不得以营利为目的，通过广告、商标、展览橱窗、报纸、期刊、图书、音像制品、电子出版物、网络等形式使用妇女肖像。

理解与适用

一、隐私的概念和内涵

本条首先确认了自然人享有隐私权，那么，什么是隐私呢？现代意义上的隐私概念最早由美国学者沃伦（Wallen）和布兰代斯（Brandeis）于1890年在其《论隐私权》一文中提出。① 在该文中，他们将隐私界定为一种“免受外界干扰的、独处的”权利。此后，隐私权日益引起学界、司法实务界的广泛关注，并为两大法系普遍接受。经过数十年的发展，隐私权已经成为一项重要的民事权利，美国法甚至将其作为一种宪法性权利予以保护。

就隐私概念而言，顾名思义，所谓“隐”，本意是指隐避、隐藏，也就是指私人生活或私人信息不愿为他人所知道，不愿向社会公开。所谓“私”，本意指个人的私密、私生活。隐私就是指与社会公共利益或他人利益无关的不愿他人打扰的私人生活、私密空间和他人不便知道的私人信息、私人活动，以及当事人不愿他人侵入或他人不便侵入的个人领域。当然，并非任何私人事务都属于隐私范畴。依据《民法典》第1032条第2款的规定，隐私是自然人的私人生活安宁和不愿为他人知晓的私密空间、私密活动、私密信息，内容极为纷繁复杂。这一概念不仅揭示了隐私的概念，而且明确了其具体内涵。

隐私具有如下特点：第一，从主体来看，隐私为自然人享有。法人性质上属于组织体，不可能享有隐私。② 第二，从内容来看，隐私包括生活安宁和私人生活秘密。私人生活秘密又可以分为私密空间、私密活动、私密信息。第三，隐私具有私人性，是与公共利益和公共事务无关的纯粹属于私人生活领域的信息和事务。人们在社会生活中生活，必须和他人产生一定的社会关系，但是每个人都有其不愿意公开的信息，只要无损于社会和公共利益，此种信息就应当受到隐私权的保护。③ 但对隐私的保护不能与公共利益和公序良俗发生冲突。第四，隐私具有非公开性，是与他人利益无关的纯粹属于自身的个人信息和事务。例如，披露自己与某人的恋爱史有可能涉及他人的隐私，因此有可能侵害他人的隐私权。隐私的非公开性，也称隐秘性。这就是说，隐私是个人没有公开的信息、资料等，是公民不愿公开或不愿让他人知道的个人秘密。④ 第五，隐私是一种人格利益，

① Samuel D. Warren & Louis D. Brandeis, The Right to Privacy, 4 Harv. L. Rev., 1890.

② 王众等. 隐私权若干法律问题初探. 云南大学学报法学版，2004（4）.

③ 杨立新. 人身权法论. 北京：人民法院出版社，2002：669.

④ 彭万林. 民法学. 北京：中国政法大学出版社，1997：161.

体现了人格尊严，应当受到人格权法保护。现代社会，私人事务形形色色，私人利益种类繁多，许多私人事务并不一定由法律调整、受隐私法的保护。例如，私人之间的会客、交往等活动，多由伦理、习惯调整，即便当事人不愿公开，也不一定需要法律保护。也有一些私人利益分别涉及财产、人身、知识产权等，应当分别受到财产权、身份权等多种权利保护，而不能将之一并归入隐私权的范畴。

具体而言，隐私包括如下几个方面的内容。

（一）私人生活安宁

私人生活安宁是指自然人享有的、排除他人对自己生活安定和宁静的不当打扰和妨碍的权利，包括日常生活安宁、住宅安宁、通讯安宁等。侵害私人生活安宁可能同时涉及私密空间、私密活动和私密信息。在美国，隐私权常常被认为是独处的权利，沃伦和布兰代斯最初即将隐私权界定为“生活的权利”（right to life）和“独处的权利”（right to be let alone）①，也即“一种个人信息免受刺探的权利（the right free from prying）”②。艾伦等教授认为，隐私的本质是不受打扰，它包括四种情形，即孤立状态、亲密关系、姓名保留和隐私保留。③ 这实际上就是认为，隐私的本质就是为了维护私人生活的安宁。在大陆法系，判例学说也时常将隐私权称为忘却权（right to oblivion），或者说是被遗忘的权利。此种权利允许个人享有与公共利益无关的发展个性所必要的安宁和清静。④ 德国联邦最高法院承认保持私人领域免受公共领域事物侵入的权利构成一般人格权的组成部分。⑤ 私人生活安宁的概念较为笼统、高度抽象，是为个人隐私权提供概括性保护的一项兜底性内容。

将私人生活安宁权作为隐私权的一项重要内容，为维护个人的独立人格、保障个人的生活幸福，提供了重要的法律保障。私人生活安宁是个人重要的“福利

---

① 美国学者和法官 Thomas M. Cooley 在其 1880 年出版的《侵权行为法论》（A Treatise on the Law of Torts）一书中，为说明契约行为领域不受政府之管制，提到了一项个人权利：“人身豁免”（Personal Immunity）。这项权利的内容为“不受打扰”（to be let alone），是为隐私权的前身。Thomas M. Cooley，A Treatise on the Law of Torts，Chicago：Callaghan & Company，1888，p. 29.

② 在美国某个案例中，大法官 Fortas 解释独处的权利就是“依照一个人的选择生活，除非有正当法律规定时，否则不受攻击、打扰、侵害。”Time，Inc. v. Hill，385U. S. 374，413（1967）（Fortas，J.，dissenting）.

③ 阿丽塔·L. 艾伦等. 美国隐私法：学说、判例与立法. 冯建妹等. 编译. 北京：中国民主法制出版社，2004：49.

④ Michael Henry，International Privacy，Publicity and Personality Laws，London：Butterworth，2001，p. 56.

⑤ MünchKomm/Rixecker，Anhang zu § 12 Das Allgemeine Persönlichkeitsrecht，Rn. 89 ff.

性利益”，是“美好人生的基本条件”[①]，是个人美好幸福生活的重要内容，也是重要的民生事项。维护私人生活安宁，就是维护个人自由和精神生活的自治，为人的个性的充分发展提供空间，使个人能支配私生活领域的各项事务。孟德斯鸠认为这是个人自由的重要内容。为了获得这种自由，政府有义务确保个人享有此种安宁。[②] 康德也认为，人是目的而非手段，但人具有“非社会性”的“动物本能”，这种本能必定驱使人们滥用自由，不断地干扰别人的安宁与幸福，因此，需要通过法律构建秩序，保护社会的和平与安宁。[③] 鉴于实践中存在大量的偷拍、偷录、垃圾短信、垃圾邮件、人肉搜索、非法泄露和倒卖个人信息等侵扰个人生活安宁的不法行为，为了保护个人的合法权益，维护个人的生活安宁，《民法典》第1032条承认生活安宁属于隐私的重要组成部分，并于《民法典》第1033条明文禁止非法进入、窥视、拍摄他人的住宅、宾馆房间等私密空间，非法拍摄、录制、公开、窥视、窃听他人的私密活动，非法拍摄、窥视他人身体的私密部位，《民法典》第1010条明文规定预防和禁止性骚扰，等等，这些都有力地维护了人们的精神利益，维护个人的生活安宁，有力地保障社会生活的安定有序，

私人生活安宁主要包括如下内容：一是日常生活安宁。这就是说，个人对自己的正常生活具有不受他人打扰的权利。如果非法跟踪他人、骚扰他人，将使他人处于一种时时被监控的状态，侵害他人的正常生活安宁，因此应当予以禁止。例如，某人雇用私家侦探对他人进行跟踪盯梢，即影响了他人的日常生活安宁。二是住宅安宁，即个人的住宅不受他人打扰，任何人不得经常无故敲门或者半夜在室外喧哗等。我国司法实践也对个人的住宅安宁加以保护，例如，在“泄露业主住址案”中，法院指出“自然人的住址属于自然人的个人信息，自然人的个人信息在本人不愿意公开的情况下属于个人隐私的范畴”[④]。三是通讯安宁。通讯安宁是指个人通讯不受他人打扰的状态。随着信息技术的突飞猛进以及销售观念和模式的转变，商家开始利用新型的信息技术进行大规模营销。例如，通过群发电子邮件、手机短信等方式，不加选择地向人们大量传播“垃圾信息”，使人们

① James Spigelman, The forgotten freedom: freedom from fear, International & Comparative Law Quarterly, 2010, 59 (3), pp. 543－570. 方乐坤. 安宁利益的类型和权利化. 法学评论，2018 (6).

② James Spigelman, The forgotten freedom: freedom from fear, International & Comparative Law Quarterly, 2010, 59 (3), 543－570. 方乐坤. 安宁利益的类型和权利化. 法学评论，2018 (6).

③ 陈乐民. 敬畏思想家. 北京：生活·读书·新知三联书店，2014：96.

④ 广东省深圳市宝安区人民法院（2010）深宝法民一初字第1034号民事判决书。

私人生活的安宁受到严重威胁。[①] 电话骚扰、短信骚扰是实践中典型的侵害私人生活安宁的行为。短信骚扰主要包括黄色短信的骚扰、商业性质短信的骚扰和中奖类诈骗短信的骚扰等。[②] 例如，在“罗某诉某保险公司隐私权纠纷案”中，法院认为，被告某保险公司非法收集、利用原告个人信息，多次致电原告推销车辆保险，侵扰了原告的正常生活，又拒不说明如何获取了原告的个人信息，造成原告精神损害，构成对原告隐私权的侵害。[③]

（二）不愿为他人知晓的私密空间、私密活动、私密信息

1. 私密空间

私密空间是指私人支配的空间场所。空间隐私权是指当事人就特定私密空间不受他人窥视、侵入、干扰的隐私权。隐私权所涉及的私密空间并不限于物理意义上的空间，只要是个人所生活的隐秘范围，如个人居所、旅客行李、学生的书包、口袋、日记、通信等，均为私密空间。作为隐私权客体的私密空间具有多重含义。

一是住宅等物理空间，这是私密空间最典型和最早的形态。在法律上，住宅空间属于物权的范畴，未经房屋所有人或合法占有人的同意，任何人不得非法闯入他人的住宅或进行非法搜索、搜查，否则，权利人可以请求行为人停止侵害、排除妨害，将闯入者驱逐出房屋。住宅是人们生活起居的住所，不仅属于物权的范畴，还是个人重要的私密空间。对私人所有或者占有的住宅空间，任何人都不得非法打扰。按照古老的谚语，“风可进，雨可进，国王不可进”，即便个人的住宅如草屋一般脆弱，也是不可侵害的。传统观点认为，“隐私止于屋门之前”，“住宅是个人的城堡”（a man’s house is his castle），这是英国法学家提出的法谚。住宅是个人所享有的隐私的重要组成部分。[④] 在古老的法律中，住宅是人们遮风避雨的场所。在习惯法中，即使是债权人也不得闯入债务人的房屋讨债，而只能等在屋外要债。《汉穆拉比法典》第 21 条也有禁止他人非法闯入住宅的规定。[⑤] 近几十年来，随着隐私概念的发展，住宅空间不仅仅受物权的保护，而且也受隐

---

① 国外已经存在针对垃圾邮件，个人用户以垃圾邮件的发件人破坏他人生活安宁和秩序、侵犯个人隐私权为由提起诉讼，要求其停止侵害并赔偿损失的案例。而法院支持了原告的诉讼请求，对有“垃圾邮件大王”之称的华莱士及其公司进行制裁。郭卫华，金朝武，王静．网络中的法律问题及其对策．北京：法律出版社，2001：180．

② 马军．报社广告有误电话扰民该赔 公民“安宁权”索赔有价．检察日报，2001－06－30：第3版．

③ 湖南省郴州市北湖区人民法院（2014）郴北民二初字第 947 号民事判决书。

④ Michael Henry，International Privacy，Publicity and Personality Laws，London：Butterworth，2001，p. 14.

⑤ Richard G. Turkington Anita，L. Allen，Privacy. Second Edition，West Group，2002，p. 9.

私权的保护。例如，在“美国诉卡罗（United States v. Karo）案”中，美国联邦最高法院认为，个人对其合法所有的房屋空间都享有合理的隐私期待，政府不能在无任何怀疑以及无任何令状的情形下在他人房屋之内使用电子设备探寻某物。① 住宅负载着权利人的精神利益，仅通过财产权的救济方式难以有效保护权利人。例如，行为人在闯入他人房屋后很快离开，该行为并没有造成权利人财产上的损害，但却造成了他人的精神损害（如震惊等）。空间隐私权概念的发展突破了传统上把空间作为有形财产予以保护的模式，可以通过精神损害赔偿的方式对权利人提供救济，这本身也体现了对个人人身自由和人格尊严的尊重。

二是住宅空间之外的其他私密空间，如宾馆的房间、汽车的后备厢、旅客行李、学生的书包、口袋、日记、网络空间等，均为私密空间。在美国的一个案件中，法院认为，采用任何高科技手段进行透视、扫描等窥探方式，或者只是挤压行李袋外表以探测袋内的物品，也应当构成对隐私权的侵害。②

三是私人的虚拟空间。私密空间传统上大都被认为是物理上的特定空间，属于物权法中不动产的保护对象，而现代社会随着互联网络的发展，出现了虚拟的空间，从而产生了虚拟空间中隐私权的法律保护问题。其实，凡是私人支配的空间场所，无论是有形的还是虚拟的，都属于个人隐私的范围。因此，空间隐私除了物理空间之外，还应当扩及电子空间等虚拟空间，保护网络环境中的通信秘密和通信自由，禁止影响他人在网络空间中的生活安宁是非常必要的。例如，电子邮件如今成为网络世界中最常见的通讯手段，侵入他人电脑系统非法窥探他人的邮箱③，或者非法查看他人的银行账户等行为④，即使不盗取信息，也构成对自然人隐私权的侵犯。

四是公共场所中的私密空间。传统观点认为，“隐私止于屋门之前”。而现代人格权的发展不仅使隐私的范围扩张到了空间隐私，而且从私人住宅扩及至公共空间。公共场所内的个人隐私不同于个人的私人住宅内的个人隐私，因为个人暴露于公共场所，其隐私已经受到了一定的限制，但此种限制不意味着在公共领域个人的隐私权完全丧失。例如，即使在公共场所意外露出内衣，也不得进行拍摄。⑤ 1999 年，德国联邦最高法院关于摩洛哥卡罗琳（Caroline）公主案的判决

① United States v. Karo，468 U. S. 705 (1984).

② Bond v. United States，529 U. S. 334 (2000).

③ Brinbaum v. United States，436 F. Supp. 967 (S. D. N. Y. 1977).

④ Brex v. Smith，104 N. J. Eq. 386，146 A. 34 (1929)；Zimmerman v. Wilson，81 F. 2d 847 (3 Cir. 1936)；Frey v. Dixon，141 N. J. Eq. 481，58 A. 2d 86 (1948)；etc.

⑤ Daily Times Democrat v. Graham，276 Ala. 380，162 So. 2d 474 (1964)．本案中原告在游乐过程中裙子被吹起，露出她的内衣，被告在此时拍摄了原告的照片。

也表明[1]，隐私也存在于公共场合。在通常情况下，工作场所、公共场所不是绝对的私密空间，不排除这些场所也具有相对私密空间的性质。[2] 因为一方面，虽然工作场所和公共场所并非由个人完全支配，但仍可能存在由个人支配的空间，如更衣室等。即使是在工作场所，与工作无关的私人隐私，雇主也不应予以干涉。如果雇主在工作场所利用闭路电视监视雇员，行为人在公共场所非法设置秘密的摄像头等，都可能构成对隐私的侵害。[3] 另一方面，即便是公共场所，在个人使用的时候，也有可能形成隐私。如个人使用公共厕所，禁止他人窥探。

但是，为了便于安全检查、保障安全生产、防止员工错误操作等目的，在必要范围内可以采取监控手段。例如，在生产的流水线上采取必要的操作监控。再如，法院在“杨某上诉崔某颖等隐私权纠纷案”的审理中指出：“学校进行安全检查时，原告衣橱个人物品则成为检查对象，已不属于杨某的个人隐私性质。检查行为系为学校公共安全的考虑，个人隐私权让位于公共安全。基于法益衡平的考量，本院认定此次检查行为不构成对杨某隐私权利的侵犯”[4]。但通过此种手段取得的信息资料不得用作其他目的，更不得非法公开。

2. *私密活动*

作为隐私权客体的私密活动主要包括如下几种。

(1) 通讯秘密。自然人的通讯秘密不受侵害。通讯秘密不同于通信秘密，“通信”在狭义上仅指信件的往来，而“通讯”包括信件、电子邮件、电话、电报等各种通讯方式。通讯秘密与通讯自由也不同，通讯自由保护的是自由通讯的权利，而通讯秘密主要保护的是通讯过程和通讯内容不受他人监听、截获的权利，是对这种通讯过程的秘密状态的保护，实际上也就是隐私权。因此在这一点上，它与自由权又有所区别。

法律保护个人的通讯秘密。一方面，禁止以窥视、窃听等物理或信息方式，以及群发电子邮件、垃圾短信、拨打垃圾电话等其他信息技术方式，骚扰他人私人生活安宁。发送人应当为被发送人提供选择接收信息与否的机会，被发送人有权要求对方将自己的名字从群发名单中删除，经拒绝后继续发送的，行为人应当承担法律责任。另一方面，通讯中包含的秘密已属于通讯秘密的组成部分，应作为通讯隐私受到保护。例如，在“钱钟书书信著作权及隐私权侵权案”[5] 中，中

① BGHZ 128，1.

② Katz v. United States，389 U. S. 347 (1967).

③ President District Court Roermond，12 September1985，KG 1985，299.

④ 北京市第三中级人民法院（2016）京 03 民终 9992 号民事判决书。

⑤ 北京市高级人民法院（2014）高民终字第 1152 号民事判决书。

贸圣佳公司发布已故著名学者钱钟书书信手稿拍卖公告，法院认为，由于书信内容涉及杨季康的个人隐私，因而他人对该书信的使用不得构成对其隐私权的侵害。被告的行为构成了对杨季康隐私权的侵害，因此判决被告停止侵权、赔偿原告经济损失及精神损害抚慰金，并赔礼道歉。再如，在"刘某某与家宝产品设计（深圳）有限公司隐私权纠纷案"中，法院认为，"隐私权是指自然人享有的对自己的个人秘密和个人私生活进行支配并排除他人干涉的一种人格权。隐私权包括个人的安宁权、个人的信息保密权、个人通讯秘密权……被告未经原告同意，擅自拆封原告邮件，客观上侵犯了原告的通信自由，损害了原告的隐私"①。

（2）私人谈话、住宿、旅行等私人活动。个人在社会生活中的私人活动也是个人的重要隐私。私人谈话信息隐私是指个人在交流过程中所产生的不愿为公众所知的隐私，即个人在进行私人交流时，其中可能涉及一些私人不愿为他人知晓的信息，个人对此种谈话内容应当享有不受不法干涉和偷听的权利。就私人谈话而言，如果行为人偷听他人谈话活动，即便没有听到他人的谈话内容，也应当构成对他人私密活动隐私的侵害。如果行为人偷听他人谈话活动并了解了谈话内容，则可构成对他人私人信息隐私的侵害。谈话隐私保护的并不是谈话行为本身，也并非保护谈话的自由，而是保护谈话中交流的个人不愿公开的信息。谈话隐私必须具有隐匿性，如在新闻发布会上主持人与记者之间的一问一答就不是谈话隐私。② 但对谈话隐私的保护要考虑按照社会一般人的标准加以判断。③ 未经本人许可，不得擅自将他人的谈话上网、擅自录制并透露他人的私人谈话，也不得对外公布他人的谈话录音。除了私人谈话，行为人未经许可擅自收集他人的私密活动信息的，如收集他人的旅行记录、住宿记录等，也应当构成对他人私密活动隐私的侵害。例如，"狗仔队"④ 非法跟踪明星的行踪，记录明星的私人活动，并雇专人搜索明星的机票信息、出行记录等，此种行为实际上可能已经构成对私

① 广东省深圳市福田区人民法院（2012）深福法民一初字第727号民事判决书。

② 阿丽塔·L. 艾伦等. 美国隐私法：学说、判例与立法. 冯建姝等译. 北京：中国民主法制出版社，2004：132.

③ 霍尔斯特·埃曼. 德国民法中的一般人格权制度. 邵建东等译//梁慧星. 民商法论丛：第23卷. 香港：金桥文化出版（香港）有限公司，2002：453.

④ "狗仔队（Paparazzi）"一词源自意大利籍摄影师 Signor Paparazzo。20世纪50年代末，报纸杂志的编辑对于明星名人在影楼所拍摄的"样板"照感到厌倦。Signor Paparazzo 遂与同事偷拍名人隐私，拍摄地点主要是达官贵人喜欢光顾的罗马著名茶座 Via Veneto，并成功拍得被逐埃及国王法鲁克在罗马韦内托大道推翻桌子，还有与年轻女明星鬼混的已婚男演员挥拳猛击摄影师等照片，大受欢迎。现在则通常指那些骚扰社会名流并且拍摄涉及私人生活的照片，高价出售给媒体的行为。

人活动的侵害。[①]

3. 私密信息

私人生活秘密的范围非常广泛，任何私人不愿意公开的信息都可构成私人的秘密信息。根据私密信息是否涉及他人，可以将其分为个人私密信息和共同私密信息。行为人未经许可擅自泄露、公开他人的私人信息的，将构成对他人隐私权的侵害。例如，在“孙某某诉中国联合网络通信有限公司上海市分公司侵犯隐私权纠纷案”中，法院认为，“原告孙某某签署了中国联通有限公司上海分公司CDMA 移动电话初入网登记表，提供了个人的姓名、地址、电话号码、身份证号等私人信息……被告将上述信息提供给具有独立法人资格的联通新国信通信有限公司之分支机构上海分公司……法院认定被告未经原告许可将其所知悉的原告的私人信息提供给他人的事实成立，被告的行为构成对原告隐私权的侵犯”[②]。

个人有权隐匿其私人秘密，只要这种隐匿不违反法律和社会公共道德，都应当受法律保护。因此，判断私人生活秘密是否属于隐私的范畴，应当从两个方面考虑：一是凡是涉及个人不愿为他人知道的信息，无论该信息的公开将会对权利人造成积极影响或是消极影响，也无论该信息是否具有商业价值，只要该信息是个人不愿意公开的，则都可能应当受到隐私权的保护。[③] 按照此种观点，个人有权决定某些私人信息或者事务完全与他人隔绝，抑或仅允许部分人知悉该信息或者事实。[④] 而知悉该信息或者事实的人可能是确定的，如特定亲密关系中的个人，也可能是不确定的，如在公共场所中知道个人身份的人。[⑤] 二是如果个人不愿公开的信息并非法律所要求必须公开的，则个人隐匿这些信息并不违反法律和公序良俗。这就是说，虽然某些信息是个人信息，但如果此类信息属于应当依法予以披露和公开的范围，则不属于隐私权的保护范畴。例如，如果相关主体依法负有公开个人财产的义务，此时，其有关的财产信息即不再是隐私权的客体。一般而言，私密信息主要包括如下几种。

---

① Galella v. Onassis 487 F. 2d 986 (2rd Cir. 1973). 在本案中，原告加列娜 Galella 是一名自由摄影师，其多次接近并且干扰被告及其孩子的正常生活，并且拍摄照片。而被告是美国前总统肯尼迪的遗孀，依照美国法律，其生活由特工提供保护。Galella 的行为导致他被特工人员的阻止，并且被逮捕。Galella 便向被告提起诉讼，称其对原告实施了错误的逮捕并恶意对原告提起诉讼。

② 上海市浦东新区人民法院（2009）浦民一民初字第 9737 号民事判决书。

③ 张新宝．隐私权的法律保护．北京：群众出版社，2004：8-9.

④ Roos, The Law of Data (Privacy) Protection: A Comparative and Theoretical Study, 2003, p. 556.

⑤ Neethling, JM Potgieter & PJ Visser, Neethling's law of personality, LexisNexis South Africa, 2005 p. 31.

第一，个人的生理信息。生理信息包括个体先天得来的一切遗传信息和后天成长发育过程中形成的有关信息，如个人的身高、体重、血型、肤色、长相、性别等。在各种生理信息中，个人的基因信息是最为核心的生理信息。[①] 肖像本身不是隐私，但也可能涉及生理隐私。个人的生理信息还包括个人的生命信息和遗传基因等信息，禁止任何人以非法手段获取、利用他人的生命信息和遗传基因。依据《最高人民法院关于审理利用信息网络侵害人身权益民事纠纷案件适用法律若干问题的规定》第 12 条的规定，网络用户或者网络服务提供者利用网络公开自然人基因信息等信息的，构成对他人隐私权的侵害。该条对基因隐私的保护作出了规定。我国司法实践也通过隐私权对个人的生理信息提供保护。例如，在"刘某某等上诉隐私权纠纷案"中，法院认为，"乐视公司将属于刘某某的个人信息秘密，以视频形式对外发布，其内容不仅涉及刘某某姓名、籍贯，还涉及其个人私密身体健康及社会敏感事件……未经授权、核实转载他人私密信息的，属于散布、公开、披露了他人隐私秘密，构成侵犯刘某某的隐私权，依法应当承担民事责任"[②]。

第二，身体隐私。身体隐私是指不愿对他人公开的身体的各个部位，尤其是性器官、有残疾的部位等。保护个人的身体隐私并不意味着身体的每一个部位都是不能公开的，但个人的身体敏感区域可能关系到个人的名誉、贞操，尤其是对女性而言，身体的隐私更为重要，应当受到隐私权的保护。《民法典》第 1033 条在列举侵害隐私权的典型形态时，特别规定，"拍摄、窥视他人身体的私密部位"构成对他人隐私权的侵害。

当然，对身体隐私的侵害不仅包括公开个人不愿意公开的身体部位，也包括公开个人的裸体照片。裸体照片也涉及个人的身体隐私，因此即使人体模特允许他人临摹其身体，也并不意味着其允许他人向公众暴露其身体隐私。行为人未经许可擅自公开他人身体隐私的，将构成对他人隐私权的侵害。例如，在"唐某某诉黄某玲侵犯隐私权案"中，法院认为，"被告黄某玲强行闯入原告唐某某住所并拍摄原告唐某某与唐某夜宿裸照的行为，属非法侵入他人私人生活空间、私拍他人私人生活镜头的行为，给原告唐某某享有的隐私权益造成了侵害，依法应当承担相应的侵权民事责任"[③]。

第三，健康隐私。个人的身心健康状况是个人隐私的组成部分，尤其是在个

---

① 李秀芬．论隐私权的法律保护范围．当代法学，2004（4）．

② 北京市第一中级人民法院（2016）京 01 民终 3257 号民事判决书。

③ 广东省深圳市宝安区人民法院（2010）深宝法民一初字第 244 号民事判决书。

人身患疾病的情形下，其本人一般不愿意公开其健康隐私，否则可能影响其社会交往，甚至使其遭受他人歧视。健康隐私历来受到法律保护。早在公元前 4 世纪，希波克拉底誓言中就包括了应对病人健康隐私进行保密的誓言。1810 年，法国刑法典规定了违反医疗保密将被处以罚金和监禁。对患者的健康隐私保密已经成为国际上普遍承认的医师伦理。例如，《日内瓦宣言》提出："病人吐露的一切秘密，我一定严加信守，决不泄露。"在现代社会，个人健康隐私的重要性日益凸显，已经成为个人的核心隐私。健康隐私的对象并不限于病历记载的内容，其还可能产生于医患交流和医疗行为过程中。健康隐私的范围要大于患者隐私的范围，即便个人未罹患疾病，其健康信息也应当属于隐私权的保护对象。尤其是对身患传染性疾病或者隐秘性较强的疾病，如肺炎、肝炎、宫外孕、肿瘤疾病及性病等，患者更是不愿意暴露自己的相关健康隐私信息，以免造成他人的恐惧和误解。① 对一些经营者而言，其健康状况还可能影响其经济来往和企业信誉。个人的健康隐私一旦泄露，不仅会侵害个人的隐私权，而且可能对其亲属、家族的隐私产生不利影响。正因如此，我国有关法律和司法解释对个人的健康隐私保护作出了规定。例如，《最高人民法院关于审理利用信息网络侵害人身权益民事纠纷案件适用法律若干问题的规定》第 12 条规定："网络用户或者网络服务提供者利用网络公开自然人基因信息、病历资料、健康检查资料、犯罪记录、家庭住址、私人活动等个人隐私和其他个人信息，造成他人损害，被侵权人请求其承担侵权责任的，人民法院应予支持。"

第四，财产隐私。个人对其财产所享有的权利属于财产法的调整对象，而不应当属于隐私权的范围。但个人的财产状况，应当属于隐私权的保护对象。例如，个人在银行有多少存款，个人有多少动产和不动产，以及在哪些地方拥有财产等，除法律要求个人必须予以披露的外，都应当属于个人隐私。即便是法律规定个人必须如实申报自己的个人财产状况，也并不意味着该财产信息不再受隐私权的保护，相关主体仍应当对个人的财产状况尽到保密义务，擅自泄露或者公开的，仍应当构成对他人隐私权的侵害。例如，个人在申请办理房屋登记时需要提交相关的财产证明文件，但登记机关不得擅自披露申请人的财产状况。《民法典》第 219 条规定："利害关系人不得公开、非法使用权利人的不动产登记资料。"当然，在个人依法负有公开其财产状况的义务时，其相关的财产状况信息就不再受隐私权的保护。

第五，家庭隐私。家庭隐私是以家族关系、血缘关系、婚姻关系为基础形成

① 曲直．留给隐私多大空间．北京：中华工商联合出版社，2004：95.

的隐私，具体包括家庭成员的情况、婚姻状况（如离婚史等）、是否为过继、父母子女关系及夫妻关系是否和睦、个人情感生活、订婚的消息等。个人的婚姻状况是个人重要的隐私，他人未经许可不得擅自公开。但如果个人自愿将其婚姻状况公开，则相关信息即不再受隐私权的保护。例如，在“杨某某与沈阳日报社肖像权、名誉权、隐私权纠纷案”中，法院认为，“上诉人明知报社记者欲拍摄单亲家庭的照片而同意拍摄并同意在报纸上刊登，无论是为解决生活困难还是为文章作配片，都证明上诉人已默认将其婚姻状况公开”，因此，被告不构成对原告隐私权的侵害。①

有学者认为，家庭隐私实际上是共同隐私。② 笔者认为，虽然家庭隐私涉及多个家庭成员，具有一定的特殊性，但其仍然涉及个人的私人生活，本质上仍然属于个人隐私。当然，家庭隐私与单个个人的隐私相比，仍有一定的差别。单个个人的隐私更多地侧重本人具有私密性的生活或历史信息，而家庭生活则更侧重其与家庭成员之间的生活或历史。由此可以看出，家庭生活一词在相当程度上关涉其他的家庭成员。从这个角度来看，如果擅自披露某公众人物家庭的其他成员的私人信息或者私人生活，仍然侵犯了该公众人物的隐私。

第六，基因隐私。基因是具有遗传效应的DNA分子片段，是人类基础的遗传信息单位，它决定着一个人由生到死的整个生命过程，决定着一个人所有的生理特性和行为特征。③ 基因隐私是指个人对其私人基因信息所享有的控制支配的权利。④ 基因中存在个人甚至其家庭的重要生理隐私，因为基因中记载了个人的遗传密码等生命信息，而且也可以从基因中了解个人的疾病史。对基因信息的披露将对个人的生活产生重大影响，如保险公司不愿意为他们在医疗、意外、伤害、人寿方面作保，用人单位也不愿意接收他们等等⑤，所以保护基因隐私非常重要。正是因为这一原因，有的国家专门制定了基因隐私保护的立法，如瑞士的《人类基因检验法》、美国的《反基因歧视法》、德国的《人类基因检测法》、葡萄牙的《个人基因信息和医疗信息法》以及奥地利的《基因技术法》等。在我国，个人的基因信息既是个人的敏感信息，又是个人的核心隐私，个人的生命信息和遗传基因受法律保护，禁止任何人以非法手段获取自然人的生命信息和遗传

① 辽宁省沈阳市中级人民法院（2005）沈民（1）权终字2026号民事判决书。

② 张新宝．隐私权的法律保护．2版．北京：群众出版社，2004：218.

③ 李文，王坤．基因隐私及基因隐私权的民事法律保护．武汉理工大学学报（社会科学版），2002(2).

④ 张宏．基因隐私权的法学思考．河北法学，2006(9).

⑤ 李春秋．当代生命科技的伦理审视．南京：江苏人民出版社，2002：88.

基因。

我国司法实践中也出现了基因隐私的相关纠纷。例如，在“中国基因歧视第一案”中，原告因在某市公务员考试体检中被查出“携带地中海贫血基因”而遭拒录，后其将该市人力资源和社会保障局告上法庭。在一审败诉后，原告又提出了上诉，后该市中级人民法院作出终审判决，驳回上诉，维持原判。[①] 该案也提出了个人基因隐私保护的问题。基因隐私具有如下特征：一是具有身份识别性。基因中包含了个人的生命遗传信息，基因组图将记录一个生命的全部奥秘和隐私，对个人身份具有一定的识别性，随着基因技术的发展，基因隐私将越来越重要。[②]“每个人只要抽一滴血，胎儿抽取少许羊水，就会让人的遗传密码曝光。”[③] 基因信息的泄露将导致个人的未来生活部分或全部地暴露在公众面前。如果死者携带了某种带有社会烙印的变异基因，该信息一旦被泄露，则被怀疑携带有同种变异基因的死者近亲属可能会遭受社会的“基因歧视”，承受社会的不公正对待。[④] 二是具有私密性。由于具有血缘关系的亲属之间的基因信息具有一定的相似性，因而通过一个人的基因信息可以推测出与其具有血缘关系的亲属的基因信息。因此，有观点认为，与其他私密信息相比，基因隐私更为私密。基因信息具有私密性。[⑤] 个人享有其基因信息不为他人知悉的权利，行为人未经许可，不得擅自公开他人的基因信息。三是基因隐私应当受到隐私权和个人信息权的双重保护。一方面基因隐私属于个人的私密信息，应当受到隐私权的保护，另一方面基因隐私也是具有重要价值的社会资源[⑥]，个人的基因信息也应当受到个人信息权的保护[⑦]，如对于掌握个人基因信息的相关主体而言，权利人有权依据《民法典》第 111 条请求其采取必要的措施，保障个人基因信息的安全。

第七，个人经历隐私。个人经历隐私是指个人对其以往的生活经历所享有的隐私权，包括个人的婚姻史、过去的恋爱经历、交友的经历、工作履历等。关于个人历史上的犯罪记录是否可作为隐私受到保护，在学界还存在争论。个人经历隐私具有一定的可利用性，例如，个人可以将其个人经历写成小说，或者改编成

① 唐梦．中国基因歧视第一案考生终审败诉 再检结果一致．南方日报，2010－09－06．

② 李春秋．当代生命科技的伦理审视．南京：江苏人民出版社，2002：72．

③ 李震山．胚胎基因工程之法律涵义．台北：台湾大学法学院“基因科技之法律规则体系与社会冲击研究研讨会”论文．

④ 罗胜华．基因隐私权研究//易继明．私法研究：第 2 辑．北京：北京大学出版社，2003：112．

⑤ George J. Annas & Leonard H. Glanz & Patricia A. Roche. Drafting the Genetic Privacy Act：Science，Policy and Practical Considerations. Journal of Law，Medical & Ethics，1995，23．

⑥ 张宏．基因隐私权的法学思考．河北法学，2006（9）．

⑦ 秦天宝，虞楚箫．基因隐私的法律保护限度．江西社会科学，2015（9）．

其他文学、艺术作品等。个人的经历在性质上也属于个人的生活秘密，不论该个人经历是否会贬损个人的名誉，其都应当受到法律的保护，未经本人同意，禁止非法窥视、窃听、刺探、窃取、偷录、偷拍、公开他人的私人信息。

第八，其他有关个人生活的私人信息。这主要包括自然人的姓名、职业、工作地点、交友范围、消费偏好、住址、住宅、电话、民族、宗教信仰、日记和其他私人文件等，这些信息未经许可，不得被加以刺探、公开或传播。未经本人同意，不得擅自公开他人的书信内容。例如，在“庞某某与北京趣拿信息技术有限公司等隐私权纠纷案”中，法院认为，自然人的基因信息、病历资料、私人活动等是属于隐私信息的，本案原告被泄露的上述诸信息中，“其行程安排无疑属于私人活动信息，从而应该属于隐私信息，可以通过本案的隐私权纠纷主张救济”①。

二、隐私权的概念和特征

《民法典》第1032条第1款规定：“自然人享有隐私权。”在确定隐私的内涵之后，隐私权的概念也就自然确定了。结合《民法典》第1032条第2款的规定，隐私权是自然人对其私人生活安宁和不愿为他人知晓的私密空间、私密活动、私密信息所享有的权利。隐私权的特征主要体现在以下方面。

1. 权利主体是自然人。依据《民法典》第1032条第1款的规定，隐私权只能由自然人享有，而不能由法人享有。隐私本身源于自然人的精神活动，体现了对个人的尊重和对人格尊严的维护，因此，隐私权的主体限于自然人，通常认为，法人不是隐私权的主体。法人在性质上属于组织体，不可能享有隐私权。②诚然，法人也享有商业秘密等不能对外公开的信息，但这些秘密本质上不属于隐私的范畴，而主要具有财产的属性，可以通过商业秘密法、反不正当竞争法等法律来保护，而无须通过隐私权给予保护。③商业秘密不是一项人格权，而是财产权。而隐私权是一种精神性的人格权，隐私是和个人的精神利益联系在一起的一个概念④，它涉及的是个人的私人生活的安宁、独处等权利。

2. 客体是隐私利益。欧洲人权法院认为，“私人生活是一个十分宽泛的概念，无法给出一个详尽无遗的定义”⑤。这也说明了隐私权的内涵十分丰富。依据《民法典》第1032条第2款的规定，隐私在内容上包括私人生活安宁和不愿

① 北京市第一中级人民法院（2017）京01民终509号民事判决书。

② 王众等. 隐私权若干法律问题初探. 云南大学学报法学版，2004（4）.

③ 程合红. 商事人格权刍议. 中国法学，2000（5）.

④ 张新宝. 隐私权的法律保护. 北京：群众出版社，2004：13.

⑤ ECHR，Pretty v. The United Kingdom，Application no. 2346/02，29 April 2002.

为他人知晓的私密空间、私密活动、私密信息。从该条规定来看，其实际上是将私人生活安宁与不愿为他人知晓的私密空间、私密活动、私密信息作为隐私的两种类型。虽然二者都属于隐私的范畴，且侵害私密空间就可能构成对生活安宁的侵害，但严格地说，私人生活安宁与不愿为他人知晓的私密空间、私密活动、私密信息存在明显区别，具体如下。

一是客体不同。私密空间、私密活动、私密信息都强调相关利益的非公开性和隐秘性，只要是与公共利益无关的、个人不愿意为他人所知道的事务，均应当属于隐私权的范畴，其属于受法律保护的不受非法刺探和披露的“隐私”利益。但对私人生活安宁而言，其主要是指个人的住宅安宁、其他私人空间安宁、通讯安宁、日常生活安宁等，其客体是安定宁静、不受骚扰的生活状态。私密空间、私密活动、私密信息侧重于强调其私人性、隐蔽性和非公开性，而私人生活安宁则侧重于强调私人性和安宁性。例如，侵害或妨害私人生活安宁包括行为人非法采用各种方式刺探、窥探他人隐私，打扰他人正常的生活安宁，搜查、进入、窥视他人住宅等私人空间，特别是在现代社会，行为人利用高科技手段，如针孔摄像机、窃听器、网络摄像头等方式偷窥他人，是构成隐私权侵害的典型形态。采用上述手段收集他人私密信息，只要收集的行为构成对他人的生活安宁的侵害，则应当认定构成对个人生活安宁权的侵权。

二是内容不同。由于私密空间、私密活动、私密信息的核心在于“隐”，是权利人不愿为他人所知的私人信息、场所等，因而，其内容就是禁止他人非法收集、公开自己的信息，主要体现为禁止公开或披露。但对私人生活安宁而言，其内容并不表现为公开的问题，而体现为对他人私人生活安宁的尊重。私人生活安宁权在内容上主要包括排斥他人非法窥探私人事务，非法闯入他人私密空间，非法侵扰他人生活安宁，而非将他人私人生活秘密和私密信息非法公开。当然，二者之间也可能有一定的交叉。例如，在泄露个人信息的情形下，行为人非法收集他人的信息之后，不断通过电话、垃圾短信骚扰他人，既非法公开了他人的隐私，也影响了他人的私人生活安宁。

三是侵害的方式不同。就一般隐私的侵害而言，原则上主要是以公开的方式披露他人基因信息、病历资料、健康检查资料、犯罪记录、家庭住址、私人活动等个人隐私和其他个人信息。就侵害一般隐私权的方式而言，主要是非法收集和披露他人不愿对外公开的隐秘信息。[①] 但是对于侵害生活安宁而言，并不一定以公开的方式进行，也不一定涉及“秘密”的问题，其主要反映的是权利人不希望

① 张民安．侵扰他人安宁的隐私侵权．中山：中山大学出版社，2012：9.

自己的生活遭受他人的打扰和侵扰。这些侵害主要是采取偷窥、尾随、跟踪、窃听、刺探、电话和短信骚扰以及不可量物侵扰等方式展开的。[①] 严格来讲，只要实施了窥视、窃听、刺探等行为，无论是否获得了他人的私人生活秘密，都构成对他人私人生活安宁的侵害，即使并未将其获得的信息予以公开，也构成对隐私的侵害。行为人无论出于何种动机从事窥视等行为，即便是出于好奇窥探他人隐私，只要打扰了他人的正常生活，就可能构成侵害生活安宁。此外，依据《民法典》第 1033 条第 1 项的规定，“以电话、短信、即时通讯工具、电子邮件、传单等方式侵扰他人的私人生活安宁”，构成对他人生活安宁权的侵害，此种电话和短信等骚扰，要借助通讯工具实现。

四是免责事由不同。在一般的隐私权中，如果没有向第三人公开相关的私人信息，则可能被免责；而就个人生活安宁权的侵害而言，只要行为人侵扰了他人的私人生活安宁，不论其是否公开了相关的私人信息，均构成对他人私人生活安宁的侵害。此外，基于正当的舆论监督等需要，可能需要收集和公开个人的私人信息等，因此，一般隐私权的保护可能需要妥善处理隐私保护与舆论监督等之间的关系。而对生活安宁而言，从实践来看，侵害私人生活安宁通常体现为行为人借助通讯工具恶意侵扰他人，其与舆论监督等并不存在直接关联。

当然，随着社会的发展，隐私的内涵也在不断地扩张[②]，包括了私人决定等权利，但就其最为核心和普遍的内容来看，仍侧重于对私人秘密和私人安宁的保护。同时，隐私的内涵也受到个人生活的特定区域、生活习惯、文化传统等因素的影响，并因这些因素的不同而存在差异。例如，生活在农业社会和生活在工业社会的人，对隐私的理解是不同的。这就决定了对隐私的内涵以及保护的程度都需要采用一种合理期待的标准进行衡量。[③] 也就是说，对隐私的侵害常常很难有客观的评价标准，哪种情况构成侵害隐私，哪种情况不构成侵害隐私，常常要根据社会习惯、合理人的标准等因素来判断。在这一点上，侵害隐私的构成要件与侵害其他人格利益的构成要件有所不同。

3. 内容主要包括隐私维护权、隐私利用权和隐私公开权。这就是说，隐私权的内容具有消极权能和积极权能两个方面。

从消极权能来看，权利人享有隐私维护权。所谓隐私维护权，主要是指权利人对自己的隐私所享有的维护其不受侵犯的权利。隐私维护权通常只有在隐私权

---

① 刘保玉，周玉辉．论安宁生活权．当代法学，2013 (2).

② 周悦丽．我国隐私权保护立法模式的选择与体系的构建．南都学坛，2004 (9).

③ Kyllo v. United States，121 S Ct 2038 (2001).

受到外来侵害时才发挥作用。在隐私权受侵害之后，权利人可以基于隐私维护权而提出相应的请求，具体体现在两个方面：一是在权利受到侵害的情况下，权利人有权直接向侵权人请求停止侵害、排除妨碍等，要求其不得非法收集、散布个人隐私。二是在权利受到侵害时，权利人有权请求司法机关予以保护。①

从积极权能来看，权利人享有隐私利用权和隐私公开权。一方面，所谓隐私利用权，是指隐私权人有权利用自己的隐私（如自己撰写传记、发表回忆录，或者利用自身的形象、形体进行绘画或摄影等）②，以满足自己精神上和物质上的需要，也包括允许他人利用其隐私。例如，向他人披露自己的经历，允许他人将其整理出版，或者允许征信机构、银行、保险公司等机构收集个人的信息，权利人也有权向这些机构申报自己的相关个人资料，并且对其个人资料享有知情、更正和删除的权利。在隐私的利用过程中，可能会带来财产性的利益。随着人格权商业化利用实践的开展，隐私权的商业利用价值日益凸显，权利人可以通过许可他人使用自己的隐私，从而获取合理的报酬。所以，隐私的利用权能也会日益突出。由于隐私的利用权在法律上具有一定的限制，但不能认为，凡属于个人的隐私，个人就可以随意利用。例如，利用自己的身体隐秘部位制作淫秽物品或者披露自己不道德的性生活隐私以提升自己的知名度等，如果这些行为违反了法律和公共道德，应予以禁止。另一方面，权利人享有隐私公开权。所谓隐私公开权，是指隐私权人在法律和道德的范围内有权公开自己的隐私，此种公开既可以是向特定人公开（例如，模特允许画家以其身体为对象进行绘画），也可以是向社会公开（例如，将自己过去的经历写成文章发表）。公开的方式可以是由自己亲自公开，也可以是允许他人公开。③ 从性质上说，隐私公开是隐私利用的一种方式，基于其重要性，也可以单独作为隐私权的一种权能。

4. 具有对世性和自主决定性。隐私权属于绝对权，其义务主体为除权利人以外的一切人，任何人都不得侵害权利人的隐私权，依据《民法典》第 1032 条第 1 款，任何组织或者个人不得以刺探、侵扰、泄露、公开等方式侵害他人的隐私权。这实际上就是从反面规定了隐私权的不可侵害性，通过列举侵害隐私权的行为，从而为他人设定了不得侵害隐私的义务，违反此种义务，将承担法律责任。这些义务具体包括以下内容。

一是禁止刺探。所谓刺探，是指行为人未经许可擅自获取他人的私人活动、

---

① 武艳芬等. 浅谈隐私权被侵犯的法律救济. 山西省政法管理干部学院学报，2004（3）.

② 邓岩. 从精神损害赔偿的司法解释中谈对隐私权的保护. 辽宁公安司法管理干部学院学报，2004（1）.

③ 张革新. 隐私权的法律保护及其价值基础. 甘肃理论学刊，2004（2）.

私人信息等。布兰代斯（Brandeis）等人将隐私权界定为“一种个人信息免受刺探的权利（the right free from prying）”[①]，表明了享有隐私权的重要性。在行为人以刺探方式侵害他人隐私的情形下，无论公开隐私资料与否都会构成对隐私权的侵害。如果将刺探获得的信息披露给他人，给受害人造成损害的，也构成侵害隐私权。

二是禁止侵扰。所谓侵扰，是指行为人擅自侵入他人私人生活，影响他人私人生活安宁。侵扰行为主要侵害的是他人的私人生活安宁。1960年，美国的普洛塞（Prosser）教授将隐私权的内容归纳总结为四类情形，首先就是所谓的侵扰个人生活安宁（intrusion upon seclusion）[②]，包括窃听私人电话、跟踪尾随他人、偷窥他人行动等一切足以干扰他人私人生活安宁的行为。

三是禁止泄露。所谓泄露，是指行为人未采取相关的安全措施导致他人的私人信息被不当公开。行为人未经许可泄露他人的个人信息，也构成对他人个人信息权的侵害。个人有权控制其个人信息，也有权控制其个人信息的利用方式和传播范围，行为人未经许可非法传播他人个人信息的，将构成对他人个人信息权的侵害。

四是禁止公开。所谓公开，是指行为人未经他人许可擅自将其私人信息告知第三人。在行为人公开他人私人信息的情形下，行为人所持有的他人私密信息既可能是通过刺探等方式获得的，也可能是权利人自愿向其披露的，但只要行为人违背权利人意愿将其公开，即构成对他人隐私权的侵害。[③] 隐私权具有对世性和绝对性，禁止任何人跟踪、侵入、披露、非法利用个人隐私。

五是禁止采用其他方式侵害权利人的隐私权。例如，采用窥视、拍摄、非法收集、非法传播等方式侵害他人隐私。

隐私权本质上也是对自己的隐私利益的自主决定权。私生活自主是指与隐私有关的、不涉及公共利益的个人私生活应由自己自主决定，它要求个人能够选择自己的生活方式、决定自己的私人事务等。隐私权不仅包括消极地保护自己的权利不受侵害的内容，还包括权利人自主决定自己的隐私，以及对隐私进行积极利用的内容。权利人有权控制、决定自己的隐私是否公开，未经权利人允许，任何人不得非法披露他人隐私。但是，权利主体对自己的隐私有权加以利用或许可他

---

① Warren and Brandeis, The Right to Privacy, 15 Dec. 1890, vol. IV, NO. 5, Harvard Law Review, pp. 193－220.

② Willam L. Prosser, Privacy, 48 Calif. L. Rev., 1960, 389.

③ Restatement of the Law, Second, Torts, § 652D, Comment: a.

人利用，并决定利用的方式，以满足自己物质与精神方面的需要。① 权利人也有权决定在不违反法律和公序良俗的情况下，以正当的方式披露自己的隐私，从而对自己的隐私利益予以放弃。②

5. 具有可克减性。所谓可克减性，是指可出于维护公共利益等需要而对隐私权进行一定的限制。即使是最初提出隐私权概念的沃伦（Wallen）也认为隐私权是应该受到限制的。③ 在现代社会，隐私权的内容逐渐扩张，隐私的范围也越来越宽泛，但这并不是说隐私权是一种绝对不受限制的权利。因为隐私权就其实质而言，就是要界定个人事务和社会公共利益之间的关系，法律出于维护个人尊严和个人自由等方面的考虑，需要保护个人隐私。但是，法律需要从维护社会公共利益等方面考虑对个人隐私作出必要的限制。④ 在这一点上，它与生命健康权不同。生命健康权即使在紧急的情况下，也不得克减。隐私权的范围应当受到公共利益和公序良俗的限制，例如政府官员申报财产，其财产信息隐私应受到限制。在有关人权的国际或区域性条约或公约中，一般将隐私权规定为可克减的权利。例如，《公民权利和政治权利国际公约》第 4 条就规定："在社会紧急状态威胁到国家的生命并经正式宣布时，本公约缔约国得采取措施克减其在本公约下所承担的义务，但克减的程度以紧急情势所严格需要者为限，此等措施并不得与它根据国际法所负有的其他义务相矛盾，且不得包含纯粹基于种族、肤色、性别、语言、宗教或社会出身的理由的歧视。"这也说明隐私权具有可克减性。

三、我国隐私权制度的发展

我国传统文化中缺乏隐私权的观念，使隐私很难获得权利化保障，这与中国数千年农业社会中的生活方式与社会习惯息息相关。费孝通先生曾在《乡土中国》中指出，重人情是传统社会的固有特点。一个人对邻居家的老母鸡一天下几只蛋都很熟悉，小孩子都是邻居看着长大的，无所谓隐私的问题。应当看到，儒家学说也尊重家族小共同体，认为"夫妻之事不可言"，所谓"夫妇之情，人伦之本，此谓之正色"⑤，甚至发展出"亲亲得相容隐"的一套伦理规则，但其侧重点在于强调维护亲情伦理关系，而不在于强调保护个人的隐私，法律上也没有

---

① 武艳芬等. 浅谈隐私权被侵犯的法律救济. 山西省政法管理干部学院学报，2004（3）.

② 张新宝. 隐私权的法律保护：2 版. 北京：群众出版社，2004：17.

③ Hary Kalven，Jr.，Privacy in Tort Law-Were Warren and Brandeis Wrong?，31 Law & Contemp. Probs. 326，331（1966）.

④ 同②16.

⑤ 西周生：《醒世姻缘传》卷十五。

形成一套保护个人隐私的规则。以至于在 20 世纪 80 年代，学者在提及隐私权概念时，一般都将其理解为“阴私”，可见当时学界主要是从贬义上理解这一概念的。[①] 例如，1989 年版的《辞海》对隐私案件这样解释：亦称为阴私案件，涉及男女私生活、奸情或其他淫秽内容的案件。在这种时代背景下，人们很难形成现代意义上的隐私观念，隐私权很难成为一项法定的权利。[②]

随着改革开放的发展，我国社会逐渐从农业社会向工业社会转变，从熟人社会向陌生人社会转变。人口越来越集中，现代生活方式给个人生活带来越来越大的压力，人们对隐私日益敏感，现代社会中个人隐私的保护诉求越来越强，需要法律因应社会的需求。我国立法对隐私权的保护经历了一个曲折而漫长的发展过程，这实际上也是我国隐私权观念发展、转变的过程。

第一个阶段，类推保护模式，即主要通过类推适用名誉权的规则保护隐私。我国 1986 年《民法通则》虽然相对全面地列举了自然人所享有的各项具体人格权，但基于当时的观念，并没有对隐私权作出明确规定。我国司法实践虽然也保护个人的隐私利益，但主要是通过名誉权对其进行保护的。[③] 1988 年最高人民法院发布的《民法通则意见》第 140 条第 1 款规定：“以书面、口头等形式宣扬他人的隐私，或者捏造事实公然丑化他人人格，以及用侮辱、诽谤等方式损害他人名誉，造成一定影响的，应当认定为侵害公民名誉权的行为。”该司法解释开启了我国司法实践中通过名誉权保护个人隐私利益的先河。但此种模式并没有承认隐私权是一种独立的民事权利，实际上是采用类推适用的办法，将名誉权的规定类推适用到隐私保护之中，从而间接地保护个人隐私。例如，“陈某卿与缪某华名誉权纠纷案”就采取了此种做法。[④] 此种做法虽然可以为隐私保护提供依据，但也存在一定的问题，因为侵害个人的隐私利益并不当然损害他人的名誉，未必

---

① 《法学词典》编辑委员会．法学词典．上海：上海辞书出版社，1985：872.

② 马特．隐私权研究．北京：中国人民大学出版社，2014：167.

③ 例如，“李某强案”，最高人民法院中国应用法学研究所．人民法院案例选·2002 年第 4 辑．人民法院出版社，2003：178－187；“马某诉马村居民小组案”，参见海南省澄迈县人民法院（2007）澄民初字自 109 号民事裁定书，都是以名誉权为由对隐私权进行保护。

④ 该案大致案情为：2002 年 9 月左右，因怀疑原告与其他男性有不正当的关系及为达到与原告离婚的目的，被告分别在位于佛山市南海区的原告的住所和位于佛山市南海区的原告的工作场所秘密安装了 3 个电话录音器，偷录原告与他人的电话通话内容，偷录时间持续 10 日左右。后被告对被偷录的电话录音进行了剪接后制作成约 10 盒录音带，对原、被告的朋友进行播放，并将录音带交予他人。受害人向法院起诉，请求行为人承担责任。二审法院认为，本案中被上诉人擅自偷录上诉人的私人电话并制成录音带向双方的父母、朋友和佛山市南海区某村民委员会的工作人员及某幼儿园的工作人员播放或者散发。被上诉人为达到其私人目的，以录音带的形式宣扬上诉人的隐私，侵害了上诉人的名誉，其行为具有违法性，造成上诉人的社会评价相应降低的损害后果，依法应承担侵害名誉权的法律责任。

造成社会评价降低的后果，这也导致许多侵害个人隐私的行为难以得到有效规制。

第二个阶段，人格利益保护模式，即承认隐私是一项独立的人格利益，可受法律保护，但不是一项独立的人格权。在很长一段时间里，立法文件只是提到了隐私而未提到隐私权，这主要是因为立法者考虑到隐私权和其他权利的界限难以界定。当然，虽然《民法通则》没有承认隐私权，但我国有关的单行法律法规早已将隐私权作为一种重要的人格利益加以保护。例如，1991 年《民事诉讼法》第 66 条规定："证据应当在法庭上出示，并由当事人互相质证。对涉及国家秘密、商业秘密和个人隐私的证据应当保密，需要在法庭出示的，不得在公开开庭时出示。"从该条规定可以看出，立法虽然没有承认隐私权概念，但实际上是将其作为一种人格利益予以保护的。以后的立法中都采取了这一做法，如《刑事诉讼法》第 152 条、《未成年人保护法》第 39 条、《居民身份证法》第 6 条与第 20 条、《电影产业促进法》第 16 条、《资产评估法》第 13 条、《慈善法》第 62 条、《执业医师法》第 22 条与第 37 条、《行政诉讼法》第 54 条等，都对特殊领域内个人隐私的保护作出了规定。最有代表性的是最高人民法院 2001 年发布的《精神损害赔偿司法解释》，该司法解释第 1 条第 2 款规定："违反社会公共利益、社会公德侵害他人隐私或者其他人格利益，受害人以侵权为由向人民法院起诉请求赔偿精神损害的，人民法院应当依法予以受理。"这实际上是对隐私利益的直接保护，改变了以名誉权对个人隐私进行保护的间接模式。该司法解释将违反社会公共利益、社会公德作为侵害隐私侵权责任的构成要件，实际上不适当地提高了隐私保护的条件。① 其不足之处在于，对利益与权利的保护力度是不同的。对法定权利的侵害，只要符合侵权法过错责任的一般要件即可；而对一般利益的侵害，需要违反社会公共利益、社会公德，在民法学理上还认为需要行为人主观上存在加害的恶意，而不是过错。②

第三个阶段，《侵权责任法》保护模式，即通过《侵权责任法》对隐私权进行消极保护。隐私权作为一项具体人格权在民事基本法中获得承认体现在 2009 年颁行的《侵权责任法》中，该法第 2 条在列举所保护的权益范围时，明确使用了"隐私权"这一表述。这是我国民事立法第一次确认隐私权的概念，具有突破意义，不仅弥补了《民法通则》规定的不足，也进一步完善了我国人格权体系，

① 张红．人格权各论．北京：高等教育出版社，2016：489.

② 关于违背公序良俗侵害一般法益的责任，源于《德国民法典》第 823 条第 2 款，当然，"恶意违背善良风俗加害他人"仅限于行为人恶意的情形。

引发了司法实践中隐私权诉讼和保护的高潮。伴随着《侵权责任法》的颁发，我国对隐私权的保护进入新的阶段，但这种模式在法理上也有不足，因为“侵权责任法”是权利保护法，逻辑上不具有正面确权的功能，其主要是从侵权法保护对象的角度间接承认了隐私权，表明在受到外来侵害时可以获得侵权责任的救济，而没有从正面对其进行确权，也没有规定隐私权的内涵、范围和效力。隐私权除了受侵权法保护之外，基于其自身的绝对性和排他性，还会发生类似物上请求权的排除妨碍、消除危险请求权的效力，此种人格权的请求权不问妨害人过错有无，甚至不以实际损害发生为要件，旨在恢复人格权的圆满状态。此外，在现代社会中，隐私权等人格权还衍生出公开权等许可利用的、兼具财产色彩的新型权利内容，仅通过侵权法调整不免挂一漏万。①

第四个阶段，独立人格权模式，即从正面规定隐私权为一项独立的具体人格权。应当说，最早在立法上承认隐私权概念的是2005年颁行的《妇女权益保障法》，该法第一次将隐私权与名誉权、肖像权等并列为一项独立的妇女人格权利。但该法的保护范围仅限于妇女，而没有及于所有自然人，因此对隐私权的保护在主体范围上是不全面的。2017年颁行的《民法总则》第110条第1款在列举自然人所享有的各项具体人格权时，明确规定了隐私权，这就从正面对隐私权作出了规定，在法律上正面确认了隐私权的概念，对于强化个人隐私权的保护具有重要意义。当然，从民法总则的隐私权规定来看，还失之简略，只是确认了隐私权的概念，并没有对隐私权的内涵、范围、效力、保护方式以及在不同场合下的类型化作出详细规定，这就给法律解释留下了极大的空间。作为后续工作，《民法典》人格权编对隐私权作出了更加体系化、类型化的规则设计。

综上所述，从隐私权的制度沿革看，虽然立法在隐私权的保护上相对保守，相关规则较不健全，但隐私权保护的社会需求是客观存在的，更为灵活的司法实践在隐私权保护方面取得了长足进步，可以说，一些具有标志性的隐私权保护规则是由相关司法实践推动的。早在1988年颁发的《民法通则意见》以及2001年的《精神损害赔偿司法解释》中，进一步提出了隐私保护的概念。2014年颁发的《关于审理利用信息网络侵害人身权益民事纠纷案件适用法律若干问题的规定》第1条规定：“本规定所称的利用信息网络侵害人身权益民事纠纷案件，是指利用信息网络侵害他人姓名权、名称权、名誉权、荣誉权、肖像权、隐私权等人身权益引起的纠纷案件。”该规定拓展了人格权保护范围，列举了网络环境下

① 马特. 隐私权研究. 北京：中国人民大学出版社，2014：317.

新的人格权内容，在人格权保护上具有开拓性意义。该解释第 12 条规定："网络用户或者网络服务提供者利用网络公开自然人基因信息、病历资料、健康检查资料、犯罪记录、家庭住址、私人活动等个人隐私和其他个人信息，造成他人损害，被侵权人请求其承担侵权责任的，人民法院应予支持。"根据该解释，对个人信息的保护，应当区分信息类型，实行区分保护。对于他人的一般信息，网络服务提供者与网络用户公开即构成侵权；但对于自然人自行在网络上公开的信息或者其他已合法公开的个人信息、以合法渠道获取的个人信息悖俗公开的，方承担侵权责任。

《民法典》在分则中对隐私权的概念、内涵、效力、范围等作出了详细规定，虽然只是用了两个条文（即第 1032 条、第 1033 条）对隐私权的概念、客体作出规定，但是也具有自身的特点，主要表现如下。

第一，明确了隐私的概念和隐私权的效力。《民法典》第 1032 条第 2 款规定："隐私是自然人的私人生活安宁和不愿为他人知晓的私密空间、私密活动、私密信息。"第 1033 条在列举侵害隐私权的行为类型时，该条第 6 项采用"以其他方式侵害他人的隐私权"这一表述，实际上对侵害隐私权的行为方式也采取了开放式的列举方式。

第二，正反规定的结合性。《民法典》第 1033 条对于典型侵害隐私权形态的列举与第 1032 条第 2 款关于隐私内涵的规则是密切联系的，第 1033 条列举的各种形态分别对应第 1032 条第 2 款中隐私的相应范围，形成了对隐私的周密保护。

第三，注重区分个人信息和隐私信息。一方面，《民法典》第 1032 条在规定隐私权的客体时突出了"私密性"这一限定性条件，体现了隐私权的特点。在第 1033 条中，侵害隐私权的免责事由被表述为"权利人明确同意"。而在第 1036 条第 1 项中，收集处理个人信息的免责事由则被表述为"该自然人或者其监护人同意"。两者虽然均体现为同意，但是却相差了"明确"二字。另一方面，《民法典》草案第 1034 条第 3 款曾经表述为"个人信息中的私密信息，同时适用隐私权保护的有关规定"。但是，立法者对这一条款进行了修改，即私密信息首先适用隐私权进行保护；没有规定的，适用有关个人信息保护的规定。这就区分了隐私信息和个人信息。

（撰稿人：王利明）

第一千零三十三条

除法律另有规定或者权利人明确同意外，任何组织或者个人不得实施下列行为：

（一）以电话、短信、即时通讯工具、电子邮件、传单等方式侵扰他人的私人生活安宁；

（二）进入、拍摄、窥视他人的住宅、宾馆房间等私密空间；

（三）拍摄、窥视、窃听、公开他人的私密活动；

（四）拍摄、窥视他人身体的私密部位；

（五）处理他人的私密信息；

（六）以其他方式侵害他人的隐私权。

本条主旨

本条旨在说明侵害隐私权的典型形态。

相关条文

《民法总则》第 110 条规定："自然人享有生命权、身体权、健康权、姓名权、肖像权、名誉权、荣誉权、隐私权、婚姻自主权等权利……"

《侵权责任法》第 2 条规定："侵害民事权益，应当依照本法承担侵权责任。本法所称民事权益，包括生命权、健康权、姓名权、名誉权、荣誉权、肖像权、隐私权、婚姻自主权、监护权、所有权、用益物权、担保物权、著作权、专利权、商标专用权、发现权、股权、继承权等人身、财产权益。"

《广告法》第 44 条规定："利用互联网从事广告活动，适用本法的各项规定。利用互联网发布、发送广告，不得影响用户正常使用网络。在互联网页面以弹出等形式发布的广告，应当显著标明关闭标志，确保一键关闭。"

《消费者权益保护法》第 29 条第 3 款规定："经营者未经消费者同意或者请求，或者消费者明确表示拒绝的，不得向其发送商业性信息。"

理解与适用

一、侵害隐私权的行为

本条是关于侵害隐私权的典型形态的规定。侵害隐私权的行为形形色色，很难一一列举。《民法典》第 1033 条对侵害隐私权行为的典型形态进行了列举。这些典型的侵害隐私权形态列举是建立在总结我国既有立法和司法实践经验基础之上的。同时，由于侵害隐私权的形态多样，且伴随着社会的不断发展，新的侵害隐私权方式将不断出现，因而本条在有限列举的基础上，在第6项中设置了兜底条款，肯定了以其他方式侵害隐私权的可能，适应了未来司法实践的发展需要，为法律适用留下了一定的空间。

《民法典》第1033条对于典型侵害隐私权形态的列举与《民法典》第1032条关于隐私内涵的规则是密切联系的，本条列举的各种形态分别对应《民法典》第1032条中隐私的相应范围。例如，电话、短信、即时通讯工具、电子邮件、传单等方式对应《民法典》第1032条中的私人生活安宁；进入、窥视、拍摄他人的住宅、宾馆房间等对应《民法典》第1032条中的私密空间。因此，《民法典》第1032条和《民法典》第1033条分别通过正面列举隐私的内涵和反面列举侵害隐私的行为的方式，前后呼应，形成了对隐私权的周密保护。

（一）以电话、短信、即时通讯工具、电子邮件、传单等方式侵扰他人的私人生活安宁

此类行为是以垃圾短信等方式侵扰他人私人生活安宁，其主要特点如下。

一是借助于现代通讯手段侵害隐私权。从该项所列举的各种侵害隐私权的行为可以看出，其主要是借助现代通讯工具侵扰他人的私人生活安宁。随着信息技术的发展，许多商家利用新型的信息技术进行大规模营销，例如，通过群发电子邮件、手机短信等方式，不加选择地向人们大量传播“垃圾信息”，使其私人生活安宁受到严重威胁。电话骚扰在实践中也是一种侵害隐私权的行为。例如，某人恋爱不成，遂以电话的方式纠缠对方，妨害其私人生活安宁。随着移动电话的普遍使用，短信息骚扰问题逐渐为社会所关注。短信息骚扰主要包括黄色短信的骚扰、商业性质短信骚扰和中奖类诈骗短信的骚扰等。[①] 而且从该项规定来看，条文在列举了短信、电话、即时通讯工具、电子邮件、传单这些具体方式之外，还采用了“等方式”这一兜底规定，这表明行为人侵害他人隐私的方式不限于该项所具体列举的上述方式，利用与短信、电话等相类似的其他方式侵害他人的私人生活安宁的，均构成该条所规定的侵扰他人私人生活安宁的行为。

二是此类行为侵害他人隐私的方式是非法侵扰他人。所谓侵扰，是指打搅他人的正常生活。例如，骚扰者打给特定或不特定的电话机主的不受欢迎、妨碍他

① 张新宝．隐私权的法律保护．北京：群众出版社，2004：299.

人正常生活的电话。[1] 再如，采取寄发信函、发送邮件、敲门、跟踪盯梢等方式，打扰当事人的正常生活。这意味着，一方面，如果行为人的行为没有达到对正常理性人高度冒犯（highly offensive to an ordinary reasonable person）的程度[2]，不构成侵扰他人的私人生活，则不应当构成该条所规定的侵害隐私权的行为。例如，正常投放商业广告[3]，行为人偶尔拨错号码或者发错短信，通常并不会构成对他人私人生活的侵扰，不宜认定为侵害隐私权的行为。但雇员骚扰，则可能构成侵权。例如，在"陈某某诉南京首屏科技有限公司等隐私权纠纷案"中[4]，法院认为，被告"故意骚扰行为已经侵犯了原告的生活安宁，故本院认定王某的后续行为侵犯了原告的隐私权，王某应承担侵权责任"。另一方面，只要行为人所实施的行为侵扰了他人的私人生活安宁，不论行为人是否造成了权利人现实的损害，均构成对权利人隐私权的侵害。

三是此类行为的侵害对象主要是他人的私人生活安宁。从该项所规定的侵害方式来看，行为人通过现代通讯方式侵扰他人的，通常构成对他人私人生活安宁的侵害，而不构成对他人私密信息、私密活动等的侵害。当然，如果行为人利用现代通讯工具窥探他人的邮箱等私密空间，应当构成对他人私密信息、私密活动等隐私的侵害。

需要指出的是，《民法典》第1033条第1项主要针对以电话、短信、即时通讯工具、电子邮件、传单等方式侵扰他人私人生活安宁。但是该项对于通过网络推送广告等行为并未进行明确列举。关于此类行为，《广告法》第44条规定："利用互联网从事广告活动，适用本法的各项规定。利用互联网发布、发送广告，不得影响用户正常使用网络。在互联网页面以弹出等形式发布的广告，应当显著标明关闭标志，确保一键关闭。"同时，《消费者权益保护法》第29条第3款规定："经营者未经消费者同意或者请求，或者消费者明确表示拒绝的，不得向其发送商业性信息。"上述立法已经对于未经同意推送网络广告的行为予以禁止。因此，虽然本条第1项并未明确列举这种侵权形态，但是网络环境下的私人生活安宁是私人生活安宁的重要组成部分，因此，这种行为同样构成对私人生活安宁的侵扰。

---

① 参见"李某娟与沈某琴侵扰生活安宁纠纷案"，江苏省无锡市郊区人民法院（2001）郊民初字第251号民事判决书。

② Restatement of the Law, Second, Torts, § 652B, Comment: d.

③ Stilson v. Reader's Digest Ass'n, 28 Cal. App. 3d 270, 104 Cal. Rptr. 581 (1972); Bradshaw v. Michigan Nat. Bank, 39 Mich. App. 354, 197 N. W. 2d 531 (1971).

④ 江苏省南京市秦淮区人民法院（2013）秦民初字第3994号民事判决书。

（二）进入、拍摄、窥视他人的住宅、宾馆房间等私密空间

此类行为主要是非法侵入他人私密空间的行为，具体而言，主要包括如下几种形态。

1. 非法进入私人住宅等私密空间

非法进入他人的私人住宅最为典型的形式是私闯民宅。在现代社会，无论是个人自有的房屋，还是通过租用、借用等方式占有的房屋，都属于个人的住宅空间，对该财产中的空间的支配，形成个人的隐私。侵入他人的住宅，就侵害了他人支配的空间，从而侵害了他人的隐私权。住宅是个人所享有的隐私的重要组成部分，即便是公众人物，对其纯粹的私密空间也享有隐私权，任何人未经其许可，不得擅自闯入公众人物私人所有的、合法占有的房屋以及其他空间，不得非法对个人空间进行搜索、搜查、窃听，否则构成对个人空间隐私权的侵害。除住宅外，个人的办公室、宾馆房间等，也属于个人的私密空间。行为人未经许可擅自进入他人的私密空间的，不论是否造成了他人现实的损害，均构成对他人隐私权的侵害。从实践来看，最为典型的侵入他人住宅等私密空间的行为是非法搜查行为。非法搜查是指没有法律依据而擅自搜查他人的私密空间。例如，某地发生的民警闯入他人房间干涉夫妻观看黄碟一案①，就涉及对个人空间隐私权的侵害。搜查他人私密空间应当严格依据法律规定进行，而且应当严格遵守法定的程序，否则将构成对他人隐私权的侵害。

从该项规定来看，其在列举了住宅、宾馆房间这两种私密空间类型之外，还使用了“等私密空间”这一兜底性表述，表明个人私密空间并不限于住宅和宾馆房间两种类型，从实践来看，私密空间还包括私人的工作场所、办公室、私家车后备厢、更衣室等。私密空间不应当被限制于与住宅、宾馆房间具有相当性的供人居住的场所，例如私家车后备厢、公共场所中的私密空间等，均应属于私密空间的范围。传统隐私权法中有观点认为，进入公共空间的个人已默许放弃了禁止本人的肖像被获取并用于某些目的的权利②，公共场所中的隐私权视为自愿抛弃。但现代判例表明，即使是在公共场所中，也有隐私权保护的必要。笔者认为，个人进入公众场所可以视为某些隐私已不构成隐私，如本人在公众集会中被拍照不能认定为侵害其隐私权。但个人并没有完全抛弃其隐私权，即便在公共场

① 2002年8月18日晚，陕西省延安市公安局某派出所接到举报，称其辖区内一居民张某在家庭诊所中播放黄色录像。派出所出动民警来到举报所称播放黄碟的房屋，发现张某两夫妻在观看黄碟。当民警欲扣押收缴黄碟和电视机时，双方发生肢体冲突，民警将其制服。事后张某起诉请求国家赔偿。

② F Rigaux，La protection de la vie privée et des autres biens de la personnalité，Brussels，Bruylant，1990，p. 760.

所，私密活动也不能受到他人骚扰或跟踪，禁止他人非法窥视、拍摄、暴露他人的身体隐私。

2. 非法拍摄他人私密空间

非法拍摄他人私密空间的行为既包括侵入他人住宅等私密空间进行拍摄的行为，也包括未侵入他人住宅等私密空间进行拍摄的行为。例如，非法采用红外线技术对室内进行扫描，利用高倍望远镜探测、长焦距拍照等方法非法拍摄他人空间，利用微型摄像机拍摄个人的室内活动等，这些行为都构成了非法拍摄他人私密空间。在实践中，时常发生受害人在入住宾馆时，被行为人所安装的微型摄像头全程拍摄的情况①，此类新闻报道频频见诸报端。对此，宾馆也要承担相应的责任。例如，在"胡某某诉中山市金柏酒店有限公司隐私权纠纷案"中②，法院认为，虽然金柏酒店306房处发现的摄像头并未对胡某某进行实际拍摄，但基于酒店客房属于私密领域，金柏酒店作为从事住宿等经营活动的法人单位，负有保护入住客人的个人信息、隐私及在其场所拍摄的影像资料不予流失与外传的注意义务，其未发现房间装有摄像头，未尽相应的管理职责，存在一定的过错，已经侵犯了胡某某的隐私权并造成一定的精神损害，依法应承担民事侵权责任。

3. 非法窥视他人的私密空间

所谓非法窥视他人的私密空间，是指没有法律依据而窥视他人的私密空间。非法窥视的方式很多，例如利用望远镜等设备远距离窥视他人的私密空间。③ 对非法窥视他人的私密空间的行为而言，只要行为人实施了非法窥视他人私密空间的行为，不论是否造成他人现实损害，也不论行为人是否通过窥视行为获取了他人的私密活动、私密信息等内容，均应当构成对他人隐私权的侵害。

4. 其他侵害他人私密空间的行为

除上述情形以外，侵害他人私密空间的行为形态很多，法律不可能一一列举，在某些情况下，尽管没有非法闯入他人私密空间，但是擅自采取各种技术手段窥视他人空间，如采用红外线对室内进行非法扫描，利用高倍望远镜探测、长焦距拍照等方法窥视个人空间也构成侵权。比如，在一件发生在美国的案例中，警察采用红外线扫描方式在某建筑物外检测某房屋内是否藏有毒品。法院认为，按照传统的定义，搜查只限于进入房屋内搜查，即隐私是权利人房屋内部的事

---

① 情侣宾馆开房，入住过程被针孔摄像头全程拍下，随后报警.［2020－01－13］http：//k.sina.com.cn/article_6539153836_185c391ac00100co96.html.

② 广东省中山市第一人民法院（2017）粤2071民初16278号民事判决书。

③ Souder v. Pendleton Detectives，88 So. 2d 716（La. App. 1956）. 本案中作为私人侦探的被告为了收集证据，在原告住所附近租住一房间，通过望远镜等设备长期监视原告生活。

物。但科技的发展要求改变此种观点，所以该案中的探测行为也成立搜查，构成对形成合理期待的隐私的侵害。[①] 此种情况并没有侵害他人财产，而仅仅是侵害他人隐私。

《民法典》第 1033 条第 2 项对禁止进入、拍摄、窥视他人私密空间进行了规定，并列举了“住宅、宾馆房间”作为典型的私密空间。笔者认为，此处的私密空间应当包括虚拟空间。在当今社会，个人的网络空间也应当是私密空间的重要组成部分。随着互联网的发展，现代社会出现了网络虚拟空间，从而产生了网络虚拟空间的法律保护问题。其实，凡是私人支配的空间场所，无论是有形的还是虚拟的，都属于个人隐私的范围。因此，非法侵入他人网络、非法查看他人网络邮箱等行为，同样应当构成对他人私密空间的侵入。对于这一问题，《网络安全法》第 27 条规定：“任何个人和组织不得从事非法侵入他人网络、干扰他人网络正常功能、窃取网络数据等危害网络安全的活动；不得提供专门用于从事侵入网络、干扰网络正常功能及防护措施、窃取网络数据等危害网络安全活动的程序、工具；明知他人从事危害网络安全的活动的，不得为其提供技术支持、广告推广、支付结算等帮助。”因此，本项中的私密空间不应当被局限在居住场所，而应当适度扩大，将网络空间等重要的私密空间纳入进来。

（三）拍摄、窥视、窃听、公开他人的私密活动

此类行为主要是侵害他人私密活动的行为，具体来说，此类行为主要有如下表现形式。

1. 非法拍摄他人私密活动

所谓非法拍摄，是指未经他人许可而拍摄、录制他人私人活动的行为。据媒体报道，目前一些宾馆、酒店的房间被一些违法犯罪行为人安装各种针孔摄像头，偷拍、偷录他人的各种私密活动，甚至形成了一种巨大的灰色产业链。[②] 这对个人的隐私构成极大威胁。隐私权是个人享有的对自己的个人秘密和生活进行支配并排除他人干涉的权利，非法拍摄、录制他人的私人活动，构成对他人隐私权的侵害。在实践中，行为人可能是在自己的私密空间安装摄像头等拍摄装置，但如果因此拍摄了他人的私密活动，也可能构成对他人隐私权的侵害。例如，在“李某、黄某某隐私权纠纷案”中，法院认为，公民的个人隐私和信息安全不得侵害。黄某某在自家住宅大门安装的摄像监控装置虽出于自我防护，但该装置可以完整监控相邻住户李某出入住宅全部情况，记录和存储李某不愿为他人知悉的

---

① Kyllo v. United States，121 S Ct 2038 (2001).

② 酒店偷拍已成“黑色产业链”. 文摘报，2019-02-14 (18).

个人信息，对李某的个人居住安宁造成了侵扰后果，应视为民事侵权。① 在该案中，行为人在自家住宅大门安装摄像头可以完整拍摄相邻住户李某出入住宅的全部情况，属于非法拍摄、录制他人的私密活动，应当构成对他人隐私权的侵害。

2. 非法窥视他人的私密活动

非法窥视他人的私密活动是指未经许可而擅自窥探、监视他人的私密活动。个人的私密活动也是隐私权的客体，行为人非法窥视他人私密活动，也构成对他人隐私权的侵害。例如，在“张某诉潘某等隐私权纠纷案”中，原告与被告的房屋相邻，被告在其房屋房门外上方安装了监控摄像头并连接至家中电脑，摄像头采集画面的区域既包括被告自家区域也包括和原告共用的区域。原告认为被告的行为侵害了自己的隐私权，请求被告拆除摄像头。法院审理认为，自助救济行为应在合理限度内进行，且不得损害他人合法权益和社会公共利益。本案中，上诉人的行为已超出合理限度，并侵害了被上诉人的隐私权，因此，法院判令上诉人拆除安装的摄像头。② 在该案中，行为人虽然没有侵入他人住宅进行拍摄，不构成对他人空间隐私的侵害，但行为人所安装的摄像头能够准确记录受害人离开住宅和进入住宅的时间等信息，构成非法窥视他人私密活动的行为。

3. 非法窃听他人的私密活动

所谓非法窃听，是指未经他人允许而安装窃听设备，偷听他人的通讯、谈话等活动。在现代社会，通讯方式不断增加，因而，侵害通讯自由、通讯秘密的方式也在不断增加。据报载，行为人通过在宾馆安装针孔摄像头的方式，偷拍、偷录他人的行为时有发生，在有的网购平台上，出卖各种隐蔽式偷拍摄像头的事情随处可见，有的出卖人甚至还提供订制服务，为行为人偷拍、偷录他人的行为提供帮助。③ 例如，在“张某一与张某隐私权纠纷案”中④，法院审理认为，张某在张某一的房间外，对张某一在其个人空间进行的谈话进行录音，对张某一的隐私权造成了侵害。张某一对其在个人空间内发生的谈话不被偷听、偷录应享有合理的期待，张某一并不具有将自己在个人空间内的谈话内容为谈话对象之外的人所知悉的意愿，未以任何形式放弃自己的隐私利益。因此，即便如张某所述其并非刻意偷听，张某将谈话内容录音并发送给他人亦构成侵犯张某一隐私权的行为。需要特别强调的是，行为人如果安放了窃听装置，即便没有收集到任何声

---

① 广东省高级人民法院（2016）粤民再464号民事判决书。

② 上海市中级人民法院（2011）沪一中民一（民）终字第288号判决书。

③ 针孔摄像头泛滥严重威胁公民个人隐私安全 齐抓共管依法严惩偷拍者. 法制日报，2019-07-05.

④ 北京市第三中级人民法院（2019）京03民终7526号民事判决书。

音，也可以构成对隐私权的侵害。[①] 此外，如果行为人通过窥视、监听他人私人居室、私人场所等私密空间的方式获取他人的私人活动，除了构成对他人私密活动的侵害，还应当构成对他人空间隐私的侵害，如利用望远镜、长焦镜头偷窥他人居室的行为。当然，国家司法机关出于调查犯罪、国家安全等目的，依照法律规定和法律程序有权监听或检查个人的通讯，该行为并不构成侵权。

4. 非法公开他人的私密活动

所谓非法公开他人的私密活动，是指行为人未经许可而非法泄露或者对外散布他人的私密活动。私密活动是个人私人生活的重要组成部分，行为人擅自泄露、公开他人的私密活动，应当构成对他人隐私权的侵害。非法泄露和公开他人的私密活动既包括向社会公众公开他人的私密活动，也包括向特定范围内的主体公开他人的私密活动，只要是违背他人意愿而使他人的私密活动被他人所了解，即应当构成非法泄露与公开他人的私密活动。

(四) 拍摄、窥视他人身体的私密部位

身体的隐私是私人生活中最私密、最敏感的领域。擅自拍摄、窥视他人身体的私密部位，构成对隐私权的侵害。具体而言，此类行为主要包括如下几种。

1. 非法拍摄他人身体的私密部位

行为人未经权利人明确同意拍摄他人身体的私密部位，构成对他人隐私权的侵害。从实践来看，行为人未经他人许可偷拍他人，如非法拍摄他人的裸体照片，不仅侵害他人隐私权，而且会对他人的名誉造成损害。即使是知名人士，其人格中最隐秘的部分也应受到保护。[②] 例如，在“徐某某等诉王某某、陕西省紫阳县某某旅游开发有限公司等隐私权纠纷案 ”中[③]，原告徐某某、马某某和家人、朋友于 2015 年 8 月 27 日到被告某某旅游公司某某中心消费，当二原告游完泳后到大众女淋浴室洗浴时，被告王某某正在隔壁检查空调，王某某听见浴室有声音后，爬窗偷看，拿出手机欲进行拍摄，被二原告发现后及时报警。法院判决被告王某某赔礼道歉，并支付 1000 元精神抚慰金，某某旅游公司承担补充责任。

2. 非法窥视他人身体的私密部位

行为人未经权利人同意而偷看他人身体的私密部位，构成侵害隐私权。如果是出于医疗教学等的需要，则应当征得病人的同意，否则也侵害他人的隐私权。当然，权利人在主张其身体隐私受到侵害时，应当举证证明行为人未经其同意而

---

① Hamburger v. Eastman 206 A. 2d 239 (N. H. 1964).

② Michael Henry, International Privacy, Publicity and Personality Laws, London: Butterworths, 2001, p. 44.

③ 陕西省紫阳县人民法院 (2015) 紫民初字第 00809 号民事判决书。

暴露其身体隐私，否则可能难以获得救济。例如，在“陈某与香蔓丽儿美容有限公司隐私权纠纷案”中，原告主张被告工作人员在美容过程中长期拉开窗帘，导致其身体隐私被偷窥，从而主张精神损害赔偿，但“由于事发理疗窗外区域属于沿小区河畔的绿化死角，并无铺设道路通向该区域，且面积狭小，事发时该区域还有两处茂盛竹林遮挡，鲜有人迹，并无证据证明事发时段有人在理疗室窗外偷窥陈某背部”，因此，原告的主张无法成立。[①]

（五）处理他人的私密信息

在未经权利人明确同意的情形下，处理他人私密信息的行为，也构成对他人隐私权的侵害。具体如下。

1. 未经权利人明确同意非法收集他人的私密信息

此种行为主要是指未经个人同意非法收集他人的有关个人健康状况、宗教信仰、财务状况、家庭住址等个人信息，并且对原告构成了实质的“侵扰（intrusive）”[②]。例如，在“泄露业主住址案”中，法院指出，“公民的住址属于公民的个人信息，公民的个人信息在本人不愿意公开的情况下属于个人隐私的范畴”[③]。再如，在“罗某诉某保险公司隐私权纠纷案”中，法院认为，“被告某保险公司非法收集、利用原告个人信息，多次致电原告推销车辆保险，侵扰了原告的正常生活，又拒不说明如何获取了原告个人信息，造成原告精神损害，构成对原告隐私权的侵害”[④]。

未经权利人明确同意非法收集他人的私密信息不仅包括非法收集权利人本人的个人信息，也应当包括收集权利人的家庭信息。个人的家庭信息包括家庭财产、婚姻情况、子女状况、家庭生活等各种情况。因为家庭生活在个人生活中占据非常重要的地位，所以，家庭信息也是个人隐私的重要组成部分。即使是公众人物，其家庭信息如果与公共利益或公众兴趣无关，也应当受到保护。行为人非法披露、公开或散布他人的家庭隐私，将构成对他人隐私权的侵害。例如，在“孟某某与来安县金点子广告传媒有限公司、来安县名盛化妆品店隐私权纠纷案”中，法院认为，自然人的姓名、婚姻状况、家庭住址、联系电话、身份证号码属于自然人的个人隐私。自然人对他人在何种程度上可以介入自己的私人生活，对自己是否向他人公开隐私以及公开的范围和程度等具有决定权，涉案行政处罚决定书虽然是生效法律文书，但该文书包含有孟某某的私人信息，包括出生年月

① 江苏省无锡市滨湖区人民法院（2014）锡滨民初字第02113号民事判决书。

② Nader v. General Motors Corp. 255 N. E. 2d 765 (N. Y. Ct. App. 1970).

③ 广东省深圳市宝安区人民法院（2010）深宝法民一初字第1034号民事判决书。

④ 湖南省郴州市北湖区人民法院（2014）郴北民二初字第947号民事判决书。

日、家庭住址、身份证号码，此内容属于孟某某的个人隐私，孟某某有权决定是否向他人公开……名盛化妆品店将行政处罚决定书大量复制后交由金点子公司，金点子公司未经严格审查即向不特定多数人发送，导致孟某某家庭住址、居民身份证号码、联系电话公布于众，侵犯了孟某某的隐私权。①

依据《民法典》第1226条的规定：“医疗机构及其医务人员应当对患者的隐私和个人信息保密。泄露患者的隐私和个人信息，或者未经患者同意公开其病历资料的，应当承担侵权责任。”因此，在医患关系中，医生应当依法尊重患者的隐私权，患者有权要求医生不公开自己的病情、家族史、接触史、身体隐蔽部位、异常生理特征等个人生理的、心理的及其他隐私秘密。② 未经患者同意，医生不得向他人随意泄露患者的隐私，即使是因为过失而泄露了病人的病情，也构成对患者隐私权的侵害。例如，在“张某某、张某一等与遂平县人民医院、魏某某隐私权纠纷案”中，法院认为，医疗机构制作的病历资料真实详细地记载了患者的个人私密信息，这些病历材料形成了患者新的隐私……遂平县人民医院、魏某某、驻马店市“148”法律服务所及律师赵某以诉讼利益为目的……在不具备调取病历的主体资格的情况下，调取患者姚某某的确诊证明及处方材料等病历并在案件中予以出示，构成对原告隐私权的侵害。③

2. 非法加工、使用、提供、传输或公开个人私密信息的其他处理行为

处理的概念包含的范围非常宽泛，处理包括收集个人信息以及收集后的储存、加工、使用、传输、提供、公开等各种利用个人信息的行为。行为人未经权利人同意而擅自储存、转让、披露他人的个人身份资料，例如，擅自出版他人日记，公布他人病历或病史等，均属于非法处理他人私密信息的行为。需要指出的是，由于隐私权是一种具体人格权，而个人信息只是一种人格利益，因而当某种信息既是隐私，又是个人信息时，首先应当受到隐私权的保护，对此类信息的收集、处理，应当取得权利人的明示同意。未取得权利人的明示同意，非法处理个人私密信息，构成侵害隐私权。而对一般个人信息而言，其保护程度不如隐私权的保护程度高，对一般个人信息的收集、处理，既可以由权利人明示同意，也可以默示同意。

（六）以其他方式侵害他人的隐私权

侵害他人隐私权的方式很多，除上述方式外，该条并没有规定其他许多侵害隐私权的典型方式，具体而言：一是非法跟踪行为。所谓跟踪，是指尾随他人私

---

① 安徽省来安县人民法院（2018）皖1122民初77号民事判决书。

② 徐宗良等．生命伦理学．上海：上海人民出版社，2002：68.

③ 河南省驻马店市中级人民法院（2015）驻民三终字第00588号民事判决书。

人活动，侦查他人行踪。① 跟踪、盯梢、监听、监视等方式常常是私人侦探获取他人私人活动的重要方法。二是侵害他人的通讯自由、通讯秘密。通讯自由与通讯秘密是个人隐私权的重要范畴，任何个人或组织未经法律的授权，都不得私拆他人的信件、窃听他人的电话、拦截他人手机的信号、擅自窃取他人的电子邮件内容。三是非法披露他人的谈话隐私。非法披露他人的谈话隐私，也构成对他人隐私权的侵害。在我国司法实践中，有的法院认为，个人的谈话内容必须涉及个人隐私，才能受到隐私权的保护。

二、免责要件：法律另有规定或者权利人明确同意

依据《民法典》第 1033 条的规定，法律另有规定或者权利人明确同意构成行为人的免责事由。这就是说，凡是实施《民法典》第 1033 条规定的各种行为的，只有在法律另有规定或者取得权利人明确同意的情况下，才能被免除责任。

法律另有规定是指依照法律的规定，无须取得权利人的同意即可实施的客观上侵害隐私权但无须承担民事责任的行为，如依据《国家安全法》的规定，国家安全机关为了维护国家安全而有权依法采取技术侦查手段，如进行监听、窃听等活动。这是法律规定的例外情形。

所谓权利人的“明确同意”是相对默示同意而言的，即权利人必须作出同意的意思表示，该同意的意思表示不能模糊不清。权利人是否作出了明确同意，应当由行为人举证证明。之所以要求明确同意，是因为：一方面，隐私权是一种具体人格权，而个人信息只是一种人格利益，对一般个人信息的收集、处理，既可以由权利人明示同意，也可以默示同意，但隐私权的保护对象是私人生活，其本质上是一种私益，隐私是与公共利益和公共事务无关的纯粹属于私人生活领域的信息和事务。每个人都有其自身不愿意公开的信息，只要此种保留无损于社会和公共利益，就应当受到隐私法的保护。② 但如果个人明确同意将自己的私人生活向社会公开，且此种公开并不损害社会公共利益，按照私法自治原则，法律上不应予以禁止。③ 另一方面，我国司法实践也采取此种做法。例如，《最高人民法院关于审理利用信息网络侵害人身权益民事纠纷案件适用法律若干问题的规定》第 12 条规定，网络用户或者网络服务提供者利用网络公开自然人个人隐私和其他个人信息，造成他人损害，经自然人书面同意且在约定范围内公开，行为人不

① 杨立新. 人身权法论. 北京：人民法院出版社，2002：690-691.

② 同①669.

③ Samuel D Warren & Louis D. Brandeis, The right to Privacy, Havrad Law Review, Vol. 4, no. 5., 1890, 218.

承担责任。隐私权人有公布自身隐私的权利，当事人同意他人采访、报道其个人隐私的，则采访者、报道者均不构成侵权。如果当事人同意他人介入其私人生活，公开其生活秘密，只要他人是在其同意的范围内公开的，就不构成侵害隐私权。① 采取此种规定，也方便举证，有利于减少纠纷。

笔者认为，权利人的同意应当具备如下要件。

一是权利人必须明确同意。也就是说，权利人同意他人公开其隐私的意思应当是明确、具体的。② 如果通过行为人的行为无法确定权利人是否具有同意他人公开其隐私的意思，则不应当认定权利人已经明确同意行为人公开其隐私。

二是行为人公开权利人隐私的范围应当与行为人明确同意的范围相一致。此种同意的范围既可以是向特定人公开（例如模特允许画家以其身体为对象进行绘画），也可以是向社会公开（例如将自己过去的经历写成文章发表）。公开的方式可以是由自己亲自公开，也可以是允许他人公开。③ 从实践来看，权利人虽然自愿公开其隐私，甚至同意他人公开其隐私，但并不意味着行为人可以随意扩大他人隐私的公开范围，行为人超出权利人同意的范围公开其隐私的，也构成对他人隐私权的侵害。

行为人仅能在权利人同意的范围内公开他人的隐私，这也意味着隐私公开的范围具有一定的相对性。所谓相对性，是指当事人就其私人生活秘密向特定人进行披露，或者在一定范围内公开，但并不等于完全抛弃其隐私。例如，患者对医疗机构披露自己的个人健康状况等资料，并不意味着其放弃了个人隐私，允许医疗机构将这些资料向全社会公开。④ 除了依据传染病防治法等有关法律的规定，为了预防传染病的蔓延必须向社会公开的以外，有关机构和个人不得将患者的健康信息隐私任意予以公开。因为个人信息不可能总是处于绝对保密或完全公开这两种极端状态，在许多情况下，某些信息对特定群体是公开的，但对其他人则处于保密状态。例如，组织人事部门所掌握的人事档案资料，特定部门知晓并不意味着该信息已成为人尽可知的公共信息。并且，即便权利人自愿向特定人披露其隐私，也不能由此推定其也愿意向全社会公布其秘密。再如，在登记机关申请办理房产登记手续，向登记机关披露了自己的家庭地址、电话号码、身份证号码等个人信息，并不意味着这些信息都是公开的信息，也不意味着登记申请人已经授权登记机关将这些信息全部向社会公开。登记机关可以披露产权状况，但是没有

① 张新宝．中国侵权行为法．北京：中国社会科学出版社，1998：381．

② Gola/Schomerus，BDSG Kommentar，§ 4a，Rn. 19．

③ 张革新．隐私权的法律保护及其价值基础．甘肃理论学刊，2004（2）．

④ Multimedia WMAZ，Inc.，v. Kubach，443 S. E. 2d 491（Ga. 1994）．

必要将登记申请人的电话号码、家庭住址等信息公开。在法律上，如果某人在要求保密的情况下向他人提供私人信息，而掌握该信息的人未经许可向第三者披露，则该侵害隐私的行为毫无疑问将构成对保密义务的违反，并侵害了他人的隐私权。但是，即便在没有明确告知必须保密的情况下，也并非没有保密义务。如果一方向另一方告知的是家庭的重要隐私，即使在告知时没有明确要求不得披露，但鉴于私密的重要性，另一方也应负有相当的注意义务，不得对外公开披露。再如，向特定人交换名片，仅意味着以交往为目的向特定人披露，原则上信息获取者若未经权利人的同意，不得向社会公开。如住址、电话号码这些社交性的外部标志性信息，只要权利人具有合理的隐私期待，不愿使其进入公众领域，那么就应当受到隐私权的保护。

三是同意的形式可以采用口头或者书面形式。从本条规定来看，其虽然要求权利人必须明确同意，但并没有对权利人同意的方式作出限定，也就是说，不论权利人是以口头方式同意，还是以书面方式同意，只要能够确定权利人有明确同意的意思，即可成为行为人的免责事由。

四是权利人的同意不得违反法律、行政法规的强制性规定，也不得违反公序良俗。例如，有的从事违法放贷的网络公司，专门针对在校大学生发放小额贷款，在放款时要求借款人，尤其是女大学生向小贷公司提供自己裸体并持身份证的照片作为担保，一旦借款人不能按时偿还借款，则小贷公司立即将裸照在网络上公布。① 此种做法也应当构成侵害他人隐私权，即使受害人同意披露自己的身体隐私，也应当认定该同意行为因违反公序良俗而无效。

（撰稿人：王利明）

第一千零三十四条

自然人的个人信息受法律保护。

个人信息是以电子或者其他方式记录的能够单独或者与其他信息结合识别特定自然人的各种信息，包括自然人的姓名、出生日期、身份证件号码、生物识别信息、住址、电话号码、电子邮箱、健康信息、行踪信息等。

个人信息中的私密信息，适用有关隐私权的规定；没有规定的，适用有关个人信息保护的规定。

---

① 盖琪．“微时代”与“裸贷”：移动互联网语境下的媒介文化症候审思．探索与争鸣，2017（2）．

本条主旨

本条是对个人信息受法律保护、个人信息含义以及个人信息保护与隐私权关系的规定。

相关条文

《民法典》第111条规定："自然人的个人信息受法律保护。任何组织或者个人需要获取他人个人信息的，应当依法取得并确保信息安全，不得非法收集、使用、加工、传输他人个人信息，不得非法买卖、提供或者公开他人个人信息。"

《全国人民代表大会常务委员会关于加强网络信息保护的决定》第1条规定："国家保护能够识别公民个人身份和涉及公民个人隐私的电子信息。任何组织和个人不得窃取或者以其他非法方式获取公民个人电子信息，不得出售或者非法向他人提供公民个人电子信息。"

《网络安全法》第40条规定："网络运营者应当对其收集的用户信息严格保密，并建立健全用户信息保护制度。"

《网络安全法》第76条第5项规定："个人信息，是指以电子或者其他方式记录的能够单独或者与其他信息结合识别自然人个人身份的各种信息，包括但不限于自然人的姓名、出生日期、身份证件号码、个人生物识别信息、住址、电话号码等。"

《消费者权益保护法》第14条规定："消费者在购买、使用商品和接受服务时，享有人格尊严、民族风俗习惯得到尊重的权利，享有个人信息依法得到保护的权利。"

《消费者权益保护法》第50条规定："经营者侵害消费者的人格尊严、侵犯消费者人身自由或者侵害消费者个人信息依法得到保护的权利的，应当停止侵害、恢复名誉、消除影响、赔礼道歉，并赔偿损失。"

《电子商务法》第5条规定："电子商务经营者从事经营活动，应当遵循自愿、平等、公平、诚信的原则，遵守法律和商业道德，公平参与市场竞争，履行消费者权益保护、环境保护、知识产权保护、网络安全与个人信息保护等方面的义务，承担产品和服务质量责任，接受政府和社会的监督。"

《电子商务法》第23条规定："电子商务经营者收集、使用其用户的个人信息，应当遵守法律、行政法规有关个人信息保护的规定。"

《电子商务法》第32条规定："电子商务平台经营者应当遵循公开、公平、公正的原则，制定平台服务协议和交易规则，明确进入和退出平台、商品和服务质量保障、消费者权益保护、个人信息保护等方面的权利和义务。”

《旅游法》第 52 条规定：“旅游经营者对其在经营活动中知悉的旅游者个人信息，应当予以保密。”

《公共图书馆法》第 43 条规定：“公共图书馆应当妥善保护读者的个人信息、借阅信息以及其他可能涉及读者隐私的信息，不得出售或者以其他方式非法向他人提供。”

《刑法》第 253 条之一规定：“违反国家有关规定，向他人出售或者提供公民个人信息，情节严重的，处三年以下有期徒刑或者拘役，并处或者单处罚金；情节特别严重的，处三年以上七年以下有期徒刑，并处罚金。违反国家有关规定，将在履行职责或者提供服务过程中获得的公民个人信息，出售或者提供给他人的，依照前款的规定从重处罚。窃取或者以其他方法非法获取公民个人信息的，依照第一款的规定处罚。单位犯前三款罪的，对单位判处罚金，并对其直接负责的主管人员和其他直接责任人员，依照各该款的规定处罚。”

理解与适用

一、个人信息受法律保护

（一）保护个人信息的必要性

《民法典》第 1034 条第 1 款规定：“自然人的个人信息受法律保护。”在进入现代网络信息社会前，个人信息如自然人的姓名、身份证号码、电话号码、家庭住址、肖像、财产信息、病历资料等就已经存在，并被政府、企业等主体收集、保管、分析和使用。然而，前网络信息社会中的个人信息不仅类型相对简单、产生的渠道有限，而且收集处理的手段和方法也较为单一。此时，通过传统的人格权如姓名权、名誉权、隐私权、肖像权等完全可以满足对之加以保护的需要。例如，未经同意公开或披露自然人的隐私信息（如病历资料、银行存款信息等）的，构成对隐私权或名誉权的侵害；擅自使用他人姓名的行为是侵害姓名权的行为。但是，随着信息网络科技，尤其是大数据与人工智能的发展，个人信息的产生、收集、存储和利用等方面发生了巨大的变化。

1. 个人信息的范围越来越广，种类也越来越多

一方面，除了传统的那些能够直接识别特定自然人的信息，如姓名、身份证号码、家庭地址、电话号码等，还有一些虽然本身不足以识别特定自然人，但与其他信息结合后就能识别出特定自然人的信息，如爱好、习惯、兴趣、性别、年龄、职业等，这些如果被汇聚组合后能够识别特定人的身份，也可能成为个人信

息；另一方面，现代科技的发展也促使各种新型个人信息的产生，如通信记录和内容、个人生物基因信息、网络交易信息、上网浏览痕迹、网络社交媒体留言、行踪轨迹等。在进入网络信息社会前，这些信息要么根本不存在，要么即使存在也无法被收集和处理。但现在，这些信息可以很容易地被网站通过数据收集技术或智能设备加以收集和保存。这也导致需要保护的个人信息的范围越来越广，甚至在许多情况下，连界定哪些信息属于个人信息都存在困难。

2. 个人信息的处理方式越来越多，由此可能对自然人的人身财产安全，甚至社会公共利益、国家利益产生相关风险

进入信息社会之前，个人信息的收集方式多是由自然人主动填报并提交，政府、企业等主体收集后手工记载在纸质文档或录入电子档案中加以存储，不仅信息收集的效率、数量和范围有限，而且因缺乏算法技术和足够的算力，也难以对其进行分析利用。然而，现代网络信息技术已将现代社会生活高度数字化（或数据化），数据收集技术和各种传感器可以自动收集与存储个人信息。这种个人信息被大规模、自动化地收集和存储、使用的情形变得越来越普遍，几乎无处不在、无时不在。由此，产生了个人信息保护上的各种新情况和新问题，如海量的个人信息因保管不善而被泄露，甚至被非法出售或利用，进而出现犯罪分子利用非法取得的个人信息对受害人进行精准诈骗或者实施其他违法犯罪行为的问题。大数据与人工智能技术的发展使得对海量数据的分析与使用变得非常简单，个人信息被滥用的可能性被极大地增加。例如，在2019年披露出来的脸书（Facebook）丑闻事件中，第三方应用通过各种网络平台，分析和利用脸书平台上海量的个人信息，对目标群体做人格画像，实施精准的政治广告营销甚至行为操纵，严重危害自然人的人格尊严，妨害人格的自由发展。① 此外，个人信息，尤其是个人生物识别信息、基因信息等还涉及国家安全，因此，对于这些信息的跨境转移也需要进行严格的规范。

正因如此，各国都高度重视对个人信息的保护。而以往单纯地通过隐私权保护个人信息的做法已经不适应现代网络信息社会发展的需要。因为，一方面，隐私权保护的是私密信息，而个人信息并非都是私密信息，所以无法全部通过隐私权加以保护；另一方面，个人信息的收集和处理是现代科技发展的必然要求，如

① 该事件大致内容为：2018年Facebook公司泄露8 700万用户的个人信息给提供政治咨询服务的剑桥分析公司使用，进而影响美国2016年大选。2019年7月14日，美国联邦贸易委员会（FTC）决定对Facebook处以50亿美元的罚款，以达成和解，该决定交由美国司法部审批。Facebook被罚50亿美元还不够，国会听证会继续拷问.［2019-07-19］. https://new.qq.com/omn/20190714/20190714A0CNSH00.html.

果没有包括个人信息在内的信息的自由流动和共享，网络信息科技和数字经济的发展也会受到很大的妨碍。因此，自然人不仅可以自己使用个人信息，还可以许可他人使用自己的信息。此外，为了实施新闻报道和舆论监督，也应当允许对个人信息的合理使用。由此可见，个人信息的保护并非一个单纯地禁止他人使用或排除他人侵害的问题，而是需要在自然人的权益保护与信息自由之间进行协调。显然，这与隐私权主要是禁止他人侵害隐私，不存在对隐私进行使用的规范路径有所不同。故此，就个人信息的保护而言，采取的是公法与私法相结合的方法，而并非单纯的私法赋权或民事责任保护的路径。有鉴于此，各国除了保护隐私权，扩张隐私权的内涵以保护私密信息外，还针对个人信息保护单独立法。

(二) 我国个人信息保护立法

我国最早对个人信息收集、利用和保护加以规范的法律是《刑法》。2005 年第十届全国人大常委会第十四次会议通过的《刑法修正案（五）》增设了“窃取、收买、非法提供信用卡信息罪”（第 177 条之一第 2 款），这是我国法律上第一个关于侵害公民个人信息犯罪的法律规定。[①] 2009 年第十一届全国人大常委会第七次会议审议通过的《刑法修正案（七）》在《刑法》中新增第 253 条之一，首次将窃取或以其他方式非法获取公民个人信息、出售或非法提供公民个人信息的行为情节严重的规定为犯罪行为，从而将其纳入刑事打击的范围。[②]

2012 年颁发的《全国人民代表大会常务委员会关于加强网络信息保护的决定》首次对网络服务提供者和其他企业事业单位、国家机关及其工作人员在收集、使用、保管公民个人电子信息中应当遵循的原则、承担的义务及法律责任作出较为具体的规定。该决定明确规定，任何组织和个人不得窃取或者以其他非法方式获取公民个人电子信息，不得出售或者非法向他人提供公民个人电子信息。网络服务提供者和其他企业事业单位在业务活动中收集、使用公民个人电子信息，应当遵循合法、正当、必要的原则，明示收集、使用信息的目的、方式和范围，并经被收集者同意，不得违反法律、法规的规定和双方的约定收集、使用信息。此外，该决定还要求，“网络服务提供者和其他企业事业单位及其工作人员对在业务活动中收集的公民个人电子信息必须严格保密，不得泄露、篡改、毁损，不得出售或者非法向他人提供”，“网络服务提供者和其他企业事业单位应当采取技术措施和其他必要措施，确保信息安全，防止在业务活动中收集的公民个

① 喻海松. 网络犯罪二十讲. 北京：法律出版社，2018：203.

② 2015 年第十二届全国人大常委会第十六次会议通过的《刑法修正案（九）》第 253 条之一做了进一步完善，对向他人出售或者提供公民个人信息，情节严重的予以刑事制裁，并取消了原来对获取或非法出售个人信息的主体范围的限制。

人电子信息泄露、毁损、丢失。在发生或者可能发生信息泄露、毁损、丢失的情况时，应当立即采取补救措施”。在《全国人民代表大会常务委员会关于加强网络信息保护的决定》的基础上，自 2017 年 6 月 1 日起施行的《网络安全法》于第四章“网络信息安全”中对个人信息的收集、存储、保管和使用进行了更全面细致的规范。当然，从法律责任上来看，该法主要还是规定了网络运营者违反各种保护个人信息的法定义务的行政法律责任（如罚款、暂停相关业务、停业整顿、关闭网站、吊销相关业务许可证或者吊销营业执照等），但其也从私法的角度对个人信息保护作了一些规定，如该法第 74 条第 1 款规定：“违反本法规定，给他人造成损害的，依法承担民事责任。”

2013 年第十二届全国人大常委会第五次会议修正《消费者权益保护法》时，在原第 14 条中新增了消费者“享有个人信息依法得到保护的权利”，并在第 50 条就侵害该权利的民事责任作出了规定，这是我国法律首次从民事权利的角度对个人信息作出的规定。① 自 2017 年 10 月 1 日起施行的《民法总则》第 111 条规定：“自然人的个人信息受法律保护。任何组织和个人需要获取他人个人信息的，应当依法取得并确保信息安全，不得非法收集、使用、加工、传输他人个人信息，不得非法买卖、提供或者公开他人个人信息。”② 此外，该法第 127 条还规定：“法律对数据、网络虚拟财产的保护有规定的，依照其规定。”尽管就《民法总则》第 111 条是否规定了自然人个人信息权仍存在争议，但该条毕竟“从民事基本法的高度赋予了自然人个人信息保护的权利（权益），为个人信息保护在民法分则进一步细化规定提供了基础”③，因此，具有十分重要的意义。

我国民法典编纂时，《民法总则》第 111 条被作为《民法典》第 111 条保留下来，同时，在《民法典》人格权编中，还对个人信息保护作出了更为详细的规定。一方面，在《民法典》人格权编的第六章“隐私权和个人信息保护”中，立法者使用 6 个条文（第 1034 条至 1039 条）对个人信息的概念和类型，个人信息保护与隐私权的关系，处理个人信息应当遵循的原则和符合的条件，自然人对其

---

① 《消费者权益保护法》中增加个人信息保护的规定，就是为了更好地保护消费者的个人信息。李适时（第十二届全国人大常委会法制工作委员会主任）. 关于《中华人民共和国消费者权益保护法修正案（草案）》的说明——2013 年 4 月 23 日在第十二届全国人民代表大会常务委员会第二次会议上.

② 我国个人信息泄露以及非法数据交易现象极为严重，尤其是“徐玉玉因信息泄露而被骗学费引发急病发作死亡”以及“清华大学教师被电信诈骗 1 700 多万元”这两则因个人信息被泄露而给受害人造成重大损失的案件，在社会上产生了很大的影响，进而推动了《民法总则》第 111 条关于个人信息保护规定的出台。杨立新. 个人信息：法益抑或民事权利——对《民法总则》第 111 条规定的“个人信息”之解读. 法学论坛，2018（1）.

③ 张新宝.《民法总则》个人信息保护条文研究. 中外法学，2019（1）.

个人信息享有的查阅、抄录和复制的权利以及更正和删除的权利，侵害个人信息的免责事由，信息处理者的义务等，作出了较为详细的规定；另一方面，《民法典》人格权编的第一章“一般规定”和第五章“名誉权和荣誉权”中还就个人信息的合理使用（第 999 条）、信用信息处理的准用规则作出了规定（第 1030 条）。①

（三）民法典保护个人信息的重要意义

个人信息的保护需要公法与私法并重，公法对个人信息收集者、控制者确定的各种强制性义务以及行政责任、刑事责任，对于预防和制止个人信息遭受侵害具有非常重要的意义，同时，也有利于实现权益保护与信息自由的协调。但是，明确自然人对其个人信息享有的权益，并提供私法上的救济方法，也具有不可或缺的重要意义。我国《民法典》对个人信息保护作出专门规定，是个人信息私法保护的重要体现，具有以下几个方面的重要意义。

1. 个人信息保护的最终目的不是维护公共利益和公共秩序，而是维护自然人的合法权益。通过赋予自然人对个人信息享有相应的民事权益，不仅能够为保护自然人既有的人身、财产等民事权益建立起有效的防御屏障，还可以避免其他可能出现的新型侵害行为。尽管刑事制裁与行政处罚具有重要的预防和威慑作用，但无论是公安机关、网络安全主管部门还是市场监管部门，都不可能发现并查处每一个侵害个人信息的违法行为。况且，即便是对被发现的违法行为人进行了惩处，也不等于就填补了受害人的损害，并不能真正完全实现对受害人的个体保护。通过对个人信息的民法保护，赋予自然人对个人信息相应的民事权益，能够使广大自然人更加重视该权益，让他们真正认识到“线上平台的免费午餐券需要用我们的个人信息来换取”，而这种免费的成本已经变得越来越高了。② 这样就能促使人们在日常生活中“认真对待个人信息”，积极保护个人信息。③ 在个人信息被非法收集、利用等侵害行为发生时，也可以更充分地调动自然人保护个

---

① 此外，在《民法典》物权编和侵权责任编中也有涉及个人信息保护的规定，如《民法典》第 219 条规定：“利害关系人不得公开、非法使用权利人的不动产登记资料。”第 1226 条规定：“医疗机构及其医务人员应当对患者的隐私和个人信息保密。泄露患者的隐私和个人信息，或者未经患者同意公开其病历资料的，应当承担侵权责任。”

② 阿里尔·扎拉奇，莫里斯·E. 斯图克. 算法的陷阱：超级平台、算法垄断与场景欺骗. 余潇译. 北京：中信出版集团，2018：41.

③ 正是因为我国广大民众还没有认识到个人信息保护的重要性，个别互联网企业家才会有“中国的消费者在隐私保护的前提下，很多时候是愿意以一定的个人数据授权使用，去换取更加便捷的服务”的认识。李彦宏. 中国用户很多时候愿意用隐私来换便捷服务. ［2019－04－30］http：//tech. sina. com. cn/i/2018－03－26/doc-ifysqfnf7938663. shtml.

人信息的积极性，使之“为权利而斗争”。这不仅可促使其在发现侵害个人信息的违法行为后及时向执法机关举报，也可以让其通过对侵权人提起民事诉讼获得补偿，进而对现实的和潜在的侵权人产生巨大的威慑作用。

2. 民法上对自然人个人信息的保护作出规定，不仅意味着民法认可了自然人对个人信息享有受保护的民事权益，彰显了法律对人格尊严和人格自由的尊重，也充分表明了在任何个人信息保护与数据权属的立法中都应始终关注自然人的民事权益保护与信息自由（信息的流动、共享与利用）这两个法律价值的权衡与协调。如果完全排除民法对个人信息的保护，一味基于所谓公共秩序或公共利益而仅由公法保护个人信息，必然导致价值权衡上的重大缺失，使个人信息的法律保护缺乏充分的正当性基础，由此也会使个人信息保护问题被简单化为数据收集者、数据控制者的利益与公共秩序、公共利益的矛盾冲突。在忽视甚至否定自然人对个人信息的民事权益的前提下，空谈公共利益或公共秩序，很可能会造成个人信息保护和数据权属立法最终沦为利益相关方（各类不同的数据企业之间）围绕着个人信息（数据）这一稀缺资源展开的争夺战，甚至使法律规定成为一方打击另一方，进而限制竞争、维护信息垄断地位的手段，最终损害整体的社会福利。反之，通过对个人信息进行民法保护，科学合理地承认自然人对个人信息应有的民事权益，不仅不会损害公共利益和公共秩序，反而可以在更坚实的正当性基础上建立相应的规则和制度，更好地实现维护公共利益和公共秩序的目标。现代法律中几乎没有完全不受公共利益和公共秩序限制的民事权益，我国民法也不例外。我国民法典已明确将公序良俗作为民法的基本原则之一。不仅如此，《民法典》第 999 条还明确规定，实施新闻报道、舆论监督等行为的，可以合理使用民事主体的个人信息。此外，民法对自然人就其个人信息的赋权性规范，可以为法律上细化有权机关针对大规模侵害个人信息的行为提起公益诉讼奠定基础，从而更好地维护公共秩序和公共利益。我国《民事诉讼法》第 55 条第 1 款明确规定，对侵害众多消费者合法权益等损害社会公共利益的行为，法律规定的机关和有关组织可以向人民法院提起诉讼。现代社会发生的非法收集、处理个人信息的行为往往构成对众多消费者合法权益的侵害，对此完全可以提起公益诉讼。①

① 2020 年 3 月 27 日下午，上海市宝山区人民法院公开开庭宣判宝山区首例侵犯公民个人信息刑事附带民事公益诉讼案件。在该案中韩某某等 10 名被告人非法收集和买卖公民的个人信息，对此宝山区人民检察院提起刑事诉讼，法院判处 10 名被告 9 个月至 4 年不等的有期徒刑，并处 5 000 元至 4 万元不等的罚金。在提起刑事诉讼的同时，检察院还提起了附带民事公益诉讼，要求被告单位深圳某科技公司及韩某某等相关被告人赔偿损失、关闭网站、注销号码、删除公民个人信息以及赔礼道歉。法院对于这一附带民事公益诉讼中起诉人的请求也给予了支持。刘浩，贾路．上海宝山宣判首例侵犯个人信息刑事附带民事公益诉讼案．中国消费者报，2020－03－27.

3. 从比较法上来看，尽管各国（地区）对是否承认个人信息权有不同的看法，但没有哪个国家（地区）完全将个人信息的保护作为单纯的公法任务。各国（地区）都是综合利用公法与私法来实现对个人信息的有效保护的。例如，欧盟《一般数据保护条例》除了对数据控制人侵害个人信息的违法行为规定了巨额罚款等行政责任外，还专门在第 82 条就损害赔偿请求权和民事责任作出了规定。[①] 德国《联邦数据保护法》第 83 条规定：如果数据控制人处理他人数据的行为违反本法或其他法律，并导致他人损害的，控制人或者其法人负有损害赔偿义务。但是在非自动化数据处理的情形下，如果损害并非控制人的过错所致，则其不负有赔偿义务。[②] 我国台湾“个人资料保护法”更是专章规定了侵害个人资料（即个人信息）的“损害赔偿与团体诉讼”。它区分了公务机关与非公务机关的侵权行为，分别在第 28 条和第 29 条确立了侵害个人资料的侵权责任适用无过错责任与过错推定责任的规则，同时还对损害赔偿的数额作出了具体的规定。依据第 28 条第 2—5 项的规定，被害人不仅可以要求非财产上之损害赔偿，而且在被害人不易或不能证明其实际损害额时，还有权请求法院依侵害情节，以每人每一事件新台币 500 元以上 2 万元以下计算，判令侵权人赔偿损害。[③]

我国的一些学者之所以反对个人信息的私法保护，主要是因为他们认为，承认个人信息的民法保护就等于在民法上将自然人对个人信息的权利界定为绝对权和支配权，而这会产生很大的弊端，会造成信息无法自由地流动，将每个人变成一座孤岛而无法进行正常的社会交往[④]，因而无法实现个人信息上承载的不同价值和利益的平衡。[⑤] 本书认为，这种观点是对个人信息民法保护的一种误读、误解。因为，承认个人信息的民法保护，并不当然意味着民法上就要承认自然人对个人信息的权利，更不等于必须将自然人对个人信息的权利界定为如同所有权那样的绝对权与支配权。

综上所述，虽然传统民法在个人信息保护中受到了挑战，存在需要完善改进

① 欧盟《一般数据保护条例》第 82 条的规定意味着，未来所有数据处理程序中涉及的主体都可能会因此而被起诉，从而承担民事责任。Paul Voigt & Axel von dem Bussche，The EU General Data Protection Regulation (GDPR)：A Practical Guide，Spring，2017，p. 205.

② Vgl. Paal & Pauly，DS-GVO BDSG，2. Auflage 2018，Rn. 4 - 9.

③ 在我国台湾，针对公务机关违反“个人资料保护法”而不法收集、处理、利用个人信息或其他侵害当事人权利的行为，受害人请求公务机关承担赔偿责任时，程序上应当先适用“国家赔偿法”的规定。林洲富．个人资料保护法之理论与实务．台北：元照出版公司，2019：99.

④ 丁晓东．个人信息私法保护的困境与出路．法学研究，2018（6）.

⑤ 刘金瑞．个人信息与权利配置——个人信息自决权的反思和出路．北京：法律出版社，2017.

之处，但不能因此就否定个人信息私法保护的重要意义与功能。现代法律对个人信息的保护应当采取公法与私法并重的综合性保护方法，二者不可偏废：既要从公法的角度明确各类主体从事收集、存储、分析、使用个人信息等行为应当遵守法定义务，也要从民法的角度认可自然人就个人信息享有相应的权利，如是否同意个人信息被收集的权利、在个人信息发生错误时要求删除和更正的权利等；既应当对违反公法上个人信息保护义务的违法犯罪行为给予行政处罚甚至施加刑罚，也应当允许自然人基于其个人信息上的民事权益，请求侵害个人信息的侵权人承担赔偿损失、赔礼道歉等相应的民事责任。

二、个人信息的概念与特征

《民法典》第 1034 条第 2 款对个人信息作出了界定。依据该款规定，所谓个人信息（Personal information），就是指以电子或者其他方式记录的能够单独或者与其他信息结合识别特定自然人的各种信息，包括自然人的姓名、出生日期、身份证件号码、生物识别信息、住址、电话号码、电子邮箱、健康信息、行踪信息等。在《民法典》颁发之前，我国也有一些法律、司法解释和技术标准对个人信息进行了界定。例如，《网络安全法》第 76 条第 5 项规定："个人信息，是指以电子或者其他方式记录的能够单独或者与其他信息结合识别自然人个人身份的各种信息，包括但不限于自然人的姓名、出生日期、身份证件号码、个人生物识别信息、住址、电话号码等。"《最高人民法院、最高人民检察院关于办理侵犯公民个人信息刑事案件适用法律若干问题的解释》第 1 条规定："刑法第二百五十三条之一规定的'公民个人信息'，是指以电子或者其他方式记录的能够单独或者与其他信息结合识别特定自然人身份或者反映特定自然人活动情况的各种信息，包括姓名、身份证件号码、通信通讯联系方式、住址、账号密码、财产状况、行踪轨迹等。"《最高人民法院关于人民法院在互联网公布裁判文书的规定》第 10 条第 1 项规定，人民法院在互联网公布裁判文书时，应当删除"自然人的家庭住址、通讯方式、身份证号码、银行账号、健康状况、车牌号码、动产或不动产权属证书编号等个人信息"。此外，国家标准《信息安全技术　个人信息安全规范》（GB/T 35273－2020）第 3.1 条将个人信息界定为："以电子或者其他方式记录的能够单独或者与其他信息结合识别特定自然人身份或者反映特定自然人活动情况的各种信息。"该界定的注释 1 中列举了以下个人信息的具体种类——"包括姓名、出生日期、身份证件号码、个人生物识别信息、住址、通信通讯联系方式、通信记录和内容、账号密码、财产信息、征信信息、行踪轨迹、住宿信息、健康生理信息、交易信息等。"

从《民法典》第 1034 条第 2 款的规定来看，个人信息具有以下两项重要特征。

（一）个人信息是指自然人的个人信息

个人信息中的“个人”本身指的就是自然人，显然不包括法人、非法人组织。至于法人和非法人组织，当然也存在相关的各种信息，如政府信息、企业信息、财务信息、经营信息、人员信息、技术信息等。这些信息中，有些信息本身依法就应当公开，例如，《政府信息公开条例》明确要求行政机关公开政府信息，应当坚持以公开为常态、以不公开为例外，遵循公正、公平、合法、便民的原则。《证券法》第五章“信息披露”中明确要求，发行人及法律、行政法规和国务院证券监督管理机构规定的其他信息披露义务人，应当及时依法履行信息披露义务，包括：按照国务院证券监督管理机构和证券交易场所规定的内容和格式编制定期报告并按照规定报送和公告；发生可能对上市公司、股票在国务院批准的其他全国性证券交易场所交易的公司的股票交易价格产生较大影响的重大事件，投资者尚未得知时，公司应当立即将有关该重大事件的情况向国务院证券监督管理机构和证券交易场所报送临时报告，并予公告，说明事件的起因、目前的状态和可能产生的法律后果。再如，依据《慈善法》第 71 条的规定，慈善组织、慈善信托的受托人应当依法履行信息公开义务。信息公开应当真实、完整、及时，其第 72 条规定，慈善组织应当向社会公开组织章程和决策、执行、监督机构成员信息以及国务院民政部门要求公开的其他信息。上述信息有重大变更的，慈善组织应当及时向社会公开。慈善组织应当每年向社会公开其年度工作报告和财务会计报告。具有公开募捐资格的慈善组织的财务会计报告须经审计。依据《企业信息公示暂行条例》的规定，工商行政管理部门登记的企业从事生产经营活动过程中形成的信息，以及政府部门在履行职责过程中产生的能够反映企业状况的信息依法应当公示。至于不是依法必须公开的法人或非法人组织的信息，如果属于国家秘密或商业秘密，则分别受到《保守国家秘密法》《反不正当竞争法》等法律的保护，也不存在通过个人信息保护的问题。

个人信息作为自然人的信息，仅仅是指活着即生存着的自然人的个人信息，而不包括已故人士（a deceased person）的信息。① 例如，欧盟《一般数据保护条例》“鉴于条款”的第 27 条就明确规定：“本条例不适用于已故人士的个人数据。成员国可以对已故人士个人数据的处理进行规定。”再如，我国台湾“个人

① 但是，已故人士的信息可能会成为其亲属或者继承人的个人信息。Paul Voigt & Axel von dem Bussche，The EU General Data Protection Regulation (GDPR)：A Practical Guide，Spring，2017，p. 11.

资料保护法施行细则”第2条也明确规定，本“法”所称个人，指现生存之自然人。死者已经去世，不属于民事主体，关于死者的各种信息也成为历史资料，无须通过个人信息保护制度加以保护。如果侵害死者的信息的行为构成对死者的姓名、肖像、名誉、荣誉、隐私等的侵害，依据《民法典》第994条，其配偶、子女、父母有权依法请求行为人承担民事责任；死者没有配偶、子女并且父母已经死亡的，其他近亲属有权依法请求行为人承担民事责任。

（二）个人信息是可以识别特定自然人的信息

无论对个人信息如何界定或怎样列举，个人信息的核心特征就在于“可识别性”，即能够单独或者与其他信息相结合识别特定的自然人。因为，如果某些信息根本无法识别特定的自然人，那么对于这些信息的收集、存储、使用、共享等并不会对特定自然人权益造成侵害或产生侵害的危险，也没有必要基于维护自然人的权益的考虑而通过个人信息保护制度对这些信息的处理加以规范。例如，完全是与自然人无关的纯粹的自然界的信息，如天气变化、潮汐情况、地质演变等物理信息；再如，通过采取匿名化技术处理后无法识别特定的自然人且不能复原的信息，如抽样调查统计数据中仅仅显示被调查的人数、地域分布、年龄、男女比例等信息，这些信息无法识别出具体的被调查的人是谁，也不属于个人信息。

“可识别性”这一认定标准也是为世界上许多国家（地区）个人信息保护立法所采取的标准。例如，欧盟《一般数据保护条例》第4条将个人数据界定为“一个被识别或可识别的自然人的任何信息。一个可识别的自然人是指，通过姓名、身份证号码、位置数据、在线身份识别码这类标识，或通过针对该自然人的一个或多个身体、生理、遗传、心理、经济、文化或社会身份等要素，能够直接或间接地被识别”。德国《联邦数据保护法》第3条规定：“个人数据，指与一个已识别的或者可识别的自然人（数据主体）的私人或者实际情况有关的任何信息。”日本《个人信息保护法》第2条第1款规定：“本法所称的‘个人信息’系指，与生存着的个人有关的信息中因包含有姓名、出生年月以及其他内容而可以识别出特定个人的部分（包含可以较容易地与其比照并可以借此识别出特定个人的信息）。”我国台湾“个人资料保护法”第2条将个人资料界定为自然人之姓名、出生年月日、身份证统一编号、护照号码、特征、指纹、婚姻、家庭、教育、职业、病历、医疗、基因、性生活、健康检查、犯罪前科、联络方式、财务情况、社会活动及其他得以直接或间接方式识别该个人之数据。同时，我国台湾“个人资料保护法施行细则”第3条规定：本“法”第2条第1款所称得以间接方式识别，指保有该数据之公务或非公务机关仅以该数据不能直接识别，须与其他数据对照、组合、链接等，始能识别该特定之个人。

我国《民法典》第 1034 条第 2 款将个人信息的可识别性区分为两类，即单独识别与间接识别。

1. 单独识别，也称直接识别，是指仅凭该信息本身就完全可以识别出特定的自然人，在我国，最典型的此类个人信息是居民身份证件号码。《居民身份证法》第 3 条第 2 款规定："公民身份号码是每个公民唯一的、终身不变的身份代码，由公安机关按照公民身份号码国家标准编制。"我国以往因为户籍管理中存在的问题，导致居民身份证号码的重号情况较为普遍，2009 年全国曾有 171 万人的身份证号码重合，但是自公安机关开展户口清理整顿工作以来，到 2017 年，全国居民身份证重号人数已经减少为 8 人。[①] 故此，仅凭居民身份证号码这一信息即可识别出特定的自然人。此外，个人生物识别信息作为自然人独一无二的个人信息，也是属于可以单独或直接识别出特定自然人的信息。

2. 间接识别，是指与其他信息结合后能够识别，即仅凭该信息本身尚无法识别出特定的自然人，但是只要将该信息与其他信息结合就可以识别出特定的自然人。例如，仅仅凭借 Cookie 收集的网页浏览痕迹信息是无法识别出究竟是谁浏览了相应的网页，但是只要将这些浏览痕迹与 IP 地址信息加以结合，就很容易识别出特定的自然人。例如，在"朱某与北京百度网讯科技有限公司隐私权纠纷案"中就涉及这一问题。[②] 原告通过被告的搜索引擎进行了一些关键词检索，而被告依据这些关键词检索向原告进行了定向广告推送，原告认为被告侵害了其隐私权。这种情形就涉及被告收集和处理的原告的关键词记录是否属于原告的个人信息。应当说，单纯的关键词检索记录是无法识别出特定自然人的，但是，如果和 IP 地址结合起来，尤其是考虑到现在的 IP 地址多为静态 IP 地址，且原告是在自己家中的个人电脑上进行检索的，因此这些信息结合起来就很容易识别出特定自然人。再如，电话号码在有些国家或地区因为没有强制要求实名登记，故此，仅仅凭借手机号码无法识别出特定自然人，但是将其与姓名结合起来，就可以识别出特定自然人。在我国，由于法律法规规定电话号码必须实名登记，故

---

① 公安部：全国公民身份证号码重号人数由 171 万人减至 8 人. https：//www.guancha.cn/minsheng/2017_04_27_405647.shtml.

② 南京市中级人民法院（2014）宁民终字第 5028 号民事判决书。对该案中的间接识别问题的论述可参见以下文献。李谦. 人格、隐私与数据：商业实践及其限度——兼评中国 Cookie 隐私权纠纷第一案. 中国法律评论，2017（2）.

此，仅凭电话号码这一信息本身就足以识别出特定的自然人。①

由此可见，信息是否可以识别特定自然人本身并不是固定不变的，不仅在不同的国家或地区是不同的，而且还会随着技术的发展及由此产生的识别成本、识别时间等因素的变化而发生改变，即以往无法识别特定自然人的信息可能在未来就具有可识别性。

三、个人信息与个人数据

关于个人信息与个人数据之间究竟是什么关系，一直存在争论。从国外立法来看，有些国家使用个人信息保护法、个人资料保护法的名称，有些国家则使用个人数据保护法、数据保护法的名称。我国《民法典》《网络安全法》《电子商务法》《刑法》等都使用"个人信息"的称谓，尚无法律使用"个人数据"这一表述。

就个人信息与个人数据的关系，本书认为，信息是数据的内容，数据是信息的形式。姓名、性别等个人信息，自古就有，但是，只有随着网络信息科技的发展，信息才被数据化，以数据的形式体现，尤其是在大数据时代，无法将数据与信息加以分离。就个人数据而言，其之所以具有经济利益或者涉及人格利益，就是因为包含着个人信息。没有承载个人信息或者其他信息的数据只是以二进制代码表现出来的比特形式，对于收集与使用这些数据的人没有意义，法律上自然无须也无法加以规范调整。这就如同作为所有权客体的动产和不动产当然是由各种化学元素组成的，但法律上绝不会讨论元素能否成为民事权利客体的问题，更不会认为某个特定的民事主体可以享有某一元素的所有权。需要讨论的只是该民事主体对由元素组成的特定动产或不动产所享有的民事权利。任何民事主体如果仅仅获取或复制二进制代码的数据而未能在"信息"的意义上加以呈现和利用，则该行为既不会为获取者带来任何经济利益，也不会损害被复制者的经济利益或人格利益。只有数据被信息化呈现，关于数据归属的争议才会产生或者说资源的稀

---

① 《全国人民代表大会常务委员会关于加强网络信息保护的决定》第 6 条规定："网络服务提供者为用户办理网站接入服务，办理固定电话、移动电话等入网手续，或者为用户提供信息发布服务，应当在与用户签订协议或者确认提供服务时，要求用户提供真实身份信息。"《网络安全法》第 24 条第 1 款规定："网络运营者为用户办理网络接入、域名注册服务，办理固定电话、移动电话等入网手续，或者为用户提供信息发布、即时通讯等服务，在与用户签订协议或者确认提供服务时，应当要求用户提供真实身份信息。用户不提供真实身份信息的，网络运营者不得为其提供相关服务。"此外，工信部颁发的《电话用户真实身份信息登记规定》第 6 条规定："电信业务经营者为用户办理入网手续时，应当要求用户出示有效证件、提供真实身份信息，用户应当予以配合。用户委托他人办理入网手续的，电信业务经营者应当要求受托人出示用户和受托人的有效证件，并提供用户和受托人的真实身份信息。"据工信部 2017 年发布的消息，2016 年工信部共组织 1.2 亿电话用户进行实名补登记，至此，全部电话用户均实现实名登记。

缺性才会出现，进而才有必要讨论数据应否被私人控制以及公共执法机构对该数据上的民事权利如何保护的问题。因此，当我们使用个人信息的表述时，更侧重的是内容，而并不在乎其是否通过数据加以呈现，而使用个人数据的表述时，则当然包括个人信息的意思，但更侧重的是数据化。① 例如，数据库中所记载的个人信息和便于检索而整理成文件的个人信息，可以成为个人数据。但是，为了向数据库输入数据而进行的书面申请，在申请书上填写的个人信息或者备忘笔记中记载的个人信息，都不属于个人数据。②

四、个人信息的类型

个人信息的种类很多，《民法典》第 1034 条第 2 款只是对个人信息作出了列举，即自然人的姓名、出生日期、身份证件号码、生物识别信息、住址、电话号码、电子邮箱、健康信息、行踪信息等，却没有将个人信息进行分类。个人信息有不同的分类，例如根据是否数据化，可以分为数据化的个人信息和非数据化的个人信息，前者就是所谓的个人数据，而后者是指那些记录在纸张等数据载体上的个人信息。在个人信息分类中，最为重要的分类有三种：其一，依据个人信息是否属于隐私权所保护的范畴，可将之分为私密的个人信息和非私密的个人信息；其二，依据个人信息对自然人人身财产安全的敏感程度，可将之分为敏感的个人信息与非敏感的个人信息；其三，依据个人信息是否已经合法公开，可以分为公开的个人信息与非公开的个人信息。

（一）私密的个人信息与非私密的个人信息

现代社会是信息社会，要维护自然人的私生活安宁和私生活秘密不受侵害，就必须保护自然人的私密信息不被随意收集、公开或者被滥用。现代隐私权的一项重要功能就是保护自然人的私密信息。③ 我国《民法典》第 1032 条第 2 款规定："隐私是自然人的私人生活安宁和不愿为他人知晓的私密空间、私密活动、私密信息。"自然人的私密信息的范围十分广泛，凡是自然人不愿意为他人知晓的信息，如婚姻信息、财产信息、健康信息、家庭住址、病历资料、犯罪记录、个人人生经历、嗜好、性取向、日记、私人信件以及其他个人不愿公开的信息等，都可以被纳入私密信息。例如，《民法典》第 1226 条规定："医疗机构及其

---

① 有学者认为，立法使用个人数据的概念更为准确。郭瑜. 个人数据保护法研究. 北京：北京大学出版社，2012：127－128. 谢永志. 个人数据保护法立法研究. 北京：人民法院出版社，2013：6.

② 日本学者对个人信息和个人数据的关系做了较为清晰的阐述。松本恒雄，斋藤雅弘，町村泰贵. 电子商务法. 朴成姬译. 北京：北京大学出版社，2019：170－172.

③ 王泽鉴. 人格权法：法释义学、比较法、案例研究. 台北：作者印行，2012：245 以下.

医务人员应当对患者的隐私和个人信息保密。泄露患者的隐私和个人信息，或者未经患者同意公开其病历资料的，应当承担侵权责任。”《传染病防治法》第12条第1款第2句规定：“疾病预防控制机构、医疗机构不得泄露涉及个人隐私的有关信息、资料。”《精神卫生法》第4条第3款规定：“有关单位和个人应当对精神障碍患者的姓名、肖像、住址、工作单位、病历资料以及其他可能推断出其身份的信息予以保密；但是，依法履行职责需要公开的除外。”《艾滋病防治条例》第39条第2款规定：“未经本人或者其监护人同意，任何单位或者个人不得公开艾滋病病毒感染者、艾滋病病人及其家属的姓名、住址、工作单位、肖像、病史资料以及其他可能推断出其具体身份的信息。”

从我国的法律规定来看，一般都是将个人信息分为两大类：其一，隐私信息，即涉及个人隐私的信息（或电子信息）；其二，其他个人信息，即不涉及隐私的个人信息。例如，《全国人民代表大会常务委员会关于加强网络信息保护的决定》第1条第1款规定：“国家保护能够识别公民个人身份和涉及公民个人隐私的电子信息。”《公共图书馆法》第43条规定：“公共图书馆应当妥善保护读者的个人信息、借阅信息以及其他可能涉及读者隐私的信息，不得出售或者以其他方式非法向他人提供。”《最高人民法院关于审理利用信息网络侵害人身权益民事纠纷案件适用法律若干问题的规定》第12条第1句规定：“网络用户或者网络服务提供者利用网络公开自然人基因信息、病历资料、健康检查资料、犯罪记录、家庭住址、私人活动等个人隐私和其他个人信息，造成他人损害，被侵权人请求其承担侵权责任的，人民法院应予支持。”

私密的个人信息即私密信息，其与非私密信息的根本区别在于，前者是自然人不愿意为他人知晓的信息，且该信息也与公共利益等无关。之所以自然人不愿意为他人知晓这些信息，就是因为如果这些信息被他人知晓了，会使其私生活安宁受到侵害或者私生活受到干扰，而此种利益就是隐私权保护的自然人的人格利益。至于私密信息的具体内容如何，在所不问。其并非一定都是高尚的、为道德所允许的，而是也包括那些道德谴责的、为人所不齿的内容。毕竟，法律上没有规定人们负有“不得自甘堕落”的义务。因此，只要不涉及公序良俗，不违反法律的强制性规定，即便是不道德的、为人不齿的信息，也属于私密信息，例如，丈夫违背夫妻忠诚义务而搞婚外情的信息，也属于私密信息，受到隐私权的保护。他人不得对此随意侵扰或公开，否则，构成侵害隐私权。[①] 但是，非私密的

① “王某诉张某奕名誉权、隐私权纠纷案”，北京市朝阳区人民法院（2008）朝民初字第10930号民事判决书。

个人信息虽然也属于个人信息，可并非自然人不愿意为他人知晓的信息，甚至这些个人信息必须为他人所知，才能使自然人更好地参与社会交往活动。例如，姓名属于个人信息，但姓名是自然人的标识，是区别自然人的一种语言标识。通过姓名，自然人得以在与其周围的人的关系中维护其人格，并将自己与他人在社会交往中加以区分，从而作为一个独特的个体存在，获得自我认同，实现人格尊严。① 如果姓名不为他人所知，如何能够进行社会交往？另外，在很多时候，自然人主动公开其个人信息，如将自己的联系电话、电子邮箱放在个人主页上，或作为微信的名称等，在这种情形下，原本属于私密信息的个人信息也就成了公开的个人信息。

我国《民法典》在隐私权部分对于侵害私密信息的行为作出了规定，即《民法典》第1033条第5项规定，除非法律另有规定或者经权利人明确同意，任何单位和个人不得处理自然人的私密信息，否则就构成对隐私权的侵害。所谓处理私密信息，包括收集、存储、使用、加工、传输、提供、公开等（《民法典》第1035条第2款）。例如，2013年广东省发生的“人肉搜索第一案”就是最典型的泄露他人隐私信息案件。该案被告蔡某因怀疑受害人徐某在其服装店试衣服时偷了一件衣服，便将徐某在该店的视频截图配上“穿花花绿绿衣服的是小偷，求人肉，经常带只博美小狗逛街，麻烦帮忙转发”的字幕，上传到其新浪微博上。该条微博发出仅一个多小时，有人迅即展开人肉搜索并将徐某的姓名、所在学校、家庭住址和个人照片等私密信息全部曝光，同时这些信息也被蔡某用微博发出。一时间，对徐某的各种批评甚至辱骂在网络上开始蔓延，也引起了徐某学校很多同学和社会上很多人对她的非议。两日后，徐某跳河自杀。同日12时许，徐某的父亲向公安机关报案。2014年9月7日，广东省汕尾市中级人民法院维持一审判决，以侮辱罪判处被告人蔡某有期徒刑1年。② 再如，在学校组织的体检中，大学生王某被查出患有肝炎，辅导员得知后告诉了全班同学，因受孤立和歧视，王某愤而自杀。③ 又如，原告因患“易性癖”而做了变性手术，被告经原告同意后采访了原告，被告未经同意将采访写成文章，并使用原告真实姓名且配发了为

---

① 因此，不使用他人姓名而是用数字、编号来代替，是对人格尊严的侵害，如纳粹的集中营中使用编号来称呼被关押的犹太人。

② 广东人肉搜索第一案终审宣判. http://www.chinacourt.org/article/detail/2014/09/id/1433588.shtml.

③ 大学女生因乙肝歧视烧炭自杀，家属指责校方. http://news.sina.com.cn/s/2015-04-30/025931778181.shtml.

原告所拍摄的照片在被告某杂志上发表。①

即便某人得知私密信息是经过权利人同意的（如权利人主动将该信息告知他），但是隐私权人并未让该人公开，如果该人将此信息予以公开，也构成侵害隐私权。例如，原告认为自己在某日晚值班时受到被告谢某的“调戏”、被人“敲门窗”，后将该信息向单位领导被告时某汇报，时某未经原告同意，在召开全单位职工大会时提及此事，显然侵害了原告的隐私权。②

（二）敏感的个人信息与非敏感的个人信息

个人信息的另外一个重要分类就是分为敏感的个人信息（personal sensitive information）与非敏感的个人信息。敏感的个人信息，也被称为特殊的个人信息。对于何为敏感的个人信息，各国（地区）法上有不同的界定。欧盟的《一般数据保护条例》第 9 条第 1 款将之界定为“揭示种族或者民族出身，政治观点、宗教或者哲学信仰，工会成员的个人数据，以及以唯一识别自然人为目的的基因数据、生物特征数据，健康数据，自然人的性生活或者性取向的数据”。德国《联邦数据保护法》则将之界定为“有关个人种族血统、政治观点、宗教或哲学信仰、工会成员资格、健康状况或者性生活的信息”。巴西《通用数据保护法》第 5 条规定，“关于种族或族裔、宗教信仰、政治观点、工会或宗教、哲学或政治组织成员身份的个人数据，与自然人有关的健康或性生活数据、基因或生物数据”，属于个人敏感数据。我国台湾“个人资料保护法”将“有关病历、医疗、基因、性生活、健康检查及犯罪前科”的个人资料规定为特殊的个人资料。

我国目前尚无个人信息保护法，也没有法律法规和司法解释对敏感的个人信息作出界定，只有一些国家标准中有相应的规定。例如，《信息安全技术　个人信息安全规范》将个人敏感信息界定为“一旦泄露、非法提供或滥用可能危害人身和财产安全，极易导致个人名誉、身心健康受到损害或歧视性待遇等的个人信息”。该规范认为，个人敏感信息包括身份证件号码、个人生物识别信息、银行账户、通信记录和内容、财产信息、征信信息、行踪轨迹、住宿信息、健康生理信息、交易信息、14 岁以下（含）儿童的个人信息等。

本书认为，所谓敏感的个人信息，主要是指那些涉及自然人人格尊严、人格自由或者其他重大权益的个人信息，这些个人信息倘若被非法处理，将会对所涉自然人的人格尊严、人格自由或者其他重大的人身权益、财产权益造成严重的威

---

① 李某诉郝某白等以其真实姓名发表采访其隐私内容的文章侵犯名誉权案//最高人民法院中国应用法学研究所．人民法院案例选：总第 31 辑．北京：人民法院出版社，2000：116 以下．

② “姜某兰诉时某等侵犯隐私权纠纷案”，江苏省南通市中级人民法院（2002）通中民一终字第 1470 号民事判决书。

胁或损害。例如，自然人的生物识别信息具有唯一性和不可更改性，且由于人工智能技术的发展，这些生物识别信息往往与自然人的财产、隐私等密切关联，一旦被他人非法获取，就有可能给自然人造成重大的财产损失或者隐私权等被侵害的严重后果。再如，个人的政治观点或者宗教信仰信息，涉及宪法上的言论自由、宗教信仰自由等基本权利，这些个人信息若被非法收集、处理，很有可能会侵害到自然人的上述基本权利以及其他相关的基本权利，如政府针对特定宗教信仰的人进行迫害，或者在选举时通过各种方式对其进行人格操控等。依据这一界定，以下个人信息应当归入敏感的个人信息：(1) 种族或民族信息；(2) 宗教信仰信息；(3) 政治主张信息；(4) 生物识别信息；(5) 基因信息；(6) 医疗健康信息；(7) 性生活与性取向信息；(8) 储蓄、证券等金融账户信息。

正是由于敏感的个人信息对自然人是非常重要的个人信息，故此，对于敏感的个人信息的收集、处理，有一套不同于非敏感的个人信息的收集、处理的规则。主要表现在：首先，为了更好地保护敏感的个人信息，对于这些个人信息采取的是原则上禁止处理，除非存在法定的例外情形，例如经过自然人的单独同意、为了维护公共利益等。至于非敏感的个人信息，只要履行告知并取得同意，即可进行收集和处理。例如，《欧盟一般数据保护条例》第 9 条就明确规定，对于特殊类型的个人数据原则上禁止处理，除非符合该条第 2 款规定的特殊情形，如为了维护数据主体的切身利益、维护重大公共利益等。再如，我国台湾“个人资料保护法”第 6 条规定，对于有关病历、医疗、基因、性生活、健康检查及犯罪前科之个人资料，不得搜集、处理或利用。但有下列情形之一者，不在此限：(1) 法律明文规定。(2) 公务机关执行法定职务或非公务机关履行法定义务必要范围内，且事前或事后有适当安全维护措施。(3) 当事人自行公开或其他已合法公开之个人资料。(4) 公务机关或学术研究机构基于医疗、卫生或犯罪预防之目的，为统计或学术研究而有必要，且资料经过提供者处理后或经搜集者依其揭露方式无从识别特定之当事人。(5) 为协助公务机关执行法定职务或非公务机关履行法定义务必要范围内，且事前或事后有适当安全维护措施。(6) 经当事人书面同意。但逾越特定目的之必要范围或其他法律另有限制不得仅依当事人书面同意搜集、处理或利用，或其同意违反其意愿者，不在此限。

其次，即便个人信息的处理者在符合法律规定的前提下，可以处理敏感的个人信息，其在处理中负有的注意义务和法律上的要求也更高，否则如果因为处理者的安全防护措施不足而造成敏感的个人信息泄露的，则对自然人会造成很大的损害或风险。例如，对于依法收集的敏感的个人信息，在保管上，处理者负有更高度的注意义务，而法律法规对其有更严格的要求，如必须进行风险评估等。

敏感的个人信息与作为私密信息的个人信息之间存在交叉的关系，有些个人信息既是私密的个人信息，也是敏感的个人信息，如医疗健康信息、性生活与性取向信息；有些个人信息虽然是私密的个人信息，却不是敏感的个人信息，如个人的嗜好、被他人性骚扰的个人信息；有些信息是敏感的个人信息却未必是私密的个人信息，如种族或民族信息、宗教信仰信息或政治主张信息等。

（三）公开的个人信息与非公开的个人信息

公开的个人信息是指已经合法公开的个人信息，至于那些因他人泄露或非法公开的个人信息，虽然客观上确实处于公开的状态，但不属于法律上所谓的公开的个人信息。① 依据《民法典》第 1036 条第 2 项，合法公开的个人信息包括“该自然人自行公开的或者其他已经合法公开的信息”两大类型。其一，自然人自行公开的个人信息，如某教授将自己的办公室电话、手机号、电子邮箱、通信地址等在自己的个人网页上加以公开，从而使这些个人信息进入了公共领域，任何人都可以获得。其二，其他已经合法公开的个人信息，这主要包括两种情形：一是依据行政行为而公开的个人信息，即因政府机关履行职责而依法加以公开的个人信息，例如，依据《政府信息公开条例》第 15 条的规定，“涉及商业秘密、个人隐私等公开会对第三方合法权益造成损害的政府信息，行政机关不得公开。但是，第三方同意公开或者行政机关认为不公开会对公共利益造成重大影响的，予以公开。”再如，依据国务院颁发的《企业信息公示条例》的规定，企业通过企业信用信息公示系统向工商行政管理部门报送上一年度年度报告，并向社会公示。企业的年度报告中涉及个人信息的内容，如企业为有限责任公司或者股份有限公司的，其股东或者发起人认缴和实缴的出资额、出资时间、出资方式等信息，有限责任公司股东股权转让等股权变更信息等。二是依据司法行为而公开的个人信息，即因为法院的司法行为而公开法律文书，其中涉及的应当公开的个人信息。例如，依据《最高人民法院关于人民法院在互联网公布裁判文书的规定》，人民法院作出的裁判文书除涉及国家秘密、未成年人犯罪等不应公开的情形外，都应当在互联网上公开。人民法院在互联网公布裁判文书时，虽然应当删除“自然人的家庭住址、通讯方式、身份证号码、银行账号、健康状况、车牌号码、动产或不动产权属证书编号等个人信息”“家事、人格权益等纠纷中涉及个人隐私的信息”等信息，但是有些个人信息仍然应当在裁判文书中保留。依据该司法解

① 有学者从数据的角度将此种分类称为公开的个人数据和隐私的个人数据。不过，笔者认为，隐私的个人数据还不甚准确，因为非公开的个人数据并非一定都是隐私的个人数据。王融．大数据时代：数据保护与流动规则．北京：人民邮电出版社，2017：26.

释第 11 条第 1 项，人民法院在互联网公布裁判文书，“除根据本规定第八条进行隐名处理的以外，当事人及其法定代理人是自然人的，保留姓名、出生日期、性别、住所地所属县、区”。

区分公开的个人信息和非公开的个人信息的最主要的意义在于：有助于判断处理这些个人信息是否需要得到自然人的同意。除非法律、行政法规另有规定，对于非公开的个人信息，必须告知且得到自然人或者其监护人的同意。但是，依据《民法典》第 1036 条，处理已经合法公开的个人信息，原则上是无须告知并得到自然人同意的，除非“该自然人明确拒绝或者处理该信息侵害其重大利益”，否则该处理行为不构成侵害个人信息的侵权行为。由此可见，即便是已经公开的个人信息也是受到法律保护的，只是在保护的强度和密度上要明显弱于非公开的个人信息。

五、个人信息民事权益

《民法典》第 1034 条第 1 款和第 111 条第 1 句皆明文规定，“自然人的个人信息受法律保护”。那么，自然人对其个人信息究竟享有何种民事权益呢？对此，存在很大的争议。[①] 持民事权利说的学者认为，《民法典》确立了自然人对个人信息享有的是民事权利即个人信息权。[②] 关于个人信息权的性质，多数人认为是一种新型的人格权，即个人信息权或个人信息自决权，它是指自然人对其个人信息享有支配和自主决定的权利，其内容包括个人对信息被收集、利用等的知情权，以及自己使用或授权他人使用等。[③] 该权利是不同于隐私权、名誉权等的一种新型人格权。

持民事利益说的学者则认为，自然人对个人信息享有的只是受法律保护的利益，并非民事权利。理由在于：一则在《民法典》中并没有使用“个人信息权”的表述，这意味着立法机关没有将个人信息作为一项具体的人格权利[④]，这也“为未来个人信息如何在利益上兼顾财产化以及与数据经济的发展的关系配合预

① 张新宝.《民法总则》个人信息保护条文研究. 中外法学，2019（1）.

② 杨立新. 个人信息：法益抑或民事权利——对《民法总则》第 111 条规定的“个人信息”之解读. 法学论坛，2018（1）.

③ 王利明. 论个人信息权的法律保护——以个人信息权与隐私权的界分为中心. 现代法学，2013（4）. 也有个别学者认为，个人信息权属于财产权，即是自然人对其个人信息的商业价值进行支配的一种新型财产权。刘德良. 个人信息的财产权保护. 法学研究，2007（3）. 还有人认为，个人信息完全可以通过扩张隐私权的方式予以保护，没有必要确立个人信息权这一新型的人格权。徐明. 大数据时代的隐私危机及其侵权法应对. 中国法学，2017（1）.

④ 王利明. 中华人民共和国民法总则详解：上. 北京：中国法制出版社，2017：465.

留了一定的解释空间”①。二则《民法典》第111条采取了行为规制模式而非权利化模式来保护个人信息，即从对他人行为加以控制的角度来构建利益空间，维护利益享有者的利益。②

本书认为，从法解释的角度来看，确实难以直接得出《民法典》确立了自然人对个人信息享有民事权利即个人信息权的结论。首先，第111条虽规定在总则编第五章“民事权利”中，可是立法者并未将个人信息明确规定为“个人信息权”。我国人格权法的主流观点认为，人格权应当如同物权法承认物权法定主义那样，采取人格权法定主义的立场。③ 从《民法通则》到《侵权责任法》的立法实践表明，凡是被立法者认可为某类具体人格权的，必定会使用“某某权”的表述。④《民法典》总则编的第五章“民事权利”在列举了自然人的生命权、身体权、健康权、姓名权、肖像权、名誉权、荣誉权、隐私权、婚姻自主权等具体人格权和身份权后，在第111条对个人信息的保护作出规定，且未使用“个人信息权”的表述。这足以表明，立法者只是认为自然人的个人信息应受到法律的保护，但没有将其确立为可称为“个人信息权”的一种具体人格权。

其次，无论是民法典编纂之前的《侵权责任法》第2条、《民法总则》第120条，还是《民法典》第1164条，皆将侵权法保护的范围界定为“民事权益”，即人身财产权益。而《民法典》总则编的第五章正是对我国民法上受保护的民事权益所做的最详尽的列举。该章首先规定的是最重要的民事权益即人格权益（第109～111条），其次是身份权（第112条），最后是财产权益，包括物权（第114～117条）、债权（第118～122条）、知识产权（第123条）、继承权（第124条）、股权和其他投资性权利（第125条）、法律规定的其他民事权利和利益（第126条）以及数据与虚拟财产（第127条）。因此，恐怕不能仅从《民法典》第五章的章名为“民事权利”就得出凡是规定在这一章的都是民事权利的结论。

最后，由于《民法典》是紧接在具体人格权的规定（第110条）之后，身份权、财产权（第112条以下）之前，对个人信息保护作出规定的（第111条），

---

① 龙卫球，刘保玉．中华人民共和国民法总则释义与适用指导．北京：中国法制出版社，2017：404．

② 叶金强．《民法总则》“民事权利章”的得与失．中外法学，2017（3）．

③ 曹险峰．论人格权的法定化——人格权法独立成编之前提性论证．吉林大学社会科学学报，2006（2）．易军．论人格权法定、一般人格权与侵权责任构成．法学，2011（8）．姚辉．关于人格权性质的再思考．暨南学报（哲学社会科学版），2012（3）．张平华．人格权的利益结构与人格权法定．中国法学，2013（2）．

④ 这一点可以从我国法律对隐私的保护历史得到验证。程啸．侵权责任法．2版．北京：法律出版社，2015：165－166．

故此，从体系解释的角度上可以认为，立法者更倾向于将个人信息作为一种需要保护的人格利益。这也可以从《民法典》第111条第2句的规定得到验证，因为该句是从其他民事主体对自然人的个人信息负有保护的义务的角度作出的规定。① 换言之，任何组织或者个人只有在违反个人信息保护义务的情况下，才构成对个人信息的侵害并应当依法承担民事责任。至于这些个人信息保护义务的具体类型和内容，应交由《网络安全法》及正在制订的"个人信息保护法""数据安全法"等法律加以明确。这就从另一个侧面说明了立法者没有在《民法典》中确立个人信息权。

然而，尽管《民法典》没有直接使用个人信息权的表述，但是其保护自然人的个人信息的态度是非常明确的，而且也承认了自然人针对其个人信息享有相应的权利，如查阅和复制其个人信息的权利，请求更正错误的个人信息的权利以及删除个人信息的权利。故此，可以肯定的是，自然人对其个人信息享有民事权益，这种民事权益是受到法律保护的。

六、隐私权与个人信息权益

隐私权（the right to privacy），是指自然人享有的隐私不受侵害的权利。所谓隐私（Privacy），其内涵从这个词语本身就可以看出，"隐"就是指不愿为他人所知悉或打扰的状态，而"私"就是指私人的事情，与他人权益、公共利益等无关。故此，简单地说，隐私就是自然人不愿意为他人知悉或侵扰的，仅与其私人相关而不涉及他人权益或公共利益的事情。从我国《民法典》第1032条第2款对隐私的界定——"自然人的私人生活安宁和不愿为他人知晓的私密空间、私密活动、私密信息"，即可看出其中的"安宁"和"不愿为他人知晓"体现了隐私中"隐"的特点，而"私人生活""私密"的表述说明了与他人权益和公共利益无关。

隐私权与个人信息权益具有密切的联系，否则《民法典》人格权编也不会将二者合并规定在同一章当中。具体而言，隐私权与个人信息权益的共同点在于：首先，二者都属于人格权益，被规定在《民法典》的人格权编当中。尽管理论界有人认为，个人信息权益属于财产权益，但是，在我国民法上，保护自然人的个人信息并不是因为要保护自然人对个人信息的经济利益，而是通过保护个人信息，维护自然人的人身财产安全，最终维护自然人作为人的尊严。故此，个人信

① 石宏．《中华人民共和国民法总则》条文说明、立法理由及相关规定．北京：北京大学出版社，2017：264-265.

息权益本身也和隐私权一样，是私权利，属于民事权益的范畴。其次，二者都只是自然人享有的人格权益。无论是个人信息权益还是隐私权，其权利主体都只能是自然人，而不包括法人、非法人组织。这是因为隐私权和个人信息权益，“都体现了个人对其私人生活的自主决定。无论是个人隐私还是个人信息，都是专属自然人享有的权利，而且都彰显了一种个人的人格尊严和个人自由。”① 最后，保护范围存在交叉。隐私权保护的隐私中包括私密信息，而私密信息是自然人所不愿他人知晓的个人信息，故此，私密信息也属于个人信息。一方面，私密信息作为隐私，受到隐私权的保护；另一方面，对私密信息的处理，包括收集、使用、加工、传输、提供、公开等，也要受到个人信息保护制度的规范。然而，隐私权与个人信息权益也存在明显的区别，二者不能混淆。

1. 权利性质不同。隐私权作为一项人格权，性质上属于绝对权和支配权，具有对世效力，因此任何组织或个人都必须尊重隐私权，不得对之加以侵害或妨碍。但是，我国《民法典》并未将个人信息权益确认为绝对权和支配权，因为对个人信息的保护必须协调自然人权益的保护与信息自由和合理使用之间的关系。故此，对隐私权，并没有如同个人信息那样规定合理使用的规则。《民法典》第999 条规定，“为公共利益实施新闻报道、舆论监督等行为”可以合理使用个人信息，同时，第 1036 条也专门规定了侵害个人信息的免责事由。这些规定在隐私权部分都不存在。当然，这并不是说隐私权就不能因为维护公共利益而依据法律的规定受到限制，但可以肯定的是，不存在对隐私的合理使用的问题。

2. 侵害隐私权行为的类型很多，《民法典》第 1033 条以列举加概括的方式规定了六种类型，未经权利人明确同意而处理私密信息的行为只是侵害隐私权的行为中的一类。而且，未经同意而处理他人的私密信息这一侵害隐私权行为的主体可以是自然人，也可以是法人或非法人组织，无论侵害隐私权的行为是自动化处理还是非自动化处理，无论是发生在企业的商业活动或政府机关履行职责的公务活动中，还是在家庭社交活动中，该条文都可以适用。但是，个人信息权益的保护主要适用于个人信息处理活动，规范的是处理者从事个人信息的收集、存储、使用、加工、传输、提供、公开等活动。

3. 许可他人使用上的不同。隐私权人可以自行处分权利，如自行在网络上或向媒体公开其私密信息。但是，隐私本身原则上是不能许可他人使用或商业化利用的。《民法典》第 993 条规定，民事主体可以将自己的姓名、名称、肖像等

① 王利明．论个人信息权的法律保护——以个人信息权与隐私权的界分为中心．现代法学，2013（4）．

许可他人使用，但是依照法律规定或者根据其性质不得许可的除外。该条之所以没有列出隐私，是因为：隐私权侧重于消极防御的功能，即防止他人对包括私生活安宁、私密信息在内的隐私的侵害①，其保护的是自然人对隐私不受他人侵害的利益。因此，隐私权的主要权能就是排除他人侵害的权能，即消极权能。对隐私，原则上是不允许许可他人使用的。② 而且，允许隐私的商业化利用也可能违反公序良俗原则这一民法的基本原则。然而，对个人信息尤其是非私密的个人信息，自然人完全可以许可他人使用，从而促进网络信息产业和数字经济的发展。故此，《民法典》第1035条规定，只要遵循合法、正当、必要原则，不过度收集、处理且符合相应的条件，可以对个人信息加以使用或许可他人使用。

4. 私密信息和非私密信息的处理规则不同。在处理私密信息时，首先要适用的是《民法典》关于隐私权的规定，然后才能适用《民法典》关于个人信息保护的规定。依据《民法典》第1033条第5项，处理他人的私密信息，要么是取得隐私权人的“明确同意”，要么是依据法律的规定，否则，任何组织或者个人实施的处理他人私密信息的行为都构成侵害隐私权的行为。但是，对于处理非私密信息的个人信息，依据《民法典》第1035条，要么是依据法律、行政法规的规定，要么是得到该自然人或者其监护人的“同意”。由此可见，《民法典》对私密信息和非私密的个人信息处理规则上有三点区别：其一，在未经权利人同意的情形下，处理私密信息只能依据法律的规定，而处理非私密的个人信息可以依据法律和行政法规的规定。显然，对隐私权的保护更为严密。其二，处理私密信息必须取得权利人的同意，而处理非私密的个人信息可以取得自然人或者其监护人的同意。也就是说，监护人也不能擅自同意他人处理被监护人的私密信息。其三，处理私密信息必须取得的是权利人的“明确同意”，而处理非私密的个人信息是取得自然人或者其监护人的“同意”。“明确同意”与“同意”的含义是不同的。所谓明确同意，一方面意味着自然人在被告知私密信息将被处理的前提下而作出清晰、明确的允许处理的意思表示。另一方面，明确的同意应当是针对该私密信息被处理而单独作出的同意的意思表示。但是，所谓同意，既不要求必须是单独的同意，也不要求仅针对被处理的特定个人信息作出的同意，而可以是概括性的同意（如通过App的隐私政策取得的自然人对某些非私密的个人信息处理

① 王利明. 论个人信息权的法律保护——以个人信息权与隐私权的界分为中心. 现代法学，2013(4).

② 有观点认为，隐私权也具有积极的权能，如隐私隐瞒权、隐私处分权和信息自主权。其中隐私处分权包括隐私公开权和隐私许可权。隐私许可权意味着隐私权人可以授权他人使用自己的隐私。张红. 人格权各论. 北京：高等教育出版社，2015：522.

的同意)。

七、私密信息保护的法律适用

《民法典》第1034条第3款规定:“个人信息中的私密信息,适用有关隐私权的规定;没有规定的,适用有关个人信息保护的规定。”之所以作此规定,是因为立法机关充分认识到了隐私权和个人信息保护之间的差异及联系(对此上文已有论述)。简单地说,依据该款,作为隐私的私密信息,首先,应当适用有关隐私权的规定。所谓“有关隐私权的规定”是一个范围很广的概念,不仅包括《民法典》第1032条和第1033条这两个直接针对隐私权的法律条文,还包括《民法典》中其他可以适用于隐私权的规定,如第991条、第992条、第995条、第996条、第997条、第998条、第1000条等,也包括其他法律中有关隐私权的规定。例如,《妇女权益保障法》第42条、《涉外民事关系法律适用法》第46条和有关行政法规的规定如《人类遗传资源管理条例》,以及有关司法解释如《最高人民法院关于审理利用信息网络侵害人身权益民事纠纷案件适用法律若干问题的规定》中的规定。因为隐私权对于私密信息的保护的强度和密度更高,力度更大。其次,如果现行法律法规和司法解释中关于隐私权的规定没有对私密信息保护作出规定的话,由于私密信息也是个人信息,故此应当适用有关个人信息保护的规定。所谓个人信息保护的规定,范围也非常广泛,如《民法典》第1034条到第1039条的规定,以及《全国人民代表大会常务委员会关于加强网络信息保护的决定》《网络安全法》《电子商务法》《消费者权益保护法》《刑法》等法律以及相关行政法规、部门规章和司法解释中的关于个人信息保护的规定。

(撰稿人:程　啸)

第一千零三十五条

处理个人信息的,应当遵循合法、正当、必要原则,不得过度处理,并符合下列条件:

(一)征得该自然人或者其监护人同意,但是法律、行政法规另有规定的除外;

(二)公开处理信息的规则;

(三)明示处理信息的目的、方式和范围;

(四)不违反法律、行政法规的规定和双方的约定。

个人信息的处理包括个人信息的收集、存储、使用、加工、传输、提供、公开等。

本条主旨

本条是关于处理个人信息应当遵循的原则和告知并取得同意规则的规定。

相关条文

《民法典》第111条规定："自然人的个人信息受法律保护。任何组织或者个人需要获取他人个人信息的，应当依法取得并确保信息安全，不得非法收集、使用、加工、传输他人个人信息，不得非法买卖、提供或者公开他人个人信息。"

《全国人民代表大会常务委员会关于加强网络信息保护的决定》第2条规定："网络服务提供者和其他企业事业单位在业务活动中收集、使用公民个人电子信息，应当遵循合法、正当、必要的原则，明示收集、使用信息的目的、方式和范围，并经被收集者同意，不得违反法律、法规的规定和双方的约定收集、使用信息。网络服务提供者和其他企业事业单位收集、使用公民个人电子信息，应当公开其收集、使用规则。"

《网络安全法》第41条规定："网络运营者收集、使用个人信息，应当遵循合法、正当、必要的原则，公开收集、使用规则，明示收集、使用信息的目的、方式和范围，并经被收集者同意。网络运营者不得收集与其提供的服务无关的个人信息，不得违反法律、行政法规的规定和双方的约定收集、使用个人信息，并应当依照法律、行政法规的规定和与用户的约定，处理其保存的个人信息。"

《电子商务法》第23条规定："电子商务经营者收集、使用其用户的个人信息，应当遵守法律、行政法规有关个人信息保护的规定。"

理解与适用

一、个人信息处理的含义

（一）从个人信息的"收集、处理"到"处理"的演变

《民法典》第1035条第2款对何谓"个人信息的处理"作出了界定，依据该款，个人信息的处理包括个人信息的收集、使用、加工、传输、提供、公开等。与个人信息相关的行为种类很多，在《民法典》颁发之前的法律中采取的主要是"收集、使用个人信息"的表述。例如，2012年的《全国人民代表大会常务委员会关于加强网络信息保护的决定》中使用的就是"收集、使用公民个人电子信

息”。此后，2016年的《网络安全法》和2018年的《电子商务法》也都延续了“收集、使用”个人信息这样的表述。

在民法典的编纂过程中，就如何对于与个人信息相关的各种行为采取最合理的表述经历了一个发展变化的过程。民法典草案第三次审议稿采取的是“收集、处理”个人信息的表述，即将个人信息的收集与处理并列，同时将“处理”规定为包括“个人信息的使用、加工、传输、提供、公开等”。该审议稿采取的“处理（Process）”一词源于欧盟《一般数据保护条例》，但是，在欧盟的《一般数据保护条例》中，“处理”的含义是非常广泛的。依据该条例第2条，所谓处理，是指“对个人数据或个人数据集合的任何一个或一系列操作，如收集、记录、组织、建构、存储、修改、检索、咨询、使用、披露、传播或其他方式利用、排列、组合、限制、删除或销毁，无论该等操作是否采用自动化方式”。也就是说，在欧盟的《一般数据保护条例》中，处理包含了对个人信息或个人数据的所有自动化或非自动化的操作，收集行为本身也被包含在内。有鉴于此，正式颁发的《民法典》不再将“收集”与“处理”相区分，而是借鉴欧盟的做法，以“处理”一词来统称对个人信息的收集、存储、加工、使用、提供、公开等活动。

依据《民法典》第1035条第2款，个人信息的处理包括个人信息的收集、存储、使用、加工、传输、提供、公开等。该款列举了与个人信息相关的最典型的七种行为类型。当然，实践中的行为不限于此，还可能包括其他的类型，如个人信息的删除、销毁等。而且，本条并没有将个人信息的处理限定于具体的方式，故此，无论是通过人工还是机器，无论是自动化还是非自动化的处理，都被包括在内。至于纯粹的私人或家庭活动中对个人信息的处理活动，如家人朋友之间进行的通信联络、保存联系方式或者社交活动中的个人信息的提供等，是否包括在内，值得研究。欧盟《一般数据保护条例》明确排除了这种情形中个人信息的处理，依据该条例“鉴于条款”的第18条，“本条例不适用于自然人在不涉及任何职业或商业的纯个人或家庭活动中对个人数据的处理活动。个人或家庭活动可以包括通信、保存地址，或者社交活动以及在类似活动背景下进行的线上活动。但本条例适用于为上述个人日常活动提供个人数据处理方法的控制者或处理者。”从立法目的上来说，个人信息或个人数据保护立法就是针对现代网络信息科技发展而给个人信息或个人数据保护带来的挑战，因为在现代信息社会背景下，收集、使用、分享等处理个人信息或个人数据的能力与规模显著提高和增加，从而给自然人的人格自由与人格尊严乃至各种人身财产安全带来了巨大的风险，故此才需要专门的立法加以规制。至于那些纯粹私人活动或家庭社交活动中个人信息的收集、使用、分享等行为，并不需要通过个人信息或个人数据保护立法加以调整，完全可以交由民法的人格权法和侵权法规范即可。故此，在个人信息保护法或个人数据保护法中排除对私人或家庭社交活动中个人信息的处理，当然是正确的。由于《民法典》是民事领域的基本法，所以其对个人信息保护的规定侧重于基本规则与制度层面，不可能规定得非常细致。我国正在起草的“个人信息保护法”“数据安全法”等单行法律对此问题作出规定即可。

目前，我国规范个人信息收集和处理的法律规范主要由法律、行政法规、部门规章和国家标准构成。其中，法律主要包括：《民法典》《全国人民代表大会常务委员会关于加强网络信息保护的决定》《网络安全法》《电子商务法》《消费者权益保护法》等。行政法规包括：《互联网信息服务管理办法》《地图管理条例》《征信业管理条例》等。部门规章包括：《电信和互联网用户个人信息保护规定》《儿童个人信息网络保护规定》《网络音视频信息服务管理规定》《网络预约出租汽车经营服务管理暂行办法》等。国家标准或行业标准包括：《信息安全技术 个人信息安全规范》（GB/T 35273-2020）《个人金融信息保护技术规范》（JR/T0171-2020）等。

（二）个人信息处理的行为类型

1. 收集

收集个人信息的方式有很多种，包括要求自然人填写姓名、身份证号码、地址、电子邮箱、联系电话、家庭住址等，也包括通过计算机信息系统而自动记录自然人的个人信息，如通过Cookie技术记录网络用户的身份识别号码、密码、浏览过的网页、停留的时间、用户在网络站点购物的方式或用户访问该站点的次数等，再如要求用户授权访问并读取用户手机的存储、通信录，通过设置在汽车、家用电器上的传感器记录用户使用的次数、频率和地址位置信息等。

2. 存储

被收集的个人信息需要进行存储，才能进行加工和使用。存储的时间可能是长期的，也可能是短期的；可能是以纸面的形式进行存储，更可能的是存储在电脑硬盘中或者进行所谓的云存储。被存储的个人信息既包括被收集的原始的个人信息，也包括进行分析加工后的个人信息。

3. 使用

收集个人信息的主要目的就是使用个人信息。企业多是出于商业目的而使用这些个人信息，例如，通过对收集的用户的交易信息（如订购的商品、下单的时间、支付的方式等）进行分析，了解该用户的购物偏好、支付能力等，从而进行相应的广告推送。再如，收集个人信息后对用户进行个人信用的评价等。政府机关则往往是为了进行相应的行政管理和提供公共服务的需要而对个人信息进行收集。

4. 加工

加工是指对收集的个人信息进行分析、整理、计算、编辑等活动。根据现在网络信息科技的发展，个人信息通过数据的方式表现出来即成为个人数据，而对个人数据的处理的规模和能力是以往所无法比拟的，这一点尤其体现在对大量的非结构化个人数据进行标注、清洗、建模和计算等方面。

5. 传输

传输是指处理者内部进行的个人信息的传输活动，如将本地硬盘上存储的个人信息数据上传到云存储当中，或者在处理者内部不同单位之间进行的个人信息的传送。它与处理者将个人信息提供给其他民事主体不同。

6. 提供

提供个人信息是指数据处理者将其收集的个人信息或者进行加工后的个人信息提供给他人使用，这既包括政府之间进行信息的共享，还包括企业集团内部各个公司之间互相交换信息或共享信息，还包括在获得被收集者同意后向他人提供个人信息，以及无须经过被收集者同意而提供经过处理无法识别特定个人且不能复原的信息。

7. 公开

所谓公开个人信息，是指依法将个人信息向特定的或不特定的主体予以公开的情形。例如，政府机关依据《政府信息公开条例》的规定，为了维护公共利益而公开包含个人信息的政府信息。

二、处理个人信息的基本原则

（一）规定处理个人信息的基本原则的意义

我国《民法典》第 3 条至第 9 条确立了民事活动的基本原则，包括民事权益受法律保护的原则、平等原则、自愿原则、公平原则、诚信原则、公序良俗原则以及绿色原则。这些基本原则是所有的民事主体，无论是自然人、法人还是非法人组织，在从事民事活动时都必须遵守的原则。任何组织或个人从事个人信息处理活动，自然也应当遵守这些基本原则。但是，个人信息的处理活动又有其特殊性，因为个人信息处理活动涉及自然人的基本权利、人身财产权益的保护与信息的自由流动、合理利用的关系的协调，不仅涉及一国国内法的问题，还涉及国际法的问题（如信息和数据的跨境传输），因此，其非常专业且极为复杂，尤其是随着科技的发展，实践中各种各样的新型的个人信息处理活动层出不穷，即便是条文数量极为众多的个人信息保护的专门立法也难以一一预见并加以调整。故此，有必要依据宪法保障人权的精神和民法的基本原则确立个人信息处理的基本原则，从而避免立法上的挂一漏万，及时填补法律的空白，解释法律条款的精神实质，以适应保障人权和网络信息社会、数字经济发展的需要。例如，欧盟《一般数据保护条例》第 5 条第 1 款规定：个人数据应：(a) 以合法、公正、透明的方式处理（“合法性、公平性和透明性”）；(b) 为特定的、明确的、合法的目的收集，不符合以上目的不得以一定的方式进一步处理；为公共利益、科学、历史研究或统计目的而进一步处理，应符合本条例第 89 条第 (1) 款规定，不应被视为不符合初始目的（“目的限制”）；(c) 充分、相关，及以个人数据处理目的之必要为限度进行处理（“数据最小化”）；(d) 准确，必要，及时；以个人数据处理目的为限，应采取一切合理步骤确保不准确的个人数据被及时地处理、删除或修正（“准确性”）；(e) 允许以数据主体可识别的形式保存数据的时间不得超过数据处理目的之必要；为了保护数据主体的权利和自由，依据本条例第 89 条第 (1) 款予以实施本条例所要求的适当技术性和组织性措施，仅以实现公共利益、科学或历史研究、数据统计目的而处理的，个人数据能被以较长时间存储（“存储限制”）。(f) 以确保个人数据适度安全的方式处理，包括使用适当的技术性或组织性措施来对抗未经授权、非法的处理、意外遗失、灭失或损毁的保护措施（“完整性和保密性”）。由此可见，欧盟《一般数据保护条例》明确了合法原则、公平原则、透明原则、正当原则以及限制原则。再如，德国《联邦数据保护法》第 47 条规定，处理个人数据应当：(1) 合法、公平；(2) 为了特定、明确且合法的目的而收集的并以不违反这些目的的方式进行处理；(3) 就处理目的而言适当、相关且不过度；(4) 准确且于必要时更新；考虑到处理目的，应采取一切合理步骤来确保不准确的个人数据被删除或更正；(5) 以允许识别数据主体的形式所保存的时间不超过处理该数据之目的所必需的时间；(6) 以确保个人数据适当安全的方式进行处理，包括使用适当的技术或组织措施来防止未经授权或非法处理以及防止意外丢失，破坏或损坏。

（二）我国法上处理个人信息的基本原则

对个人信息的处理，《民法典》第 1035 条第 1 款确立了合法、正当与必要等三项原则。这三项原则在《全国人民代表大会常务委员会关于加强网络信息保护的决定》第 2 条和《网络安全法》第 41 条第 1 款中也有明确的规定。

1. 合法原则

所谓合法原则，就是指在对个人信息进行收集、存储、加工、使用、提供、公开等活动时，行为人应当严格按照法律法规的规定，不得违法处理个人信息。具体而言，合法原则体现在：首先，除非法律、行政法规另有规定，否则处理个人信息必须得到自然人或其监护人的同意或者符合当事人之间的约定；其次，处理个人信息的方法（如目的、方式、范围等）符合法律法规规定，并且不违反双方的约定。

2. 正当原则

所谓正当原则，也称公正原则，是指处理个人信息的行为必须是符合正当的目的，此种目的的“正当性”或在于信息主体所同意的收集处理个人信息的特定目的，或在于是有关国家机关依据法律法规规定履行职责所必要的，或在于是维护公共利益或国家安全所必需的。任何组织或者个人不能超出特定的目的或者出于不正当的目的去收集个人信息。正当原则也是世界各国个人信息保护立法中所确立的基本原则。例如，欧盟《一般数据保护条例》第 5 条规定：“为特定的、明确的、合法的目的收集，不符合以上目的不得以一定的方式进一步处理；为公共利益、科学或历史研究或者统计目的而进一步处理，应符合本条例第 89 条第（1）款规定，不应被视为不符合初始目的。”2017 年日本《个人信息保护法》第 3 条规定：“在尊重个人人格的理念下，个人信息应被慎重对待，鉴于此，应当实现个人信息之正当处理。”再如，2012 年新加坡《个人信息保护法》第 20 条规定：“根据本法，机构可以收集、使用或披露个人信息，只用于以下目的——（a）一个理性的人认为在某种情况下是合适的；以及（b）若适用，该机构依据第 22 条通知到个人。”

3. 必要原则

该原则也称数据最小化或信息最小化原则，是指无论是收集还是处理个人信息，都必须只是收集和处理那些为了满足个人信息处理目的之必要为限度的个人信息，不能超出这个限度去收集与满足个人信息处理目的无关的个人信息。从基础理论上说，个人信息处理中应当遵循的必要原则是比例原则（der Grundsatz der Verhaeltnismaessigkeit）的具体体现。狭义的比例原则主要适用于负担行政行为以及所有的行政领域，而广义的比例原则产生于法治国家原则，不仅约束行政，也约束立法，同时被适用于确定一般性基本权利的界线，“即作为个人自由请求权和限制自由的公共利益之间的权衡要求适用”①。在民法中，比例原则意味着“只有在以下情形当中，个人自由及其私法自治才能受到干预，即对于维护更高的利益而言这是必要的，且此种干预既适于实现预期的目标也是实现该目的的最缓和的方式”②。个人信息或个人数据处理的必要原则也是世界各国（地区）

① 哈特穆特·毛雷尔. 行政法学总论. 高家伟译. 北京：法律出版社，2000：238-239.

② Larenz/Wolf，Allgemeiner Teil des Buergerlichen Rechts，9Aufl.，Beck，2004，§1，Rn. 4.

个人信息或个人数据保护立法所坚持的一项基本原则。例如，欧盟《一般数据保护条例》在“鉴于条款”的第39条指出：“个人数据应当充分、相关并且仅限于其处理目的所需的必要数据。这尤其要求确保对个人数据的存储期限的必要限制。只有在处理目的不能通过其他方式合理实现的情况下，才能进行个人数据处理。为确保个人数据的保存时间不超过必要时间，应由控制者制定时间限制以进行删除或定期审查。”该条例第5条将必要原则概括为“充分、相关，及以个人数据处理目的之必要为限度进行处理”“准确、必要、及时：以个人数据处理目的为限，应采取一切合理步骤确保不准确的个人数据被及时地处理、删除或修正。”再如，我国台湾“个人资料保护法”第5条规定：“个人资料之搜集、处理或利用，应尊重当事人之权益，依诚实及信用方法为之，不得逾越特定目的之必要范围，并应与搜集之目的具有正当合理之关联。”关于必要原则的具体要求，我国现行法律没有规定。国家标准《信息安全技术 个人信息安全规范》第5.2条则认为，基于收集个人信息的最小必要这一原则，对个人信息控制者应提出如下要求：(1) 收集的个人信息的类型应与实现产品或服务的业务功能有直接关联；直接关联是指没有上述个人信息的参与，产品或服务的功能无法实现。(2) 自动采集个人信息的频率应是实现产品或服务的业务功能所必需的最低频率。(3) 间接获取个人信息的数量应是实现产品或服务的业务功能所必需的最少数量。

三、告知同意规则

(一) 告知同意规则的含义

所谓告知同意规则，也被称为“知情同意规则”，是指任何组织或个人在处理个人信息时都应当对信息主体即其个人信息被处理的自然人进行告知并取得其同意，除非法律另有规定。由此可见，告知同意规则包含了两项规则：一是告知规则，二是同意规则。二者紧密联系，不可分割。没有告知，自然人无法就其个人信息被处理作出同意与否的表示；告知了，但没有充分的、清晰的告知，自然人即便作出了同意的表示，该同意也并非真实有效的同意。反之，虽然告知了且充分、清晰地告知了，可并未取得自然人的同意，对个人信息的处理也是非法的，构成对自然人个人信息权益的侵害。

告知同意的规则是世界各国个人信息保护立法中所普遍确立的一项基本规则，该规则被认为奠定了个人信息处理的正当性与和合法性的基础。告知同意规则最早为1970年的德国黑森州的信息法所确认。1973年，美国政府成立的“关于个人数据自动系统的建议小组”发布的“公平信息实践准则”报告中提出了处理个人数据的五项原则，其中就包括了“必须确保个人了解其被收集的档案信息是什么，以及信息如何被使用”和“必须确保个人能够阻止未经同意而将其信息用于个人授权使用之外的目的，或者将其信息提供给他人，用作个人授权之外的目的”①。1974 年美国颁发了适用于联邦政府部级以上机构收集和处理个人信息活动的《隐私法》，该法明确了自然人享有决定是否同意公开自己资料的权利，禁止行政机关在没有取得本人同意的情况下公开其个人信息。② 到目前为止，绝大多数国家（地区）的个人信息保护立法都明确规定了告知同意规则。例如，欧盟《一般数据保护条例》明确规定：“处理个人数据之前应征得数据主体的同意，通过清楚明确的行为自愿表明同意对其个人数据进行处理，例如，通过书面陈述（包括电子形式）或者口头声明。同意方式可以包括在浏览网页时在方框里打上钩，对信息社会服务进行技术设置或者其他陈述或行为以清楚表示接受对其个人数据的处理。因此，默示、预选方框或者不作为不构成同意。同意范围应当包括所有基于同一目的或者同一类目的而进行的数据处理活动。当数据处理活动存在多种目的时，每项目的都应当征得同意。如果数据主体是基于电子形式的请求而作出的同意，请求应清晰、简洁且不影响所提供服务的使用。”该条例第 6 条明确地将数据主体同意其个人数据为一个或多个特定目的处理视为合法的情形之一，且在第 7 条以下，对同意的要件、关于信息社会服务适用于儿童时的同意条件以及特殊类型的个人数据处理时的同意要件作出了详细的规定。再如，日本《个人信息保护法》第 16 条第 1、2 款规定：“个人信息处理业者不得未事先取得本人的同意，而超出达到依照前一条的规定所特定的利用目所必要的范围，处理个人信息。个人信息处理业者在因合并或其他事由而从其他个人信息处理业者处承受业务并取得个人信息后，不得未事先取得本人的同意，而超出达到业务承受前该个人信息的利用目的所必要的范围，处理个人信息。”我国台湾“个人资料保护法”第 7 条规定：第 15 条第 2 款及第 19 条第 1 项第 5 款所称同意，指当事人经搜集者告知本“法”所定应告知事项后，所为允许之意思表示。第 16 条第 7 款、第 20 条第 1 项第 6 款所称同意，指当事人经搜集者明确告知特定目的外之其他利用目的、范围及同意与否对其权益之影响后，单独所为之意思表示。公务机关或非公务机关明确告知当事人第 8 条第 1 项各款应告知事项时，当事人如未表示拒绝，并已提供其个人资料者，推定当事人已依第 15 条第 2 款、第 19 条第

① 丁晓东．论个人信息法律保护的思想渊源与基本原理——基于“公平信息实践”的分析．现代法学，2019（3）．

② 王融．大数据时代：数据保护与流动规则．北京：人民邮电出版社，2017：36．

1 项第 5 款之规定表示同意。搜集者就本“法”所称经当事人同意之事实，应负举证责任。

之所以在个人信息保护制度中要以告知同意规则作为基本的规则，原因就在于自然人对其个人信息享有受到法律保护的民事权益，没有得到自然人的同意而处理其个人信息就是对个人信息权益的侵害行为，具有非法性。自然人针对个人信息享有的民事权益决定了自然人可以处分其个人信息，包括许可他人收集、存储、使用、加工、提供或公开其个人信息。在现代网络信息社会，告知同意规则面临很多的挑战[①]，甚至在实践中，自然人客观上往往很难拒绝个人信息被处理。在很多时候，信息处理者给自然人的选择项只有留下或离开两个选项，即要么同意被收集个人信息，这样就能留下来，使用相应的产品或接受服务，生活变得更方便快捷；要么拒绝被收集个人信息，则无法使用产品或服务，只能离开。此外，由于信息处理者将告知的内容置于冗长的隐私政策当中，用户实际上几乎不会真正去阅读或真正了解这些隐私政策，故此有不少观点认为，建立在告知同意规则基础上的个人信息或个人数据保护和治理的框架是不科学的，也是无效的，而且还会阻碍数据的流转和信息的流动。[②]

本书认为，上述观点是片面的、不妥当的，因为它们只是看到了问题的一个方面，就轻率地认为告知同意规则失去其意义，甚至认为自然人的对个人信息处理的同意不再是个人信息处理的正当性基础。[③] 首先，告知同意规则的具体适用中的困难并不能改变该规则所蕴含的精神实质，即自然人有权决定对自己的个人信息的处理，信息的流动或者利用必须在尊重个人信息权益的前提下进行，二者应当实现协调。取消告知同意规则，势必使自然人对其个人信息完全失去控制力，自然人针对其个人信息的民事权益也不复存在。其次，告知同意规则的重心不在于用户是否真正了解个人信息处理的目的、方式或范围等，而在于建立了处理个人信息的行为的合法性基础。无论信息处理者在告知同意规则中使用如何复杂冗长甚至含混的表述，也无论个人信息被处理的自然人是否实际阅读或理解了告知的内容，只要因此发生法律纠纷，那么在法院裁判案件时，首先就要审查个人信息处理者是否按照法律的规定履行了告知同意规则的义务，这对于保护自然人是非常有利的。如果个人信息处理者履行了义务，不存在非法处理个人信息的行为，那么自然人也不得对处理者合法的个人信息处理行为进行阻碍，而这对处

① 万方．隐私政策中的告知同意原则及其异化．法律科学，2019（2）．

② 京东法律研究院．欧盟数据宪章：《一般数据保护条例》GDPR 述评及实务指引．北京：法律出版社，2018：51－52．

③ 任龙龙．论同意不是个人信息处理的正当性基础．政治与法律，2016（1）．

理者又是非常有利的。最后，告知同意规则也为个人信息保护机构对告知同意规则的适用进行监管提供了正当性基础，因为这种监管的目的在于保护广大自然人的个人信息权益，具有充足的正当性。实际上，通过各种方法来确保告知同意规则真正得到落实，正是个人信息保护机构的重要职责，由此产生的各种问题应当依靠个人信息处理者的自律行为、监管者的严厉监管措施以及自然人针对信息处理者的民事诉讼三者共同加以解决。

（二）告知规则

任何组织或个人在进行收集、存储、使用、加工、提供、公开等处理个人信息的行为时，都应当遵守告知规则，向信息主体即自然人履行告知义务。如果不经过充分合法的告知，则自然人无法作出真实的同意。《民法典》第1035条第1款要求收集、处理自然人的个人信息时必须公开收集、处理信息的规则并明示收集处理信息的目的、方式和范围。《网络安全法》第41条第1款和《全国人民代表大会常务委员会关于加强网络信息保护的决定》第2条也规定，网络服务提供者和其他企业事业单位收集、使用个人信息，应当公开收集、使用规则，明示收集、使用信息的目的、方式和范围。

1. 告知义务的履行方式，可以分为两类：一类是，个人信息的处理者一对一地向个人信息被处理的自然人进行告知，从而取得自然人的同意。此种方式，在人工收集个人信息时使用得较多，例如，信息处理者就其与自然人签订合同时收集到的个人信息，应当事先进行告知。例如，日本的《个人信息保护法》第18条第2款就规定："无论前一款规定如何，个人信息处理业者在因与本人签订合同而取得合同书及其他书面材料（包括电磁记录，以下于本款中相同）上所记载的该本人之个人信息的情形以及其他直接从本人处取得书面材料上所记载的该本人之个人信息的情形，应当事先向本人明示其利用目的。但是，为保护人的生命、身体或财产而有紧急必要的情形，不在此限。"再如，不动产登记中，登记申请人向登记机构提交登记申请书，申请相应的不动产登记，不动产登记机构应当在登记申请书中向申请人告知处理该申请人的个人信息的目的、方式和范围等内容，进而取得申请人的同意。

另一类是，个人信息的处理者通过制定个人信息处理规则的方式来统一告知个人信息被处理的自然人。这种方式往往是在通过信息网络进行个人信息的自动化处理时使用，如网络用户在下载安装网络公司提供的各种应用软件时，网络公司通过在所谓的"隐私政策"中对个人信息处理的目的、方式和范围等内容进行告知。如果个人信息处理者以制定个人信息处理规则的方式来告知自然人，那么该规则必须是公开的，并且便于查阅和保存的。否则，应当认为个人信息处理者没有履行告知的义务。尤其是实践中，个人信息处理规则是以电子信息的方式存在的情况下，如果自然人无法查阅或者保存这些规则，那么就容易出现个人信息处理者私自变更规则的情况，从而导致双方就个人信息的处理发生纠纷时，自然人无法提供相应的证据。从证明责任的角度上说，是否履行了告知义务，应当由负有该义务的个人信息处理者承担证明责任。这也是符合证明责任分配的基本要求的。当然，最好的处理方式是在未来我国的“个人信息保护法”中对此作出明确的规定。

2. 告知的具体内容。《民法典》第1035条以及《网络安全法》第41条第1款只是规定了处理“信息的目的、方式和范围”等内容，没有作出更具体的规定。从比较法上来看，对告知的具体内容都有明确的规定。例如，欧盟《一般数据保护条例》第13条和第14条区分了从数据主体处收集个人数据和并非从数据主体处获取个人数据这两种情形，就信息控制应当向数据主体提供的信息作出了详细的规定。再如，我国台湾“个人资料保护法”第8条第1款规定：“公务机关或非公务机关依第十五条或第十九条规定向当事人搜集个人资料时，应明确告知当事人下列事项：一、公务机关或非公务机关名称。二、搜集之目的。三、个人资料之类别。四、个人资料利用之期间、地区、对象及方式。五、当事人依第三条规定得行使之权利及方式。六、当事人得自由选择提供个人资料时，不提供将对其权益之影响。”目前，在我国，只有国家互联网信息办公室颁发的《儿童个人信息网络保护规定》中对网络运营者收集儿童个人信息时应当告知的事项作出了较为详细的列举，依据该规定第10条第1款，网络运营者征得同意时，应当同时提供拒绝选项，并明确告知以下事项：(1) 收集、存储、使用、转移、披露儿童个人信息的目的、方式和范围；(2) 儿童个人信息存储的地点、期限和到期后的处理方式；(3) 儿童个人信息的安全保障措施；(4) 拒绝的后果；(5) 投诉、举报的渠道和方式；(6) 更正、删除儿童个人信息的途径和方法；(7) 其他应当告知的事项。未来我国颁发的“个人信息保护法”中应当对告知的具体内容作出更详细的规定。

本书认为，信息处理者无论是一对一告知还是以制定个人信息处理规则的方式告知，告知的内容至少要包括以下几项：(1) 信息处理者的姓名、名称以及联系方式。这是为了使自然人清楚其个人信息究竟是被谁收集、存储或使用的，一旦将来发生个人信息泄露或非法买卖个人信息的事件时，便于自然人也能够查找侵权人，要求其承担相应的侵权责任。(2) 个人信息处理的目的、方式以及被处理的个人信息的类型。所谓个人信息处理的目的就是指，信息处理者究竟是基于何种目的而对个人信息进行处理。该目的首先应当是合法的、正当的，当然，至于是为了营利目的还是非营利目的，在所不问。其次，该目的必须是特定的、明确的，而不能是笼统的，如“为本公司经营发展之需要”之类的模糊目的，均不符合目的明确之要求。处理个人信息的方式，主要是指信息处理者对个人信息是收集、存储、加工、使用、提供、公开中的哪些情形，具体内容如何。个人信息的种类就是指处理者要明确清晰地告知自然人，其哪些个人信息被处理了，其中哪些仅仅是被收集、存储而不使用，哪些还会被使用甚至有些会被公开等。(3) 个人信息的保管方式和期限。个人信息的保管非常重要，很多个人信息的泄露或非法买卖就是因为信息处理者没有履行法律规定的个人信息的保管义务，故此应当告知自然人个人信息的保管方式，同时要明确保管的期限，因为在期限届满后，除非得到自然人的再次同意，否则就应当删除这些信息。(4) 个人信息权益的行使方式。我国《民法典》和《网络安全法》赋予了自然人针对其被处理的个人信息的查询、复制、抄录权，发现错误时的更正权以及要求删除个人信息的权利。为了切实保障自然人这些权利能够落实，信息处理者必须公布个人信息的利用方式。如果没有公布，则自然人有权以适当的方式行使其权利。

3. 免予告知的情形。在有些情形下，为了公共利益和个人信息被处理者自身的利益的需要，应当免除处理者的告知义务，否则将不利于保护公共利益或者维护自然人的合法权益。例如，我国台湾“个人资料保护法”第 8 条第 2 款规定：“有下列情形之一者，得免为前项之告知：一、依法律规定得免告知。二、个人资料之搜集系公务机关执行法定职务或非公务机关履行法定义务所必要。三、告知将妨害公务机关执行法定职务。四、告知将妨害公共利益。五、当事人明知应告知之内容。六、个人资料之搜集非基于营利之目的，且对当事人显无不利之影响。”从我国《民法典》第 1036 条的规定来看，其中第 2 项和第 3 项的规定既属于免予告知义务的例外情形，也属于无须取得同意的例外情形。具体如下：首先，当处理者处理的是某一自然人自行公开的或者其他已经合法公开的信息的，则处理者既不需要告知自然人更无须取得该自然人的同意，除非该自然人明确拒绝或者处理该信息侵害其重大利益。其次，为了维护公共利益合理实施的处理个人信息的行为，无须告知。《民法典》第 999 条列举了一种具体情形，即为公共利益实施新闻报道、舆论监督等行为而合理使用自然人的个人信息的，无须承担民事责任。再次，为了维护个人信息被处理的自然人的合法权益而合理使用自然人个人信息的，在这种情形下，虽未告知，也不承担责任。例如，老年人 A 因记忆衰退在野外走失，此时，为了尽快找到 A，在没有告知的情况下，利用了 A 身上携带的智能手环中的 GPS 记载的行踪信息，找到了 A。最后，法律、行政法规如果特别规定了无须告知的情形，则依据其规定。

（三）同意规则

1. 同意规则适用的情形

首先，个人信息处理者在处理个人信息之前，必须得到个人信息被收集的自然人或者其监护人的同意，除非法律、行政法规另有规定。对此，《民法典》第1035条第1款第1项有明确的规定。此外，《全国人民代表大会常务委员会关于加强网络信息保护的决定》第2条和《网络安全法》第41条也有规定。所谓取得监护人的同意是指，在处理不完全民事行为能力人的个人信息时，处理者应当取得其监护人的同意。为了更好地保护未成年人的健康成长，防止因个人信息的处理而对未成年人的身心健康产生危害或存在危害的可能，比较法上各国对儿童的个人信息都采取更严格的保护措施。例如，欧盟《一般数据保护条例》第8条规定："1. 若适用本条例第6条第1款（a）项，关于直接向儿童提供信息社会服务的，对16周岁以上的儿童的个人数据的处理为合法。儿童未满16周岁时，处在征得监护人同意或授权的范围内合法。成员国可以通过法律对上述年龄进行调整，但不得低于13周岁。2. 考虑到现有技术，控制者应当作出合理的努力证明在此种情况下已取得监护人同意或授权。"我国《儿童个人信息网络保护规定》第9条规定："网络运营者收集、使用、转移、披露儿童个人信息的，应当以显著、清晰的方式告知儿童监护人，并应当征得儿童监护人的同意"。该规定中的"儿童"，是指不满14周岁的未成年人（第2条）。

其次，在自然人的个人信息已经被处理后，如果处理者个人信息的处理的规则或处理个人信息的目的、方式或范围发生了变更，处理者也要取得自然人或者其监护人的同意。因为，自然人或者监护人此前作出的同意只是针对之前的处理规则和处理的目的、方式或范围的同意。既然现在处理规则或处理个人信息的目的、方式或范围发生了变化，就意味着处理者的处理行为超出了当初双方约定的个人信息处理的目的、方式或范围，自然要重新取得同意。

再次，依据《民法典》第1038条第1款以及《网络安全法》第42条第1款，如果个人信息处理者要将其处理的个人信息提供给他人，则除非该信息是经过加工无法识别特定个人且不能复原的，否则需要取得自然人或其监护人的同意。

最后，法律规定的其他需要取得同意的情形。例如，对于个人信息的跨境转移等处理活动，需要取得自然人或其监护人的同意。

2. 对于同意的要求

我国《民法典》第1035条只是规定要取得"自然人或者其监护人同意"，没有对同意的方式作出规定。欧盟《一般数据保护条例》第4条第11款将自然人对个人信息处理的同意界定为："是指数据主体通过声明或者明确肯定方式，依照其意愿自愿作出的任何具体的、知情的及明确的意思表示，意味着数据主体同意其个人数据被处理。"此外，在该条例"鉴于条款"的第32条，欧盟立法机关还明确规定："处理个人数据之前应征得数据主体的同意，通过清楚明确的行为自愿表明同意对其个人数据进行处理，例如，通过书面陈述（包括电子形式）或者口头声明。同意方式可以包括在浏览网页时在方框里打上钩，对信息社会服务进行技术设置或者其他陈述或行为以清楚表示接受对其个人数据的处理。因此，默示、预选方框或者不作为不构成同意。同意范围应当包括所有基于同一目的或者同一类目的而进行的数据处理活动。当数据处理活动存在多种目的时，每项目的都应当征得同意。如果数据主体是基于电子形式的请求而作出的同意，请求应清晰、简洁且不影响所提供服务的使用。"德国《联邦数据保护法》第51条第2款和第4款规定，如果数据主体的同意是在同时涉及其他事项的书面声明中作出的，则对同意的请求应以与其他事项明显区分的方式加以提出，且该请求应当以易于理解的方式作出且所使用的文字应当清晰明了。同意只有在基于数据主体的自由决定时作出的，才是有效的。在确定数据主体是否基于自由决定而同意时，应当考虑到作出同意的具体情事。我国《民法典》第1035条虽然没有对同意的具体要求作出规定，但是由于同意本身是自然人作出的意思表示，而《民法典》总则编关于意思表示的规定完全可以适用于自然人就个人信息处理所作出的同意。故此，自然人因欺诈、胁迫或重大误解而作出的意思表示，是可以撤销的意思表示。一旦撤销，则处理者此前基于同意作出的个人信息处理行为均属于违法行为。

自然人是否对个人信息处理作出同意，应当由处理者举证证明。因为这种同意是个人信息处理行为的合法性基础。例如，欧盟《一般数据保护条例》第7条第1款规定："如果处理是基于同意，控制者应能证明数据主体已经同意处理其个人数据。"德国《联邦数据法》第51条第1款规定："如果可以基于同意而依法处理个人数据，则控制人必须能够提供数据主体同意的证据。"再如，我国台湾"个人资料保护法"第7条第3款规定："搜集者就本法所称经当事人同意之事实，应负举证责任。"自然人可以撤回其对个人信息处理所作出的同意，一旦撤回同意，则处理者不得再处理该自然人的个人信息，并应当删除或销毁所存储的个人信息。当然，此前作出的个人信息处理行为依然是合法的。

3. 免予同意的情形

若存在法律有特别规定或者为了维护社会公共利益等情形，处理者可以不经过自然人或者其监护人的同意而处理个人信息，这就是免予同意的例外情形。例如，欧盟《一般数据保护条例》第 9 条第 2 款规定了多项例外情形，包括法律的规定，为了实现控制者或数据主体履行法定的义务和行使法定权利的目的而进行必要数据处理，为了保护数据主体的切身利益，处理被数据主体明显公开的个人数据，为了重大个公共利益等。我国《民法典》等法律也规定了告知同意规则的例外情形，具体如下。

其一，为公共利益实施新闻报道、舆论监督等行为而合理使用自然人的个人信息，此时无须告知并取得同意（《民法典》第 999 条）。

其二，处理该自然人自行公开的或者其他已经合法公开的信息，除非该自然人明确拒绝或者处理该信息侵害其重大利益（《民法典》第 1036 条第 2 项）。该规定来自《最高人民法院关于审理利用信息网络侵害人身权益民事纠纷案件适用法律若干问题的规定》第 12 条第 2 款。

其三，为维护公共利益或者该自然人合法权益，合理实施的处理个人信息的其他行为（《民法典》第 1036 条第 3 项）。所谓维护公共利益的情形，例如，当大规模疫情暴发时，为了能够防控疫情而需要对个人信息进行收集、使用；再如，学校、科研机构等基于公共利益为学术研究或者统计的目的而合理实施的个人信息的处理行为。维护该自然人的合法权益，是指为了维护个人信息被处理者的合法权益而在不经过其本人或监护人同意的情形下处理个人信息。例如，A 因突发疾病而生命垂危，此时，无法取得其本人或近亲属的同意，而医院需要了解其既往的病史等健康信息，否则无法治疗，那么在这种情形下，可以处理其相关的个人信息。

（撰稿人：程　啸）

第一千零三十六条

处理个人信息，有下列情形之一的，行为人不承担民事责任：

（一）在该自然人或者其监护人同意的范围内合理实施的行为；

（二）合理处理该自然人自行公开的或者其他已经合法公开的信息，但是该自然人明确拒绝或者处理该信息侵害其重大利益的除外；

（三）为维护公共利益或者该自然人合法权益，合理实施的其他行为。

本条主旨

本条是关于侵害个人信息民事责任的免责事由的规定。

相关条文

《最高人民法院关于审理利用信息网络侵害人身权益民事纠纷案件适用法律若干问题的规定》第12条规定："网络用户或者网络服务提供者利用网络公开自然人基因信息、病历资料、健康检查资料、犯罪记录、家庭住址、私人活动等个人隐私和其他个人信息，造成他人损害，被侵权人请求其承担侵权责任的，人民法院应予支持。但下列情形除外：（一）经自然人书面同意且在约定范围内公开；（二）为促进社会公共利益且在必要范围内；（三）学校、科研机构等基于公共利益为学术研究或者统计的目的，经自然人书面同意，且公开的方式不足以识别特定自然人；（四）自然人自行在网络上公开的信息或者其他已合法公开的个人信息；（五）以合法渠道获取的个人信息；（六）法律或者行政法规另有规定。网络用户或者网络服务提供者以违反社会公共利益、社会公德的方式公开前款第四项、第五项规定的个人信息，或者公开该信息侵害权利人值得保护的重大利益，权利人请求网络用户或者网络服务提供者承担侵权责任的，人民法院应予支持。国家机关行使职权公开个人信息的，不适用本条规定。"

理解与适用

一、侵害个人信息的民事责任的概念

所谓侵害个人信息的民事责任，是指个人信息的处理者因侵害自然人的个人信息权益而依法应当承担的民事责任。具体包括两种类型：一种是违约责任，即个人信息处理者与自然人之间就个人信息的处理存在合同关系，但个人信息处理者违反合同处理个人信息而应当承担的违约责任。例如，个人信息处理者违反合同约定的个人信息处理的目的、方式和范围处理个人信息，其行为构成违约行为，自然人可以要求处理者承担相应的违约责任。另一种是侵权责任，即个人信息处理者不法侵害自然人的个人信息权益而依法承担的侵权责任。侵害个人信息的侵权责任无须个人信息处理者与自然人之间有合同关系，均可适用之。例如，非法买卖、泄露个人信息的行为就应当承担侵害个人信息的侵权责任。《民法典》第1036条规定的"行为人不承担民事责任"既包括了违约责任，也包括了侵权责任。由于侵权责任的适用情形更为广泛，故此本书此处主要讨论侵害个人信息的侵权责任的问题。

二、侵害个人信息的侵权责任的归责原则

(一) 现行法上适用的是过错责任原则

在我国侵权法中，过错责任是最基本的损害赔偿责任的归责原则（《民法典》第 1165 条第 1 款）。至于过错推定责任或无过错责任，都必须以法律有明确规定为前提（《民法典》第 1165 条第 2 款、第 1166 条）。但是，包括《民法典》在内的我国现行法并未就侵害个人信息的侵权责任规定适用无过错责任或者过错推定责任。因此，从解释论的角度出发，现行法上侵害个人信息的侵权责任适用的是过错责任，换言之，《民法典》第 1165 条第 1 款是个人信息遭受侵害的被侵权人的请求权基础。

有观点认为，我国《网络安全法》第 74 条第 1 款规定，“违反本法规定，给他人造成损害的，依法承担民事责任”。由此可见，该款规定的是无过错责任，即“基于违法性的无过错责任”①。本书不赞同此种看法，因为《网络安全法》的该款并非独立的请求权基础，更未确立无过错责任，该款只是依据我国立法惯例所做的一个衔接性的规定。在我国，很多行政管制性的法律均会在“法律责任”一章中作出类似的规定。事实上，这一点从该款“依法承担民事责任”中的“依法”一词即可看出。也就是说，即便违反本法规定给他人造成损害，如何承担民事责任还是要依法（即依据《民法典》等法律）来认定。故此，不能认为《网络安全法》第 74 条第 1 款确立了侵害个人信息的无过错责任。

(二) 未来我国个人信息保护应确立无过错责任

我国《民法典》人格权编只是对个人信息保护的基本原则和规则作出了规定，对于侵害个人信息的侵权责任的问题，则没有作出具体的规定，而交由未来的“个人信息保护法”作出规定。因此，值得讨论的问题就是，未来我国个人信息保护立法上，究竟应对侵害个人信息的侵权责任继续适用过错责任，还是规定无过错责任或者过错推定责任呢?

从比较法来看，一些国家或地区的法律对侵害个人信息的侵权责任规定了适用过错推定责任或无过错责任。欧盟《一般数据保护条例》第 82 条第 2 款规定：“参与处理的任何控制者应当为违反本条例的数据处理所导致的损害负责。任何处理者，仅在其未遵守本条例对于处理者义务的特别规定或采取超出控制者的合法指令或者与控制者的指令相反的处理行为时，应为数据处理导致的损害负责。”该条第 3 款规定了控制者和处理者的免责事由，即如果能够证明其无论如何都不

① 叶名怡. 个人信息的侵权法保护. 法学研究，2018 (4).

应对造成损害的事件负责时（it is not in any way responsible for the event giving rise to the damage），才能免除本条第 2 款的责任。显然，这一免责事由的要求比之前的欧盟《数据保护指令》的要求更高了。[①] 因为数据的控制者和处理者基本上很难证明这一点，即便其证明了自己已经完全按照《一般数据保护条例》的要求履行了全部的义务，也依然无法阻止损害的发生，前述免责事由也不会被适用。[②] 因此，欧盟《一般数据保护条例》第 82 条对侵害个人信息的民事责任采取的是极为严格的责任，仅仅证明没有过错或者履行了法定的义务等，都不足以免责。在德国，《联邦数据保护法》对于侵害个人数据的侵权责任的规定经历了一个变化过程。在为执行欧盟 1995 年《欧盟个人数据保护指令》而于 2002 年制定的德国《联邦数据保护法》中，区分了一般的数据控制者侵权赔偿责任和公共机关自动处理数据的侵权赔偿责任。对于前者，依据该法第 7 条，适用的是过错推定责任，即只要控制者采取违法的或不正当的方式收集、处理或使用个人数据而给数据主体造成了损害，控制者或其责任机构就应当赔偿由此造成的损失，除非能够证明尽到了具体情形中应尽的必要注意义务。对于后者，依据该法第 8 条，只要公共机关采取了违法或不正当的自动方式收集、处理或使用个人数据而给数据主体造成了损害，就应当承担赔偿责任，无论有无过错。然而，在 2016 年欧盟制定了《一般数据保护条例》之后，德国于 2017 年 6 月 30 日颁发了新的《联邦数据保护法》，该法第 83 条第 1 款规定："控制者违反本法或者其他关于数据处理的规定而处理个人数据，致使数据主体遭受损害的，控制者或者其权利主体应向数据主体负赔偿义务。在非自动化处理的情况下，倘若损害非因控制者过错所致，则不承担赔偿责任。"由此可见，新的德国《联邦数据保护法》在区分自动化数据处理与非自动化数据处理的基础上，分别规定了无过错责任与过错推定责任。具体来说，对于自动化的数据处理所产生的损害适用无过错责任，即只要数据控制者处理他人数据的行为违反了《联邦数据保护法》或其他法律并导致他人损害的，控制人或者其法人就负有损害赔偿义务。但是，在非自动化的数据处理的情形下，如果损害并非控制人的过错所致，则其不负有赔偿义务。[③] 再如，我国台湾的"个人资料保护法"区分公务机关与非公务机关的信息侵权行为，分别规定了不同的责任。依据该"法"第 28 条，公务机关违反本法规定致

---

① 按照欧盟《数据保护指令（Data Protection Directive）》第 23 条第 2 款的规定，如果数据的控制者能够证明其无须对造成损害的事件负责，即可全部或部分免除责任。

② Paul Voigt& Axel von dem Bussche，The EU General Data Protection Regulation（GDPR），Springer，2017，p. 208.

③ Vgl. Paal&Pauly，DS-GVO BDSG，2. Auflage 2018，Rn. 4－9.

个人资料遭不法收集、处理、利用或者其他侵害当事人权利的情形的，应当依法承担责任，但是损害由天灾、事变或者其他不可抗力所致者除外。其第 29 条规定，非公务机关违反本“法”规定致个人资料遭不法收集、处理、利用或者其他侵害当事人权利的情形的，负损害赔偿责任，但是可以证明没有故意或者过失的除外。由此可见，我国台湾的公务机关与非公务机关对侵害个人信息的侵权责任分别适用的是无过错责任与过错推定责任。

应当说，侵害个人信息的侵权责任是随着网络信息科技的发展而产生的新型侵权行为，并非一般侵权责任。如果对之适用过错责任，要求受害人证明加害人的过错，显然是很困难的。即便在我国当前的司法实践中，法院审理个人信息侵权纠纷时，对于侵权人过错的认定基本上也都采取了客观化的判断标准，即依据法律关于个人信息保护的义务性规范直接将侵权人违反此等法定义务之行为视作有过错的行为，即将违法视为过失。例如，在“庞某某与北京趣拿信息技术有限公司等隐私权纠纷”中，法院认为，《消费者权益保护法》第 29 条第 2 款“在立法层面上对消费者个人隐私和信息的保护，也是对经营者保护消费者个人信息的强制性规定。经营者违反了该条规定，即视为其存在过错”。“从本院现有证据看，东航和趣拿公司在被媒体多次报道涉嫌泄露乘客隐私后，即应知晓其在信息安全管理方面存在漏洞，但是，该两家公司却并未举证证明其在媒体报道后迅速采取了专门的、有针对性的有效措施，以加强其信息安全保护。而本案泄露事件的发生，正是其疏于防范导致的结果，因而可以认定趣拿公司和东航具有过错，理应承担侵权责任。”[①] 我国也有学者认为，应当借鉴德国法的规定，对个人信息侵权责任应当采取三元归责体系，即对于公务机关以数据自动处理技术实施的信息侵权适用无过错责任，采取自动化处理系统的非公务机关的信息侵权则适用过错推定责任，对于那些没有采取自动数据处理系统的数据处理者，其信息侵权应当适用一般的过错责任。[②]

本书认为，对于侵害个人信息的侵权责任应当统一适用无过错责任，即受害人在针对信息控制者提起侵害个人信息的侵权之诉时，无须证明信息控制者存在过错，信息控制者只有在符合法定的免责事由时，才能被免除责任。具体理由如下：首先，现代网络信息科技的发展使信息处理者处理的个人信息的数量巨大，涉及的自然人人数众多。如此众多的个人信息汇聚起来，当然对于数字经济的发

① 北京市第一中级人民法院（2017）京 01 民终 509 号民事判决书。类似的判决还可参见“王某春与王某香、李某香等隐私权纠纷案”，北京市门头沟区人民法院（2017）京 0109 民初 4611 号民事判决书。

② 叶名怡．个人信息的侵权法保护．法学研究，2018（4）．

展是有利的，但同时也产生了高度的危险，即一旦信息泄露或被非法买卖将涉及人数极为众多的自然人的人身财产安全。故此，收集、存储、加工、使用和提供个人信息的处理活动可以被认定为高度危险活动，开创了巨大的风险。依据风险开启法理，开启危险活动者自然人要对该危险现实化所造成的损害承担无过错责任。其次，个人信息的处理对处理者带来的巨大的收益，尤其是那些网络企业利用这些海量的个人信息进行精准的营销并设计了各种商业模式，获取了巨大的利润。基于侵权法上的报偿原则，“如果一项法律允许一个人——或者是为了经济上的需要，或者是为了他自己的利益——使用物件、雇用职员或者开办企业等具有潜在危险的情形，他不仅应当享有由此带来的利益，而且也应当承担由此危险对他人造成任何损害的赔偿责任：获得利益者承担损失”①。据此，处理者也应当承担无过错责任。再次，统一适用无过错责任能够更好地保护自然人的合法权益，使自然人无须证明加害人的过错，同时，也避免了区分自动化处理与非自动化处理以及公务机关和非公务机关，从而避免适用不同的归责原则所造成的麻烦。最后，适用无过错责任并不会给信息处理者带来过重的负担。一方面，可以在适用范围和免责事由上针对各种主体从事的活动的差异性而作出不同的规定，以便协调个人信息保护与合理自由（言论自由、信息自由等）的维护之间的关系。具体而言，若被告从事的信息的收集和处理是纯粹的个人的或者在家庭生活中进行的活动，则不属于个人信息保护法的调整范围，不适用无过错责任②，如果产生侵权纠纷，仍然适用过错责任。此外，被告证明存在以下事由之一的，可以免除侵权责任：（1）被告是在原告或者其监护人同意的范围内实施收集、使用或者公开个人信息的行为；（2）被告所使用的信息是原告自行公开的或者其他已合法公开的信息，除非使用该信息侵害该自然人重大利益或者自然人明确拒绝他人使用；（3）被告是为了实施新闻报道、维护公共利益或者为了维护原告的人身财产权益而合理实施收集、使用或者公开个人信息的行为；（4）法律、行政法规规定的其他可以不经原告同意而收集、使用或者公开个人信息的情形。另一方面，危险责任可以通过法律规定最高赔偿限额，除非处理者存在故意或者重大过失，否则在一次个人信息泄露等事件中，其可以获得最高赔偿限额的保护（《民法典》第 1244 条）。同时，在有最高赔偿限额的情况下，也能通过保险分散损失。例如，我国台湾“个人资料保护法”第 28 条第 4 款就规定：“对于同一原因事实造成多数当事人权利受侵害之事件，经当事人请求损害赔偿者，其合计最高

---

① 克里斯蒂安・冯・巴尔. 欧洲比较侵权行为法. 上卷. 北京：法律出版社，2001：10.

② 参见欧盟《一般数据保护条例》第 2 条第 2 款第 C 项的规定。

总额以新台币二亿元为限。但因该原因事实所涉利益超过新台币二亿元者，以该所涉利益为限。”此外，如果个人信息中的私密信息受到侵害的，由于私密信息属于隐私，受到隐私权的保护，故此，当受害人选择以侵害隐私权而非侵害个人信息提起诉讼时，仍然适用《民法典》第1165条第1款规定的过错责任原则。

三、侵害个人信息的侵权责任的构成要件

（一）行为人实施了侵害个人信息的行为

1. 侵害个人信息的行为类型

由于个人信息是能够单独或者与其他信息结合而识别特定自然人的各种信息，故此，侵害个人信息的加害行为可以分为两大类：其一，虽然侵害了个人信息，但加害人并不以此为目的，而只是利用或借助个人信息来实现对受害人其他民事权益的侵害并造成损害。例如，犯罪分子非法窃取或购买个人信息来实施电信诈骗或杀害受害人[①]；再如，加害人公开披露某人的家庭住址信息、工作场所信息、银行存款信息等，从而损害受害人的隐私权、名誉权等人格权。由于这一类侵害个人信息行为的目的和后果是侵害受害人除个人信息之外的其他人身权益和财产权益，所以由此引发的侵权责任也主要表现为侵害生命权、隐私权、名誉权等的侵权责任。

其二，单纯的侵害个人信息的加害行为，也就是说，该加害行为的目的和主要后果就是侵害受害人的个人信息。其中，最典型的一类就是《最高人民法院关于审理利用信息网络侵害人身权益民事纠纷案件适用法律若干问题的规定》第12条所规定的网络用户或者网络服务提供者利用网络“公开自然人基因信息、病历资料、健康检查资料、犯罪记录、家庭住址、私人活动等个人隐私和其他个人信息”[②]。从司法实践来看，这一类案件的数量也占侵害个人信息侵权案件的大多数，且主要是隐私权纠纷。[③] 此外，从实践来看，除了非法披露或公开个人信息的加害行为之外，单纯的侵害个人信息的行为至少还包括以下几类。

（1）非法收集个人信息，如未经被收集者的同意即收集个人信息，或者虽经

---

① 在美国发生的一起案件中，信息中介将一名妇女的社会保险号和雇佣信息出售给了跟踪者，结果导致该女士被找到并被枪杀。Remsburg v. Docusearch，Inc，149 N. H. 148，816 A. 2d 1001（2003）.

② 由于现行的《民事案件案由规定》中并没有“个人信息纠纷”这一案由，因而此类案件即便不构成隐私权纠纷或名誉权纠纷的，也基本上会以这两类案由立案审理。例如，“王某龙与汉庭星空（上海）酒店管理有限公司、浙江慧某驿站网络有限公司隐私权纠纷案”，上海市浦东新区人民法院（2014）浦民一（民）初字第501号民事判决书。

③ 根据北京市朝阳区人民法院的统计资料，此类侵害个人信息的侵权行为占整个案件数量的比例高达56%。北京市朝阳区人民法院．涉个人信息保护类民事案件研讨会参考资料．北京，2018：29.

同意但是未依法明示收集、使用信息的目的、方式和范围或超越目的、方式和范围过度收集个人信息。①

(2) 泄露、毁损、丢失个人信息，即收集个人信息者违反法律规定和当事人的约定，未采取应有的技术措施和其他必要措施确保其收集的个人信息安全，导致个人信息泄露、毁损、丢失。实践中这一类案件主要表现为医疗机构病历保管不当导致信息丢失、单位的人事部门或人力资源部门人事档案保管不当导致信息缺损、电子设备维修不当导致错误删除记录等，其诉由主要是合同纠纷。②

(3) 非法利用个人信息，即虽然个人信息的收集是符合法律规定，经过被收集人的同意的，但是收集者没有经过被收集者的同意，违反法律、行政法规的规定或者双方的约定使用个人信息。目前比较常见的有：利用他人的身份信息将他人登记为公司的股东、法定代表人或者董事、监事等；房产中介将客户的身份证信息以及房源信息用以伪造固定住所进而取得北京市居住证等。③

(4) 非法泄露或者买卖个人信息，即个人信息收集者泄露个人信息或者未经被收集者同意将个人信息非法出售或者以其他方式传输给他人的行为。这类加害行为主要表现为非法买卖公民个人信息的犯罪行为。例如，电信部门、金融机构、房地产中介等利用职务之便，将获取的客户信息非法出售给他人以牟利。

(5) 其他侵害个人信息的行为，如收集者致所收集的个人信息错误，最典型的就是征信系统中记载的他人的信用信息是错误的。

(二) 加害行为与权益被侵害的因果关系

因果关系是所有法律责任的必备要件。在侵害个人信息的侵权责任中，也必须满足因果关系要件的要求，即加害人实施了侵害自然人个人信息权益的加害行为，受害人的权益被侵害与加害人的行为之间存在相当的因果关系。然而，由于信息具有很强的流动性，而信息的收集、存储、使用、提供等行为类型众多，涉及的相关主体也较为复杂。故此，一旦发生侵害自然人个人信息权益的行为时，受害人往往很难证明究竟是其中的哪个主体实施了侵害自己的个人信息权益的加害行为。在我国，此种困难情形最常见于个人信息被泄露进而为违法犯罪分子用来实施电信诈骗的场合。此类案件中，原告往往难以查明实施电信诈骗的直接加害行为人，而只能以个人信息处理中涉及的某个或某几个信息处理者为被告提起

---

① 比较典型的案例就是“朱某与北京百度网讯科技公司隐私权纠纷案”，南京市中级人民法院(2014)宁民终字第5028号民事判决书。

② 北京市朝阳区人民法院. 涉个人信息保护类民事案件研讨会参考资料. 北京，2018：29.

③ 相关案例参见“赵某与被告北京链家房地产经纪有限公司、宋某华、杨某东，第三人宋某友一般人格权纠纷案”，北京市朝阳区人民法院(2018)京0105民初9840号民事判决书。

诉讼，而这些被告则以信息并非自己所泄露为由进行抗辩。此时，原告要提出证据证明就是这些被告实施了泄露其个人信息的行为（作为或不作为），往往十分困难。司法实践中，有些法院就以原告未能证明被告实施了加害行为为由驳回其诉讼请求。① 而有些法院为了更好地保护个人信息，减轻原告在此类案件中的举证负担，则采取了一些降低原告举证困难的做法。例如，在“庞某某与北京趣拿信息技术有限公司等隐私权纠纷案”中，二审法院的法官就提出了证明加害人的高度可能性的判断标准，即只要原告提供的证据能够表明被告存在泄露原告个人隐私信息的高度可能，而被告又不能反证推翻这种高度可能，就可以认为被告实施了泄露个人信息的加害行为。② 该标准一经提出，即在司法实践中产生了很大的影响，一些法院在处理个人信息侵权案件时采取了该标准。③

本书认为，以高度可能性的判断标准来确认被告是否实施了加害行为，是非常合理的，值得赞同。一方面，该标准并未改变《民事诉讼法》对证明责任分配的规定，原告依然需要提出相应的证据来证明被告存在泄露个人信息的行为的高度可能性；另一方面，考虑到现代信息社会中个人信息可能被很多主体所收集、存储和利用，信息的传递本身也具有极大的隐蔽性，要求原告确切无疑地证明究竟泄露个人信息的主体是谁，显然强人所难。故此，只需要证明被告存在泄露个人信息的高度可能性即可。原告的举证是否达到了证明被告存在泄露个人信息的高度可能，应由法官结合案件的具体事实综合判断。一旦认可了原告的证明达到了这种高度的可能，就应当由被告提供各种证据来推翻这种高度可能。

不过，在适用高度可能性的证明标准时，法院无论是在认定原告对被告加害行为的举证是否达到了高度的可能时，还是在认定被告的举证是否足以推翻这种高度的可能时，均需要综合考虑以下几个因素：（1）被告掌握原告的被泄露的个人信息的范围与程度。个人信息的类型众多，被告掌握原告的被泄露的个人信息的范围越大，程度越深，则其泄露原告个人信息的可能性越大。（2）其他单位或个人掌握被泄露的个人信息的可能性。尽管现代社会中任何自然人的个人信息可能都被很多单位或个人所掌握，但每个单位或个人所掌握的个人信息是不同的，例如，航班信息往往是被航空公司以及票务公司所掌握，如果此类信息被泄露

① 相关案例参见，“孙某东与平安银行股份有限公司、深圳市鑫富源投资咨询有限公司隐私权纠纷案”，广东省深圳市中级人民法院（2017）粤03民终7378号民事判决书；“季某红与被告江苏苏宁易购电子商务有限公司隐私权纠纷案”，江苏省南京市玄武区人民法院（2016）苏0102民初1120号民事判决书。

② 参见北京市第一中级人民法院（2017）京01民终509号民事判决书。

③ “申某与上海携程商务有限公司，支付宝（中国）网络技术有限公司侵权责任纠纷案”，北京市朝阳区人民法院（2018）京0105民初36658号民事判决书。

了，那么航空公司、票务公司泄露的可能性肯定要大于那些掌握自然人财务信息的银行等金融机构泄露的可能性。(3) 被告是否曾经存在泄露自然人个人信息的情形。如果被告曾经存在泄露自然人个人信息的情形，如被媒体披露过或者被相关政府主管部门批评过、警告过甚至处罚过，其泄露个人信息的可能性就更大。(4) 被告已经采取的个人信息的保护机制和具体措施。被告如果能够举证证明自己已经采取了非常充分的个人信息的保护机制和具体措施，履行法律法规等规定的各种个人信息保护的义务，就可以在很大程度上推翻其泄露原告个人信息的高度可能性，至少将这种可能性降得比较低了。(5) 信息收集者、信息存储者、信息使用者对接入其平台的第三方应用是否建立准入等相应的管理机制和履行管理义务的情形。这主要涉及泄露个人信息的究竟是平台的提供者还是接入平台的第三方应用的问题。

(三) 造成损害

损害是所有损害赔偿责任的必备要件，没有损害就没有赔偿。故此，在侵害个人信息权益的纠纷中，原告要求被告承担侵权赔偿责任，就必须证明自己因此遭受的损害。从我国目前个人信息侵权纠纷案件来看，在利用非法取得个人信息实施电信诈骗的案件中，受害人往往遭受了实际的财产损失，对此，受害人比较容易举证证明。例如，在“申某与上海携程商务有限公司，支付宝（中国）网络技术有限公司侵权责任纠纷案”中，原告因个人的手机号和航班信息被他人泄露而被犯罪分子实施电信诈骗，损失了 118 900 元。[①] 这个损失就是侵害个人信息权益所致。当然，由于该案中，被告并非直接实施电子诈骗的加害行为人，其没有妥善保管个人信息的行为与原告的损害之间只是具有部分原因力，故此，法院认为：“因携程公司违反了网络运营主体的安全保障义务，存在个人信息保护上的安全维护漏洞，导致申某遭遇诈骗形成财产损失。本院综合案情及携程公司的过错责任程度，酌情确定携程公司在 5 万元赔偿数额的范围内对申某承担补充责任。”但是，在不少情形下，加害人虽然实施了侵害了个人信息的行为，受害人却没有财产损失或者难以证明财产损失。例如，在“赵某与被告北京链家房地产经纪有限公司、宋某华、杨某东，第三人宋某友一般人格权纠纷案”中，被告未经原告的同意用原告的房产信息和身份证信息为另一个被告办理了居住证，导致原告在为其亲戚办理居住证时无法办理，该案原告虽然要求被告承担 10 万元的

① 北京市朝阳区人民法院（2018）京 0105 民初 36658 号民事判决书。

经济损失，但其未能提出相关的证据加以证明。① 对此种情形，可以适用《民法典》第 1182 条的规定："侵害他人人身权益造成财产损失的，按照被侵权人因此受到的损失或者侵权人因此获得的利益赔偿；被侵权人因此受到的损失以及侵权人因此获得的利益难以确定，被侵权人和侵权人就赔偿数额协商不一致，向人民法院提起诉讼的，由人民法院根据实际情况确定赔偿数额。"此外，《最高人民法院关于审理利用信息网络侵害人身权益民事纠纷案件适用法律若干问题的规定》第 18 条第 2 款："被侵权人因人身权益受侵害造成的财产损失或者侵权人因此获得的利益无法确定的，人民法院可以根据具体案情在 50 万元以下的范围内确定赔偿数额。"

在上述"赵某与被告北京链家房地产经纪有限公司、宋某华、杨某东，第三人宋某友一般人格权纠纷案"中，虽然原告没有能够证明其因个人信息被侵害而遭受的财产损失的数额，但是，法院认为："针对赵某主张的经济损失，随着社会的进步和信息经济的发展，个人信息作为一种愈益重要的资源，其财产价值日益凸显，个人信息处理业已形成产业链。个人信息同时体现着人格利益和财产价值，对个人信息的侵害必然带来承担相应经济赔偿责任。对于判定的经济损失数额，本院针对案件情况和侵权情节，确定经济损失赔偿金额为 10 万元。"② 由于法官是在一个最高数额的情形下进行酌定的，存在不确定性，加之侵害个人信息案件中往往涉及人数极为众多的受害人，如果一一酌定显然很困难，且最后给信息处理者施加的赔偿责任可能过重。故此，本书认为，未来我国个人信息保护法应当借鉴《消费者权益保护法》第 55 条第 1 款、《食品安全法》第 148 条第 2 款的规定，在无法确定损害和获利的情形下，采取定额赔偿，即按照对每个受害人在每一起侵害个人信息事件中赔偿某个固定数额（如 1 000 元或 500 元人民币）的标准进行赔偿。③

至于侵害个人信息的精神损害问题，依据我国《民法典》第 1183 条第 1 款的规定，"侵害自然人人身权益造成严重精神损害的，被侵权人有权请求精神损害赔偿"。个人信息权益属于自然人的人身权益，侵害个人信息造成严重精神损害的，当然应承担精神损害赔偿责任。对此，《最高人民法院关于审理利用信息网络侵害人身权益民事纠纷案件适用法律若干问题的规定》第 17 条也有规定："网络用户或者网络服务提供者侵害他人人身权益，造成财产损失或者严重精神

①② "赵某与被告北京链家房地产经纪有限公司、宋某华、杨某东，第三人宋某友一般人格权纠纷案"，北京市朝阳区人民法院（2018）京 0105 民初 9840 号民事判决书。

③ 我国台湾"个人资料保护法"第 28 条第 3 项规定："依前二项情形，如被害人不易或不能证明其实际损害额时，得请求法院依侵害情节，以每人每一事件新台币五百元以上二万元以下计算。"

损害，被侵权人依据侵权责任法第二十条和第二十二条的规定请求其承担赔偿责任的，人民法院应予支持。”故此，原告如果在侵害个人信息的案件中，无法证明自己遭受了严重的精神损害，则不得请求侵权人承担精神损害赔偿责任。

四、侵害个人信息的民事责任的免责与减责事由

（一）一般的免责事由

《民法典》规定的免责事由包括不可抗力、正当防卫、紧急避险（第180～182条）。这三类免责事由适用于所有的民事责任，故此规定在《民法典》的总则编。同时，《民法典》侵权责任编还对侵权侵责任的免责事由作出了规定，具体包括：受害人故意（第1174条）、自甘冒险（第1176条）以及自助行为（第1177条）。上述免责事由也可以适用于侵害个人信息的民事责任。不过，因为正当防卫、紧急避险而侵害个人信息的情形较为少见，比较有可能的是不可抗力导致处理者所储存的个人信息丢失的情形，例如地震导致存储个人信息的设备损坏，从而使其中存储的个人信息灭失，此时处理者可以以不可抗力作为免责事由。

（二）特殊的免责事由

《民法典》本条则对侵害个人信息的民事责任的免责事由作出了特别的规定，该规定适用于违约责任，也适用于侵权责任。具体阐述如下。

1. 在该自然人或者其监护人同意的范围内合理实施的行为。其个人信息被处理的自然人或者其监护人的同意是个人信息处理的合法性基础，如果依法取得自然人或者其监护的同意且在该同意的范围内实施的个人信息处理行为，属于合法的个人信息处理行为，处理者自然无须承担民事责任。但是，没有取得同意或者虽然取得同意但是超出了同意的范围的，如改变了处理目的或处理方式等，依然构成侵害个人信息的违法行为，应当承担民事责任。

2. 合理处理该自然人自行公开的或者其他已经合法公开的信息，但是该自然人明确拒绝或者处理该信息侵害其重大利益的除外。这一规定来自《最高人民法院关于审理利用信息网络侵害人身权益民事纠纷案件适用法律若干问题的规定》第12条，依据该条第1款第4项，如果网络用户或者网络服务提供者利用网络公开的自然人基因信息、病历资料、健康检查资料、犯罪记录、家庭住址、私人活动等个人隐私和其他个人信息是自然人自行在网络上公开的信息或者其他已合法公开的个人信息，则不构成侵权行为，不承担侵权责任。但是，依据该条第2款，如果网络用户或者网络服务提供者以违反社会公共利益、社会公德的方式公开这些个人信息，或者公开该信息侵害权利人值得保护的重大利益，权利人

请求网络用户或者网络服务提供者承担侵权责任的，人民法院应予支持。对于已经合法公开的个人信息[①]，无论是自然人自行公开的还是其他已经合法公开的个人信息，原则上是可以无须告知并取得自然人的同意即能够自由地进行处理，因为这有利于促进信息的流动与利用，对于网络信息社会和数字经济的发展是有利的。例如，欧盟《一般数据保护条例》第9条第2款规定，在处理被数据主体明显公开的个人数据时，不适用本条第1款禁止处理的规定。但是，如果该自然人明确拒绝对已合法公开的个人信息的处理或者处理该信息侵害其重大利益的除外。这就是说，一方面，即便是已经合法公开的个人信息，依然受到个人信息保护法的保护，自然人对这些个人信息并不因其公开而失去控制的权利，其有权拒绝他人对这些信息进行处理。另一方面，由于个人信息的保护对于维护自然人的人格尊严和人格自由具有很重要的意义，所以即便是对已经合法公开的个人信息，也不得任意进行处理，如果处理该信息将侵害自然人的重大利益，行为人也要承担民事责任。所谓“侵害自然人重大利益”的情形，是指此种处理将有害于自然人的生命、身体、自由、财产或其他重大利益。例如，行为人通过对各种合法公开的信息的处理而对自然人进行人格画像，从而将导致其在接受商品或服务的过程中遭受种族、性别的歧视等侵害人格尊严的行为，则该处理行为侵害了自然人的重大利益，是非法的。

3. 为维护公共利益或者该自然人合法权益，合理实施的其他行为。所谓维护公共利益的情形，例如，当大规模疫情或灾难发生时，为了应对该疫情或灾难而需要对个人信息进行收集、使用等处理行为；再如，为了舆论监督而对自然人的个人信息进行披露的行为。所谓维护该自然人的合法权益，是指为了维护个人信息被处理者的合法权益而在不经过其本人或监护人同意的情形下处理个人信息。例如，甲突发疾病而生命垂危，急需在掌握其既往病史等个人信息的基础上进行治疗，而又无法取得其本人或近亲属的同意。此时，为了挽救甲的生命，可以实施信息处理行为。当然，无论是为了公共利益的行为还是该自然人的合法权益的行为，都必须是合理实施的行为，即不违反个人信息处理的正当原则、必要原则。

---

① 所谓合法公开的个人信息有两点要求：其一，合法性，包括自然人自行公开（即行使个人信息权益而针对个人信息进行处分），也包括依据法律、行政法规的规定被公开（如法院公开裁判文书中涉及的个人信息）。其二，公开性，即个人信息被公之于众，不特定的人可以通过合法的途径而收集。例如，接受记者采访中公开的自己的个人信息，他人皆可通过网络搜索合法获得。但是，如果只是在很小的亲友圈子内公开的，如在微信朋友圈中公开的，只有特定的人才可以获得的个人信息，不应认为是公开的个人信息。感谢北京清律律师事务所熊定中律师与笔者就此问题进行的讨论并提供有益的建议！

（三）减责事由

《民法典》对于违约责任规定的减责事由包括：其一，非违约方违反减损义务而导致损失扩大，即《民法典》第 591 条第 1 款规定：“当事人一方违约后，对方应当采取适当措施防止损失的扩大；没有采取适当措施致使损失扩大的，不得就扩大的损失请求赔偿。”其二，过失相抵，即《民法典》第 592 条第 2 款规定：“当事人一方违约造成对方损失，对方对损失的发生有过错的，可以减少相应的损失赔偿额。”就侵权责任的减责事由，《民法典》在侵权责任编作出了规定，即第 1173 条规定：“被侵权人对同一损害的发生或者扩大有过错的，可以减轻侵权人的责任。”

在侵害个人信息的民事责任中，如果存在上述减责事由，则处理者可以相应减轻责任。例如，被第三人非法侵入其计算机信息系统窃取个人信息后，信息处理者已经及时采取补救措施，并依法告知了被收集者并向有关主管部门报告。但是，被收集者没有及时采取措施如更改密码、转移资金等，而导致了同一损失的发生或扩大的，则信息处理者可以减轻赔偿责任。例如，德国《联邦数据保护法》第 83 条第 4 款就明确规定：“民法典第 254 条的规定适用于数据主体存在与有过失的情形。”德国《民法典》第 254 条规定：“损害至发生被害人与有过失者，赔偿义务及赔偿之范围，应按具体情事而定，即如斟酌损害在何种程度系主要由一方或他方所引起者。被害人之过失纵仅为怠于预促债务人注意其所不知或不可得而知之非通常高度损害之危险，或怠于避免或减轻损害者，亦同。”

五、侵害个人信息中多数人侵权责任

我国《民法典》第 1168 条至第 1172 条对多数人侵权责任作出了规定。具体包括：共同加害行为（第 1168 条），教唆帮助行为（第 1169 条），共同危险行为（第 1170 条）以及无意思联络的数人侵权（第 1171～1172 条）。从实践来看，侵害个人信息的案件中往往涉及多个行为人，属于多数人侵权责任，具体包括以下类型。

1. 非法买卖个人信息，即信息处理者以买卖或者其他方式非法向第三人提供个人信息，进而给自然人造成损害。非法买卖个人信息是我国法律严厉禁止的行为，该行为对自然人的人身财产权益的危害极大，也为各种电信诈骗活动提供了极大的便利。我国《刑法》第 253 条之一规定：“违反国家有关规定，向他人出售或者提供公民个人信息，情节严重的，处三年以下有期徒刑或者拘役，并处或者单处罚金；情节特别严重的，处三年以上七年以下有期徒刑，并处罚金。违反国家有关规定，将在履行职责或者提供服务过程中获得的公民个人信息，出售或者提供给他人的，依照前款的规定从重处罚。窃取或者以其他方法非法获取公民个人信息的，依照第一款的规定处罚。单位犯前三款罪的，对单位判处罚金，并对其直接负责的主管人员和其他直接责任人员，依照各该款的规定处罚。”在非法买卖个人信息的情形下，无论是出卖人还是买受人都是故意的，二者属于共同故意实施侵权行为，故此依据《民法典》第1168条，构成共同加害行为，应当承担连带责任。

2. 雇用、组织及教唆帮助侵害个人信息的侵权责任。《民法典》第1169条第1款规定：“教唆、帮助他人实施侵权行为的，应当与行为人承担连带责任。”《最高人民法院关于审理利用信息网络侵害人身权益民事纠纷案件适用法律若干问题的规定》第15条规定：“雇佣、组织、教唆或者帮助他人发布、转发网络信息侵害他人人身权益，被侵权人请求行为人承担连带责任的，人民法院应予支持。”故此，雇用、组织、教唆或者帮助他人非法收集、处理个人信息，造成自然人损害的，这些人应当承担连带责任。

3. 两个以上信息处理者参与了同一处理个人信息的行为，其中一个或者数个信息控制者的行为造成损害，不能确定具体侵权人的。此时，应当适用共同危险行为，由行为人承担连带责任，除非行为人能够证明损害后果不是由其行为造成的。我国《民法典》第1170条规定：“二人以上实施危及他人人身、财产安全的行为，其中一人或者数人的行为造成他人损害，能够确定具体侵权人的，由侵权人承担责任；不能确定具体侵权人的，行为人承担连带责任。”该规则当然也可适用于个人信息处理当中。从比较法来看，也有相应的立法例，例如，欧盟《一般数据保护条例》第82条第4项规定：“当不止一个控制者或处理者，或控制者与处理者同时涉及同一处理，而且它们对第2段和第3段规定的处理所引起的所有损失承担责任，每个控制者或处理者都应当对损失负有连带责任，以便保证对数据主体的有效赔偿。”再如，德国《联邦数据保护法》第83条第3项规定：“在个人信息的自动化处理场合，如果无法查明数个参与处理的控制者中谁造成了损害，则每一控制者或者权利行使者均负有责任。”

六、侵害个人信息的公益诉讼

我国《民事诉讼法》第55条第1款规定：“对污染环境、侵害众多消费者合法权益等损害社会公共利益的行为，法律规定的机关和有关组织可以向人民法院提起诉讼。”《消费者权益保护法》第47条规定：“对侵害众多消费者合法权益的行为，中国消费者协会以及在省、自治区、直辖市设立的消费者协会，可以向人民法院提起诉讼。”实践中，很多非法收集、处理个人信息的行为，侵害的是众多消费者的合法权益，而且会严重损害社会公共利益，例如，一些网络企业利用App大规模非法收集个人信息，一些所谓的数据公司大肆非法买卖数据等。针对这些情形，除了受害的自然人可以单独提起诉讼或者推举代表人进行诉讼外，还应当鼓励公益诉讼。因此，未来我国的个人信息保护法应当明确规定：非法处理个人信息，侵害众多消费者合法权益，损害社会公共利益的，法律规定的机关和有关组织有权依法提起公益诉讼。

（撰稿人：程　啸）

第一千零三十七条

自然人可以依法向信息处理者查阅或者复制其个人信息；发现信息有错误的，有权提出异议并请求及时采取更正等必要措施。

自然人发现信息处理者违反法律、行政法规的规定或者双方的约定处理其个人信息的，有权请求信息处理者及时删除。

本条主旨

本条是对自然人的个人信息权益的内容的规定。

相关条文

《民法典》第1029条规定：“民事主体可以依法查询自己的信用评价；发现信用评价不当的，有权提出异议并请求采取更正、删除等必要措施。信用评价人应当及时核查，经核查属实的，应当及时采取必要措施。”

《全国人民代表大会常务委员会关于加强网络信息保护的决定》第8条规定：“公民发现泄露个人身份、散布个人隐私等侵害其合法权益的网络信息，或者受到商业性电子信息侵扰的，有权要求网络服务提供者删除有关信息或者采取其他必要措施予以制止。”

《网络安全法》第43条规定：“个人发现网络运营者违反法律、行政法规的规定或者双方的约定收集、使用其个人信息的，有权要求网络运营者删除其个人信息；发现网络运营者收集、存储的其个人信息有错误的，有权要求网络运营者予以更正。网络运营者应当采取措施予以删除或者更正。”

理解与适用

一、概述

自然人对个人信息享有相应的民事权益，确切地说，这种民事权益就是自然人享有防范因非法收集、处理其个人信息而使自身人身财产权益和人格尊严、人格自由遭受侵害或损害的受法律保护的民事利益。自然人对其个人信息享有的民事权益究竟是叫“个人信息权”，还是“个人信息权益”，均非关键。重要的是，法律上赋予自然人对个人信息享有哪些具体的权利内容以及在这种权益受到侵害时享有何种救济。

从比较法上看，各国及各地区对自然人的个人信息权益的内容的规定有所不同。欧盟《一般数据保护条例》对数据主体针对个人数据享有的权利内容作了很详尽的规定。在该条例第 3 章中，赋予了自然人针对其个人数据享有以下七种权利：(1) 访问权，即数据主体有权从控制者处确认其个人数据是否正在被处理，以及有权在该种情况下访问个人数据和相关信息（第 15 条）。(2) 更正权，数据主体有权要求控制者及时更正其不准确的个人数据，数据主体基于处理的目的也有权将不完整的个人数据予以补充完整（第 16 条）。(3) 删除权，也称被遗忘权，即数据主体有权要求控制者及时删除其个人数据，并且在符合规定的理由的情形下，控制者有义务及时删除数据主体的个人数据（第 17 条）。(4) 限制处理权，即在符合法律规定情形下，数据主体有权限制控制者对个人数据的处理（第 18 条）。(5) 数据可携带权，即数据主体有权获得其已经向控制者提供的个人数据，以结构化、普遍使用的机器可读的形式，并有权不受控制者的限制将该数据提供给其他控制者（第 20 条）。(6) 反对权，即数据主体在特定情况下有权反对控制者为了执行公共利益的任务或行使控制者的公共职权或者为了追求合法利益的必要而对数据进行处理，包括进行相应的数据画像；除非控制者能够证明其合法利益高于数据主体的利益、权利和自由或者法律的特别规定（第 21 条）。(7) 反对自动化决策包括数据画像的权利，即如果某种包括数据画像在内的自动化决策会对数据主体产生法律效力或造成类似的重大影响的，数据主体有权不受上述决策的限制（第 22 条）。欧盟《一般数据保护条例》之所以对于数据主体的权利作出如此详细的规定，是因为欧盟认为，自然人在个人数据处理方面获得保护是一项基本权利。《欧盟基本权利宪章》第 8 条第 1 款明确规定：“人人均享有其个人信息受保护之权利（Everyone has the right to the protection of personal data concerning him or her.）。”此外，《欧盟运行条约》第 16 条第 1 款也有相同的规定。

当然，欧盟《一般数据保护条例》在“鉴于条款”的第4条也指出：“保护个人数据的权利不是一项绝对权利，必须考虑其在社会中的作用并应当根据比例性原则与其他基本权利保持平衡。”

在我国，《民法典》《网络安全法》《全国人民代表大会常务委员会关于加强网络信息保护的决定》赋予了自然人就其个人信息享有以下权能：其一，查阅、复制权，即自然人可以向信息处理者查阅或者复制其个人信息（《民法典》第1037条第1款第1句）；其二，更正权，即自然人发现其被合法收集的个人信息存在错误的，有权提出异议并请求及时采取更正等必要措施（《民法典》第1037条第1款第2句、《网络安全法》第43条）；其三，删除权，即当信息控制者违反法律规定或者约定处理个人信息的，自然人有权要求信息处理者及时删除该个人信息（《民法典》第1037条第2款、《网络安全法》第43条、《全国人民代表大会常务委员会关于加强网络信息保护的决定》第8条）。但是，我国法尚未对被遗忘权、数据可携带权、反对权以及反对自动化决策包括数据画像的权利作出规定。

二、查阅、复制个人信息的权利

（一）查阅、复制个人信息的权利的含义

任何组织或者个人要收集、处理自然人的个人信息，必须遵守法律确定的原则，同时告知个人信息被收集者并取得其同意。然后，履行完毕告知同意的程序后，信息控制者究竟在事实上收集了多大范围内的个人信息，实际上采取了何种方式处理这些个人信息，有无违反约定的目的和范围处理个人信息，对此，自然人一无所知。故此，法律上有必要赋予自然人查阅和复制个人信息的权利，以确保自然人对其个人信息的知情权和保持应有的控制，避免因为非法收集、处理而其人身财产权益遭受侵害。有鉴于此，欧盟《一般数据保护条例》第15条赋予了数据主体的访问权，该条规定：“1. 数据主体有权从控制者那里得知其个人数据是否正在被处理以及有权在该种情况下访问个人数据和以下信息：(a) 处理的目的；(b) 个人数据的类型；(c) 个人数据已经被或者将要向其披露的个人数据的接收者的类型，特别是当接收者属于第三国或国际组织时；(d) 在可能的情形下，个人数据被储存的预期期限；若无法提供，则用于确定该期限的标准；(e) 向控制者要求修改、删除、限制处理或拒绝处理的权利；(f) 向监管机构申诉的权利；(g) 在个人数据并非从数据主体处收集的情况下，可得到的关于其来源的任何消息；(h) 存在自动化的决策，包括第22 (1) 和 (4) 条所规定的数据分析，以及在此类情形下，对于相关逻辑、包括此类处理对于数据主体的预期

后果的有效信息。2. 当个人数据被转移到第三国或国际组织，数据主体有权获知和转移相关的符合第46条的恰当的保障措施。3. 控制者应当对进行处理的个人数据提供一份备份。对于任何数据主体所要求的额外备份，控制者可以根据管理花费而收取合理的费用。当数据主体通过电子方式而请求，且除非数据主体有其他请求，信息应当以通常使用的电子形式提供。4. 获取第3款所规定的备份的权利不应当对他人的权利与自由产生负面影响。”

我国《民法典》第1037条第1款第1句规定了自然人针对信息处理者享有查阅或者复制其个人信息的权利。该权利是自然人个人信息权益的重要组成部分。一方面，自然人如果不能查询或者复制其个人信息，则在其个人信息被合法收集后就完全丧失了对个人信息的控制力，对于处理者究竟收集了多少自己的个人信息，这些被收集的个人信息是否符合法律规定或者符合约定，自然人将完全不清楚，谈何行使《民法典》第1037条第2款规定的删除权？另一方面，如果没有查阅、复制其个人信息的权利，自然人无法知悉其被收集的个人信息是否有误，也就难以在发现错误后，依据《民法典》第1037条第1款的规定，提出异议并请求处理者及时采取更正等必要措施。故此，法律上有必要赋予自然人以查阅和复制个人信息的权利，以确保自然人对其个人信息的知情权和保持应有的控制，避免因为非法收集、处理而其人身财产权益遭受侵害。

除了本条第1款规定了自然人查阅或者复制其个人信息的权利，《民法典》还特别在第1029条第1句规定了“民事主体可以依法查询自己的信用评价”。这是因为，信用评价对于民事主体的社会交往、生产生活具有重大的影响，即便是有权对他人进行信用评价的主体，其对他人进行信用评价的结果和依据也必须供被评价主体查询，被评价主体对此享有知情权，否则就会损害民事主体的合法权益。虽然自然人的信用信息也属于个人信息，关于自然人与征信机构等信用信息处理者之间的关系也适用《民法典》关于个人信息保护的规定，但是，由于我国《民法典》将信用纳入名誉的范畴（第1024条第2款），通过名誉权加以保护，故此，《民法典》第1029条第1句中的查询权是基于名誉权而产生的。此外，该句中有权查询的是民事主体，既包括自然人，也包括法人、非法人组织。但是，《民法典》第1037条第1款规定的查询权是个人信息权益的内容，而且有权查询的只是自然人，不包括法人、非法人组织。

当然，《民法典》第1037条第1款只是确立了自然人查阅或者复制其个人信息的权利，其具体的行使程序等，还需要由未来的“个人信息保护法”等法律法规作出更加细化的规定。例如，信息处理者应当以何种方式为自然人的查阅、复制提供便利（如能否收取相应的费用或免费），如果处理者拒绝自然人的查询请求，自然人可获得何种救济等，这些问题都需要法律法规的进一步规定。其中有些问题还存在比较大的争议。例如，关于信息处理者拒绝自然人查阅其个人信息时①，自然人可以向法院提起诉讼的问题，一种观点认为，如果仅仅是为了查阅或者复制个人信息就到法院起诉，可能会造成诉讼爆炸，给法院增加很多工作量。另一种观点认为，查阅或者复制个人信息本来就是法律赋予自然人的权利，该权利如果受到侵害却无法得到司法救济，还不如不规定。况且，很多时候查阅或者复制个人信息对于自然人其他权益的维护也是非常重要的，因此，应当给予支持。对此，笔者认为，自然人依法享有查阅或者复制其个人信息以及在发现信息有错误时要求更正的权利，但原则上必须是先向信息控制者提出请求且被无正当理由加以拒绝后，才能提起诉讼，否则容易导致自然人滥用该权利给信息控制者增加负担。②

（二）个人数据的可携带权

关于自然人查阅、复制其个人信息的权利，有一个值得讨论的问题，即该权利是否包含了个人数据的可携带权或者是否可以从其中解释出该权利？个人数据的可携带权是由欧盟《一般数据保护条例》首次提出的，它是指自然人对于其同意处理者所处理的数据化形式承载的个人信息即个人数据，有权要求该处理者提供结构化的、通用的、机器可读的、能共同操作的以格式形式加以提供的权利，自然人可以将该个人数据转移给其他的信息处理者。在我国民法典编纂之前，就是否应当规定个人数据的可携带权，已经存在很多的争论。③ 一种观点认为，此种查阅和复制个人信息的权利并不包含个人数据可携带权，我国法律上也不应当赋予自然人以数据可携带权。因为规定数据可携带权不仅会极大地增加企业的经营成本，技术实现上存在很大的难度，而且也会导致企业的竞争优势丧失，毕竟个人信息是网络企业取得竞争优势的很重要的资产。此外，规定数据可携带权还将导致各个企业之间以此为工具，抢夺数据，存在不正当竞争的风险。④ 另一种

---

① 《信息安全技术 个人信息安全规范》（GB/T 35273—2020）第 8.1 条的注认为，如果自然人提出查询的个人信息并非其主动提供的个人信息时，个人信息控制者可在综合考虑不响应请求可能对个人信息主体合法权益带来的风险和损害，以及技术可行性、实现请求的成本等因素后，作出是否响应的决定，并给出解释说明。

② 例如，我国台湾“个人资料保护法”第 14 条就规定：“查询或请求阅览个人资料或制给复制本者，公务机关或非公务机关得酌收必要成本费用。”这样的规定可以防止滥用查询权而给处理者增加不必要的负担。

③ 不仅对于自然人个人数据是否享有可携带权的问题存在争论，对于个人账户、邮箱、微信中的个人数据是否可以继承的问题，也存在很大的争论。

④ 京东法律研究院．欧盟数据宪章：《一般数据保护条例》GDPR 述评及实务指引．北京：法律出版社，2018：64.

观点认为，个人数据的可携带权体现了自然人对其个人信息或个人数据的支配性，是个人信息权益的重要组成部分。如果不规定数据可携带权，则很容易形成在个人信息或个人数据领域的垄断，容易扼杀新型的网络企业的发展，不利于维护市场的公平竞争。① 目前，我国司法实践中已经出现了涉及该问题的案件。②

笔者认为，就《民法典》第1037条第1款的规定来看，从自然人复制其个人信息的权利可以解释出自然人享有个人数据的可携带权。这是因为，首先，既然自然人有权复制其个人信息，与之相对应的就是处理者应当提供该自然人的个人信息的副本，此种副本的形式既包括纸质的，也包括电子的，而电子的个人信息就是个人数据，其应当是结构化的、通用的、机器可读的，否则复制的意义就不存在了。其次，《民法典》第992条规定："人格权不得放弃、转让或者继承。"自然人对其个人信息享有的民事权益虽然没有被明确界定为人格权，但是其属于人格权益是非常明确的。自然人可以许可他人使用其个人信息，而这种许可并不导致自然人转让了其个人信息权益。故此，自然人虽然同意处理者处理其个人信息，但并不因此丧失对其个人信息的支配。否则，如何维护自然人的人格尊严和自由？自然人查阅、复制其个人信息以及要求更正和删除的权利，不仅是不能转让、继承的，而且也不能预先抛弃。③ 最后，规定个人数据的可携带权对于维护数字经济时代的竞争是有必要的，那种认为规定了个人数据可携带权就会导致利用该权利来进行不正当竞争的观点是片面的。在竞争中，网络企业等数字经济主体当然可以去吸引用户，将其在某个网络企业中的个人数据转移到自己这里来，这种竞争行为当然是合法的。如果是不正当竞争，自有《反不正当竞争法》加以规制。不能因为存在有人利用可携带权来进行不正当竞争的可能，就反对这种权利本身。显然，这种观点是荒谬的。

---

① 赞同规定可携带权的观点可参见以下文献。刘云．欧盟个人信息保护法的发展历程及其改革创新．暨南学报（哲学社会科学版），2017（2）．叶名怡．论个人信息权的基本范畴．清华法学，2018（5）．

② 在腾讯和抖音就用户头像和昵称的归属所发生的争议中就涉及用户个人是否享有个人数据的可携带权的问题。相关评论参见以下文献。包晓丽，熊丙万．通讯录数据中的社会关系资本——数据要素产权配置的研究范式．中国法律评论，2020（2）．谌嘉妮．我的数据谁做主？——基于"头腾之争"对个人数据可携带权与企业数据权边界的研究．互联网天地，2019（6）．

③ 对此，我国台湾"个人资料保护法"第3条有明确的规定："当事人就其个人资料依本法规定行使之下列权利，不得预先抛弃或以特约限制之：一、查询或请求阅览。二、请求制给复制本。三、请求补充或更正。四、请求停止搜集、处理或利用。五、请求删除。"

三、针对错误信息的提出异议及更正的权利

依据《民法典》第1037条第1款，自然人发现信息有错误的，有权提出异议并请求及时采取更正等必要措施。《网络安全法》第43条也规定，个人发现网络运营者收集、存储的其个人信息有错误的，有权要求网络运营者予以更正，网络运营者应当采取措施予以更正。这就是对自然人的更正权的规定。个人信息在收集后要进行处理，如使用、加工、传输、共享等，因此，一旦个人信息错误而不能及时更正，就会对自然人产生不利的影响，如基于此种错误的个人信息进行的信用评价包括自动化决策，会对自然人的民事权益造成损害。故此，法律上允许自然人在发现个人信息有错误后予以更正。所谓更正，既包括将不符合事实的错误信息进行正确化，也应当包括对不完整的个人信息进行补充。当然，信息控制者在收到自然人的更正请求后，应当对个人信息予以核实，并及时更正（包括补充）。自然人在行使《民法典》第1037条第1款第2句规定的权利时，应当提出相应的证据证明个人信息确实存在错误，否则信息处理者难以进行更正。至于信息处理者何时进行更正才是“及时”，需要根据不同类型的网络服务来区分对待。

《民法典》除了在本条一般性地规定了自然人发现个人信息错误，有权提出异议及要求采取更正等必要措施的权利外，还特别在第1029条规定了民事主体发现信用评价错误时，有权提出异议并请求采取更正、删除等必要措施。如前所述，此种采取更正删除的权利是基于名誉权产生的，权利主体不限于自然人，还包括法人、非法人组织。

四、删除个人信息的权利

（一）删除权的行使条件

删除权也是为了更好地保护自然人对个人信息享有的利益而作出的规定，《民法典》第1037条第2款和《网络安全法》第43条规定了删除权行使的具体情形，即：其一，信息处理者违反法律、行政法规的规定处理其个人信息的；其二，信息处理者违反双方的约定收集、使用其个人信息的。在这两种情形下，自然人有权请求信息处理者删除这些个人信息，否则就等于认可了此等违法或违约行为的存在，承认了信息处理者有权侵害自然人的个人信息。这两种情形可以说涵盖了需要删除个人信息的全部情形。当然，删除权中的很多具体问题，《民法典》不可能逐一规定，也没有必要规定，而应交由“个人信息保护法”等法律法规和国家标准予以明确即可。例如，所谓删除，究竟是指无法在线访问，还是说

包括在物理上将个人信息删除?[①] 自然人撤销此前对处理者所作出的处理其个人信息的同意，是否需要删除？等等。

(二) 删除权与网络侵权中的“通知删除规则”

作为自然人个人信息权益内容的删除权与网络侵权中的“通知删除规则”是不同的。我国《民法典》第1194～1997条对网络侵权行为作出了规定，其中确立的一项最基本的规则就是所谓“通知删除规则”。该规则来自美国法上的“避风港规则”，其有效地协调了民事权益保护与网络活动自由的保障之间的关系。申言之，一方面，在网络用户利用网络服务实施侵权行为时，无论是从最有效地预防制止侵权行为的角度，还是出于报偿原理等公平正义的考虑，网络服务提供者都应当尽到相应的注意义务，而不能无动于衷，任由网络用户利用网络服务实施侵权行为。另一方面，直接实施侵权行为的是网络用户而非网络服务提供者，不能对网络服务提供者提出过高的要求。让网络服务提供者对任何利用其网络服务实施的侵权行为都要负责显然是不公平的，违反了自己责任的精神，不利于保障合理的行为自由，不利于促进网络产业的发展。故此，《民法典》第1195条与第1196条确立了通知删除规则，通过该规则，既可以使网络服务提供者在接到权利人的有效通知后及时制止网络用户的侵权行为，从而无须向权利人承担侵权责任；同时，又可以避免网络服务提供者不合理地采取措施损害网络用户的合法权益，以至于向网络用户承担责任。因此，通知删除规则也被称为“避风港规则”。

在网络用户利用网络侵害自然人的个人信息时，被侵权人当然有权依据《民法典》的上述规定通知网络服务提供者采取删除等必要措施。那么，这里的删除与《民法典》第1037条第2款规定的删除有何区别呢？笔者认为，二者虽然都有删除的表述，但是属于不同的规则，其具体区别表现在：首先，性质不同。《民法典》第1037条第2款规定的是自然人的个人信息权益的内容，即作为其中一项权能的删除权，该权利适用于所有的个人信息处理者，无论其是否为网络服务提供者。但是，《民法典》第1195条规定的删除则是法律施加给网络服务提供者预防和制止网络侵权行为的一项义务，仅适用于网络服务提供者。其次，适用条件不同。依据《民法典》第1037条第2款，删除权的行使要件为“自然人发现信息处理者违反法律、行政法规的规定或者双方的约定处理其个人信息”，即信息处理者存在违法处理个人信息或违反约定处理个人信息的行为，故此自然人

---

① 《信息安全技术 个人信息安全规范》(GB/T 35273—2020) 第3.10条规定：“在实现日常业务功能所涉及的系统中去除个人信息的行为，使其保持不可被检索、访问的状态。”

有权行使删除权。而通知删除规则是因为有网络用户利用网络服务实施了侵权行为，而权利人通知网络服务提供者采取删除等必要措施，网络服务提供者本身并未直接从事对权利人的侵权行为。最后，法律后果不同。信息处理者违反《民法典》第 1037 条第 2 款的规定拒绝自然人的删除请求的，则自然人有权依法提起诉讼，请求法院判决处理者履行删除义务，如果信息处理者没有及时删除而造成损害，权利人有权要求信息处理者承担赔偿责任。然而，网络服务提供者在接到权利人的通知后没有及时采取删除等必要措施的，依据《民法典》第 1195 条第 2 款，网络服务提供者要就损害的扩大部分与实施侵权行为的网络用户承担连带责任。此外，自然人行使作为个人信息权益的权能的删除权，不存在因错误行使该权利而承担赔偿责任的问题。但是，依据《民法典》第 1195 条第 3 款，错误通知造成网络用户或者网络服务提供者损害的，发出通知的权利人应当承担侵权责任。

（三）有无必要规定被遗忘权

关于《民法典》第 1037 条第 2 款规定的删除权，还有一个值得讨论的问题：是否应当规定被遗忘权？被遗忘权（right to be forgotten）的概念最早是由欧盟法院在 2014 年西班牙发生的“冈萨雷斯诉 Google 案”中确立的。该案案情为：1998 年，西班牙《先锋报》刊登了将举行财产强制拍卖的公告，被强制拍卖财产的人中有一位叫作冈萨雷斯的人，其姓名出现在了财产拍卖公告中，后该公告被谷歌搜索引擎收录。2009 年，冈萨雷斯联系《先锋报》，称该报刊登的有其姓名的拍卖公告被谷歌收录，其要求删除网上与他有关的信息，因为该拍卖活动早已结束，如果这些涉及他的个人信息继续存在于网络上，将对其名誉造成持续的伤害。《先锋报》方面的回复是，刊登该公告是经过西班牙劳动与社会事务部授权的，因此相关个人数据无法删除。于是，2010 年冈萨雷斯联系了谷歌西班牙分部，要求删除该公告链接。随后，冈萨雷斯又向西班牙数据保护局进行投诉，2010 年 7 月 30 日，西班牙数据保护局驳回了冈萨雷斯针对《先锋报》删除数据的要求，但是要求谷歌公司删除相应的链接并确保通过该搜索引擎无法打开该信息。谷歌公司遂向法院起诉，该案后被提交给欧盟法院。欧盟法院认为，作为数据控制者的谷歌公司对于其处理的第三方发布的带有个人数据的网页信息负有责任，有义务将其删除。有关数据主体“不好的、不相关的、过分的”信息应当从搜索结果中删除。由此确立了欧盟法上的被遗忘权概念。此后，在 2018 年实施的欧盟《一般数据保护条例》中也明确规定了被遗忘权。依据该条例第 17 条，数据主体有权要求控制者及时删除其个人数据，同时如果数据主体已经请求这些控制者们删除相关个人数据的任何链接、副本或复制件，但数据控制者已经将个人数据公开，并且依据本条第1款有义务删除这些个人数据，那么控制者在考虑现有技术和实施成本后，应当采取合理步骤包括技术措施，通知正在处理个人数据的控制者们。

在我国也曾发生被遗忘权纠纷的案件，即“任某某与北京百度网讯科技有限公司名誉权纠纷案”，该案原告曾经与无锡陶氏生物科技有限公司有过合作，网上存在不少关于该合作关系的信息。原告认为，其与陶氏公司的合作已经结束，且因该公司在业界口碑不好，故如果有学生及合作伙伴搜索其名字，从百度页面看到搜索结果会误以为其与该公司还有合作，该不良搜索结果会影响其就业、工作交流及日常生活，这样的搜索信息应当被“遗忘”，故此其要求百度公司删除这些信息。法院认为，我国现行法中并无法定称谓为“被遗忘权”的权利类型，同时，由于“涉诉工作经历信息是任某某最近发生的情况，其目前仍在企业管理教育行业工作，该信息正是其行业经历的组成部分，与其目前的个人行业资信具有直接的相关性及时效性；任某某希望通过自己良好的业界声誉在今后吸引客户或招收学生，但是包括任某某工作经历在内的个人资历信息正是客户或学生借以判断的重要信息依据，也是作为教师诚实信用的体现，这些信息的保留对于包括任某某所谓潜在客户或学生在内的公众知悉任某某的相关情况具有客观的必要性。任某某在与陶氏相关企业从事教育业务合作时并非未成年人或限制行为能力人、无行为能力人，其并不存在法律上对特殊人群予以特殊保护的法理基础”①，故此，任某某在本案中主张的应“被遗忘”（删除）信息的利益也不具有正当性和受法律保护的必要性，不应成为侵权保护的正当法益，对其主张该利益受到一般人格权中所谓“被遗忘权”保护的诉讼主张，法院不予支持。②

对于我国法上的删除权是否包括被遗忘权以及有无必要单独规定被遗忘权，理论界存在很大的争议。笔者认为，在我国法上，没有必要单独规定被遗忘权，理由在于：其一，如果网络上发布的信息涉及侵害自然人的名誉权、隐私权等人格权益，自然人基于名誉权、隐私权当然有权行使停止侵害、排除妨碍等人格权请求权，要求发布相关信息的网络用户删除该等信息，同时也有权依据《民法典》第1195条要求网络服务提供者采取删除、屏蔽、断开链接等必要措施。其二，自然人如果发现信息控制者违反法律、行政法规的规定或者双方的约定收集、处理其个人信息，则依据《民法典》第1037条第2款有权请求信息控制者

① 北京市第一中级人民法院（2015）一中民终字第09558号民事判决书。

② 本案二审主审法官、北京市第一中级人民法院丁宇翔庭长曾详细论述其在该案中的裁判思路，诚值参考！丁宇翔．被遗忘权的中国情境及司法展开——从国内首例“被遗忘权案”切入．法治研究，2018(4)．

及时删除。这里面就包括《民法典》第1037条第2项规定的，虽然是处理该自然人自行公开的或者其他已经合法公开的信息，但是该自然人明确拒绝或者处理该信息侵害其重大利益的除外情形。应当说，上述两种情形的删除权的适用已经涵盖了全部的自然人有权要求删除个人信息的正当情形，除此之外，自然人已无正当的利益要求网络服务提供者或信息控制者删除相关个人信息。其三，如果允许自然人可以没有任何正当性理由就要求删除相关信息，势必会出现歪曲真相的情况，这损害了公众的知情权，甚至构成对公众的欺骗的不良后果。[①] 例如，在我国发生的“任某某与北京百度网讯科技有限公司名誉权纠纷案”中，网络服务提供者通过搜索引擎所收录的是已经合法公开的、客观真实的个人信息，这些信息被通过搜索引擎再次呈现，既没有侵害原告的隐私权，也没有损害其人格尊严或妨害人格自由，故此，原告毫无正当利益请求加以删除。然而，西班牙的“冈萨雷斯诉Google案”的情形，则有所不同。因为，该案中通过谷歌搜索冈萨雷斯全名可与其财产被强制拍卖的信息相连，在冈萨雷斯生活的区域内对其个人的生活造成了一定的困扰，涉及对其人格尊严和职业发展这一重大利益的侵害，故此，法院认为冈萨雷斯有权要求谷歌断开相关个人信息的链接是妥当的。[②]

五、侵害个人信息的人格权请求权

《民法典》人格权编为人格权提供了特殊的保护方法，即人格权请求权。所谓人格权请求权，就是基于人格权作为绝对权和支配权的效力而产生的排除对人格权的现实的或者潜在的侵害或妨碍，旨在维护人格权圆满状态的请求权。人格权请求权具有以下特征：一方面，人格权请求权具有从属性。人格权请求权是基于人格权而产生的请求权，从属于人格权，只有人格权的主体才能享有此类请求权。由于人格权具有专属性，不得转让、放弃或者继承，故此，从属于人格权的人格权请求权也不得转让、放弃或者继承，也不得由他人代位行使，即不能成为代位权的客体。另一方面，人格权请求权是人格权排他性的体现。人格权属于绝对权、支配权，具有排他效力，这种排他效力不仅体现在人格权的圆满状态已经受到妨害的情形，更体现在具有妨害危险之时。也就是说，人格权请求权不仅具有恢复人格权圆满状态的功能，还具有预防和制止侵害人格权的行为的功能。在民法中，物权、知识产权以及人格权等绝对权，基于其排他效力都会产生相应的

---

① 丁宇翔．被遗忘权法定化不利于舆论监督．光明日报，2020-01-11.

② 已有学者对此两案的不同之处作出了详细的分析。万方．终将被遗忘的权利——我国引入被遗忘权的思考．法学评论，2016（6）.

请求权，就物权而言，是物权请求权，如返还原物、排除妨害、消除危险等（《民法典》第235～236条）；就知识产权中的著作权、专利权和商标专用权等具有排他效力的权利而言，我国法上也规定了知识产权请求权（《商标法》第60条第2款、第65条、《著作权法》第48条、第50条第1款、《专利法》第66条第1款和第60条）。[①]《民法典》第995条规定："人格权受到侵害的，受害人有权依照本法和其他法律的规定请求行为人承担民事责任。受害人的停止侵害、排除妨碍、消除危险、消除影响、恢复名誉、赔礼道歉请求权，不适用诉讼时效的规定。"该条中规定的停止侵害、排除妨碍、消除危险、消除影响、恢复名誉以及赔礼道歉请求权就属于人格权请求权。不仅如此，为了有效地保护人格权，《民法典》还借鉴英美国家的禁令制度为人格权请求权的行使提供了程序保障，即第997条规定："民事主体有证据证明行为人正在实施或者即将实施侵害其人格权的违法行为，不及时制止将使其合法权益受到难以弥补的损害的，有权依法向人民法院申请采取责令行为人停止有关行为的措施。"

虽然我国《民法典》将个人信息作为一种人格权益规定在人格权编，但是由于《民法典》没有明确规定个人信息权这一具体人格权，而其第995条又限于"人格权受到侵害的"情形，因而自然人是否享有上述人格权请求权，是值得怀疑的。但是，由于《民法典》第1167条规定，"侵权行为危及他人人身、财产安全的，被侵权人有权请求侵权人承担停止侵害、排除妨碍、消除危险等侵权责任"，这些侵权责任并不限于保护人格权、财产权，还是可以保护人身、财产安全的，故此，在认定侵害个人信息的侵权责任时，个人信息被侵害的自然人可以依据该条，要求侵权人承担停止侵害、排除妨碍、消除危险等侵权责任，其实际效果也与行使人格权请求权没有差别。

（撰稿人：程 啸）

第一千零三十八条

信息处理者不得泄露或者篡改其收集、存储的个人信息；未经自然人同意，不得向他人非法提供其个人信息，但是经过加工无法识别特定个人且不能复原的

---

① 知识产权请求权相关著作可参见以下文献。杨明．知识产权请求权研究——兼以反不正当竞争为考察对象．北京：北京大学出版社，2005．刘知函．知识产权诉前禁令制度研究．北京：中国政法大学出版社，2018．

除外。

信息处理者应当采取技术措施和其他必要措施，确保其收集、存储的个人信息安全，防止信息泄露、篡改、丢失；发生或者可能发生个人信息泄露、篡改、丢失的，应当及时采取补救措施，依照规定告知自然人并向有关主管部门报告。

本条主旨

本条是信息处理者的法定义务的规定。

相关条文

《全国人民代表大会常务委员会关于加强网络信息保护的决定》第 4 条规定："网络服务提供者和其他企业事业单位应当采取技术措施和其他必要措施，确保信息安全，防止在业务活动中收集的公民个人电子信息泄露、毁损、丢失。在发生或者可能发生信息泄露、毁损、丢失的情况时，应当立即采取补救措施。"

《网络安全法》第 42 条规定："网络运营者不得泄露、篡改、毁损其收集的个人信息；未经被收集者同意，不得向他人提供个人信息。但是，经过处理无法识别特定个人且不能复原的除外。网络运营者应当采取技术措施和其他必要措施，确保其收集的个人信息安全，防止信息泄露、毁损、丢失。在发生或者可能发生个人信息泄露、毁损、丢失的情况时，应当立即采取补救措施，按照规定及时告知用户并向有关主管部门报告。"

《消费者权益保护法》第 29 条规定："经营者收集、使用消费者个人信息，应当遵循合法、正当、必要的原则，明示收集、使用信息的目的、方式和范围，并经消费者同意。经营者收集、使用消费者个人信息，应当公开其收集、使用规则，不得违反法律、法规的规定和双方的约定收集、使用信息。经营者及其工作人员对收集的消费者个人信息必须严格保密，不得泄露、出售或者非法向他人提供。经营者应当采取技术措施和其他必要措施，确保信息安全，防止消费者个人信息泄露、丢失。在发生或者可能发生信息泄露、丢失的情况时，应当立即采取补救措施。经营者未经消费者同意或者请求，或者消费者明确表示拒绝的，不得向其发送商业性信息。"

《公共图书馆法》第 43 条规定："公共图书馆应当妥善保护读者的个人信息、借阅信息以及其他可能涉及读者隐私的信息，不得出售或者以其他方式非法向他人提供。"

《旅游法》第 52 条规定："旅游经营者对其在经营活动中知悉的旅游者个人信息，应当予以保密。"

《刑法》第253条之一规定："违反国家有关规定，向他人出售或者提供公民个人信息，情节严重的，处三年以下有期徒刑或者拘役，并处或者单处罚金；情节特别严重的，处三年以上七年以下有期徒刑，并处罚金。违反国家有关规定，将在履行职责或者提供服务过程中获得的公民个人信息，出售或者提供给他人的，依照前款的规定从重处罚。窃取或者以其他方法非法获取公民个人信息的，依照第一款的规定处罚。单位犯前三款罪的，对单位判处罚金，并对其直接负责的主管人员和其他直接责任人员，依照各该款的规定处罚。"

理解与适用

一、不得泄露、篡改收集、存储的个人信息

信息处理者在告知并取得自然人同意后或者依据法律的规定而合法地处理个人信息，这种处理行为的合法性是一个全过程的体现，即不仅收集个人信息的行为应当是合法的，保管、加工、使用等行为也必须是合法的。《民法典》第1038条第1款第1句规定了信息处理者不得泄露或者篡改其收集、存储的个人信息的义务。该义务的确立也为相应的法律责任（民事责任、行政责任和刑事责任）确立了前提，这种义务属于法定义务，不得因当事人的约定而改变，即便是作为个人信息主体的自然人也无权就自己的个人信息单方面免除信息处理者的此种义务。当然，《民法典》第1038条第1款第1句的目的是将处理者不得泄露或者篡改其收集、存储的个人信息的义务确立下来。至于该义务的具体内容，如采取何种措施防止个人信息被泄露、篡改甚至丢失，在发生个人信息泄露等情形下应当采取何种措施，则由本条第2款以及《网络安全法》等法律法规作出具体的规定。具体而言，信息处理者不得泄露、篡改所收集、存储的个人信息的义务分为以下两类。

1. 禁止泄露的义务，即信息处理者不得泄露其所收集、存储的个人信息。这就是说，一方面，信息处理者对于其合法收集、存储的个人信息应当依法妥善保管，以免该信息因为信息处理者自身的原因或者其他原因而被泄露。个人信息的处理会给自然人的人格自由、人格尊严以及人身财产权益造成不同可能性和不同程度的风险，如果信息处理者没有妥善保管，导致个人信息被泄露，就会对自然人造成难以预测的损害或危险，故此，法律上首先要给信息处理者施加不得泄露其所收集、存储的个人信息的义务。另一方面，不得泄露所收集、存储的个人信息的义务也意味着对个人信息的处理应当符合必要的原则，不是个人信息收集得越多越好。因为收集、存储的个人信息越多，意味着法律上的义务和责任越

大，一旦泄露个人信息，所带来的危险和损害后果也就越大，故此，《民法典》第 1038 条第 1 款第 1 句实际上也在提高个人信息处理的门槛，没有有效地履行防止泄露个人信息义务的能力的组织或个人，不应当去收集、储存个人信息。

2. 禁止篡改的义务，即处理者有不得篡改个人信息的义务。个人信息处理者收集和存储个人信息本身不是目的，目的是要加工、使用之，从而在各种场景中予以运用，进而在客观上影响个人信息被收集的自然人的社会生活的方方面面。如果处理者可以随意篡改个人信息，则这些被篡改的个人信息就是虚假的、错误的。对这种个人信息进行处理的直接后果就是损害自然人的权利和自由。例如，基于虚假的个人信息而对某人作出的信用评价就是错误的，受此评价的自然人将会因此遭受无法取得贷款、无法获得相应的商品或服务的困难，进而遭受人身财产权益上的损害。长此以往，对于网络信息社会和数字经济的健康发展也是不利的。故此，《民法典》一方面要赋予自然人在发现其个人信息是错误的情况下，提出异议并要求处理者及时采取更正等必要措施的权利；另一方面，又要给处理者施加不得篡改个人信息的义务。二者相互配合，才能保证真实的个人信息被合法地进行处理。

二、禁止非法提供个人信息的义务

（一）非法提供个人信息的含义

个人信息的处理包括个人信息的收集、使用、加工、传输、提供、公开等。其中，个人信息的提供，是指个人信息处理者将所收集、存储的个人信息通过信息网络及其他方式传输给他人，使他人能够据此对这些个人信息进行处理。个人信息尤其是以数据形式出现的个人信息即个人数据，具有“非独占性”或“共享性”的特点。一方面，与作为物权客体的有体物在占有、使用上的独占性所不同的是，数据无论在占有还是使用上都不具有独占性。数据并不会因为被某一特定主体收集、存储而无法被其他人收集、存储。数据完全可以同时在不同的地点由不同的人以不同的方式加以收集和存储，并进行使用、加工、传输、公开。另一方面，数据也不会因为被某人使用而减少其他人的使用，相反，数据可以由无穷多的人进行使用并创造出不同的价值。也就是说，即便是完全相同的个人数据，也可以出于不同的目的进行开发和使用，产生不同的增值服务或衍生应用，而这种多目的或多用途的适用之间又会相互影响和作用，从而产生更复杂和更高级的应用。[①] 正因如此，有观点认为，“数据不应该以它的存储而定义，应该由它的

---

① 吴伟光．大数据技术下个人数据信息私权保护论批判．政治与法律，2016（7）．

流转来定义"①，大数据时代也正是由于数据可以在网络空间自由流动与分享才到来的。

因此，个人信息尤其是个人数据的处理者除了自己使用个人信息外，也可能将个人信息提供给他人使用，接受该个人信息的组织或个人还可能再次将这些信息提供给他人，如此循环下去，在使个人信息的处理者越来越多且纷繁复杂的同时，这将极大地增加个人信息被处理的自然人所面临的人格自由、人格尊严和人身财产权益上的风险。因为自然人并不知道这些处理者保护其个人信息的能力如何，不知道它们以何种方式出于何种目的而处理其个人信息，在其个人信息被泄露的情况下，甚至完全不知道究竟哪个环节出现了问题。因此，无论是域外的个人信息保护法，还是我国《民法典》等法律，都必须针对个人信息的提供作出特别的规范。

依据《民法典》第 1038 条第 1 款第 2 句，在个人信息处理者要将其收集、存储的个人信息提供给他人时，必须告知自然人并取得同意，否则这种个人信息的提供就是非法提供。具体阐述如下。

1.《民法典》第 1038 条第 1 款第 2 句中的个人信息处理者所提供的个人信息必须是合法处理的个人信息，即其所收集、存储的个人信息是依法告知并取得自然人的同意的，或者是依据法律、行政法规规定的可以不经告知并取得同意而处理的个人信息。倘若处理者本身就是通过违法的方式而收集、存储的个人信息，那么其实际上也不可能在去取得自然人的同意后再向他人提供该人个人信息，因为其本身就是违法者，其非法处理个人信息的行为本身就是侵权行为甚至犯罪行为。我国实践中常见的各种非法买卖个人信息的行为就属于此类。

2. 个人信息处理者向他人提供个人信息。所谓他人就是指个人信息处理者之外的自然人、法人或者非法人组织。即便是同一集团中的 A 有限责任公司向 B 有限责任公司提供个人信息，也属于向他人提供个人信息，因为 A 和 B 都是具有独立法律人格的主体，在法律上是两个不同的民事主体。提供的方式可以是通过信息网络的方式，如开放接口从而共享个人信息，现在很多政府机关正在建立的信息共享机制，也可以是通过其他方式，如将个人信息存储在硬盘中交给他人等。此提供可能是无偿的，如基于合作关系，也可能是有偿的。由于数据特别是个人数据属于重要的生产要素，对很多网络企业而言，数据可能是最重要的资产

① 该观点是被称为硅谷精神教父、科技商业预言家的凯文·凯利在斯坦福大学的一次讲演中提出的。凯文·凯利斯坦福演讲：现在只是分享时代的早期（2016-01-03）［2017-09-17］. http://news.cnfol.com/it/20160103/22046845.shtml.

和竞争优势的根本所在，因而，不同的网络企业之间基本上不可能互相提供个人信息。故此，才产生了是否需要在法律上确立自然人的个人数据可携带权的争论。

3. 未经作为个人信息被收集者的自然人的同意，向他人提供个人信息属于非法提供个人信息。换言之，处理者虽然自身履行了告知同意义务而使其处理自然人个人信息的行为具有合法性和正当性基础，但其并不因此而当然具有任意将所合法收集、存储的个人信息向他人提供的权利，其不能以自身对个人信息或个人数据享有的权益来对抗自然人的个人信息权益。这是因为，自然人针对其个人信息享有的是人格权益，而处理者对个人信息或个人数据充其量享有的只是财产权益，后者的法律位阶明显低于前者的。故此，处理者要向他人提供其所合法收集、存储的个人信息，必须告知个人信息被收集的自然人并取得其本人或者其监护人的同意。如果没有告知并取得同意，那么这种个人信息的提供就是非法提供。例如，《最高人民法院、最高人民检察院关于办理侵犯公民个人信息刑事案件适用法律若干问题的解释》第 3 条第 2 款就明确规定："未经被收集者同意，将合法收集的公民个人信息向他人提供的，属于刑法第二百五十三条之一规定的'提供公民个人信息'，但是经过处理无法识别特定个人且不能复原的除外。"此种非法提供个人信息的行为不仅是侵害自然人个人信息权益的侵权行为或违约行为，也是违法甚至是犯罪行为，需要遭受行政处罚乃至刑罚的处罚。《网络安全法》第 64 条规定："网络运营者、网络产品或者服务的提供者违反本法第二十二条第三款、第四十一条至第四十三条规定，侵害个人信息依法得到保护的权利的，由有关主管部门责令改正，可以根据情节单处或者并处警告、没收违法所得、处违法所得一倍以上十倍以下罚款，没有违法所得的，处一百万元以下罚款，对直接负责的主管人员和其他直接责任人员处一万元以上十万元以下罚款；情节严重的，并可以责令暂停相关业务、停业整顿、关闭网站、吊销相关业务许可证或者吊销营业执照。违反本法第四十四条规定，窃取或者以其他非法方式获取、非法出售或者非法向他人提供个人信息，尚不构成犯罪的，由公安机关没收违法所得，并处违法所得一倍以上十倍以下罚款，没有违法所得的，处一百万元以下罚款。"我国《刑法》第 253 条之一规定："违反国家有关规定，向他人出售或者提供公民个人信息，情节严重的，处三年以下有期徒刑或者拘役，并处或者单处罚金；情节特别严重的，处三年以上七年以下有期徒刑，并处罚金。违反国家有关规定，将在履行职责或者提供服务过程中获得的公民个人信息，出售或者提供给他人的，依照前款的规定从重处罚。窃取或者以其他方法非法获取公民个人信息的，依照第一款的规定处罚。单位犯前三款罪的，对单位判处罚金，并对其直接负责的主管人员和其他直接责任人员，依照各该款的规定处罚。”

近年来，我国实践中经常发生的个人信息泄露、侵害他人隐私权等事件，很多就是处理者非法向他人提供个人信息所致。尤其是一些国家机关、企事业单位，因为内部管理松弛，员工可以很容易地获得个人信息并将之非法提供给他人。此种情形下，这些员工利用职务便利而获取个人信息进而非法提供的行为，不仅这些员工要承担法律责任，单位也要承担法律责任。在民法上，应当由员工和单位承担连带责任，在刑法上应当实行双罚制，即在对犯罪的员工处以刑罚的同时，该单位也构成犯罪，要遭受刑罚的处罚。

（二）无须同意而可以提供的例外

1. 匿名化的信息

《民法典》第1038条第1款第2句规定了一种例外情形，即可以不经被收集者同意向他人提供个人信息，而不构成非法提供个人信息，这就是那些经过加工无法识别特定个人且不能复原的信息。《网络安全法》第42条第1款也规定，“未经被收集者同意，不得向他人提供个人信息。但是，经过处理无法识别特定个人且不能复原的除外”。所谓经过处理无法识别特定个人且不能复原的信息，就是指信息的匿名化。① 由于信息或数据匿名化处理后，无法识别特定的自然人，因而就不属于个人信息，为了促进大数据的发展和应用，《网络安全法》借鉴了一些国家的做法，对个人信息匿名化作出了规定，作为向他人提供个人信息须经本人同意的例外。② 例如，欧盟《一般数据保护条例》第4条第5款将“匿名化”界定为：“是一种使个人数据在不使用额外信息的情况下不指向特定数据主体的个人数据处理方式，若该处理方式将个人数据与其他额外信息分别存储，凭技术性和组织性措施无法指向一个可识别或被识别的自然人。”再如，日本《个人信息保护法》第2条，将“匿名加工信息”界定为：“是指，针对下列各项规定的个人信息相应地采取同项规定的措施，从而为了无法识别特定个人而对个人信息进行加工后所得到的有关个人的信息中，通过处理使该个人信息无法恢复的部分：（一）第一款第一项规定的个人信息 删除该个人信息中所含有的部分记述等（包括以使该部分的记述等丧失有可能恢复的规律性的方式，将该部分记述等转换为其他记述等）；（二）第一款第二项规定的个人信息 删除该个人信息中

---

① 个人信息或个人数据的匿名化不同于“假名化”，后者是指对个人数据处理后，在没有特定信息参考（该特定信息被安全地单独保存）的情况下，不能指向特定个人。假名化数据与匿名化数据最大的不同是，前者仍然属于个人数据，仍要适用个人数据保护法。王融．数据匿名化的法律规制．中国征信，2017（3）．

② 杨合庆．中华人民共和国网络安全法解读．北京：中国法制出版社，2017：95－96．

所含有的全部个人识别符号（包括以使该个人识别符号丧失有可能恢复的规律性的方式，将该个人识别符号转换为其他记述等）。”该法第 37 条规定：“匿名加工信息处理业者在将匿名加工信息（自己加工个人信息并制作而成的匿名加工信息除外。以下于本节相同）提供给第三人时，应当依照《个人信息保护委员会规则》的规定，事先公布被提供给第三人的匿名加工信息所含有的个人相关信息中的项目及提供的方法，并同时向该第三人明示该提供所涉及的信息为匿名加工信息。”

当然，个人信息或个人数据的匿名化只是相对的，在可获得的数据来源越来越丰富以及算法越来越强大的大数据时代，无法识别出个人的数据也存在重新具有可识别特定个人的可能。例如，将大量的匿名化数据重新整合在一起进行相关性分析，就完全有可能导致特定个人的身份信息被识别从而泄露隐私。美国学者 Paul Ohm 教授认为，随着大数据、云计算等新技术的兴起，传统的仅仅删除姓名和社保号码的匿名化技术已经失败了，技术专家可以通过再识别（Re-identify）或者去匿名化（De-anonymize）的方法来实现个人身份的再识别。① 例如，2006 年 8 月，美国在线公布了大量旧的搜索查询数据供研究者分析，尽管整个数据库进行过精心的匿名化处理，但《纽约时报》的两名记者 Michael Barbaro 与 Tcm Zeller 依然在几天内就通过综合分析搜索记录，识别出了该数据库中代号 4417749 的用户是来自佐治亚州利尔本的一位名叫赛尔亚·阿诺德的 62 岁寡妇。② 故此，法律上对数据的匿名化也有相应的要求，只有经过无法再识别的匿名化处理的个人数据才能被认定为非个人数据。

《民法典》第 1038 条第 1 款和《网络安全法》第 42 条第 1 款对个人信息匿名化提出的要求是“无法识别特定个人”且“不能复原”。所谓无法识别特定个人，是指既不能凭借该信息本身识别特定的自然人，将该信息与其他信息结合后也无法识别特定的自然人。欧盟《一般数据保护条例》“鉴于条款”第 26 条指出：“为判断自然人身份是否可识别，需要考虑所有可能使用的手段，比如利用控制者或其他人来直接或间接的确认自然人身份。为判断所使用的手段是否可能用于识别自然人，需要考虑所有客观因素，包括对身份进行确认需要花费的金钱和时间，考虑现有处理技术以及科技发展。因此，数据保护原则不适用于匿名信息，即不适用于已识别的或可识别的自然人或者个人数据是匿名的并且不再能对所属自然人的身份进行确认的信息。”

所谓不能复原，是指从技术上不能复原或者除非花费巨大成本否则难以复

① Paul Ohm，Broken Promises of Privacy，57 UCLA Law Review，1701（2010）.

② 同①1718.

原。毕竟能否复原是相对的，如果说穷尽一切措施都无法复原才能认定不能复原，显然要求过高。例如，欧盟的《一般数据保护条例》“鉴于条款”第 29 条指出：“为鼓励处理个人数据时使用匿名化保护措施，匿名方法在允许一般性分析的前提下在同一控制者下是可行的，当该控制者对相关处理程序采取了必要的技术性和组织性措施以确保本条例被遵守和适用，以及确保能够用于识别特定数据主体的额外信息分开独立保存。”

2. 其他情形

除了经过加工无法识别特定个人且不能复原的信息可以不经被收集者同意而提供给他人外，还存在一些可以在没有得到被收集者同意的情况下而将信息提供给他人的情况。例如，日本《个人信息保护法》第 23 条第 1 款规定：“除下列情形外，个人信息处理业者不得未事先取得本人的同意，而将其个人数据提供给第三人：（一）以法令为依据的情形；（二）为保护人的生命、身体或财产而有必要，却又难以取得本人同意的情形；（三）为提高公众卫生或者推进儿童的健康成长而有特殊必要，却又难以取得本人同意的情形；（四）有为国家机关或地方公共团体或者受其委托的主体执行法令规定的事务而提供协助的必要，却又有可能因取得本人的同意而对该事务的执行造成障碍的情形。”

在我国，依据《民法典》第 1035 条第 1 款第 1 项和第 1036 条第 2、3 项之规定，符合以下情形之一的，也可以不经被收集人同意而将个人信息提供给他人：其一，法律、行政法规有明确规定的情形；其二，提供的信息是自然人自行公开的或者其他已经合法公开的信息，但是该自然人明确拒绝或者处理该信息将侵害其重大利益的除外；其三，为维护公共利益或者该自然人合法权益而合理实施的将个人信息提供给他人的行为。

三、保证个人信息安全的义务

（一）保证个人信息安全的义务的内容

个人信息被收集后要加以储存、保管，除了禁止信息处理者泄露、篡改或非法提供个人信息外，最重要的是对处理者提出具体的要求，强制其采取相应的措施，保护个人信息的安全。我国实践中之所以出现大量的电信诈骗案件，很重要的原因就是处理者没有采取相应的措施来确保个人信息的安全，从而导致了个人信息被泄露、篡改或丢失。故此，《民法典》第 1038 条第 2 款规定：“信息处理者应当采取技术措施和其他必要措施，确保其收集、存储的个人信息安全，防止信息泄露、篡改、丢失；发生或者可能发生个人信息泄露、篡改、丢失的，应当及时采取补救措施，依照规定告知自然人并向有关主管部门报告。”《全国人民代表大会常务委员会关于加强网络信息保护的决定》第4条规定："网络服务提供者和其他企业事业单位应当采取技术措施和其他必要措施，确保信息安全，防止在业务活动中收集的公民个人电子信息泄露、毁损、丢失。在发生或者可能发生信息泄露、毁损、丢失的情况时，应当立即采取补救措施。"《网络安全法》第42条第2款也规定："网络运营者应当采取技术措施和其他必要措施，确保其收集的个人信息安全，防止信息泄露、毁损、丢失。在发生或者可能发生个人信息泄露、毁损、丢失的情况时，应当立即采取补救措施，按照规定及时告知用户并向有关主管部门报告。"由此可见，信息处理者负有的保证个人信息安全的义务内容包括以下两项。

1. 采取技术措施确保个人信息安全

所谓技术措施，是指通过对个人信息进行加密、匿名，采取更安全可靠的数据系统、存储措施，采取防止黑客等第三方非法入侵信息系统等技术上的手段措施，从而实现保证个人信息安全，防止个人信息泄露、窃取、篡改、毁损、灭失。例如，欧盟《一般数据保护条例》第32条第1、2款规定："1. 考虑行业现状、实施成本、处理性质、范围、目的，以及处理活动可能的风险和处理可能给自然人权利自由造成影响的程度，控制者、处理者应当实施适当的技术性和组织性措施，以确保与风险相适应的安全等级，视情况而定包括：(a) 个人数据的匿名和加密；(b) 确保处理系统和服务的保密性、完整性、可用性以及系统可恢复性的能力；(c) 在发生物理或者技术故障的情况下，个人信息的恢复可用性及可访问性；(d) 对技术性及组织性措施的有效性定期进行测试、访问、评估，以确保处理过程的安全性。2. 安全账户等级评估应当特别考虑处理过程中的风险，特别是在个人数据的传输、存储以及其他方式的处理过程中意外或非法销毁、灭失、变更、未经授权披露或者访问。"

对于非数据化形式存在的个人信息（如存在于纸面上的个人信息）以及虽然被数据化但存储于未连接互联网的计算机中的个人信息而言，安全措施无非就是防火、防盗、防潮等，容易实施。复杂的是以数据形式存储于网络信息系统中的个人信息，为此我国《网络安全法》《计算机信息系统安全保护条例》《电信条例》等法律法规作出了详细的规定。

首先，针对网络运营者采取技术措施保障数据信息安全的义务，《网络安全法》第21条规定："国家实行网络安全等级保护制度。网络运营者应当按照网络安全等级保护制度的要求，履行下列安全保护义务，保障网络免受干扰、破坏或者未经授权的访问，防止网络数据泄露或者被窃取、篡改：（一）制定内部安全管理制度和操作规程，确定网络安全负责人，落实网络安全保护责任；（二）采取防范计算机病毒和网络攻击、网络侵入等危害网络安全行为的技术措施；（三）采取监测、记录网络运行状态、网络安全事件的技术措施，并按照规定留存相关的网络日志不少于六个月；（四）采取数据分类、重要数据备份和加密等措施；（五）法律、行政法规规定的其他义务。”所谓网络安全等级保护，是指根据网络在国家安全、经济建设、社会生活中的重要程度，以及其一旦遭受破坏、丧失功能或者数据被篡改、泄露、丢失、毁损后，对国家安全、社会秩序、公共利益以及相关公民、法人和其他组织的合法权益的危害程度等，对网络安全保护实行分级保护的制度。具体而言，分为五个网络安全保护等级：第一级，一旦受到破坏会对相关公民、法人和非法人组织的合法权益造成损害，但不危害国家安全、社会秩序和公共利益的一般网络；第二级，一旦受到破坏会对相关公民、法人和非法人组织的合法权益造成严重损害，或者对社会秩序或公共利益造成危害，但不危害国家安全的一般网络；第三级，一旦受到破坏会对相关公民、法人和非法人组织的合法权益造成特别严重损害，或者会对社会秩序和社会公共利益造成严重危害，或者对国家安全造成危害的重要网络；第四级，一旦受到破坏会对社会秩序和公共利益造成特别严重危害，或者对国家安全造成严重危害的特别重要网络；第五级，一旦受到破坏会对国家安全造成特别严重危害的极其重要网络。因此，网络服务提供者应当根据自己所提供的网络的评级与定级结果，采取不同的网络安全保护措施。

其次，对于关键信息基础设施的运行安全的特别规定。所谓关键信息基础设施，是指公共通信和信息服务、能源、交通、水利、金融、公共服务、电子政务等重要行业和领域，以及其他一旦遭到破坏、丧失功能或者数据泄露，可能严重危害国家安全、国计民生、公共利益的关键信息基础设施（《网络安全法》第31条）。根据《网络安全法》第34条，除了负有一般的网络服务提供者的安全保护义务之外，关键信息基础设施的运营者还负有如下义务：（1）设置专门安全管理机构和安全管理负责人，并对该负责人和关键岗位的人员进行安全背景审查；（2）定期对从业人员进行网络安全教育、技术培训和技能考核；（3）对重要系统和数据库进行容灾备份；（4）制定网络安全事件应急预案，并定期进行演练；（5）法律、行政法规规定的其他义务。

2. 其他必要措施

所谓其他必要措施，是指为了维护个人信息的安全而依据当时的情形等应当采取的措施。毕竟法律法规规章不可能将所有的保护个人信息安全的措施列举完毕，因此，虽然法律法规没有规定，但是根据具体的情形（如个人信息存储的容量、遭受非法侵入的风险和已经发生的时间、处理者的技术水平和财务能力等），处理者应当采取的保护个人信息安全的措施就是必要措施。

处理者没有采取技术措施和其他必要措施确保其收集、存储的个人信息安全，以致信息泄露、篡改、丢失的，应当依法承担法律责任。例如，在“赵某与北京链家房地产有限公司等一般人格权纠纷案”中，法院明确指出：“链家公司要求经纪人必须将客户的身份证、房产证及合同信息拍照后上传至公司内网。链家公司可以预见，在这样的处理方式下会极大地增加侵犯客户个人信息行为发生的可能性和危险性，而链家公司对此没有采取任何实际有效的操作规程等防范措施予以风险的防控，公司员工可以轻易将业主个人信息泄露用于非法目的。因此，本案侵权事实的发生与链家公司内部对客户个人信息的保护存在监管漏洞直接相关。因链家公司的管理存在过错，其亦应对赵某的个人信息被侵害的损害后果承担侵权责任。”①

（二）采取补救措施的义务

《民法典》第1038条第2款第2句和《网络安全法》第42条第2款规定，发生或者可能发生个人信息泄露、毁损、丢失的，应当及时采取补救措施，依照规定告知自然人并向有关主管部门报告。这就是所谓的采取补救措施的义务。关于该义务，需要注意以下几点。

首先，只要发生或者可能发生个人信息泄露、篡改、丢失，处理者就应当及时采取补救措施，至于导致个人信息泄露、篡改或丢失的原因是否可归责于处理者，在所不问。也就是说，即便处理者完全没有任何过错可言，即完全是第三人的行为如黑客攻击造成的，只要发生或者可能发生个人信息的泄露、篡改、丢失，处理者就应当采取补救措施，同时按照规定告知被收集者和向有关主管部门报告。所谓及时，我国法律没有确定具体的时间，欧盟《一般数据保护条例》第32条规定的是72小时。

其次，及时采取补救措施并不免除处理者的侵权责任。申言之，只要个人信息泄露、篡改、丢失，给自然人造成了损害，处理者即便及时采取了补救措施，那么也只是对于采取补救措施之后基于自然人自身的原因而导致的扩大的损失不承担责任，而对于采取补救措施之前已经造成的损害，依然要承担赔偿责任。处理者如果没有及时采取补救措施或者根本就不采取补救措施，则对扩大的损害也要承担赔偿责任。

再次，处理者应当依照规定及时告知被收集者，从而促使被收集者提前采取措施避免因为个人信息泄露、篡改、丢失而遭受损害。告知的方式可以是逐一通

① 北京市朝阳区人民法院（2018）京0105民初9840号民事判决书。

知，也可以是采取显著的可获知的公告的方式。例如，欧盟《一般数据保护条例》第 34 条第 1、2 款规定："若个人数据泄露可能给自然人权利和自由造成高风险，控制者应当及时向数据主体告知个人数据泄露。本条第 1 款所述的告知数据主体，应当至少包括本条例第 33 条第（3）款（b）（c）（d）项所述的信息和措施，并且用清晰易懂的语言描述个人数据泄露的性质。"至于通知的内容，通常应当包括：（1）对个人信息泄露、篡改或丢失的描述，如泄露的原因，被泄露的个人信息的种类等；（2）已经采取的补救措施；（3）可能对自然人造成的危险或损害以及可以采取的预防或减少损害的措施；（4）处理者负责此次事件的人员及联系方式等。

最后，出现个人信息泄露等事件后，处理者应当向有关主管机关报告。我国没有设立专门的个人信息保护机构，而是依据不同类型的个人信息由不同的部门主管。《网络安全法》第 8 条第 1 款规定：国家网信部门负责统筹协调网络安全工作和相关监督管理工作。国务院电信主管部门、公安部门和其他有关机关依照本法和有关法律、行政法规的规定，在各自职责范围内负责网络安全保护和监督管理工作。"之所以在出现个人信息泄露等事件后，处理者要向有关主管机关报告，是因为：一方面，个人信息的泄露等事件往往是大规模的，涉及广大人民群众的人身财产安全①，主管机关作为个人信息的保护监管机构，应当了解相应的情况，从而采取相应的措施。例如，对出现泄露的处理者要求整改，作出处罚，涉嫌犯罪的，移送犯罪线索给公安机关进行侦查。另一方面，通过掌握每一起个人信息泄露事件，有关个人信息保护机关也可以进一步完善相应的监管措施，包括在将来修订完善的相应的法律法规。

（撰稿人：程　啸）

第一千零三十九条

国家机关、承担行政职能的法定机构及其工作人员对于履行职责过程中知悉的自然人的隐私和个人信息，应当予以保密，不得泄露或者向他人非法提供。

---

① 例如，仅仅在 2019 年我国就发生多起涉及人数极为众多的个人信息泄露事件，如 2019 年 7 月，智能家居公司欧瑞博（Orvibo）的数据库泄露涉及超过 20 亿条 IoT 日志；2019 年 4 月，国内多家企业的 MongoDB 和 ElasticSearch 服务器因暴露泄露 5.9 亿份简历；2019 年 2 月，深网视界（AI 安防）泄露 250 万人的人脸数据。2019 年国内外数据泄露事件盘点——个人信息保护刻不容缓. http://blog.nsfocus.net/inventory-of-data-breaches-at-home-and-abroad-in-2019/.

本条主旨

本条是对国家机关、承担行政职能的法定机构及其工作人员保护自然人的隐私和个人信息的义务的规定。

相关条文

《全国人民代表大会常务委员会关于加强网络信息保护的决定》第 10 条第 2 款规定："国家机关及其工作人员对在履行职责中知悉的公民个人电子信息应当予以保密，不得泄露、篡改、毁损，不得出售或者非法向他人提供。"

《网络安全法》第 44 条规定："任何个人和组织不得窃取或者以其他非法方式获取个人信息，不得非法出售或者非法向他人提供个人信息。"

《网络安全法》第 45 条规定："依法负有网络安全监督管理职责的部门及其工作人员，必须对在履行职责中知悉的个人信息、隐私和商业秘密严格保密，不得泄露、出售或者非法向他人提供。"

《电子商务法》第 25 条规定："有关主管部门依照法律、行政法规的规定要求电子商务经营者提供有关电子商务数据信息的，电子商务经营者应当提供。有关主管部门应当采取必要措施保护电子商务经营者提供的数据信息的安全，并对其中的个人信息、隐私和商业秘密严格保密，不得泄露、出售或者非法向他人提供。"

《社会保险法》第 92 条规定："社会保险行政部门和其他有关行政部门、社会保险经办机构、社会保险费征收机构及其工作人员泄露用人单位和个人信息的，对直接负责的主管人员和其他直接责任人员依法给予处分；给用人单位或者个人造成损失的，应当承担赔偿责任。"

《国际刑事司法协助法》第 17 条第 2 款规定："办案机关在执行请求过程中，应当维护当事人和其他相关人员的合法权益，保护个人信息。"

《国家情报法》第 19 条规定："国家情报工作机构及其工作人员应当严格依法办事，不得超越职权、滥用职权，不得侵犯公民和组织的合法权益，不得利用职务便利为自己或者他人谋取私利，不得泄露国家秘密、商业秘密和个人信息。"

《居民身份证法》第 6 条第 3 款规定："公安机关及其人民警察对因制作、发放、查验、扣押居民身份证而知悉的公民的个人信息，应当予以保密。"

《统计法》第 9 条规定："统计机构和统计人员对在统计工作中知悉的国家秘密、商业秘密和个人信息，应当予以保密。"

《护照法》第 12 条第 3 款规定："护照签发机关及其工作人员对因制作、签发护照而知悉的公民个人信息，应当予以保密。”

理解与适用

一、规范目的

所谓国家机关，包括立法机关、司法机关和行政机关。承担行政职能的法定机构是指，虽然不属于国家机关，但是实际上承担行政职能的机构，即法律法规授权具有行政职能的事业单位和社会组织。例如，依据《中共中央、国务院关于分类推进事业单位改革的指导意见》的要求，对完全承担行政职能的事业单位，可调整为相关行政机关的内设机构，确需单独设置行政机构的，要按照精简效能的原则设置。已认定为承担行政职能、但尚未调整到位的事业单位，在过渡期内继续按照现行法律法规和政策规定履行职责，使用事业编制且只减不增，人事、财务、社会保险等依照国家现行政策规定实施管理。实践中，存在不少这样的依法履行行政职能的事业单位，如有些地方以事业单位名义设立，但依法承担行政管理职能的广播电视局、新闻出版局、旅游局、房地产管理局、知识产权局等。此外，实践中还有一些并不属于国家机关，但是依法承担公共服务职能的单位，如社会保险经办机构（其提供社会保险服务，负责社会保险登记、个人权益记录、社会保险待遇支付等工作）、不动产登记中心（其具体承担不动产登记业务）等。

国家机关、承担行政职能的法定机构及其工作人员在依法履行职责的过程中，不仅要大量收集自然人的个人信息，也产生出新的个人信息，同时还会知悉很多自然人的隐私。此外，由国家机关、承担行政职能的法定机构所处理的个人信息，其准确度也非常高。如果国家机关、承担行政职能的法定机构及其工作人员不能有效保守所知悉的自然人的隐私和个人信息，将会对自然人的人格尊严、人格自由和人身财产权益的安全造成很大的危险及损害。故此，在个人信息保护立法中，有些国家或地区专门对公务机关即国家机关处理个人信息加以规范，以区别非公务机关的个人信息处理行为。例如，德国《联邦数据保护法》专门对公共机关（öffentliche Stellen）的信息保护义务作出了规定，而我国台湾地区的“个人资料保护法”更是将个人资料的收集、处理及利用区分为两种类型，分两章加以规定，其中第 2 章规定的是“公务机关对个人资料之收集、处理及利用”，第 3 章规定的是“非公务机关对个人资料之收集、处理及利用”。依据该“法”第 2 条第 7 款和第 8 款，所谓公务机关，指依法行使公权力之中央或地方机关或行政法人。非公务机关是指上述以外之自然人、法人或其他团体。

欧盟《一般数据保护条例》并未依据公务机关与非公务机关对个人信息处理行为作出不同的规定，但是条例排除了两类情形下公共机关处理个人数据活动对该条例的适用：一是依据该条例第 2 条第 2 款之规定，主管当局以预防、调查、侦查或起诉刑事犯罪，或执行刑事处罚为目的，包括保障并预防公共安全受到威胁而进行的个人数据处理，不适用该条例，但是，依据该条例"鉴于条款"第 19 条，公权力机构在出于上述目的对个人数据进行处理时，应适用更加具体的欧盟法律，即欧洲议会和欧盟理事会发布的指令（EU）2016/680 。成员国可以将任务委托给指令（EU）2016/680 中定义的主管机构，任务如果不是为了预防、调查、侦查或起诉刑事罪行或执行刑事处罚，包括保障和防止出现对公共安全及其相关数据自由流动的威胁有必要进行个人数据处理活动，而是为了其他目的，则只要属于欧盟法所调整的范围，就应适用《一般数据保护条例》。当主管机构出于《一般数据保护条例》规定的目的而进行个人数据处理时，成员国应当能够维持或采取更加具体的规定来适用该条例的规则。二是，依据该条例"鉴于条款"第 20 条，当该条例适用于法院和其他司法机关的活动时，欧盟或成员国法律可以对有关法院和其他司法机关处理个人数据的操作和程序进行具体规定。为保障司法机关在履行包括作出裁判在内的司法职能时能保持司法独立，法院因履行司法职能而进行的个人数据处理活动不受监管机构监督管理，可允许各国将该种数据处理行为的合法监督授权于成员国司法系统内部的特定机构，从而确保《一般数据保护条例》得以遵守、增强司法系统内成员有关本条例承担责任的意识，并且处理有关数据处理活动的投诉。

我国目前尚无专门的个人信息保护法，无论是《民法典》还是《网络安全法》等法律，都没有按照公务机关和非公务机关对个人信息处理行为作出不同的规定，不过法律上也注意到国家机关、承担行政职能的法定机构及其工作人员应当严格履行保护自然人隐私和个人信息不被非法泄露的义务。《民法典》第 1039 条的规定也正是为了强化个人信息的保护而专门作出的。除了前文所列法律规定外，我国还有大量的行政法规就国家机关、承担行政职能的法定机构及其工作人员对依法履行职责中知晓自然人的隐私和个人信息予以保密的规定，如《个人所得税法实施条例》《全国经济普查条例》《征信业管理条例》《戒毒条例》《居住证暂行条例》《缺陷汽车产品召回管理条例》等。

二、政府信息公开与隐私和个人信息的保护

所谓政府信息，是指行政机关在履行行政管理职能过程中制作或者获取的，以一定形式记录、保存的信息。依据《政府信息公开条例》，行政机关公开政府

信息，应当坚持以公开为常态、以不公开为例外，遵循公正、公平、合法、便民的原则。除了该条例第14～16条规定的政府信息外，政府信息应当公开。该条例第15条规定："涉及商业秘密、个人隐私等公开会对第三方合法权益造成损害的政府信息，行政机关不得公开。但是，第三方同意公开或者行政机关认为不公开会对公共利益造成重大影响的，予以公开。"由此可见，原则上涉及个人隐私的政府信息，若公开会损害他人的合法权益，则不得公开，但是第三方同意公开或行政机关认为不公开会对公共利益造成重大影响的，即便该政府信息涉及个人隐私或个人信息，也应当公开。

这实际上就是基于公共利益的考虑而对自然人的隐私权和个人信息权益所作出的限制。此外，依据《最高人民法院关于审理政府信息公开行政案件若干问题的规定》第5条第2款的规定，因公共利益决定公开涉及商业秘密、个人隐私政府信息的，被告应当对认定公共利益以及不公开可能对公共利益造成重大影响的理由进行举证和说明。例如，在一起案件中，原告依据《政府信息公开条例》要求被告房管局公开经适房、廉租房的分配信息并公开所有享受该住房住户的审查资料信息（包括户籍、家庭人均收入和家庭人均居住面积等），被告以这些信息涉及他人隐私为由拒绝公开。一审法院支持被告的观点，认为原告要求公开的政府信息包含享受保障性住房人的户籍、家庭人均收入、家庭人均住房面积等内容，此类信息涉及公民的个人隐私，不应予以公开，判决驳回原告的诉讼请求。二审法院则认为，虽然申请人申报的户籍、家庭人均收入、家庭人均住房面积等情况属于个人隐私，但这些信息属于申请人能否享受保障性住房的基本条件。只要申请经适房，就必须要向主管部门提供符合相应条件的个人信息，以接受审核。"当涉及公众利益的知情权和监督权与保障性住房申请人一定范围内的个人隐私相冲突时，应首先考量保障性住房的公共属性，使获得这一公共资源的公民让渡部分个人信息，既符合比例原则，又利于社会的监督和住房保障制度的良性发展。"因此，被告房管局以涉及个人隐私为由拒绝公开是违法的，二审判决被告自判决生效之日起15个工作日内对申请人的信息公开申请重新作出书面答复。①

三、政府信息共享与个人信息保护

为了更好地提供公共服务，遵循便民利民原则，实现"信息多跑路，群众少

---

① 详见"杨某权诉山东省肥城市房产管理局案"，2014年9月13日最高人民法院公布全国法院政府信息公开十大案例之一。

跑腿”，打破信息孤岛，党中央和国务院大力推进“互联网＋政务”，希望能够通过电子政务的建设，将各部门的数据连通，实现共享。《政务信息资源共享管理暂行办法》第 2 条规定，政务信息资源，是指政务部门（即政府部门及法律法规授权具有行政职能的事业单位和社会组织）在履行职责过程中制作或获取的，以一定形式记录、保存的文件、资料、图表和数据等各类信息资源，包括政务部门直接或者通过第三方依法采集的、依法授权管理的和因履行职责需要依托政务信息系统形成的信息资源等。依据该办法第 5 条，政务信息资源“以共享为原则，不共享为例外。各政务部门形成的政务信息资源原则上应予共享，涉及国家秘密和安全的，按相关法律法规执行”。“需求导向，无偿使用。因履行职责需要使用共享信息的部门（以下简称使用部门）提出明确的共享需求和信息使用用途，共享信息的产生和提供部门（以下统称提供部门）应及时响应并无偿提供共享服务。”

显然，政府信息共享时如果涉及对个人信息的共享，实际上就属于个人信息的处理者将收集的个人信息提供给他人的情形。合法的数据共享应当以合法的个人信息处理为前提。① 那么，政府机关共享各自收集的个人信息，是否要符合这一规定，取得被收集者的同意呢？王利明教授指出，数据共享必须取得个人信息权利人即自然人的授权，而且必须是特别授权，不允许概括授权。② 本书赞同这一观点，即除非法律、行政法规另有规定，否则政府机关之间共享个人信息，就是属于我国《民法典》第 1038 条第 1 款第 2 句规定的情形，因此，“未经自然人同意，不得向他人非法提供其个人信息，但是经过加工无法识别特定个人且不能复原的除外”。

四、国家机关、承担行政职能的法定机构及其工作人员违反个人信息保护义务的法律责任

国家机关、承担行政职能的法定机构及其工作人员不履行法律规定的对履行职责过程中知悉的自然人的隐私和个人信息予以保密的义务，而泄露或者向他人非法提供个人信息或隐私的，应当承担法律责任。例如，《网络安全法》第 72 条规定：“国家机关政务网络的运营者不履行本法规定的网络安全保护义务的，由其上级机关或者有关机关责令改正；对直接负责的主管人员和其他直接责任人员依法给予处分。”第 73 条规定：“网信部门和有关部门违反本法第三十条规定，将在履行网络安全保护职责中获取的信息用于其他用途的，对直接负责的主管人

①② 王利明．数据共享与个人信息保护．现代法学，2019（1）．

员和其他直接责任人员依法给予处分。网信部门和有关部门的工作人员玩忽职守、滥用职权、徇私舞弊，尚不构成犯罪的，依法给予处分。”再如，《社会保险法》第92条规定：“社会保险行政部门和其他有关行政部门、社会保险经办机构、社会保险费征收机构及其工作人员泄露用人单位和个人信息的，对直接负责的主管人员和其他直接责任人员依法给予处分；给用人单位或者个人造成损失的，应当承担赔偿责任。”

因此，国家机关、承担行政职能的法定机构及其工作人员泄露隐私或个人信息，给自然人造成损害的，受害人有权依法请求侵权人承担侵权责任。当然，国家机关在承担了用人者责任后，可以依据《民法典》第1191条第1款，向有故意或者重大过失的工作人员追偿。

（撰稿人：程　啸）

图书在版编目（CIP）数据

中国民法典释评：十卷本．人格权编 / 王利明，程啸著．—北京：中国人民大学出版社，2020.8
ISBN 978-7-300-28382-1

Ⅰ.①中… Ⅱ.①王…②程… Ⅲ.①民法-法典-法律解释-中国②人格-权利-法律解释-中国 Ⅳ.①D923.05

中国版本图书馆 CIP 数据核字（2020）第 123699 号

中国民法典释评·人格权编
王利明　程　啸　著
Zhongguo Minfadian Shiping · Rengequan Bian

出版发行	中国人民大学出版社		
社　　址	北京中关村大街 31 号	**邮政编码**	100080
电　　话	010－62511242（总编室）		010－62511770（质管部）
	010－82501766（邮购部）		010－62514148（门市部）
	010－62515195（发行公司）		010－62515275（盗版举报）
网　　址	http://www.crup.com.cn		
经　　销	新华书店		
印　　刷	涿州市星河印刷有限公司		
规　　格	170 mm×240 mm　16 开本	**版　　次**	2020 年 8 月第 1 版
印　　张	32.75 插页 3	**印　　次**	2020 年 12 月第 2 次印刷
字　　数	594 000	**定　　价**	1 860.00 元（十卷本）